상상의 왕국을
찾아서

인문역사학의 새로운 상상력, 지구사와 극미시사의 결합!
십자군과 칭기즈칸, 유럽-중앙아시아와 이집트까지

Поиски вымышленного царства

상상의 왕국을 찾아서

하늘에서 보는 지구사
언덕에서 조망하는 흥망사
쥐구멍에서 듣는 인간사

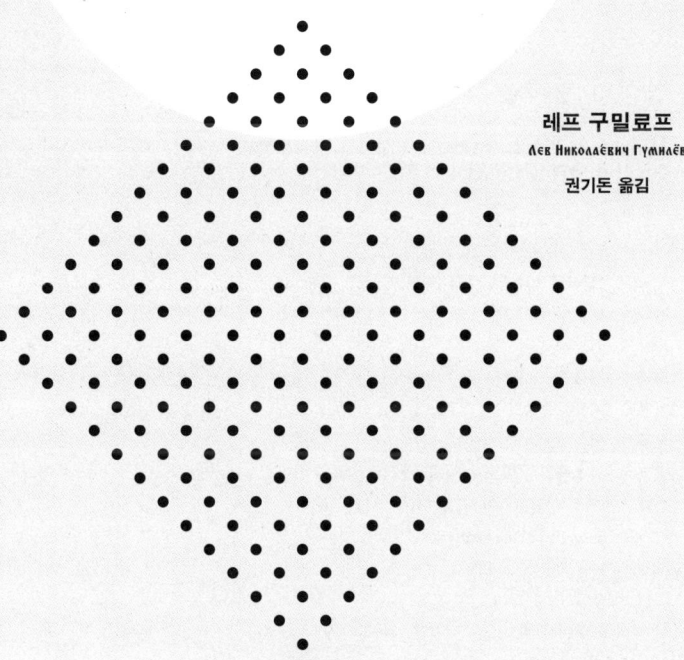

레프 구밀료프
Лев Николаевич Гумилёв

권기돈 옮김

샘물결

Поиски вымышленного царства by Лев Николаевич Гумилёв
1970 © Лев Николаевич Гумилёв

Korean translation copyright © Saemulgyul Publishing House, 2016
This Koreans edition was published by arrangement with Margarita Novgorodova through Eric Yang Agency and FTM Agency, Ltd.

권기돈
서울대학교 동양사학과를 졸업하고 위스콘신 대학교(메디슨) 사회학과에서 박사학위를 받았다. 『자아의 원천들』(공역), 『직업윤리와 시민도덕』, 『자유론』 등의 역서가 있다.

상상의 왕국을 찾아서:

십자군과 칭기즈칸, 유럽-중앙아시아와 이집트까지
지구사와 극미시사의 결합

펴낸날 1판 1쇄 2016년 7월 15일
       1판 3쇄 2016년 12월 15일
지은이 레프 구밀료프
옮긴이 권기돈
펴낸이 김태일
펴낸곳 새물결출판사
등록   서울 제15-52호(1989.11.9)
주소   서울특별시 마포구 망원 1동 409-48 우편번호 121-822
전화   (영업부) 3141-8696, (편집부) 3141-8697
이메일 saemulgyul@gmail.com
ISBN   978-89-5559-395-2 (03910)

이 책의 한국어판 저작권은 에릭양 에이전시와 FTM Agency, Ltd.를 통해 저작권자와 독점 계약한 새물결출판사에 있습니다.
신저작권법에 의해 한국 내에서 보호를 받는 저작물이므로 무단 전제와 복제를 금합니다.

일러두기

1. 이 책은 레프 구밀료프의 **Поиски вымышленного царства**를 우리말로 옮긴 것이다.
2. 본문 안에서 옮긴이 주는 〔 〕 안에 넣었다.
3. 원서에서 이탤릭체로 강조한 부분은 본서에서는 볼드로 강조했다.
4. 단행본이나 학술지, 잡지는 『 』로, 논문과 시, 단편 소설은 「 」로 표시했다.

| 차례 |

| 서문 13
| 서언 15

| **1부**
| **책상의**
| **삼면경** 三面鏡

01 • 문헌 연구를 넘어
　　책을 읽는 것에 관해　23
　　신빙성 있는 거짓말　25
　　떠오르는 난제들　30
　　연구의 도정에 서서　36
　　이제 종합을 위해　39

02 • 지리에 관한 보론
　　땅과 사람　47
　　대기와 물　51
　　진실에 이르는 길　56

03 • 역사 속으로의 길
　　중국의 만리장성을 따라　59
　　스텝 비잔티움　71

2부
조감의 삼면경

04 • **암흑의 세기**(861~960년)
　한 세기의 종말　87
　새로운 리듬　94
　제3세력　98
　비가 역사에 개입하다　106
　경쟁자들　111
　요 제국　117
　음식과 향신료　121
　공간적 분석의 시도　124

05 • **산산이 조각난 침묵**(961~1100년)
　중국의 만리장성 옆에서　131
　서쪽　138
　북서쪽　142
　북쪽 오아시스　144
　초원 지대 유목민들　150
　언어의 기만　153
　자유를 위한 전쟁　157
　요한의 왕국의 원형　165
　민족학적 일반화의 시도　168

06 • **전설의 영웅을 예고하다**(1100~1143년)
　다른 접근법　171
　한 군주의 경력　172
　칸의 운명　178
　사제-왕의 등장　187
　요한의 왕국　194

3부
언덕의 삼면경

07 • **'다비드 왕'의 용기와 파멸(1143~1218년)**
거울 속의 반영　207
나이만과 케라이트　214
12세기의 몽골족　219
불운　221
역사적 논평　227
분석 시도　233
테무친과 자무카　241
대大쿠릴타이　247
명성과 파멸　252
재개된 환상　258

08 • **꿈의 상실(1218~1259년)**
언덕에서 바라보는 것의
장점과 단점　261
결과와 원인　268
관성의 힘　275
파쟁　278
가혹한 현실　289
설화가 실화가 되었을 때　293

09 • **정복자를 다루다(1259~1312년)**
황색 십자군　299
기독교인들의 새로운 적　303
키트-부카 노얀　307
중국에서의 전쟁　310
두 개의 쿠릴타이　312
아릭-보케　316
카이두　318
나야　320
조지 혹은 코르쿠즈 왕자　324
우화 대신 진실　327
저자의 접근법과 회의론의 근거　333

4부
쥐구멍의 삼면경

10 • 『비사』의 저자의 취향과 공감
의심의 이유   339
출구의 모색   344
장르 문제   352
인물들   355
의심할 권리   365
결론   368

11 • 자무카 세첸 연구
왜 이것이 중요한가?   373
바이다라크벨치르의 현장에서   375
그래도 나는 이 사료들을 믿지 않는다.
이유는 이 때문이다   379
케라이트족과 나이만족 사이에서   384
자무카의 몰락   389
생각의 이유   392
역사에 대한 믿음   396

12 • 하나 속의 둘
편견의 해로움   399
'흑신앙'   400
몽골 신과 그 성격   403
하나 속의 둘 혹은 이원성?   407
악마의 많은 얼굴   411
신앙의 원천에 대한 탐색   418
본교   423
종교가 아니라 신앙이다   426
샤머니즘이 아니다   428

5부
생각의 나무의 삼면경

13 • 자기기만을 극복하려는 시도
말로 표현된 사상   435
당혹스러움   438
미지의 땅   444

킨 446
킨의 화살 449
몇 마디 더 454
트로얀과 디브 456
상상의 나무 466
카얄라와 칼카 468
알갱이와 껍질 475
폴로츠크의 비극 482
이고르 군주의 순례 485
시인과 군주 488

14 • 공간-시간 도표
한 인문학자와의 대화 495
공시적인 표 499
역사적 민족지 500
시간의 과학으로서의 연대기 526

15 • 가설의 구축
여기서 무엇이 잘못일까? 535
민족학 538
재검토 시도 543
해석의 시도 551
일반화 시도 555
독자에게 드리는 몇 마디 565

중앙아시아를 중심으로 한 9~13세기의 세계 연표 502
8~10세기 대초원 지대의 부족 지도 518
12세기 중앙아시아 지도 519
12세기 중반의 종교 분포 지도 522
몽골 울루스의 해체 지도 524
참고문헌 567

이 책을 형제 같은 몽골 민족에게 바친다.

서문

구밀료프(1912~1992년)의 『상상의 왕국을 찾아서』처럼 다루는 범위가 넓고 유쾌하게 쓰여진 역사서는 거의 없다. 본서에서는 기후사와 생태사, 인구사와 사회경제사가 서기 800~1300년에 이르는 시기에 유럽 쪽 러시아와 중국 사이에 걸친 광대하고 다채로운 지역의 정치, 종교, 문학과 한데 묶여 있다. 이와 같은 저작은 존재하지 않으며, 독자들은 이 책으로 인해 구세계의 역사에 대한 견해를 크게 바꾸게 될 것이다.

구밀료프는 소련학계에서 다소 별난 인물이었다. 그는 니콜라이 구밀료프Nikolai Gumilev와 안나 아흐마토바Anna Akhmatova의 아들로, 〔러시아 혁명 때 백위군 장군으로〕 시인이었던 아버지의 저작은 수십 년 동안 공식적으로 침묵을 강요당한 후 이제 막 인정받기 시작했고 아흐마토바 역시 빈번히 〔스탈린 치하에서〕 고난을 당했다. 아무튼 구밀료프는 비범한 독창성을 가진 학자이다.

하지만 독특한 시각에는 일정한 희생이 따르기 마련이다. 중국사 연구자들은 틀림없이 중국사에 대한 그의 많은 판단이 세부에서나 해석에서나 서구 전문가들에게 수용되고 있는 것과 다르다고 느낄 것이다. 몽골의 연구자들은 『원조비사元朝秘史』를 정치적 풍자보다는 엘리트가 겪은 과거의 불만과 혜택의 묘사로 읽고자 할 것이다. 서구와 소련의 많은 학자들은 분명 『이고르 원정기』의 신뢰성에 대해 저자보다 확신이 덜할 것이다. 그러나 거의 모든 독자는 몽골 권력의 세계사적 부상을 낳은 초원 지대 민족들의 내적 동학에 대한 구밀료프의 분석을 지금까지 생산된 것 중 가장 설득력 있는 것으로 여길 것이다. 또한 중앙아시아의 기독교 왕국에 관한 중세의 전설 뒤에 존재하고 있던 현실에 대해 그가 재구성한 내용이 매력적인 탐사라고 여길 것이다. 무엇보다 그는 중세 유럽사와 중세 중국사 사이에 존재하는 많은 잃어버린 공간을 채워주며, 그리하여 이 역사들을 더 큰 전체의 일부로 간주할 수 있게 해준다.

본서에 붙어 있는 「서언」은 고고학, 민족지, 인류학 분야를 연구한 소련학자 루덴코S. I. Rudenko(1885~1969년)의 것이다. 그는 특히 알타이 산을 포함해 볼가 지역과 시베리아의 민족과 문화에 관한 저작을 남겼다.

스미스R. E. F. Smith

엘빈Mark Elvin

서언

여기 독자들 앞에 놓인 책은 현대 학계에서 수용되고 있는 형식 중 어떤 것에도 속하지 않는다. 이 책은 대중적 형식으로 쓰여 있고 일반 독자를 겨냥하고 있지만 온전한 의미에서의 대중서라고는 볼 수 없다. 이 책은 좁은 범위의 전문가들을 위해 쓰여진 전적으로 학술적이고 학문적인 연구 결과를 대중화한 책이 아니라 처음으로 출간되는 자기 완결적이고 완전히 새로운 탐구이다. 아마 이로 인해 이 책은 전공 논문처럼 보일 수도 있을 것이다. 본서의 내용은 단 하나의 연구 주제만 다루고 있기 때문이다. 하지만 이 책의 대중적 형식이나 저자의 독특한 연구 방법은 전공논문 형식이나 방법과 근본적으로 다르다. 구밀료프의 책은 중세적 의미의 학술논문이라고 불리는 것이 가장 낫다.

오랫동안 사용되지 않은 그러한 형식이 현대의 학술적 탐구에 적절할 수 있을까? 이 책 자체가 그러한 질문에 답하고 있다.

학술적 사고의 발전은 지난 한 세기 반 동안 분화의 길을 걸었다.

이전에는 단 하나의 지식 분과였던 것이 많은 파편으로 쪼개졌고, 이 파편들은 다시 한층 더 갈라졌다. 따라서 역사학은 지리학, 문학과 분리되었다. 다음으로는 특정한 지역과 시대에 관심을 가진 일련의 전문 분야로 나뉘어졌다. 파생 분과들이 발전했다. 사료학, 종교사, 문화, 민족지 그리고 지식의 독립적 갈래가 된 다른 모든 분과가 그것이다. 다른 분야에서도 똑같은 일이 일어났다.

이러한 전개는 학계에서 아주 흔한 일이다. 이는 유익한 것임이 증명되었다. 그러나 이제 과학적 종합이 필요하다는 생각 그리고 최대한 다양한 분과들의 업적을 이용할 필요가 있다는 생각이 점점 더 커지고 있다. 우리 시대에는 새로운 과학적 발견이 어떤 특정 지식 갈래에서 일어나기보다 다양한 분야가 만나는 접점에서 일어나는 일이 더 많다. 이 책의 저자도 자신의 연구에서 역사학의 다양한 갈래, 즉 사료학, 물리지리학, 기후학, 연구 방법론 등 많은 분야에서 나온 자료를 이용해야 했다. 이 각각의 분야는 서로 다른 고유의 연구 방법을 갖고 있고, 따라서 이 저자의 주제에는 전공 논문 형식이 맞지 않았다. 이러한 독특한 형식을 취한 결과, 그는 모든 필수적인 자료를 절충하고 종합할 수 있었다.

주제의 독특함도 이 책의 저술에 영향을 미쳤다. 저자는 학술 저작에서 통상 사용되는 절차, 곧 사료에 대한 조사와 비평에서 시작하는 절차를 의도적으로 거부한다. 이 주제를 위한 사료 비평을 수행하려면 독자들은 이 시대의 역사를 개괄적으로 잘 알고 있어야 하며, 이 전체적인 그림 중 어디에 빈 곳과 모순된 정보가 있는지를 감지할 수 있어야 한다. 가장 중요한 사료에 대한 실질적이고 효과적인 비평은 이와 같은 예비적 지식 없이는 이루어질 수 없을 것이다. 더욱이 이 예비적

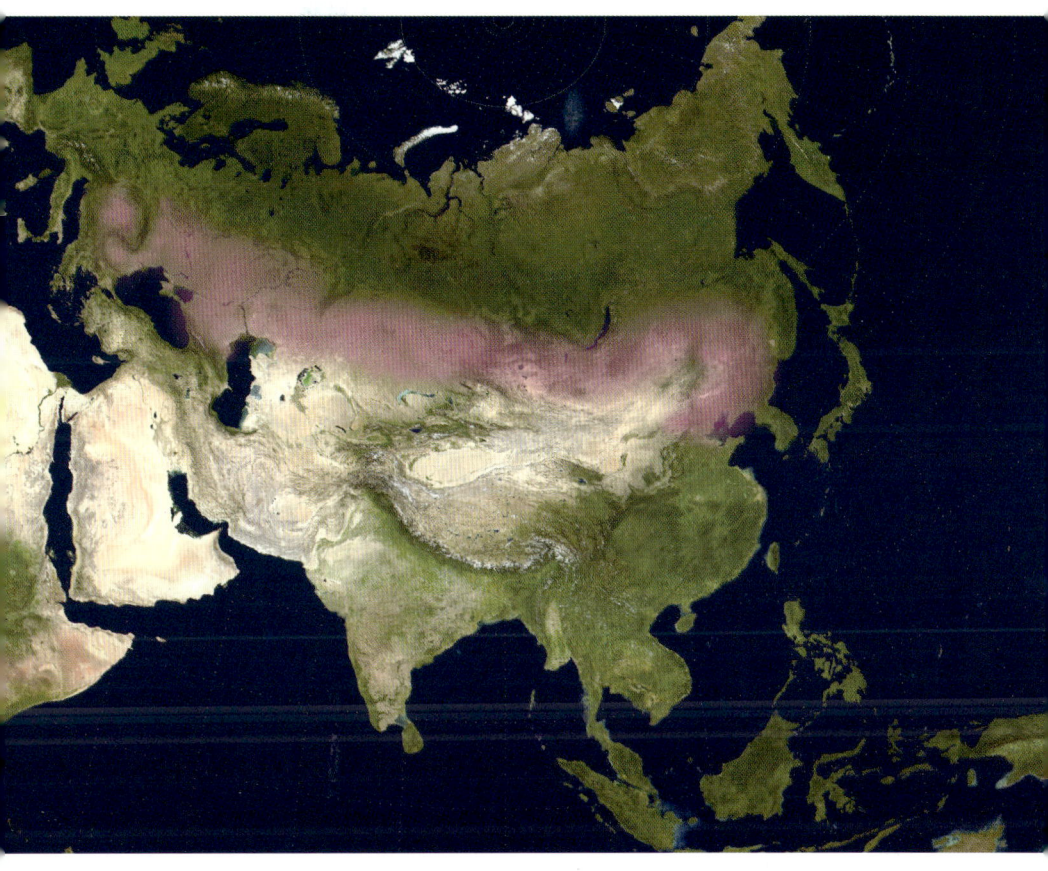

이 책은 시간적으로는 9~13세기를, 공간적으로는 유럽과 아시아의 거의 전 지역과 아프리카의 일부를 대상으로 한다. 지구 전체에 걸친 이 장기지속의 역사는 지금까지 온갖 해석에 저항해온 '불가사의한' 두 텍스트, 『원조비사』와 『이고르 원정기』라는 극미시의 세계를 향하고 있다. 구밀료프는 이처럼 '좁쌀 하나에도 우주의 이치가 숨어 있다'는 사관을 통해 기존의 모든 미시적·거시적 역사관에 도전하면서 인간과 텍스트, 역사에 대한 새로운 시각을 신선하게 보여준다.

9~13세기는 서구에서는 십자군 원정이 시작되고 러시아는 이제 막 하나의 '국가'로 태동하고 초원에서는 칭기즈칸의 대제국이 세계 제국으로 성장하는 등 격동기 중의 격동기였다. 그런데 위기에 처한 서양에 동방에 기독교 왕국이 있으며 이 왕국이 서양을 도우러 달려온다는 신화가 유령처럼 떠돌고 있었으니 ……. 역사는 항상 신화와 문학을 함께 동반하면서 잔혹한 현실을 견디어낸다.

몽골군이 북경을 공략 중이다. 프랑스 철학자 들뢰즈에 따르면 '노마디즘'은 역사의 혁신자였지만 국가를 중심으로 한 '정주민'에게 항상 '야만'과 '잔혹함'으로 낙인찍혀 왔다. 이 책은 그처럼 낭만화된 철학적 설명을 넘어 대초원의 유목민의 현실적 역사를 새롭게 구성하고 있다.

몽골군이 바그다드를 공략하고 있다. 몽골의 대제국 건설은 서양에게는 '황화黃禍'라는 역사적 트라우마를 남긴 것으로 알려져 있다. 하지만 구밀료프는 이 책에서 잔혹과 비합리의 극단을 달린 것은 실제로는 피해자를 가장한 유럽의 기독교도들이며 몽골족은 베버 이상의 '자본주의 정신'과 '합리성'을 보여주었음을 흥미진진하게 보여준다. 그리고 이런 역사가 왜, 그리고 어떻게 교묘하게 왜곡되는지를.

러시아 민족과 국가의 탄생기라고 할 수 있는 『이고르 원정기』는 여전히 비의적인 텍스트로 남아 있다. 하지만 러시아에 '유라시아주의'라는 새로운 역사 인식틀을 도입한 저자 입장에 따르면 이 러시아 민족의 탄생기에 '몽골'이라는 아시아적 요소를 도입하면 이 책은 모든 비의적 면모를 벗고 당대의 복잡한 정세를 문학적으로 비틀어 넣은 것으로의 면모를 드러낸다.

장대한 역사가 쓰이기도 하지만 동시에 말끔히 지워지기도 하는 초원은 '문명'과는 무관해 보이지만 실제로는 문명의 비밀과 작동 방식을 감추고 있는 역사의 무의식 같은 곳이 아닐까? 유목민이 (서구) 문명에 '황화'와 같은 전도된 공포로 비치는 것은 이 때문이 아닐까? 자연을 지배하지 않고 자연에 순응하며, 계급보다는 피에 기반해 인간이 조직되는 이 '슬픈 자연'은 레비스트로스의 '슬픈 열대'처럼 문명에 대해 성찰적으로 생각할 수 있는 영원한 미래가 될 수는 없을까?

지식 없이는 길을 찾는 것이 불가능하다. 따라서 구밀료프는 이 책의 2부에 가서야 사료 분석을 행한 다음, 다시 전체적인 그림으로 되돌아가 1부의 설명에서 드러난 빈 곳들을 채운다. 우리는 이 절차가 흔하지는 않지만 완전히 정당할 뿐만 아니라 유일하게 가능한 절차임을 인정해야 한다.

이 책은 저자가 연구 과정에서 불가피하게 마주치는 극히 다양한 종교 체계들을 가려내는 데 많은 지면을 할애하고 있다. 종교사에 대한 이러한 관심은 그의 주제의 독특한 성격과도 관련되어 있다. 저자가 종교 체계들을 살펴보는 것은 교의나 사회경제적 측면을 살펴보기 위해서가 아니다. 그는 이 종교 체계들을 대초원 지대 민족들의 민족지와 연결시키면서 그것들을 종교적 형태로 표현되는 심층적이고 숨어 있는 역사 과정의 지표로 사용한다.

이 책의 제목은 '상상의 왕국을 찾아서'이다. 얼핏 이 책은 프레스터 요한Prester John의 왕국이라는 저 역사적 흥밋거리에 관한 것처럼 보일 수도 있다. 하지만 이 흥밋거리 뒤에는 중앙아시아 유럽 민족사의 한 시대 전체가 숨어 있으며, 이 시대를 가득 메운 중요하고 극적인 사건들은 세계사가 전개되는 과정 전체에 거대한 영향을 미쳤다. 이 사건들이 프레스터 요한과 그의 왕국에 관한 전설을 낳았다. 바로 이 사건들이 이 책의 연구 대상이다. 8세기에 일어난 투르크 한국汗國의 몰락에서 13세기 전반에 일어난 몽골 제국의 형성에 이르는 대초원 지대의 역사가 이 책에서 다루어지고 있는 셈이다.

구밀료프는 『훈족』과 『고대 투르크족』의 저자이다. 이 두 저서에서 그는 연구 가능한 가장 이른 시기부터 9세기까지 이르는 중앙아시아의 유목민들의 역사를 체계적이고 상세히 다루었다. 이 책은 이 두 저서의 직접적 연속물이다. 이 책은 유럽 민족들의 역사에서 가장 어둡고 가장 연구 되지 않은 시기에 빛을 던지고, 몽골 제국의 부상을 낳은 과정과 '우주를 뒤흔든 사람' 칭기즈칸의 역사를 드러낸다.

역사 서술은 보통 대초원 지대를 어떤 단일체로 여기고 모든 유목민을 비슷하게 묘사한다. 이 저서는 위에서 언급한 구밀료프의 전작과 마찬가지로 그러한 생각을 종식시킨다. 초원 지대는 예컨대 유럽의 역사나 근동의 역사 못지않게 강렬하고 정력적인 고유의 역사를 갖고 있다. 초원의 민족들은 발전 과정에서 독창적인 사회와 문화를 창조했으며, 이는 전혀 정체된 것이거나 원시적이지 않았다. 초원의 민족들은 각각 고유의 독특한 특징과 개성을 갖고 있었다. 저자는 이 책에서 이를 드러내는 데 성공했다.

이와 관련해 구밀료프의 연구 방법에 관해 몇 마디 할 필요가 있다. 신뢰할 만한 결과를 빨리 끌어내는 것과 관련해 그의 연구 방법과 기존 방법들의 관계는 대수와 산수의 관계와 비슷하다. 그가 이 책에서 성취한 것을 보통의 방법으로 성취하려면 좁은 범위의 전문가들만이 접근할 수 있는 최소한 네 개의 전공 논문을 평생에 걸쳐 써야 할 것이다. 그의 방법 덕분에 그는 과도한 노력을 피하고서도 대체로 동일한 결과를 얻을 수 있었다. 이 방법을 간단히 묘사하자면, 일반적으로 수용되고 있는 귀납적 방법이 아니라 축적된 자료에 역사적 연역을 적용하는 방법이라 할 수 있다.

말할 것도 없이, 귀납적 방법은 우리가 축적된 자료를 다룰 때 훌륭하고 필수적인 방법이다. 그러나 학자들이 극소수의 산재한 사료들만 갖고 있을 때 이 방법은 일반화된 역사적 그림을 창조해내는 데 무력하다. 이러한 경우에는 귀납적 방법으로 문제를 푸는 것이 불가능하다.

구밀료프가 자신의 연구를 위해 이러한 저서 형식을 택한 것은 우연이 아니다. 이 형식을 통해 그는 극히 다양한 분야의 방법과 업적을 적용해 자신의 문제들을 해결할 수 있었다. 그는 자신의 다양한 연구 방법 각각에 대해 쥐구멍으로부터의 조망, 언덕으로부터의 조망, 조감鳥瞰 그리고 대서양 해변에서 태평양의 파도까지 이르는 드넓은 역사적 파노라마 등 생생한 이름을 부여한다. 이러한 입체경적 연구 방법을 사용함으로써 그는 역사학뿐만 아니라 민족지, 고고학, 물리지리학, 토양과학, 기후학에서도 중요한 의미를 가진 자료를 얻고 있다.

저자는 전부터 이 방법을 사용해왔다. 이 방법 덕분에 그는 하자리아[Khazaria(투르크족이 세운 중세 유라시아 지역 최대 국가 중 하나(618~1048년). 오늘날의 유럽 방면 러시아 대부분, 즉 카자흐스탄 서부, 우크라이나 동부, 아제르바이잔, 북부 코카서스 지역 대부분, 조지아의 일부, 크리미아 반도 북부 터키로 이루어져 있었다]를 밝히고 유라시아 유목 지대의 기후사를 설명하는 데 성공할 수 있었다. 따라서 우리는 이 책을 단순히 역사적 탐구라고만 부를 수 없다. 이 책은 극히 다양한 분야에서 나온 자료의 종합이며, 민족학이라고 불릴 수 있는 한 종합과학의 창조를 향한 필수적인 단계이다.

루덴코

1부

책상의 삼면경

|1|
문헌 연구를 넘어

| 책을 읽는 것에 관해 |

어떤 주제에 대해 관심이 생겨날 때 그것에 대해 모든 것 — 이 주제가 무엇을 의미하는가, 주변 것들과 어떻게 연결되는가, 나와 나의 동시대인들에게 어떤 의의를 갖는가 — 을 알고 싶은 사람들은 먼저 이 모든 것을 서술해놓은 적당한 책을 찾는다. 그리고 그것을 읽으며 마음의 평화를 얻고 다른 문제로 넘어갈 수 있기를 바란다. 호기심이라는 악마가 다시 마음을 사로잡지 않는다면 말이다.

나는 칭기즈칸의 강력한 제국이 어떻게 몽골의 황량한 초원 지대에서 갑자기 일어났다가 한 세기 후에 또 갑자기 사라졌는지를 간절히 알고 싶었다. 물론 나는 책 구하는 일에 즉시 나섰지만 얼마나 실망스러웠던가. 책은 평생을 읽어도 다 읽을 수 없을 정도로 많았지만 정작 내 의문에 해답을 주는 책은 없었다.

내가 모든 책을 다 읽은 것은 아니니 그렇게 단언할 권리가 없다고 말할 사람도 있을 것이다. 다행히도 우리는 중세 스콜라철학으로부터 무언가를 물려받았다. 주석과 참고문헌의 체계 말이다. 광범위한 주제를 다루는 저작을 읽을 때 우리는 참고문헌을 통해 무엇이 어디에서 취해졌는지를 쉽게 확인할 수 있다. 이러한 저작들의 저자들은 정확하다. 만약 하나의 세계 제국이 등장한 원인에 대해 빛을 던져줄 어떤 귀중한 정보를 어딘가에서 얻었다면 그들은 틀림없이 기록했을 것이다. 불행히도 그와 같은 자료는 어디에도 없었고, 내 스스로 텍스트들을 파고들어야 했다.

하지만 거기에서도 역시 실망거리만 기다리고 있었다. 어떤 사료의 저자들은 몽골 제국이 일어나기 전에 아시아에 큰 기독교 왕국이 있었다는 이야기를 하고 있는데, 같은 시기 다른 사료의 저자들은 이에 대해 아무 말이 없다. 나는 완전히 길을 잃고 말았다. 나는 고약하기 짝이 없는 나의 호기심을 충족시키기 위해 만사를 제쳐놓고 유목민들의 역사에 대한 진지한 연구에 착수해야 했다.

그러나 역사는 미묘하다. 다양한 자료에서 그냥 정보를 수집해놓고 보면 대개는 서로 모순된다. 다른 정보와 일치하는 것들만 뽑아 보면 마치 구슬로 쌓은 피라미드처럼 흩어져버린다. 그것들은 꿰매지고 접착되어야 하지만 그렇게 할 수단이 없다. 그래서 나는 이렇게 생각했다. 지금 옳은 것으로 알려져 있는 것, 즉 칭기즈칸이 살았었고 그의 제국이 존재했다는 것과, 지금 의심스러운 것으로 알려져 있는 것, 즉 프레스터 요한이 '세 개의 인도'를 통치했다는 것을 모두 받아들이자. 그리고 양자를 서로 비교해보고 무슨 일이 일어나는지를 보자. 그렇게 하면 그러한 결합으로부터 즉시 하나의 유기적인 관념이 나온다. 왜냐하면 거기에는 긍정적인 가치도 있고 부정적인 가치도 있을 것이기 때문이다. 이것이 내가 한 일이다. 이제 나의 그러한 시도가 과연 얼마나 성공적이었는지를 독자들이 판단해주기 바란다.

| 신빙성 있는 거짓말 |

1145년에 하나의 소문이 서西로마-게르만 봉건 가톨릭 유럽을 관통하며 왕과 고위 성직자들, 기사와 상인들, 귀족 숙녀들과 아름다운 정부들, 천한 지방 귀족들 그리고 제노바, 베네치아, 피사의 지중해 선단 선원들 — 한 마디로 말해 당시 준비 중이던 제2차 십자군과 간접적으로라도 관계를 맺고 있던 모든 사람 — 의 상상력을 뒤흔들었다.

독일의 빼어난 역사가로『두 나라De duabus civitatibus』라는 세계사 연대기와『프리드리히[바르바로사] 황제의 행적Gesta Friderici imperatis』을 남긴 프라이징의 오토Otto of Freising는 다음과 같은 기록을 남겼다. "우리는 또 시리아 출신으로 최근 가불Gabul[『구약』에 고대 이스라엘의 두 곳이 가불이라는 이름으로 언급되고 있다]의 주교로 임명된 사람을 만났다. …… 그가 말하기를, 수년 전에 페르시아와 아르메니아를 넘어 동양 끝에 사는 사람들의 왕이자 사제인 요한이라는 사람이 셈족 형제인 메데스족과 페르시아족의 왕들에 맞선 전쟁에서 비록 네스토리우스파이기는 하나 기독교를 고백하면서 진군해 그들의 수도 엑바타나Ecbatana〔?!〕[엑바타나는 메디안 제국의 마지막 왕 아스티아게스Astyages의 수도로 여겨지는 곳으로, 기원전 549년에 페르시아의 키루스 대왕에 의해 점령되었다]를 정복했다고 한다. …… 이 요한이라는 사람은 승리를 거두고 신성한 교회를 도우러 오기 위해 계속 전진했다. 하지만 티그리스 강에 도착했을 때 배가 없어 강을 건너지 못하자 북쪽으로 진군했다. 겨울에는 강이 언다는 것을 이미 알았기 때문이다. 그러나 따뜻한 날씨로 강이 얼지 않아 거기에서 아무 보람 없이 몇 년을 지내면서 목표를 이루지 못하자 본국으로 돌아가지 않을 수 없었다. 악천후로 수많은 병사들을 잃었기에 더더욱 그러지 않을 수 없었다는 것이다. …… 이 이야기와는 별도로, 사람들은 그가 '동방박사'의 후손이라고 말한다[1] (베들레헴 하늘의 별을 보고 아기 예수에게 선물을 가져갔다고 하는 「마태복음」의 동방박사를 말한다).

독일의 다른 연대기들에도 이와 비슷한 정보가 나타난다.[2] 이 왕-사제에 관한 정보는 참된 것으로 간주되기 시작했다. 이 전설에 새로운 세부항목이 추가되었다. 즉, 프레스터 요한이 비잔티움의 황제 콤네노스Manuel Comnenus에게 보낸 편지가 나타났는데, 그것은 아랍어로 쓰여졌다가 교황을 위해 그리고 바르바로사Frederick Barbarossa 황제를 위해 라틴어로 번역되었던 것 같다. 아랍어 원본은 보존되지 않았지만 우리에게 전해 내려온 판본은 (축약된 형태로) 다음과 같다.

> 나 프레스터 요한은 전지전능하신 하느님과 왕 중의 왕, 통치자 중의 통치자 우리 주 예수 그리스도의 권능에 의지해 나의 친구 콘스탄티노플의 콤네노스에게 하느님의 자비로 건강과 번영이 함께 하기를 비노라. ……[3]

비판적 능력을 가진 독자라면 이 인사말만으로도 경계 자세를 취할지 모른다. 요한은 그의 봉신들을 왕이라고 부르지만 콤네노스 폐하를

---

1) *Scriptores rerum Germanicarum in usum scholarum*, rec. A. Hofmeister, Hannover-Leipzig, 1913, p. 365 이하. R. Khennig, *Nevedomye zemli*, II, p. 441에서 인용.
2) 앞의 책.
3) 앞의 책.

콘스탄티노플의 제후라고 부른다. 아무런 이유도 없이 이처럼 명백한 결례를 범하면 동맹과 친선은커녕 외교 관계가 단절되었을 것이다. 그러나 이 편지의 저자, 이 편지의 날조자는 자신의 청중을 알고 있었다. 가톨릭 서구에서는 비잔티움의 정교 황제를 모욕하는 것, 심지어 상상으로라도 모욕하는 것이 당연지사로 받아들여졌으며, 그렇게 하면 글이 불신을 받는 것이 아니라 글의 의도가 더 잘 관철되었을 것이다.

계속해서 프레스터 요한은 스스로 '세 개의 인도'라고 부른 자신의 왕국을 묘사하고, 수도를 수자Suza라고 부른다. 고대 지리를 조금이라도 아는 독자라면 이 편지의 저자 자신이 고대 지리에 대해 아무것도 이해하지 못하고 있음을 알아차릴 것이다.

물론 콘스탄티노플 측에서는 이 황당무계한 이야기에 전혀 주의를 기울이지 않았다. 그러나 12세기의 서유럽인들에게는 자신들이 완전히 속고 있다는 생각은 꿈에도 떠오르지 않았다.

'프레스터 요한'은 유럽인들이 보기에 가장 이국적인 동물들을 위시해 자기 왕국의 살아 있는 모든 생물에 대해 마치 의무이기라도 한 듯 꼼꼼히 묘사하는데, 이는 인용할 만한 가치가 아주 많다. "코끼리, 단봉낙타, 쌍봉낙타, 메타 콜리나룸meta collinarum(?)[알 수 없는 동물이다], 카메테누스cametennus(?)[알 수 없는 동물이다], 틴세레테tinserete[알 수 없는 동물이다], 팬더, 나귀, 흰 사자와 붉은 사자, 흰 곰, 흰 대구(?), 매미, 독수리 그리핀eagle gryphon[독수리의 머리에 사자의 몸을 한 괴물이다], …… 뿔난 인간, 외눈박이 인간, 머리 앞뒤로 눈이 있는 사람, 켄타우로스, 파우니faun[반인반양半人半羊의 숲, 들, 목축의 신], 사티로스satyr[주신 바쿠스를 섬기는 반인반수半人半獸의 숲의 신], 난장이, 거인, 키클롭스cyclops[그리스 신화에 나오는 애꾸눈 거인], 피닉스 그리고 지구에 살고 있는 거의 모든 종류의 동물. ……"4)

이 편지의 저자는 이 목록을 어디에서 얻었을까? 중세의 판타지 아니면 어디에도 없다. 왜냐하면 이 장르는 소멸된 적이 없기 때문이다. 참으로 놀라운 것은 사람들이 이 헛소리를 500년 이상 계속 믿었다는 것이다. 그러나 이것이 '신빙성 있는 자료'에 포함된 말의 힘이고, 이것이 이 편지의 본질이었다. 교황 알렉산더 3세가 1177년 9월 27일에 '왕-제사장 요한'에게 전달하라며 주치의 필립 명인名人에게 긴 서한을 준 것도 바로 이 때문이었다. 밀사와 편지가 즉시 베네치아를 출발했다. 그러나 어디로? 극동에 있다는 광대하고 위대한 기독교 왕국의 위치는 알려져 있지 않았고, 그곳을 찾으려는 모든 시도는 실패했다. 그럴 수밖에 없던 것이, 동방 기독교 왕국은 존재하지 않았던 것이다.

유럽인들은 오랫동안 실패를 인정하려 하지 않았지만 결국 어쩔 수가 없었다. 요한의 왕국은 그렇게도 자세히 묘사되었건만 인도에서도 이집트에서도 중국에서도 비슷한 것조차 찾을 수 없었다. 19세기에 이르면 그렇게 날조한 이유가 무엇일까 그리고 옛 사람들은 어째서 그리 쉽게 믿었을까 하는 이유를 찾는 것만이 역사학자들의 임무가 되었을 뿐이다. 하지만 심지어 지금도 역사적 비판 방법은 원칙상 중세와 다르지 않다. 게다가 진실과 거짓은, 다만 비율만 다를 뿐 항상 섞여 있기 마련이다.

아니 땐 굴뚝에 연기가 날리는 없다. 실제로 일어난 어떤 사건이 이 소문의 원인이었음은 이제 의문의 여지가 없다. 셀주크의 술탄 산자르Sanjar의 병력이 1141년에 카트완Qatwan 평원에서 거란의 구르칸大汗 야율대석耶律大石[서요西遼의 창건자로, 야율달실耶律達實이라고도 한다(1087~1143년)] 아

---

4) 앞의 책.

래 단합한 중앙아시아 부족들의 징집군에게 패배한 사건이 그것이다.5) 이 유목민들 중에는 아마 네스토리우스교 교인들도 있었겠지만 야율대석이 어떤 종교에 특별히 공감하고 있었다면 그것은 불교일 수밖에 없었다. 그의 병력은 티그리스 강까지 가지 않았고, 그런 시도도 없었다. 그의 왕국은 작아서 제티수Zhetisu[카자흐스탄 남동부에 있는 지역으로 카자흐스탄어로 7개의 강이란 뜻이다. 이 때문에 영역본에는 'Seven Streams'로 되어 있다. 발하슈호수 남동부에 있다] 지역, 중가리아[중국 신장웨이우얼 자치구 북부에 위치한 분지로 텐산과 알타이 산 사이에 있다. 중국어로는 준가얼准噶爾이다] 분지 일부, 알타이 산맥의 남쪽 사면만 포함하고 있었다. 요한이라는 이름은 거란 군주들의 이름에 올라가 있지 않으며, 중세 유럽인들의 이 사치스러운 발명품과 비슷한 어떤 것도 아시아에서 발견된 적이 없다.6) 그렇다면 우리는 즉시 두 가지 큰 문제와 마주친다. 1) 거기에는 정말 무엇이 있었을까? 2) 신빙성 있는 자료조차 허위 정보를 주는데, 과연 자료 일반을 믿을 권리가 있을까? 만약 그렇지 않다면 어떻게 신뢰할 만한 정보를 얻을 수 있을까? 우리가 이 책에서 대답하려고 하는 것이 이 두 가지 질문이다.

---

5) '제사장 요한' 문제에 관한 문헌은 방대하지만 이 문제가 V. V. Bartol'd(*O khristianstve v Turkestane*, p. 25; cp. I. P. Magidovich, *Kniga Marko Polo*에 붙이는 서론격의 논문, pp. 5~11)에 의해 해결되었기 때문에 이제 중요성을 잃었다. 이 문제의 경과에 대해서는 R. Khennig(*Nevedomye zemli*, II, pp. 446~461)에서 서술되고 있지만 그는 자신의 논평에서 중앙아시아 동부의 역사에 대해 심각한 실수를 저지르는데, 이에 대해서는 책의 편집자가 부분적으로 지적하고 있다(pp. 446~448).
6) 비잔티움의 황제 콤네노스(1143~1180)에게 보내는 '프레스터 요한의 편지'라는 허위 문서를 참조하라(R. Khennig, *Nevedomye zemli*, II, pp. 442~443). 옛 러시아의 '인도 왕국 이야기'에도 콤네노스 황제가 '프레스터 요한'과 서신을 교환했다는 언급이 있다(Yu. K. Begunov, *Pamyatnik russkoi literatury XII veka 'Slovo o pogibeli Russkoi zemli'*, p. 101).

| 떠오르는 난제들 |

다행히 중세의 역사에 대해 우리 선배들이 연구해놓은 것이 결코 빈약하지는 않다. 빈약하지 않다는 것은 정치사와 관련된 대다수 사건의 순서가 확립되어 있고, 전쟁, 조약, 외교적·왕조적 동맹, 법률, 사회 개혁 등의 날짜가 제대로 추적되어 있다는 뜻이다. 바꾸어 말해 우리는 다양한 방식으로 채색될 수 있는 캔버스를 갖고 있으며, 이 캔버스를 이용해 '제사장-왕 요한'의 이야기 같은 명약관화하게 어리석은 정보를 반박하거나 의문시할 수 있다.

그러나 또한 이 세상에는 너무나 많은 사건이 일어나기 때문에 이 모든 것을 한 눈에 보거나 기억 속에 다 담을 수는 없다. 그러므로 좁은 전문화를 통해 비교적 짧은 시기의 단 한 나라만 연구하는 것이 보통이다. 하지만 중세의 연대기 편찬자들이 요한에 관한 어리석은 정보를 받아들이게 된 이유는 바로 이 좁은 전문화의 길을 취했기 때문이다(이 정보는 비잔티움과 옛 러시아의 학술 저장고에는 들어 있지 않은데, 그리스인과 러시아인은 아시아와 더 가까워서 동시대의 독일인이나 프랑스인보다 아시아를 더 잘 알았기 때문이다). 따라서 좁은 전문화의 길을 밟는 결과 연구자의 눈은 가려지게 되고, 전망의 부재는 깊이의 부재 못지않게 많은 오류를 초래하게 된다.

따라서 우리 주제를 제대로 다루려면 네스토리우스교가 흥기, 발전, 소멸한 땅의 역사, 곧 마르마라해〔흑해와 에게해를 잇는, 따라서 터키의 아시아 쪽 영토와 유럽 쪽 영토를 가르는 내해〕에서 황해에 이르는 아시아 역사의 천 년을 가장 넓은 필치로 그려내야 한다. 우리의 관심과 관련되는 모든 사건을 고려하기 위해서는 이 목적에 특별히 맞추어진 체계 속에 이 사건들을 집어넣는 수밖에 없다. 그러나 그러한 체계는 존재하지 않기 때문에 우리가 그것을 하나 발명해내야 하며, 동시에 그 목적은 순전히 보조 수단으로 사용하기 위한 것임을 명심해야 한다.

결론에 이르는 데 필요한 자료는 두 가지 방법으로 입수할 수 있다. 1) 사료, 곧 사건들이 일어난 시기에 산 동시대인들의 글에서 직접 입수할 수 있다. 2) 19세기와 20세기에 쓰여진 약사略史들에서 입수할 수 있다. 두 번째 방법은 수많은 장점을 갖고 있다. 우선 덜 부담스럽다. 중세의 판본들은 이미 검증되어 있고, 특별히 요청되지 않는 한 다시 검증하는 일은 무의미하다. 사건들이 인과적·순차적 계열에 따라 배열되어 있어 해석 작업을 쉽게 해준다. 그리고 마지막으로, 독자들은 별어려움 없이 우리의 추리 경로를 따라와 우리의 결론들이 맞는지를 점검할 수 있다. 아, 그러나 우리가 여기에 국한되어서는 안 된다. 역사 서술에서 모든 것이 이만큼 간단하다면 우리가 이미 만났고 앞으로도 거듭 만나게 될 문제들이 일어나지 않았을 것이기 때문이다. 따라서 우리는 재삼재사 사료로 돌아가지 않을 수 없을 것이다. 돌아가되, 문헌학 혹은 문헌 검토의 관점에서 돌아가는 것이 아니라 의심이나 불신을 불러일으키는 정보의 신빙성을 점검하기 위해 돌아가야 한다. 사료를 연구할 때 언어학도나 문헌학도는 '이 저자는 무엇을 말하고 있는가?' 하는 질문에 대답하려고 애쓴다. 그러나 역사학도는 이와 달리 '이 저자가 우리에게 말하는 것 중에서 무엇이 진실인가, 그는 무엇을 뺐고 실제의 사실은 어떠했는가?' 하는 질문에 관심이 있다. 양자의 차이는 명백하다.

결론에 오류나 결함이 있다면 이는 피상적인 사료 연구 때문이라는 견해가 아주 널리 퍼져 있다. 이 견해가 암묵적으로 가정하는 것은, 학자들이 이용할 수 있는 사료들에는 필요한 모든 것이 담겨 있어 연구 주제에 대해 완벽한 지식을 얻을 수 있다는 것이다. 학자들이 중세 저자의 저작을 최상의 정확함으로 번역하고, 이를 자기 자신의 언어로 다시 이야기하기만 하면 이 저작과 관련된 주제 문제들을 해결할 수 있다는 것이다. 이 견해는 어디에서도 특별히 정식화된 일은 없지만 어떤 명백한, 그래서 재고의 필요가 없는 가정으로 존재하고 있다. 하지만 그러한 견해는 만약 역사학자가 사료를 맹목적으로 따라간다면 옛 저자의 관점을 반복하는 것이 될 뿐, 옛 저자 자신에게도 분명치 않았던 문제의 진상을 밝히지는 못하게 되리라는 점은 간과하고 있다. 이와 같은 접근법에 있어 사료 비판이란 사료의 신빙성을 확립하는 것과 다름없다. 그러나 여러 사료가 각각은 의심의 여지없이 신빙성이 있는데도 서로 모순될 경우 이는 쉽게 넘을 수 없는 장벽이 된다. 그렇다고 해서 다음과 같은 제안을 따른다면 이 장벽을 넘을 수 있을까? 즉 몽골의 역사에 대한 현대와 고대의 모든 연구를 부정하면서 어떤 선배도 따르지 않고 아랍어, 페르시아어, 그리스어, 중국어, 몽골어, 라틴어, 조지아어, 아르메니아어 사료를 새로 번역한 다음, 마지막으로 이전 가설보다 더 나으리라는 확신은 없지만 아무튼 새로운 가설을 내놓아보자는 제안이 그것이다.

   나는 그러한 노선에 매력을 느끼지 못한다. 일차적인 이유는 (만약 내가 번역한다면) 나의 번역이 가장 총명하고 학식 있는 전문가들의 번역보다 더 낫고 더 정확할 것이라고 선언할 용기가 없기 때문이다. 반대로 역사학자는 자기 고유의 관점을 갖고 항상 이 관점을 확인해주는 번역을 좋아할 것이다. 그가 자신에게 맞는 번역을 의식적으로 선택하는지 아니면 그것이 사물의 진상이라고 정직하게 믿는지는 전혀 중요하지 않다. 심지어 직역하려고 애쓰는 것조차 상책이 아니다. 직역이 항상 가장 정확한 번역인 것은 아니다. 왜냐하면 문학작품에서 느낌과 어조의 미묘한 차이는 동사 형태나 구문 전환보다 훨씬 더 많은 것을 내포하는데, 직역은 그것을 잘라내 버리기 때문이다.

하지만 이 노선의 주된 결점은 주제 연구가 그러한 주제를 다루고 있는 텍스트들에 대한 연구로 대체되어버린다는 점이다. 우리의 관심사는 네스토리우스교 문제이지 그것에 대해 당대 사람들이 무엇을 썼는가가 아니다.

비판을 통해 사료에서 추출한 사실들이 우리에게 사건들의 경과를 제대로 가르쳐주는 일은 아주 드물다. 왜냐하면 사료들은 많은 중요한 사건들은 항상 빠뜨리면서도 중요하지 않은 사건들은 지나치게 강조하기 때문이다. 『구약성서』가 가장 좋은 예이다. 만약 다른 어떤 책도 읽지 않는다면 기원전 첫 천 년 동안 근동의 역사 전체가 이스라엘과 유대를 중심으로 돌아갔다는 것을 의심할 수가 없을 테니까. 하지만 지금 우리는 실제로 이스라엘과 유대는 근동 세계의 머나먼 저편 끝이었고, 이 근동 세계의 역사적 운명은 아주 다른 민족과 국가들에 의해 결정되고 있었음을 잘 알고 있다.

이와 꼭 마찬가지로 『롤랑의 노래』에 따르면 778년에 스페인에서 전개된 샤를마뉴 대제의 첫 번째 원정에서 주된 사건은 롤랑이 무어인들과의 불리한 전투에서 영웅적으로 싸우다 죽은 것이다. 그러나 우리는 지금 대체로 그러한 전투는 없었고, 롤랑은 사실 무어인들이 아니라 바스크족에게 롱스발Roncesvalles[스페인 북쪽에 있는 작은 마을] 협곡에서 죽임을 당했음을 잘 알고 있다. 그러나 사건들이 이처럼 노골적으로 왜곡되었다고 해서 『롤랑의 노래』가 일급 사료가 되지 못하는 것은 아니다. 마찬가지로 1185년에 뽈로베쯔Polovtsy족[11세기 중반까지 유라시아 초원 지대의 광대한 영토를 지배했던 부족연합체로 몽골어로는 킵차크족이라고 불렀다]에 대한 이고르 왕자의 전쟁이 『이고르 원정기』에 묘사된 것과는 아주 다르게 일어났다고 해서 이 '서사시'가 일급 사료가 되지 못하는 것은 아니다.7)

따라서 분석을 행하는 것이 요긴한데, 이는 사실들의 공시적 선별을 통해 적절히 이루어질 수 있다. 그렇게 함으로써 사료들이 무엇을 과장하고 무엇을 누락하고 있는지, 또 전체 그림 어디에 빈틈이 있는지를 밝혀내기가 쉬워진다. 전체 그림 속의 빈틈은 내삽법으로만 메울 수 있는데, 곧 사료에서 끌어낸 사건들의 거친 개요를 인과적인 순차적 고리들의 도움으로 채우고 다듬는 것이다.8) 내삽을 하면 정확성은 자연히 감소되지만 그 감소가 크게 일어나지는 않으며, 전반적인 윤곽도 훼손되지 않는다. 그러나 이와 반대로 할 경우에는 전반적인 윤곽을 잃게 된다. 다음에 할 작업은 종합이다. 곧, 이렇게 해서 얻은 역사적 개요를 인접 연구 분야에서 비슷하게 확립된 일련의 유사한 사실들과 비교해보는 것이다. 종합이란 무엇이 유사하고 무엇이 유사하지 않은지를 분명히 하고 이 둘을 설명하는 것을 뜻하며, 이것이 이 연구의 목적이다.

그래서 우리의 방법들의 사슬에는 네 개의 고리가 있다. 1) 어떻게 (그것이 쓰여져 있는가)? 2) (그것의 진상은) 무엇인가? 3) 왜 (그런 방식으로 일어났는가)? 4) 그래서 요점은 무엇인가?(연구의 최종 생산물).

---

7) L. N. Gumilev, "Les Mongols du XIIe siècle et le Slovo o polku Igoreve", *Cahiers du Monde russe et soviétiques*, vol. VII, 1966, pp. 37~57.
8) L. N. Gumilev, "Rol'klimaticheskikh kolebanii. ……", *Istoriya SSSR*, 1967, no. 1.

나의 접근법을 완전히 이해하지 못해 일어날 수 있는, 아니 불가피하게 일어날 비판을 미연에 차단하기 위해 나는 서둘러 이렇게 덧붙이지 않을 수 없다. 나는 옛 텍스트들을 다시 번역하는 것에 반대하지 않으며, 심지어 찬성까지 한다. 그러나 그처럼 힘들고 복잡한 작업이 정확히 어떤 결과를 낳을지를 고려하지 않는 것은 변명할 수 없는 사치라고 생각한다. 결과는 다양할 수 있다. 격조 높은 문헌을 거듭해서 번역해보고 또 비슷하게 여러 가지로 번역해보는 것은 극히 바람직하다. 번역자마다 각자가 느끼는 의미의 심미적·문체적 뉘앙스와 음영을 전달할 수 있을테니 말이다. 여기서 복제는 나올 수 없다. 왜냐하면 예술적인 번역은 항상 원본과 다르며, 또 다른 유사한 번역, 특히 여러 세대 전에 이루어진 번역과 다르기 때문이다. 여기서는 언어도 연상과 반영의 체계로 중요하며, 우리는 선조들이 우리와는 다르게, 비록 조금밖에 다르지 않지만 다소 다르게 말했음을 잘 알고 있다.

사무와 관련된 번역은 다른 문제이다. 이 경우 용어가 변하지 않는다면 문체의 의미도 바뀌지 않는다. 가령 루스족[루시라고도 하며, 러시아에 살던 고대 부족을 말한다. 이들로부터 러시아라는 이름이 유래했지만 기원이나 정체에 대해서는 논란이 많다]이 칼카Kalka 강[우크라이나의 도네츠크 주에 있는 강으로 지금은 칼치크Kalchik 강으로 불린다. 이 강에서 1223년 5월 31일에 몽골 제국과 루스족 사이에 전투가 벌어져 몽골군의 승리로 끝났다]에서 패배한 것을 묘사하는 데 어떤 표현을 썼든 그러한 사실 자체는 변하지 않을 것이며, 죽은 왕자들이 다시 살아나지도 않을 것이다. 우리의 분석을 위해서는 이런 번역만으로도 아주 좋으며, 그래서 우리는 이 이상의 번역을 자제함으로써 찬부 양론을 불편부당하게 저울질할 수 있어야 할 것이다.

용어들(계급명, 씨족명, 부대명, 지명, 민족명 등등)에 관해 이야기해보

자. 역사학자는 개개 단어의 어원에 기대지 않고 여러 맥락에서 이 어려운 단어들을 통해 묘사되는 복잡한 사건들에 기댈 때 자기 나름의 길을 느낄 수 있다. 그렇게 하지 않으면 이 용어들을 해명하려 할 때 언어 전문가들은 역사학자에게 도움이 될 수 없을 것이다. 이것이 우리가 '교황 요한' 문제를 텍스트 문제로 보지 않고 12세기의 역사적 현실에 관한 문제로 보는 이유이다. 아무리 이상하게 보일지라도 동방 기독교 문제는 이 12세기의 역사적 현실에 대해 결정적으로 중요하다.

| 연구의 도정에 서서 |

'역사'를 어떻게 써야 하느냐는 문제는 아직 해결되지 않았고 앞으로도 해결되지 않을 것이다. 게다가 답이 나와야 할 이유도 없다. 왜냐하면 이 경우는 처방이라는 것이 도움보다는 해가 될 것이기 때문이다. 동시대의 연구자 두 명이 동일한 시기에 대해 연구하고 있다고 할 때 두 사람이 설사 사건을 해석하고 현상을 평가하는 데 완전한 의견 일치를 이루었다고 해도 동일한 방식으로 주제를 다룰 것이라고 생각할 수는 없다. 왜냐하면 각자 자신의 학문적 관심에 더 가까운 주제에 더 많은 주의를 기울일 것이기 때문이다. 바로 이 다양성 덕분에 독자 앞에 등장하는 역사적 과정이 다양한 시각 속에서 더 완전하게 객관적으로 인식될 수 있다.

역사적 설명의 형태, 스타일, 언어는 저자가 어떤 청중을 염두에 두고 있는지, 전문학자를 염두에 두고 있는지, 아니면 해당 연구 주제에 관심이 있는 일반 독자를 염두에 두고 있는지에 의해 결정된다. 전자의 경우, 복잡한 문제들에 대한 아주 상세한 설명이 필요하며, 저자는 이 문제들에 대해 답을 제시해야 한다. 사건들의 진행에 관한 한, 전문가라면 알고 있기 때문에 최소한의 설명에 그친다. 그리고 해당 문제의 증거와 역사에 초점이 맞추어지기 때문에 건조하고 사무적인 언어가 특징이다. 이와 같은 책은 본질적으로 논문의 연장에 불과하다.

후자의 경우, 저자는 각주를 이용한 분석적 작업들에 의존해 역사적 종합에 보다 많은 주의를 기울인다. 인용되는 논문들의 주장을 되풀이할 이유는 없다. 그렇게 하면 독자가 저자가 펼치는 생각의 궤적을 따라가는 데 방해가 되기 때문이다. 사건들의 전개에 대한 설명이 결정적으로 중요해지는데, 왜냐하면 바로 그러한 설명을 통해 한 시기 전체에 대한 감이 마치 망원경을 보는 것처럼 뚜렷한 초점을 얻게 되기 때문이다. 시각적인, 때로는 감성적인 언어 사용도 허용된다.

마지막으로 세 번째 접근법, 곧 참고서의 접근법이 가능하다. 역사학자까지 포함해 독자들이 역사의 모든 부문을 똑같이 잘 알고 있는 것은 아니다. 역사학은 20세기에 들어와 범위와 깊이가 매우 확장되었다. 그래서 예컨대 이탈리아 르네상스를 전공한 역사학자라면 인도나 중국의 역사에 대해서는 단지 교양 있는 독자 수준에 지나지 않는다. 우리가 다루고자 하는 주제들과 관련해서는 특히 더 그러하다. 유목 생활에 대해 여러 언어로 쓰여진 방대한 전문적 문헌이 존재하지만 큰 수고를 들이지 않고 필요한 정보를 끄집어낼 수 있는 일반적이고 간략한 요약서는 한 권도 없다. 그렇다면 실증적 지식에 쉽게 접근하는 것이 중요한데, 그렇게 하면 아껴둔 힘을 지금 고찰 중인 주제에 쏟아 부을 수 있다.

천 년 전에도 과잉 정보 문제는 아직 후대가 넘지 못한 최고의 역사가들을 심란하게 했다. 포르피로게니투스Constantinus Porphyrogenitus〔비잔틴 제국의 콘스탄티누스 7세로 905~959년. 4권의 책 De Administrando Imperio, De Ceremoniis, De Thematibus, Vita Basilii로 유명하다]는 그러한 어려움에 마주치자 이렇게 썼다 "사료가 거대하게 쌓여 감당할 수 없게 되었다. 그래서 이 저작의 목표는 고금의 저자들에게서 발췌한 것을 합치는 것이다." 이렇게 해서 그는 자기에게 중요한 두 가지를 말하고자 했다. 첫째는 사실을 확립하는 것으로, 저자가 어떤 자료원에서 이 사실을 취했는지는 중요하지 않았다. 둘째는 이 사실과 다른 사실들 사이의 고리를 확립하는 것으로, 곧 이 사실이 사건들의 사슬에서 어디에 위치하는지를 찾는 것이다. 그가 역사학의 주제라고 생각한 것이 바로 이것이었으며, 그 밖의 것, 곧 역사 편찬은 부차적인 일이고 항상 필요한 일은 아니라고 보았다.

하지만 어떤 나라나 어떤 민족의 역사를 쓰기 전에 먼저 그에 대한 관점을 가져야 한다. 우리는 그것을 상이한 방식으로 바라볼 수 있다. 새처럼 높은 하늘에서 조감할 수도 있고, 언덕에서 바라볼 수도 있으며, 쥐구멍에서 바라볼 수도 있다. 어느 경우건 우리는 뭔가는 보고 뭔가는 잃지만 세 가지 관점 모두를 결합할 수는 없다. 따라서 우리는 특정한 시기에 우리에게 필요한 관점을 선택해야 한다.

따라서 역사적 분석에서는 이 세 가지 방법을 모두 사용하는 것이 가장 좋다. 왜냐하면 그 중 어떤 것이 더 낫다고 할 수는 없는데, 그것들은 각각 상이한 질문에 대답하기 때문이다. 여기서 제안하는 접근법은 그냥 분석이다. 곧, 역사에서 모호한 것들을 풀어낸 다음 다양한 연구 방법의 결과를 고려해 종합으로 나아가는 데 필요한 '해체'인 것이다. 오직 이런 식으로만 우리는 자질구레한 것들에 파묻혀 연구 대상 ― 세계사의 리듬 ― 을 잃는 일 없이 프로크루스테스의 침대 같은 기존의 도식을 깨고 나올 수 있다.

| 이제 종합을 위해 |

우리는 밤하늘은 망원경으로, 여인의 옆모습은 맨 눈으로, 곤충은 확대경으로, 물 한 방울은 현미경으로 관찰한다. 그런데 역사는 어떻게 관찰할까? 유감스럽게도 대체로 쓸데없는 논쟁이 일어났던 이유는, 어떤 사람들은 역사적 과정을 예컨대 1,000배로 축소해서 보려 하고, 또 어떤 사람들은 아마 850배로 확대해서 보려 하면서 순진하게도 이런 식으로 어떤 근사적 평균치에 도달할 수 있을 것이라고 가정해왔기 때문이다. 바로 이것이 방법들 사이의, 학파들 사이의, 접근법들 사이의 해묵은 논쟁의 기원이 아닐까? 우리 손에 역사경歷史鏡이라는 것이 있고, 이 기구는 배율을 보여주는 눈금을 갖고 있다고 상상해보자. 먼저 접안렌즈를 배율 1(가장 큰 배율)에 맞추자.

우리는 거대한 나선, 역사 발전의 경로를 볼 것이다. 하단은 전진하는 빙하의 후미를 에워싼 밀림 속에서 그리고 키가 크고 가무잡잡한 남자들이 매머드의 시체를 갈라 돌칼로 고깃덩이를 잘라내고 있는 동굴 속에서 사라진다. 아래로는 나선의 가닥들이 흩어져서 잘린 조각들만이 원인原人들 — 네안데르탈인, 북경 원인 그리고 자연이 빚어낸 다른 수공품들 — 의 희미한 윤곽과 함께 보인다. 상단은 미래로 뻗어 나가며 자연에 대한 인간의 완전한 승리라는 모습으로 등장하지만 이에 대한 묘사는 공상과학소설의 저자들에게 맡기고 내가 착수하지는 않겠다. 우리의 쓰여진 역사는 단지 이 거대한 나선의 한 가닥에 지나지 않는다.

배율 1에서 우리는 인간의 일반사의 패턴에 세 가닥이 있음을 본다. 인구 폭발, 기술 진보 그리고 사회경제구성체의 변화가 그것이다. 지난 천 년에 걸친 인구 성장은 상승 곡선을 그려왔다. 우리 시대가 시작되었을 때 지구 인구는 2억 5천만~3억 5천만에 달했다. 서기 1000년에 지구 인구는 약 2억 7천 5백만 명이었다. 1650년에는 약 5억 4천 5백만 명, 1800년에는 약 9억 6백만 명, 1900년에는 16억 명, 1950년에는 25억 1천 7백만 명이 되었고, 2000년이 되면 60억에 이를 것이다. 게다가 인구 성장이 특히 큰 곳은 산물이 풍부한 나라들이 아니라 산물이 부족한 나라들이었다고 지적되어 왔다.9) 여기서 우리는 인구 성장이 문명의 성장의 함수가 아니라 종으로서의 인류가 자연적으로 따르는 어떤 내재적 법칙의 함수임을 분명히 알 수 있다.

이 기간 동안에 기술의 진보가 있었음은 의문의 여지가 없다. 기술의 진보는 사회관계의 틀을 넘어 인간이 지구의 풍경을 뒤바꾸는 한 요인이 되었다. 동물 종 전체가 사라졌으며, 계속해서 사라지고 있다. 밀, 감자, 커피처럼 인간에 의해 경작되는 식물 종이 퍼져나가며 자연 생태계를 변화시키고 있다. 담수는 산업 폐기물에 오염되고 있고, 심지어 대기의 구성 성분조차 변하고 있다. 진보란 불과 같아서 따뜻하게 하기도 하고 태워버리기도 한다. 사회적 진보에 대해서는 지금까지 아주 상세히 이야기되어 왔기 때문에 여기서 되풀이할 필요는 없다. 이 리듬들에 대한 연구는 세계사의 방법론이 거둔 성취이다. 이 패턴들과 관련해 문화역사학파는 무력하다. 이 학파는 시야가 좁기 때문에 이 패턴들을 관찰하지 못한다.

---

9) I. Zabelin, "Chelovechestvo-dlya chego ono?", *Moskva*, 1966, no. 8, pp. 172~174.

이제 접안렌즈를 배율 2로 옮겨 보자. 나선은 즉시 사라지고 단 한 가닥만 남는데, 이는 약 5천 년에 걸친 것으로, 우리 눈에는 하나의 직선으로 보인다. 그러나 이 선은 끊어졌다 이어졌다 하는데, 마치 서로 다른 색깔의 가닥들이 서로 꼬여서 끝들이 서로 앞서거니 뒤서거니 하는 것 같다. 이 가닥들은 지구의 표면 위에서 수 세기를 공존하며 끊임없이 서로를 대체하는 여러 역사적 문화들로 이루어져 있다. 따라서 기원전 12세기에 왕들〔Basileus. 호메로스의 작품에서 그리스 지도자들 대부분은 바실레우스로 지칭된다〕과 그의 종자從者들이 트로이를 파괴하던 헬라스Hellas의 여명은 이집트의 쇠락과 시간적으로 일치한다. 또 앗시리아 왕국과 바빌로니아의 힘이 붕괴하기 시작하던 때와 일치한다. 그리고 13세기에 황금의 비잔티움이 임종의 고통을 겪던 자리에 프랑크 기사들의 깃발과 몽골 전사들의 기장이 올라갔다. 17세기에 중세 중국이 내부 위기로 인해 약화되자 만주의 보그도 칸bogdo-khan〔청 태조 누르하치를 가리키는 것 같다〕의 왕위가 높이 세워졌으며 동아시아는 그를 중심으로 통일되었다. 이 흥기들은 민족 생성의 현상, 곧 앞선 민족들의 근본적인 변화로 인해 새로운 민족이 출현하는 현상과 관련되어 있다. 여기서 어떤 단일한 과정을 이야기하기는 불가능하다. 반대로, 각자 나름의 발전을 위한 추진력을 지닌 서로 다른 과정이 교직되는 것을 볼 수 있다. 즉 급속한 부상, 전성기 때의 짧은 안정 그리고 점진적 쇠락이 있고, 이를 넘어서면 때로 해당 민족이 완전히 사라지기도 했다. 이븐 할둔Ibn-Khaldun과 비코Giambattista Vico가 말한 것이 바로 이와 같은 현상이었다.

이제 역사경의 레버를 배율 3으로 옮겨 보자. 그러면 우리는 청년기, 성숙기 그리고 노년기를 거쳐 가는 단 하나의 문화만 보게 된다. 사회적 투쟁의 그림이 우리 앞에 나타난다. 고대 로마에서는 귀족과 평민의 투쟁이, 다음에는 벌족파optimates와 평민파populares의 투쟁이, 나중에는 원로원과 군단의 투쟁이 있었다. 이탈리아에서는 랑고바르도인과 지방민의 투쟁이 있었고, 이것은 나중에 황제파Ghibellines와 교황파Guelphs의 투쟁으로 그리고 마지막으로는 이탈리아 도시들 간의 상호전쟁으로 변했다. 몽골에서는 케라이트Kerait족〔중앙아시아에 거주한 일단의 부족으로, 칭기즈칸과의 동맹으로 몽골 제국의 부상에 영향을 미쳤고, 11세기에 네스토리우스파 기독교로 개종했다〕, 메르키트Merkit족〔중세에 시베리아 동남부에 거주한 사나운 투르크-몽골족을 말한다. 20년에 걸친 긴 전쟁 끝에 13세기 초 칭기즈칸이 세운 몽골 제국에 흡수되었다〕, 나이만Naiman족〔중앙아시아 초원 지대에 거주하던 일단의 사람을 가리키는 몽골어 이름. 대체로 투르크족으로 분류된다〕의 부족 지도자들에 맞서 칭기즈칸의 가신들이 전쟁을 벌였다. 아랍의 칼리프국에서는 카이스Qaisites족〔북부 아랍 부족〕과 칼브Kalbites족〔남부 아랍 부족〕 사이의 경쟁에 이어 압바시드Abbasid〔무함마드 사후 이슬람의 세 번째 칼리프국을 통치한 사람들〕와 오마야드Omayyad〔무함마드 사후 이슬람의 두 번째 칼리프국을 통치한 사람들〕 사이의 전쟁이 따랐고, 나중에는 무슬림에 대한 코라미Khorrami〔또는 Bābak Khorram-Din(798~838년). 압바시드 칼리프국에 대해 자유 운동을 이끈 페르시아 혁명 지도자 중의 하나〕의 전쟁 그리고 마지막으로 다른 모든 민족에 대한 투르크족의 전쟁이 따랐다. 그러나 각 문화는 분리되어 고찰되며, 나머지 문화들은 단지 배경에 그칠 뿐이어서 정치사의 개별 사건들은 설명되지만 정치사의 고유한 리듬은 설명되지 않는다.

배율 4와 더불어 우리는 한 문화 전체의 역사가 아니라 개별 시기만 보게 된다. 사회적 모순이 부각되고, 개인들의 성격과 운명이 뚜렷하게 부각된다. 그리하여 역사가는 마리우스Gaius Marius〔기원전 157~86년. 로마의 장군이자 정치인]의 다스릴 수 없는 성격, 술라Lucius Cornelius Sulla Felix〔기원전 138~78년, 로마의 장군이자 정치인]의 강철 의지, 폼페이우스의 경솔함, 카이사르의 현명함, 안토니우스의 호색, 옥타비아누스의 신중함에 대해 이야기한다. 그릇된 생각이지만 역사는 위인들의 경쟁 무대로 여겨진다. 위의 배율에서 우리 연구의 근본적·최종적 목적이 되었던 시기는 이제 배경이 된다. 하지만 이 역시 종착지가 아니다.

배율 5가 여전히 가능하며, 이와 함께 한 사람이 시야에 들어온다. 좀 이상한 일이지만 이 배율은 아주 흔하게 사용된다. 이 사람이 푸슈킨이라면 푸슈킨학이 부상하고, 셰익스피어라면 셰익스피어학이 부상한다. 여기서 역사학은 전기傳記 장르에 가까워지면서 역사학이기를 멈춘다. 역사경의 시계視界가 소진되고 만다.

이 책의 서두에서 던진 질문, 즉 세계사의 배경 하에 프레스터 요한의 왕국의 역사를 어떻게 이해할 것인가에 대한 답을 얻기 위해 세계사의 자료들을 분석한 결과, 우리가 도달한 해결책은 바로 다음과 같은 것이다. 어떤 배율이 우리 목적에 부합할 것이며, 우리는 어떻게 이 배율을 사용해야 할까?

배율 1은 분명히 우리가 사용할 것이 못 된다. 우리가 관심을 갖는 세기世紀는 무한히 긴 곡선 위의 한 점으로 보일 것이기 때문이다. 한 점이 공간 속에서 위치를 갖고 있기는 하지만 형태를 갖고 있지 않기 때문에 이 점을 묘사하는 것은 불가능하다. 뿐만 아니라 주요 인종(흑인종, 유럽 인종, 몽골 인종)의 형성, 불의 발견, 문자의 발명 등 배율 1을 적용하는 방법들은 너무 긴 시기들을 포함하고 있어 우리가 관심을 갖는 거짓된 소문의 출현 같은 것을 비교해 볼 수가 없다.

배율 2로 가보자. 여기에는 들여다 볼만한 것이 조금 있다. 12세기에는 서로 다른 문화들, 서로 빌려 쓸 때조차 유사성을 피하는 독특한 문화들이 멋지게 교직되는 모습을 보여준다. 서유럽은 정치적으로는 분열되어 있지만 스스로를 하나의 통일체, 하나의 전체로 인식하면서 자신을 기독교세계라고 부르는데, 다만 따로 분파를 형성한 그리스인과 러시아인은 여기서 배제된다. 이슬람 땅도 마찬가지이다. 정치적 분열은 문화적 단일성에 아무런 방해가 되지 않았으며, 이 문화적 단일성은 프랑크족의 문화적 단일성, 그리스인의 문화적 단일성 그리고 헝가리인과 몽골족을 포함해 유라시아의 모든 유목민을 포괄하는 '믿음 없는 투르크족'의 문화적 단일성과 대비되었다. 12세기에 중국은 중앙집권화되어 있었지만 탕구트-서하西夏〔탕구트족은 중국어로는 당항黨項, 몽골어로는 퉁구스이다. 서하를 세웠다〕왕국과 거란-요遼 왕국은 변방으로 간주되었다. 이는 분명히 사실을 왜곡한 것이었는데, 탕구트족은 티베트 문화에 더 끌려들어 갔고, 거란은 유목민 생활방식의 전통을 많이 유지하고 있었기 때문이다. 그러나 그것이 전 세계 모든 민족보다 우월하다고 확신했던 중국인의 태도였다. 유목민들 자신은 어떠했을까? 중국화되지 않고 이슬람으로 개종하거나 아니면 헝가리처럼 봉건 가톨릭 왕국이 된 경우에도 유목민들은 여전히 독자성을 유지했고, 위에서 열거된 모든 문화와 마찬가지로 정치와 일상생활의 다양성을 배경으로 자신의 통일성을 의식하고 있었다. 이것이 우리의 주제에 대한 배경이다. 그러한 배경과 깊이가 없다면 그것은 어떤 그림이 될까?

  배율 3과 더불어 우리는 우리 주제에 본격적으로 다가서게 된다. 네스토리우스교는 관례적으로 비잔틴 문화라고 불리는 문화의 한 지류였다(관례적으로 비잔틴 문화라고 불리는 것은 비잔티움이라는 말이 관례적인 용어이기 때문이다. 그러나 콘스탄티노플의 중세 그리스인들은 자신들을 로메이오이romeioi, 곧 로마인이라고 불렀다). 이 네스토리우스교의 운명을 분명히 알려면 이 종교를 처음부터 끝까지 추적해야 할 것이며, 우리의 주제는 이 추적의 일부이다. 그러나 동시에 우리 문제로부터 주의를 딴 데로 돌리게 할 질문들을 제기하지 않을 수 없다. 따라서 배율 4로 가서 네스토리우스교 한국들이 칭기즈칸의 몽골족에게 정복되는 1141~1218년까지의 한 시기만 검토하는 것이 사리에 맞다.

이로써 해결책을 찾은 것처럼 보이겠지만 불행히도 우리 앞길에는 장애가 놓여 있다. 12세기의 네스토리우스교 한국들의 역사에 관한 사료가 너무 빈약하다는 점이 그것이다. 소수의 우연한 언급들만 남아 있을 뿐이다. 그래서 사건들의 과정을 재구성하고, 사건들에 기초해 설명을 내놓는 것이 불가능하다. 역사학자들이 이 문제를 해명하지 못한 이유가 여기 있다. 그러나 우리는 이 희망 없어 보이는 처지에서 빠져나오는 길을 찾고자 한다.

'파노라마' 방법을 취하기로 하자. '암점' 전에, '암점' 후에 그리고 '암점' 근처에서 일어난 모든 일을 수집하고 체계화하자. 곧 배율 3.5를 취해 도움을 얻기로 하자. 그런 다음 이미 확정된 사실들에 기초해 이 사건들에 참여한 개인들의 행동을 유발한 것이 무엇이었는지를 들여다보자. 이는 배율 4.5일 것이다. 지금까지 사용된 적이 없는 이 방법으로도 아무 결과를 얻지 못한다면 포기해야 할 것이다. 그러나 성공의 희망이 있을 때 탐구를 시작해보자.

|2| 지리에 관한 보론

| 땅과 사람 |

북쪽과 북동쪽으로는 시베리아 침엽수림 지대에, 남쪽으로는 중국의 만리장성과 허란賀蘭 산맥, 베이산北山 산맥, 쿤룬崑崙 산맥, 파미르 산맥으로 둘러싸인 광대한 초원 지대는 옛날부터 늘 사람들이 살고 있었다. 하지만 이 영토에서 국가는 비교적 늦게, 아무리 빨라도 기원전 4~3세기에야 등장하기 시작했다. 고비사막의 돌투성이 황무지는 횡단이 불가능해 초원 지대의 북쪽과 남쪽을 갈라놓았다. 정착 생활을 하던 사냥꾼과 목축민들이 말을 얻어 유목 목축민과 전사로 거듭날 때까지 북쪽과 남쪽이 관계를 맺는 것은 상상할 수 없었다.

유목 목축이 발생하기 전에 초원 지대 부근에서 여러 문화가 등장했는데, 이곳에서는 상이한 지세들이 결합되어 인간의 경제 활동에 공간을 열어 주었다. 삼림-초원은 사얀-알타이 고원 전역을 지배하고 있었다. 때로 숲은 한가이Hangai 산맥 사면의 유명한 우트켄Utken 숲처럼 초원 지대 안으로 깊이 치고 들어온다. 때로 초원은 예니세이 강의 상류 카카스Khakass 초원이나 넓은 트란스바이칼Trans-Baikal 초원처럼 북쪽으로 뚫고 나간다. 숲의 가장자리를 따라 서식하는 많은 동물, 넓은 강의 풍부한 물고기 그리고 산에 매장되어 있는 동과 철 덕분에 남시베리아의 고대 주민들은 문화의 성장에 없어서는 안 될 잉여를 획득할 수 있었다. 주로 말을 중심으로 이루어진 목축의 발전은 사람들을 초원 지대로 끌어들였다. 덫 놓는 기술의 일부가 상실되고 모기와의 싸움도 엄청났지만 이곳에서 몰이사냥이 널리 행해지면서 사정이 나아졌다. 북쪽의 목축민들은 남쪽으로 끌려들어 갔다.

남서쪽에서는 상황이 다소 달랐다. 중국인들은 황허 유역을 차지한 다수의 다양한 부족 집단(준Zhun, 디Di[저氐족을 가리키는 것처럼 보인다], 후Hu)으로부터 아주 강성하게 성장해 나왔다. 그들은 점차 주변 부족을 복속시키거나 절멸시켰는데, 유목 목축으로 전향해 초원 지대로 물러간 부족은 예외였다. 이들이 몽골족의 선조들, 곧 동호東胡족, 투르크 훈족 그리고 티베트족의 선조인 '서강西羌족'이었다.1)

부상하는 중국과의 격렬한 투쟁에서 몽골족, 투르크족, 티베트족은 자유를 지키고 자신의 생활방식에 적합한 문화를 창조할 수 있던 반면 '남만족' — 스촨, 위난, 동중국의 산림 부족 — 은 거의 완전히 절멸되거나 중국화되었다. 똑같은 운명이 투르크족과 몽골족을 위협했으나 그들은 기마전과 장거리 유목 여행 기술을 습득한 후에는 중국의 파괴적인 침략을 피하는 수단을 발견해 고비사막 뒤에 숨고 칼카나 바르가Barga의 초원에서 쉬다가 새로운 병력과 함께 고향땅 오르도스Ordos 고

---

1) L. N. Gumilev, *Khunnu* 참조.

원〔중국 내몽골 자치구의 중남부에 있는 고원 지역. 예로부터 한족과 북방 유목 민족의 쟁탈지였다〕과 허란산, 싱안산興安山 구릉의 소유를 놓고 중국과 목숨을 건 전쟁에 들어갔다.

한 세기에 걸친 투쟁으로 목축민들은 강해졌고, 우리가 관심을 기울이고 있는 시기에 아시아 내륙 전역에 걸쳐 주도 세력이 될 수 있었다. 따라서 그들이 세운 국가와 그들에게 고유하게 나타난 생활 체계가 우리의 주된 탐구 주제가 될 것이다.

남서쪽에 있는 톈산의 사면에서는 앞의 모든 상황과 다른 상황이 나타났다. 거대한 지역을 차지하고 있는 타클라마칸 사막은 사람이 살기에 전혀 부적절한 곳이다. 중가리아 분지의 중앙부는 유사流砂로 덮여 있다. 발하슈Balkhash호〔카자흐스탄 남부에 있는 호수. 아랄해 다음으로 큰 호수로, 카스피해와 아랄해를 포함하는 분지의 일부이다〕가 퇴화하면서 근방의 초원이 점차 건조해졌고 목초지가 줄어들었다. 이 지역에서의 삶은 고대 도읍 샤슈Shash〔타슈켄트의 옛 이름〕에서 하미Hami 오아시스까지 사슬처럼 뻗쳐 있는 오아시스들에 집중되어 있었다. 하지만 유목민들은 여전히 매우 많은 땅을 다스렸다. 왜냐하면 그들은 항상 톈산 산맥의 산과 언덕에 있는 목초지, 일리 강〔중국 북서부와 카자흐스탄 남동부를 흐르는 1,439km 길이의 강〕, 추 강〔키르기스스탄 북부와 카자흐스탄 남부를 흐르는 1,067km 길이의 강〕, 흑이르티슈 강, 타림 강 유역 그리고 타르바가타이Tarbagatai 산맥〔중국 신장의 북서부와 카자흐스탄 동부에 소재한 산맥〕의 고지대를 차지하고 있었기 때문이다.

이곳은 동쪽보다는 목축민들에게 훨씬 더 우호적인 조건을 갖고 있었다. 산재한 오아시스들은 단일 국가를 형성하지 못하고 유목민들의 쉬운 먹잇감이 되었다. 더욱이 오아시스 통치자들은 침입하는 중국인과 아랍인에 맞서 유목민들에게 도움을 구했다. 따라서 서쪽의 조건은 유목민이 공격하기에는 좋았으나 유목민이 현장에서 발전하기에는 좋지 않았다. 사실 이곳의 어떤 부족은 동쪽에서 여기로 옮겨왔고, 또 어떤 부족은 민족 형성의 결과 자기 지역에서 세를 얻으면 대규모 남진을 꾀했다. 이에 따라 인도와 페르시아가 그들의 공격 대상이 되었다. 이로 인해 사카Saka족〔스키타이 부족. 기원전 2세기 인도-스키타이 왕국을 세웠다〕, 쿠샨족, 투르크멘 셀주크족, 카를루크葛邏祿족, 킵차크족이 탄생했다. 그러나 이 정복자들이 세운 국가들은 그들이 도래한 초원 지대보다 그들의 지배 아래 들어간 남아시아 나라들과 더 가까운 유대를 맺고 있었다.

투르크족과 몽골족은 아시아 내륙 초원 지대의 주인이었다. 두 집단 모두 처음에는 동일 종족 집단으로 출발했지만 나중에는 많은 독립적인 민족을 흡수하면서 동일 언어 집단이 되었다. 이 독립 민족들은 초원 지대에 워낙 잘 적응되어 있어 경제 활동이 자연 과정과 융합되어 있었을 정도였다. 또한 그들 자신이 어떤 의미에서 자신들이 획득한 지세의 일부가 되었고 초원 지대 생물 군집의 최상위 마지막 고리가 되었다. 그들의 가축 떼는 야생 유제동물有蹄動物에게서 목초지와 희소한 샘물을 빼앗아 그들을 쫓아냈다. 초원의 개와 훈련된 독수리들이 늑대들을 멸종시키는 바람에 유라시아 초원 지대 목축민의 주된 가축이던 양의 수가 크게 증가했다. 그리하여 인간이 보통 자연적 조건에서 채식동물의 성장을 제어하는 큰 포식동물 역할을 대신하게 되었다.

하지만 유목민들은 집단적 형태의 사회를 이루려는 성향을 버리지 못했고, 그리하여 타인의 문화를 의식하며 그들 자신의 문화, 복잡한 조직 — 씨족 조직, 군사 조직, 민주 조직, 국가 조직 — 의 문화를 창조하지도 못했다. 오히려 그들은 이러한 성향을 더 크게 발달시켜 2천 년이 경과하는 동안 정주 생활을 하는 이웃들과의 투쟁을 성공적으로 수행했다. 힘의 균형은 한 번 이상 이동했다. 유목민들은 때로는 약화되어 정주민 이웃들에게 복속되었고, 때로는 힘을 얻어 이웃 국가들과 민족을 정복했다. 이런 식으로 유목 민족과 정주민 민족 사이에는 정치적 균형이 존재했다.

그렇게 된 원인은 다른 모든 경우와 같이 경제에 있었다. 하지만 광범위한 유목 경제는 오직 자연 조건에만 좌우되었으며, 이 조건은 2천 년이 흐르는 동안 결코 그대로 있지 않았다.

| 대기와 물 |

중앙아시아 초원 지대의 건조화 문제는 첨예한 논쟁을 야기했다. 그룸-그르지마일로G. E. Grumm-Grzhimailo, 파블로프N. V. Pavlov, 스미르노프V. A. Smirnov, 시니친V. M. Sinitsyn 그리고 쉬니트니코프A. V. Shnitnikov는 건조화가 있었다고, 베르크L. S. Berg, 마르코프K. N. Markov 그리고 여타 사람들은 없었다고 주장해왔다.2)

베르크는 건조화 이론 주창자들의 주장을 아주 설득력 있게 논박하지 못했다. 그러나 무르자에프E. M. Murzaev는 몇 가지 극히 흥미 있는 점을 지적해 우리가 이 질문을 다른 방식으로 제기하고 대답할 수 있도록 해주었다. 그는 이렇게 지적했다. "지난 2천 년간 중국의 편년사에 나오는 기상 관찰을 토대로 축가정竺可楨이 행한 최근의 연구는 중국

---

2) E. M. Murzaev, *Narodnaya Respublika Mongoliya*, p. 184 참조.

의 기후가 진동해왔지 건조한 유형으로 수렴되지 않았음을 보여준다."[3]
고비사막의 고생물학을 연구한 에프레모프I. A. Efremov는 이렇게 쓰고 있다. "우리는 고비사막의 건조화가 지금까지 시사되었던 것보다 훨씬 더 복잡한 과정을 거쳤음을 보여주는 징후들에 주목해야 한다. 건조한 기후의 도래는 최근에 완성된 것처럼 보인다. 이 과정은 두 단계로 일어났고, 이 두 단계 사이에 비교적 습한 휴지기가 있었던 것으로 생각해야 한다."[4]

여기서 인용한 모든 연구자들이 초원 지대의 건조화에 대해 이야기할 때 건조지대의 습기 증가와 다습지대의 습기 증가 사이의 차이를 알아차리지 못했고, 따라서 최종적인 결론에 이르지 못했음을 지적해야겠다. 하지만 습기가 시기에 따라 다르게 증가한다는 원칙과 북극으로 가는 사이클론이 경로를 이탈할 수 있음을 고려하자 기후 변화가 역사적·고고학적 증거에 기초해 훨씬 정확하게 추적될 수 있었다.

북반구, 특히 구세계 기후에 주로 영향을 미치는 것은 두 공기 기둥이다. 하나는 북극 위에 위치해 있다. 이것이 극고압대이다. 두 번째 아열대고압대는 사하라 사막과 아라비아 사막 위에 걸쳐 있다. 이것은 지구 자전의 결과로 순전히 기계적으로 형성되며, 바닥은 사막 표면의 가열로 끊임없이 사라진다. 극고압대는 대체로 이동하지 않지만 아열대고압대는 남으로 북으로 끊임없이 이동한다. 이로 인해 저기압 지역이 변화되어 일종의 도관으로 작용하게 되며, 이를 통해 습한 대서양 공기가 사이클론 형태로 유라시아로 유입된다. 이 사이클론이 이 지역의 강수를 가져오는 것이다.

---

[3] 앞의 책, p. 188.
[4] 앞의 책, p. 189.

사이클론의 방향은 아열대고압대가 얼마나 활발한가에 달려 있다. 그리고 이것은 태양 활동의 변화와 정비례하는데, 태양 광선이 전력으로 내려 비치는 곳이 바로 열대이기 때문이다. 다른 한편 태양 활동의 변화는 극고압대에는 거의 아무런 영향도 미치지 않는데, 이는 태양 광선이 극지대의 표면 위를 스치고 지나갈 뿐이기 때문이다.

태양이 조용한 시기, 즉 태양 활동이 거의 없는 시기에는 사이클론의 경로가 지중해와 흑해 북코카서스와 카자흐스탄을 거쳐 알타이 산맥과 톈산 산맥까지 이른다. 여기서 사이클론은 멈추고, 그것이 대서양에서 가져오는 습기는 비가 되어 떨어진다. 이렇게 되면 초원 지대는 습기가 증가한다. 풀이 사막을 덮는다. 알타이, 타르바가타이, 톈산의 경사면에서 흘러내리는 초원 지대의 강에는 물이 가득 넘친다. 발하슈호와 아랄해는 물로 가득 차고 규모가 증가한다. 다른 한편 유럽 쪽 러시아의 중앙부에 유역을 둔 볼가 강의 물 81%를 받는 카스피해는 마르고 규모가 줄어든다. 볼가 유역 그리고 중앙부 전역에 걸쳐 강수량은 크게 감소한다. 강은 얕아지다가 사라지고, 호수는 습지와 토탄 늪이 되며, 눈이 거의 덮이지 않는 혹한의 겨울이 건조하고 뜨거운 여름과 교대한다. 더 북쪽으로 가서 극지로 가면 백해와 바렌츠해가 얼음으로 덮이고, 영구동토 층이 남하하면서 툰드라에 있는 호수들의 수위를 높인다.

태양 활동의 증가와 함께 아열대고압대는 북상하기 시작해 대서양 사이클론의 경로를 같은 방향으로 이동시킨다. 사이클론은 유럽과 시베리아의 중앙 지대를 여행한다. 초원 지대의 강수량은 현저히 줄어든다. 초원 지대의 건조화가 시작된다. 발하슈호와 아랄해는 얕아지고 규모가 축소된다. 다른 한편 볼가 강은 넓어지고 만수가 되며, 카스피해는 물로 가득 차고 규모가 증가한다.

삼림 지대에서 겨울은 눈이 많고 온화해 기온이 자주 오르지만 여름은 서늘하고 비가 많다.

태양 활동이 아주 왕성할 때는 사이클론이 훨씬 더 북쪽으로 이동한다. 스코틀랜드와 스칸디나비아를 넘어 백해와 하라해로 올라간다. 초원 지대는 사막과 반사막이 되고, 숲이 있는 끝자락은 북쪽으로 이동한다. 볼가 강은 얕아지고, 카스피해는 규모가 축소된다.

극지의 기후는 더 따뜻해지고 습기가 많아진다.

이것이 대서양 사이클론의 경로에서 나타나는 세 가지 기본적인 변화로, 대초원 지대의 역사는 직간접으로 여기에 좌우된다. 사이클론의 방향 변화는 끊임없이 일어나며, 우리는 이제 유라시아 초원 지대에서 습기가 증가하는 시기와 건조화가 일어나는 시기를 추적할 수 있는 가능성을 갖게 되었다.

아득히 먼 고대는 내버려두고, 우리의 관심 대상인 시기에 초원 지대에서 기후가 어떻게 변화했는지를 살펴보기로 하자. 중앙아시아 민족들에 관한 가장 오래되고 꽤 상세한 정보가 남아 있는 시기는 기원전 4~3세기로, 이 때는 초원 지대에서 습기가 증가한 시기였다. 이는 사이클론의 남쪽 경로와 관련되어 있다. 당시에는 우즈보이Uzboi 강[8세기까지 투르크메니스탄의 하라쿰Karakum 사막 북부를 관통하던 아무 다리아Amu Darya 강의 지류로, 이후 말라버렸다]이 아랄해로 모조리 다 흘러들지 않고 아무 다리아 강에서 오는 물을 카스피해에 풍부히 공급했음에도 카스피해 수위는 오늘날보다 8미터 낮았다. 이후 초원 지대의 강수량은 점차 감소하기 시작했다. 사이클론이 삼림 지대로 옮겨가기 시작했기 때문이다. 초원 지대의 건조화 시기는 기원후 1~3세기에 일어났다. 발하슈호와 아랄해가 급격히 줄고, 카스피해 수위가 4미터 올라갔다.

4세기에 사이클론은 다시 남쪽으로 이동했고, 초원 지대는 다시 번성했다. 이것은 9세기의 짧은 건조기를 제외하고 13세기까지 계속되었다. 13세기 중반부터 사이클론의 경로는 중부 지대로 이동했다. 14세기가 시작될 때가 되면 카스피해는 현재의 수위보다 8미터 높이 올라갔다. 대초원 지대는 건조 기후 시기에 들어갔다.

이후 몇 세기에 걸쳐 사이클론은 극지로 이동했고, 다음 18세기에는 중부 지대로 되돌아왔다가 바로 우리 눈앞에 있는 20세기에는 다시 북쪽으로 옮겨갔다.[5]

초원 지대 기후의 이와 같은 변화가 유라시아의 유목민 역사에서 얼마나 엄청난 역할을 했는지는 쉽게 이해할 수 있다. 가축은 풀 없이 살 수 없고, 풀은 물 없이 자랄 수 없으며, 유목민들은 가축 없이 존재할 수 없다. 따라서 이 모든 것은 단 하나의 시스템을 형성하며, 여기서 핵심 고리는 물이다. 가뭄이 길어지면 고비사막이 초원 지대로 침투해 확대되고, 오르도스 계곡과 오르콘, 오논, 셀렌가 계곡 사이에서 넘기 힘든 장벽을 형성하게 된다. 습기가 증가하면 초목이 전진해 나간다. 초목은 사막을 등지고 남북으로부터 이동하며, 풀 뒤에는 유제동물이 오고, 그리하여 양과 소 그리고 기수를 태운 말이 온다. 그리고 말은 군사 집단과 유목민의 강력한 힘을 창조한다.

---

5) V. N. Abrosov, "Geterokhronnost' periodov. ……", *Izvestiya Vsesoyuznogo geograficheskogo obshchestva*, 1962, no. 4; L. N. Gumilev, "Khazariya i Terek", *Vestnik Leningradskogo universiteta*, 1964, no. 24; L. N. Gumileve, *Otkyrtie Khazarii*; L. N. Gumilev, 'Rol' klimaticheskikh kolebanii'; L. N. Gumilev, "Les fluctuations. ……", *Cahiers du monde russe et soviétique*, VI, 1965, p. 3; L. N. Gumilev, "New Data", *Acta Archeological Academiae Scientiarum Hungaricae*, 1967, p. 19.

| 진실에 이르는 길 |

　한 세기에 걸친 가뭄이 3세기와 10세기에 일어났다. 후자가 우리 주제에 특히 중요하며, 아래에서 이를 다룰 것이다. 그러나 지금 우리의 관심은 역사적 방법 문제에 있다. 9~13세기 사이의 시기가 '암흑시대'로 남았던 이유는 자연 현상이 관찰되지 않고 무시된 채 지나갔고, 중세 사료의 저자들이 이것을 관찰하고 묘사할 수 없었기 때문이 아닐까? 그리고 이 사료들이 이 시기 대초원 지대의 유목민들에 관해 어떤 정보도 담고 있지 않기 때문이 아닐까?

　물론 그렇지 않을 수 없었을 것이다. 초원 지대의 습기 증가와 건조화에서 주기적 변화는 수세기에 걸쳐 일어나며, 1~3세대의 생애에는 관찰될 수 없기 때문이다. 따라서 고대의 저자들이 자연 현상에 대해 썼다면 우연히 썼거나 당대의 지식이 주는 관념에 기초해 썼다. 어느 경우나 그들이 전달하는 정보는 역사적 비판 없이 수용될 수 없으며, 정보가 단편적이고 사료들이 서로 고립되어 있기 때문에 역사적 비판 역시 거의 불가능하다.

　해법은 민족들의 역사에 있는 것이 아니라 사서에 있다. 역사에 관한 가장 빼어난 책 가운데 오직 소수만 대량 복제되었지만 이조차 다 우리에게 전해 내려온 것은 아니다. 6~8세기는 중국에서 편년사編年史가 번성하던 시기였다. 몽골의 굴레에 대한 투쟁에 대해서도 탁월한 글이 쓰여져 많이 복제되고 조심스럽게 보존되었다.

　하지만 이 사이에 끼여 있는 시기에, '5대五代'의 유혈적 동란 후 송대에 중국의 예술과 문학이 번성했을 때 재능 있는 작가들은 모든 에너지를 역사와 지리와는 동떨어진 주제에 바쳤다. 콘라드N. I. Konrad가 '중국의 르네상스'라고 부른 이 흐름 속에서 활동한 사람들은 공자와 그의 동시대인들의 고전작품에 전념했다. 그들은 아름다운 필치로 과거 왕조의 몇몇 편년사를 포함해 수많은 주석과 이야기를 썼고, 열심히 과거를 치렀으며, 동료들을 주도면밀하게 재판에 붙이거나 치욕에 빠뜨렸다. 다른 삶과 문화를 지닌 이웃들에게 둘러싸인 한 국가의 실제 상황을 이해하는 데서 민속지적 편견을 가진 정치지리학과 역사학이 기초가 되고 있다는 사실은 누구의 머릿속에도 떠오르지 않았다.

따라서 냉엄한 현실이 제기한 과제에 아무리 어설프게 대처했다 해도 당 제국은 우호적인 유목민들로부터 충원한 부대를 이용해 중국 국경 안에서 굳건히 존재를 유지했다. 이에 대해 10~13세기의 중국 지식인들은 투르크족에 대한 당 황제들의 승리를 기뻐하면서도 당 황제들이 오랑캐였고, 부처의 사유 속에 참여한답시고 부처의 사리에 대한 미신적 숭배를 조직했다고 비난했다. 송대에 공자에 관한 주해서와 맹자에 관한 논저들을 연구했던 외교관들과 군 지휘관들은 만리장성 너머의 오랑캐들, 곧 티베트족, 투르크족, 몽골어를 하는 거란족, 퉁구스 여진족과 충돌했을 때 어찌할 바를 몰랐다.

그들은 어쩔 수 없이 실수에 실수를 거듭했고, 고위급과의 연줄로 책임을 모면했으며, 나라와 백성이 눈물과 피로 모든 것을 지불하도록 내팽개쳤다. 그들은 엄청난 수적 우위에도 불구하고 일부러 전쟁에서 졌고, 정부로 하여금 땅과 주민을 약한 적에게 넘기도록 조언했는데, 이 모든 것은 자기 첩들에게 들일 시간과 정력을 아끼기 위한 것이었다. 만약 그들이 역사를 썼다 해도 그것은 그저 그것으로부터 모종의 이득을 얻으려는 그들의 통치사였을 뿐이다.

볼틴I. N. Boltin이 18세기에 다음과 같이 썼을 때 그는 삼중으로 맞았다. "수중에 지리학을 갖지 않은 역사가는 모든 단계에서 장애를 만난다."6) 이 시대의 역사 논문은 큰 가치를 갖고 있지 않다. 첨언하면 이러한 방법상의 결함은 자연을 들여다보기를 업신여기고, 특정한 나라에 살면서 지세와 기후에 적응하는 민족들의 고유한 특징을 들여다보기를 업신여기는 많은 역사학파에서 특유하게 나타난다. 자연과학에 무지하면 항상 비싼 값을 치러야 한다.

그러나 지리학을 알아야 한다고 해서 몽테스키외 등의 저자들이 체계화한 지리적 결정론을 받아들일 필요는 없다.7) 지리적 분석에 기초한 우리 명제는 그와 아주 다르다. 우리 명제는 한 민족의 역사적 운명은 경제 활동의 결과라는 것, 이 운명은 그들이 차지하는 지세의 역동적 조건에 의해 결정되지는 않지만 그와 관련되어 있다는 것이다.8) 이것은 지리적 결정론이 아니라 역사지리학으로, 우리의 철학적 개념들에 필수적이지는 않지만 진본 사료들 안의 틈을 메우고 이 사료들에 존재하는 거짓을 드러내는 데 필수적이다. 바로 이 허위성으로부터 우리는 진실을 빼내기를 희망한다.

---

6) V. K. Yatsunskii, *Istoricheskaya geografiya*, pp. 274~275에서 재인용.
7) L. N. Gumilev, *Otkryite Khazarii*, pp. 146~148.
8) L. N. Gumilev, "Khazariya i Terek", *Vestnik Leningradskogo universiteta*, 1964, no. 24, p. 78.

|3|
역사 속으로의 길

| 중국의 만리장성을 따라 |

  중국은 황허 북쪽에 사는 여러 민족과 오랜 옛날부터 접촉을 시작했지만 BC 3세기가 되어서야 우리는 이 관계의 성격을 알 수 있다. 이때는 중국이 진나라 시황제에 의해 통일된 시기였다(기원전 221년). 이와 동시에 만리장성이 세워져 중국과 대초원 지대를 갈라놓았다. 만리장성은 중국의 지리적 경계는 물론 민족적 경계도 따라갔다. 중국인들은 장성의 북쪽 주민을 기원과 생활방식이 다르고 정치적으로 적대적인 '오랑캐'로 여겼는데, 이렇게 여길 만한 아주 좋은 이유가 있었다. 훈족의 세력이 형성된 곳이 바로 거기였던 것이다.
  훈족이 차지한 영토, 곧 오늘날의 내몽골과 외몽골, 중가리아 분지, 남시베리아는 당시의 기술 수준으로는 농경에 이용될 수 없었으므로 유목 목축에는 더할 수 없이 유리한 곳이었다. 따라서 훈족의 경제는 특화되었다. 육류와 짐승 가죽은 풍부했지만 모든 유목민과 마찬가지로 곡물과 직물이 필요했다. 이들 물품은 물물교환을 통해 중국으로부터 입수하는 것이 가장 수월했으며, 중국인들도 이 교환에 기꺼이 참여했다. 그러나 제국의 정부와 조언자들이 두 민족 사이에 서 있었다. 진나라와 한나라의 황제들은 군인과 관료 집단을 유지할 재원이 필요했으므로 훈족과의 무역을 손아귀에 넣었다. 그 결과 훈족이 받는 직물과 곡물은 필요량보다 훨씬 더 적어지기 시작했다.[1] 훈족은 전쟁으로 화답했고, 기원전 152년에 이르러 그들은 물물교환 시장의 개설을 얻어냈다. 기원전 133년에 중국인들은 다시 적의를 드러냈고, 수적 우위를 이용해 훈족을 고비사막 북쪽으로 밀어냈다. 하지만 훈족을 정복하려는 시도는 기원전 90년에 중국 원정군의 완패로 끝났다.[2]

기원전 72년에 중국인들은 훈족에 대해 새로운 도모를 시작했는데, 이는 외교를 통해 수행되었다. 중국인들은 유목 부족들 사이에 불화의 씨앗을 뿌려 그들의 이웃들, 곧 중가리아 분지의 오손족烏孫族[중국 서부 지역에서 활동한 고대 소수 민족의 하나이다. 오손족의 기원에 대해서는 흉노족설, 돌궐족설, 동이란족설 등 다양한 설이 있으며, 지금까지 일치된 결론을 얻고 있지 못하다], 사얀 산맥의 정령족丁零族[고대 시베리아 민족. 원래 바이칼호 서쪽 지역의 레나 강 유역에 살다 점차 몽골과 중국 북부로 남하했다. 이후 흉노 제국의 일부가 되었다], 싱안의 오환족烏桓族[중국 북부에 거주한 유목 민족. 흉노족에 패배당한 동호족의 후손이다]을 훈족에 대항하게 하는 데 성공했다. 기원전 58년에 훈족 내부에서 타오른 씨족 간 전쟁 때문에 중국은 손쉬운 승리를 거두었다. 왕위 쟁탈자의 한 사람이 중국과 동맹을 맺자 다른 자들은 멸망했다. 기원전 52년에 훈족은 중국의 권위를 인정했다.

1) L. N. Gumilev, *Khunnu*, pp. 88~89.
2) 앞의 책, pp. 139~142.

초원 지대에서 중국의 권위가 명목적일 때는 평화가 유지되었다. 그러나 왕위 찬탈자 왕망王莽이 기원후 9년에 훈족의 내정에 간섭하려 들자마자 훈족은 봉기를 일으켰다. 그들은 중국 정부군을 변경에 묶어둠으로써 왕망의 심한 탄압에 맞서 일어난 중국 농민들의 '적미赤眉의 난'을 후원했다. 기원후 25년에 권력을 쥔 후한 왕조도 다시 '훈족 문제'에 직면해야 했다. 훈족 세력이 남방계와 북방계로 분열되고, 3세기 이전 만주와 동트란스바이칼 지역을 차지하고 있던 선비족(고대 몽골족)과 동맹을 맺고서야 중국인들은 이 연합 전선을 통해 93년에 북 훈족을 패배시킬 수 있었다. 그래도 중국인들은 여전히 초원 지대를 획득하지 못했다. 선비족 지도자 단석괴檀石槐는 후한의 군대에 대해 일련의 승리를 거두었으며, 심지어 만리장성 남쪽까지 넘어가 군사 행동을 벌였다. 177년에 이르러 중국은 모든 정복지를 잃었다.

당연한 일이지만 중국의 정치사상은 이전부터 '훈족 문제'에 골몰해 오고 있었다. 두 가지 해결책이 제시되었다. 역사가 사마천司馬遷과 반고班固는 북방에 대한 더 이상의 공격에 반대했다. 사마천은 중국인들이 익숙하게 살아가고 있는 것과 전혀 다른 기후와 특징을 지닌 나라를 정복하기란 불가능하다고 생각했다. 반고는 문화가 다른 민족을 제국에 편입하는 것은 해롭고 유목민을 동화시키는 것은 양쪽 모두에게 불필요하다고 생각했다.3) 그러나 제국 정부는 학자들의 의견을 받아들이지 않았고, 두 사람은 체포되었다. 사마천은 궁형을 받고 풀려났으나 반고는 옥사했다.

두 번째 개념이 지배적이었으며, 무제(기원전 140~87)로부터 시작

---

3) 앞의 책, p. 139~142.

해 한나라 황제들은 이 개념을 일관되게 따랐다. 이웃 민족을 정복하고 그들 속에 중국의 유교 문화를 이식함으로써 세계 제국의 창조를 꿈꾸는 것이 그것이었다. 이 계획을 추구하는 가운데 고조선, 북부와 남부의 월(광둥과 인도차이나), 칭하이靑海호〔역사적으로 몽골어로 '코코 노르 Koko Nor'라는 이름을 갖고 있었으며, '푸른 호수'라는 뜻이다. 칭하이에 위치한 중국 최대의 호수로 염호이다〕 주위에서 유목 생활을 하던 티베트 부족 등을 정복했다. 하지만 북방 전쟁은 성공적이지 못했을 뿐만 아니라 중국 경제를 완전히 소모시켰다. 매우 재능 있는 지휘관이 훌륭한 무장을 갖춘 강력한 정예 병력을 이끈 경우에도 패배하거나 어렵게 거둔 성공을 굳히지 못하는 일이 잦았다. 기원후 2세기에 접어들면서 한 왕조는 매우 심각한 사회적·경제적·정치적 위기를 맞이해 유목민들과의 전쟁에서 성공을 거둘 수가 없었다.

군비 때문에 조세 부담이 증가하자 농민들은 마침내 '황건적의 난'으로 대응했으며, 이 난은 한 왕조의 힘을 꺾었다(184년). 사기가 떨어진 한나라 군대는 반란을 진압할 수 없었다. 권문세가의 귀족들이 주도권을 잡았다. 그들은 농민들을 무찔렀지만 그런 다음 몰락했고, 각 군대의 상부는 서로 뒤엉켜 싸우다가 치열한 내분 속에서 대부분 멸망하고 말았다. 이 와중에서 살아남은 세 사람이 반세기 동안 중국을 풍비박산낸 후 북쪽, 남동쪽, 서쪽에 세 왕국을 세웠다(220~280년).

그리하여 로마, 파르티아, 쿠샨 제국과 함께 고대의 4대 세계 제국이었던 한 제국이 멸망했다.

이것은 중국으로서는 일대 파국이었다. 221~280년 사이에 납세자 숫자가 5,000만 명에서 750만 명으로 줄었다고 말하는 것으로 충분할 것이다.4) 도읍들은 폐허가 되었다. 사마염司馬炎의 쿠데타로 지주와 유학자들을 대신해 풍기 문란한 군인들이 들어섰지만 나라의 당면 문제에 대한 그들의 이해력은 훨씬 더 떨어졌다.5) 만리장성 너머의 땅은 다시 유목민 수중에 들어갔으며, 궁중의 파벌들 사이에 벌어지는 유혈적 반목으로 중국은 새로운 파국을 맞이하기 직전이었다.

그러나 한 제국의 몰락에 기여한 격렬한 전쟁의 원인은 어쩌면 중국이 아니라 훈족이 아니었을까?

훈족이 조용하고 근면한 이웃을 공격하는 사나운 약탈자였다는 선입견이 매우 널리 퍼져 있다. 이 생각은 유럽에서 훈족이 우그리아족, 알란족, 안테족, 게르만족 등 수많은 민족의 선두에서 민족 대이동을 개시시켰고, 이 동안 서로마 제국이 몰락했다는 사실에 기대고 있다. 말이 난 김에 말하자면 이 경우에도 역시 로마인들은 결코 훈족이나 다른 야만족의 사악한 손길에 고통을 당한 순한 어린 양이 아니었다. 그들 야만족도 로마에 복수해야 할 것이 있었다.

아시아에서의 상황은 다소 달랐다. 무엇보다 먼저 훈족이 영토 획득을 꾀한 것이 아니라 동등한 물물교환 무역을 꾀했음을 지적해야겠다. 기원전 200년에 그들은 산시山西의 바이덩白登 마을에서 황제를 호위하던 부대를 포위했지만 영토의 할양 없이 '평화와 혈족 관계'의 조약을 체결한 뒤 황제를 풀어주었다. 훈족은 중국 땅을 차지하더라도 그곳에 살 수 없을 것이라는 견해를 갖고 있었다.6) 훈족은 또 오손족이 그들과 결별하고 제티수 지역과 서부 톈산 지역으로 이동하는 것도 용납했

---

4) N. Ya. Bichurin, *Sobranie svedenii po istoricheskoi geografii*, p. 658.
5) L. N. Gumilev, "Troetsarstvie v Kitae", *Doklady otdelenii i komissii Geograficheskogo obshchestva SSSR*, fasc. 5, 1968.
6) N. Ya. Bichurin, *Sobranie svedenii o narodakh*, 1, p. 51.

다.7) 그러나 훈족은 자기 땅은 필사적으로 지켰고, 인산陰山을 잃었을 때는 "그곳을 지나면서 울었다."8) 중국과 벌인 그들의 전쟁은 공세적인 것이 아니라 방어적인 것이었다.

뿐만 아니라 훈족은 초원 지대에서 고대 중국의 생활조건보다 훨씬 더 쉬운 생활조건을 만들어낼 수 있었다. 관리 후영侯贏의 보고(기원전 1세기)에 의하면 중국 관리들에게 억압받는 변경 주민들, 자유가 없는 사람들, 범죄자들, 정치적 망명객의 가족들은 초원 지대로 가기만 꿈꾸면서 "훈족 사이에서 살면 즐겁다"고 말했다.9) 훈족 세력은 다양한 부족으로 구성된 워낙 엄청난 인구를 지니고 있어 중국의 역사가들이 '자로貲虜' 부족이라고 부른 하나의 독립적 민족 단위를 형성했다.10) 새로 온 사람들이 훈족의 씨족과 부족 체계에 들어가지 않았기 때문에 토착 훈족과의 동화는 일어나지 않았지만 그들은 평화와 우애 가운데 살면서 서로 도우며 경제 활동과 나라의 방어에 임했다.

유목 사회에서는 기술 발전이 불가능하다고 생각하는 것은 잘못이다. 유목민 일반, 특히 훈족과 투르크족은 오늘날의 사람들에게 필수 불가결한 것으로 전 인류의 일상생활 속에 들어가게 된 여러 가지 물건을 발명했다. 오늘날 유럽인이 남자를 생각할 때 빼놓을 수 없는 바지와 같은 의류 형태는 먼 옛날에 유목민이 발명한 것이다. 등자는 200~400년 사이에 중앙아시아에서 등장했다.11) 나무 받침을 한 원

---

7) L. N. Gumilev, *Khunnu*, p. 86.
8) N. Ya. Bichurin, *Sobranie svedenii o narodakh*, 1, p. 95.
9) 앞의 책, p. 94.
10) E. Chavannes, "Les pays d'Occident d'après le Wei-Lio", *T'oung Pao*, ser. 2, VI, 1905, pp. 522~526.
11) K. A. Wittfogel and Fêng Chia-Shêng, *History of Chinese Society, Liao(907~1125)*, New York, 1949, p. 505.

래의 유목민 썰매는 높은 바퀴가 달린 수레로 교체된 다음[12] 다시 길마로 교체되었고, 이 덕분에 그들은 숲이 우거진 산맥들을 강건하게 타고 넘을 수 있었다.[13] 유목민들은 월도月刀를 발명해 무거운 직선 검을 대체했고, 멀리 700미터까지 화살을 날릴 수 있는 개량 복합궁을 발명했다. 마지막으로 둥근 유르트는 당시 가장 완벽한 주거 형태로 간주되었다.

물질문화에서는 물론 정신문화에서도 유목민들은 이웃의 정주민들에 뒤지지 않았다. 비록 그들의 문학이 구전문학이었다고 해도 말이다. 훈족에게서 과학 이론을 찾으려 드는 것은 분명 어리석은 노릇일 것이다. 그리스인들조차 고대의 이집트인이나 바빌로니아인들로부터 과학 이론을 빌려오지 않았는가 말이다. 유목민은 영웅담과 귀신소설이라는 두 가지 장르의 이야기를 창조했다. 이 두 장르 모두 오늘날의 문학과 가깝다기보다는 신화에 가까웠지만 바로 그것이 그들이 현실을 인식하고 그들의 느낌을 표현한 방식이었다. 달리 말해 신화가 그들에게 행하던 기능은 문학이 우리에게 행하는 기능과 똑같다.

유목민은 역사도 이와 비슷한 방식으로 인식했다. 곧 우리와 다르게 인식했다. 그들에게 역사는 씨족 계보의 전개로 보였으며, 표준이 되는 것은 하나의 사건이나 제도가 아니라 죽은 조상이었다. 이어지는 세대를 이렇게 씨족 계보의 전개로 묘사하는 것이 유럽인들에게는 아무런 의미가 없는 것처럼 보인다. 하지만 학계가 수용하는 다른 모든 셈법

---

12) S. V. Kiselev, *Drevnyaya istoriya yuzhnoi Sibiri*, p. 161; S. I. Rudenko, *Kul'tura naseleniya Gornogo Altaya v skifskoe vremya*, p. 229, pp. 232~234, 삽화 143, 144, 145, 146.
13) G. E. Grumm-Grzhimailo, *Istoricheskii atlas Mongolii*, manuscript in Arkhiv Geograficheskogo obshchestva SSSR.

과 마찬가지로 이러한 묘사 역시 시간의 흐름을 반영하고 있다. 그것은 다른 목표와 필요에 맞추어져 있고, 이 목표와 필요를 전적으로 충족시킨다. 게다가 우리는 고대 유목민의 전승과 역사에 관한 자료를 민족지적 유추와 단편적인 정보 등을 통해 추출해왔으며, 따라서 이 자료가 매우 대략적임을 명심해야 한다. 반면 그들의 예술작품은 진품으로 전해져 내려왔고, 그래서 고대 초원 지대에 실제로 존재했던 것을 비할 수 없이 더 충실하게 반영하고 있다. 코즐로프P. K. Kozlov, 키셀레프Kiselev, 루덴코의 발굴로 눈부신 예술품들이 출토되었다. 이것이 '동물양식'인데, 이를 통해 우리는 훈족 문화가 시베리아와 중앙아시아 민족들의 문화와 비슷했다고 단언할 수 있다.14) 고분에서는 비단 직물, 청동 제품, 칠기 그릇 등 중국 물품도 가끔 나온다. 이것들은 일상 용품으로, 훈족이 전리품과 공물 형태로 획득한 것이었고, 훈족(자로족)에게로 달아난 중국인들이 생산한 것이기도 했다. 그러나 이와 같은 것들은 이 문화의 발전 방향을 결코 결정하지 못했다.15)

우리가 이것을 아주 자세히 다룬 것은 중앙아시아의 유럽 민족은 중국의 변두리에 불과했고 아무런 가치도 없었다는 속물적 견해를 거부하기 위해서였다.16) 사실 이 민족들은 독자적으로 집약적으로 발전해 나갔다. 1세기에 중국의 공격이 있고서야 그들의 존립은 깨졌는데, 그것은 이미 앞서 살펴본 대로 훈족에게도 또 중국에게도 똑같이 비극적

---

14) S. I. Rudenko, *Kul'tura khunnov i Noinulinskie kurgany*.
15) S. I. Rudenko, L. N. Gumilev, "Arkheologicheskie issledovaniya P. K. Kozlova v aspekte istoricheskoi geografii", *Izvestiya Vsesoyuznogo geograficheskogo obshchestva*, 1966, no. 3, pp. 241~243.
16) *Vestnik drevnei istorii*, 1962, no. 3, pp. 202~210을 보라. *Narody Azii i Afriki*, 1962, no. 3, pp. 196~201을 참조하라.

이었다. 그러나 역사의 보복은 기다리려고 하지 않았다.

304년에 중국에 복속되어 있던 남부 훈족의 원로들은 잃어버린 권리를 무기의 힘으로 되찾기로 결심했다. 진 왕조의 난정亂政을 이용해 그들은 재빨리 중국의 두 수도 뤄양洛陽과 장안長安 그리고 북중국 전체를 장악했다. 훈족의 뒤를 이어 티베트족, 모용선비족慕容鮮卑族, 탁발선비족拓拔鮮卑族도 중국을 침범해왔다.17) 탁발족은 서로 간에 그리고 양쯔 강 유역으로 몰린 중국인들과 피비린내 나는 싸움을 벌인 뒤 전쟁에서 이기고 공식적으로 위魏라는 중국식 이름을 가진 강력한 제국을 세웠다. 이 국가는 초원 지대 유목민들 눈에는 중국으로 보였지만 중국인들 눈에는 오랑캐였다. 하지만 본질적으로 보면 이 국가는 어떤 한 문화와도 관련되지 않은, 그러나 중국적 요소와 유목적 요소를 두루 혼합한 일련의 특수한 변경 구성체들의 효시가 되었다.18) 하지만 이 국가는 이제 더 이상 씨족 세력이나 부족 세력이 아니라 조건부 토지 소유, 자유민의 농노화, 공직 보수를 위한 구역 분배 등의 요소를 지닌 봉건 제국이었다.

위나라에서는 495년부터 중국어가 탁발어를 대신해 행정어가 되었고, 선비족의 의상과 두발이 공식적으로 금지되었다. 하지만 이 모든 조치에도 불구하고 무기의 힘으로 정복된 중국인을 이 외래 권력과 화해시킬 수 없었다. 봉기를 조직하기에는 너무 약했던 중국인들은 행정부와 군으로 파고 들어갔다. 실질적인 권위는 차츰 중국인 태생의 지

---

17) N. Ya. Bichurin, *Sobranie svedenii po istoricheskoi geografii*, pp. 658~662; Shen Yue, *Ocherki istorii Kitaya*, pp. 142~143; R. Grousset, *The Empire of the Steppes*, pp. 55~56을 보라.
18) 우리는 초원 지대와의 연관을 잃은 당과 요는 여기에 속한다고 보지만 원과 여진은 쇠할 때까지 고국에 의존했기에 여기에 속한다고 보지 않는다.

휘관들 손에 집중되었다. 그리하여 그들은 550년에 위 왕조를 쫓아냈고, 이 왕조의 구성원들은 젖을 문 아기들까지 포함해 난도질로 토막이 나서 황허에 내던져졌다. 중국은 다시 중국인의 것이 되었지만 탁발족의 후손들은 모국어를 잃어버린 채 계속 초원 지대 변경에서 만리장성을 따라 살아갔다.

이 무렵 초원 지대에 새로운 세력, 훈족보다 훨씬 더 강력한 세력이 나타났다. 괵튀르크Göktürk국〔알타이 산맥에서 발원한 철륵鐵勒의 하위 부족〕이 550~569년까지의 짧은 시기에 황허에서 흑해에 이르는 초원 지대를 통일하고 중앙아시아를 병합했으며, 이때 소그디아나Sogdia〔이란 민족의 고대 문명〕 주민들의 동의가 있었다. 소그디아나 주민들은 중국에서 유럽으로 가는 비단 대상 무역을 통해 부유해졌다. 투르크의 칸들이 초원 지대에서 내전과 약탈을 끝내자마자 소그디아나 인들은 그들의 참된 친구이자 조력자가 되었다.

하지만 중국에서는 이 투르크 한국의 성립이 아주 다르게 생각되었다. 중국에서는 581년에 수 왕조의 창건자 양견楊堅이 이끄는 산시의 지주 토호들에게로 권력이 떨어졌다. 한漢 제국의 힘을 부활시키고 이를 바탕으로 투르크와 전쟁을 하는 것이 새 왕조의 정강이 되었다. 한마디로 말해 1세기의 충돌이 반복된 셈이었으며, 유일한 차이라고는 부족 내부의 다툼 대신 중국인 첩자들(장손성長孫晟, 귀비貴妃)이 투르크 지배 씨족의 왕자들 사이에 반목을 부추겼다는 사실뿐이었다.

다음 300년은 주로 자유를 사랑하는 유목민들이 중국의 침략에 맞서 싸운 투쟁의 사건들로 가득 찼다. 투르크족은 많은 민족과 관계를 맺었지만 비잔티움도 이란도 시베리아 위구르족도 그들을 예속시키려 하지 않았으며, 단지 외교 관계를 수립하고 국경을 유지하려고만 할 뿐이었다. 투르크족은 투르크족대로 페르시아인이나 그리스인들과 무력 충돌이 일어날 경우 대상 무역과 관련된 경제적·정치적 목적만 추구했다. 이들 충돌은 투르크족이 대초원 지대를 통일하면서 대제국에 포함된 민족들의 문제를 짊어졌기 때문에 역사적으로 불가피한 것이었다.19)

투르크족과 중국인의 관계에는 아주 다른 전환이 일어났다. 중국에서는 반反투르크적 태도가 6세기부터 해외 정책의 지배적 경향이 되었다. 아시아 전역에 대한 지배권 확립은 원래 한 왕조의 목표였으나 이후에는 중국의 봉건 군주와 관리들의 기본 과제가 되었다. 그들은 타협적인 해결책을 추구하지 않았으며 바라지도 않았다. 수 왕조가 망하고 나라와 민족이 난국에 처해도20) 중국의 군주들은 이 무의미한 오만을 포기하지 않았다. 그들은 내전에서 변경 세력, 곧 탁발족의 후예들 — 이들이 세운 당 왕조의 체제는 처음에는 투르크족과 중국인 모두에게 받아들여질 만한 것이었다 — 에게 패배하자 계략과 음모라는 통상적인 수법으로 정책을 전환했고, 그리하여 골돌록骨咄禄 칸21)의 봉기와 안녹산安祿山22)의 난을 야기해 또다시 중국인들이 피를 흘리도록

---

19) M. I. Artamonov, *Istoriya khazar*, p. 133 이하.
20) Shan Yue, *Ocherki istorii Kitaya*, pp. 1881~1897.
21) 서부와 동부에서 이루어진 당 제국의 모든 정복은 유목민에 의해 수행되었는데, 그들은 이 왕조의 실제 창건자를 '탁발 칸'(L. N. Gumilev, *Drevnie tyurki*, p. 221을 보라)이라고 불렀다. 왜냐하면 그는 투르크 종족의 후예였기 때문이다(N. Ya. Bichurin, *Sobranie svedenii o narodakh*, I, p. 355). 하지만 그의 후계자 고종(650~683년)은 중국의 전통적인 오만한 정책으로 복귀함으로써 아버지가 그렇게 어렵게 성취한 것을 아주 빨리 상실했다. 그 결과 제2투르크국이 세워졌고(679~745년), 중국은 동아시아에서 단명한 지배권을 상실했다(G. E. Grumm-Grzhimailo, *Zapadnaya Mongoliya*, II, p. 218).
22) 소그디아나인과 투르크 공주의 아들이던 안녹산은 당나라 군대에서 경력을 쌓으며 일반 군졸에서 장군까지 올라갔다. 그는 756년에 유목민과 힘을 합쳐 타격 부대를 구성한 세 부대를 이끌어 반란을 일으켰다. 763년에 이 반란이 진압된 후 중국은 공세 정책을 계

만들었다. 다음 한 세기(764~861년) 동안 중국은 대초원 지대의 거점을 유지해 지배권을 다시 차지하려는 헛된 노력을 기울였다. 위구르족은 조국의 독립을 지켰고, 티베트족은 산시의 중국 요새를 점령해 보복 가능성까지 예방했다. 위구르 한국도 또 티베트 왕국도 당 왕조보다 오래가지는 못했지만 중국의 침략은 이미 멈추어 있었다.

중앙아시아 민족들이 정체해 있었다는 주장이 왜 나오는지는 이 치열했던 전쟁으로 설명될 수 있다. 이 민족들이 유럽인들에 비해 재능, 용기, 지능이 열등했던 것이 아니다. 투르크족과 위구르족은 다른 민족들이 자기 문화를 발전시키는 데 사용한 힘을 교활하고 사나운 대규모 적에 대항해 자신의 독립을 지키는 데 사용했던 것이다. 300년 동안 그들은 단 한순간도 평화를 누리지 못했지만 결국 전쟁의 승리자가 되었고 후손을 위해 고향 땅을 지켰다.

중앙아시아 동부의 모든 민족이 중국 문화를 수용하지 않은 점도 이에 못지않게 주목할 만하다. 투르크족은 자신의 사상 체계를 갖고 있었고, 그들은 이를 중국인의 사상 체계와 대치시켰다. 제2한국이 멸망한 후 중앙아시아에서는 믿음이 바뀌는 시대가 뒤따랐다. 그리하여 위구르족은 마니교를, 카를루크족은 이슬람교를, 바스밀족과 옹구트족은 네스토리우스파 기독교를, 티베트족은 인도 불교를 받아들였지만 중국의 이데올로기는 만리장성을 넘지 못했다.

속할 수 없어 방어로 돌아섰다.

| 스텝 비잔티움 |

'비잔티움'이라는 말을 아무런 설명이나 첨언 없이 발음할 때 이 개념의 내용은 다양할 수 있다. 비잔티움은 한때 위대했던 제국의 잔영으로 천 년 이상의 시간에 걸쳐 쇠락 상태에 있던 동로마제국을 의미할 수 있다. 이것이 기번Edward Gibbon 그리고 이 국가를 저제국低帝國이라고 부른 르보Le Beau가 '비잔티움'을 이해한 방식이었고, 솔로베프Vladimir Solovev 역시 그런 식으로 이해했다. 이 말은 퇴화한 고대의 반명제로 등장했고 독자적인 발전 리듬과 명암을 갖고 있던 그리스 왕국으로 이해될 수도 있다. 이것이 우스펜스키Uspenskii, 쿨라코브스키Kulakovskii, 딜Diehl이 비잔티움을 바라본 방식이었다.

하지만 아마 비잔티움은 그저 거대한 도시이자 푸른 바다의 해안가 위에 등장한 교역과 경작 생활의 중심지였을 것이다. 불태운 언덕이 주위를 둘러싸고 있었을 것이며, 이 언덕에서는 수세기 동안 반半미개인들이 염소를 치고 올리브와 포도를 채취했을 것이다. 이 역시 비잔티움이라는 말에 대한 정당한 이해지만 이 책에서 우리는 네 번째 의미로 이를 사용하고자 한다. 곧 비잔티움은 콘스탄티노플 제국 국경보다 훨씬 더 너머까지 산재해 있던 독특하면서도 다채로운 문화였다. 앞으로 설명하겠지만 비잔티움의 반짝이는 황금 햇살은 아일랜드의 녹색 계곡 위에(요하네스 스코투스 에리게나Johannes Scotus Erigena), 트란스볼가의 우거진 숲에(닐 소르스키Nil Sorskii와 무소유자), 찬Tsan 호수의 열대 고원(악숨Aksum[에티오피아 북부에 있는 고대 도시])에 그리고 유라시아 대초원 지대에 내리쬐고 있었다.

이렇게 생각할 경우 '비잔티움'이라는 말은 콘스탄티노플과 그에 종속된 나라에 그치지 않는다. 나아가 칼케돈 신조Chalcedon Creed에 그치는 것도 아니다. 그것은 정교와 이단 모두를 포함하는, 즉 단성론자單性論者[곧 설명이 나온다]와 네스토리우스파 기독교인과 영지주의자(역시 뒤에 말하게 될 마르키온주의자[곧 설명이 나온다]와 마니교도[곧 설명이 나온다]) 모두를 포함하는 일체성이기도 하다. 이 사조들이 서로 다투었다는 사실이 내가 제안하는 이 용어의 의미와 모순되지는 않는다. 왜냐하면 사상 투쟁, 정치 투쟁 역시 연관의 한 형태이며 발전의 일종이기 때문이다.

 기독교 종교 사상은 탄생 순간부터 수많은 시냇물로 갈려져 나갔고, 그중 대다수는 말라버렸다. 그러나 어떤 시냇물은 장대한 강이 되었다. 유대 기독교인들의 소집단, 곧 메시아의 도래를 인정한 유대인들은 흔적도 없이 사라졌다. 다른 한편 교육 받은 이교도들에게 전해진 바울의 선교는 많은 개종자를 만났다. 악이 존재한다는, 당시로서는 생소했던 생각에 그리스인들은 아주 소스라치게 놀라 그러한 생각을 다양한 방식으로 해석했다. 가장 많은 교육을 받았고 논리적으로 생각할 수 있던 사람들은 전 세계의 불의와 불행에 대한 책임을 이 세계를 창조한 사람에게 덮어씌우고 그를 '조물주' 곧 장인匠人이라고 불렀다. 그들이 생각한 조물주는 그리 중요하지 않은 악마로 세계와 인간(아담)을 창조해 아담을 무지 속에서 살게 하고 자신의 노리개로 삼은 존재였다. 그러나 현명한 뱀은 아담을 일깨웠고 아담이 자유를 얻도록 도왔다. 이 때문에 조물주는 아담과 이브의 후손들에게 고통을 준다는 것이었다.

 이 사조는 영지주의를 낳았는데, 이는 현명하고 교육 받은 사람들을 위한 종교적·철학적 관념이었다(그노시스, 즉 지식에서 유래했다). 영지주의의 세 가지 주요 조류인 이집트파, 시리아파 그리고 (기독교 영지주의자 마르키온의 이름에서 나온) 마르키온파 모두를 다 서술할 필요는 없을 것이다. 여기서는 기독교 사상, 조로아스터 사상, 나아가 인도 사상까지 통합한 (3세기의) 페르시아 사상가 마니의 빛나는 사상만 다룬다. 마니는 '맹렬한 어둠'이, 영원한 어둠의 공간이 존재하며 자신의 매개체보다 훨씬 더 어두운 덩어리를 갖고 있다고 가르쳤다. 이 어둠의 누적물은 브라운 운동을 하는 분자들처럼 무작위로 움직인다. 그러나 단 한 번 우연히 이 누적물은 자기 공간의 경계, '영원한 빛'의 변경에 도달해 '빛의 왕국'에 들어가 그곳을 어둡게 하고자 한다. 마니가 '태고인'이라고 부르는 그리고 오르무즈드Ormuzd〔광명의 신〕의 자질을 갖고 있다고 하는 빛의 원리의 담지자가 나서서 이 어둠과 싸운다. 어둠의 세력이 승리하고 '태고인'을 갈기갈기 찢으며 빛의 입자들을 뒤덮자 빛의 입자들은 이제 유수流水 속에서 어둠 속에서 시들어버린다. 그리스도가 이 입자들, 곧 영혼들을 도우러 오고 그의 뒤에 성령의 권화이자 보혜사인 마니가 온다. 그들은 물질, 결정結晶된 어둠으로부터 자유로운 영혼을 구하기 위해 왔다. 그러므로 모든 물질적인 것, 인간을 세계와 삶에 묶는 모든 것은 죄를 짓고 있다.

기독교인들은 이 생각과 맞싸워, 세계의 창조자는 선하고 그가 창조한 세계는 아름답다고 역설했다. 영지주의에 맞서 일원론적 체계들이 등장해 균형을 잡았다. 신플라톤주의가 등장해 물질은 무*meon*이며 세계는 존재하는 모든 것을 다 채우는 하느님의 갈비뼈에서 나온 유출물이라고 역설했다. 그리고 오리게네스의 가르침에서 기독교 일원론이 등장했으며, 그는 세계의 종말과 심판의 날 뒤에 악마는 하느님의 자비로 용서받을 것이라고 가르쳤다.

4세기에 이르러 정교 사상은 이 모든 생각의 개별적 요소들을 취해 특정한 철학 체계로 정립되었다. 그러나 새로운 난점들, 철학적 난점들이 아니라 순전히 신학적인 난점들에 마주치기 시작했는데, 이는 공의회에서의 격렬한 투쟁에 반영되었다.

기독교 사상에서 네 가지 조류가 등장했다. 독일 부족 사이에서 널리 퍼진 아리안 사상, 우리 주제에 대해 가장 중요한 네스토리우스 사상, 네스토리우스주의의 반명제로 등장한 단성론 사상 그리고 비잔틴 제국의 지배 종파가 된 (제4차 공의회가 열린 곳의 지명을 딴) 칼케돈 사상.

한편 아시아는 기원후 첫 몇 세기 동안 자유사상의 활화산이었다. 4세기 초 알렉산드리아의 장로 아리우스Arius는 크리스토스-로고스Christos-Logos는 아버지보다 열등하다고 설교했다. 왜냐하면 그는 아들이고 그래서 태어난 존재이기 때문이었다. 알렉산더 주교와 그의 집사 아타나시우스Athanasius는 아리우스를 반박하며 육화된 말씀은 거룩한 존재에게는 적용될 수 없다고 지적했다. 또한 그리스도가 천상의 지혜를 품부 받은 인간이었다고 가르친 사모사타Samosata[유프라테스 강 서안에 위치했던 고대 도시]의 바울이 이단을 저질렀다고 비난했다. 이 논쟁은 급속히 내전으로 번졌고, 어떤 황제들은 아리우스를, 다른 황제들은 정교를 지지했다. 이와 동시에 영지주의자, 신플라톤주의자, 미트라교도들도 각자의 가르침을 설교했고, 각 파는 다른 모든 파와 투쟁했다.

우리는 이 믿음의 대표자들이 그들 신앙의 교의를 불성실하게 신봉했을 것이라고 생각해서는 안 된다. 당시 논리적 세계관에 대한 요구는 매우 진지했다.23) 물론 종교적 교리에 대한 가장 합리적이고 문학적인 해석이 안티오크 학파와 관련되어 있었던 것은 우연이 아니다.

---

23) "아리우스파와 정교파는 서로 비논리적이라고 비난했다. 이성에의 호소는 그들이 벌인 논전의 특징이었다"(*Istoriya Vizantti*, I, p. 169).

또한 가장 철학적인 해석이 알렉산드리아 학파와, 가장 정서적이고 미학적인 해석이 그리스적 요소가 압도한 콘스탄티노플 학파와 관련되어 있었던 것도 우연이 아니다. 그러나 로마제국에서의 종교적 투쟁의 발발에 대해 더 다룰 필요는 없다. 대신 격렬하게 끓어오르고 불타오르는 이 사상이 극동과 대초원 지대의 무한한 광야에 침투한 것에 초점을 맞추는 것은 필요할 것이다.24)

사상가이자 저술가인 마니가 자신을 그리스도와 파라클레투스Paracletus[원래 위로를 주는 사람이라는 뜻으로 성령의 다른 이름이라고 한다]의 계승자라고 선언하고 조로아스터교 성직자 모베드들Mobeds에게 학대당하다 277년에 페르시아 국왕의 거주지 준디샤푸르Gundishapur[이란의 사산 왕조의 샤푸르 1세가 271년에 세운 학문 센터]에서 순교자의 왕관을 받아들인 후 그의 추종자들은 페르시아에서 도주하지 않을 수 없었다. 서양에서 마니교는 끊임없는 박해에 처해 지하로 숨어들었다.25) 동양에서 마니교인들은 트란스옥사니아Transoxania[지금의 우즈베키스탄, 타지키스탄, 키르기스스탄 남부, 카자흐스탄 남부에 해당하는 중앙아시아 지역의 고대 지명] 그리고 거대한 대상로 위에 있는 오아시스들에서 피난처를 찾았다.26)

콘스탄티노플의 총대주교 네스토리우스는 "하느님은 어머니가 없다"고 경솔하게 선언하는 바람에 431년에 에페소공의회에서 파문당했다. 그를 쳐부순 사람들은 즉시 자기들끼리도 싸웠지만 단성론자도 정교 칼케돈파도 네스토리우스주의에 대해 하나 같이 인내심을 잃었다.

---

24) 심지어 아낭Anan 논전 전에도 기독교는 중앙아시아에서 전도되었다. 메르프Merv의 주교 교구에 대한 최초의 언급이 334년에 있었기 때문이다(R. Grousset, *Histoire de l'Extrême-Orient*, I, p. 353). 420년부터 이곳은 대주교 교구가 되었다.
25) F. Cumont, *La propagation*.
26) V. V. Bartol'd, *O khristianstve v Turkestane*, p. 6, p. 18.

적대는 특히 434년 이후 심화되었는데, 이때 비트자파트Bit-Zapat 공의회에서 네스토리우스주의는 메르프 대주교 교구 구성원들을 포함한 페르시아 기독교의 지배적 신조로 인식되었다. 비잔틴의 네스토리우스파에 대한 페르시아 국왕의 지지는 치명적이었다. 489년에 제노Zeno 황제는 네스토리우스파에 대한 유죄 판결을 확인하고, 네스토리우스파가 자기들 신앙을 가르친 에데사Edessa[메소포타미아 지역 상부에 있던 고대 도시의 지명] 학교를 폐쇄했다. 이 학교는 페르시아로, 니지브Nizib로 옮겨갔고, 499년에 크테시폰Ctesiphon에서 네스토리우스교 총대주교 교구가 등장해 6세기에 번창했다.27)

네스토리우스파는 페르시아로부터 동아시아 전역으로 널리 퍼져나갔다. 6세기에 기독교인들은 유목민 투르크인들에게 신앙을 전도하는 데 일정한 성공을 거두었다. 591년에 발야라트Balyarat 전투에서 비잔틴인들에게 사로잡힌 투르크인들은 입술에 십자가 문신을 하고 있었는데, 자기들과 함께 사는 기독교인들이 재앙을 피하는 수단이라고 조언해줘서 그렇게 했다고 설명했다.28) 이 사실은 6세기 유목민 투르크인들 사이에서 기독교가 얼마나 널리 퍼져 있었는지에 대해서는 아무것도 말해주지 않지만 기독교인들이 초원 지대에 나타났다고 단언할 수 있게는 해준다.

636년에 네스토리우스교는 중국에 들어가 정부로부터 환대를 받았다. 당태종과 고종은 기독교인들을 보호하고 그들이 교회를 짓는 것을 허락했다. 불교도들과 끈을 가진 측천무후가 제위를 찬탈한 시기에 기독교인들에 대한 박해가 시작되었지만 이 제위 찬탈자는 당 왕조의 지

---

27) N. Pigulevskaya, "Mar-Aba I", *Sovetskoe vostokovedenie*, V.
28) Feofilakt Samokatta, *Istoriya*, p. 130~131.

지자들에게 곧 권력을 빼앗겼다. 714년에 황제 현종은 제국에서 불교 금지 칙령을 내렸고 745년에 기독교의 포교를 허용했다.29) 이때부터 네스토리우스교는 당 제국의 통제 아래 있던 중가리아에서 퍼져나가기 시작해 유목민, 특히 바스밀족 중에서 개종자를 낳기 시작했지만 아주 오랫동안 성공은 미미했다.

네스토리우스교의 전파는 저항에 부딪혔는데, 이 저항은 투르크 카간국可汗國의 몰락 후 쇠퇴하기 시작한 토착 종교가 아니라 자신과 같은 개종 종교들, 곧 불교, 이슬람교, 마니교의 그리고 본교Bon[티베트의 가장 오랜 영적 전통. 티베트 불교에 많은 영향을 주었다]에서 나온 것이었다. 초원 지대에서 불교와 이슬람교는 오랫동안 추종자를 찾지 못했다. 톤유쿠크 Ton'yukuk[646~726년?. 4명의 괵튀르크 카간可汗을 섬긴 군사 지도자]는 "붓다의 가르침이 사람들을 허약하게 하고 사람들로 하여금 자기 동료를 사랑하게 한다"며 불교 전도를 금했다.30) 투르기쉬Turgish[서투르크 한국에서 유래한 투르크족 연맹. 중국어로는 돌기시突騎施라고 한다] 칸 아울루Aulu는 칼리프 히샴Hisham[Hisham ibn Abd al-Malik. 691~43년. 723~743년까지 통치한 제10대 우마이야드 칼리프]의 사절에게 이렇게 답했다. "내 전사들 중에는 이발사나 대장장이나 재단사가 없다. 그들이 이슬람교도가 되어 이슬람 율법을 따르면 어디서 생계를 꾸릴 수 있겠는가?"31) 유목민들은 이슬람교를 도시 종교로만 여겨 이슬람교에 대해 한 세기 전의 아라비아 베두인족에게처럼 반응했다. 그러나 732년에 현종 황제에 의해 중국 속령

---

29) 예컨대 R. Khennig, *Nevedomye zemli*, p. 105와 P. Y. Saeki, *The Nestorian Documents and Reliefs in China*, p. 457을 보라.
30) N. Ya. Bichurin, *Sobranie svedenii o narodakh*, I, p. 274.
31) V. V. Bartol'd, *O khristianstve v Turkestane*, p. 9.

에서 쫓겨난32) 마니교도들은 위구르족 속에서 신봉자를 찾았으며, 부담스러운 내전에서 모윤쿠르Moyunçur 칸을 지지했다.33)

이 위구르 칸은 기독교인들이 자신을 반대했기 때문에 승리를 거둔 후 자신을 지지한 마니교도 편으로 기울었다. 곧 위구르족은 마니교도 공동체가 지배하는 신정국神政國이 되었다.34) 칸에게는 오직 군사적인 일밖에 남지 않았다.

마니교도들은 일단 권력을 잡자 극심한 종교적 불관용을 드러내며35) 주변의 모든 이웃, 곧 티베트 불교도와 본교 추종자들, 시베리아 샤만교도, 이슬람교도, 중국인 그리고 물론 네스토리우스교도와도 싸웠다. 우리는 여기서 위구르의 정치사를 추적하지 않고, 이 땅이 840~847년에 키르키스족에게 짓밟혔을 때 마니교도 공동체가 함께 멸망했다는 것만 지적하겠다.36) 위구르족이 남쪽으로 떠난 후 내버려졌던 초원 지대에는 점차 몽골어를 쓰는 부족들이 정착했다. 초원 지대의 문화적 전통은 한동안 끊겼지만 모종의 질서가 수립되자마자 네스

---

32) R. Grousset, *Histoire de l'Extrême-Orient*, I, p. 352.
33) L. N. Gumilev, *Drevnie tyurki*, p. 382.
34) E. Chavannes et P. Pelhot, "Un traite manicheen retrouve en Chine", *Journal Asiatique*, 1913, p. 1.
35) 예컨대 그들은 부처님을 악마라고 불렀고(E. Chavannes et P. Pelliot, "Un traite manicheen", p. 193을 보라), 사원에 부처님이 악마의 발을 씻어주고 있는 모습을 그렸다 (V. P. Vasil'ev, "Kitaiskie nadpisi v orkhonskikh pamyatnikakh", *Sbornik trudov Orkhonskoi ekspeditsii*, III, p. 23).
36) L. N. Gumilev, *Drevnie tyurki*, pp. 428~431. 따라서 이븐 바르ibn Bahr는 우리에게 "조로아스터 및 진디크Zindik[공식적인 정의는 이중적 금욕주의자 또는 비밀스럽게 마니를 믿는 이슬람교도] 투르크족은 9세기 중반에는 위구르 수도에 살았지만 10세기에는 위구르에 마니교 사원이 존재하는 것이 예외적인 것으로 여겨졌다(A. Yu. Yakubo-vskii, "Arabskie I persidskie istochniki ob uigurskom Turfanskom knyazhestve v IX-Xvv", *Trudy otdela Vostoka Gosudarstvennogo Ermitazha*, IV, 1947, p. 428, p. 435)"고 알려준다.

토리우스교가 중앙아시아를 그냥 홍수처럼 뒤덮었다.

그러나 635년부터 네스토리우스교를 관용했던37) 중국에서는 당 정부가 845년에 특별 칙령을 내려 불교 및 마니교와 더불어 네스토리우스교를 불법으로 선언했다. 이 사건은 위구르의 멸망과 동시에 일어났는데, 그때까지는 중국이 위구르를 동맹으로 삼아야 했었고, 위구르 역시 중국의 지경地境 안에 살던 유목민들의 이해와 삶을 보호하고 있었다.38) 기독교인들은 이 칙령 후에 일어난 박해에 대해 불교도와 마니교도보다 훨씬 더 심하게 저항했다. 그러나 중국에서 기독교인의 처지는 큰 손상을 입었다. 극동에서 콘스탄티노플로 돌아온 기독교 수사는 987년에 "중국의 기독교인들은 사라졌고 여러 이유로 죽임을 당해 오직 자기만 탈출했다"39)고 말했다. 여기에는 과장이 있으며, 네스토리우스교의 잔존 세력이 중국의 북쪽 국경에서 11세기 초 ― 이 시기에 우리의 관심을 끄는 기독교 확장의 두 번째 물결이 극동에서 일어났다 ― 까지 잔존해 있었다고 확신할 수 있다.

불교는 기독교보다 훨씬 더 성공적으로 이 공격으로부터 살아남았다. 마니교조차 완전히 억압된 것은 아니었다. 하지만 마니교도들은 살아남기 위해 기만에 의지해야 했다. 그들은 불교도인 척 하기 시작했다. 처음에 그것은 의식적인 모방이었다. 사실 모든 개종자가 진실로는 마니교를 믿으면서 불교로 위장한 비합법 공동체에 들어갔다고 말할

---

37) P. Pelliot, "Chretiens", p. 624.
38) J. Marquart, "Guwaini's Bencht über die Bekehrung der Uiguren", *Sitzungsbenchte der Preussischen Akademie der Wissenschaften, Phil-hist Kl*, 27, 1912, p. 480, E. Chavannes et P. Pelliot, "Un traite mamicheen", p. 284 이하.
39) A. Moule, *Christians in China before the year 1550*, p. 76, P. Pelliot, "Chretiens", p. 626.

수는 없다. 이런 태도로는 개종자들이 쫓겨나지 않을 수 없었을 것이며, 배신이 일어났을 것이다. 그리하여 중국의 마니교도들은 불교도라고 자처하고 그에 합당한 의례를 준수하는 가운데 점차 불교도와 섞였고, 비루니Biruni 같은 학자들조차 더 이상 이들을 구분하지 않게 되었다.40) 이런 뒤섞임은 그 후 탕구트 왕국이 세워진 지역들에서 특히 강하게 나타났다. 빛나는 천국의 마니 신들이 불교 형태로 하라코토Qaraqoto〔중국어로는 흑성黑城 또는 흑수성黑水城이다. 내몽골 서부에 있던 탕구트 도시〕의 성화상 위에서 발견되는 데서 이를 알 수 있다.41)

따라서 세계관의 투쟁에 관한 한 초원 지대에서 중국 문화와 이슬람 문화의 영향은 가장 넓은 의미의 비잔틴 문화에 의해 제한되고 차단되었다. 이 현상의 가장 신기한 측면은 '초원 지대 비잔틴주의'의 성공, 즉 기독교와 마니교의 초원 지대 침투가 '문화적 영향'이라는 말로만 묘사될 수는 없다는 사실이다. 어떤 영향이라도 일정한 형태의 강제, 도덕적 강제든 아니면 지적 강제든 또는 정서적 강제든 일정한 강제를 전제한다. 하지만 유목민들은 항상 모든 형태의 강제에 민감하게 반응했으며, 아주 성공적으로 물리칠 수 있었다. 비잔틴 제국은 중앙아시아 초원 지대에서 아주 멀리 떨어져 있어 유목민들에게 압력을 가하지 않았고 가할 수도 없었다. 더욱이 유목민들에 대한 기독교의 전도는 비잔틴에서 이단이라 여겨진 사람들에 의해 수행되었다. 따라서 초원 지대에서 기독교의 전파는 '문화적 영향'이 아니라 사상의 이식이었다.

'야만인도 스키타이인도 그리스인도 유대인도 없다'는 기독교의 보

---

40) K. Wittfogel and Feng Chia-Sheng, *History*, p. 308.
41) S. M. Kochetova, "Bozhestva svetil v zhivopisi Khara-Khoto", *Trudy otdela Vostoka Gosudarstvennogo Ermitazha*, IV, 1947, pp. 471~502.

편주의가 유목민 세계에 수용된 이유는, 기독교가 유목민들을 온전한 가치가 없는 사람들로 하대하지 않았기 때문이고, '하늘의 아들'이건 '예언자의 부섭정'이건 외국 지배자에게 속박되는 일이 없게 했기 때문이다. 반대로 '중국 인본주의'[42]의 승리, 즉 자기 문화에서 외래적 요소들을 제거하려는 중국인들의 시도는 무방비의 신민들에게 폭력을 가하는 것이었고, 따라서 만리장성 너머로 나아가지 못했다.

1000년에 이르러 네스토리우스교는 중국에서 사라졌다.[43] 송나라 정부는 종교 전쟁을 선언하고 정복에 나섰다. 그러나 누구에 대해? 한 줌밖에 안 되는 수도사 그리고 위안과 평화를 찾는 소수의 국경 혼혈인들에 대해. 살아남은 중국의 네스토리우스교도들은 초원 지대로 도피했고, 그 순간부터 네스토리우스교는 박해 전보다 훨씬 더 강력한 반중국 세력이 되었다.

이제 결정적인 질문을 제기해보자. 정말 이런 식으로 신조와 의견의 운명을 이해해야 할까? 이것은 중국의 몰락, 서만주의 부상, 위구르의 버려짐, 탕구트 왕국으로의 민족 유입에 어떤 의미를 가질까? 이 책에서 사회적·경제적 관계에 대해서는 지나가는 길에 살짝 비평할 뿐인데, 그렇다면 종교 운동에 대한 연구는 무엇을 알려줄까? 많은 것을 알려줄 것이다. 왜냐하면 이데올로기 체계는 심층적 과정 — 경제 과정, 사회 과정, 민족 형성 과정 — 의 지표 이외에 아무것도 아니기 때문이다.

환상적 신화는 물결 위의 거품이지만 바로 이 거품을 통해 우리는 강의 깊이와 조류의 속도를 판단한다. 물론 이것은 에둘러가는 길이다. 그러나 정보 부족 때문에 직통로를 통과하는 것이 불가능하다면 무엇

---

42) N. I. Konrad, *Zapad i Vostok*, p. 127.
43) P. Pelliot, "Chretiens", p. 626.

을 해야 할까? 10~11세기가 '암흑' 시대라고 불리는 데는 좋은 이유가 있다. 연대기 편찬자들은 침묵으로 이 시대를 완전히 무시해버렸다. 앞에서 우리는 자료의 허위성을 극복하는 문제, 물론 그렇게 쉽지 않은 문제를 제기했다. 그러나 어떻게 침묵의 장막을 찢어낼 수 있을까? 직접적 정보가 전혀 없을 때 어떻게 확고한 탐구 지점을 발견할 수 있을까? 이는 귀납적 방법의 능력을 넘는 과제이다.

연역이 나설 차례이다. 정보의 단편들을 모아 공간과 시간 속에, 곧 역사적 지도와 공시적 표 위에 놓으면 '간극'의 등고선이 좁아지고 이 간극을 얼추 메울 수 있는 가능성이 나타날 것이다. 그러나 이를 위해서는 지표를 관찰하는 것, 곧 상충하는 사유·태도 체계들에 대한 종교적 옹호가 성공과 실패를 거듭하는 모습을 관찰하는 것이 반드시 필요하다.

다음으로 두 번째, 부수적인 질문을 제기해보자. 누가 이 침묵의 공모에 책임이 있을까? 서술할 가치가 있는 사건들을 낳지 못한 역사적 현실 그 자체에 책임이 있을까 아니면 자신들의 책임을 게을리 한 연대기 편찬자들에게 책임이 있을까? 이에 대한 답은 이미 874년에 중국 역사가들이 제시했다. "이 시기에 중국은 무정부 상태[당 왕조의 몰락을 초래한 혼란을 말한다 ― 구밀료프]로 인해 흔들리기 시작했으며, 인접 민족과의 외교 관계에 몰두할 시간이 거의 없었는데[이는 아시아의 패권을 도모한 당나라 정부의 적극적 지원 덕분에 번영을 누린 이 지역이 이 도모가 실패로 돌아가자마자 쇠퇴했음을 뜻한다 ― 구밀료프], 바로 이 때문에 코이쿠(위구르) 가家의 복위에 관한 중국인의 정보는 성기고 단편적이다."44) 그러나 960년에 중국에서 질서와 중앙집권이 회복된 후에도 유목민에 대한 정보는 여전히 칭기즈칸 시대까지 빈약하다. 우리의 우회로는 역사의 이 공백을 부분적으로 메울 수 있는 가능성을 마련해준다. 그리고 우리는 바로 이런 식으로 신조와 의견의 운명을 이해한다.

중국의 계급 사회를 가장 잔인하게 흔들었던 860~960년의 한 세기에 개인의 사회적 지위가 일생에 크게 바뀌는 경우가 빈번했고 때때로 여러 번 바뀌기도 했다. 강등된 사령관이 가난한 노동자가 되었고, 성공한 산적이 군주가 되었고, 노비가 때맞춘 고변으로 강력한 봉건영주가 되었다가 권력의 교체와 함께 농민이 되었다.

다른 한편 각 개인은 혼자가 되어 무방비 상태라고 느꼈다. 배신이 일상화되었기 때문에 이 시기에 가족이나 동아리, 나아가 정치 집단에 소속되는 것은 아무런 역할을 하지 못했다. 그래서 각자 자기에게 가까운, 최소한 정신만이라도 가까운 사람들을 찾아야 했다. 자신의 취향과 성향에 따라 특정한 종교 공동체에 들어갔고, 그럼으로써 신뢰할 수 있는 사람들 사이에 있다고 여겼다. 이런 공동체들이 특정한 영토적·정치적 단위와 일치하는 경우가 잦았다. 예컨대 불교도들은 탕구트나 거란으로 향했고, 기독교인들은 위구르나 샤토로 향했다. 이들이 흡수되어 시간이 지나면서 집단의 민족적 구성은 알아보지 못하게 바뀌었다. 바로 이 때문에 9세기 아시아의 민족 지도를 13세기의 그것과 비교할 때 양자가 전혀 일치하지 않는다는 사실에 가장 먼저 충격을 받는다. 물론 부족들의 이주도 이 300년 동안 진행되었지만 이것은 대초원 지대의 북부 끝자락에만 영향을 미쳤을 뿐이다. 대초원 지대 육괴의 민족적 변화는 역사의 성쇠의 결과이자 필연적인 변화였으며, 우리는 이 변화의 메커니즘에 대해 대략적으로 서술해왔다.

44) N. Ya. Bichurin, *Sobranie svedenii o narodakh*, I, pp. 338~389.

그러나 이 메커니즘 자체는 종교적 불관용을 낳았다. 불관용은 복잡하고 정교한 신정설의 교조에 의해 촉발된 것이 아니라 다른 인간 집단에 대한 단순한 적의, 개인적 관계에 의해 촉발되었다. 이 불관용은 이후 교리 체계 전체로 연장되었다. 이렇게 되는 데 있어 유교의 옹호자이자 도가를 포함한 모든 신비주의의 적이었던 중국의 민족주의자들이 대단한 활약을 펼쳤다. 그들이 무엇을 성취했는지를 보기로 하자.

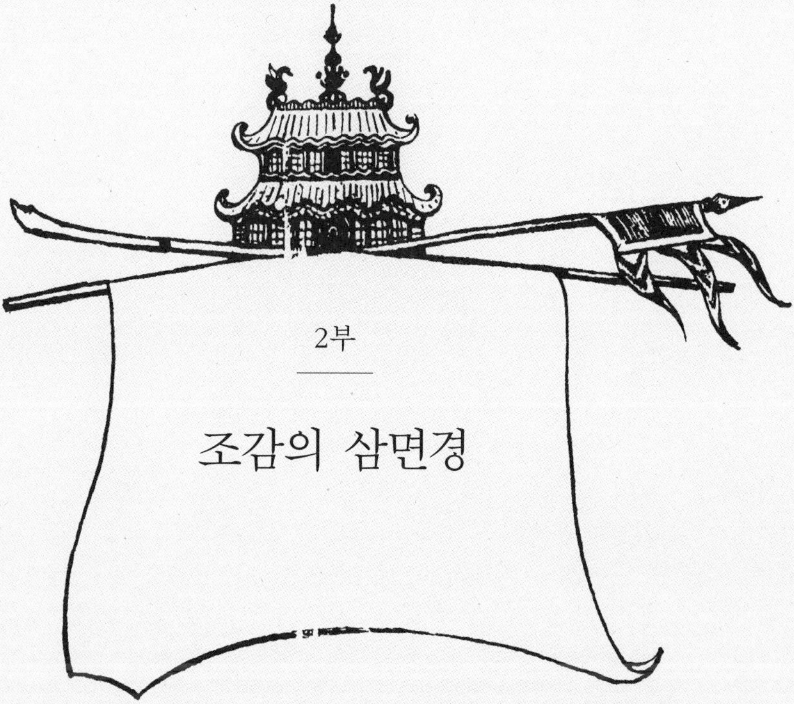

2부

조감의 삼면경

| 4 |
암흑의 세기(861~960년)

| 한 세기의 종말 |

　중앙아시아의 역사는 861년까지만 명확하고 이해가 가능하다.[1] 그 후 한 차례 격렬한 전쟁이 일어난 결과, 동아시아의 모든 국가와 세력은 자기 영토 안에서 만족해야 했다. 티베트족은 그들의 고원으로 되돌아갔다. 중국인들은 장성 뒤로 후퇴했다. 위구르족은 서역의 오아시스에 굳게 뿌리를 내렸다.[2] 거란족[3]은 서만주에서 8부족 연합을 통해 독립을 확보했다. 투르쿠트족의 잔존 세력은 알타이산에 정착했다. 대초원 지대는 내버려지게 되어, 반세기 동안 위구르족과 예니세이 키르키스족 사이에서 벌어진 전쟁의 무대가 되었다. 키르키스족은 대초원 지대에 뿌리를 내리지 못했다. 아니 그들이 이 땅을 애써 추구하지

---
[1] L. N. Gumilev, *Drevnie Tyurki*, pp. 434~435.
[2] 고대에 현재의 신강성 남부에 있는 타림 분지는 이렇게 불렸다.
[3] 고대 선비족의 후손으로 몽골어를 말하는 부족을 말한다.

않았다고 해야 하겠다. 윤택한 미누신스크Minusinsk〔현대 러시아 크라스노야르스크 크라이에 있는 옛 도시〕 분지에서의 정주 생활에 익숙해진 키르키스족은 몽골 초원 지대를 그저 전리품을 겨냥해 무공武功이나 올릴 곳으로 보았다. 사막을 사이에 두고 키르키스 군대와 위구르 병영이 대치하고 있을 때 위구르 여자와 아이들은 중국의 군사 거류자들에게서 물려받은 요새에 숨어 있었다. 전쟁은 키르키스족에게 무익해지면서 공식적으로 끝나지는 않았지만 점차 잦아들었다.

위구르족은 새로운 고향에 빨리 적응해 투루판〔중국명은 吐魯番〕, 하라샤르〔중국명은 焉耆〕, 쿠차〔중국명은 庫車〕의 풍요로운 오아시스에 사는 원주민과 잘 섞였고, 그들의 유명한 이름을 후손들에게 물려주었다. 9세기 말부터 위구르족이라고 불리게 된 사람들은 톈산 산기슭의 정착 주민, 특히 상인, 장인, 경작자들로 이루어진 새로운 민족이었다. 이 민족은 이름을 물려준 호전적 유목민을 결코 떠올리게 하지 않았다. 탕구트족이 위구르족에게 패배를 안겼지만 이 새 국가는 874년에 중국으로부터 공식적인 승인을 받았다.[4]

톈산 위구르는 남쪽으로는 로브노르〔중국명은 羅布泊〕, 서쪽으로는 마나스〔키르키스스탄의 한 지역〕와 쿠차 오아시스로 뻗어나갔다.[5]

마슬로프가 출간한 위구르 법률 문서는 임대차, 신용, 노예무역과 채무노예제, 세금과 부과금, 고리대와 이자 형식적 계약과 입회인 하의 서명이 10~13세기 투루판에 존재했음을 보여준다.[6] 이 시기의 위구르 문학은 번역물만 풍부했다. 위구르족은 시리아, 페르시아, 산스크리

---

4) N. Ya. Bichurin, *Sobranie svedenii o narodakh*, I, p. 339.
5) G. E. Grumm-Grzhimailo, *Zapadanaya Mongoliya*, II, p. 362.
6) S. E. Maslov, *Pamyatniki drevne-tyurkskoi pis'mennoisti*, pp. 200~220.

트, 중국, 티베트 문학을 번역했지만 그들 스스로는 거의 아무것도 남기지 않았다. 투루판에서는 아주 거대한 혼합이 이루어져 혼종 문화가 형성되었던 것이 분명하다. 고대 위구르의 역사적 전통은 끊겼다.

9세기 말과 10세기 초의 위구르족의 정치사는 불분명하고 알려져 있지 않다. 자료에는 위구르족이 카를루크족으로부터 아커쑤〔중국명은 阿克蘇〕와 바르스칸Barskhan의 도시들을 빼앗았다는 모호한 언급이 있다. 바르스칸의 경우 지배자는 카를루크족이었지만 주민들은 도쿠즈-오구즈[7]〔9개 투르크족의 정치 동맹〕, 즉 위구르족을 편들었다. 그러나 곧 키르키스족이 필경 위구르족과 전쟁을 계속해서 아커쑤를 빼앗았던 것 같고, 위구르족의 서쪽 공격은 끝났다.

924년에 간저우贛州가 다시 위구르에 부속된 것을 보면 아마 동쪽으로 확대하려던 시도도 있었던 것 같다. 위구르족은 잠시 서역의 중국 속령을 물려받았고, 중국의 서침西侵 전방 주둔지를 중앙아시아의 보루로 전환시켜, 무슬림과 중국인에 맞섰다. 무슬림과 중국인 모두 서서히 약화되었다.

861년에 티베트군의 패배는 당 제국의 최후의 승리였다.[8] 그때부터 당은 다소 급속히, 그러나 꾸준히 쇠퇴했다. 호전적인 국경 토지 보유자들인 타브가츠족Tabghach〔탁발족을 가리키며 옛 투르크어로는 타브가츠로 발음된다. 북위北魏를 세웠다〕은 618년에 자기들 후견인을 왕위에 올리고 300년 넘게 중국 인민 대중과 뒤섞였지만 전통적 중국인은 당조가 중국인을 포함해 모든 계층에게 다가갔음에도 불구하고 당조에 결코 동조하지 않았다. 여기에는 민족 심리도 적지 않은 역할을 했다. 당조의

---

7) V. V. Bartol'd, *Ocherk istorii Semirech'ya*, p. 17~18.
8) N. Ya. Bichurin, *Sobranie svedenii o narodakh*, I, p. 339.

몰락에 대해서는 경제적·사회적·정치적으로 여러 번 자세히 분석되어 왔기 때문에[9] 우리는 오직 한 저자만 지적했던 민족 심리적 요인을 논할 것이다. 그 저자는 콘라드인데, 그는 이 현상을 '중국 르네상스' 혹은 '인본주의'라고 불렀다.[10]

당의 황제들이 범凡아시아 제국을 창조하려고 노력하면서 서쪽에서 전래되는 종교들, 곧 불교, 기독교 그리고 때로 마니교까지 쉽게 지지했음을 기억하기로 하자. 궁정의 황실 극장에서는 인도와 소그디아나 무용수들이 반라로 공연을 하며 출세를 했다. 진짜 중국인들에게는 그것이 극악무도하도록 흉해보였다. 궁정이 한가한 시간에 외래 사상과 미학으로 오락을 즐긴다 해도 그것이 유교 교육을 받은 관리들에게 어떤 중요성을 가질 수 있었겠는가 하는 생각이 들지도 모르겠다. 그러나 우리의 18세기 구교도Old Believers[고의식파古儀式派라고도 한다. 러시아정교에서 1652~1666년에 진행된 니콘 총주교의 교회 개혁에 반대해 1666년에 러시아정교에서 분리한 교파]를 회상해보자. 깊이 판 옷깃에 그들이 어떤 태도를 보였는지 회상해보자. 사람들은 시대에 따라 다르게 느끼고 다르게 행동했으며, 황제의 변덕은 충성스러운 관리들마저 놀라게 해 그들의 반대를 불러일으켰다. 한 가지 경우만 예로 들어 보자.[11] 819년에 부처님 손가락에서 나온 것으로 생각되는 사리가 인도에서 중국의 호화스러운 수도 장안으로 왔다. 황제도 친히 이 진신사리를 맞이하는 엄숙

---

9) H. Cordier, *Histoire generate de la Chine*, I, Shan Yue, *Ocherki istorii Kitaya*, L. V. Simonovskaya, G. B. Erenburg, M. F. Yur'ev, *Ocherki istorii Kitaya*.
10) N. I. Konrad, *Zapad i Vostok*, pp. 119~11.
11) 이제 나는 학술적 규칙을 버리고자 하며, 전거를 제시하는 대신 독자에게 V. Istrin의 빼어난 책 『버드나무가지』(Moscow, 1957)에 나오는 이 비극적인 일화에 대한 설명을 살펴볼 것을 권한다. 이 책에서 이 시기의 심리가 진정 예술적인 방식으로 재구성되고 있다. 우리는 박학과 재능을 수반할 때의 격조 높은 문학의 가능성을 무시해서는 안 된다.

한 의식에 참여하자 유교 철학자 한유(韓愈)가 상소문을 올렸는데, 그는 이렇게 썼다. "그 사람 부처는 폐하께서 아시듯이 오래 전에 죽었습니다. 그것은 썩은 뼈일 따름입니다. 어찌 그것이 황궁에 있을 수 있단 말입니까? 어찌 천자께서 먼지를 숭배하십니까?" 이 철학자는 수모를 당했지만 이런 일이 일어날지를 이미 알고서 그렇게 썼다. 민족적 자기 정의(定義)의 충동, 일종의 중세적 쇼비니즘이 양식(良識)과 벼슬 욕보다 더 강했던 셈이다.

더 많은 사람을 놀라게 한 것은 철학과 무용이 아니라 군사 개혁이었다. 투르크의 옷과 무기가 군대에 도입되었고, 이에 따라 병사의 훈련이 바뀌었다. 즉 병사의 일상적 생활양식 전체가 바뀌고 재조직되었다. 이 개혁은 전쟁에 유용했고 심지어 불가결한 것이었지만 무식한 농민에서 고관대작에 이르기까지 모든 중국인에게 생소하고 모욕적이었다. 초애국주의자들은 모든 '야만적인' 것을 너무나 추악하게 여긴 나머지 중국 주변의 세계에 대해 인내심을 보이고 관심을 가진다는 이유로 도교와 절충적 유교도 받아들이지 않았다. 예컨대 '중국 인본주의'의 창시자 한유는 이렇게 쓰고 있다. "무엇을 해야 할까? 나는 답한다. 노자와 부처의 가르침을 막지 않는다면 우리의 가르침은 전파되지 않을 것이다. 노자와 부처의 가르침을 끝장내지 않는다면 우리는 아무것도 이루지 못할 것이다. 우리가 그들의 수도사를 일반 백성으로 전환시킨다면, 그들의 책을 불태운다면, 그들의 절과 사당을 주거지로 바꾼다면, 고대 임금들의 도를 설명해 사람들을 우리와 함께하게 한다면, 외로운 과부와 홀아비, 고아, 치료할 수 없는 병자와 불구자를 돌본다면, 그것이면 필요한 일을 거의 다하는 셈이 될 것이다."[12)

자기 논저에서 한유는 자신이 "고작 교수에 불과"[13)하고 권력에 접근할 수 없는 것에 대해 심한 불만을 터뜨린다. 그러나 이것은 그다지 맞는 말이 아니다. 한유는 한 세대 전체의 관리를 가르치는 데 성공했고, 그들은 한유가 죽은 후 그의 원리들을 실천에 옮겼다.14) 오래지 않아 결과가 나타났다.

당 제국 정부가 이 노선을 받아들이자마자 도저히 빠져나갈 수 없는 아주 끔찍한 악과 마주치게 되었던 것이다. 호전적인 장군들을 대신해 환관들이 들어섰고, 그들은 거대한 부와 수도의 행정권 전체를 수중에 넣었다. 성들에서는 절도사들이 자기 관직을 상속자에게 물려줄 권리를 얻었고, 이로 인해 중앙 권력으로부터 자유로울 수 있었다. 관리들은 과거를 치른 후 직책을 받았지만 뇌물이나 영향력 있는 후원자 없이 직책에 앉는 것은 불가능했다. 당파들이 일어나 서로 다투었고, 이 모든 불법 활동에 돈을 대느라 농민들에게서 세금을 짜냈다. 만인이 불만을 품게 되었다. 그리고 피가 흘렀다.

859~860년에 저장성에서는 농민들이 수탈과 처벌에 괴롭힘을 당하다 반란을 일으켰고, 3만 명에 이르는 농민들이 이에 가담했다. 이 반란이 진압된 것은 초원 지대의 적들을 피해 중국에서 피난처를 찾은 위구르족과 티베트족이 정부군으로 동원되었기 때문이다. 868년에 기저우貴州의 병사들이 반란을 일으키자 많은 농민이 가담했으며, 반란자들은 안후이성의 일부를 장악했다. 정부는 샤토족〔중국어로는 사타沙陀. 9세기 말에서 10세기까지 중국 북부의 정치에 큰 영향을 미친 투르크족. 5대10국 시대에 5대 중 3대를 세운 부족으로 사타돌궐沙陀突厥로도 불린다〕과 토곤족〔중국어로는 토곡

---

12) N. I. Konrad, *Zapad i Vostok*, p. 127, p. 140.
13) 앞의 책, pp. 147~148.
14) 앞의 책, p. 149.

혼比谷渾, 치롄산祁連山과 황허 상류의 선비족과 관련되어 있던 유목 민족이다〕 부대를 출동시켰고 다시 한 번 승리했다. 874년에 새로운 봉기가 중국 전역을 휩쓸었다. 지도자 황소黃巢는 소금 장사치 집안 출신으로 너무 가난해 아들이 과거를 보게 할 수 없었다. 이 봉기의 세부사항은 전적으로 중국의 역사와 관련되지만 881년에 황소가 장안을 취한 후 칭제한 것은 우리 주제와 관련해 아주 중요하다. 이 칭호와 함께 그는 무거운 유산을 물려받았다. 관리들의 깊은 도덕적 부패, 가난한 농민의 한계, 군사령관들의 반역이 그것이다. 882년에 그의 동료 주온朱溫〔후량의 태조로 본명은 주전충朱全忠으로 852년에 나서 912년에 죽었다〕이 봉기의 대의를 배반하고 당 황제로부터 직접 절도사 직을 받았다. 이로써 정부군이 숨 쉴 공간을 얻었고, 이 사이에 전환점이 일어났다. 유목민들이 전쟁에 들어온 것이다.

훈족의 마지막 후예인 샤토 투르크족은 오랫동안 중가리아에 살았고, 티베트-위구르 전쟁에 참여했다가 티베트족과의 차이 때문에 중원 제국의 속령으로 들어왔다. 878년부터 그들은 오르도스에 정착했다. 당 제국이 쇠퇴한 심층적 원인들에 대해 그리 많이 이해하지 못한 채 샤토 투르크족은 당 왕조가 3세기 동안 관리들의 의지에 역행해 초원 지대 민족들에게 친절했고 초원 지대 민족들을 야수가 아니라 인간으로 보았음을 기억했다.15) 따라서 그들은 결정적인 순간에 별 생각 없이 당 왕조를 도우러 왔다. 아래에서 다루게 될 탕구트족도 똑같은 일을 했다.

샤토족의 젊은 지도자 이극용李克用16)은 재능 있는 장군이었다. 883

---

15) 중국인들은 샤토족을 '검은 까마귀'라고 부르고 그들의 지도자를 독안용獨眼龍이라고 불렀다.

년 봄에 그의 군대는 탕구트족의 지원을 받아 웨이허渭河에서 반란군을 격파하고 수도에서 몰아낸 후 도망자들을 추격해 모두 베어버렸다. 17,000명의 샤토족은 황소의 주력 부대를 쳐부수기에 충분했다. 884년에 황소는 자살했고, 그의 군대는 사방으로 흩어진 채 산적으로 모습을 바꾸어 901년까지 정부군에 저항했다. 그러나 당 왕조의 힘과 구심력은 회복되지 않았다. 환관들이 옛 체제를 재생시키려 하자마자 두 명의 절도사가 쿠데타를 일으켰다. 907년에 미성년자였던 당나라의 마지막 황제 애제哀帝가 타도되었고, 환관들이 죽임을 당했으며, 이중 배신자 주온이 권력을 장악하고 스스로를 새 왕조 후량後梁의 황제로 선언했다. 이 시점에서부터 중국사의 새 시대가 시작되었다. 이 시대는 5대 10국이라는 이름을 갖고 있다.

| 새로운 리듬 |

907년에 시작된 이 시대를 묘사하면서 역사가 코르디에Andre Cordier는 이렇게 쓰고 있다. "중국사의 이 시대는 고만고만한 관심밖에 끌지 못한다는 점을 인정해야 한다. 황제의 칭호를 갈구했던 지도자들은 이웃의 땅을 장악하는 것 외에 이 칭호에 대해 아무 권리도 갖지 못했기 때문에 그들을 움직일 수 있던 것은 자존심과 이익 그리고 상식을 결여한 군사적 용맹밖에 없었다. 그리고 마술과 주술밖에 두려워하지 않는 거칠고 무지하며 미신적인 사람들만이 그들을 움직일 수 있었다. 그들은 자기 성에 쌓아올릴 전리품을 찾아 도시와 시골을 약탈하는 우

---

16) 그는 28세였다.

리 봉건시대의 귀족들, 먹이를 추적해 적절한 때 덮치는 진짜 포식자를 생각나게 했다. 단 하나의 사회적 관념도 없이, 단 하나의 도덕적 관념도 없이, 어떤 고귀한 점도 없이 오직 난폭한 힘만이 수단이었고, 약탈과 살인만이 행동 목표였다. 그들이 난폭함을 삼갔다면 그것은 참된 종교적 감정에서가 아니라 이해하지 못한 그러나 엄청나게 두려워한 초자연적 힘에 대한 공포에서였다."[17]

이 서술에는 저자가 사실 그대로 충실하게 포착한 점도 있지만 제대로 지적하지 못한 점도 있다. 사건들을 너무 세밀히 쳐다봄으로써 일반적인 패턴을 포착하지 못하고 있는 것이다. 별이 빛나는 창공을 현미경으로 관찰하는 것은 거의 도움이 되지 못한다. 따라서 우리는 원근을 가리는 디테일 전체를 의도적으로 사상시킬 것이며, 위협적이지만 하루살이 같았던 새 국가들이 동서 국경에서 등장하는 동안 중국을 전대미문의 치욕에 빠뜨리고 대초원 지대를 망각의 사막으로 뒤바꾼 역사적 우연들의 뒤엉킨 실타래에 주의를 기울일 것이다. 왜냐하면 아시아 역사의 '암흑' 시대의 특징이 바로 이 힘들의 분포였기 때문이다.

890년대부터 양쯔 강 유역 지역은 중앙정부에서 떨어져 나오기 시작했으며, 왕조가 바뀌자 남중국 전체가 이 새 권위에 복종할 것을 거부했다. 아홉 개 지역의 지배자들이 王과 帝의 칭호를 취했으므로 남부에 9개의 주권 국가가 형성되었다. 다른 한편 북부에서는 새 황제가 많은 유력 인사들에게 깊은 인상을 주었다. 방심하기 어렵고, 방탕하며, 높은 지능도 행정 능력도 없고 전장에서는 비겁했던 그는 그의 한패들과 완벽하게 어울렸다. 이 패거리들 역시 그와 다르지 않아, 이

---

17) *Histoire generale de la Chine*, II, p. 5.

와 같은 지배자라면 자기들 역시 자신의 더러운 본능에 한껏 자유를 줄 수 있을 것으로 기대했다. 따라서 샤토족 외에는 누구도 당 왕조를 위해 일어서지 않았으며, 샤토족 지도자 '독안용' 이극용만이 이 찬탈자에 대해 전쟁을 선언했다.

이극용은 905년에 동맹을 체결한 거란 지도자 야율아보기耶律阿保機에게 도움을 청했다. 하지만 야율아보기는 그를 배신하고 주온에게 동맹을 제안했고, 주온이 이를 거만하게 거부하자 야율아보기는 야만인의 도움 없이 이 반란을 진압하겠다고 결심했다. 그런 다음 야율아보기는 작은 오르도스를 치러 두 개의 대군을 움직였다. 이 대군들은 이극용에게 격파되었다. 샤토족은 공세에 들어갔고, 908년에 이 지도자가 죽었음에도 불구하고 다시 승리했다. '독안용'의 아들이자 아버지 못지않게 용맹했던 이종가李從珂는 923년까지 전쟁을 성공적으로 종결시키고 당 제국을 회복시켰다. 그리고 스스로 왕관을 취했는데, 이 왕조는 후당으로 알려져 있다.18)

다시 한 번 우리는 군사 지도자들의 야심과 탐욕만이 전쟁과 중국 패망의 원인이 아니었음을 볼 수 있다. 그렇기는커녕 양 왕조를 지지했던 중국의 민족주의자들과 당 왕조를 위해 전투에 참전한, 중국화한 (완전히 그렇지는 않았지만) 유목민들 사이의 투쟁은 계속되었다. 이 투쟁의 선은 붉은 실처럼 5대 시대 중국의 역사 전체를 관통한다.

이러한 사실을 통해서만 우리는 왜 전쟁 기간 동안 그리고 전쟁의 마지막 날들까지 싸움이 그토록 격렬했는지를 설명할 수 있다. 상처를 입고 포로가 된 양나라의 한 사령관은 후당 편에 선다면 목숨을 살려

---

18) 앞의 책, p. 8.

주고 높은 벼슬을 주겠다는 승자의 제의를 거부했다. 그는 처형을 택했다.19) 이러한 행동을 코르디에처럼 이기주의라고 말하기는 힘들다. 분명히 중국인들에게는 맞서 싸워야 할 것이 있었다. 하지만 다른 점에서는 코르디에가 옳았다. 싸워야 할 목적이 있어야 했다는 것이며, 이 전쟁에는 바로 그러한 목적이 없었다. 당시 "병사들은 마치 장난처럼 한 사령관을 죽이고 다른 사령관을 내세웠다."20) 중국 국수주의자들의 적극적 강령은 '인본주의자' 한유의 제자들이 그린 유토피아를 실현하는 것이었다. 반면 샤토족은 문학 형태로는 아무 논저도 갖고 있지 않지만 그들 나름대로 훈족에게서까지 물려받은 유목민 전통을 갖고 있었다. 그뿐 아니라 그들은 아직 초원 지대와의 연결고리를 잃지 않아, 타타브Tatab족, 거란족, 토곤족을 그들의 깃발 아래 끌어들였다.21) 이 모든 부족은 그들의 시대에 중국인들에게서 모욕을 당했다. 그들은 포로를 잡지 않았으며, 그들 자신도 항복하지 않았다. 이것이 그들이 승리한 이유였다.

921년에 야율아보기가 수행한 거란의 양동 작전조차 전선의 상황을 바꿀 수 없었다. 아보기는 대패했고 자신의 속령을 거의 지킬 수 없었다. 그렇게 된 한 가지 특별한 이유는 그의 동포 부족들 모두가 그에게 동의한 것은 아니었던 데서 찾을 수 있다. 물론 여기서도 역시 우리는 권력욕과 탐욕, 완고함과 허영을 보지만 코르디에가 지적하는 이 감정들은 중국, 만주, 오르도스, 티베트에서는 다소 다르게 표현되었다. 사람들은 체스판 위의 졸이 아니다. 그들은 자신들도 지각하지 못하는

---

19) 앞의 책, p. 17.
20) Shan Yue, *Ocherki istoru Kitaya*, p. 259.
21) H. Cordier, *Histoire generale de la Chine*, n. 14.

어떤 미세한 차이에 따라 투쟁을 더 잘하거나 더 못하지만 역사가에게 이 미세한 차이를 지각하지 않아도 될 권리는 없다. 불굴의 정신은 이 시대의 깃발이 되었고, 그리하여 전쟁은 계속되었다.

| 제3세력 |

거란족은 수가 많지는 않지만 호전적인 민족이었다. 그들은 몽골어를 쓰는 부족들 — 선비족의 후예 — 의 동남쪽 방계에 속했으며, 북쪽의 넨장嫩江으로부터 남쪽의 랴오허遼河까지 이르는 서만주 초원 지대를 점유했다. 그들은 처음에는 사냥꾼이자 어부였지만 7~9세기에 투르크족에게서 소 목축 기술을 습득했고, 중국인에게서 농업 기술을 빌려왔다. 그들은 독립적 정책을 펼칠 수 있는 자원이 없어 어떤 때는 투르크족과 위구르족에게 종속되었고, 다른 때는 당 제국의 권위 아래 들어갔다가 몇 년 후에는 다시 분리되어 나왔다. 하지만 9세기 후반 초원 지대 위구르가 몰락하고 그런 다음 황소의 난이 당 권력의 고혈을 짜낼 대로 짜냈을 때 거란족은 동아시아에서 가장 강하고 가장 연합된 민족으로 나타났다. 거란 권력은 8개 부족 연합체로, 3년 임기로 선출된 한 명의 공동 지도자가 다스렸다. 역사는 이 임기가 사실 지켜지지 않았음을 보여준다. 정력적인 지도자들은 그보다 더 일찍 몰락하거나 임기 후에도 계속 전쟁을 일으켰다. 그럼에도 불구하고 원칙적으로는 이와 같은 법이 존재했다.

타타르족의 선조인 수렵 실위족失韋族들은 큰 숫자로 북쪽에서 거란족과 접경하고 있었다. 중국인이 쿠모키庫莫奚 또는 시奚라고 부른 타타브족은 오늘날의 몽골에서 달라이누르호까지 이르는 초원 지대와 접경하고 있었다. 실위족과 타타브족은 몽골어를 말하는 민족으로 거란족과 함께 단일 민족을 이루었다. 수렵 여진족(만주족)은 거란족 동쪽에 거주했다. 여기에는 또한 여러 고려족과 만주족이 뒤섞인 발해 왕국도 있었으며, 이들은 고려 문명을 통해 융합되었다.22) 거란족은 남쪽으로 중국과 접경하고 있었고, 국경에서 중국인과 소규모의 유혈 전쟁을 끊임없이 치르며 때로는 성공을 거두고 때로는 실패했다.

10세기 초에 여덟 지도자 중의 하나인 야율아보기가 특히 활발하게 활동했다. 그는 자기 차례에 부족장이 된 후, 903년에 여진족과 중국의 동북 국경을 습격해 성공을 거두고 자신과 함께한 타타브족으로 부대를 강화했다. 904년에는 다시 중국으로 쳐들어가 허베이의 요 지역과 아무르 실위를 공격했다. 주온에게 매수된 야율아보기는 905년부터 중국의 내전에 끼어들어 처음에는 투르크 샤토 편을 들었고, 다음에는 907년에 양 왕조 편을 들었다.

하지만 호화로운 선물을 받고 나서 아보기는 동맹국을 서둘러 도우러 가지는 않았다. 그는 만주의 이웃들, 타타브족 및 여진족과의 쉬운 싸움을 선호했다. 906년에 그는 그들에게 강력한 일격을 가하는 동시에 중국의 요 지역을 약탈했다. 이 덕분에 그는 병사들에게 인기를 얻었고 907년에 쿠데타를 일으킬 수 있었는데, 그 방법에 대해서는 다름 아닌 마키아벨리도 승인했을 것이다. 야율아보기는 관습에 따르면 3년 동안 지도자로 봉직한 뒤 교체되어야 했다.

그는 한 회의에 다른 지도자들을 모아 머리를 자른 후 국경에서 효수했다. 그는 자신을 '천자', 자신의 아내를 '천후'23)라고 칭하고 정복

---

22) E. V. Shavkunov, *Gosudarstvo Bokhai*, p. 51
23) K. A. Wittfogel and Feng Chia-Sheng, *History*, p. 398, p. 574. 비트포겔은 엄청난

4 암흑의 세기(861~960년)

을 계속해 북만주의 실위족과 오환족, 해양 지역의 여진족을 정복했다.

아보기는 정복 활동을 더 전개해 이웃 부족들을 복속시켰다. 타타브족은 911년에, 아무르 우기Amur Ugi는 915년에 정복되었지만 산림 민족들에 대한 최종적인 승리는 919년 말에야 이루어졌다. 912년에 아보기는 허베이를 취하려고 시도했는데, 허베이에서는 군사령관 유수광劉守光이 칭제를 꾀했다. 아보기의 시도가 실패한 것은 형제들이 그에게 들고 일어난 이유밖에 없었다. 1년 후에 그들은 체포되었지만 이 전쟁은 성공하지 못했고, 그 사이에 샤토족의 야심가 이존가가 허베이를 정복하고 왕위 찬탈자 유수광을 사로잡았다.

야율아보기는 부대를 소집해 916년에 서쪽 — 투르크족(샤토족), 두혼족Duhun(위구리아의 패배 후 중국 속령에 정착한 위구르 훈족이 분명하다), 단스얀족Dansyan〔서하를 세운 것으로 생각되는 탕구트족〕(이에 대해서는 뒤에 이야기할 것이 많다) — 을 평정하려는 시도에 착수했다. 거란의 궁정사인 『요사遼史』는 그가 성공했다지만 사실 그는 샤토족에게 패배당해 만주로 떠났다.24) 그 후 거란족은 샤토족과 적극적으로 전쟁을 벌였지만 다소 이상한 방식으로 그렇게 했다. 그들은 샤토족이 아니라 중국인으로 이루어진 허베이 주민을 약탈하고 노예로 삼았다. 샤토족은 거란족에 맞서 흉포한 야만인에 대항하는 중국 농민의 수호자로 나섰다. 그리하여 아보기는 본의 아니게 샤토 군대가 승리해 당 제국이 923년에

참고문헌을 제시하는데, 이것은 지난 20년 이상에 걸쳐 러시아와 유럽의 연구는 물론 일본의 고고학적 업적에 의해서도 보강되어 왔다. 거란의 역사에 대한 특별한 연구는 우리 과제가 아니기 때문에 우리 문제 — 칭기즈칸 이전 시기의 정치적·이데올로기적 세력들의 동학 — 을 설명하는 데 핵심적인 서술만 짧게 하고 말겠다. 따라서 사료는 선택적으로 그리고 이 시기를 위해 필요하다고 생각되는 형태로 제시된다.

24) 앞의 책, p. 528, p. 575, H. Cordier, *Histoire generale de la Chine*, II.

후당이라는 형식으로 부활하는 것을 도왔다.

남쪽에서 성공을 거두지 못하자 아보기는 초원 지대에서 이를 보상받기로 결심했다. 924년에 그는 강군과 함께 토곤족, 단스얀족, 주부족〔다음 장에서 자세한 설명이 나온다〕을 치러 서진했다.25) 우리는 아마도 그가 북쪽으로부터 그의 적 — 후당 제국 — 의 속령을 취하고 샤토족을 중국 영토의 정확한 경계 안으로 밀어붙이려 했다고 가정할 수 있을 것이다. 요 왕조사에서 이 전쟁을 묘사한 부분은 이해하기 어렵다. 우리는 수쿰Sukum산 옆에서 전투가 있었다는 이야기를 듣지만 이 산이 어디에 있었는지, 누구와의 전투였는지는 불분명하다. 주부족에 맞서 왕자가 지휘하는 별도의 분견대가 파견되었다. 왕자와 그의 부대는 주부족이 차지한 지역 전체를 약탈하고 코무쉬Khomushe Humusi?!와 페오투트산Feotutshan 정상에서 이 부족들을 정복했다.26)

코무쉬가 카마르다반Qamar-daban이라고 가정한다면 거란군이 위구르 수도 하라발가순Karabalgasun〔위구르 한국의 최초의 수도〕의 유적에 도달하기 전 동몽골 전체를 황폐화시켰던 셈이다. 야율아보기는 거기에 그의 공적을 기리는 명문銘文을 돌에 새기도록 명령하고, 이 황폐화된 초원 지대에 수비대도 하나 남기지 않고 돌아왔다. 그곳을 쳐들어올 사람도 또 그곳을 지킬 이유도 없었다. 아무도 그곳을 원하지 않았다. 그래서 아보기의 부대는 초원 지대 남쪽 추안저우泉州로 침투해 이 도읍의 투투크tutuk〔관료〕인 위구르 빌게Uighur Bilge를 사로잡았다. 이 포로는 풀려나 편지와 함께 위구르 이디쿠트idyku〔통치자 명칭〕에게 보내졌는데,

---

25) 주부는 유목 목축민들을 뜻한다. 타타르족을 뜻하는 일반적인 부족명. 그들은 이 연도와 함께 처음 언급된다.
26) H. Conon von der Gabelentz, *Geschichte der Grossen Liao*, p. 25.

이 편지에서 아보기는 위구르족이 고향, 곧 오르콘Orkhon 계곡으로 되돌아갈 것을 제의했다. 이 땅이 거란족에게 속하는지 위구르족에게 속하는지는 상관하지 않겠다는 것이었다. 위구리아의 통치자는 이 제의를 거부하면서 자기 민족이 새 고향에 익숙해졌고 지금 가진 것에 만족한다고 말했다.27) 키르키스족 또한 초원 지대에 대해 아무 요구사항이 없었다. 그들은 오래전에 그곳을 떠나 풍요로운 미누신스크 유역으로 갔고, 거기서 정착 생활을 영위하고 농업과 가축 기르기에 종사할 수 있었다. 그들은 더 이상 유목민이 아니었다.

9세기까지 강력한 민족들 사이에서 불화의 씨앗이었던 초원 지대가 갑자기 10세기에 와서 더 이상 근린 강국들의 관심을 끌지 않게 된 것은 이상하지 않은가? 이 질문은 너무나 중요하므로 여기서 특별한 주의를 기울여야 하겠다.28)

발해 왕국의 정복은 야율아보기의 마지막 승리였다.29) 926년 초에 발해 정부는 정복자의 지배 아래 떨어졌고, 가을에 민중 봉기가 진압되었다. 거란족은 왕국의 왕가를 절멸시켰고, 왕국의 귀족들을 거란의 수도로 데려갔으며, 평민들을 사람이 살지 않는 지역으로 대규모로 보내 고향에서 뿌리째 뽑아냈다. 야율아보기는 927년 초에 죽었다. 그의 상속자 덕광德光이 물려받은 것은 부족 연합체에 대한 한 지도자의 허구적 권위가 아니라 916년부터 제국임을 선포했던 대왕국의 왕관이었

---

27) G. E. Grumm-Grzhimailo, *Zapadnaya Mongoliya*, p. 371.
28) 거란족이 에니세이 키르키스족을 초원 지대 밖으로 몰아냈다는 가정은 사료에 의해 직접 확인되지도 않았고 사건들의 재구성에 의해서도 확인되지 않았다. 키르키스족은 아보기의 적으로 꼽히고 있지 않았으며, 두 강국이 그들에게 중요한 영토를 놓고 다투었다면 틀림없이 발생했을 전투에 대한 언급도 없다. 거란과 키르키스 사이의 전쟁은 연대기와 사실 설명의 틈을 메우려는 20세기 역사가들의 발명품이다.
29) A. P. Okladnikov, *Dalekoe proshloe Primor'ya*, p. 179 이하.

다. 새로 태어난 이 제국은 큰 힘과 적지 않은 적을 갖고 있었다.

샤토족은 여전히 거란족의 가장 위험한 적이었다. 양 왕조의 몰락 후, 남중국의 지역 통치자들은 (스촨의) 촉蜀 왕국을 제외하곤 모두 부흥한 당 왕조에 충성을 바치게 되었다. 촉에는 3만 명의 군인이 있었지만 925년에 당의 군대가 도착했을 때 그들은 싸우지도 않고 항복했다. 남중국인들은 어떻게 싸우는지를 잊었다. 그러나 어떻게 중상모략 하는지는 잊지 않았다. 당 황제 이종가는 측근에 있는 사람들의 중상모략에 근거해 가장 충직한 동료들을 처형했다. 군사 지도자 이사원李嗣源밖에 탈출하지 못했다. 이사원은 궁정 환관들과 총신들에 맞서 반란을 일으켰다. 926년에 군대가 그의 편으로 넘어왔고, 황제 자신의 총신들이 황제를 죽였다. 수도에 입성하자마자 이사원은 그들을 다른 곳으로 좌천시키고 질서를 세웠다. 아보기는 이웃의 골칫거리를 이용하고 싶어 샤토족의 특사를 억류하고 후당 제국에 허베이의 양도를 요구했지만 거절당했다.30) 이때부터 중국화한 두 야만 제국 사이의 충돌은 불가피하다는 것이 분명해졌지만 아보기의 죽음이 이 갈등을 늦추었다.

여러 가지를 두루 둘러보았으니 이제 우리에게는 중요한 문제를 제기할 권리가 있다. 만개한 거란국을 어떻게 보아야 할 것인가?가 그것이다. — 중앙아시아 유목 세력들의 후예로 볼 것인가 아니면 중국 제국의 주변적 변종으로 볼 것인가? 중국인들 자신은 거란족을 야만인으로 생각했다. 이미 인용된 저작에서 비트포겔은 그들을 완전히 중국화된 부족으로 간주해 그들을 중국과 단일한 문화적 서클 속에 묶고 당시 열 개가 있던 지방 제국 중의 하나로 보았다. 요라는 중국 이름을

---

30) H. Cordier, *Histoire generale de la Chine*, II, p. 24.

받은 거란 제국의 유일한 특징은, 거란 제국이 끝까지 독립 국가로 남아 있었던 반면 다른 모든 제국은 10세기 후반에 중국 송 제국에 먹혔다는 것이다. 과연 그럴까?

무엇보다 먼저 우리는 거란 왕국이 카간국大汗國의 전통을 지속시키거나 지속시키려고 노력했다는 생각을 거부해야 한다. 원시적 부족연합 때부터 거란은 군사적인 민주적 엘렘(elem[31])이 아니라 봉건 제국이었다. 소 목축이 아니라 농업이 주민의 기본 직업이었다. 글은 중국에서 빌려왔다. 즉 상형문자가 교착 몽골어에 맞춰졌다.[32] 중국의 이데올로기와 교육 체계에 대한 거부는 모든 초원 지대 거주자들의 전통적인 특징이었지만 거란족은 그러면서도 중국 문화를 습득하고 학식 있는 중국인의 시중을 받았다. 그들은 발해와 북중국 일부(유저우幽州, 지금의 베이징)를 획득함으로써 이 과정을 강화했다. 비트포겔이 옳아 보인다. 그러나 그것이 다는 아니다.

거란 정부는 중국화 강제 정책을 수행하고, 씨족 및 종족 체제의 잔재를 제거해 부족 귀족의 힘을 무너뜨리려고 애썼다. 귀족, 인민 그리고 이 국가에 포함된 여러 부족 등 거란 사회의 광범위한 계층이 이 정책에 반대했다. 그들은 손에 무기를 들고 봉기하거나 아니면 그냥 중국식 복장의 착용과 중국 문자의 습득을 거부했다. 그리하여 황제의 중국식 황궁 옆에다 거란의 관습을 지키는 황후의 궁정을 짓는 지경에 이르렀다.[33] 당국과 백성 사이에 심연이 생겼다. 당국은 정책에서 주

---

31) L. N. Gumilev, *Drevnie Tyurki*, pp. 101~102.
32) 거란 문자 해독과 관련해 관련 전문가에게 사전에 문의했다.
33) V. P. Vasil'ev, *Istoriya I drevnosti vostochnoi chasti Srednei Azii ot X do XIII veka*, p. 183.

도권을 쥐고 있었지만 백성은 아무튼 그들 자신으로 남아 있었다. 중국 투르크족도 초원 지대 투르크족도 거란족에게는 똑같이 생소한 사람들이었다.

만주와 해양 지역의 다습하지만 차가운 기후는 이 땅에 특수한 풍경을 낳았는데, 이는 아르세네프V. K. Arsenev의 눈부신 묘사를 통해 러시아 독자들에게 알려져 있다. 몽골, 만주, 고려인들은 산과 화산 사이의 계곡은 물론 다습한 숲과 물이 가득한 강에 멋지게 적응했으며, 이는 사람들에게 생활터전을 마련해주었다. 10세기에 극동인들 — 중국 및 초원 지대 거주자들과 다른 사람들이라는 뜻에서 앞으로 이렇게 부르겠다 — 의 경제는 상승하고 있었다. 그리하여 정복의 가능성이 열렸다. 왜냐하면 고향에 머물러 있는 사람들이 군인들에게 쉽게 양식을 댈 수 있었기 때문이다.

싸워야 할 대상도 있었고, 싸울 이유도 있었다! 중원 제국 당은 요동과 고려를 장악하고, 만주의 중앙을 향한 또 다른 계획을 그리고 있었다. 숭가리 강松花江에서 아무르 강黑龍江에 이르는 모든 종족은 노예 처지로 전락할 위험에 처했고, 이는 연합을 통해서만 피할 수 있었다. 야율아보기는 사건들이 어디로 향하고 있는지를 그저 추측만 하고 — 아마 이해했을지도 모른다 — 주도권을 쥐었다.

따라서 우리의 견해로는 거란국은 극동의 어떤 종족적·문화적 복합체의 전위였다. 그것은 다양한 종족과 민족의 전통이 환상적으로 어우러진 것이었다. 발해의 농업, 여진과 실위의 사냥, 타타브의 소 목축, 우기의 어업이 뒤섞였고, 중국인과 투르크 유목민들의 영향도 다소 있었다. 그러나 우리는 이 복합체를 중국이나 대초원 지대의 변방이 아니라 10세기에 세계사의 무대에 처음으로 나타난 '제3세력'으로 간주

4 암흑의 세기(861~960년)

해야 한다. 중국은 능력이 닿는 대로 거란에 저항했지만 대초원 지대는 침묵했다. 왜?

| 비가 역사에 개입하다 |

앞으로의 연구를 예비하면서 우리는 초원 지대와 북쪽에서 접경하고 있는 시베리아 침엽수림 지대의 거대한 녹색 장벽과 만리장성 사이에 놓여 있는 영토를 간단히 지리학적으로 묘사했다. 우리가 관심을 갖고 있는 '암흑' 시대에 이 장벽들은 무너졌다. 우선 중앙아시아 유목민인 거란족이 고향인 초원 지대를 떠나 중국으로 들어가 정착했다. 그리고 야쿠트족Yakuts〔사하Sakha 공화국과 관련되어 있는 투르크족〕의 선조인 쿠리칸족Kurykan은 시베리아로 이동했다.

거란족의 이주는 왜 그랬을까 하는 질문을 즉시 끌어내지 못하지만 (역사가들 다수는 어차피 초원 지대에서의 삶의 기쁨을 알지 못한다) 쿠리칸족의 시베리아 이동은 탐구를 요구한다. 얼핏 보기에 민족은 원래 형성된 지역과 비슷한 곳에 정착하려 한다는 원칙이 이 경우 위반되고 있는 것 같다. 그러나 그렇지 않다. 쿠리칸족의 이주는 거대한 레나 강〔북극해로 흘러 들어가는 시베리아의 3대 강 중 가장 동쪽에 있는 강. 세계에서 11번째로 길다〕을 따라 물결에 의지해 뗏목을 타고 이루어졌고, 그리하여 그들은 강과 접한 초지 위나 맑은 호수 주변의 계곡에 정착했다. 하지만 북부의 자연이 아무리 아름다워도 바이칼 지역의 향기로운 초원 지대를 상실한 것은 메우지 못했다. 쿠리칸족은 훨씬 더 건조한 트란스바이칼 지역을 떠나온 부리야트족Buryats〔오늘의 부리야트 공화국을 형성하고 있는 몽골족〕에게 이 초원 지대를 양보해야 했다.34)

페체네그족Pechenegs[6~12세기 중앙아시아와 흑해 북쪽 초원 지대 연안에 살던 투르크 계열의 유목 민족]이 아랄 초원 지대를 떠나고 카를루크족이 발하슈 초원 지대를 떠난 것도 바로 이때였음을 상기하자. 이는 단순한 우연의 일치가 아니라 10세기 중앙아시아에서 특유하게 일어났던 규칙적인 현상이었던 것 같다.

그리하여 결과는 있지만 원인은 분명치 않다. 물론 가장 간단하게 하자면 발전이 일어났고 민족들이 전과 다르게 행동하기 시작했다고 선언하면 된다. 하지만 사회적 발전이 경제적 진보, 기술적 개량에 달려 있음은 논쟁의 여지가 없는 진실이다. 그런데 목축 경제에 무슨 개량이 있을 수 있을까? 채찍이나 올가미의 형태를 바꿀 이유는 없다. 그렇다면 무엇일까, 정체가 일어났을까?

그러나 아무튼 변화는 일어났으며, 우리가 동일한 시간 범위, 예컨대 세기와 세기를 비교한다면 이 변화의 규모는 정주 농경지 지대의 변화보다 컸지 더 작지는 않았다. 이것이 기능적 의존을 비교할 때 자연과학에서 사용하는 방법이며, 인과적 연쇄 속에 연결되어 있는 일련의 역사적 사건에 대해 이처럼 유익한 방법을 삼갈 이유가 없다. 우리는 이 방법에 기초해 이 문제를 해결할 것이다.

동아시아에서 태평양 몬순은 대서양의 사이클론과 동일하며, 똑같은 방식으로 진로를 바꾼다. 때로 몬순은 몽골로 수분을 나른다. 그러면 고비사막은 더 이상 확대되지 못하고, 헨테이Hentei 산맥의 경사면들은 나무로 덮이며, 바이칼은 물이 가득 찬다. 때로 몬순은 북쪽으로 이동해 야블로노보이Yablonovoi 산맥에 수분을 내리고, 이 수분은 아무

---

34) A. P. Okladnikov, *Yakutiya do pnsoedineniya k Russkomu gosudarstvu*, p. 365.

르 강을 통해 되돌아서 흘러 내려간다. 그리고 세 번째 경우 몬순은 캄차카Kamchatka를 적신다. 몬순의 통과 시기는 서부 초원 지대를 통과하는 사이클론의 진로와 연대적으로 일치한다. 초원 지대로부터 셀렝가Selenga 강을 통해 수량의 50%가 공급되는 바이칼의 수면 높이가 이를 증명한다. 바이칼의 수면 높이는 카스피해와 반비례하고 아랄해 및 발하슈호와 일치하는 것으로 나타난다.[35] 지금까지 바이칼 주변의 고고학적 작업은 바이칼의 수면 높이가 역사적으로 얼마나 오르내렸는지를 확인하는 데 목표를 두지 않았다. 그럼에도 불구하고 카스피해의 역사가 잘 알려져 있기 때문에 우리는 초원 지대의 건조기들을 더 정확히 규정할 수 있다. 그동안 지적되었던 규칙성 덕분에 9세기에 초원 지대에 수분이 증가한 시기가 왔고, 그에 이어 건조한 시기가 와서 11세기 초에 끝났다고 쉽게 결론지을 수 있다. 이 시기에 투르크족들은 초원 지대에서 변경들로 이주했고, 아무르족, 몽골족의 선조 그리고 몽골어를 하는 타타르족은 거꾸로 초원 지대에 정착해 풍요로운 새 지역을 얻고 번영을 이루고 힘을 길렀다.

  이 점과 관련해 역사적 사실을 검토하면 자연의 상황을 결정하는 지리 환경이 유라시아 삼림-초원 지대에서 여러 민족의 역사적 발전에 거대한 역할을 했고, 때로 강대한 국가들의 운명에서 결정적인 요인이었음이 드러난다. 때로 지배자들이 재능을 갖고 위업을 이루어도 백성들이 멸망을 면치 못했는가 하면 다른 때는 칸들이 범부에 지나지 않아도 무리의 힘을 유지할 수 있었다. 물론 다른 모든 조건이 같다면 지도자들의 재능과 힘은 아주 중요했지만 유라시아의 삼림-초원 지대

---

35) A. N. Afanas'ev, *Kolebaniya gidrometeorologicheskogo rezhima na territorii SSSR, v osobennosti v basseine Baikala*(박사논문의 저자 요약), p. 38.

민족들의 운명은 비와 푸른 풀에 의해 결정되었다.

앞서 지적한 대로 유라시아 초원 지대의 서부 경계와 동부 경계의 지리적 조건은 유사했지만 큰 차이도 있었는데, 이는 우리에게 근본적인 중요성을 갖는다. 곧 수분의 계절성이 그것이다.

서쪽의 경우 알타이 산맥과 톈산 산맥에 이르기까지 여름에는 강수량이 완벽하게 영(零)에 가깝고 겨울에는 대서양 사이클론이 영향을 미치는 것이 한 가지 특징이다. 그리하여 초원 지대는 여름에는 타는 듯이 덥고 겨울에는 가축이 지나갈 수 없을 정도로 아주 두터운 눈이 덮인다. 더욱이 겨울 사이클론은 빈번히 따뜻한 날들을 몰고 온다. 이로 인해 얇은 얼음이 형성되어 동물들이 대규모로 폐사하게 된다. 따라서 유목민들은 봄풀을 위해서는 초원 지대를 이용하지만 여름에는 동물들을 산으로 몰고 간다. 산맥들 사이의 계곡에는 풍요로운 고지대 초지가 있다. 겨울에 그들은 건초를 준비한다.

각각의 산 계곡은 각각의 특정 종족이 권리를 가지며, 그래서 현지 유목민들은 한 해의 대부분을 자기 권역 안에서 보낸다. 따라서 그들 사이에서는 광범위한 사회적 교환의 관습이 발생하지 않는다. 그들은 항상 대규모 집단으로 결합하는 것을 피하고 부족연합이나 씨족연합을 선호했다. 따라서 세계사에서 그들의 역할은 외적(外敵)에 대한 방어로 국한되었고, 이에 성공하는 경우도 드물었다.36)

더욱이 빙하로 뒤덮인 곳들에 산이 있고, 경사면은 (북쪽으로 향해 있는지 남쪽으로 향해 있는지에 따라) 때로 우거진 숲으로 뒤덮이고 때로 작열하는 태양에 불타오르며, 샘과 시내도 산에 무수히 많았기 때문에

---

36) L. N. Gurailev, "Po povodu predmeta istoncheskoi geografii. Landshaft I etnos, III", *Vestnik LGU*, 1965, no. 18, p. 119.

사얀-알타이 및 톈산 유목민에게는 몽골의 엄혹한 대륙적 조건에 비해 너무나 유리한 조건이 창조되었다. 하지만 역사의 맥박은 초원 지대의 동쪽에서 뛰었지 서쪽에서 뛰지는 않았다.

몽골에서 몬순은 여름에 수분을 가져온다. 겨울에는 거대한 반사이클론의 중심이 초원 지대 위에 걸려 있다. 겨울에는 날씨가 청명하고 햇빛이 나며 고요하고 바람이 없다. 반사이클론의 변두리에서만 가벼운 바람이 인다. 눈이 거의 내리지 않아 가축들은 일 년 내내 목초지에 있을 수 있고, 고비사막의 변경에서는 밤새 내린 눈이 녹지 않고 새벽에 (단열 때문에) 증발한다.

여름에는 중앙아시아가 태양으로 뜨거워져 대륙성 열대 대기가 초래되지만 초목의 피복을 유지할 만큼 충분한 비가 와 계곡에서도 가축들이 먹을 것이 충분하다. 일 년 내내 가축 떼와 목자들이 목초지에 있고 서로 마주친다. 따라서 동부의 유목민들 사이에서는 끊임없는 교환의 관습이 광범위한 규모로 일어난다. 이로 인해 힘을 합쳐 정주한 이웃 국가들의 압력을 적극적으로 물리칠 수 있었다. 이웃 국가 중 중국 제국이 가장 위험했다. 중국의 힘은 훈족의 힘을 20배 능가했고, 투르크족의 힘을 50배 능가했지만 유목민들은 일상생활에서 나오는 응집력과 조직력 덕분에 무서운 적에 승리할 수 있었다.

그렇다면 초원 지대에 강력한 군사력이 존재하지 않았다는 것은 인구가 완전히 없었거나 극히 부족했다는 뜻이다. 위에서 살펴본 대로 초원 지대에서 사람들 숫자는 물의 양에 의해 결정된다. 따라서 문서 자료가 10세기 몽골 영토에서 아무 국가도 언급하지 않고 있는 사실은 이곳에서 사막이 형성되었다는 증거이다. 몬순이 남부 진로로 돌아가자마자 새로운 민족과 새로운 강국이 초원 지대에서 일어나기 시작했고, 그들의 역사는 이웃 민족들에 의해 즉시 언급되었다.37) 그러한 일이 11세기에 일어났다.

우리는 두 가지 방식으로 분석을 수행, 종결했고 동일한 결론에 도달했다. 이는 분석이 신뢰할 만하다는 것을 의미한다. 우리 과제는 이제 이 결론이 어떻게 이용될 수 있는지를 보여주는 것이다.

| 경쟁자들 |

10세기 이전의 중앙아시아 역사를 이해하는 데서 핵심적인 것이 중국과 대초원 지대 사이의 투쟁이었다면 이제 상황은 근본적으로 바뀌었다. 중국 사회는 사회적 위기에 빠졌고 워낙 풍기가 문란해져 수적으로 소수이고 중국인에게 생소한 피, 언어, 문화를 가진 샤토족의 공격을 물리칠 수 없었다. 대초원 지대는 사막으로 바뀌었다. 남쪽 유목민들이 샤토 왕의 부대에 합류하고 북쪽 유목민들이 시베리아 침엽수림 지대의 변경에서 안식처를 구한 반면 이전의 투르크족 유목민과 훈족 유목민의 땅은 야생 낙타와 몽골 야생마의 초지가 되었다. 그들만이 수백 킬로미터나 달려와 아직 마르지 않은 샘물에서 갈증을 달랠 수 있었다.

만주 민족들의 힘은 그러한 배경에서 태어났다. 기후는 습했기 때문에 강수량이 감소한 것은 그들에게 복이었고, 홍수가 더 적어지고 초목이 덜 우거지게 된 것은 농업에 이익이 되었다. 하지만 이러한 힘의 신장이 절대적인 것으로 간주되어서는 안 된다. 그래서는 안 된다. 거

---

37) 당시 가뭄에 관해서는 L. N. Gumilev, "Istoki ritma kochevoi kul'tury", *Narody Azii I Afriki*, 1966, no. 4와 그의 *Otkrytie Khazaru*, p. 92를 보라.

란 제국에 의해 통일된 만주족의 힘은 옛날 그대로였지만 그들의 경쟁자들과 적들이 약해지는 바람에 거란족이 동아시아에서 헤게모니를 주장할 기회를 얻게 되었던 것이다.

거란 제국에 대한 최대의 방해물은 이 제국이 자신의 과거 — 부족이었던 상태 — 를 극복하지 못한 것이었다. 아무르 강과 해양 지역의 수렵·어업 부족들(실위, 틸레, 우기, 여진)이나 중앙 만주의 농업민(발해)뿐만 아니라 8부족 거란 연합의 많은 구성원도 왜 야율 왕조의 위대함을 위해 생명과 자유를 희생해야 하는지 이해하지 못했다. 황제의 가족 안에서조차 단합이 없었다. 아보기의 사망 후 황후는 군에 대한 영향력을 이용해(거란족 사이에서 여성은 아주 높은 지위를 점했고 군사 문제 이외의 모든 문제에서 결정적 발언권을 갖고 있었다) 자신의 총아 덕광의 막내아들38)을 왕위에 올렸다. 법률적 상속인인 장남 돌욕突欲[본명은 야율배耶律倍. 돌욕은 아명이다]은 샤토족, 곧 후당 제국으로 도망가 자기 나라의 적에게서 도움을 청하지 않을 수 없었다[이 부분은 저자가 착오를 일으켰거나 영역자가 잘못 옮긴 듯하다. 야율아보기가 죽은 뒤에는 장남 야율배와 차남 야율덕광 사이에 권력 투쟁이 있었으므로 아보기의 부인 술율태후述律太后가 영향력을 발휘했다면 야율덕광이 왕위에 올랐지 야율덕광의 막내아들이 왕위에 올랐을 리가 없다. 야율덕광이 죽은 후에 술율태후는 아보기의 막내아들이자 덕광의 동생인 야율이호耶律李胡를 즉위시키려고 했다. 하지만 이 시도는 실패하고 야율배의 아들 야율원耶律阮이 거란의 제3대 황제(세종)가 된다. 본문은 위의 두 가지 상황을 뒤섞은 셈이다]. 다른 무엇을 할 수 있었겠는가? 아마 자살?

투르크 샤토족은 아주 다른 상황에 처해 있었다. 그들은 923년에 건

---

38) 그의 거란 이름은 오키지Okiji였다(V. P. Vasil'ev, *Istoriya i Drevnosti*, p. 16).

조해가는 대초원 지대 유목민의 잔존 세력을 이용해 눈부신 승리를 거두었다. 하지만 이와 함께 초원 지대 보류지에서는 실패했고, 수백만 명의 사람을 복종시키기 위해서는 중국인 자신들을 행정부로 끌어들여야 했다. 우리는 이 왕조의 창건자인 이종가가 중국 연극에 대한 애호(배우들은 황제의 총아가 되어 국가 관직을 받았다)와 환관에 대한 신뢰로 인해 목숨을 바친 것을 보았다. 글을 읽을 줄 몰랐지만 고귀한 성격을 가진 용감하고 총명한 새 황제 이사원은 이 문제뿐만 아니라 훨씬 더 복잡하고 해결 불가능한 새로운 문제에도 부닥쳤다. 남쪽 지역의 지배자들이 임명한 샤토 장교들은 싫든 좋든 중국 환경에 들어갔고, 모르는 사이에 점점 중국 관리처럼 행동하기 시작했다. 유일한 차이는 그들이 간단한 문자도 읽지 못했다는 것이다. 전쟁에서 이기는 것은 그러한 성공을 현실화하는 것보다 쉬웠다.

중앙 권력의 남중국 지배는 순전히 명목적이었지만 이조차 제대로 이루어지지 못했다. 그리하여 927년에 인구 조사를 위해 촉(스촨)으로 파견된 조사관이 이 지역 통치자에게 처형당했고, 그 후 지역 행정은 봉건제 하에서처럼 군사력에 의해 장악되기 시작했다. 이 혼란을 이용해 오吳(남동 중국)의 통치자는 스스로 칭제했다. 북동쪽에서의 봉기는 훨씬 더 위험해서 이곳의 통치자 왕도王都[929년에 죽었다. 5대10국 시대에 이우義武의 절도사였다]는 해임당할 것을 두려워해 영토를 분리해 나온 후 거란에 도움을 청했다. 이로 인해 샤토와 거란, 즉 후당 제국과 요나라 사이에 공개적 전쟁이 일어났다.

샤토족이 승리했다. 반란자와 그의 동맹들은 딩저우定州 요새에서 포위되었다. 어떤 사람이 문을 열었고 요새는 함락되었다. 왕도는 정복자들이 불을 놓은 자신의 집에서 타죽었고, 거란 지도자는 항복한 후 사슬에 묶여 수도로 끌려가 처형되었다. 929년에 거란족은 산시 침공으로 패배에 답했지만 많은 병사가 죽고 잡힌 결과 퇴각했다. 하지만 샤토족은 자신들의 성공을 계속 살려 나갈 수 없었다. 촉이 다시 분리해 나갔는데, 샤토족의 군 장교들이 장관과 관련해 저지른 용인할 수 없는 문제로 인해 거기서 반란을 일으켰기 때문이다. 그들을 진압하려는 시도는 정부군의 패배로 끝났고, 전쟁은 반란의 원인이던 장관이 처형된 931년에야 소멸되었다.

샤토족은 방어를 위해서는 충분한 돈과 사람을 공급받았지만 공격을 위해서는 그렇지 않아 거란과의 화친을 꾀했다. 그리하여 931년에 그들은 모든 포로를 돌려보내고 가장 유명한 장군 저라Zhe La만 억류했다. 하지만 거란은 이 기회를 잡고 중국의 동북 지역을 도륙했다. 이에 황제는 샤토족의 가장 유능한 지휘관 석경당石敬瑭을 허동河東(황허 만곡부 동쪽 땅)의 통치자로 임명했지만 이 때문에 유저우(베이징)의 절도사가 화가 나 932년에 이 도시와 지역을 거란에 넘겼다.

933년에 두 가지 불행한 일이 일어났다. 촉이 다시 분리해 통치자가 스스로 칭제했다. 간쑤성 샤저우沙州 시의 통치자가 미성년 아들을 남긴 채 죽었다. 황제는 샤저우에 대해 새 통치자를 임명하고 싶어 했지만 이 도시는 그를 받아들이지 않고 그냥 정규군의 포위를 견뎠다. 만 명의 단스얀족[39]이 반란자들을 도우러 초원 지대에서 왔다. 그들은 이 나라를 도륙하고 당나라 군대를 분쇄했으며, 도망자들을 베며 당나

---

[39] 단스얀족은 티베트족의 하나로 고대에 코코 노르 남쪽에 살았지만 7세기에 (간쑤성 서부) 난산南山 자락으로 이주해 훈족, 투르크족, 토곤족(몽골인의 남부 방계)의 잔존자들과 뒤섞였다. 이 덕분에 그들은 아주 강력하고 티베트어를 사용하는 한 민족을 형성했다. G. E. Grumm-Grzhimailo의 *Materialy po etnologii Amdo I oblasti Kukunora*, pp. 16~19에서 한때 서부 중국을 점했다가 중국인에게 절멸된 저족氐族이 조상 중의 하나라고 생각한다.

라 군대를 완전히 파괴했다. 황제는 반란군의 통치자를 인정하지 않을 수 없었다. 단스얀 세력의 성장에 동요된 거란이 그들에 맞서 강력한 군대를 보내지 않았다면 이와 같은 믿을 수 없는 패배가 무엇을 초래했을지는 말하기 어렵다.40) 거란의 파병은 바라던 결과를 낳지는 않았지만 단스얀 군대로 하여금 초원 지대로 되돌아가 정착지를 방어하도록 만들기는 했다. 후당 제국은 구원을 받았지만 야뿔사 자신의 치명적인 적에게서 구원을 받았다.

이사원의 무쇠 같은 신체도 이를 견디지 못했다. 그가 병상에 눕자마자 장남이 궁궐로 군대를 끌어들여 황위를 확보하고자 했다. 아픈 황제의 손자 이종후李從厚〔원문에는 이종가로 되어 있으나 착오인 듯하다. 아래에서 곧 나오지만 이종가는 이사원의 양자로 이종후의 정책에 반대해 난을 일으켰다. 또한 원문에는 이종후가 이사원의 손자라고 되어 있지만 실제로는 이사원의 3남이다〕가 그를 지키러 와서 충성스러운 군대의 도움으로 이 황위 도모자를 궁궐에서 몰아냈다. 이 전투 중에 반란을 일으킨 왕자는 죽임을 당하고, 황제도 명을 다했다.

황위에 오른 이종후는 행정을 정돈하고 이를 위해 여러 절도사를 다른 직책으로 전보시키려고 했다. 그들은 익숙한 자리에 길들어져 있어서 복종하기를 거부했다. 죽은 황제의 양자가 봉기를 이끌었는데, 그는 왕王 씨 성을 가진 중국인이었고 양자가 될 때 이종가라는 이름을 얻었다. 그는 서부 국경을 통치하고 있었는데, 거기에는 단스얀과 티베트의 공격을 막는 부대가 대규모로 주둔해 있었다. 이종가는 이 부대와 함께 아무 저항도 받지 않고 뤄양을 치러갔다. 어떻게 이런 일이 일어날

---

40) K. A. Wittfogel and Feng Chia-Sheng, *History*, p. 577.

수 있었을까?

중국사에는 이 사건들에 대한 직접적인 대답이나 분석이 없다. 우선 최상의 샤토 부대가 샤토인 석경당의 지휘 아래 동북 국경에 집중해 거란의 공세를 견뎌내고 있었음을 상기하자. 또한 중국인 부대들은 이 황위 도모자가 동포임을 알았다. 그것으로 끝이었다. 934년에 합법적 황제가 포로로 잡혀 교살되었고, 반란자 왕王이 황위를 취했다. 마침내 중국 제국의 수반에 중국인이 등장했고, 석경당과 그의 샤토 부대를 포함해 전국이 그에게 복종했다.

새 황제가 행한 첫 번째 일은 지역 통치자에 대한 그림자 감시 체계를 수립하는 것이었다. 중국인 절도사들은 자기가 황제였어도 똑같은 일을 했으리라는 것을 알았기 때문에 그것을 감내했다. 그러나 투르크인에게 이와 같은 체계는 부자연스럽고 인내할 수 없는 것처럼 보였다. 석경당은 왕王에게 입양을 참된 관계로 여기지 않는다며 권력을 합법적 상속인, 곧 교살된 이종후의 아들에게로 넘길 것을 제안했다. 이 최후통첩에 대한 대답으로 왕王은 궁궐에 있던 석경당의 두 아들을 처형하고 군대를 움직여 허동을 치러갔다. 이에 석경당은 국경을 열어 거란의 도움을 청하며 거란 황제를 자신의 '아버지'로 인정했는데, 이는 당시의 용어법으로는 주권자에 대한 신민의 관계를 나타냈다. 5만 명의 거란군이 단 하나의 화살도 쏘지 않고 야이먼Yaimen의 요새화된 통로를 통과해 936년에 산시 계곡에서 중국군을 패주시켰다.

그 후 덕광은 중국으로부터 유저우(베이징)를 포함해 16개 지역을 떼어내고 석경당에게 5천 명의 기병을 주며 전쟁을 끝내게 했다. 석경당은 그렇게 했다. 샤토와 거란은 황위 찬탈자가 숨어 있는 뤄양을 침공했다. 적의 손아귀에 떨어지는 것을 피하기 위해 이 찬탈자는 자기

집에서 가족과 함께 스스로 불타 죽었고, 이로써 전쟁은 끝났다.

새 왕조는 황소의 난이 패퇴한 뒤 샤토족이 세운 최초의 제후국의 이름을 따 후진後晉이라고 불렸다. 진의 군주들은 유명한 '독안룡' 이극용 그리고 (불행하게도 황제가 되기 전의) 그의 아들 이종가였다. 이 명칭의 선택은 투르크 전통으로의 복귀를 말해주는데, 이 전통 중의 하나가 중국에 맞서 거란과 연합하는 것이었다. 하지만 그럼에도 불구하고 이것은 투르크 제국이 아니었다. 중국화되지 않은 투르크 샤토족의 더 큰 부분은 계속 만리장성 북쪽에서 유목 생활을 영위했으며, 후진의 신민 가운데 압도적 다수는 중국인이었다. 사람은 큰 힘을 가질 때만 자신의 신민을 무시할 수 있다. 석경당은 자신의 제국을 거란의 가신으로 만들어 거란과 동맹함으로써 그러한 힘을 획득했다.

그리하여 거란은 동아시아의 지도자가 되었지만 이는 거란의 무용 덕분이었다기보다는 남부의 풍기 문란, 서부의 희소 그리고 동북 근린국들의 해체 덕분이었다. 그러나 이 시기의 가장 중요한 사건은, 대수롭지 않은 땅이지만 고대 중국 땅의 일부가 외국인의 권력 아래로 들어간 것이었다. 이것이 앞으로 다가올 여러 세기 동안 역사의 경로를 결정했다.

| 요 제국 |

석경당은 적에게로 넘어감으로써 목숨을 구했지만 그 이상은 아니었다. 자신이 얻은 제국의 찬란한 칭호에도 불구하고 그는 거란의 덕광의 가신이었다. 지역 통치자 중의 일부는 그를 인정하기를 거부했고, 다른 사람들은 겉으로는 복종했지만 뒤로는 음모의 망에 가담했다. 거

란에 넘겨준 도시들의 주민은 반란을 일으켰지만 야만적으로 진압되었다. 하지만 이 봉기는 위협적인 소요를 예상하도록 만들었다. 937년에 동남 중국이 분리해 나갔고, 통치자는 남당南唐 황제 칭호를 취했다. 이후 중국인들은 이 유명한 이름을 기치로 사용했다.

완벽한 무질서가 후진 제국을 지배했고, 이는 거란에게만 이로운 것이어서 거란은 937년에 랴오동遼東을 차지하고 10년 후 그들의 제국에 (철鐵의) 요라는 중국 이름을 부여했다.41)

이 나라는 정말 철의 제국이어서 피정복 민족에게 너무나 무자비했기 때문에 유목민과 중국인들이 힘을 합쳐 이들 압제자와 싸웠다. 941년에 국경의 여러 부족42)이 석경당에게 10만 명의 군대를 급파해 거란을 공격하자고 제안했으나 거절당했다. 이로 인해 반란군의 사기가 꺾였다. 어떤 부족들은 도망갔고, 나머지는 942년에 패배당했다. 하지만 불만의 파도는 계속해서 높아졌고, 석경당의 사후 유언에도 불구하고 왕위는 아들이 갖지 못하고 조카 석중귀石重貴43)가 차지했다. 석중귀는 즉시 나라를 해방시키고자 했다. 그는 한 거란 관리와 거란 상인들을 체포하고 재화를 몰수했다. 이는 전쟁을 의미했다.

944년에 거란의 제1차 공세는 좌절되었다. 그러나 946년에 덕광은 중국 지휘관들의 부패를 이용해 중국의 수도 카이펑開封을 취하고 황제를 사로잡았다. 그는 오래 생각지 않고 황위를 취했고, 두 명을 제외한 모든 절도사가 그에게 복종했다. 947년에 귀향하면서 그는 엄청난 수의 포로를 데려왔고, 이들은 후에 만주에 정착해 거란족과 섞였다. 탕

---

41) H. Cordier, *Histoire generale de la Chine* II, p. 36.
42) 토곤, 단스얏, 투르크, 훈, 키비Kibi, 샤토(앞의 책, p. 37).
43) 복잡함을 피하기 위해 황제들의 사후 칭호는 빼고 이름만 적는다.

가승湯家昇과 비트포겔은 "이 군주가 진정으로 중국적인 요 왕조를 세웠다."44)고 주장한다.

이때부터 이 왕조는 말하자면 중국적으로 되었다. 덕광은 의상을 중국 복장으로 바꾸었고, 주위를 중국 관리들로 둘러 세웠다.45) 그는 나라의 관습을 옛 부족 체제보다는 초기 봉건제에 보다 가깝게 했고46), 아직 승리하기 전이었는데도 944년에 위구르 아르슬란 칸Arslan-khan과의 왕조 동맹을 거부했다. 제국의 창설자 아보기가 916년에 불교에 대해 선의善意를 천명하고 이를 동포 부족에게 "불교는 중국 종교가 아니다"47)라고 정당화하던 때와 얼마나 다른가. 30년이 흘러 거란은 유목 세계를 떠났고, 더 나아가 유목 세계에 적대적으로 되었다.

이것이 거란인은 물론 요 제국에도 어울리지 않았을까? 이 정복자의 유해가 만주로 옮겨지자마자 중국은 일어섰다. 이때 샤토족과 중국인이 연합했고, 허동河東의 섭정 유지원劉知遠이 주민의 적극적인 도움으로 중국 도시들에 파견된 거란의 관리들을 살해하고 이 외국인들을 몰아낸 다음 새 왕조 후한後漢을 세웠다. 그러나 투르크족과 중국인의 동맹은 불안정한 것임이 드러났다. 951년에 이 해방자의 아들이 중국인 곽위郭威의 아버지의 장군들을 처형하기 시작하자 곽위가 그를 타도하고 순수한 중국 제국 후주後周를 세웠다. 이 나라는 모든 외국적인 것에 대해 아주 적대적이었다. 샤토족의 잔존자들은 산시陝西에서 저항을 조직하고자 해 북한北漢 왕국을 세웠는데, 이 왕국은 거란과의 동맹 덕분

---

44) K. A. Wittfogel and Feng Chia-Sheng, *History*, p. 4.
45) V. P. Vasil'ev, *Istoriya i drevnosti*, p. 181.
46) L. I. Diman, "K istorii gosudarstva Toba Vei i Lyao i ikh svyazei s Kitaem", *Uchenye zapiski Instituta vostokovedeniya*, p. 28.
47) K. A. Wittfogel and Feng Chia-Sheng, *History*, p. 291, p. 293, p. 579.

에 969년까지 살아남았다. 그러나 이 서사시는 960년에 주 제국을 교체한 송 제국과 요 제국 사이의 전쟁처럼 중국사의 일부이다. 반면 우리의 관심은 중국의 영향에서 독립되어 있는 초원 지대 세계이다.

우리에게 중요한 의미를 갖는 몇 가지 특징을 지적해보자. 첫째, 세력의 역전. 10세기 초 중국인들은 투르크 샤토족을 옹호한 당 전통에 반대했다. 이후 당 전통은 승리했지만 사반세기 후 황소의 이데올로기적 후예인 중국인들이 권력의 자리에 올랐고, 샤토족은 옛 땅으로 되돌아갔다. 역사의 벡터는 180도 바뀌었다.

둘째, 샤토족의 힘의 급격한 쇠퇴 그리고 나아가 두 세대에 걸친 쇠퇴. 초원 지대 거주자의 전투 기술을 가진 투르크족이었을 때는 샤토족이 승리를 거둘 수 있었다. 그들은 중국인들과 섞이면서도 융합되지는 않았다. 하지만 샤토 황제들은 부대와 행정을 현지인의 대표자들로 보충하지 않을 수 없었고, 그 결과 소수의 투르크족이 통치하고 혼혈층이 중국 주민에게 행정을 집행하는 복합체가 형성되었다. 부족 전통은 물론 사라졌고, 이 민족은 뿔뿔이 흩어진 채 친親유목 당파로 변했는데, 이들은 물론 백성들 사이에서 인기가 없었고, 더 이상 전투 세력이 아니었다.

셋째, 가장 중요한 것으로 외국의 지배에 대한 중국인들의 반응. 몇 가지 특징적 사실을 들어보자. 곽위는 문맹이었음에도 불구하고 이 혼란기에 고전문학 연구를 후원했다. 그러나 당 황제의 18개 무덤을 훼손하고 약탈하기도 했다.48) 정책 방향은 분명했다. 곽위의 아들 시영柴榮은 3만 개의 절을 폐쇄하고 아주 늙은 승려와 비구니를 위해 2,694

---

48) H. Cordier, *Histoire generate de la Chine*, II, pp. 48~49.

개만 남겼고49), 동제 부처상을 녹여 동전으로 만들었다.50) '중국 인본주의'의 창시자 한유가 성취한 전형적인 세속화!51) 그 후 송 왕조 아래 이 전통은 강화되었고, 당 왕조 하에서 수용된 모든 평화로운 문화를 중국으로부터 쫓아냈다.52) 이후 10세기 말 불교도들은 난산 기슭의 오아시스에서, 랴오허 강변에서 그리고 대초원 지대의 네스토리아교도 속에서 피난처를 찾았다. 쫓겨나간 사람들의 마음은 차가워졌다. 중국은 이제 자유롭게 생각하는 몽상가들의 신민 대신 지칠 줄 모르고 달랠 길 없는 적들을 갖게 되었다. 이것이 한 마음을 성취하기 위한 역사의 대가였다.

| 음식과 향신료 |

지금까지 많은 사건에 대해 간단히 설명했지만 거기에는 한 가지 목적만 있었다. 중국인, 거란족, 투르크 샤토족 사이의 분리 메커니즘을 추적하는 것이 그것이었다. 이제 탐구의 주요 줄거리로 돌아가 이 에피소드가 20세기 중국사 연구자들의 설명에서 어떻게 등장하는지 살펴보기로 하자. 물론 거란의 승리는 불행히도 투르크 샤토족 지휘관의 반역이 아니라 중국인 지휘관의 반역 때문이라는 것인데, 이 지휘관이 "병사들을 후안무치하게 기만하고 강제로 무장 해제시켰다. 병사들의 애처로운 외침이 계곡 전체를 흔들었다"53)는 것이다. 하지만 글쎄, 하

---

49) 앞의 책, p. 50.
50) Shan Yue, *Ocherki istorii Kitaya*, p. 269.
51) N. I. Konrad, *Zapad i Vostok*, p. 119 이하.
52) L. N. Gumilev, *Drevnie Tyurki*, pp. 175~177.
53) Shan Yue, *Ocherki istorii Kitaya*, p. 267(오직 이 페이지만). 우리가 책 전체를 다

지만 싸우기를 원한다면서 수적으로 소수인 적에게 눈물을 흘리며 투항하는 이 군대는 무슨 군대인가?

아무튼 좋다. 이야기는 보다 강해진다. "〔고립된 관리들을 죽인 — 구밀료프〕 일반 부대의 강력한 기동이 야율덕광의 마음에 공포와 혼란을 낳자 그는 일행을 향해 이렇게 말했다. '짐은 중국 인민을 복종시키는 것이 이렇게 어려운 줄 몰랐다.' 공황 상태에서 그는 북부로 도망가며 거대한 수의 주민과 많은 재산을 갖고 갔다. ……" 우리는 사건들의 연대기가 뒤죽박죽이라는 사실에서 출발해야 한다. 처음 덕광이 본국을 향하다가 가는 길에 죽었고, 그 후 거란 군대가 거의 남지 않았을 때 봉기가 불붙어 올랐다.54) 다음으로 이 정복자가 거대한 전리품을 갖고 돌아가고 있었다면 그게 무슨 공황 상태인가? 게다가 그의 전쟁 목적은 이 전리품밖에 없었다. 마지막으로, 그는 카이펑에 섭정을 남겼는데, 이것이 왜 '도망'이었을까? 바로 이 섭정을 중국인의 참된 구세주, 샤토 사람 유지원이 몰아냈다. 그러나 그에 대한 유일한 언급은 "이때 허둥의 전 절도사가 타이위안太原에서 칭제했다"는 것뿐이다. 보라, 이것으로 중국인은 자신의 수호자에게 보상했다! 장군이 된 병사 곽위는 유지원의 아들을 배신하고 죽였지만 "그는 백성의 고통을 잘 알고 있었다"는 말 다음 그의 덕에 대한 찬사가 따른다. 독자들은 곽위가 투르크 샤토족을 거란의 품으로 밀어 넣었고, 이 덕분에 중국은 30년간 전쟁을 치르다 산시를 되돌려주지 않을 수 없었다고 생각하겠지만 저자는 문제를 혼동시키기 위해 온갖 짓을 다해 놓았다. 그러나 책 전체는 사료로부터의 인용에 기초해 있다. 그래서 어쨌단 말인가? 나쁘지 않

분석하면 어떨까?

54) V. P. Vasil'ev, *Istoriya i drevnosti*, p. 19.

지 않은가?

그런데 이제 이와 정반대의 극이 존재한다. 동일한 사료에서 정보를 너무 건조하게 추출하는 것이 그것이다. 코르디에와 그루세의 책들이 그렇다. 이 책들은 참고서로는 유용하지만 참고를 위해서는 주제가 반드시 흥미로워야 하는데, 이름, 연도 사실의 주마등 속에서 그것이 상실되어 있다. 이 책들을 읽는 것은 후테Hutte의 전문 참고서만큼 어려운데, 그렇게 어려울 필요가 없다. 아무런 심미적 즐거움도 없으며, 기억력은 무익하게 고갈되어 핵심과 관련되어 있지 않은 정보는 모두 거부된다. 그러나 핵심이 나타나기만 하면 정보는 아름다운 서열을 이룰 수 있다.

나는 핵심이라는 말을 시각으로 이해한다. 영웅적인 샤토족의 역사는 다양한 관점에서 바라볼 수 있다. 그들의 승리와 파멸의 역사는 인문주의적 관점에서 보면 다양한 문화의 융합을 이루는 데 실패한 역사이다. 역사지리학의 시각에서 보면 한 민족이 환경이 가하는 강제적인 변화를 겪고 이차적 적응을 하지 못했던 역사이다. 생물학적 시각에서 보면 불일치하는 심리적 태도들이 이종교배한 역사이다. 마지막으로 역사철학의 시각에서 보면 퇴보의 역사이다. 아무튼 이처럼 다양한 관점은 과학들 사이의 소통을 낳는다. 그런데 또 한 가지 순전히 역사적인 시각도 있다. 사건들 자체의 논리가 바로 그것이다. 예컨대 적의 침략은 저항이나 도주를 낳는다. 섭정의 생명에 대한 위협은 봉기나 배신을 낳는다. 한 민족에 대한 약탈은 국가의 빈곤을 낳는다. 다른 민족에 대한 보호는 자기 민족의 불만을 낳는다 등등. 여기서 우리가 탐구 중인 9~10세기의 사건들은 다양한 인과 고리의 결과였던 바, 19세기 초 푸슈킨은 이 인과 고리를 '상황의 힘'이라고 불렀고, 오늘날 포르슈

네프Porshnev는 '연쇄반응'이라고 부르자고 제안한다. 이것은 이차적 규칙성이다. 이 패턴들은 일차적 규칙성 — 생산력과 생산관계의 발전 — 에 덧씌워지고 거기에 대략적 줄거리를 부여하면서 사건들의 기반을 형성한다. 이 사건들의 기반이 역사적 분석의 출발점이다. 한 사건의 표면은 단지 깊이 숨겨진 원인들의 결과만 보여준다. 역사가는 공시적 표에 배열된 전쟁과 조약, 법과 개혁을 바탕으로 복잡한 분석을 통해 먼저 사건들의 동기를 해명한 다음 과정의 경로를 종합할 수 있다. 그리고 이것이 역사적 탐구의 정수리이다.

| 공간적 분석의 시도 |

샤토족과 거란족에 관해 인용된 정보는 지나치게 간략해 보일지도 모르겠다. 왜냐하면 극동 역사 전문가들은 훨씬 더 많은 정보를 소유하고 있고 심지어 암기까지 할 수 있기 때문이다. 그러나 다른 전문가들, 즉 근동 역사학자들, 고고학자들, 투르크 학자들, 나아가 중앙아시아 역사학자들은 극동의 역사에 관한 한 대체로 학식 있는 독자들이긴 하지만 그 이상은 아니다. 이와 같은 사정은 그 역도 마찬가지이다. 아시아와 유럽의 역사를 단일체로 이해할 때는 독자가 쉽게 찾아 읽을 수 없는 희귀하고 두꺼운 책을 독자에게 권하는 것보다는 필요한 자료를 선별해서 인용하는 것이 더 유익하다. 마찬가지로 독자가 주마등같이 펼쳐지는 숱한 사건들로부터 필요한 것을 알아서 선별하도록 해서는 안 된다. 여기에는 전문 기술이 필요하며, 전문 기술도 전문가들마다 다르다. 따라서 거란 제국의 형성에 관한 간략한 소묘가 그 자체로 연구는 아니지만 우리 주제에 대한 일반적인 계획 속에서는 우리가 짓고 있는 건물의 한 초석이다.

두 번째 필수적 받침대는 유목 세계의 서쪽 변경이다. 여기서 우리의 과제는 보다 간단하다. 독자들이 틀림없이 어렸을 때부터 들었을 익숙한 이름, 장소, 사건들과 마주칠 것이기 때문이다. 우리는 그것들을 다시 떠올려 역사적 '틈'을 최소한으로 줄이는 데 필요한 질서 속으로 그것들을 배열해 넣기만 하면 된다. 출발을 위해 유목민의 주적이 이른바 '이슬람 세계'였고, 그들의 무의식적 동맹국이 비잔티움이었으며, 그들의 침략 대상이 라틴-독일 서유럽이었음을 그리고 이교도 러시아가 특별한 자리를 차지했음을 상기하자. 파노라마 방법을 적용해 이 주마등을 이해하도록 노력해보자.

황소가 당 왕조의 기초를 흔들고, 단스얀, 샤토, 거란이 한때 가공스러웠던 이 제국의 국경을 따라 아직 겁을 먹은 채 은신하고 있는 동안 '아바시드Abbasid' 칼리프 왕조의 위용은 무너졌다. 바그다드의 투르크 경비병들은 마음대로 칼리프를 바꾸었고, 산적의 지도자 이븐 사파르 Yakub Ibn Saffar가 이란의 동쪽 지역을 장악하고 저 예언자〔마호메트〕의 부섭정에게 여러 조건을 강요했다. 메소포타미아 하부에서는 산지바르Zanzibar〔현재는 탄자니아에 있는 반#자치 지역이다〕의 시장에서 데려온 노예들zindji이 반란을 일으켰고, 그리스인들은 수세에서 공세로 전환해 무슬림에게서 소아시아를 빼앗았다. 이와 함께 카를루크족은 제티수 지역에서 남하해 861년에 카슈가르를 취했다. 서양에서는 샤를마뉴 제국이 붕괴되어 처음에는 프랑스, 로타링기아Lotharingia〔로타링기아는 북서 유럽에 있던 지역으로, 오늘날의 저지대 국가들, 즉 라인란트 서부, 프랑스와 독일 사이의 국경 지역, 스위스 서부로 이루어져 있었다〕, 독일의 세 왕국으로 나누어지고 나중에는 열 개로 나누어지며 분열을 거듭했다. 이를 배경으로 교황권이 강화되며 비잔틴 황제와 대립했다. 교황 니콜라스 1세는 포티우스Photius 총대주교를 교회에서 파문해 서구와 기독교 동구의 분열을 출발시켰다.

20년이 흘렀다. 당 제국이 무너지고 거란의 8부족이 연합했다. 이때 근동에서는 노예들이 패배했지만 바레인의 베두인족이 칼리프 왕조 — 아라비아와 시리아 전체를 지배한 하라미타Qarmatians — 에 맞서기 시작했다. 중앙아시아에서는 사파르 산적들을 교체해 칼리프에게 충성했지만 본질적으로는 독립적이었던 사마니Ismail Samani〔892~907년까지 트란스옥시아나를, 900~907년까지 코라산Korasan을 통치한 이스마일 이븐 아마드〕의 강력한 국가가 세워졌다. 이 나라는 유럽인들이 해낼 수 없던 일을 했으니, 중앙아시아에서 '신앙 없는 투르크족'의 공격을 저지한 것이 그것이다. 마자르Magyar족〔헝가리인을 가리키는 다른 이름〕은 895년에 파노니아Pannonia〔고대 로마제국의 한 지역. 오늘날의 헝가리, 오스트리아, 크로아티아, 슬로베니아, 슬로바키아, 보스니아, 헤르체고비나 등에 걸쳐 있었다〕를 침공해 이를 헝가리로 바꾸었다. 페체네그족은 구즈족과의 전쟁에서 패배한 후 889년에 흑해 초원 지대로 들어가 900년에 다뉴브 강 어귀에 도착했다. 비잔티움은 볼가르족Bolgars의 공격을 영웅적으로 물리쳤고, 서유럽은 노르만족과 헝가리족의 공격 대상이 되었는데, 헝가리족은 두 번 스페인에 도달했다. 그런 후 출중한 데가 없는 카롤링거족이 권력을 박탈당하고 봉건 영주들이 국방 문제를 떠맡았는데, 파리 공작 외드Eudes〔파리 백작으로 오도Odo라고도 불린다. 888~898년까지 서프랑키아를 통치한 왕이다〕가 886년에 모범을 보이며 노르만족으로부터 이 도시를 방어했다.

거란의 덕광이 요 제국을 세우고 936년에 앞잡이를 중국의 황위에 올리고 있을 때 초원 지대의 서쪽 끝 흑해 근방에서는 쇠퇴하는 칼리프 왕조와 힘이 흥하는 비잔티움 사이에서 잔인한 전쟁이 전개되었다. 그리스인들은 아랍인들을 향해 체계적으로 진군해 그들에게서 사모사타Samosata[현 지명은 Samsat. 유프라테스 강 상류, 터키 남동부에 있는 마을이다. 고대 동서 무역 통상로에 자리 잡은 요새 도시였다], 말라티아Malatia[터키 중동부에 있는 말라티아 주의 주도. 유프라테스 강의 지류 토마수유 강이 흐르는 기름진 평야에 자리 잡은 도시], 서아르메니아를 빼앗았다. 그러나 무슬림은 일격에 일격으로 대응했다. 그들은 새로운 동맹을 얻었다. 볼가 강의 볼가르족이 922년에 이슬람으로 개종했고, 무역으로 근동과 연결되어 있던 하자리아 유대인 정부는 무슬림에게 비아르미아Biarmia[오늘날 러시아의 아르한겔스크 오블라스트Arkhangelsk Oblast의 일부 지역에 있었다고 믿어지고 있다]나 대페르미아Great Perm[러시아에 존재했던 중세 코미족 국가]의 삼림에서 나오는 귀중한 모피를 제공함으로써 지속적인 소득을 제공했다. 932년경 하자리아는 전쟁에 들어가 알란Alans족[중앙아시아 북부에서 남부 러시아의 초원 지대에 걸쳐 살던 이란계의 유목 기마 민족]으로 하여금 정교를 포기하도록 강요했다. 이에 대응해 비잔틴 황제 레카페누스Romanus Lecapenus가 비잔티움의 유대인들을 박해하기 시작하자 그들은 대규모로 하자리아로 떠났다. 이고르Igor Svyatoslavich가 912년부터 통치하던 루스Rus'는 비잔티움 편을 들었지만 하자르족은 915년에 페체네그족을 루스에 덤벼들게 했고, 940년경 삼케르트스Samkerts(타만Taman. 러시아 크라스노다르 크라이에 있는 농촌 지역. 15세기 말부터 1783년까지 터키 요새가 있었다]) 요새를 장악하려던 루스의 군사 지도자 켈구Khel'gu는 하자리아 통치자 페사크Pesakh의 더 뛰어난 군대에 항복하지 않을 수 없었다. 루스족은 그리스에 대항하는 군사 동맹을 맺는다는 조건으로 풀려났으며55), 하자르족은 페체네그족에게도 똑같은 일을 강요했다. 하지만 941년에 콘스탄티노플에 대한 이고르의 공격은 완전한 패배로 끝났으며, 두 번째 공격은 페체네그족의 도움에도 불구하고 불발되었다.

우리는 당시 루스에는 단 하나의 해외 정책도 없었다고 생각해야 한다. 왜냐하면 이고르의 공격과 동시에 일부 루스 군대가 볼가 강을 따라 하자리아를 통과하며 아제르바이잔의 베르다Berdaa[지금의 아제르바이잔의 수도] 시를 약탈했기 때문이다. 이 전쟁은 루스족에게 부도 명예도 가져다주지 않았다. 유행병이 많은 목숨을 빼앗았고, 생존한 사람들은 무슬림 군대에게 쫓겨났다. 하지만 루스족은 하자르족의 허락을 받고서야 카스피해를 지날 수 있었다. 따라서 940년대에 동유럽의 지도권은 하자리아 정부에 속해 있었음을 인정해야 한다.

우리가 제안한 해석은 솔로베프가 제시한, 일반적으로 수용되고 있는 해석과 일치하지 않지만 그의 해석은 하자르 한국과 올레그Oleg의 루스 공국 사이의 충돌에 관한 연대기 편찬자의 침묵에 기초해 있다. 이 예민한 역사가는 사건들의 연쇄에 존재하는 이 간극에 특별한 주의를 기울였지만 충분한 사실들을 결여한 채 페체네그족의 위협이 하자르 군대를 구속했다고 가정했다.56) 이제 아르타모노프의 일반적인 조사에 비추어 볼 때 루스족이 하자르족과의 첫 번째 전쟁에서 패배했다는 것은 분명해진다.57) 바로 이 때문에 이고르의 수행원들이 이 왕에

---

55) M. I. Artamonov, *Istoriya khazar*, pp. 373~377.
56) S. M. Solov'ev, *Istoriya Bossii*, I, pp. 149~150.
57) 아르타모노프(*Istoriya khazar*) 자신은 이러한 결론을 이끌어내지 않지만(pp. 382~383을 보라) 그의 자료를 10세기 중반의 일반적인 상황과 비교해보면 하자리아의 왕 요셉이 자신이 루스족과 완강하고 성공적인 전쟁을 수행한 덕분에 바그다드까지 이르는 모든 무슬림 땅이 약탈을 면할 수 있었다고 썼을 때 그가 올바른 말을 하고 있었음을 알 수 있다 (P. K. Kokovtsov, *Eveeisko-khazarskaya perepiska v X v*, pp. 83~84, p. 102). 이는 근동에서 무슬림 통치자들과의 동맹이 존재한 사실에 의해 확인된다.

게 가난에 대해 불평하기 시작하고 그로 하여금 946년에 드레블리안족Drevlyane[6~10세기에 우크라이나 등지에 거주한 초기 동슬라브의 한 부족]과 자살적인 전쟁을 치르도록 강요했던 것이다.

젊은 키에프 공국의 어려운 상황은 957년에야 개선되었는데, 이때 올가Ol'ga는 비잔티움과의 동맹을 회복하면서 침례교를 받아들이고 포르피로게니투스Constantinus Porphyrogenitus 황제의 대녀가 되었다. 그 뒤 비잔틴 군대 내에 루스족 분견대가 등장해 960~962년에 크레타와 시리아에서 싸웠으며, 루스족 자신도 하자르 왕국과의 투쟁을 위해 군대를 모았다. 그러나 960년대에 가서야 루스의 전사들에게 행운이 미소 지었다. 전에는 어려운 시기가 있었으며, 이에 대해 연대기 편찬자는 언급을 회피하려고 했다.

세력의 배치는 전 세계에 걸쳐 변했다. 서유럽의 힘이 증가하기 시작했다. 955년에 독일의 왕 오토 1세가 레히펠트Lechfeld에서 헝가리족을 패배시켰고, 그 후 유럽인들이 다른 모든 세계로 진군하기 시작했다.

그런데 유럽 민족들은? 이전과 같이 초원 지대가 건조해지고 있었기 때문에 그들은 어떤 희생을 치르고서라도 초원 지대의 경계 지역을 추구했다. 그들은 중앙아시아의 사마니드가 세운 방어선을 깨뜨릴 힘이 없었기 때문에 물이 아직 남아 있는 지역으로 들어가려고 이슬람을 받아들이기 시작했다. 처음에는 투르크멘-셀주크족이, 다음에는 카를루크족이 960년에, 마지막으로 야그마족이 1000년경에 그렇게 했다. 페체네그족도 똑같은 방식으로 큰 드네프르 강과 다뉴브 강을 위해 힘을 썼다. 거대하고 조용한 사막이 등 뒤에서 확대되며 초원 지대의 풀을 삼키고 강을 모래로 채우고 있었기 때문이다.

이것이 바로 10세기 연대기 편찬자들이 대륙의 중심에서 일어난 사건들에 대해 침묵하는 이유이다. 오랫동안 거기에서는 아무 사건도 일어나지 않았다. 사건들이 일어나기 시작했을 때 그것들은 연대기와 지리학 문헌에 즉시 등장했다. 그러나 이것은 새로운 시기로, 뒤에서 다루고자 한다.

| 5 |

산산이 조각난 침묵(961~1100년)

| **중국의 만리장성 옆에서** |

앞 장에서 우리는 5대의 역사를 당 제국의 세계주의적 전통과 중국 민족주의 사이의 투쟁으로 생각하자고 제안했다. 중국 민족주의는 960년에 이르러 승리를 거두었다. 투르크 샤토족의 잔존 세력은 중국 영토에서 그들을 존재케 해준 당 전통을 위해 싸우며 산시 북쪽 지역에서 버텼다. 하지만 북한北漢이라는 이름의 이 왕국은 거란의 도움에도 불구하고 979년에 멸망했다.

중국화된 초원 지대 거주자들은 송나라 군대가 그들의 땅을 차지한 것이 불길한 조짐이었기 때문에 필사적인 상황에 몰려 있었고, 유목민적 생활방식의 전통을 이미 잃었기 때문에 북쪽으로 물러갈 수도 없었다. 따라서 그들은 저항을 조직했고, 성공하기 위해 필요한 이데올로기를 구축하고자 했다. 그것은 또한 중세 중국의 전통의 요구대로 이전 왕조 중 한 왕조를 계승하는 데도 필요했다. 탕구트족은 많은 국경 지역 부족들로 이루어진 오르도스 및 알라샨 주민들로 저항을 주도적으로 조직했다. 황소의 난이 진압될 때 탕구트족은 당 왕조를 지지하고 나왔고, 투르크 샤토족과 함께 승리를 거두었다. 탁발拓拔이라는 이름을 지닌 군주들이 그들의 지도자였다. 그들은 386~557년까지 북중국을 지배한 위 왕조에서 종족의 기원을 끌어냈다.1) 발명된 것이든2) 참된 것이든3) 이 계보는 상당한 역할을 했다.4) 중국인에게는 단스얀으로 알려졌고 몽골족과 투르크족에게는 탕구트로 알려진, 티베트어를 하는 미냐그Minyag〔중국어로는 미약彌藥〕부족들은 7세기 중반에 타오허와 웨이수이 유역을 떠나 오르도스와 알라샨에 정착했다. 여기서 그들은 번성하고 부유해지고 가축을 얻었지만 단일한 국가로 결합되지는 않았다. 차하르Chakhar에 사는 북동쪽 부족들은 거란에 정복되었다. 간쑤를 차지한 서쪽 부족들은 중국과 동맹을 유지했으며, 그들의 중심 집단만이 독립을 원했다. 873년에 이 탕구트족은 샤저우 시를 취했고, 884년에 황소의 난에 맞서 당 왕조를 도와준 덕분에 독립적인 가신 제후국으로 인정받았다. 그들은 그 후 후당 제국에 들어갔는데, 이는 순전히 명목상일 뿐이어서 형식을 위해 중국의 직위를 받은 그들 자신의 군주들에 의해 통치되었다. 탕구트족은 샤토족과 중국인 사이의 전쟁에서 아무 역할도 하지 않았으며, 이렇게 고립 정책을 쓴 결과 세력이 증가했다.

---

1)〔Bichurin〕 *Iakinf, Istoriya Tibeta I Khukhunora*, II, p. 28.
2) E. Chavannes, "Dix inscriptions chinoises de l'Asie Centrals", *Memoires presentes par divers savants a l'Academie des Inscriptions et Belles-lettres de l'Institut de France*, 1904, XI, 2, p. 205.
3) G. E. Grumm-Grzhimailo, *Zapadnaya Mongoliya*, p. 369.
4) *Qi-yuan*(B. I. Kuznetsov가 티베트어에서 중국어로 번역).

송 왕조의 중국 통일은 탕구트족에게 중국의 보호로 되돌아가느냐 아니면 독립하느냐는 아주 오래된 딜레마를 다시 야기했다. 첫 번째 해법을 선호한 탁발계봉拓拔繼捧은 복종하겠다는 제의와 함께 카이펑에 나타났지만 그의 친척 탁발계천拓拔繼遷은 982년에 탕구트 땅, 곧 오르도스에 군대를 투입한 중국에 맞서 봉기를 이끌었다. 처음에 패배당한 그는 중국군에게서 도주해 목숨을 구해야 했다. 그러나 "탁발 종족으로부터 큰 은혜를 입었던 서쪽 주민이 수없이 그에게 합류해"5) 중국이 패배당하기 시작했다. 985년에 탕구트족 앞에 강군이 나타나 큰 손실을 입혔지만 같은 해 이 군대는 결국 패배했다. 그 후 탕구트족은 거란과 동맹을 맺고, 987년에 다시 중국을 패배시켰다. 뒤이은 탕구트족의 군사 행동은 워낙 성공적이어서 중국 황제는 샤저우 요새를 파괴하도록 명령을 내리고 서부 간쑤와 오르도스를 탕구트족에게 양보했다. 990년에 새 탕구트 국가는 요 제국의 승인을 받았고, 그때부터 이 국가의 독립적 실존이 시작되었다.

우리는 탕구트와 중국 사이에 벌어진 끊임없는 전쟁의 격변을 더 이상 추적하지 않을 것이다. 그렇게 하면 우리가 선택한 배율의 크기와 정도를 위반하는 것이 되겠기 때문이다. 하지만 일반적 역사 과정에서 탕구트-중국 전쟁이 행한 역할은 반드시 부각되어야 한다. 탕구트인들은 샤토 왕조인 후당과 후진의 계승자일 뿐만 아니라 절반의 외래 왕조인 북위와 당의 계승자를 자임했다. 또 외래 왕조들이 옹호했던 것과 동일한 정치 강령을 옹호했다. 한때 중국인들이 장악했던 영토 위에서 비중국인이 살 권리가 있다는 것 그리고 자신의 역사적 전통을

---

5) 〔Bichurin〕 Iakinf, *Istoriya Tibeta*, p. 2.

보존하고, 중국 관리가 아니라 자신의 환경에서 나온 지도자에게 통치받을 권리가 있다는 것이 그것이다. 하지만 간쑤와 암도〔티베트 동북쪽에 있는 지역. 중국어로는 安多이다〕의 진짜 티베트족은 그들의 적이었다. 간쑤 티베트족과의 전쟁 중에 탁발계천은 얼굴에 화살을 맞고 중상을 입어 일 년 후인 1004년에 죽었다. 그의 아들 탁발덕명拓拔德明은 송 제국과 협상에 들어가 1006년에 평화를 이루었으며, 이에 따라 자신을 주권적 통치자로 간주하지 않는 대가로 돈, 직물, 차 선물뿐만 아니라 절도사와 대군의 지위까지 하사받았다.6)

이렇게 숨 쉴 틈이 생기자 탕구트족은 이를 이용해 서쪽 변경을 확보했다. 덕명의 아들 원호元昊는 재능 있는 사령관으로, 1028년에 위구르족을 간저우甘州에서 몰아내고 1035년에 둔황敦煌을 장악했다. 위구르족과 탕구트족 사이에는 피 어린 적의가 있었기 때문에 이 전쟁은 대단히 격렬했다.7) 초원 지대 민족들은 이 전쟁을 정치적·경제적·종교적 경쟁보다 더 첨예한 것으로 느꼈다. 포로는 잡지 않았다. "피가 졸졸거리는 시냇물처럼 흘렀다."8) 그러나 탕구트족의 성공적인 서쪽 침투는 피의 원수 티베트족에게서도 훼방을 받았다. 난산南山 기슭에서 패배당한 티베트족은 암도의 산기슭과 코코 노르 호수의 호안에 결집해 투보트Tubot〔근대 이전에 티베트는 여러 가지 이름으로 불렸는데, 그중 하나가 도백특圖伯特túbótè이었다〕 왕국을 만들었다.

고대 티베트 왕들의 후예 고스라이Gosrai(중국어로는 Guo-si-luo)가 연합 부족을 이끌고 "중국 궁정으로부터 보상과 영예를 받을 것을 기

---

6) 앞의 책, p. 18.
7) E. I. Kychanov, *Ocherk istorii tangutskogo gosudarstva*, p. 78.
8) E. I. Kychanov, *Zvuchat lish'pis'mena*, p. 52.

대하며"9) 탕구트 왕국에 맞서 진군했다. 아마 그런 이유만이 아니었을 것이다. '적의 적은 우리의 친구'이기 때문에 중국과의 동맹은 분명히 그에게 이로웠을 것이다. 1035년에 고스라이에 대한 원호의 공격은 탕구트족의 패배로 끝났다. 고스라이는 그들을 물리쳤다. 고스라이의 승리 후 탕구트의 위세 아래 어려운 시간을 보냈던 간쑤 티베트족과 위구르족이 그에게 합류하기 시작했다. 탕구트의 공세 때 투르판으로 도주했던 간쑤 위구르족은 1041년에 본토를 정복자들로부터 해방시키려고 했다. 그들은 샤저우의 오아시스를 공격해 탕구트 수비대가 있던 요새를 포위했다. 그러나 탕구트족이 철갑 기마대를 서쪽으로 보내자 위구르족은 포위를 풀고 투르판으로 돌아갔으며10) 그곳의 고요한 모래언덕과 이동하는 사막 모래가 그들을 탕구트족의 창으로부터 지켜 주었다. 하루살이 같던 투보트는 이 견제 덕분에 목숨을 구했지만 고스라이는 증원 부대와 동맹군을 갖고서도 원호의 조직적인 군대를 물리칠 수 없었다. 그는 자신의 산성을 지키고 탕구트 왕국을 습격해 약탈하는 것으로 만족해야 했다.11)

---

9) [Bichurin] Iakinf, *Istoriya Tibeta*, p. 142.
10) E. I. Kychnov, *Ocherk istorii*, p. 148.
11) 티베트 이름 고스라이는 중국어로는 고실로Gosylo(Iakinf, *Istoriya Tibeta*) 혹은 현대 중국어 발음으로는 주에실루오Juesiluo(Kychanov, *Ocherk istorii*)와 비슷하게 발음되었다. 비非중국 이름, 즉 비중국어 음소를 현대 문자로 옮기는 것은 부적절해 보인다. 그렇게 하면 이미 아주 복잡한 고유명사 문제가 더 복잡해지기 때문이다. 키차노프E. I. Kychanov는 고실로(주에실루오)가 이름이 아니라 '부처님의 아들'(*Ocherk istorii*, p. 137)을 뜻하는 칭호라고 생각한다. 담딘수렌Ts. Damdinsuren은 *Istoricheskie korni Geseriady*에서 그를 전설적인 게사르Geasr[티베트와 중앙아시아에 퍼져 있는 가장 중요한 서사시에 나오는 영웅]라고 본다. 하지만 우선 이름, 기원, 전기가 일치하지 않는다. 이 생각은 또한 게사르의 후예들이 950년에 라다크[인도 대륙 북부에 있는 카슈미르의 동부 지역]를 통치했다는 라다크 연대기의 서술에 의해서도 부정된다(A. H. Francke, *A History of Western Tibet*, p. 47). 티베트인들 자신도 게사르를 4~5세기 사람으로 보며(C. Bell, *The Religion of Tibet*), 이것이 가장 개연성이

탕구트족의 힘은 서로 연관되어 있는 두 가지 사정에 의해 결정되었던 것 같다. 적극적인 정치 강령과 그에 기뻐한 일단의 사람들이 그것이다. 원호 왕자는 평화를 사랑하는 아버지 덕명에게 평화의 대가로 중국에게서 비단을 얻는 데 만족하지 말고 중국과 전쟁을 하자고 재촉했다. "가죽과 양모 옷을 입고 목축에 종사하는 것, 이것이 유목민이라는 의미입니다. 영웅으로 태어난 사람은 남을 지배해야 합니다. 비단이 무슨 소용이 있습니까?" 그는 중국 문명을 해면처럼 흡수한 거란족과 탕구트족을 대비시키면서 훨씬 더 분명한 문화적 자결自決 강령을 표현했다. "연燕(즉 베이징 근방에 정착한 거란 — 구밀료프)은 중국의 의복, 음식, 음료를 모방합니다. 탕구트족은 중국을 좋아하지 않으며, 이러한 관습과 관행을 이용하되 우리가 옳다고 생각하는 대로 (즉 우리 나름대로 — 구밀료프) 이용합니다."12)

이처럼 감성적인 열변을 토한 것이 헛되지는 않았다. 이 열변에서 극히 명료하게 선언된 점이 있으니, 삶의 목적은 안녕과 축복 받은 평화가 아니라 유목민의 영원한 원수, 곧 선조의 원수에 대한 투쟁이라는 것이 그것이었다. 한때 트란스바이칼의 초원 지대에서 도래해 중국의 절반을 장악했다가 결국 중국의 신민들에게 쓰러진 탁발위拓拔魏 왕조의 원수 말이다. 이 선언은 투르크 샤토족의 강령보다 훨씬 더 극단적인 것이었으며, 더 일관되게 수행되었다. 원호는 중국 문화와 타협하는 대신 일련의 개혁을 수행해 중국에서 빌린 것을 모두 파괴했다. 그는 당시 발명된 자신의 달력으로 중국의 달력을 대체했다. 그는 자신

높다(L. N. Gumilev, "Dinlinskaya pro-blema", *Izvestiya Vsesoyuznogo Geograficheskogo obshchestva SSSR*, 1959, No 1, p. 24를 보라).
12) E. I. Kychanov, *Ocherk istorii*, p. 78.

에게 하사된 중국 이름을 거부했다. 또 탕구트 관리 집단과 탕구트군을 창설했고, 상형문자이지만 중국어와는 다른 탕구트 글도 창제했다. 마지막으로 위험을 무릅쓰고 1038년 말 '천자'라 칭제하고 자신의 왕국을 서하西夏라고 부르며 자신이 탁발위 가家의 후손임을 알렸다. 그것은 중국과의 전쟁을 의미했고, 중국은 중원 제국 이외의 제국이 지구상에 존재하는 것을 견딜 수 없었다. 전쟁은 1044년까지 계속되었고, 원호가 자신의 위대한 칭호를 포기하는 것으로 끝났다. 경제학의 법칙은 결국 전쟁과 승리의 관념보다 더 강했다. 차나 비단이 없었기 때문에 사람들은 투덜댔다. 화친과 양보가 이루어져야 했지만 외교 서신의 공식적 언사에서만 그러했다.13)

그런데 그저 '천자'로부터의 '선물', 곧 아내를 위한 차, 의복, 비단 따위나 꿈꾸는 반半 미개인 티베트 산악 민족이 어떻게 탕구트족의 전율스러운 용솟음침에 비교될 수 있었겠는가? 티베트 민족은 신체적 용맹함과 끈기 면에서는 탕구트족에 뒤지지 않았지만 이 용솟음침, 즉 작은 탕구트 공국이 중국 무리를 정복하고 중국 못지않은 문화를 창조하게 한 저 타오르는 창조적 열정은 결여하고 있었다. 물론 이 성취는 초원 지대 주민들과 산악 민족들의 힘으로만 이루어질 수는 없었다. 중국도 모든 반대자를 중국 국경 너머로 내몰아 탕구트족을 도와주었다. 제일 먼저 불교도와 기독교인들을 몰아냈다. 불교도들은 탕구트의 천막에서 따뜻한 환영을 받았다. 그들은 탕구트 왕들을 위해 그림을 그리고 상像을 주조하고 시와 글을 지었으며, 필요할 때 외교적·행정적 문제에 관해 좋은 조언을 해주었다.

---

13) V. P. Vasil'ev, *Istoriya I drevnosti*, p. 93.

불교도들은 자신들을 욕보인 중국인들에 화가 났기 때문에 탕구트족이 '투시력이 있는 정령'과 죽은 조상을 기리는 것을 가로막지 않았다. 불교도들뿐만 아니라 도교도들도 중국에서 탕구트로 왔는데, 이곳에서는 유교 문헌들이 금지되지 않았기 때문이다. 관용은 탕구트족에게 엄청난 힘을 주었기 때문에 그들은 대초원 지대가 무방비 상태였음에도 불구하고 중국의 침공을 저지하고 스스로를 지킬 수 있었다. 이 대초원 지대 덕분에 배후에 아무 염려할 것이 없어 흑타타르족의 한국들이 형성될 수 있었다.

원호는 1048년에 죽었다. 그는 자기 아들에게 죽임을 당했다. 그가 아들의 신부를 빼앗았기 때문이다. 혼란한 시기가 뒤따랐으며, 이 시기는 군대에 인기가 없던 양梁나라 귀족에게 지배되었다. 1082년에 중국인들이 탕구트족에게서 란저우蘭州의 요새를 빼앗고 옛 왕조를 왕위에 올렸다. 이 왕조가 1106년의 강화를 통해 중국과의 전쟁을 성공적으로 마무리지었다. 이렇게 하는 데 상당한 도움이 된 것이 중국인과 암도 티베트족 사이의 분쟁 그리고 고스라이 왕국의 몰락이었다. 일대일 싸움에서 탕구트족은 중국인과 힘이 대등했다.

| 서쪽 |

서투르크 한국의 몰락 후 카를루크족의 정착지들이 이시크쿨 호수〔톈산산맥 북쪽, 키르기스스탄 북서쪽에 있는 내륙호〕 남쪽을 에워쌌다. 이 정착지들은 동쪽으로는 타림 강까지 미쳤다. 9세기 말에 시르다리아Syrdarya 강의 오른쪽 지류인 카산사이Kasansai 강둑에 자리한 카산Kasan과 아리스Arys 강 유역에 자리한 이스피자브Isfijab14)〔이 무렵 사이람Sayram은 이스피

자브로 불렸다]는 국경 도시였다. 그러나 10세기 초에 "마와란나하르Māvarānnahr[트란스옥시아나로도 불렸다]에서 카를루크족이 다스린 지경은 이스피자브에서부터 페르가나의 가장 멀리 떨어진 도시들에까지 이르게 되었다."15) 이것이 그들의 남쪽 국경이었다. 북쪽으로 그들은 이르티슈 강 상류 제티수 강 지역을 계속해서 장악했고, 오늘날의 카자흐스탄 동부를 지배했다. 그들에게 복속된 종족으로는 아르구Argu족(바스밀족의 후예)16)과 제티수 강 남서쪽에 있던 투르기쉬족의 잔존 세력 투크시Tukhsi족이 알려져 있다. 이들은 어느 정도 정착 생활을 하게 된 가장 문명화된 투르크족이었다.

하지만 카를루크의 통치자는 칸이 아니라 야브구jabgu[부총독에 해당하는 초기 투르크 국가의 관직]로 명명되었으며, 이는 카를루크의 힘이 특별히 강하지는 않았다고 생각할 수 있는 근거를 제공한다.

사실 10세기 초에는 새로운 종족, 곧 치길Čigil족과 야그마Yaǧma족이 카를루크 땅의 남쪽 경계에 등장한다. 치길족은 이시크쿨 호수 주위와 호수 북동쪽에서 유목 생활을 했고, 야그마족은 카슈가르[현재 신장 위구르 자치구에 있는 오아시스 도시] 주위에서 유목 생활을 했다. 카를루크족이 이 영토를 잃은 것은 분명 위구르족과의 충돌과 관련되어 있다. 위구르족은 아크수와 바르스칸Barskhan을 일시적으로 장악하고 키르기스족의 개입에 힘입어 카를루크족을 몰아냈다.

무슬림과의 투쟁에서도 카를루크족은 패배당했다. 840년에 누크 이븐 아사드Nukh ibn Asad[사마르칸트를 지배한 사마니드Samanid 왕조의 통치자]는

---

14) V. V. Bartol'd, *Turkestan v epokhu mongol'skogo nashestviya*, p. 176(Yakubi 참조).
15) G. E. Grumm-Grzhimailo, *Zapadnaya Mongoliya*, p. 366(Ishtakhn 참조).
16) G. E. Grumm-Grzhimailo, 앞의 책, p. 256.

이스피자브를 정복하고 유목민들로부터 농업 지대를 보호하기 위해 벽을 쌓았다. 893년에 이스마일 사마니가 탈라스(키르기스스탄 북서쪽의 소도시)를 취했다. 사마니드 정부는 서쪽으로는 카를루크 구즈Karluk Guz 족(Guz는 Oghuz라고도 하는데, 오구즈는 저자에 따르면 '씨족'이라는 뜻이다)에 대항해 일어났는데, 이들은 투르크멘족의 조상으로 당시 오구지oguzy라고 불렸으며, 이는 그냥 '씨족'이라는 뜻이다.

10세기 초에 이 파르티아족Parthian의 후예들은 시르다리아 강 하류와 아랄해 해변에 자리했다. 투르쿠트 시대에 그들은 펠레비Pehlevi 방언의 하나로 추정되는 언어를 버리고 투르크어를 채택했지만 계속 동이란과 연결되어 있다고 느꼈고, 사마니드족과 동맹을 맺음으로써 카를루크족을 더 어렵게 했다. 그들은 이슬람을 일찍 받아들였고, 960년에 카를루크족에게도 똑같은 일을 강요했다. 카를루크족은 초원 지대에서 지배력을 잃었으며, 지배권은 호전적인 목축민 야그마족에게로 넘어갔다.

분명 서역의 투르크화는 투르크 칸들이 그곳을 지배하던 때부터 시작되었다. 7세기 말에 만들어진 중국 당나라 시대의 지도에는 옛 이름 술레Sule뿐만 아니라 새 이름 카샤Kasha, 즉 카슈가르도 등장한다. 우리는 서투르크 한국이 몰락하는 불안한 시기에 투르크 유목민 누쉬비족Nushibi이 카슈가르다리아의 수변에 정착했다고 가정해야 한다. 이들은 원래 톈산에서 남하한 민족이었다.[17] 새로 온 누쉬비족은 수가 많지 않았던 오아시스 주민들과 사이좋게 지내며 서로 섞여 새 종족 야그마족을 형성했으며, 이들은 10세기 초에 존재가 알려졌다. 이 종족에 두

---

17) N. Ya. Bichunn, *Sobranie svedenii*, n, p. 300.

가지 인종적 요소가 존재했음은 그들의 외모에 대한 기술에 모순이 있는 점에서 분명히 드러난다. 아랍 여행자 아부-둘레프Abu-Dulef는 야그마족이 턱수염을 기르고 푸른 눈을 가진 키 큰 사람들이었다고 쓰고 있지만18) 11세기 역사가 우트비Utbi는 1008년에 발크Balkh 근방에서 투르크족(즉 야그마족)이 패배당했다면서 그들은 "넓은 얼굴, 작은 눈, 평평한 코, 성긴 턱수염"을 갖고 있고 쇠로 만든 칼을 차고 있으며 검은 옷을 입고 있다고 쓰고 있다.19)

아부-둘레프가 카슈가르 시 안에서 오아시스의 고대 유럽계 주민의 후예를 본 반면 우트비는 외곽 거주자들 사이에서 모집한 평범한 전사들을 보았다는 사실을 고려하면 이러한 불일치는 충분히 설명될 수 있다.

야그마족이 900년에 이슬람을 받아들인 것은 카를루크족보다도 앞선 것이었으며, 이를 통해 중앙아시아 서반부와 연결되었다. 그들의 통치자는 보그라칸Bogra-khan이라고 불렸고, 야그마 사람들은 보그라크Bograch라고 불렸다.20) 이 시대 사람들은 이들을 카를루크족과도 위구르족과도 혼동하지 않았다. 발라사군Yusuf Balasagun[크라하니드Krakhanid 제국의 수도 발라사군 시의 11세기 위구르족 필경사]이 1069년에 지은 시 「쿠다트쿠빌리크Kudatkubilik['행복을 가져오는 지혜' 정도의 뜻이다]」는 마슬로프의 견해로는 처음 아랍어로 쓰여졌다가 나중에 위구르어로 다시 쓰여졌다.21)

---

18) G. E. Grumm-Grzhimailo, *Zapadnaya Mongoliya*, p. 18, N. Ya. Bichunn, *Sobranie svedenii*, II, p. 300.
19) G. F. Debets, *Paleoantropologiya SSSR*, pp. 284~285에서 인용.
20) J. Marquart, *Osteuropaische und ostasiattsche Streifzuge*, p. 77.
21) S. E. Maslov, *Pamyatniki drevne-tyurkskoi pis'mennosti*, p. 224.

이 시의 언어는 위구르어와 구분되며 보그라칸어라고 불렸다.22) 따라서 10세기 초에 이르러서는 투르판과 하라샤르Karashar[중국어로는 얀치焉耆이다. 현재 중국 언기회족자치현의 수도이다]뿐만 아니라 카슈가르와 야르켄드Yarkend[신장위구르자치구의 한 현]도 투르크화되었다. 서역은 동투르케스탄이 되었다.

| 북서쪽 |

아랄-카스피 분지에서의 세력 분포와 영토 분포도 남쪽 못지않게 변했다.

서투르크 칸들의 철권이 사라지자 약하지만 호전적인 유목 부족들이 소진되지 않은 힘을 드러낼 수 있었다. 러시아인들이 페체네그라고 부르는 켄게레스족Kengeres[기원전 2~12세기까지 존재한 투르크족]은 우랄산맥에 거주하는 우그리안Ugrians족과 전쟁을 시작해 9세기 초에 그들로 하여금 서쪽으로 후퇴해 하자르 왕국의 보호 아래 들어가게 했다.

9세기에 호전적인 페체네그 목축민은 야이크Yaik 강 유역을 지배하고 있었지만 동남쪽에서는 구즈족과, 서쪽에서는 하자르족과 끊임없이 전쟁을 치러야 했다.

9세기 후반 하자르족과 구즈족이 동맹을 맺어 페체네그족을 아주 심하게 압박하자 우스티우르트Ustyurt 고원에 살던 페체네그족 일부는 복종으로 평화를 샀다. 다른 일부는 흑해 초원 지대를 관통해 890년경에 다뉴브 강 하류에 도달했고, 915년에는 루스, 비잔티움, 불가리아에

22) 앞의 책, p. 302.

이르렀다. 페체네그족의 아시아 땅은 구즈족에게 떨어졌다(그들은 우즈Uz족, 토르크Torks족, 투르크멘족으로 이루어졌는데, 이 마지막 이름은 11세기부터서야 확고한 인종명이 되었다).

구즈족 동쪽으로 이르티슈 강에서 토볼Tobol[러시아와 카자흐스탄을 흐르는 강으로, 이르티슈 강의 왼쪽 지류이다] 강까지의 삼림-초원 지대에는 키메크Kimek족이 살았는데, 동방의 저자들, 곧 무슬림과 중국인들은 모두 그들을 킵차크Kipchak라고 불렀다. 그들은 수가 많았고, 자신의 씨족 조직을 갖고 있었는데, 맨 위에는 11명의 부하 징세인을 둔 하칸khakan이 있었다. 그의 여름 거처는 카마니Kamani 시에 있었는데, 위치는 알려져 있지 않지만 틀림없이 펠트 천막집들로 이루어진 시였을 것이다. 11세기 중반 키메크족이 드네프르 지역을 침입했을 때 루스족은 키메크족의 머리카락이 옅은 색깔을 갖고 있어서 그들을 뽈로베쯔Polovtsy라고 불렀다(polova는 썬 짚이다). 하지만 서유럽 언어들은 코만Koman이나 쿠만Cuman이라는 인종명으로 그들을 불렀다. 이들은 중앙아시아 훈족의 후예들 — 추무군Chumugun, 킵차크, 켄게를리Kengerli — 로 이루어진 혼혈인들이었다.23) 켄게를리족은 고대 칸규이족Kangyui의 잔존자들이었으며, 킵차크족은 딘Dinh족의 서쪽 방계로, 우리 시대 전에 이미 미누신스크 분지에서 살던 유럽계 민족이었다.24) 두 민족 다 200년 동안 투르쿠트족에 종속되는 과정을 거치며 투르크어를 말하게 되었고(말이 난 김에 말하면 나는 킵차크족이 항상 투르크어를 말했다고 생각한다), 단일 민족으로 융합되었다. 14세기의 지리학자 시카브 앗 딘 야키Shikhab

---

23) G. E. Grumm-Grzhimailo, *Zapadnaya Mongoliya*, p. 57, L. N. Gumilev, *Drevnie Tyurki*, p. 381.
24) L. N. Gumilev, "Dinlinskaya problema."

ad-Din Yakhi의 말에 따르면 이들은 "종교성, 용감함, 빠른 동작, 뛰어난 용모, 단정한 모습, 고귀한 성정 때문에 다른 투르크족과 달랐다."25)

이후 그들은 구즈족을 남쪽으로, 페체네그족을 서쪽으로, 카를루크족을 동남쪽으로, 우그리안족을 북쪽 깊은 침엽수림으로 몰아내고 고대 칸규이족 영토의 영주가 되었고, 이 영토는 이때부터 데시트-이-킵차크Desht-i-Kipchak, 곧 킵차크 초원 지대가 되었다. 11세기 중반 루스 군주들과 충돌한 이들은 그들에게 여러 번 심각한 패배를 안겼지만 1115년에 모노마흐Vladimir Monomakh에게 분쇄되어 더 이상 루스 땅에 진정한 위협이 되지 못했다.

| 북쪽 오아시스 |

초원 지대의 건조기에 오아시스의 역할은 자연히 커졌으며, 이는 짧은 건조기에도 그러했다. 유목 경제가 빈곤화되면서 초원 지대로부터의 항상적인 위협이 약화되자 오아시스의 주민들은 소小기후 덕분에 경제를 유지하고 나아가 발전시킬 수도 있었다. 10세기에 위구르 이디쿠트족의 국가와 중앙아시아 왕족 사마니드족의 국가가 강해질 수 있었던 것은 바로 이와 같은 여러 상황이 결합된 덕택이었다.

초원 지대의 북쪽 변두리에서는 두 민족이 똑같이 우호적인 상황을 맞았다. 알타이산맥의 남쪽 경사면에 거주한 킵차크족과 오논 강 유역 중부의 거주자들이 그들인데, 후자는 특히 중요하다.

동트란스바이칼의 대부분 그리고 이와 인접한 동몽골 지역에는 광

---

25) G. E. Grumm-Grzhimailo, *Zapadnaya Mongoliya*, p. 58에서 인용.

활한 초원 지대가 자리하고 있다. 약 1,000km² 넓이의 오논 침엽수림26)은 삼림의 섬으로 건조한 기후 속에서도 이 삼림이 보존될 수 있던 것은 신제3기에 이곳에 거대한 담수가 비축된 덕분이었다. 고래古來의 강과 호수의 퇴적층은 나무들이 자랄 수 있게 하는 물리적 특징과 물의 특징을 보여주며, 이렇게 자라나는 나무들은 이 삼림의 소기후와 초목 피복을 형성시켰다. 야생체리, 들장미, 건포도 산사나무, 포플러, 박달나무, 느릅나무, 야생사과, 시베리아살구가 모래언덕의 보호를 받으며 자라나고, 초지와 갈대 습지가 산 경사면의 움푹한 땅과 버드나무 수풀 속에 나타났다. 주위의 초원 지대가 불타오르고 땅이 열로 갈라지는 가장 건조한 시기에도 오논 삼림에서는 풀이 사라지지 않았다. 땅속의 물이 이 삼림을 먹이고 여기저기 흩어져 있는 300~500미터 높이의 언덕이 삼림을 건조한 바람으로부터 보호해주었기 때문이다. 봄과 가을이면 모래폭풍이 되어 지나가는 꾸준하고 차가운 초원 지대 바람도 여기서는 그리 끔찍하지 않았다. 이 바람은 기온의 일교차를 2~6도로 유지하는 깊은 삼림 속에서 약화되어버렸다.

이곳에는 동물, 특히 새가 많았다. 큰뇌조와 개똥지빠귀, 토끼와 야생염소가 침엽수림을 메우는가 하면 안틸로페-드제렌antilope-dzeren〔남키르기스에 사는 큰코영양〕떼들이 매년 몽골에서 이주해왔다. 요컨대 12세기의 상황에서도 오논 삼림은 휴양지였다.

이 묘사로부터 다음과 같은 점을 쉽게 확인할 수 있다. 첫째, 경제와 문화의 유형 면에서 오논 강 중부의 주민은 그들을 둘러싼 초원 지대

---

26) V. A. Frish, "Zhemchuzhina Yuzhnogo Zabaikal'ya(Bory v Ononskikh stepyakh)", *Priroda*, 1966, No 6, pp. 74~80.

거주자들과 달랐다. 둘째, 9~10세기에 초원 지대를 강타한 가뭄은 오논 지역 거주자들에게 최소한의 영향밖에 미치지 않았다. 따라서 그곳에 산 사람들은 많은 옛 전통을 유지했고, 어떤 점에서는 초원 지대의 문화와 유사했지만 고유의 지역적 차이를 지닌 독창적 문화를 다듬었다. 이 사람들은 몽골족이라고 불렸다.

독립적 인종[27]인 몽골족은 기원후 1세기부터 오늘날의 트란스바이칼 지역 그리고 케룰렌Kerulen 강[몽골과 중국을 흐르는 1,254km의 강] 북쪽 동북 몽골에서 살았다. 케룰렌 강을 사이에 두고 그들과 타타르족은 분리되었다. 몽골이라는 종족 이름은 아주 오래된 기원을 갖고 있지만 중국 자료에 몽골족이 언급되는 일은 아주 드물다. 이는 시베리아가 고대 중국 지리학자들의 시야 밖에 있었기 때문이다. 몽골족은 『후한서後漢書』에서 처음으로 여진족의 선조인 숙신肅愼의 이웃으로 언급된다.[28]

몽골의 전설에 따르면 텐기스호(내해)[29][카자흐스탄에 있는 염호]를 건너 오논 유역에 정착한 보르테-치노Börte-chino(회색 늑대)와 고아-마랄Goa-maral(황갈색 사슴)이 몽골족의 핵심적인 선조였다. 그들의 12세대 자손들은 이름밖에는 아무것도 남기지 않았다. 그리하여 이 씨족을 세운 사람의 아들은 바투-치간Batu-chigan(부수어지지 않는 흰색)이라고 불렸다. '늑대'와 '황갈색 사슴'이라는 이름이 고대의 동물숭배의 흔적

---

[27] G. E. Grumm-Grzhimailo, "Kogda proizoshlo i chem bylo vyzvano raspadenie mongolov na vostochnykh i zapadnkh", *Izvestiya Russkogo Geograficheskogo ohshchestva*, XVI, fasc. 2, pp. 167~170, L. N. Gumilev, "O termine 'etnos'", *Doklady otdelenii i komissii Geograficheskogo ohshchestva* SSSR, fasc. 3, pp. 9~10.

[28] G. E. Grumm-Grzhimailo, "Kogda proizoshlo", p. 169.

[29] S. A. Kozin, *Sokrovennoe skazanie*, § XI. Academic Rinchen에 따르면 텐기스는 코소골 아이막Kosogol aimak에 있는 산 속의 강으로 건너기가 아주 어렵다(저자에게 보낸 개인 편지).

인지30) 아니면 토테미즘의 유산인지 또는 죽음의 정령들이 아이들의 영혼을 채가지 못하도록 보호하려는 이름인지를 분별하기는 어렵다. 몽골족에 따르면 악령들은 특화되어 있다. 어떤 악령은 소년들을 채가고, 또 어떤 악령은 소녀를 채가고, 또 어떤 악령은 동물을 채가는 식이다. 따라서 정령은 동물의 이름을 들으면 아이를 건드리지 않겠지만 늑대에 특화되어 있는 다른 정령은 인간을 보면 편안히 내버려둘 것이다. 아무튼 동물 이름을 택한 것은 우연이 아니었다. 고대 투르크족도 동물 이름을 사용했다. 동물 이름을 사용했다고 해서 그런 이름을 가진 사람이 동물로 여겨진 것은 아니었다. 하지만 동물 이름을 가진 사람의 성격 속에는 예컨대 늑대나 눈표범과 유사한 특징이 있다고 생각되었다. 그러나 이것은 원시적 사고의 미묘한 사항으로31) 이에 대해 더 논의하면 우리 주제에서 벗어나게 될 것이다.

민속 기억과 자료는 12번째 세대에서 일어난 사건을 거론하고 있다. 코리-투마트족Khori-Tumat은 몽골족 조상들의 유목 야영지에 합류했고, 몽골인 중 최연장자 중의 하나인 도분-메르간Dobun-Mergan이 코리-투마트족의 미인 알란-고아Alan-goa와 결혼했다. 그러나 이 종족이 결혼을 승인하지 않아 도분-메르간의 아이들은 독립하지 않을 수 없었다.

남편이 죽은 후 알란-고아는 그녀의 말에 따르면 옅은 갈색의 남자로 인해 세 아들을 낳았는데, 그는 천막집 연기 구멍을 통해 그녀에게 와서는 빛을 내뿜었고 이로 인해 임신하게 되었다는 것이다.32) 이 전설은 정령이 여성을 성적으로 택해 자신의 힘을 준다는 점에서 샤머니

---

30) L. N. Gumilev, *Drevnie Tyurki*, p. 22.
31) L. Ya. Shternberg, *Pervobytnaya religiya v svete etnografii*.
32) S. S. Kozin, *Sokrovennoe skazanie*, § 21.

즘의 교의와 공통되는 점이 있다.33) 이 전설은 또한 사료의 지적에 따르면 고대 몽골족이 왜 그렇게 주변 민족들과 달랐는지를 설명해주기도 한다.34)

동시대인들의 증언에 따르면 타타르족과 뚜렷이 구분되는 몽골족은 큰 키에 턱수염을 기르고 밝은 색의 머리카락과 푸른 눈을 가진 민족이었다. 그들의 후손이 오늘날의 외모를 얻은 것은 수가 많았고 작은 키에 검은 머리카락과 검은 눈을 가진 이웃 종족들과의 혼합 결혼 때문이었다. 하지만 고대 몽골족은 유럽에 거주하는 금발 사람들과 아무 공통점도 없었다. 13세기의 유럽인 여행객들은 몽골족과 자신들 사이에서 아무런 유사성도 발견하지 못했다.

동부 중앙아시아와 시베리아의 유럽 인종은 후기 구석기시대로 연원이 올라가며 유전적으로는 크로마뇽인에서 기원한다. 그들은 유럽과 근동의 인종들과 나란히 발전한 특수한 지류이다.35) 현저하게 몽골족 모습을 한 아무르 강 유역의 민족들과 대비해 볼 때 유럽인 특징이 약하게 나타났더라도 중세의 관찰자들에게는 두드러져 보이고 언급할 가치가 있었을 것이다. 그럼에도 불구하고 이 특징들은 독립적으로 나타날 수는 없었다. 이 특징들은 유럽 인종이 극소수가 아니라 대다수였던 지역에서 왔을 것이 틀림없다. 유럽 인종인 예니세이 키르기

---

33) L. Ya. Shternberg, *Pervobytnaya religiya*.
34) 회의적인 티베트인들은 보르테-치노 씨족이 도분-메르간으로 끝났으며, 따라서 칭기즈칸과 아무 관련이 없다고 주장했다. 그러나 그들은 황금색 청년을 인정하며, 햇빛을 칭기즈의 선조로 여긴다(*Istoriya Tibeta*, pp. 119~122, B. I. Kuznetsov가 티베트어에서 번역).
35) G. F. Debets, *Paleoantropologiya SSSR*, p. 83, L. N. Gumilev, "Dinlinskaya problema", p. 25.

스족은 몽골족과 가장 가까웠고 몽골족에게 동시대인이자 이웃으로 잘 알려져 있었지만 몽골족은 그들을 친척으로 여기지 않았다. 따라서 우리는 가장 쉬운 해법을 거부하고 다른 해법을 찾아야 한다.

고대사를 일별해보자. 기원후 67년에 훈족과 중국인이 서역으로 알려진 곳, 즉 타림분지의 오아시스들을 놓고 치열한 전쟁을 치렀다. 중국과 그들의 동맹이 일시적 승리를 거두고 훈족과 동맹했던 (투르판 오아시스의) 차사국車師國을 멸망시켰다. 훈의 임금 산유罕于는 남은 차사족을 모아 자기 세력권의 동쪽 변경36), 즉 트란스바이칼 지역에 정착했다.

차사족은 인도유럽인의 동쪽 방계에 속했고, 동부 이란인과 가까웠던 것이 분명하다.37) 그들은 자기 본토에서는 외모로 누구를 놀라게 하는 일이 없었다. 그들은 전혀 다른 땅에 와서는 거기에 적응해야 했고, 어느 정도 현지 주민과 섞여야 했다. 7세기나 8세기에 이 작은 종족은 투르크족에 복속되었다.38) 위구르족이 지배하는 동안 그들의 존재는 어떤 식으로도 드러나지 않았다. 10세기 말에야 위대한 몽골의 창건자이자 알란-고아와 정령을 품은 옅은 갈색 빛의 아들이며, 칭기즈칸의 9대 조상인 보돈차르Bodonchar가 태어났다. 몽골 역사가 페를레Perlee는 그가 970년에 탄생했다고 본다.39) 성년이 되었을 때 보돈차르는 첫째, 매사냥 기술을 습득했고, 둘째, 현지의 어떤 작은 종족을 정복했으며, 마지막으로 원原 몽골족을 출발시켰다. 보돈차르를 역사적

---

36) N. Ya. Bichurin, *Sobranie svedenii*, I, p. 83, L. N. Gumilev, *Khunnu*, p. 156.
37) G. E. Grumm-Grzhimailo, *Opisanie puteshestviya v Zapadnyi Kitai*, pp. 211~212.
38) W. Schott, *Aelteste Nachrichten von Mongolen und Tataren*, p. 19, p. 22.
39) Kh. Perlee, "Sobstveno mongol'skie plemena v period Kidanskoi imperil(907~1125)", *Trudy XXV Mezhdunarodnogo kongressa vostokovedov*, V, p. 314.

으로 중요한 인물로 보기는 여전히 어렵지만 그는 실존한 사람이었고 이때부터 몽골 역사의 신화기가 끝난 것으로 간주될 수 있다.

| 초원 지대 유목민들 |

몽골족은 최적 조건의 물리적 환경덕분에 10세기 초의 혹독한 건조화에서 살아남는 데 성공했지만 그들의 초원 지대 이웃들 역시 다른 식으로 행운을 누렸다. 몬순이 이전의 진로로 돌아오고 초원 지대가 다시 녹지가 되자마자 유목민들은 목축 발전의 거대한 기회를 맞이했고, 인구가 성장하기 시작했다. 10세기 말부터 초원 지대에 사람들이 다시 정착했지만 이때는 극동, 더 정확히 말하면 아무르 지역에서 사람들이 왔다. 이 이주는 기후 변화에 기인한 것이 아니라 거란 정부가 수립되고 나서 일관되게 관철시킨 체제, 부족 체제를 적대시한 저 잔인한 체제에서 기인한 것이었다. 거란 정부는 한국 대신 요遼라는 중국 이름을 가진 제국을 창조하기 위해 온갖 노력을 다 기울이고 있었다.

사람들은 이름을 중시하는 법이다. 강제적인 중국화 정책은 많은 거란 사람뿐만 아니라 그들이 정복한 부족들의 저항도 초래했다. 초원 지대로 떠난 사람들의 유일한 목적은 가증스러운 체제와 투쟁하는 것이었다. 이 사람들이 이전에 타타르라는 이름으로 알려진 일단의 실위족이었다. 그들은 9세기 초에 남쪽 인산陰山 산맥으로 이동했고, 때가 오자마자 서쪽 케룰렌 강으로 퍼져나갔으며, 966년에 거란족에 맞서 송 제국과 동맹을 체결했다.[40] 물론 거란족은 타타르족보다 훨씬 더

---

[40] N. Ya. Bichurin, *Sobranie svedenii*, I, pp. 376~377.

강했고, 중국인들은 그들에게 어떤 지원도, 심지어 도덕적 지원도 할 수 없었다. 하지만 965~967년에 아무르 지역의 모든 부족의 봉기는 거란군 병력을 묶어놓았다. 이후 973년에 해양 지역의 여진족이 봉기해 거란족이 그들의 공격을 물리쳐야 했지만 이번에는 샤토족의 마지막 보루이자 요의 동맹이던 북한北漢 제국이 몰락했다(979년).41)

거란족은 두 전선에서의 격렬한 전쟁에서 승리를 거둘 수 있었다. 중국군은 여러 차례 성공을 거두었지만 979년에 결국 패배당하고 자신의 영토로 밀려났다. 여진족은 984~985년에 대패당했고, 동시에 서쪽으로 파견된 거란군은 『요사』에 주부Zubu〔10~12세기에 동북아시아에 존재했다고 알려진 부족〕라고 불린 유목민 연합을 대파했으며, 달라이 칸 Dalai-khan이라는 칭호를 지닌 이 유목민 지도자는 죽임을 당했다.42)

이 이상한 명사 '주부'는 특정 민족을 가리키지 않는 것이 분명한데, 그렇다면 과연 무슨 뜻일까? 많은 중국 역사가가 이 질문에 대한 답을 찾으려고 했다. 탕가승은 이 말이 많은 중앙아시아 민족들에 대한 집합명사라고 본다. 그의 견해로는 동부 주부는 잘라이르Jalair족〔원래 몽골족이었다가 투르크족화한 민족으로 이란과 이라크에 잘라이리드Jalayirid 왕조를 세웠다〕과 타타르족, 서부 주부는 나이만Naiman족〔중앙아시아 초원 지대에 거주하던 일단의 사람들에게 주어진 몽골어 명칭〕, 북부 주부는 케라이트족〔중앙아시아의 일단의 부족으로, 이 지역을 지배했고 몽골 제국의 등장에 영향을 미쳤다〕이지만 북서부 주부가 무엇이었는지는 그도 모른다.43)

왕국유王國維는 주부를 타타르족에 대한 거란어 명칭으로 여긴다. 왜

---

41) H. Cordier, *Histoire generate de la Chine*, II, pp. 73~74.
42) K. A. Wittfogel and Fêng Chia-Shêng, *History*, p. 581, p. 583.
43) 앞의 책, p. 102.

냐하면 이 명칭이 거란족과 함께 사라지고, 거란족이 살던 바로 그 영토에 케라이트족, 나이만족, 메르키트족〔중세에 시베리아 동남부에 거주하던, 사납기로 소문난 투르크족 혹은 몽골족〕이 사는 것으로 나오기 때문이다. "그들이 갑자기 역사적 중요성을 띠게 되었다"44)는 듯이 말이다. 빅토로바는 주부족이 훈족의 후예로, 독립적인 투르크족이었다고 가정한다.45) 그러나 1000년의 연대 격차가 고려되지 않았기 때문에 우리는 아마 이 견해를 검토하지 않아도 좋을 것이다. 앞의 두 의견은 약간의 유보조건을 달면 받아들일 수 있을지도 모른다. 민족 발생의 현상을 무시하면 절대 안 된다. 나이만족과 메르키트족은 사실 나중에 등장했다. 12세기보다 더 일찍 등장하지는 않았으며, 그들이 형성된 것은 분명 그때였다. 그러나 주부족 개념을 단지 타타르족에게로만 한정시키는 것은 불가능하다. 몽골족 외에도 많은 초원 지대 민족이 연맹에 참여했다. 왕국유는 **타타르**라는 말이 송나라에서 모욕적인 말로 여겨졌고, 따라서 요 제국에서는 쓰이지 않았다고 지적한다. 이 민족명 대신 티베트어에 어원을 둔, 목자 혹은 유목민이라는 뜻의 소그포sog-po라는 기술적記述的 용어가 쓰였다. 거란족은 이 말을 이해할 수가 없어 이에 대응하는 용어를 썼는데, 비트포겔의 견해로는 이것이 한자로 **주부**로 번역되었다.

투르크어를 말하는 인접 민족들(청색 투르크족과 위구르족)은 주부를 타타르라고 불렀고, 무슬림 저자들은 그들을 중국 투르크Turkon-i-Chin라고 비유적으로 명명했다.46) 그러나 거란족은 민족적 관계와 문화적

---

44) 앞의 책, p. 50.
45) L. L. Viktorova, *Rannii etap etnogeneza mongolov*(저자의 논문 요약).
46) Ibn al-Asir, V. V. Grigor'ev, *Vostochnyi ili Kitaiskii Turkestan*, pp. 282~283에서

차이를 인식하면서 자기들 책에서 그들을 유목민으로 간주한 반면 아무르 강변에 남은 동포 부족들에 대해서는 계속 실위라고 불렀다. 그런데 거란족 자체가 남쪽으로 이동해 중국 문화의 상당 부분을 받아들인 바로 이 유럽 민족의 세 번째 방계였다. 아이러니하게도 우리는 이 중국을 이 제국의 적들의 이름, 곧 키타이Kitai라고 불러왔다〔거란의 로마어는 Khitan이며, 키타이는 키탄의 파생어이다. 거란이 중국의 적인데도 러시아어로 중국을 키타이로 부르는 역설적 상황에 대해 논하고 있다〕.

| 언어의 기만 |

하지만 중국(즉 키타이)처럼 유명한 나라에 대한 우리의 통상적 명사에 최악의 적의 이름이 감추어져 있다면 타타르족의 민족명에는 어떤 기만이 감추어져 있을까? 8세기에 이 말은 한 작은 민족의 이름으로 사용되었는데, 이 민족은 거란족 및 타타브족과 친척관계에 있지만 구분되었다. 12세기에 타타르족이 초원 지대에서 한 동안 정치적 지배권을 장악한 후 만리장성에서 시베리아 타이가에 이르는 모든 초원 지대 인구는 타타르로 불리게 되었다. 그러나 좁은 의미의 타타르족과 별도로 다른 부족들도 초원 지대에 살고 있었으며, 이들 중 일부는 우리에게 알려져 있지만 다른 많은 부족은 중국의 사료, 더 정확히 말해 거란의 사료에 이름밖에 남기지 않았다. 이 이름들이 모두 똑같은 민족을 가리킨다고 생각하는 것은 불가능하다. 유명한 유목민 중 우리는 먼저 케라이트족을 상기해야 하며, 이들은 이미 11세기 초에 인지되었

재인용.

다. 나이만족은 나오지 않는다. 티킨Tikin족47)은 미래에 유목 초지가 될 곳에 거주했다. 이들은 알타이 산맥에 은신했던 고대 투르크족의 후예였음이 분명하다.48) 호전적인 메르키트족과 오이라트족Oirat은 여전히 사얀 산맥의 산림 타이가에 정착해 있었지만 중가리아의 바스밀족은 다시 힘을 얻기 시작했다. 그들과 함께 달리디족Dalidi도 나오지만 이들에 대해서는 멸망했다는 것밖에 아무것도 알려진 것이 없다. 살육에서 살아남은 샤토족은 차카르 초원 지대에 은신했다. 단스얀족에 대해서는 오르도스 강 북쪽 지역의 탕구트 왕국에 합류하지 않았다는 이야기가 나온다. 거란족은 그들 모두를 주부라고 불렀으며, 중국인은 그들을 다단Da-dan, 즉 타타르라고 불렀다.

중앙아시아 동부에서 민족명은 이중의 의미를 갖고 있다. 1) 민족 집단(tribe 혹은 people)의 직접적 명칭. (2) 서로 다른 기원을 갖고 있다 해도 하나의 특정한 문화적·정치적 복합체를 이루는 일단의 부족에 대한 집합적 용어. 라시드 앗 딘은 이렇게 지적한다. "각자 자기 특유의 이름을 갖고 있던 나이만족, 잘라이르족, 옹구트족, 케라이트족 등이 몽골족의 명성을 자기 것으로 삼으려는 바람에서 스스로를 몽골족이라고 불렀듯이 많은 가계는 자신들이 타타르족과 관계되어 타타르족의 이름으로 알려지는 것이 대단하고 가치 있는 일이라고 여겼다. 이 가계의 후예들은 자기들이 이 이름을 고대부터 갖고 있었다고 생각하며 의기양양해 했지만 사실은 그렇지 않았다."49)

---

47) I. N. Berezin은 이를 'Bikin'으로 잘못 읽고 있으며, 이로 인해 여러 가지 틀린 가설에 이르렀다. Rashid ad-Din, *Sbornik letopisei*, I, p. 1, pp. 139~140, n. 2를 보라.
48) L. N. Gumilev, "Altaiskaya vetv' tyurok-tukyu", *Sovetskaya arkheologiya* 1959, No 1.
49) Rashid ad-Din, *Istoriya mongolov*, p. 4, Rashid ad-Din, *Sbornik letopisei*, I, p. 1,

12세기까지 동몽골 부족들의 지도권은 타타르족에게 속해 있었으며, 따라서 중국 역사가들은 몽골족을 넓은 의미의 타타르족의 일부로 간주했다. 13세기에 상황은 변해 타타르족은 역시 넓은 의미의 몽골족의 일부로 간주되었다. 더욱이 타타르라는 이름은 아시아에서 사라져 황금군단의 신민들인 볼가 투르크족에게로 넘어갔고, 여기서 결국 시간이 흐르며 민족명이 되었다. 13세기 초에 타타르와 몽골이라는 이름은 동의어였다. 왜냐하면 첫째, 타타르라는 이름은 흔하고 널리 알려진 것이었지만 몽골이라는 말은 새로운 것이었기 때문이다. 둘째, 좁은 의미의 타타르족들이 무수히 몽골군의 첨병 분견대를 이루어 가장 위험한 진지들에 아낌없이 배치되었기 때문이다. 그들의 적들은 이 진지들에서 그들과 마주쳤고 이름을 혼동하게 되었다. 예컨대 아르메니아 역사가들은 그들을 뭉갈-타타르Mungal-Tatars라고 불렀고, 노브고로드 연대기는 6742년(1234년)의 표제 아래 이렇게 쓰고 있다. "이 해에 우리의 죄 때문에 미지의 이교도들이 왔는데, 그들에 대해서는 아무도 모른다. 그들이 누구인지, 어디에서 왔는지, 그들의 언어가 무엇인지, 그들이 어떤 부족인지 모르지만 사람들은 그들을 타타르족이라고 부른다. ……"50) 사실 이들은 몽골군이었다.

중세 중국사가들은 타타르라는 말의 집합적 의미에 기초해 동부 유럽 민족을 세 부류, 곧 백타타르족, 흑타타르족, 야인野人 타타르족으로 나누고 있다.51)

고비사막 남쪽에서 만리장성을 따라 살던 유목민은 백타타르족이라

---

p. 75.
50) *Novgorodskaya letopis' po sinodal'nomu kharateinomu spisku*, p. 215.
51) V. P. Vasil'ev, *Istoriya i drevnosti*, p. 216.

고 불렸다. 이들의 다수는 투르크 옹구트족(샤토족의 후예)이었다. 그들은 그들의 지배자 거란족과 그들의 이웃 중국인들로부터 문명의 요소들을 획득했지만 대신 독립을 잃었다. 그들은 비단옷을 입었고, 자기와 은쟁반에 담긴 음식을 먹었으며, 중국의 글과 유교 철학을 배운 세습적 지도자들을 두고 있었다.

케라이트족을 포함한 흑타타르족은 문화적 중심에서 멀리 떨어진 초원 지대에서 살았다. 유목 목축은 그들에게 사치스럽지는 않지만 충분한 생계를 보장해주었다. 반면 '자연의 칸들'에 대한 복종은 그들에게 독립을 주었지만 안전은 주지 않았다. 초원 지대의 멈추지 않는 전쟁으로 인해 흑타타르족은 집단으로 뭉쳐 살며, 야간에는 마차로 원을 이루고 주위에 경비대를 세워 스스로를 지키지 않을 수 없었다. 하지만 흑타타르족은 백타타르족을 경멸하고 가련히 여겼다. 왜냐하면 백타타르족이 비단 쪼가리를 위해 외국인들에게 자유를 팔고, 그들이 보기에 치욕스러운 예속을 받아들이며 문명의 열매를 샀기 때문이다.

남시베리아의 야인 타타르족은 수렵과 어로에 종사했다. 그들은 칸의 권위를 몰랐고, 원로들의 지휘를 받으며 그들에게 자발적으로 복종했다. 끊임없는 굶주림과 결핍이 야인 타타르족을 기다리고 있었지만 그들은 흑타타르족을 동정했다. 흑타타르족은 자기 가축 떼를 돌보고 칸들에게 복종하며 수많은 친척을 돌봐주어야 했기 때문이다. 흑타타르족에게 시집가는 것은 처녀에게는 끔찍한 벌로 여겨져 처녀는 때로 암양의 젖을 짜고 물을 긷는 것보다 자살을 택했다. 몽골족은 흑타타르족과 야인 타타르족 사이의 경계에서 양자를 잇는 고리가 되어 살았다.

'야인' 부족들, 즉 사냥꾼과 어부들 중에는 동시베리아에서 살던 고대 오리앙카이Uriangqai족과 아무르 강의 우기족52) 그리고 사얀산맥 북쪽에 살던 수없이 산재한 부족과 산 사람들이 포함되어 있었다. 후자는 분명히 주부라는 개념에 포함되지 않았지만 다른 모든 종족은 의심의 여지없이 주부 유목민으로 여겨졌으며, 따라서 그들의 지도자들이 집행한 정책에 대해 책임을 졌다. 이제 이것이 그들에게 어떤 의미를 갖고 있었는지를 살펴보기로 하자.

| 자유를 위한 전쟁 |

내부 충격에서 회복되자마자 거란족은 유목민들을 심하게 손보기 시작했다. 유목민 지도자 훈얀Hunyan은 1000년에 사로잡혀 처형당했고, 그의 후계자는 부족을 이끌고 요 제국에 투항했다. 거란족은 1003년에 오르콘 강변에 호툰Hotun 요새를 세워 유목민을 감시했다. 1005년에 토쿠즈-타타르Tokuz-Tatars족은 거란에 공물을 보냈고, 공물을 바치지 않은 초원 지대 유목민들(주부족)은 1007년에 거란이 징벌을 위해 원정을 오자 도망쳤다. 1008년 말에 이 분견대는 오늘날의 간수甘肅에 있던 위구르 정착촌을 공격했지만 거란족이 너무 흉포해 모든 유럽 민족이 이 원정대의 배후에서 총체적 봉기를 일으켰다. 1013년 초에 타타르족과 단스얀족이 봉기했지만 성공다운 성공을 전혀 거두지 못한 채 초원 지대의 오지로 떠났고 다시 독립적으로 되었다.

그러나 거란의 침략 위협이 워낙 커서 유목민들은 서쪽으로 이동했고, 1013년 말에서 1014년 초까지 야르켄드Yarkend[타클라마칸 사막 남쪽

---

52) G. E. Grumm-Grzhimailo, *Zapadnaya Mongoliya*, n. 169를 보라.

끝에 있는 신장위구르자치구의 현]에 도착했다. 무슬림이 된 카를루크족이 여기서 그들을 맞았고, 4년의 전쟁 끝에 그들을 초원 지대로 되몰아냈다.53) 유목민들이 거란의 복수와 처벌을 면할 수 있었던 것은 아무르 부족들의 이차 봉기 그리고 거란족과 고려의 갈등 때문이었다. 아무르족의 봉기는 2년 간(1014~1015년) 계속되었고, 고려인들은 완벽하고 빛나는 승리를 거두었다.

이 잔인한 전쟁으로 인해 요 제국의 불교도들, 송 제국의 유교도들, 중앙아시아의 무슬림들이 모두 유목민의 적이 되었을 때 유목민들은 얼마 전에 중국에서 쫓겨나 피난처가 없던 수도사들의 전도를 지적 집결 수단으로 삼아 부족적 차이를 극복하려고 했다.

케라이트족은 1009년에 네스토리우스교 전도사들에게서 세례받았다. 이들은 중앙아시아 동부에서 몽골어를 말하던 민족 중 가장 교양 있는 최대 민족이었다. 그들은 오르콘 강변, 톨라 강변, 옹긴 강변 등 한때 훈족, 투르크족, 위구르족이 나라를 수립했던 바로 그곳에서 살고 있었다. 11세기 초에 성인 케라이트족의 수는 20만 명이었던 것으로 추정되는데, 전설에 따르면 이들 모두가 기독교를 받아들였다.54) 따라서 아이들과 노인을 고려하면 케라이트족은 이보다 두 배 더 많았을 것이다.

전설에 따르면 케라이트족의 개종이 일어난 이유는, 그들의 칸이 사막에서 길을 잃자 성 세르기우스St. Sergius가 그에게 나타나 집으로 가

---

53) V. V. Grigoi'ev(*Vostochnyi ili Kitaiskii Trukestan*, p. 283)는 이 습격이 카를루크족 때문이라고 하지만 이는 잘못으로 그들은 이미 960년에 이슬람을 받아들이고 카슈가르에 정착해 있었다. 이븐 알-아시르Ibn al-Asir는 이 침략자들을 '중국의 투르크족'이라고 부르고 있다(위의 책 주 64를 보라).

54) R. Grousset, *The Empire of the Steppes*, p. 191.

는 길을 가르쳐주었기 때문이다. 칸은 모든 민족 구성원과 함께 세례를 받고 마르구즈(마가)라는 이름을 취했다. 메르브Merv〔실크로드 상에 있는 중앙아시아의 오아시스 도시. 중국어로는 목록木鹿이라고 한다〕의 대주교는 즉시 이 사건에 대한 이야기를 듣고 한 가지 의문에 사로잡혔다. 유목민들은 보통 식물성 음식이 없는데 어떻게 금육제 날을 지킬 수 있을까? 대주교는 바그다드의 네스토리우스교 총대주교 요한 6세(1011년에 사망)에게 이 중요한 교회법적 문제에 대해 물은 다음 케라이트족에게 금식 기간에는 육류만 자제하고 유제품은 음식으로 사용될 수 있을 것이라는 설명서를 보냈다.

대략 이와 동일한 시기에 투르크 옹구트족이 기독교를 받아들였다. 그들은 호전적인 투르크 샤토족의 후예55)이자 훈족의 마지막 편린이었다. 옹구트족은 인산 산맥에서 만리장성을 따라 살고 있었으며, 국경 수비대로 금 왕조의 만주 황제들을 섬겼다. 다른 많은 유목 부족처럼 옹구트족도 중국 문명의 물질적 혜택을 기꺼이 받아들였지만 중국의 정신문화와 이데올로기는 단호히 거부했다. 따라서 네스토리우스교도는 옹구트족을 진실하고 열렬한 개종자로 생각했다. 구즈족도 같은 시기에 기독교인이 되었고, 치길족도 어느 정도 기독교를 받아들였다.56) 기독교는 투르판, 마라샤르, 쿠차에 기반을 둔 위구르족의 잔존자들에게서 마니교의 잔재를 제거했다. 심지어 거란족 그리고 거란족에 복속된 서만주의 부족들 사이에서도 '일정한 기독교적 요소'가 출현했고, 이는 중세 유럽에서 교황 요한의 전설이 등장하는 데 근거를 마련해주

---

55) P. Pelliot, "Chrétiens", p. 630; G. E. Grumm-Grzhimailo, *Zapadnaya Mongoliya*, pp. 380~382.
56) 텐산 투르크족의 하나. V. V. Bartol'd, *O khristianstve v Turkestane*, pp. 18~20.

었다.57) 오클라드니코프의 탐험대가 짠 물이 굽이쳐 흐르는 운가Unga 강변의 안가라Angara 유역에서도 중앙아시아의 유럽 인종 네스토리우스교도의 매장지를 찾아낸 것은 아주 흥미롭다.58) 11~12세기에 이 지역은 자유를 사랑하는 메르키트족 지역이었다. 오논 강과 케룰렌 강 사이의 지역을 차지한 몽골족만이 동쪽의 기독교적 단결에서 벗어나 있었다.

시베리아에서 이루어진 러시아 정교의 선교 활동은 상당한 정부 지원에도 불구하고 거의 성공을 거두지 못했다. 네스토리우스교도가 이룬 결과는 그들 스스로 책임을 지고 그들 스스로 위험을 감수하며 이룬 것이기에 더욱 놀랍다. 분명히 그들은 서로 다른 언어를 사용하는 사람들 사이의 의사소통이라는 아주 큰 어려움을 극복했다. 곧 그들은 지역 주민의 언어에서 적절한 말들을 찾아 복잡한 기독교 개념을 전달했다.59) 이 덕분에 그들은 남시베리아 목축민들에게 잘 받아들여져 그들의 가까운 친구가 되었고, 그들의 가르침은 폭력을 수반하는 어떤 조치도 없이 유기적으로 흡수되었다. 사실 네스토리우스교 선교사들은 폭력 수단을 갖고 있지도 않았다.

요 제국이 1014년에 어려움에 봉착하고60) 유목민들이 다른 모든 민족(러시아족, 프랑크족, 앵글로색슨족)처럼 기독교를 수용한 후 힘을

---

57) 앞의 책, p. 25; R. Khennig, *Nevedomye zemli*, II, p. 441을 참조하라.
58) A. P. Okladnikov, "Novye dannye po istorii Pribaikal'ya v tyurkskoe vremya", *Tyurkologicheskie issledovaniya*; I. I. Gokhman, "Sredneaziatskaya koloniya v Pribaikal'e", *Problemy antropologii i istoricheskoi etnografii Azii*.
59) 위대한 러시아 정교 전문가 레스코프N. S. Leskov는 그의 유명한 이야기 「세계의 끝에서」에서 정교가 시리아에서 실패한 이유는 러시아 선교사들이 기독교 교리를 이해하는 데서 없어서는 안 될 추상적 개념을 토착어에서 찾을 수 없었기 때문이라고 올바로 지적하고 있다.
60) 모든 아무르 부족이 반란을 일으켜 군대 전체를 보내야 했다.

강화하면서[61] 거란 정부는 생각을 바꿔 유목민(주부족) 지도자에게 왕의 칭호인 우바Uba[62]를 하사하지 않을 수 없었다. 이 조치 후에 평화가 지배했지만 12년 후 평화는 거란에 의해 다시 깨졌다. 거란은 1020년에 고려와 화친을 맺고 압록강을 따라 국경을 확립한 후 서부로 관심을 되살렸다. 이번에는 탕구트의 세력 증대에 주의를 돌렸지만 자신의 속령들로 탕구트를 포위할 때까지는 싸움의 빌미를 주지 않기로 결심했다.[63] 그러한 목표를 갖고 그들은 가즈나비[Mahmud Ghaznavi(완전한 이름은 Yamīn ad-Dawlah Abul-Qāṣim Mahmūd Ibn Sebüktegīn(971~1030년). 오늘날의 아프가니스탄, 이란 동부, 파키스탄, 인도 북서부에 걸쳐 광대한 가즈나비드 Ghaznavid 제국을 건설했다]와 연락을 취하려고 했지만 이 모험이 무의미함을 확신하게 되어 병력을 위구르족에게 돌리고 1026년에 간저우贛州 시를 장악했다. 탕구트족이 구조하러 와서 거란군을 물리친 후 그들 자신이 간저우를 취하고 속령으로 삼았다.[64] 그러나 거란군이 만주에서 초원 지대 너머 간쑤로 이동하는 동안 지역 주민을 약탈한 것처럼 보이며, 그리하여 연합 유목민들이 후퇴하는 거란족을 공격해 상당한

---

61) 기독교 수용은 나라의 정치적 통일을 가져왔다기보다는 민족적 통일을 가져왔다. 왜냐하면 이전에 부족 간의 불화는 씨족 분파들의 지지를 받았기 때문이다. 한 민족 집단이 다른 믿음을 가진 민족 집단과 대치해 정치적으로 파편화되었을 때조차 공동의 신조 아래 행동을 조정할 수 있는 토대가 마련되었던 것이다. L. N. Gumilev, "Po povodu predmeta istoricheskoi geografii. Landshaft i etnos, III", *Vestnik LGU*, 1965, no. 18, p. 115를 보라.
62) 우바라는 명칭은 투르크족에게서도 위구르족에게서도 몽골족에게서도 나타나지 않는다. 아마 이것은 우바르Uvar라는 기독교 명칭에서 b가 v를 대체했기 때문일 것이며, 이는 투르크-몽골어 음성학에 특유한 것이다. 우아르Uar라고 불린 한 이집트 기독교인이 312년에 막시밀리아누스 황제의 박해 때 처형되었다. 그의 유골은 312년에 팔레스타인으로 옮겨졌다. 그는 10월 19일에 기념되고 있다. 시간이 흘러 이 성자는 에페소공의회에서 시성되었기 때문에 네스토리우스교도와 정교도 모두에게 속하는 성인이 되었다. Sergii Archimandrite, "Polnyi mesyatseslov Vostoka", p. 333을 보라.
63) J. A. Mailla, *Histoire généarle de la Chine*, VIII, pp. 188~189.
64) [Bichurin] Iakinf, *Istoriya Tibeta*, II, p. 21.

손실을 입혔다.65) 유목민들은 성공에 고무되어 예로부터의 거란 땅으로 돌입하려고 했지만 거기에서 정규군에게 공격당해 도망쳐야 했다(1027년). 이 뒤에 평화가 회복되어 오랫동안 유지되었다. 거란군이 발해에서 일어난 반란을 진압하는 데 바빴기 때문이다(1029~1030년).66)

유목민들은 전혀 전쟁을 하고 싶지 않았고, 그 뒤 1049년에 일어난 거란과 탕구트의 충돌에서는 유목민들 스스로 말을 갖고 가서 거란 기병의 예비마로 사용하게 했다. 이때 유목민들에게는 이미 '위대한 왕'이 있었다.67) 즉 초원 지대의 통일이 완성되어 있었던 것이다.

여러 무슬림 저자는 현재의 카자흐스탄에서 유목 생활에 종사하던 1만 개 천막의 투르크족이 이슬람으로 개종했다고 이야기하는데, 이 저자들이 "오직 타타르족과 카타이족(거란족)만이 아직 불신자로 남아 있다"68)고 하면서 주부족과 타타르족이 같음을 확인해주는 것은 아주 흥미롭다. 분명히 타타르라는 개념은, 카를루크족과 달리 무슬림이 되지 않은 케라이트족과 바스밀족을 포함하고 있었다. 이는 타타르라는 민족명이 집합적 의미를 띠고 있었음을 의미한다.

그 뒤 1069년에는 유목민의 반란이 불붙어 올랐다.『요사』의 용어로 말해 유목민들의 반란, 더 정확히 말하면 요 제국에 대한 유목민들의 전쟁이었다.69) 거란군은 유목민들의 지도자를 붙잡아 북서부에 있

---

65) K. A. Wittfogel and Fêng Chia-Shêng, *History*, p. 588.
66) A. P. Okladnikov, *Dalekoe proshloe Primor'ya*, p. 209.
67) K. A. Wittfogel and Fêng Chia-Shêng, *History*, p. 591.
68) Ibn Al-Asir and Abulfeda — V. V. Bartol'd, *O Khristianstve v Turkestane*, pp. 22~23을 보라.
69) 그리하여 요 황제는 주부족과 위구르족에게 철을 파는 것을 금했다. V. Grigor'ev, *Vostochnyi ili Kitaiskii Turkestan*, p. 276.

는 행정부로 데리고 가서 처벌을 내렸다.

하지만 전쟁은 1086년이 되어서야 끝났다. 이 해에 서군西軍을 지휘하던 거란 왕자 야율인선耶律仁先이 주부족 지도자를 우호적으로 다룰 권한을 부여받았다. 그리하여 주부족은 요 제국과 화친을 맺었다.70)

전쟁의 마지막 단계는 1092년에 거란 왕 야율홍기耶律洪基가 알 수 없는 이유로 북쪽의 주부족(케라이트족)을 공격했을 때 시작되었다. 1089년에 권력을 쥔 모든 유목 부족의 지도자 모구시Mogusy는 공격에는 공격으로 대답했다. 그는 중가리아의 바스밀족을 부른 데 이어 우기의 아무르 부족들을 모았고, 그의 한 조력자는 서쪽 국경에서 풀을 뜯는 거란족의 가축 떼를 몰아내기도 했다(1094년). 이처럼 정력적인 활동에도 불구하고 그는 거란군의 초원 지대 침략을 막을 수 없었다. 거란은 많은 여자와 아이들을 포로로 잡아갔으며, 탕구트족은 유목민들의 배후를 쳐 승리를 거두고 바스밀족을 전쟁에서 제거함으로써 1099년에 이 작전을 완수했다.71)

잘 훈련된 정규군은 항상 징용군보다 더 강하며, 심지어 타고난 궁수와 기병으로 이루어진 징용군보다도 더 강하다. 모든 일에서 그렇듯이 전쟁에서도 전문 직업 정신은 아마추어 정신보다 더 강력하다. 따라서 1097년에 야율홍기 병력의 공격 범위 안에 있던 여러 유목 부족의 지도자들이 화친과 거란에게 장악된 영토의 반환을 추구했던 것은 놀라운 일이 아니다. 1100년 초 모구시는 자기 백성들에게 버림받아 체포되었고, 요 제국의 수도로 끌려가 시장에서 승리를 경축하는 군중 앞에서 능지처참당했다.

---

70) K. A. Wittfogel and Fêng Chia-Shêng, *History*, p. 593.
71) E. I. Kychanov, *Ocherki istorii*, p. 219.

한 중국 사료는 이 유혈의 시기를 이렇게 묘사한다. "이 시기는 고요함으로 유명하다. 북쪽에서도 남쪽에서도 전투는 잊혀졌다. 모든 사람은 자신의 권위를 내적으로 보존하고 분열로 인한 분쟁을 제거하는 데만 관심을 두었다. 그들은 한편으로 친절함으로 외국인을 끌어들이고 다른 한편으로 조상들을 현자의 반열에 올려놓고선 그들의 덕을 모방함으로써 용맹을 과시하려 했다. 이 시대에 [거란족은] 어떤 완성을 이루어냈다고 할 수 있다."72)

없다, 여기에는 어떤 의식적인 기만도 없다. 이 연대기 편찬자는 이런 식으로 이 시기를 인식했을 뿐이다. 유목민들이 감금되어 비참한 지경에 빠지고 초원 지대에서 상처를 입고 죽어갔으며, 가족이 가축 떼와 집을 빼앗기고, 지도자가 만인 앞에서 고문당했다면 글쎄 우리는 모두 이웃의 고통에 연민을 느낄 정도는 된다. 그러나 중국의 고전적 역사 편찬을 배운 역사가들은 케라이트족에 대한 전쟁을 정말 야생 동물 사냥으로 간주했다. 반면 우리는 그들에게서 사람을 보며, 따라서 중국화된 요 제국에서 법의 힘이 힘의 법에게 굴복했다고 말할 수 있다. 거란족은 마침내 승리를 거두기는 했지만 너무 높은 값에 승리를 샀다. 강토를 중국화하고 지역 전통을 억압하는 정책을 집행한 이 왕조의 쇠퇴는 분명해졌다. 유목 부족의 연맹은 붕괴되었지만 소규모 전쟁은 1119년까지, 곧 요 제국이 1114년에 등장한 여진족의 타격으로 비틀거릴 때까지 계속되었다.

이 전쟁의 발발은 우리 주제와 무관하고 또 오클라드니코프가 생생하고 상세히 묘사한 바 있으므로73) 요 왕조사에 관한 한 사료에서 간

---

72) V. P. Vasil'ev, *Istoriya i drevnosti*, p. 174.
73) A. P. Okladnikov, *Dalekoe proshloe Primor'ya*, pp. 221~225.

략하지만 감정이 풍부한 한 구절을 인용하는 데 국한하기로 하자. 사료는 이 사건들에 대한 회고적 분석을 담고 있다. "연燕의 전 지방을 장악하고 모든 외국인이 복종했을 때 거란은 얼마나 강성했는가! 여진이 거란의 속령을 꿰뚫고 거란 군주제의 구조가 여진의 외침만으로 붕괴되었을 때 거란은 무분별하고 어린 통치자 천조天祚[야율연희耶律延禧를 가리킨다](1101~1125년) 아래 얼마나 허약했던가! 하지만 잊지 말지니, 전쟁은 불운한 무기이고, 하늘의 계획이 결정한 바에 따라 만물은 한 상태에서 다른 상태로 가는 법, 완전한 안녕에 이르면 쇠퇴의 시기가 시작되는 것이니 이것이 만물 공통의 법칙이다. 그러므로 거란은 오를 때 요란했던 것만큼이나 그렇게 갑자기 떨어졌다. 얼마나 가련한가!"74)

사실 민족의 전통과 단절한 왕조 요 제국은 내부의 동요에 뒤흔들려 여진에 거의 아무런 저항도 하지 못하고 1125년에 몰락했다. 이로 인해 이미 통합을 상실한 유목민은 강력한 새로운 적과 마주하게 되었다.

| 요한의 왕국의 원형 |

우리가 주부족이나 타타르족 등 유목민 연맹의 역사를 아무 까닭 없이 따라온 것은 아니다. 왜냐하면 이 역사는 왕-교황 요한의 전설이 자라나온 씨앗이었기 때문이다. 모든 것이 맞아 떨어지지만 또 모든 것이 차이가 난다. 기독교 신앙의 모든 적을 협박하는 강력한 제국 대신 자유와 생활방식을 영웅적으로 지키는 한 무리의 유목민. 전대미문의 부 대신 유르트와 양털 안감을 댄 양털 가죽. 풍부한 자연의 선물

---

74) V. P. Vasil'ev, *Istoriya i drevnosti*, p. 175.

대신 사막의 경계. 그리고 중요한 것은, 유럽인들이 같은 신앙을 가진 이 사람들에게서 어떤 이익도 얻을 수 없었다는 것이다. 바로 이 때문에 12세기 중반 이전에는 가톨릭 유럽에서나 정교 유럽에서나 극동에 대한 관심이 전혀 일어나지 않았다. 제대로 된 정보를 얻는 것이 어렵지는 않았다. 대상은 정기적으로 중국에서 바그다드로, 다시 콘스탄티노플로 갔다. 무슬림 상인들은 시베리아까지 나아갔다. 네스토리우스교도 상인들은 중앙아시아와 중국의 교역을 자기들 손에 쥐었다. 이처럼 정보의 교환이 가능했지만 빠르고 실용적인 유럽인들은 거기에 아무런 관심도 보이지 않았다. 그들은 그들 자신의 다툼에 휘말려 있었다.

서쪽에서는 노르만족이 프랑스의 일부를 장악한 다음 잉글랜드와 남이탈리아를 장악했다. 신성로마제국에서는 황제가 한번은 카노사로 가서 교황에게 충성을 맹세했다가, 한번은 교황을 영원한 도시에서 몰아내고 교황을 자신의 측근으로 교체했지만 권력의 진정한 소유자인 봉건영주들은 그를 인정하지 않았다. 비잔티움은 승리에 승리를 거듭했다. 비잔티움은 루스족의 도움으로 불가리아를 다루었고, 페체네그족의 협력으로 루스를 다루었다. 세르비아, 아르메니아, 조지아를 병합했고, 루스족의 개종으로 군사적 성공의 대미를 장식했다. 이로써 라틴족의 동진은 한계에 부딪혔고, 창조적이고 번영하는 한 나라가 비잔티움의 문화에 소개되었다. 이념적 침투는 군사적 정복보다 훨씬 더 값싸고 훨씬 더 효과적이었다.

11세기에 정교는 중앙아시아를 관통했다. 메르브에는 정교 대주교가 있었고, 멀지 않은 곳 사마르칸트에는 네스토리우스교 대주교가 있었다. 일정한 수의 정교도가 호라즘[중앙아시아 서부의 아무다리아 강 삼각주에 있던 큰 오아시스 지역. 오늘날의 우즈베키스탄, 카자흐스탄, 투르크메니스탄의 일부를 포괄하고 있었다]에도 나타났다. 왜냐하면 6월 4일에 교회에 장미를 보내 마리아가 세례 요한의 어머니에게 장미를 보내 준 날을 경축했기 때문이다.75) 정교도와 네스토리우스교도 사이에는 분명히 냉전이 진행되고 있었다. 1142년에 야곱파가 네스토리우스교도와 합류했는데, 이 두 신조를 잇는 유일한 끈은 비잔틴 정교에 대한 증오였다.

아랍인들은 당연히 네스토리우스교도를 편들었는데, 네스토리우스교의 가톨리코스(총주교)가 987년 이래 스스로를 칼리프로 선언했기 때문이다. 1062~1072년에 이 칼리프는 야곱파(단성론파)와 멜키트파(정교도)의 수도원장들이 네스토리우스교 가톨리코스보다 하위에 속한다고 규정했다. 아랍인들은 그리스인들과의 전쟁 때 네스토리우스교도를 동맹으로 간주해 네스토리우스교도가 그들을 위해 기도해줄 것을 요구했다.76) 오랫동안 유럽인들은 아시아 기독교인들을 중대한 세력으로 간주하지 않았다. 그들이 네스토리우스교도에 대해 안 것은, 네스토리우스교도가 아랍인들을 교사해 기독교인들과 전쟁을 하게 했지만 중요성이 거의 없어 주목할 가치가 없다는 것뿐이었다.

하지만 네스토리우스교도는 퍼져나갔고, 12세기 초에 이르러 정치적으로는 다양하지만 문화적으로는 단일한 하나의 블록을 형성했다. 여진족의 승리와 금 제국의 형성은 유목민들에게 심각한 타격이었지만 그들의 적, 곧 여진의 주력은 중국을 몰아냈다. 또한 12세기 초만 해도 여진은 초원 지대와 관련해서는 아주 소극적이었다. 1135년이 되어서야 여진은 유목민들에게 전쟁을 선언했으며, 이때 유목민들은 몽골족이 이끌고 있었다. 1139년에 유목민들은 하일린海林산에서 여진에

75) V. V. Bartol'd, *O Khristianstve v Turkestane*, p. 11, p. 19, p. 23.
76) F. Altheim, *Geschichte der Hunnen*, III, p. 108.

패배를 안겨, 여진으로 하여금 중국으로의 진군을 멈추고 병력의 일부를 북쪽 국경으로 돌리게 만들었다. 하지만 이것이 송 제국을 구하지는 못했으며, 송은 1141년에 자신을 금 제국의 봉신으로 인정했다. 중국인들에게 승리를 거둔 후 여진족은 몽골족과의 전쟁을 재개했고, 이 전쟁은 1147년까지 계속되다가 대초원 지대를 방어하는 몽골족의 승리로 끝났다. 대초원 지대에서는 네스토리우스교 교회가 번영을 누리며 강해지고 있었다.

| 민족학적 일반화의 시도 |

이제 같은 시기에 유럽에서 일어난 사건들을 일별해보기로 하자. 이것은 그냥 조감도일 뿐이다. 왜냐하면 우리 연구에서는 사건들이 전개되는 일반적 방향을 포착하는 것, 곧 사건들이 서로를 보충할 수 있도록 해줄 정도의 근사치를 취하는 것이 중요하기 때문이다. 더욱이 단 하나의 현상만이 우리에게 흥미로울 뿐이다. 교회의 분열 속에서 표현된 그리고 로마-게르만적 내용을 가진 새로운 초민족적 통일의 등장 속에서 표현된 유럽 민족 집단의 민족적·문화적 차이가 그것이다.

우리는 유대 하자리아가 승리해 선두에 나섰던 때 동유럽을 떠났다. 루스는 상황의 압박을 받아 동맹을 추구했고, 961년에 오토 1세의 밀사인 아달베르트Adalbert 주교가 키예프에 도착했다.[77] 그는 올가 왕비를 만났지만 그의 설교가 성공을 거두지는 못했다. 루스는 비잔틴 정책의 흐름 안에 머물렀는데, 키예프와 콘스탄티노플의 이해가 일치했

---

77) B. D. Grekov, "Kievskaya Rus", pp. 458~459.

기 때문에 그렇게 해야 할 이유가 더욱 컸다.

965년의 단 한 번의 전쟁으로 스뱌또슬라프Svyatoslav[942(?)~972년. Sviatoslav I of Kiev 또는 Sviatoslav I Igorevich라고도 불린다. 루스의 군주로 생전에 끊임없이 전쟁을 치른 것으로 유명하다]는 무슬림 동방의 충실한 동맹이던 하자리아 유대 정부를 처리했다. 그러나 이 루스 군주는 정복된 땅 위에서 세력을 유지할 수 없었다. 볼가 강 하류는 호라즘 민족에게 그리고 분수령의 초원 지대는 구즈족에게 장악되었으며78), 돈 강과 테레크Terek 강 유역은 인기 없는 정부 출신의 루스족 사람들에게서 구원받은 하자르족이 차지하고 있었다.79) 초원 지대는 통일의 원리를 잃은 채 더 이상 루스족 공국들의 독립을 위협하지 못했으며, 이로 인해 스뱌또슬라프는 비잔티움의 두 번째 과제, 곧 불가리아의 격파를 수행할 수 있었다. 그러나 그는 자신의 성공에 도취되어 치미스케스John Tzimisces와 충돌했다가 패배당하고 키예프로 돌아오는 길에 972년에 페체네그족 손에 멸망당했다. 이 패배로 루스족 땅에 손해를 입은 것은 없었다. 왜냐하면 태양왕 블라지미르Vladimir Bright Sun가 발칸반도에서 모험주의적 정책을 거부함으로써 루스의 국경을 상당히 강화하고 루스의 경제적·문화적 성장을 보장할 수 있었기 때문이다.

비잔티움은 988~989년에 단 한 방울의 피도 흘리지 않고 가장 빛나는 승리를 거두었다. 키예프 대공 블라지미르는 그리스 수도사들 손에서 세례를 그리고 이 세례와 연관된 문화를 받았다. 그러나 비잔티움은 서유럽에서는 영향력을 잃었다.

962년에 게르만 왕 오토 1세는 로마에서 황제의 왕관을 썼다. 이것

---

78) M. I. Artamonov, *Istoriya khazar*, p. 443.
79) L. N. Gumilev, *Otkrytie Khazarii*, pp. 175~177.

은 하나의 사실이라기보다는 로마-게르만 유럽이 샤를마뉴 이후 다시 자신의 독립을 그리고 비잔티움과의 평등을 선언한다는 상징이었다. 오토 1세의 대관식은 하나의 시작도 하나의 끝도 아니었다. 그것은 서구 문화 세계의 특수화에서 하나의 전환점이었다. 이 단절은 10세기 내내 준비된 것이었다. 흰 평상복을 입은, 면도한 교부들이 슬라브와 헝가리의 이교도들의 영혼을 놓고 검은 평상복을 입은, 턱수염을 기른 수도사들과 경쟁하게 되었던 것이다.

지적할 가치가 있는 연도는 1054년인데, 이 해에 상호 파문을 수반한 교회의 분열이 일어났다. 그렇게 해야 할 신학적 이유는 전혀 없었지만 이 분열은 여러 가지 사회적·경제적·정치적·이념적 원인이 결합되어 일어났다. 교회는 민감한 바로미터처럼 동쪽과 서쪽의 민족적·초민족적 차이에 반응했다. 그러나 사람들은 더 이상 단 하나의 기독교가 존재하지 않는다는 것을 오랫동안 이해하지 못했다. 이는 이곳 사람들도 저곳 사람들도 그러했고, 황제와 왕, 도시민과 기사도 그러했으며, 속민들 특유의 적극적인 사유가 없었던 농민은 더더욱 그러했다. 그리고 이 자연적 타성은 제1차 십자군전쟁에 수반된 사건들의 성격에도 영향을 미쳤다. 십자군은 교회의 분열에 대해 아무 생각도 하지 않고 그리스 기독교인들을 도우러 갔으며, 서쪽 기독교인들의 도움을 기다리고 있었다. 교회뿐만 아니라 정치도 분열되었다는 사실 그리고 민족적으로는 더 분열되었다는 사실이 사회의식에서 지배적인 심리적 요인이 되기까지 약 100년이 필요했다. 그러나 우리는 그것을 우리 자신의 시대에서 다룰 것이다.

전설의 영웅을 예고하다(1100~1143년)

| 다른 접근법 |

  12세기 전반기는 대초원 지대의 역사에서 어둡고 공허했던 이전의 150년과 아주 다르게 사건, 영웅과 겁쟁이, 장소와 사람, 도덕적·윤리적 평가로 가득 차게 되었다. 물론 그렇다고 하여 이것이 우리가 이 시기의 리듬을 이해하기에 충분한 자료를 갖고 있다는 의미는 아니다. 반대로 자료는 확실히 불충분하다. 그러나 존재하는 자료만으로도 우리는 일반적인 역사 발전 과정 이상의 뭔가를 얻을 수 있다. 이제 사건들 사이의 인과적 연쇄 고리를 움켜쥘 수 있는 것이다.

  이 시기에 관한 자료원은 극히 다양하고 또 서로 아주 다르다. 왕조 연대기 『요사』는 건조하고 표준적이며, 거기에 담겨 있는 사실은 확인된 것이기는 하지만 충분치 않다. 중국어로 쓰인 보충적인 자료가 몇 가지 있는데, 중요하고 귀중한 것들이 사소한 것들, 우연적인 관련들과 멋지게 뒤섞여 있다. 일단의 페르시아 역사서와 아랍 역사서들이 있고,

마지막으로 라틴어판과 러시아어판으로 된 사제 요한의 전설이 있다.

역사가에게 필요한 모든 정보를 추출, 번역, 체계화하려면 한 평생도 모자랄 것이다. 다행히 두 사람이 달려들었다. 비트포겔과 탕가승이 그들이다. 그들은 사실들을 선별해 사실들을 표 형태로 성공적으로 배열했다.[1] 이 표와 그들의 주석은 우리가 만들고 있는 구조물의 기초로, 우리는 이 위에다 벽을 쌓아올리면 된다.

'벽'이란 사건들에 대한 명료한 설명을 의미하며, 우리 탐구의 중간 고리로 그 후에 우리는 건물의 지붕에 해당하는 '왜?'와 '의미가 무엇인가?' 같은 질문을 제기할 수 있을 것이다. 그러나 우리의 논의는 일관되어야 하며, 따라서 당분간은 바로 앞에 놓여 있는 것에 이야기를 국한하기로 하자.

| 한 군주의 경력 |

우리의 영웅 야율대석은 1087년에 요 제국의 왕가에서 태어났다. 그는 왕조의 창건자 야율아보기의 8대손이었다. 이 어린 왕자는 품계와 관직을 얻기 전에 한림원에서 중국어와 거란어 그리고 문학의 전 과정을 이수해야 했다. 그는 문학에 뛰어난 지식을 갖고 한림원을 떠났지만 그것이 그가 승마와 활의 명수로 성장하는 것을 가로막지는 못했다. 그의 특기 중 어느 것이 그에게 가장 유용했는지를 말하기는 어렵다.

1115년에 야율대석은 품계를 얻고 (오늘날의 산시성에 있는) 다이代

---

1) K. A. Wittfogel and Fêng Chia-shêng, *History*, pp. 573~657.

및 샤저우夏州 지역 절도사로 임명되었다. 반란 중이던 여진족과 한창 전쟁을 벌이고 있었지만 전선은 여전히 북쪽, 만주의 오지였고 28세의 섭정은 이 전투에 참가하지 않았다. 그는 1122년에야 여진족의 추적을 피해 남쪽 수도에 도착한 요 왕조의 새 황제와 만나게 되었다.2) 하지만 한때 강대국이던 나라의 황제는 그곳에서도 휴식을 찾지 못했다. 그는 곧 도망을 가서 국경 주위를 떠돌아다니다가 1125년에 붙잡혀 유형 중에 죽었다.

중국의 송 제국 정부는 또 다시 정치적 근시안을 노정하며 거란족의 어려운 상황을 이용해 그들의 등을 찌르기로 결심했다. 중국의 밀사들은 요 제국의 남부 지역에 대한 동시 공격을 놓고 여진족과 협상해 1122년에 이를 결행했다. 중국 사령관 동관童貫은 대군의 선두에 나섰고, 이에 대해 야율대석은 거란족과 타타브족 기병 2천 명밖에 내세우지 못했다. 하지만 그것으로 충분했다. 중국군은 완패했다. 이 승리 후에 야율대석의 군대는 고향 지역에서 병사를 충원해 3만 명으로 늘어났는데, 그곳 주민들이 다시 한 번 거란의 위용에 믿음을 갖게 되었기 때문이다.

송은 여러 번 더 거란족을 공격하려 했고, 중국 전사들의 시체가 (북중국의) 수안 지역과 모 지역 사이의 땅을 뒤덮었다. 중국인들이 첫 부대의 패배 이후 파병한 숫자가 50만 명에 이르렀으니 이 표현은 믿을 만하다. 이들이 훈련할 시간을 갖지 못한 채 동원된 농민이었음은 아주 명백하다. 그들이 야율대석의 노련한 부대원들의 희생양이 된 것은

---

2) Bretschneider는 이 일이 1120년에 일어났다고 생각하지만 비트포겔의 수정(앞의 책, p. 627)을 보라.

당연했다.

  이렇게 거둔 승리들은 거의 요 제국을 구원할 정도가 되었다. 탕구트족과 거란족은 이미 주부족에 대한 공동 전쟁에서 서로 가까워지고 나서(1099년) 이 동맹을 혼인으로 강화했던(1104년) 터였다. 거란족이 아직도 승리를 거둘 수 있음을 보여주자 탕구트족은 친구들을 지키는 데 나서는 것이 가치 있는 일이라고 여겼다. 3만 명의 강한 탕구트군이 거란 영토로 들어가 여진족의 전위부대를 대파했다. 그러나 위수에서 벌어진 결정적 전투에서 패배당하고 황허로 물러나게 되었다.3)

  하지만 처절한 패배에도 불구하고 탕구트족은 요 제국의 서쪽 국경, 곧 황무지 국경으로 밀려난 거란족을 계속 도왔다. 그들은 거란족에게 식량을 공급했고, 탈주자들을 받아 숨겨주었으며, 야율대석과 샤오간이 중대한 세력을 이루게 함으로써 거란족에게 역공의 희망을 주었다.

  하지만 여진족이 요 제국 남쪽에 등장하자마자 상황은 근본적으로 바뀌었다. 제국의 섭정과 그의 조력자들은 서쪽 국경 지역으로 도망갔다. 야율대석의 동지 샤오간 사령관은 호전적인 타타브족에 기대는 새로운 체제를 수립하자고 제안했지만 야율대석은 연희延禧 황제와의 결합을 선호했다. 1123년에 그는 7천 명의 거란 전사를 수이위안綏遠 서쪽으로 이끌고 갔고, 샤오간은 자신을 호전적인 타타브족의 중국 명칭인 대희Great Xi 황제로 선언했다. 그리하여 두 전우의 운명은 갈리게 되었다.

  여진족은 대담한 전사였을 뿐만 아니라 능수능란한 외교관이었다. 그들은 탕구트-거란 동맹을 분쇄하기 위해 탕구트족에게 중립을 지키

---

3) E. I. Kychanov, Ocherk istorii, pp. 228~229.

는 대가로 거란의 여러 국경 지역을 주겠다고 제의했다. 탕구트족은 기쁘게 동의했으나 '주어진' 지역들은 여진족의 동맹인 송 제국의 군대가 차지하고 있음이 드러났다. 탕구트족은 중국과 충돌하지 않고, 지켜지지 않은 약속에 대해 여진족 왕에게 불만을 표하는 데 그쳤다. 거란족을 효과적으로 도울 목적으로 행한 협상에서 귀한 시간을 잃었기 때문이다. 거란족은 아직 무기를 내려놓지 않고 있었다.

연희 황제는 그의 진영에 질서를 세우려 했다. 그는 직무에서 이탈한 섭정을 처형하고, 야율대석에게 주둔지를 떠난 것에 대해 비난을 퍼부었다. 대석은 자신의 행동을 정당화할 수 있었고, 동쪽 차하르로 파견되는 부대의 수장에 다시 올라 고향을 찾으러 갔다. 거기에서 그는 여진의 전위 수비대와 충돌해 패배당하고 사로잡혔다.

여진군의 임무는 거란 황제를 붙잡는 것이었지만 늪지대를 만나 묶이는 바람에 작전을 계속할 수 없었다. 그런 후 여진 왕자 종망宗望이 잡혀 있던 대석에게 요 진영의 황제에게 군대를 이끌고 가도록 명했다. 그는 그렇게 했고, 황제 자신은 도피할 수 있었지만 그의 후궁, 아들, 딸, 삼촌, 관료들은 적에게 사로잡혔다. 여진 황제 아골타阿骨打[1068~1123년. 금나라의 태조]는 이 배신에 대해 야율대석을 칭송하며 아내를 주는 것으로 보답했다. 여기서도 역시 운명은 자기 보호를 위해서라면 수단과 방법을 가리지 않는 이 능수능란한 왕자를 보호했다.

이전 제국의 서쪽 수도 옆에 주둔한 군영에서 야율대석은 한 여진 사령관과 어떤 경기를 하다가 그를 이겼다. 사령관은 아주 기분이 상했고 둘은 다투었다. 대석은 새 친구들의 성격을 너무나 잘 알고 있었고, 잠시도 지체하지 않고 아내는 놓아둔 채 다섯 아들을 데리고 도주했다. 아침에 대석이 사라진 것이 드러났을 때 이 불행한 여자는 어떤

6 전설의 영웅을 예고하다(1100~1143년) 175

병사에게 넘겨졌다. 그녀가 거부하자 그녀는 사살되었다.

거란 황제가 대석의 배신으로 가까운 사람을 모두 잃은 것에 비통해했을 거라고 생각하겠지만 그는 이 탈주해온 왕자를 기뻐하며 받아들였다. 바로 이때 거란이 서쪽과 남쪽의 수도를 여진에게서 되찾기 위해 새로운 전쟁을 계획하고 있었기 때문이다. 따라서 적진의 상황을 잘 아는 사람은 모두 귀중했다. 대석은 문제를 한층 더 잘 이해하고 있었으므로 전쟁 계획을 혹독하게 비판했다. 그는 나라의 동쪽 지역이 적으로 넘쳐나고 산길의 애로隘路가 싸움도 없이 적에게 넘어갔으며, 군을 이끄는 황제가 호시절에 방어 준비를 하지 못했기 때문에 당연히 제국 전체가 적의 수중에 떨어졌던 것이라고 지적했다. 대신 그는 자신의 계획을 제안했다. 곧 병사들을 훈련시키고 적절한 기회를 기다리자는 것이었다. 물론 그들은 그에게 귀를 기울이지 않았다. 연희 황제는 공격에 온몸을 내던졌지만 5만 명의 타타르 기병이 거란을 도우러 왔음에도 불구하고 완전히 실패했다. 병을 핑계로 이 전쟁에 참여하기를 거부한 대석은 다시 한 번 군주가 정신을 차리도록 시도했지만 역시 성공하지 못했다. 다음 해인 1125년에 자신감에 넘친 황제가 여진족에게 붙잡히고 요 제국이 멸망했다는 사실로 판단하면 야율대석이 상황을 올바로 판단했다고 생각해야 하며, 이것이 역사적으로나 윤리적으로나 그의 이어지는 행동을 정당화해준다.

필연적인 파국을 기다리지 않고 야율대석은 1124년 가을에 준비도 없고 식량 공급도 없는 파멸적 역공책을 추구한 두 고관을 죽이고 스스로를 칸으로 선언하며 밤에 200명의 충성스러운 전사들만 대동한 채 서쪽으로 도피했다. 사흘 후 그는 '검은 강'4)〔헤이허黑河 혹은 에진Ejin 강이라고도 불리며, 중국 난산에서 발원해 내몽골자치구를 지나 고비사막의 에진 분지에서 끝난다]을 건너 옹구트족에게 이르렀으며, 옹구트족은 그에게 400마리의 말, 20마리의 낙타, 1,000마리의 양을 선사했다. 이것은 사막을 건너는 데 필요한 최소한의 물자였다. 각 기병은 자신의 전마戰馬 이외에 짐말과 예비마를 받았다. 군장비와 연료는 낙타에 실을 수 있었고, 양은 사막에서 움직이는 음식 창고였다. 옹구트족의 도움 덕분에 야율대석은 행군을 방해받지 않고 사흘 만에 고비사막을 건너 거란 제국의 서쪽 끝에 있는 오르콘 강의 호툰 요새에 도달했다. 이 요새는 특별한 중요성을 갖고 있었기 때문에 야율대석에게 절대적으로 복종하는 2만 명의 병사가 주둔해 있었다. 그런데 그들은 무엇을 해야 할 것인가? 야율대석은 거란을 구할 계획과 프로그램을 가진 유일한 거란 군주였다. 이미 구할 가망이 없는 거란의 힘이 아니라 잔존한 거란족의 생명과 자유를 구해야 했다. 그들 누구도 멸망당하게 놔두고 싶지 않았다. 야율대석은 요새와 주둔군과 함께 가축을 획득했고, 이 덕분에 "전쟁을 개활지로 갖고 갔다." 이것이 그를 구했다.

새 프로그램의 내용은 무엇이었을까? 먼저 칭호의 변화. 제국의 창건자 아보기는 거란족의 칸으로 치세를 시작했고, 다음 916~947년까지 그와 그의 아들 덕광은 거란족의 황제였으며, 947년부터는 원院이 요의 천자가 되었다.5) 이는 이 나라가 유목 국가에서 중국 국가로 바뀌었고, 따라서 앞선 모든 중국 국가처럼 1125년에 멸망했음을 의미했다. 야율대석은 '구르칸gurkhan'이라는 칭호를 취했다. 즉 친중적인 과거와 단절했다.6) 그의 신민들은 동지가 되었고, 봉신들은 동맹이 되었으

---

4) 오늘날의 하라-무렌Qara-Muren. K. A. Wittfogel and Fêng Chia-Shêng, *History*, p. 631, 주 13을 보라.
5) R. Grousset, *The Empire of the Steppes*, p. 128.

며, 수비대는 종자가 되었다. 그리고 상황은 아무 희망도 없어 보였지만 즉시 전쟁과 승리를 위한 병력이 나타났다.

| 칸의 운명 |

12세기에 유목민과 사냥꾼들 사이에서 '칸'이라는 말은 지금 우리에게 들리는 것과는 상당히 다른 어감을 갖고 있었다. 우리는 문명으로 인해 귀머거리가 되었지만 당시 그들은 권력의 성격과 관련된 용어상의 미세한 차이를 멋지게 구분해냈다. 예컨대 우리가 매우 부정확하게도 'emperor'라고 번역하는 황제라는 칭호는 유목민들에게는 외국의 영향력을 연상시키는 것이었다. 동쪽으로는 중국의 영향력이 있었고, 서쪽으로는 아랍의 영향력이 있었다. 아랍에서는 칼리프(대예언자의 대리인)가 '하늘'과 인간의 중개자였다. 몽골족과 투르크족은 이러한 권위자들 없이 '하늘'을 다루고자 했다.

'왕'(중국어로는 왕, 페르시아어로는 샤shah)이라는 용어는 권위가 아버지에게서 아들로 세습되는 원칙과 연결되어 있었다. 이는 곧 삼촌이 조카보다 우월하다고 여긴 초원 지대의 원칙에 직접 도전하는 것이었다. 왕의 권위는 비록 세속적인 것이었지만 신민에 대한 일종의 폭력으로 여겨졌고, 따라서 초원 지대에서 수용되지 않았다. 반면 칸은 군대가 선출했다. 이것은 20세기 민주주의의 의미에서의 선출이 아니었다. 의회와 부패는 군 사령부와 주변에서는 아무 자리도 찾지 못했을 것이다. 보통 칸의 후예는 칸이 되었지만 전사들이 그를 모전毛氈에 올

---

6) K. A. Wittfogel and Fêng Chia-Shêng, *History*, p. 621, 주 3을 보라.

리고 전쟁에서 복종하겠다는 의사를 외침으로 표현했을 때만 권력을 취했다. 평시에는 관습이 지배했다. 머리를 어깨 위에 두기를 원하는 가축지기라면 누구라도 그랬듯이 칸 자신도 관습에 순응했다. 따라서 자신을 왕이나 황제가 아니라 칸으로 선언했을 때 야율대석은 곧장 상당한 권력을 잃었고, 다수의 참된 친구를 얻었다. 그렇지만 이제 '칸'이라는 말은 '부족 지도자'를 뜻했고, 초원 지대에는 많은 부족이 있었다.

부족들의 파편화는 유목 세계의 저주였다. 소유물을 둘러싼 다툼, 소 도둑질, 부녀자 납치, 피의 복수, 끊임없이 이어지는 이 모든 골칫거리들도 분리주의의 훨씬 더 끔찍한 결과 앞에서는 무색해졌다. 파편화된 부족들이 외적의 공격에 대해 저항을 조직할 수 없었던 것이 그것이다. 이른바 부족의 동맹은 특히 전쟁에서는 불안정하고 비효과적인 형태였다. 따라서 강적이 출현하는 순간 강한 군사적 권위가 긴급히 요구되었다. 12세기에는 이와 같은 강적이 바로 여진족이었다.

이와 유사한 상황에서 7~8세기까지의 투르크족은 공동선을 위해 "머리를 조아리고 무릎을 꿇을"7) 수 있었다. 이 체제는 엘el, il이라고 불렸다.8) 그러나 이 체제는 너무 가혹해 대중적 호소력을 잃고 결국 소멸하게 되었다. 그 뒤 부족 연합이 평시에는 자치를 하다가 전시에 강한 권위를 갖추게 되는 체제로 대체되었다. 친족 회합 — 쿠릴타이 — 이 구르칸이라고 불린 지도자, 곧 부족 연맹의 칸을 선출했다. 법률화된 상호 제한 덕분에 이러한 상황은 당국과 신민 모두에게 안성맞춤이었다. 야율대석은 아주 머리가 좋고 교육을 많이 받았기 때문에 땅

---

7) S. E. Malov, *Pamyatniki drevnetyurkskoi pis'mennosti*, p. 36.
8) L. N. Gumilev, *Drevnie tyurki*, pp. 101~102.

을 계속 지키려면 중국에게 발이 묶인 여진족에게 초원 지대 거주자들의 소진되지 않은 힘을 퍼부어야 함을 이해하고 있었다. 그는 또한 만약의 경우에 대비해 황제 칭호를 갖고 있던 것도 사실이지만 여진족이 그의 평생에 걸쳐 승리에 승리를 거듭했기 때문에 이 칭호를 사용할 필요가 없었다.

야율대석에 대해 황제에게 보고한 여진족 사령관은 자신의 병력 규모를 1만 기병으로 결정했다. 황제는 공격을 연기하라고 명했는데, 이는 여진의 주력이 북중국에서 거란의 연희 황제를 끝장내고 있었기 때문임이 분명하다. 이 연기 덕분에 야율대석은 거란 황제를 지원하기 위해 여진족을 공동으로 역공하자는 협정을 탕구트족과 맺을 수 있었다. 그러나 동맹은 너무 늦었고, 연희 황제는 붙잡혔으며, 구할 사람도 구할 것도 없었다.

1126년에 대석의 병력이 증가했다. 이는 거란 탈주자들이 적에게 복속당하지 않기 위해 그에게 합류했기 때문임이 분명하다. 중국인들은 거란 용사들의 전투 가치를 고려하면서 대석의 병력수가 통상 수치로 이미 십만 명에 이른다고 보았다. 사실 그들의 숫자는 이보다 훨씬 적었으며, 탕구트족과의 동맹을 고려할 때도 여진족과 전쟁을 계속하기에는 불충분했다. 따라서 대석은 송 제국과 교섭에 들어가 중국이 남쪽에서 여진족을 공격해준다면 그들의 신의 없음을 잊겠다고 약속했다.

그러나 여진족은 졸고 있지 않았다. 1125~1126년 겨울, 그들도 남쪽에 대해 공세를 취했다. 6만 명의 여진족이 중국의 수도 카이펑을 포위했으며, 20만 명에 이르는 최상의 중국 병력이 카이펑을 구하기 위해 전투에 투입되었다. 중국에서는 주전파와 '주화파' 두 파벌이 형성되었다. 후자가 이겼고, 공물의 제공과 영토의 양보를 통해 여진족의 철수를 이루어냈다. 북중국은 철저히 황폐화되었지만 이것이 야율대석에게 숨 쉴 틈을 주었다. 그는 타타르족과 접촉해 여진족에게 말을 팔지 않도록 유도하는 데 성공했다. 화가 난 여진족은 협상하러 온 타타르족 지도자의 후계자를 체포해 타타르족에게 압력을 가했다. 이 행동이 초원 지대에서 여진족의 인기를 높이지는 않았다. 하지만 타타르족은 자기 씨족을 구하기 위해 1128년에 야율대석을 치는 여진군의 안내역을 맡는 데 동의하지 않을 수 없었다. 이 군대는 정복자에게 복속된 거란족으로 구성되었으며, 야율 가의 왕자가 이 군대를 지휘하도록 임명되었다. 야율대석의 고립은 완성되었다.

그가 무엇을 할 수 있었을까? 그는 여진군의 완강함과 용기, 중국화된 동포 부족 구성원들의 지조 없음과 모험심 결여, 탕구트족의 믿을 수 없음, 타타르족의 이기주의에 대해 너무나 잘 알고 있었다. 전투에서도 또 요새의 방어에서도 성공의 희망이 전혀 없었다. 이 상황에서 대석은 유일하게 올바른 해법을 취했다. 그는 다시 서쪽으로 나아갔다. 여진족은 그에게 도달할 수 없었고, 도달하려고 하지도 않았다. 그들에게 그는 이제 안전하고 흥미 없는 사람이었다. 중국을 정복하는 것이 훨씬 더 이로운 일이었다. 중국에서는 타락한 지배 세력 도당이 궁궐과 정원에서 즐겁고 평온한 삶을 확보하기 위해 백성을 기꺼이 희생시키고 있었다.

1127년에 카이펑이 함락되어 중국 황제가 포로로 잡히자 황제의 아우는 수도를 남쪽으로 옮겨 북중국의 백성을 적에게 약탈당하도록 내버려두었다. 정복자들에 대한 저항을 주장한 주전파는 지배자들과 백성 모두에게서 고립되었다. 유명한 사령관인 그들의 지도자 악비岳飛는 동정호 근방의 인민 봉기(1130~1135년)를 분쇄하는 것으로 이력을 시작했지만[9] 그 후 궁정 음모의 희생양이 되었다. 손쉬운 승리와 부의 향기는 여진족을 매혹시켰지만 그와 더불어 거란족이 겪었던 것과 똑같은 결과를 가져왔다. 중국의 지적 문화는 그들에게 여전히 소원한 것이었지만 악(惡)의 문화는 완전히 흡수되었다. 이것은 백년 후 몽골족을 이롭게 했을 뿐이다. 그러나 이제 우리 주제에 본격적으로 접근했으니 우리 영웅에게 되돌아가기로 하자.

1129년에 야율대석은 여전히 그에게 충성하는 거란 전사들을 호툰 요새에서 데리고 나왔다. 그는 약 4만 명의 기병을 대동했지만 전년에 그의 부대는 10만 명에 이르렀었다. 물론 두 수치 모두 상투적인 수치였다. 분명히 모든 거란족이 고향을 떠나는 데 동의한 것은 아니어서 많은 사람이 유랑 속의 자유보다는 적에게의 복속을 택했다.

(남 중가리아의) 비쉬발리크Bishbalik〔현재의 중국 창길회족자치주 길목살이현〕에 도착한 대석은 병력 수를 점검했다. 톈산 지구의 7개 정주 지역 수장이 그에게 합류했고, 위구르족도 합류한 것이 분명하다. 또 18개 부족장도 합류했다. 이 18개 부족의 구성은 지적할 만한 가치가 있다. 아무르 강을 따라 거주한 황실위Yellow Shiwei와 텔레T'ele[10] 그리고 이웃들인 우기Ugi[11]와 비구데Bigude,[12] 다음으로는 몽골족인 옹기라트

---

9) G. Ya. Smolin, *Krest'yanskoe vosstsnie v provintsiyakh Khunan'i Kubei v 1130~1135 gg.*
10) 자료는 ti-la라고 하고 있지만 이는 tie-lieh와 같다. K. A. Wittfogel and Fêng Chia-Shêng, *History*, p. 50을 보라.
11) We-gu-li. 이들은 11세기까지 우기라고 불린 우리앙카이족으로 사냥꾼과 어부였다. N. Ya. Bichurin, *Sobranie svedenii o narodakh*, II, pp. 69~72를 보라.
12) K. A. Wittfogel and Fêng Chia-Shêng, *History*, p 98.

[중앙아시아의 한 부족으로 몽골족과 카자흐족의 주요 지파였다], 자지라트Jajirat, 일수트Ilsut13), 니룬Nirun14), 타르구타이Targutai15), 탐갈리크Tamgalik16), 메르키트, 쿠쉰Khushin.17) 다음으로 우리가 이미 알고 있는, "아마 이보다 30년 전에 무너진 무리의 편린"인 것 같은 주부. 그리고 대석이 하夏 왕국과의 동맹을 깨지 않았기 때문에 탕구트도 있었다. 마지막으로, 비트포겔도 나도 아무 정보를 줄 수 없는 네 부족인 푸수빈Pusuvyn, 후무스Humus, 시디Si-di, 귀에르비Guy-er-bi.

사료 앞에서 우리가 어떻게 해볼 도리가 없는 또 다른 예가 여기에도 있다. 거란 왕의 동맹들의 부족 구성을 정확히 결정하는 것은 극히 중요하지만 800년 동안 두루마리에 누워 있던 정보는 특별한 역사적 분석 없이는 풀 수 없는 수수께끼이다.

아무리 애가 탄다 해도 밝혀지지 않은 4가지 민족명은 내버려두고 확인된 민족명들이 무엇을 알려주는지 살펴보기로 하자.

탕구트족은 명백하다. 그들은 동맹국 서하의 보조 부대였다. 주부족은 항복한 후 거란군에 포함된 타타르족이었지만 타타르족은 자발적으로 적에게로, 곧 여진족에게로 넘어갔음을 지적해야겠다.

황실위, 텔레, 비구데, 우리앙카이 네 부족은 유목민이 아니었다. 그들은 여진족 옆에 살면서 여진족과 함께 싸웠지만 이제 부족들 사이에 유혈 사태가 생겼기에 스스로 박해에서 탈출해야 했다. 훨씬 더 중요

---

13) Rashid ad-Din, *Sbornik letopisei*, I, p. 1, p. 193.
14) Ni-la는 Nirat이다. 나는 이들을 몽골족 중 가장 귀족적인 집단이던 니룬족으로 본다.
15) Da-la-kuai. Rashid ad-Din, *Sbornik letopisei*, I, p. 1, p. 118을 보라.
16) 앞의 책, p. 77.
17) 앞의 책, p. 171.

한 것은, 부족장 중 7명이 순수 몽골족이었다는 것이다. 우리는 다음과 같이 가정해야 한다. 몽골족과 타타르족 사이의 전통적인 반목 때문에 몽골족은 거란족의 동맹이 되었지만 이제 그들의 적들이 군사적 성공의 미소를 짓게 되었을 때 가장 위태로워진 이 부족이 고향의 초원을 떠나는 것이 현명하다고 생각했다는 것이다. 그러나 메르키트 분견대는 왜 몽골족들 사이에 나타났을까? 나는 설명할 수 없다. 어쨌든 정보가 빈약해 모든 것을 다 설명하기는 불가능하다. 하지만 우리는 그래도 이 불굴의 지도자를 따른 자들이 부족 전체가 아니라 일부였음을 지적해야 한다. 왜냐하면 적어도 몽골의 같은 부족들이 13세기에도 원래 살던 곳에 남아 있었기 때문이다. 따라서 우리는 야율대석이 부족들의 징집군이 아니라 자원군을 갖고 있었다고 결론지을 수 있으며, 바로 이 때문에 이 군대가 고도의 군사적 효율성을 발휘할 수 있었다.

비쉬발리크의 요새와 도시를 차지한 후 대석은 사령관들을 모아놓고 연설을 했다. 그는 자기 민족의 패배와 요 제국의 파국적 해체를 인정했으며, 마지막 황제의 도주에 대해 말했다. 그러나 이러한 정보는 현실과 맞지 않았는데, 황제는 사실 사로잡힐 때까지 싸웠기 때문이다. 대석은 부족장들에게 수집된 세부사항을 알려주지 않으려 했던 것이 분명하다. 그런 후 그는 서쪽으로 옮겨가서 대초원 지대의 유목 부족들을 규합해 고향 땅을 되찾겠다고 선언했다. 그의 호소에 대한 대답으로 그는 잘 훈련되고 좋은 장비로 무장한 1만 명의 전사를 얻었다.[18]

그러나 여기에도 친구만 있는 것이 아니었다. 적도 있었다. 북쪽 키르키스족과의 충돌은 시베리아로 가는 길이 닫혔음을 보여주었다. 카

---

18) K. A. Wittfogel and Fêng Chia-Shêng, *History*, p. 635.

슈가르를 공격하려는 시도는 완패로 끝났고, 중앙아시아 오아시스 무슬림 주민과의 관계를 악화시켰다. 거란족은 이밀Imil 유역과 제티수 지역에서만 버텨냈다. 이 지역에서 그들은 칸규이족과 카를루크족이 발라사군 시의 칸과 벌인 분쟁에 참여했다. 야율대석은 그에게서 칸으로서의 권위는 박탈했지만 '투르크족을 지배하는' 직위는 유지하도록 해주었다.

이 성공으로 야율대석은 필요한 확고한 입지를 얻었다. 그가 중앙아시아에 진출한 최초의 거란인이었던 것은 물론 아니다. 성공적이지 못했던 긴 전쟁으로 많은 사람이 극동에서 쫓겨났고, 그들은 승리 가능성이 없자 마와르안나르Mävarännahr〔트란스옥시아나 지역을 가리킨다〕의 무슬림 군주들에게서 피난처를 찾았다. 예컨대 1128년에 사마르칸트의 지배자는 약 1만 6천 개의 거란 텐트를 갖고 있었고, 이 이주자들을 동쪽 국경의 방어막으로 이용했다. 그러나 야율대석이 발라사군에 나타나자마자 그들과 여타 거란족이 그에게로 모여들었고, 이 덕분에 그의 병력은 두 배로 늘어났다. 거란족은 제티수 지역의 풍부한 목초지로 말들을 먹일 수 있었고, 군사적 성공의 추가 그들 편으로 기울기 시작했다. 1129년 말 야율대석은 칸규이족을 정복했고, 카슈가르와 호탄〔오늘날의 중국 신장성 호탄현 현도. 중국어로는 화전和田〕을 다시 공격했다. 그리고 두 요새를 다 취했다.

여진군이 파견되어 정복되지 않은 마지막 거란 군주를 추적했으나 초원 지대에 들어서자 무력해졌다. 초원 지대에서는 말과 안내인이 필요했으며, 유목 부족 지도자들은 여진족에게 복종하기를 거부했다. 게다가 당시 카불-칸Qabul-khan의 지휘로 통일을 이룬 몽골족은 여진족에 대해 선전포고를 해 그들을 만주로 되돌아가도록 만들었으며, 탕구트족은 여진 황제에게 야율대석이 어디 있는지 모른다고 대답했다. 1130년의 전쟁은 수포로 돌아갔다.

1131년에 여진족은 호탄에 대한 공격을 재개했지만 식량 부족과 추위로 되돌아와야 했다. 아무튼 그들이 거기에서 할 수 있는 일은 아무것도 없었다. 그들이 추적하고 있는 지휘관은 그때 이르러서는 이미 서쪽으로 멀리 가서 여진 황제가 미칠 수 없는 범위에 있었기 때문이다. 오르콘 강에 남은 거란족은 물론 사로잡혔다. 그 외에 허저우에 기반하고 있는 위구르족이 여러 명의 거란족을 잡아 여진족에게 곧바로 넘기는 바람에 토벌군을 지휘하는 배신자는 마지막 전리품을 빼앗겼다.[19] 수많은 실패 후에 그는 적과 거래했다는 의심을 받았다. 이 불행한 사람은 봉기를 일으켰고 이에 대한 대가로 목숨을 바치지 않을 수 없었다(1132년).

야율대석에게는 이것이 그의 소중한 꿈, 곧 조국과 백성을 해방시키는 꿈을 실현할 순간으로 보였다.

1134년에 그는 요의 옛 영광을 회복하기 위해 7만 명의 기병을 동쪽으로 보내 사막을 통과하도록 했다. 그러나 사막은 어떤 군대에게도 장애물이었다. 거란군은 너무나 많은 말과 소를 길에서 잃는 바람에 중도에서 돌아와야 했다. 야율대석은 외쳤다. "하늘이 나를 돕지 않는도다! 이것이 하늘의 뜻이다."[20] 이것으로 동쪽에서의 전쟁은 끝났지만 대초원 지대의 서쪽 변경에서 전쟁은 새로운 힘을 갖고 다시 터져

---

[19] 이는 위구르 이디쿠트족이 이 거란 구르칸의 신의 있는 동맹자가 아니었음을 보여준다. 오히려 그들은 자신의 교역과 종교적 이해를 추구하면서 거란족을 무슬림에 맞선 타격대로 이용하고 싶어 했고, 따라서 초원 지대 동쪽으로 거란족이 되돌아오는 것을 불가능하게 만들려고 했다.

[20] K. A. Wittfogel and Fêng Chia-Shêng, *History*, p. 638.

나왔다.

| 사제-왕의 등장 |

사건들의 경과에 대해 추가적인 설명을 계속하기 전에 잠시 숨을 멈추고 몇 가지 당황스러운 질문을 내놓는 것이 편하겠다. 위에서 살펴본 대로 야율대석은 약 1만 명의 기병을 중가리아로 보냈고, 그보다 먼저 서쪽으로 도망간 거란족을 충원해 이 숫자를 배로 늘렸다. 따라서 약 2~3만 명의 전사를 보유하고 있었다. 카슈가르와 호탄 정복으로 그는 즉시 무슬림 세계 전체와 맞서게 되었다. 또 칸규이족의 복속으로 킵차크 대초원 지대와도 맞서게 되었다. 달리 말해 하라키타이 Khara-Kitai[야율대석이 세운 서요, 또는 흑거란을 가리킨다](지금 이렇게 부르게 되었다) 한국의 서쪽 국경 상황은 극도의 긴장 상태에 놓이게 되었다. 더욱이 약소한 무슬림 군주들 뒤에는 근동에서 작전을 펼치는 군대 중 최강의 군대를 지휘하는 셀주크 산자르가 있었기 때문에 긴장이 더했다. 그렇다면 이런 질문이 제기된다. 이 구르칸은 어떻게 해서 동쪽 전쟁에 7만 명의 전사를 배당할 수 있었을까? 그가 자기 강토의 서쪽 국경 지대를 완전히 발가벗겼다 해도 이는 그의 전 병력보다 세 배나 많은 숫자였다! 1130~1135년까지 야율대석의 병력이 엄청난 숫자로 증가한 것이 분명한데, 이 병력은 도대체 어디서, 누구에게서 온 것일까?

사료로 가보자.21) 중국인들은 그냥 아무 말이 없다. 이븐 알-아시

---

21) 앞의 책.

르Ibn al-Asir(1160~1233년. 세계사에 대한 저작을 남긴 쿠르트-이슬람 역사가)가 알려주는 바에 따르면 1130년에 카를루크족과 구즈족 용병들이 사마르칸트의 통치자 아르슬란 칸과 다투었고, 산자르 술탄이 아르슬란 칸을 지지하자 그들은 구르칸에게 도망갔다는 것이다. 그러나 이는 수십만 명이 아니라 수천 명을 가리킨다. 주바이니Atâ-Malek Jovayni(1226~1283년. 『세계 정복자의 역사』에서 몽골 제국의 역사를 쓴 페르시아 역사가)는 1131년에 구르칸이 페르가나Ferghana(현재는 우즈베키스탄 동부에 있는 페르가나 주의 주도이다)와 마와르안나르를 습격해 둘을 정복했다고 말해준다. 이 주장은 마와르안나르와 관련해서는 증명되는 바가 없다. 왜냐하면 구르칸은 사마르칸트를 취하지 못했고, 호드젠트Hodjent조차 무슬림 손에 남았기 때문이다. 이것은 단순한 습격이었던 것이 분명하며, 세력의 배치를 바꾼 것이 아니라 상황을 악화시켰을 뿐이다.

따라서 6년간의 침묵이 있던 셈이다. 아무 사건도 없었다! 무슬림이 왜 그렇게 소극적으로 행동했는지는 이해할 만하다. 그들은 새로 등장한 '신의 없는 투르크족'의 아주 작은 공국에 그저 아무 신경도 쓰지 않았던 것이다. 그러나 이 시기에 야율대석은 준비를 아주 잘할 수 있었고, 그리하여 1137년에 호드젠트에서 루큰 앗 딘 마무드Rukn ad-Din Mahmud 칸의 군대를 완전히 분쇄했다. 마무트 칸은 1130년에 산자르 술탄에게 유형당한 운 없는 음모가 아르슬란 칸을 대체해 사마르칸트의 통치자가 된 사람이었다.

이제 무슬림은 동요했다. "거대한 공포와 슬픔이 그들에게 찾아왔다." 하지만 만 4년간 아무 사건도 일어나지 않았다. 모종의 이유로 야율대석은 승리의 열매를 전혀 이용하지 않았다. 사마르칸트의 마무드는 자기 부대와의 싸움 때문에 구르칸에게 지지를 호소한 카를루크족에게 신경을 쓸 수 없었다. 1141년에야 새로운 분쟁이 일어났고, 이번에는 거대한 규모로 일어났다. 산자르 술탄이 이 이교도와의 싸움에 등장했고, 호라산, 세제스탄Sejestan 그리고 산악 지역 구르Gur, 가즈나 Gaz-na, 마잔데란Mazanderan에서 온 외인 지원 부대를 대동했다. 여기, 그리스인들과 십자군과의 전투로 단련되고 당시의 최고 기술로 최대로 무장한 무슬림 세계의 최고 군대가 있었다. 산자르의 병력은 약 10만의 기병을 헤아렸다. 무슬림은 십자군에 대항해서도 그런 병력을 배치한 적이 없었다.

사료의 단편성에도 불구하고 분명히 알 수 있는 것은, 술탄과 그의 일행들이 새로 시작된 전쟁을 극히 심각하게 여기고, 그저 끊임없이 약탈을 감행하는 유목민들의 또 한 차례의 습격을 물리친다는 생각이 아니었다는 점이다. 무엇 때문에 그들은 그토록 경계심을 느끼게 되었을까?

그리고 야율대석 자신은 어떠했을까? 이븐 알-아시르의 말에 따르면 야율대석은 "거란족, 투르크족, 중국인"22) 출신의 30만 명의 병력을 배치했다고 한다. 이 구절은 무엇을 의미할까? 거란 기병은 3만 명도 되지 않았다. 투르크족의 다수는 발하슈의 북쪽과 서쪽, 곧 하라키타이 지경 너머에 살고 있었다. 중국인은 있을 리 없었다. 동쪽의 유목 몽골족은 이때 탕구트족처럼 여진족과 격렬한 전쟁을 치르고 있었다. 요컨대 무슬림과의 전쟁을 위해 어느 곳에서도 지원이 올 곳이 없었으며, 동쪽의 초원 지대 거주자들이 자신들을 버리고 도망간 칸을 지원할 이유도 없었다.

---

22) G. E. Grumm-Grzhimailo, *Zapadnaya Mongoliya*, p. 398.

하지만 이 모든 것에도 불구하고 야율대석은 1141년에 호드젠트와 사마르칸트 사이에 있는 카트완 계곡에서 병력을 삼분한 후 무슬림을 디르감 강Dirgam(제라프샨Zeravshan 강[투르키스탄 산맥 동부에서 발원하는 강. 타지키스탄과 우즈베키스탄 남동부를 거쳐 서쪽으로 87km를 흐르다가 아무다리야 강 근처 차르조우 북쪽 사막에서 없어진다]의 지류)의 계곡으로 밀어붙인 후 마르텔Charles Martel[688(?)~741년. 프랑크 왕국의 궁재. 프랑크 왕국의 전체 영토를 재통일해 다스렸으며, 732년에 푸아티에에서 사라센의 침입을 격퇴했다]도 또 이사우리아인 레오Leo the Isaurian[685(?)~741년. 717~741년까지 비잔틴 제국의 황제. 우마야드 왕조의 침공을 격퇴했다]도 또 부이용의 고트프리트Gottfried of Bouillon[1060(?)~1100년. 중세 프랑크 기사로 1096년부터 죽을 때까지 제1차 십자군을 지휘한 지도자 중 한 사람. 1099년에 예루살렘을 함락시키고 예루살렘 왕국의 첫 번째 통치자가 되었다]도 이루지 못했던 정도로 그들을 대파했다. 산자르 술탄은 간신히 도망쳤지만 그의 아내와 일행들이 잡히고 최상의 셀주크 전사 3만 명이 용자勇者의 죽음을 당했다. 이것은 사실이다! 그가 무엇을 했는지는 의심의 여지가 없지만 왜 이런 일이 일어났는지는 이해할 수 없고, 아무도 이를 설명하지 못했다. 따라서 우리는 한 가지 설명을 찾아야 한다. 더욱이 이와 같은 빛나는 승리 후 야율대석은 사마르칸트와 부하라[현재의 우즈베키스탄 부하라 주의 주도]밖에 차지하지 않았고, 어떤 거란 부대는 호라즘 오아시스를 약탈했다. 호라즘 샤는 구르칸과 급히 협정을 맺고, 한 해에 일정액의 현물 부과금과 3만 금 디나르를 지불하기로 약속했다. 거란이 장악한 모든 도시에서 지역 통치자들은 자리를 지켰다. 그들은 구르칸에게 그저 소액의 부과금을 내기만 하면 되었다. 이 이상한 절제를 어떻게 설명해야 할까? 구르칸은 적어도 자기 부대에게는 보상해주었어야 했지만 그가 가진 재산은 없었다. 여기서도 역시 사료는 침묵한다.

이 상황에 대한 우리의 지식에 기초해 그리고 상식적 관심에 입각해 이 문제를 다른 방식으로 제기하면 어떨까? 알려져 있는 것에서부터 시작하자. 전쟁에는 돈과 사람이 필요하다. 요 제국의 모든 부는 황제 수중에 떨어졌기 때문에 야율대석은 돈이 없었다. 그러나 12세기 초원 지대에는 많은 사람이 있었고, 그들 모두가 부족과 밀접하게 연결되어 있었던 것은 아니다. 여기서 두 가지 요인이 핵심적인 역할을 했다. 1) 초원 지대의 습기 증가[23]가 첫 번째 요인으로, 이로 인해 목초지가 확대되고 가축이 증가했을 뿐만 아니라 아이들에게 먹일 것이 더 많아지면서 인구도 증가했으며, 그들은 전사로 성장했다. 2) 유목 생활이 두 번째 요인으로, 유목 생활에서 각 부족은 엄격히 정해진 이동 지역을 갖고 있으며, 따라서 이 지역의 생물군집에 들어가게 되었다. 각 가족은 일정한 양의 풀과 물, 일정한 수의 소와 말이 필요했다. 루덴코는 목축을 하는 평균적 5인 가족의 최소 필요를 확보하기 위해서는 25마리의 말이 필수적이었음을 보여주었다. 이것은 다음의 자료에 기초해 있다. 한 마리의 어른 말은 대여섯 마리의 소, 다섯 마리의 양이나 염소와 동등하다. 두 살짜리 말은 반 마리의 말과 동등하고, 한 살짜리 말은 1/4 마리의 말과 동등하다. 여기에 운반용 동물을 더해야 한다. 텐트 하나 당 4~6마리의 짐말이 필요하고, 값진 유르트와 그 내용물에 대해서는 10~12마리의 말이 필요하다.[24] 따라서 유목 경제가 한 지구에서 부유해지기 위해서는 마초의 양을 증가시키는 것뿐만 아니라 인

---

23) L. N. Gumilev, "Istoki ritma kochevoi kul'tury Sredinnoi Azii", *Narody Azii i Afriki*, 1966, no. 4, pp. 91~92.
24) S. I. Rudenko, "K voprosu o formakh skotovodcheskogo khozyaistva i o kochevnikakh", *Materialy po etnografii Vsesoyuznogo Geograficheskogo obshchestva*, fasc. I, p. 5.

구를 안정시키는 것도 필수적이다. 인구 증가는 자연이 유목민에게 줄 수 있는 모든 혜택을 삼켜버릴 것이다. 유아사망률이 높은 가뭄 상황에서는 초원 지대에 과잉 인구가 거의 생기지 않았다. 과잉 인구가 생기면 목축 부족의 연장자들은 기꺼이 스스로 목숨을 끊었다. 그리고 구르칸이 사람들을 받아들이면 그에게로 가서 돌아오지 않게 해야 했다.

따라서 부족들이 대대적으로 동원될 수는 없었다 해도 고향 유목지에서는 아주 정력 넘치고 다루기가 너무 힘들지만 전쟁 복무에는 충분히 훈련된 사람들을 모으는 것이 가능했다. 한 가지 말썽거리가 있었다. 반半 용병이었던 이들을 완전히 신뢰하기는 어려웠던 것이다. 그들의 지도자는 특히 위험할 수 있었다. 따라서 야율대석은 어떤 지휘관도 100명 이상의 기병을 가질 수 없고, 100명을 떠맡는 모든 장교는 구르칸에게 직속되는 체제를 도입했다.

함께 집합된 지원병들은 먹고 무장하고 훈련해야 했으며, 구르칸은 돈이 없었기 때문에 누군가가 구르칸 대신 이 돈을 지불해야 했다. 생각해보자. 누가 그럴 수 있었을까? 돈을 갖고 있었고 구르칸의 대 무슬림 전쟁을 필요로 했던 사람이 그 사람이다. 13세기에는 중국에서 유럽으로 그리고 유럽에서 중국으로 대상을 데리고 다니는 상인들만이 즉시 쓸 수 있는 돈을 갖고 있었다. 무슬림 상인들은 당연히 제외된다. 유대인 교역은 965년에 중요한 중계점이었던 이틸Itil'〔중국어로는 아득阿得 혹은 아득수阿得水. 8세기 중엽부터 10세기 말까지 하자리아의 수도〕의 파괴와 함께 끊겼다. 위구르족이 남아 있는데, 그들은 한 부분은 불교도였고, 나머지는 네스토리우스교도였다.

위구리아에서 불교가 번성한 것은 불교 경전이 수도승에게 금, 은, 여자를 금한 데 따른 결과였다. 따라서 절은 아주 부유했지만 참된 불교도는 장사와 아무 관련이 없었다. 반대로 네스토리우스교도는 모든 곳에서 교역을 했고, 발휘할 수 있는 모든 정열을 다해 무슬림을 증오했다. 여기서 우리는 생각에서 사실로 되돌아간다. 도망가는 구르칸을 수도 비쉬발리크에서 받아주고, 식량을 공급해주고, 자기 군대를 재조직할 기회를 주고, 그 후에 초원 지대의 활기찬 사내들로 이 군대를 다시 채운 것은 바로 위구르족이었다. 이에 대해 위구르족은 모든 사업가에게 필요한 것을 얻었다. 우선 그들의 피후견인은 사마르칸트, 페르가나 카슈가르, 호탄에서 경쟁자들을 분쇄하고 그들에게 대상 교역의 독점권을 보장해주었다. 또 카트완의 전투가 끝난 뒤부터 위구르족 상인 도시가 번성하기 시작했다. 권력이 기독교인 수중에 떨어진 곳에서는 무슬림 상인들이 세금을 부과 받았다.[25]

그러나 신앙적 요인을 잊는다면 가장 천한 '근대화'를 저지르는 셈일 것이다. 기독교가 셀주크 술탄국에서 허용되었다고는 해도 무슬림은 있을 수 있는 모든 유리함을 다 누리고 있었다. 다음으로, 네스토리우스교도 불관용으로 유명해 다른 신앙을 가진 사람들과의 전쟁에 돈을 아끼지 않았다고는 해도 마땅한 군사 지도자가 없었다. 야율대석은 그들의 모든 요구를 충족시켰다. 그는 이교도라는 의심을 피할 수 있을 만큼 교양이 있었고, 스님이 되지 않을 만큼 세속적이었으며, 산자르 술탄의 적이기 때문에 이슬람을 받아들이는 것은 꿈도 꾸지 않았을 것이다. 그가 세례를 받지 않은 것은 분명하다. 왜냐하면 그는 1130년에도 하늘, 땅, 조상들에게 거란의 전통적 희생물 — 회색 황소와 흰 말 — 을 바쳤기 때문이다. 그러나 그가 그렇게 한 것은 오히려 자기

---

25) V. V. Bartol'd, *O khristianstve v Turkestane*, p. 21.

전사들을 위한 것이었다. 물론 어린 시절에 받은 유교 교육 때문에 그의 의식 속에 이런 잔재가 남아 있었던 탓도 있었다. 기본적인 점은, 노련한 정치인이었던 그가 이 새로운 땅에 남고자 한다면 지역 주민이 네스토리우스교도라 해도 최소한 그들 일부의 지지를 확보해야 함을 알았다는 것이다. 따라서 부하라의 통치자에게 보내는 그의 편지가 "자비롭고 관대한 신의 이름으로"[26]라는, 무슬림에게 받아들여질 수 있는 공식으로 시작했음에도 불구하고 그의 후계자는 엘리야-lieh라는 기독교 이름을 받았다. 그리하여 팔레스타인과 시리아의 십자군은 페르시아 동쪽에 기독교 왕국이 존재한다는 것을 진실로 믿었다.

사실 그런 왕국은 존재하지 않았지만 그것이 존재한다는 생각, 그것이 필요하다는 생각, 나아가 그것이 실현될 가능성이 있다는 생각까지 등장했고, 이는 아시아의 정치적·군사적 역사에서 일정한 역할을 했다. 사제-왕을 수반으로 하는 기독교 왕국은 단지 동쪽 기독교인들의 꿈일 뿐이었지만 이 꿈은 워낙 효과적이어서 야율대석이 죽을 무렵에는 많은 사람에게 현실로 보이기 시작했다. 그리고 이 꿈을 위해 이전의 적들, 곧 네스토리우스교도와 야곱파(단성론파)가 화해하게 되었다. 교리는 완전히 무시한 이 두 교회의 통일은 야율대석이 아직 살아 있을 때인 1142년에 일어났다.[27]

| 요한의 왕국 |

야율대석은 1143년에 죽었다. 그의 아들 엘리야는 아직 미성년자였

---

26) K. A. Wittfogel and Fêng Chia-Shêng, *History*, p. 642.
27) V. V. Bartol'd, *O khristianstve v Turkestane*, p. 11.

고, 권력은 이 구르칸이 죽기 전에 섭정으로 임명한 자신의 어머니, 칸샤khansha 수중에 넘어갔다. 하지만 대석 사후에도 극동의 두 제국, 여진의 금나라와 중국의 송나라는 물론 몽골의 유목민들도 대석의 계승자들을 대석 자신으로 간주했고, 하라키타이 통치자들의 행동을 그의 탓으로 돌렸다.

이전 10년 동안 금(여진) 제국은 거란에 정복된 지역을 있는 그대로 받아들이고, 서쪽으로 도망간 사람들과 관계를 수립하기로 결정했었다. 하지만 1144년에 여진의 사자가 사냥에 바쁘던 구르칸 앞에 나타나 말에서 내려 황제의 칙서를 받들라고 요구하자마자 그는 안장에서 끌어내려져 죽임을 당했다.

1151년에 엘리야가 왕위에 올라 1161년까지 평화롭게 통치했다. 이 시기에 거란과 호라즘 사이에 충돌은 단 한 번 일어났으며, 이조차 피를 흘리지 않고 끝났는데, 거란이 호라즘의 압도적 병력을 보고 전투에 나서지 않았기 때문이다(1158년). 엘리야가 죽자 여동생이 왕위에 올라 1177년까지 통치했다. 그녀의 파멸에는 낭만적인 이야기가 깃들어 있다. 이 칸샤에게는 연인이 있었는데, 이 연인이 그녀를 설득해 남편을 죽이게 했다. 살해당한 남자의 아버지가 군대를 일으켰고, 칸샤와 연인은 1178년에 붙잡혀 죽임을 당했다. 엘리야의 아들 줄쿠Julkhu(Jurka, 즉 Yurka, Yurn, George이다)〔서요의 제3대 황제 야율직로고耶律直魯古(?~1213년), 칭기즈칸에게 패해 망명해온 나이만족의 왕자이자 사위였던 쿠츨루크의 쿠데타로 1211년에 실권한다〕가 왕위에 올라 1213년까지 통치했다. 치세 전반기에 그는 할아버지가 중앙아시아에서 획득한 지위를 유지하는 데 골몰했다. 이를 위해 그는 총대주교 엘리야 3세가 카슈가르와 네바케트Nevaket(제티수)의 네스토리우스교 대주교관구를 세우는 것을 도왔다.28) 치세 후반기에는 칭기즈칸의 전쟁과 관련된 정치에 끌려들어가지 않을 수 없었지만 이에 대해서는 하라키타이 정권의 창조가 아니라 파괴를 다루는 다른 장에서 논의하겠다.

하라키타이 정권의 창건자가 장악하고 획득한 영토는 그가 죽은 시점에 세 개의 큰 지역을 포함하고 있었다. 북쪽으로는 이밀 강에서 시작되는 서부 중가리아와 남쪽으로는 추강까지 미치는 제티수 지역29)은 구르칸의 직할 아래 있었다. 이 영토는 유목민과 반#유목민이 살기에 아주 편했다. 산과 초원 지대 목초지의 다양성 덕분에 이 영토는 지역 투르크 주민을 포함해 84,500 텐트(가족 단위)를 먹여 살렸다. 이에 따라 군대는 소규모여서 구르칸이 곧바로 쓸 수 있는 병력이 1만 명이었고, 완전 동원할 때는 3~5만 명이었다.30)

수도 아니 본부라고 해야 할 발라사군은 이시크쿨에서 멀지 않은, 추강 상류 지역에 자리해 있었다. 또 다른 도시 이밀은 발하슈 동단에서 멀지 않았다. 이 작고 그림 같은 가난한 지역이 그 유명한 '프레스터 요한의 왕국'31)이었다.

추강과 중앙 톈샨 남쪽에는 정복을 통해 구르칸에게 복속된 훨씬 더 큰 영토가 있었다. 이 영토는 남쪽으로는 아무다리야의 물결을 경계로 했고, 서쪽으로는 호라즘 샤들이 구르칸의 우월한 권위를 인정했기 때문에 아랄해를 경계로 했으며, 동쪽으로는 호탄의 풍요로운 오아시스

---

28) 앞의 책, p. 26.
29) G. E. Grumm-Grzhimailo, *Zapadnaya Mongoliya*, p. 399.
30) K. A. Wittfogel and Fêng Chia-Shêng, *History*, p. 659.
31) 이 지역에서 나온, 기독교 고대에 대한 가장 최근의 고고학적 발견에 관해서는 T. N. Senigova, "Voprosy ideologii i kul'tov Semirech'ya", *Novoe v arkheologii Kazakhstana*, pp. 62~67을 보라.

를 경계로 했다. 카슈가르, 사마르칸트, 부하라, 테르메즈[현재 우즈베키스탄 남쪽 끝에 있는 도시]는 호라즘과 호탄처럼 자신의 통치자를 두고 있었기 때문에 카트완 전투 후에 구르칸에게 공물을 바치는 것이 적절하다고 보았다. 이 공물은 부담이 크지 않았고, 그들에게 평화를 보장해주었으며, 높은 비용을 치르면서 북쪽 국경을 방어해야 하는 부담에서 그들을 해방시켜주었다. 위구르 이디쿠트족 역시 구르칸의 봉신들에 속했지만 이는 진짜 복속이라기보다 공생에 가까웠던 것이 분명하다. 위구르족은 거란족에 대해 아주 독립적으로 행동했다.

교황 요한의 왕국의 진정한 국경을 개략했으므로, 이제 지금까지 이용하지 않았던 '인도 왕국 이야기'라는 러시아 텍스트를 일별하는 것이 아주 유용할 것이다. 위에서 인용한 라틴어 서술과 달리 이 사료에는 어떤 흥미로운 디테일이 서술되어 있으며, 우리는 여기에 주의를 기울이고자 한다.

우선 이 텍스트는 일종의 중세 '과학 픽션'이다. 여기에는 다리가 셋인 사람, 세 길에 이르는 거인, 반조반마, 악어, 불사조 따위가 나오지만 흥미 있는 점은 지리 정보가 있다는 것이다.

이 왕국 한가운데에는 "모래 호수가 있고, 이 호수는 한곳에 머무르지 않는다. 언덕은 바람이 끄는 대로 가고 호변에는 320km에 걸쳐 언덕들이 솟아난다." 이것은 모래 언덕이 있는 모래사막을 아주 정확히 묘사한 것이다. 유일하게 분명하지 않은 점은 이 저자가 어떤 사막을 염두에 두고 있는지, 타클라마칸인지 아니면 중앙 중가리아의 사막인지 하는 것이다. 그러므로 텍스트를 더 보자. "사흘을 [여행하는 — 구밀료프] 동안 이 바다 옆으로 높은 언덕이 있고, 이 언덕에서부터 돌이 많은 강이 흐르는데, 사흘을 가도 크고 작은 돌이 강에 깔려 있다. 이

돌은 우리 땅에, 저 모래바다에 들어오고, 얕은 모래 언덕들이 저 바다를 덮고 있으며, 저 강 가까이 하루의 여행길만큼 떨어진 곳에는 버려진 높은 언덕들이 있는데 사람이 꼭대기를 볼 수가 없고, 이 지점부터는 이제 작아진 강이 지하로 흐른다."

이것은 톈산의 남쪽 사면에 대한 묘사이다. 이곳에서는 강바닥을 덮고 있는 돌과 자갈이 끊임없이 흘러 내려가며, 물줄기는 모래사막의 가장자리에서만 지표로 올라온다. 바로 이곳에 위구리아의 오아시스들, 쿠차, 쿠를랴Kurlya, 악수 등이 풍요롭게 늘어서 있다. 텍스트 뒤로 가서는 보석들이 이 강들의 바닥에서 발견된다는 언급이 있다. 여기서 호탄이 비취와 벽옥의 공급원이고, 인근의 산들에 루비, 사파이어, 청금석의 공급원이 있음을 상기할 만하다. 마지막으로 개천들이 물고기 가득한 큰 강으로 흘러들어가고 이 물고기들이 날로 섭취되었다는 언급이 중요하다. 이 큰 강이 타림 강이다. 따라서 이 공상적인 발명품 가운데서 극히 귀중한 디테일이 발견된다. 교황의 왕국이 위구리아에 위치해 있었던 것이다.

얼핏 보면 이것 역시 역사적 현실과 상충되는데, 왜냐하면 구르칸의 본부와 그의 전사들의 생활 무대는 톈산 북쪽이었기 때문이다. 그러나 위에서 언급했듯이 글자 그대로 해석하는 방법은 대개 혼란에 빠지게 된다. '인도 왕국 이야기'의 저자는 현실에 거의 무관심하다. 그에게는 이미지와 의미가 중요했다. 따라서 그는 동방 네스토리우스교의 심장이었던 나라의 그림을 그려, 불교와 이슬람교 모두에 대립하는 동방 기독교 문화의 출발을 전파하려고 했다. 이런 의미에서 그는, 셀주크 술탄국에 회복할 수 없는 타격을 가한 황색 십자가 십자군을 일으킨 사람들이 바로 위구르족이었다는 우리의 추측을 확인해준다.

이 관점에서 볼 때 우리 사료의 저자는 옳았으며, 아마 그의 동시대인들은 그를 이해했을 것이다. 그러나 우리는 상업적 언어와 통계학적 정밀성에 익숙해져 이미지와 연상의 체계를 이해할 수 없고, 중세의 독자에게는 명백했던 메타포 뒤의 참된 내용을 발견할 수 없다. 따라서 번역이란 단순히 단어와 구절을 대체하는 것이 아니라 더 크게는 의미와 해설 방식을 설명하는 것이다.

그렇다. 그러나 이것이 다가 아니다! 의미의 생생함이 역사적 현실을 대체했지만 완전히 그런 것은 아니었다. 이에 대해서는 하라키타이 한국의 북쪽 국경 문제를 보면 납득이 될 것이다.

남쪽과 서쪽의 국경과는 달리 하라키타이 왕국의 북쪽 한계선은 확실하게 결정될 수 없다. 일반적으로 이 국경은 이밀 강을 따라간 것으로 여겨지지만 북쪽 이르티슈 유역에는 강력한 나이만 부족이 살고 있었다. 그들의 기원이 무엇이고 어떤 민족이었는지는 여전히 미해결 문제로 남아 있다.[32] 나이만족의 역사는 칭기즈칸의 시기, 곧 12세기 후반부터 제대로 알려져 있다.[33] 바로 여기에 해답이 놓여 있다. 초원 지대 아시아 유목 부족의 다수는 10세기 말이나 11세기 초부터 역사가들에게 알려졌지만 아주 크고 강하며 교양 있는 민족인 나이만족에 관한 정보는 사실 12세기 말에야 나타난다.

역사가 없는 민족이나 문화는 없다. 따라서 나이만족의 선조는 다른 어떤 민족 집단의 구성원들이었으며, 어쩌면 거란족이 바로 이 민족 집단이었다고까지 주장할 수도 있을 것이다.

---

[32] L. L. Viktorova, "K voprosu o naimanskoi teorii proiskhozhdeniya mongol'skoe literaturnogo yazyka i pis'mennosti(XII-XIII vv.)", *Uchenye zapiski LGU*, no. 305, ser. vostokoved. nauk, fasc. 12, pp. 138~140.

[33] K. A. Wittfogel and Fêng Chia-Shêng, *History*, p. 50.

중앙아시아에서 각 민족은 민족명과는 별도로 민족을 구성하는 부족들의 숫자를 가리키는 별칭이 있었다. 따라서 위구르족은 토쿠즈-오구즈, 곧 9부족으로, 카를루크족은 우스-오구즈Üç-Oguz, 곧 3부족으로, 바스밀족은 40부족으로, 탕구트족은 7부족으로 불렸다. 거란족은 8부족 민족이었으며, 나이마naima라는 말은 몽골어로 8을 의미했다. 나이만어 중에서 오직 고유명사와 '문화어'만이 살아남았다. 둘 모두 주로 이웃들에게서 빌려온 말들이다. 하지만 우리는 나이만족이 케라이트족, 몽골족과 충돌하면서 그들에게 자신들에 대해 멋지게 설명했음을 알고 있다. 이는 그들이 몽골어를 말했음을 말해준다. 그러나 몽골어를 말하는 유목민들이 과연 어디에서 나와 12세기 후반에 알타이 산맥에 도달했을까? 거란족과 함께 온 것일 수밖에 없다. 아니 거란족의 일부, 야율대석의 동지로 온 것일 수밖에 없다. 그러나 이제 다시 사료로 돌아가보자.

라시드 앗 딘은 우리에게 이렇게 말한다. "칭기즈칸의 시대 전에 나르키슈 타양Narkysh-Tayang과 에니아트 칸Eniat-kaan이 나이만족의 영주였다. …… 그들은 키르키스 부족을 대파했다. …… 부이루크Buyiruq와 타양〔칭기즈칸의 동시대인들 ─ 구밀료프〕은 에니아트-칸〔나중에 그는 이난차 빌게 칸Inancha-bilge-qan이라고 불린다 ─ 구밀료프〕의 아들들이었다. …… 나이만 부족은 유목민으로, 어떤 사람은 산지에 살았고, 또 어떤 사람은 계곡에 살았다. …… 그들은 크고 효과적인 군대를 갖고 있었다. 그들의 관습과 습관은 몽골족과 비슷했다."[34]

이슬람 저자의 말에 프란체스코회 수사 뤼브루크의 기움〔1220~1293

---

34) Rashid ad-Din, *Sbornik letopisei*, I, p. 1, pp. 135~140.

년(?). 플랑드르 뤼브루크에서 태어났다. Willem van Ruysbroeck, Guillaume de Rubrouck, Willielmus de Rubruquis 등으로 불린다]의 말을 덧붙이기로 하자. "북쪽 땅의 통치가 콘 캄Kon-kham[khan과 예언자라는 뜻의 kam이라는 두 단어를 혼동했다 — 구밀료프]이라는 이름의 단 한 사람에게 속하게 된 것이 바로 이때, 곧 프랑크족이 안티오크를 취했던 때였다[1098년 6월]. 이 콘이 하라-카타이였다[1098년에는 카타이 혹은 거란과 하라-키타이로의 분열 이 아직 일어나지 않았다. 13세기의 저자가 '근대화'하고 있는 것이다]. 이 카타이족 [하라-키타이족]은 내가 통과해가던 어떤 산들에 살고 있었으며[그는 중앙 아시아의 서쪽 부분과 중심부, 알타이산과 톈산 사이에 있는 세 통로 가운데 하나를 지 나갔다]35), 이 산들 사이의 계곡에 어떤 네스토리우스교 목사 권력자가 살고 있었는데, 그는 나이만이라고 불린 민족들을 지배하고 있었고 네 스토리우스교 기독교인에 속했다[하라-키타이의 구르칸 야율대석의 지역이 묘 사되고 있다 — 구밀료프]. 콘 캄[요 왕조의 황제]이 죽자 이 네스토리우스교 목사는 스스로를 왕으로 선언했고, 네스토리우스교도는 그를 요한 왕 이라고 부르면서 그에 대해 진실보다 열 배나 더 거창한 이야기들을 해댔다. 이것이 이 나라들로부터 도래한 네스토리우스교도의 행동 방 식이다. 그들은 무에서 거대한 이야기를 지어낸다."36)

여기에 나오는 연대는 상당히 혼란스러운데, 이는 의도적이다. 안티 오크를 취한 때는 거란족이 주부족을 대파, 정복하고 요 제국이 대초 원 지대 동부를 통일한 때와 일치한다. 이 사건은 유목민들의 마음속 에 남아 있지 않을 수 없었으며, 뤼브루크는 이 유목민들로부터 한 세 기 반 후에 정보를 얻었다.

---

35) V. A. Obruchev, *Izbrannye raboty po geografii Azii*, p. 386.
36) *Puteshestvie v vostochnye strany Plano Karpini i Rubruka*, pp. 115~116.

이제 텍스트들을 비교해보자. 이 텍스트들은 외관상 모순되어 보이지만 서로를 보충한다. 뤼브루크는 분명히 야율대석과 그의 한국의 영토를 묘사하고 있으며, 이 영토를 나이만이라고 부르고 있다. 라쉬드 앗 딘은 13세기 말 전에 나이만족에게 단 한 명의 영주, 에니아트 혹은 이난차[Johann, Ivan]가 있었다고 지적한다. 이 이름이 쉽게 요한으로 옮겨진 것이거나 아니면 요한이라는 이름이 에니아트로 바뀌었을 것이다.

다음 키르키스족과의 전쟁이 일어난 연도이다. 이미 잘 알고 있듯이 거란족은 1129년에 키르키스족과 충돌했다. 키르키스족은 그들을 물리칠 수 있었지만 사얀 산맥의 남쪽에 펼쳐져 있는 서몽골의 초원 지대는 당연히 거란족에게 떨어졌다. 이곳에서 야율대석은 이 풍성한 초원 지대 사람들의 예비대로부터 전사들을 모아 1141년에 셀주크 술탄을 대파할 수 있었고, 이후 그는 왕-사제로 알려졌다. 그러나 1143년에 그가 죽은 후 국경 지역은 떨어져 나가기 시작했다. 에니아트는 이난차 빌게 부쿠 칸(현명하고 강한 사람)[37]이라는 투르크 이름을 갖고 몽골 알타이족이 지키는 영토에 있던 자기 분견대의 선두에 서서 독립하고, 이름이 전하지 않는 두 아들에게 권력을 이양했다. 하지만 그들의 칭호면 우리에게는 충분하다. 형은 타양 칸으로 불렸고, 아우는 부이루크 칸이라고 불렸다. 투르크 칭호를 이용함으로써 나이만족은 몽골어를 유지했다.[38]

따라서 유럽에서 프레스터 요한의 왕국이라고 불렸던 한국의 북쪽 경계는 처음에는 사얀 산맥까지 이르렀지만 약하고 여성적인 손들은

---

37) L. N. Gumilev, *Drevnie tyurki*, p. 198.
38) "나이만족과 어떤 몽골족의 언어에서 bukaula는 kishat로 불리지만 몽골족은 'kichat'라고 말한다"(Rashid ad-Din, *Sbornik letopisei*, I, p. 2, p. 124).

북쪽 땅들에 대한 통제력을 잃었다. 이 일은 아마 1177년의 혼란스러운 시기에 일어났을 것이다. 이제 이 국가의 국경은 너무 많이 줄어들어 더 이상 지탱될 수 없었다. 물의를 일으키기 좋아하는 유럽인들의 발명품은 진리와 거리가 먼 것이었음이 밝혀졌지만 결론은 뒤로 미루기로 하자. 가장 환상적인 이야기에도 한 조각의 진실은 있는 법이다.

이제 우리는 더 이상 약식으로 다룰 수 없는 사건들에 도달하고 있다. 이제 구름에서 내려와 초원 지대 언덕의 꼭대기로 가서 지평선과 그 가까이에 있는 초원 지대를 더 큰 집중력으로 더 상세히 살펴보기로 하자. 우리가 이제 이러한 사치를 누릴 수 있는 것은 어디에서 무엇을 찾을지를 알게 되었기 때문이다.

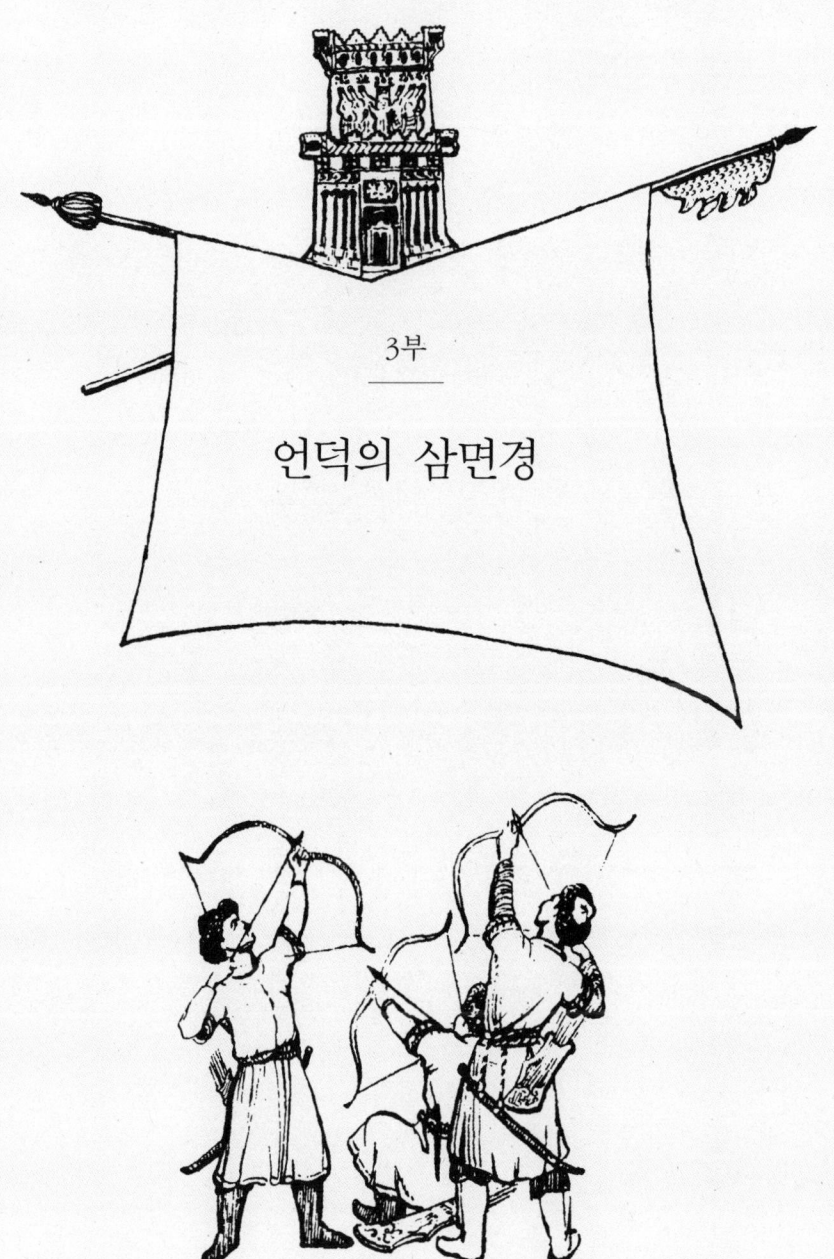

3부

언덕의 삼면경

| 7 |
'다비드 왕'의 용기와 파멸(1143~1218년)

| 거울 속의 반영 |

어떤 시기나 사건이나 일화를 서술할 때 역사학자는 무심결에 단 하나의 각도에서만 바라본다. 이것은 편견, 경향성, 불의가 아니라 관점 선택의 불가피한 법칙이며, 인간의 지각의 특징이다. 하지만 이로 인해 연구에 일정한 일방성이 초래되어 이 업종의 비밀에 정통하지 않은 일반인들에게서 부당한 비난을 받게 되기도 한다.

이런 일은 우리 경우에도 일어난다. 칭기즈칸에 의해 하나가 된 몽골족은 세계의 절반을 품은 권력을 창조했다. 따라서 13세기 연구에 수고와 힘을 바친 역사학자들은 거의 모두가 몽골족과 그들의 정복의 역사에 대해 써왔다. 그러나 주제의 특성상 우리는 뭔가 다른 일을 하지 않을 수 없다. 나이만족과 그들의 패배의 역사를 쓰는 것이 그것이다. 여기에 사용되는 사료와 마찬가지로 사용되는 사실도 동일할 것이다. 연구 방법도 바뀌지 않는다. 그럼에도 불구하고 우리는 사건들을 이면에서 볼 것이기 때문에 새로운 조명 아래 사건들을 볼 수 있을 것이다.

먼저 유목민 봉건제가 어떻게 수립되었는지에 관한 우리 견해가 바뀔 것이다. 만주의 거란족은 조직화된 봉건 국가를 갖고 있었다. 곧 학식 있는 중국인들로 이루어진 관료제 그리고 징세 가능한 부동산을 갖고 있었다.[1] 야율대석이 서쪽으로 이끈 부대들은 초보적인 군사 조직밖에 갖고 있지 않았다. 그들에게는 더 이상 재산이나 땅이나 농노들이 없었다. 한 마디로 무기밖에 없었다. 그들은 승리 후에 무슬림 도시들로부터 공물 형태로 일정한 소득원을 얻었고, 지역 주민들로부터 가축을 먹일 땅을 얻었다. 이곳에서 야율대석 무리들이 정복된 칸규이족과 킵차크족을 농노로 만들어, 그들에게서 호화스러운 궁전과 고관대작들을 유지할 수단을 짜낼 것으로 볼 수도 있을 것이다. 그러나 야율대석은 그렇게 어리석지 않았다. 그는 자기에게 사람이 아주 적었고 적은 많다는 것 그리고 유일한 구원의 길은 지역 주민의 공감을 얻는 것임을 분명히 이해하고 있었다. 따라서 그는 지역 주민을 조금 더 밀집시켜, 그의 민족도 초원과 산기슭에서 조금의 공간을 얻도록 했을 뿐이다. 그는 이 일을 생각보다 쉽게 해낼 수 있었다. 왜냐하면 12세기에 유라시아의 초원 지대에서 습기가 집약적으로 증가했고[2], 자연 조건의 그러한 변화에 따라 목초지 양이 늘어났기 때문이다.[3] 그리하여 초원 지대에서 평화가 확립되었고, 유목민의 정착이 가능해졌다.

---

1) L. I. Duman, "K istorii gosudarstva Toba Vei i Lyao i ikh svyazei s Kitaem", *Uchenye zapiski Instituta vostokovedeniya*, 1955, pp. 20~36.
2) L. N. Gumilev, "Geterokhronnost' uvlazhneniya", p. 82.
3) L. N. Gumilev, "Istoki ritma", p. 92.

구르칸이 귀족제의 발전을 차단했던 것도 그다웠다. 어떤 장교도 감히 100명 이상의 전사들을 지휘하지 못했다. 요 제국의 몰락이라는 끔찍한 경험도 여전히 새로웠다. 당시 허약한 기율이 여진의 승리를 더 쉽게 했던 것이다. 이제는 구르칸만이 복종적인 병력을 지휘했다. 그러니 여기에 봉건제가 어디 있을까? 봉건영주도 없고, 농노도 없고, 위계도 없으며, 군대와 가족만 있을 뿐이었다.

이난차 칸도 어느 모로 보나 똑같은 입장에 있었다. 그는 야심이 너무나 커서 100명의 지휘관이라는 지위에 만족할 수 없는 사람이었다. 권위를 가진 사람들에게 불만을 품은 사람들은 항상 존재하기 마련이며, 그들은 몽골 알타이 산맥 너머에 있었기에 하라키타이 체제의 행동반경 밖에 있었다. 그들에게 다행스럽게도 거기에는 한때 강성했지만 지금은 쇠퇴한 티킨 부족의 희박한 인구밖에 없었다.[4] 나이만족(그들의 이웃들은 민족명 대신에 별명을 이용해 이렇게 불렀다)은 새로운 땅에서 강력한 이방인들에게 둘러 싸여 있음을 알았고, 따라서 영토와 더불어 티킨족의 잔존 세력을 자기 환경 속으로 받아들였다. 군대는 항상 사람이 더 필요한 법이었다.

이난차 칸은 1201~1202년에 죽었고, 그의 군대는 두 무리로 나뉘어 두 아들 타양 칸과 부이루크 칸에게 각각 통솔되었다. 형제는 서로 잘 지내지 못했지만 이는 그들의 성격 때문이라기보다는 그들의 부대의 소망 때문이었던 것 같다. 군대 민주주의에서는 전사들이 칸의 변덕에 좌우되기보다는 칸이 전사들의 기분에 좌우되었다. 거란족은 옛

---

[4] Rashid ad-Din, *Sbornik letopisei*, I, p. 1, p. 139. 베레진Berezin의 번역으로는 비킨 Bikin이지만 이들은 분명히 알타이계 투르쿠트족의 잔존 세력이기 때문에 티킨이 더 낫다. L. N. Gumilev, "Altaiskii vetv' tyurok-tukyu", *Sovetskaya arkheologiya*, 1959, no. 1, p. 105 이하.

날부터 부족 구조를 선호했고 '부족 연합'이라고 불린 분권 체제를 사랑했다. 그들은 야율아보기의 결단으로 두 가지를 다 빼앗긴 채 황제로 변한 칸들에게 복종해야 했다. 그러나 황제가 몰락하고 부족의 평구성원들이 권력에 오르자마자 탈주 거란족들은 관습적인 사회생활 형태로 되돌아갔고, 두 한국으로 나뉘었다(여덟 개로 나뉠 만한 사람들이 없었을 것이다).

따라서 이 패주에서 살아남은 거란족 사이에서는 삶, 문화, 사회관계의 단순화가 일어났다고 말할 수 있다. 그들은 자연 상태로 돌아갔고, 용감한 사냥꾼이자 목축민이 되었으며, 중국 문자를 잊었다. 그래도 글에 대한 수요가 있었기 때문에 위구르족에게서 알파벳을 빌려왔는데, 이것은 우연하게도 중국 문자보다 그들의 언어에 훨씬 더 적합했다. 이 알파벳과 함께 이데올로기, 곧 네스토리우스교가 왔고, 네스토리우스교는 이 민족 속에서 뿌리 내리지 못했던 개념들의 잔재를 신속히 쫓아냈다. 한국의 분열이 낳은 첫 번째 결과는 구르칸 줄쿠와 이난차 빌게 칸이 독립적인 정책을 동시에 펼치는 바람에 서로를 마비시키고 수많은 적의 손을 자유롭게 풀어주었다는 것이다.

하라키타이 구르칸의 병력은 중앙아시아를 지키는 데 손발이 완전히 묶여 있었다. 이 시기에 호라즘이 중앙아시아에서 세력을 키우고 있었기 때문이다. 역사의 이 페이지에 대해서는 아주 상세히 서술된 바 있으므로[5] 여기에 길게 머물지는 말기로 하자.

나이만족으로 되돌아가자. 그들의 서쪽 국경은 알타이 산맥이 믿음직하게 지켰다. 나이만족은 알타이 산맥 서쪽에 살던 킵차크족과 우호

---

5) V. V. Bartol'd, *Turkestan*, II, pp. 182~344.

관계를 수립했으며, 어느 민족도 상대방을 흔들지 않았다. 동쪽의 관계는 훨씬 더 복잡했다. 1007~1008년에 네스토리우스교를 받아들인 케라이트족은 몽골의 중앙부를 차지하고 있었다. 12세기 이전의 그들의 역사는 사료들에 전혀 언급되어 있지 않다. 전설적인 계보에 따르면 역사가 기록한 첫 번째 칸이자 부이루크 칸6)이라는 칭호를 가진 마르쿠즈(마가)는 몽골족의 최초의 어머니 알란-고아7)에게서 태어난다. 옆길로 새서 이 전설이 역사와 얼마나 상응하는지 검토하지는 말자. 우리에게 유일하게 중요한 점은 케라이트족이 스스로를 몽골족의 가까운 친구로 여겼다는 것이다. 칭기즈칸의 증조부인 몽골 카불 칸의 사후8) 마르쿠즈는 유목민을 이끌고 여진족과 싸웠지만 운명은 그를 대단히 가혹하게 다루었다. 타타르족이 그를 사로잡아 여진족에게로 넘겼다. 마르쿠즈는 '나무 당나귀'에 못 박혀 죽었다. 이 사건은 1150년대 초의 일로 기록되어 있다.9)

마르쿠즈에게는 두 아들이 있었다. 첫째는 쿠르차쿠스-부이루크 칸 Qurchaqus-Buyiruq qan인데, 그가 진짜 케라이트족을 이끈 것처럼 보인다. 구르칸10)이라는 칭호를 가진 둘째는 케라이트족과 몽골족의 혼인에서 나온 아들인데, 왜냐하면 이때부터 몽골족에게서는 그들 자신의 주권자 쿠툴라 카한Qutula qahan이 등장했기 때문이다. 쿠르차쿠스는 1171

---

6) Rashid ad-Din, *Sbornik letopisei*, I, p. 1, p. 130.
7) *Sokrovennoe skazanie*, pp. 83~84.
8) G. E. Grumm-Grzhimailo, "Kogda proizoshlo", p. 169.
9) V. Bartol'd는 마르쿠즈가 아마도 야율대석과 동시대인일 것이라고 가정하지만(*O khristianstve v Turkestane*, p. 25를 보라) 그는 1147년까지 생존한 카불-칸 사후에 죽었다.
10) Rashid ad-Din, *Sbornik letopisei*, I, p. 1, p. 130을 보라. 구르칸이라는 칭호는 그가 부족 연합의 지도자였음을 나타낸다. 당시 유일한 연합은 몽골-케라이트 동맹이었다.

년경에 죽었으며11) 그의 계승자 토오릴To'oril은 삼촌들을 처형하는 것으로 자신의 왕위 등극을 표했다. 이로 인해 이 민족 사이에서 동요가 일어나자 구르칸은 조카를 왕위에서 내쫓았고, 조카는 몽골족에게로 가 도움을 청했다. 당시 몽골 연합 부족을 이끌던 칭기즈의 아버지 예수게이 바아투르Yisügei-ba'atur가 이 쫓겨난 왕을 도와 왕위에 복위시켰다. 구르칸은 고비사막의 남쪽 국경 지대에 있던 탕구트족12)에게로 도망가 지지자들을 정착시킬 장소를 얻었다.

언뜻 하찮아 보이는 이 에피소드에는 역사적 사건들의 경로에 영향을 미치는 두 선이 반영되어 있다. 하나의 선은 일반적인 아시아 정책에 의해 결정되는 국가의 선이고, 다른 선은 케라이트의 칸인 토오릴의 성격과 관련된 개인적 선이다. 분석의 두 선을 결합할 때만 역사적 현실의 그림이 밝혀질 수 있기 때문에 이 둘을 구분해 차례차례 다루어야 한다.

1170년경, 상황을 제대로 판단할 수 있는 모든 초원 지대 주민들은 무서운 위협이 가해지고 있음을 분명히 인식했다. 불굴의 여진족은 금나라, 곧 황금제국을 세운 후 아시아에 대한 지배 — 그들의 후손 만주족이 500년 뒤에 성취하게 될 것 — 를 추구했다. 그러나 17세기에 만주족은 그들과 협력했던 라마교 교회의 영향력을 이용해 큰 어려움 없

---

11) 이 연도는 팔라디 카파로프가 확립했는데, 그는 '서하에 관한 역사 노트(최근에 나타난 저작) ……'를 언급하며 이 저작에 나오는 연도는 '확인을 요한다'고 지적한다(Palladii, "Starinnoe mongol'skoe skazanie o Chingishkhane(primechaniya)", *Trudy chlenov Rossiiskoi dukhovnoi missii v Pekine*, IV, p. 199).

12) 이 텍스트에는 카신Khashin이라는 명사가 있는데, 이는 강의 서쪽을 뜻하는 중국어 허시河西에서 몽골족이 만든 말이다. 황허가 북쪽으로 방향을 트는 곳 서쪽에 있는 알라산과 난산의 산기슭을 그들은 카쉰이라고 불렀다. 아주 많은 부족이 혼합되어 살던 이 지역은 탕구트(중국어로는 서하) 국가의 핵이었다.

이 이를 이루었던 반면 여진족은 (서기 1000년경) 중국의 끔찍한 박해를 겪었던 네스토리우스교 교회로부터 강력한 저항을 받았다. 따라서 타타르족을 제외한 모든 유목민은 여진족이 초원 지대로 침입해 오는 것에 반대했다. 몽골족조차 기독교인이 아니면서도 네스토리우스교 진영을 적극적으로 지지했다. 그러므로 침략자를 물리치는 것은 이 병력이면 충분했을 것이며, 여진족 주력이 중국에 묶여 있었기 때문에 더더욱 그랬을 것이다. 그러나 초원 지대 내부에 이에 대한 장애물이 생겨났고, 이 때문에 적극적으로 방어하자는 생각은 여전히 실현되지 않았다.

이 상황을 자세히 살펴보기로 하자. 유목민 기독교인과 정주민 기독교인을 뭉치게 할 수 있는 자연스러운 지도자는 하라키타이 구르칸이었을 것이다. 그러나 야율대석은 죽었고, 그의 계승자들은 위구르족 상인 자본이 지휘하는 정책에 골몰했다.13)

위구르족에게서 중국과의 분쟁은 중국에서 어떤 정부가 날뛰고 있든 죽음의 입맞춤이었다. 왜냐하면 그들은 대상 중개 무역으로 부유해졌고, 분쟁이 일어날 경우 필요한 재화를 얻지 못할 것이었기 때문이다. 이 때문에 그들은 하라키타이의 공격을 중앙아시아에 있는 무슬림 경쟁자들에게로 돌렸고, 무기를 동쪽으로 돌리려는 시도에는 돈을 대지 않았다.

탕구트의 상황은 훨씬 더 복잡했다. 중국과 긴 전쟁을 치르며 적의가 양국 관계의 전통이 되었지만 강력한 여진족이 출현해 스스로 약속

---

13) 제노바, 베네치아, 피렌체의 상인 자본도 쿠차와 투루판에서 나타난 상인 자본 현상과 동시대의 일이었고 모습도 비슷했다. 따라서 이 용어는 과거의 일을 근대에 뜯어 맞추는 것이 아니다.

한 의무를 무시하며 제멋대로 행동하자 탕구트족은 상황을 재검토해 남으로는 중국을, 북으로는 초원 지대에 있는 반여진 세력을 지지하지 않을 수 없었다. 그들이 유목 연합 세력에 대한 지휘권을 주장하는 케라이트 구르칸을 받아들인 것도 바로 이 때문이었다. 그러나 탕구트 왕국은 단일한 관점을 수립하지 못했다. 그리하여 중국과의 동맹을 주장한 사람이 1168년에 여진족의 요구로 처형되었지만 그렇다고 그의 반대자들이 송 제국과 몽골족에 맞서 금 제국과의 동맹을 이루었던 것은 아니다.14)

그러나 다른 무엇보다 그들이 모든 힘을 다해 지킨 부족 체제 자체가 유목민의 통일을 막았다. 그리고 이제 자기 민족의 자유를 짊어진 초원 지대 지도자들의 개인적 선호와 반감으로 넘어가 보기로 하자. 왜냐하면 그들 각각은 일반적 상황을 이해했던 못했던 자신의 이해利害를 갖고 있었고, 이 이해가 사회의 이해와 일치하기만 원했기 때문이다. 반대가 될 경우, 특히 생사가 걸린 문제가 될 때 누구도 자기 자신을 희생시키려 하지 않았다. 더 정확히 말해 경쟁자에게 죽음을 당하면서까지 10~20년 사이에 닥쳐올 여진의 야망에 맞서 초원의 추상적 자유를 지키려는 지도자는 없었다. 토오릴도 그랬다.

| 나이만과 케라이트 |

토오릴의 삶은 아주 고난에 찬 것이었다. 그는 7살 때 메르키트족에게 붙잡혀 갔다. 포로는 대개 종으로 이용되었기 때문에 이 칸의 아들

---

14) [Bichurin] Iakinf, *Istoriya Tibeta i Khukhunora*, II, pp. 108~110.

은 절구에 기장을 빻았다. 하지만 그의 아버지가 메르키트족을 공격해 아들을 구할 수 있었다. 6년 후 토오릴과 그의 어머니는 타타르족의 포로가 되어 낙타에게 풀을 먹였지만 이때는 고국의 도움을 기다리지 않고 도망쳐 되돌아왔다. 이 두 가지 사실 자체가 케라이트 본거지에서 모든 것이 제대로 돌아가지 않았음을 보여준다. 그의 적들은 칸의 아들을 두 번 사로잡았는데 칸의 친척과 고관의 묵인 아래 그렇게 했다. 토오릴이 삼촌들에게 드러낸 적의, 그들의 처형을 초래한 원한은 어느 정도 바로 이 때문이다. 1171년에 다시 퇴위된 뒤 그는 몽골 지도자 예수게이-바아투르의 도움을 받고서야 권리를 얻었지만 그 뒤 같은 해에 타타르족의 독살로 유일한 친구를 잃었다. 이 간단한 자료만 보아도 케라이트 본거지에서 부족의 통일성이 오랫동안 부재했다는 것 그리고 지도자들이 지휘하는 종자從者들의 창에 권력이 좌우되었음을 알 수 있다. 그들의 신조만이 산산 조각난 민족을 함께 묶을 수 있었다. 왜냐하면 케라이트족은 북으로는 이교도 몽골족에게, 남으로는 불교도 탕구트족에게 둘러싸여 있었기 때문이다. 같은 믿음을 가진 나이만 한국이 서쪽에 등장하자 상황은 훨씬 더 긴박해졌다.

토오릴의 적들은 버팀목을 찾았다. 12세기에 자명했던 도덕과 의무의 관점에서 볼 때 누구도 이 기독교인 칸, 증오의 대상인 여진족의 적을 동정하느라 케라이트 고관들을 비난할 수 없었다. 케라이트족 사이에서 토오릴에 대한 반대가 일어났고, 이난차는 자신의 정치적 목표를 위해 이 상황을 이용했다. 북쪽의 강력한 부족들, 곧 사얀산 서쪽 사면에 살던 오이라트족 그리고 바이칼호의 남쪽 호변을 차지한 메르키트족과 동맹을 맺었던 것이다. 그는 심지어 여진족과 다투었던 타타르족까지 이 제휴에 끌어들이고, 오르도스와 싱안 산맥 사이에서 만리장성을 따라 유목 생활을 영위하던, 대담한 샤토족의 후예인 옹구트족, 곧 '백타타르족'과 외교 관계를 수립하는 데까지 성공했던 것처럼 보인다.

토오릴은 고립되어 몽골족에게서 지지를 구하지 않을 수 없었지만 이 민족은 심각한 분열의 시기를 겪었고 아직 하나의 전체를 이루지 못하고 있었다. 타이치우트Tayichi'ut 부족이 이끄는 몽골족 대부분은 나이만족과 친했기에 조금도 지체하지 않고 불운한 케라이트 칸을 도왔다. 그러나 1182년에 칭기즈칸이라는 칭호를 취한, 예수게이-바아투르의 아들 테무친 주위에 집결한 또 다른 일파가 토오릴을 지지했다. 이러한 예기치 않은 사태 전환의 원인은 워낙 중요해서 이 사태를 일으킨 사회 변화에 대해 특별한 분석을 해야 한다. 일단 토오릴과 테무친이 알탄Altan 칸 — 그들은 금 제국이라는 중국어 명칭을 몽골어로 번역하며 여진 황제를 이렇게 불렀다 — 과 일시적 동맹을 맺는 데까지 이르렀다고만 말해 두겠다.

1183년에 이 동맹국들은 여진의 정규군에게 공격당한 타타르족의 곤경을 이용해 이 타타르 약탈자들의 끊임없는 약탈을 저지했다. 테무친과 토오릴은 퇴각하는 타타르족을 쳐서 지도자를 죽이고 포로를 나누었다. 이에 더해 도움에 대한 감사의 표시로 여진 금 제국에서 사용된 중국 칭호를 받았다.[15] 이때부터 토오릴은 왕이 되었지만 유목민들은 왕이라는 말을 이해할 수 없었기 때문에 이 말에 칸이라는 익숙한 말을 덧붙였다. 이렇게 해서 완칸Wankhan〔영역자는 이 말이 몽골어 형태로는 옹칸Ong-qan이라고 간단한 주를 달고 있다〕, 곧 옹칸이라는 칭호가 나왔고, 유럽인들은 이를 요한 왕으로 여겼다.[16]

15) 그루세는 이 사건에 대해 잘못된 연도를 제시하고 있다(*The Empire of the Steppes*, p. 203).

나이만족은 이에 어떻게 반응했을까? 아주 부정적으로! 공격적이고 침략적인 여진족에 맞서 유목민들의 기독교 동맹이 형성되는 대신 친여진 몽골-케라이트 블록이 형성되었고, 두 통치자 옹칸과 칭기즈칸은 자기 민족의 소원과 반대로 행동했다. 그리하여 칭기즈칸은 타타르족에 승리를 거둔 직후 강력하고 숫자가 많았던 주르킨Jürkin 씨족을 절멸시켰다. 약속된 장소에 늦게 도착해 이 전쟁에 참여하지 않았다는 이유였다.

그것이 군기 이완이었던 것은 사실이지만 몽골족은 엄격한 규율에 훈련되어 있지 않아 규율 위반을 이유로 전 부족을 처형한 것을 두고 지은 죄에 비해 너무 무거운 처벌이라 여겼다. 하지만 만 18년 동안 겁먹은 몽골족은 칭기즈칸 무리를 그대로 내버려두었다.

옹칸의 본거지는 한 동안 평화로웠지만 나이만족의 음모가 먹혀들었다. 1194년에 그의 아우 에르케-하라Erke-qara가 나이만족에게로 도망가, 목숨을 잃을까 무서워서 도주했다고 말했다. 그가 친나이만 파당의 지도자였던 것은 분명하다. 왜냐하면 나이만족의 이난차 칸이 즉시 케라이트족 초지에 병력을 보냈기 때문이다. 그러나 아무 전투도 일어나지 않았고, 아무도 옹칸을 지키기 위해 침략자에 맞서 창을 들지 않았다. 옹칸은 자기 민족의 분위기를 알아채고 일단의 충성스러운 부하를 모아 나이만족에게서 어떤 시혜도 기다리지 않고 1196년 가을에 탕구트족에게로 도주했다.17)

---

16) R. Khennig, *Nevedomye zemli*, II, p. 446 이하를 보라.
17) 이 사건들의 연대는 불확실하다. 그루세(*The Empire of the Steppes*, p. 204)에 따르면 옹칸의 도주와 복귀는 1194~1196년에 일어났다. 비트포겔(*History*, p. 648)은 이 견해를 들어본 후 다른 견해를 제안한다. 옹칸이 1196년에 도주해 1198년에 복귀했다는 것이다. 이 두 번째 견해가 더 설득력이 있다. 왜냐하면 옹칸이 전투도 하지 않고 도망갈 정

탕구트 왕은 케라이트 칸을 동정심을 갖고 맞이해주었다. 탕구트 왕은 그에게 음식을 주고 위구리아를 통해 곧 유일하게 안전한 길을 통해 하라-키타이로 보냈다. 구르칸 줄쿠에게서 후한 대접만 받았음에도 불구하고 토오릴은 1년 후에 도망쳐야 했다. 그가 손님으로 무엇을 했는지 상상하기는 어렵다. 1197년 토오릴은 탕구트에 다시 등장했지만 그의 동행들이 사막을 가로지른 후 굶주린 나머지 주민을 약탈하기 시작하자 탕구트족은 손님을 북쪽 초원 지대로 되돌려 보냈다. 그는 젖이 나오는 염소 5마리 그리고 아사를 피하기 위해 피를 뽑아먹을 낙타 1마리만 갖고 그곳에 도착했다.

그런 후 운명은 다시 한 번 이 배신자에게 미소를 지었다. 오랜 친구의 아들이자 친구이기도 한 칭기즈칸이 그를 만나러 와서 그를 먹이고, 1198년에 그를 아버지이자 할아버지 자리에 올렸다. 이런 식으로 칭기즈칸이 케라이트족과의 동맹을 강화한 이유는 감사가 유목민의 미덕 중의 하나이자 도덕적 정언명령이었기 때문이다.

하지만 토오릴의 부하들은 그에게 아주 부정적인 태도를 갖고 있었고, 이를 표현하는 것도 잊지 않았다. 옹칸은 고변을 통해 적의에 찬 말들에 대해 알고 음모자들을 체포하도록 명령했다. 그들이 끌려왔지만 그는 불충하다고 꾸짖고 얼굴에 침을 뱉는 것으로 끝냈다. 그런 다음 그들을 풀어주었지만 불만을 가진 사람 중의 하나였던 옹칸의 아우는 나이만족에게로 도주할 수 있었고, 거기에서 환영을 받았다. 그리하

도로 이난차 칸의 군대가 강력했다면 이런 군대를 모으는 데 시간이 필요했을 것이기 때문이다. 여기에 1년 반을 준다면 모든 것이 맞아떨어진다. 따라서 기본적인 사건들은 닭의 해인 1201년에 일어났다고 보아야 한다. 이는 두 번째 견해를 취할 경우 옹칸이 복귀한 후 3년이 지난 뒤이다. 첫 번째 견해를 취할 경우 6년이 지난 뒤가 되는데, 이는 사건들을 연결시키기에는 너무 긴 시간이다.

여 초원 지대에 두 개의 중심이 형성되었다. 하나는 몽골-케라이트였고, 다른 하나는 나이만-메르키트-몽골이었는데, 이렇게 된 것은 몽골족과 타타르족의 일부가 나이만족에게로 경사되었기 때문이다.

이어지는 사건들은 몽골의 역사와 워낙 맞물려 있어 이 사건들을 다루기 전에 우리는 먼저 케라이트족과 나이만족에게서 지도력을 탈취한 그리고 만 한 세기에 걸쳐 유라시아의 모든 민족에게서 지도력을 탈취한 저 몽골족에 대해 엉성하게라도 일별해야 한다. 하지만 심층적인 사회학적 분석에 뛰어들지는 않겠다. 12세기 말에 몽골족이 형성한 체제에 대해 아주 짧게 서술하는 것만으로도 목적을 충분히 이룰 수 있기 때문이다.

| 12세기의 몽골족 |

고대 몽골 사회의 기본 요소는 해체 단계에 있는 씨족*oboq*이었다. 부유하고 영향력 있는 귀족이 수많은 씨족의 꼭대기에 서 있었다. 대표자들은 명예로운 칭호를 갖고 있었다. 바아투르*ba'atur*(영웅), 노얀*noyan*(주인), 세첸*sechen*(현인), 타이시*taishi*(왕자 혹은 영향력 있는 씨족의 구성원)가 그것이었다. 바아투르와 노얀의 주된 관심은 목초지를 얻는 것 그리고 가축과 유르트를 돌보는 데 필요한 노동자들을 얻는 것이었다. 귀족은 사회의 하층을 통치했는데, 하층은 종자들*nökör*, 비천한 태생의 씨족 구성원들*qarachu*(혹은 평민), 노예들*bo'ol*로 이루어져 있었다. 이 노예 범주는 전쟁포로로 노예화된 진짜 노예로 이루어져 있었다기보다는 강한 씨족에 정복당했거나 자발적으로 강한 씨족에 들어간 모든 씨족*unagan-bo'ol*18)으로 이루어져 있었다. 후자는 개인적 자유를 박탈당하지 않았고 법률적으로 주인과 본질적 구분이 거의 없었다. 생산력이 낮은 수준에 있었고 무역은 물론 물물교환조차 극히 약하게 발전되어 있었기 때문에 유목 목축에서 강제 노동을 사용할 근거가 없었다. 노예들은 가노로 이용되었고, 이는 생산관계의 발전에 영향을 거의 주지 못했기 때문에 씨족 구조의 기초가 계속 유지되었다. 이와 관련되어 있던 것이 장비의 공동 소유, 조상에 대한 제사, 피의 복수, 종족 간 전쟁이었고, 이 모든 것은 개인이 아니라 씨족의 능력 범위 안에 있었다. 이렇게 해서 씨족 집단이 사회생활의 기초이고, 모든 씨족 구성원의 운명은 씨족(집단)의 책임이며, 상호부조가 사회적 행동의 유일한 동기라고 하는 관념이 몽골족 사이에서 뿌리내렸다. 씨족 구성원은 항상 자신이 속한 집단의 지지를 느꼈고, 이 집단이 부여하는 의무를 완수할 준비가 항상 되어 있었다.

그러나 씨족이 몽골의 모든 주민을 다 포용한다는 것은 단지 이상일 뿐이었다. 실은 별도의 개인들이 끊임없이 발견되었다. 장로들에게 실제적인 권력이 있던 씨족 코뮌의 규율에 억압당한 사람들이 있었고, 자신의 봉사에도 불구하고 이등 서열에 만족해야 했던 사람들도 있었다. 항상 사소한 역할을 하는 데 만족하지 못한 영웅들이나 기사들은 씨족 코뮌에서 이탈하고 정착지를 떠나 '굳은 의지의 사람들' 혹은 '자유로운 상태'의 사람들 *ütü dürü-yin gü ün*, 중국어로는 '백신白身' 즉 '백골白骨'이 되었다.19)

이 사람들의 운명은 대개 비극적이었다. 그들은 사회적 지원을 박탈

---

18) 우나간-보올은 B. Ya. Vladimirtsov의 표기로, 이것이 관련 문헌에서 정착되었다. N. Ts. Munkuev는 이 표기를 *otegubo'ol*로 고쳤다.
19) S. A. Kozin, *Sokrovennoe skazanie*, p. 54.

당한 채 숲속에서 힘든 사냥을 하거나 물고기를 잡거나 심지어 강도짓까지 하면서 홀로 살아가지 않을 수 없었다. 그러나 이 경우 그들의 파멸은 필연적이었는데, 왜냐하면 초원 지대에서는 어디에도 숨을 곳이 없었기 때문이다. 시간이 흐르며 그들은 조직화된 부족 구성원들에게 저항하기 위해 별도의 부대를 만들고 능력 있는 지도자를 찾아 씨족 및 씨족 동맹과 싸우게 되었다. 그들의 숫자는 끊임없이 증가했고, 그들 앞에 마침내 옛날 몽골족 전체의 칸이었던 사람의 후손이자 죽은 부족 지도자의 아들이 나타났다. 자신의 부와 사회적 지위를 다 잃은 후 나타난 그는 바로 유명한 보르지긴Borjigin 씨족의 구성원으로 후에 칭기즈칸이 된 테무친이었다.

| 불운 |

테무친은 오늘날의 소련-몽골 국경에서 8km 북쪽에 있는 델윤볼도크Del'iün-boldoq 정착촌에서 태어났다. 그의 출생일은 사료마다 다르다. 라시드 앗 딘은 칭기즈칸이 '돼지 해', 곧 1152~1153년에 태어났다고 쓰고 있지만 1227년 가을에 죽었을 때 72세였다고도 쓰고 있다. 즉 그의 출생은 1155년이었으리라는 것이다. 『원사元史』의 일자 — '말의 해' — 가 더 정확해 보이는데, 몽골의 전설 전통도 이와 일치하고, 테무친의 결혼 시기와 그의 아들들, 즉 조치Jochi, 차가타이Chagatai, 우구데이Ögedei, 툴루이Tolui의 나이를 계산한 것과도 일치한다.[20]

---

[20] 아래의 pp. 546~550을 보라. 1200년 이전의 사건들의 연대는 칭기즈의 출생과 결혼의 '살아 있는 연대기'에서 계산되며, 일반적으로 받아들여지고 있는 연대와 우리의 연대가 다른 경우는 특별한 보론에서 다루어진다.

1147년 이후 타타르족과 힘을 합친 여진족과의 전쟁은 몽골족에게 긴급한 과제가 되었다. 1161년 타타르족은 부유르Buyur 호수에서 몽골족을 격파했다.21) 그 결과 고대 몽골 한국은 붕괴되었지만 몽골족은 전쟁을 계속했다. 카불 칸의 손자 예수게이 바아투르가 가장 적극적인 몽골 부족 연합의 하나인 타이치우트를 이끌었다. 그는 몽골족에 대한 타타르족의 공세를 막는 데 성공했고, 그들의 전사 테무친을 사로잡았다. 예수게이는 새로 태어난 자기 아들에게 이 이름을 붙였다. 예수게이는 또 삼촌과 왕위 쟁탈전을 벌이던 케라이트 군주 토오릴을 도움으로써 영향력 있는 친구를 얻게 되었다. 토오릴의 삼촌은 나이만족의 후원을 받고 있었다. 하지만 예수게이가 메르키트족의 한 지도자의 신부 호엘룬 에케Hö'elün-eke를 취하는 바람에 메르키트족과 싸우게 되었는데, 이 사람이 테무친과 카사르Qasar의 어머니가 되었다.

씨족 관습에 따라 이 낭만적 에피소드는 메르키트족과 몽골족 사이에서 적의를 불러일으켰고, 이는 곧 격렬한 전쟁으로 비화되었다. 이 시대의 관념으로는 이 부족이 치욕을 당한 동료 부족 구성원을 위해 일어서지 않을 수 없었기 때문이다. 타타르족, 메르키트족과의 싸움에서 지원을 얻기 위해 예수게이는 아홉 살 난 아들 테무친을 강력한 몽골 부족 옹기라트족Onggirat 지도자의 딸 보르테Börte와 약혼시켰지만

---

21) R. Grousset(*The Empire of the Steppes*, p. 198; *L'Empire Mongol*, p. 47), Boyle(*The Encyclopaedia of Islam*[신판], "Čingiz-khan", Leiden-London, 1960), P. Kafarov("Starinnoe mongol'skoe skazanie", p. 173), V. V. Bartol'd(*Sochineniya*, I, p. 447) 그리고 여타 저자들은 여진족이 몽골족을 격파했다고 말한다. 그러나 왕국유(『蒙古考』, 8a-b)는 여진 통치자 하일린왕Hailin-wang(1149~1161년)이 몽골족을 징벌하겠다는 의도를 천명만 했을 뿐 어떤 전쟁도 벌어지지 않았다고 쓴다. 여진족과 동맹한 타타르족이 몽골족을 격파하기에 충분했음은 분명하다. Wang Guo-wei의 견해는 N. Ts. Munkuev에게서 들은 것으로, 그에게 진심으로 감사한다.

돌아오는 길에 타타르족에게서 식사를 나누자는 초대를 받고 독살되었다. 예수게이가 죽은 직후 그가 이끌던 부족 연합은 붕괴되었고, 타이치우트 부족에게서 온 그의 신민들은 모든 소를 몰고 떠났다. 이로 인해 이 지도자의 가족은 빈곤에 빠졌다. 미망인과 아이들은 사냥과 어로로 어렵게 생계를 꾸렸다. 몽골족에게서 어로는 가장 심한 빈곤을 의미했다. 이것이 '굳은 의지의 사람들'이 산 방식이었다.

테무친이 자랐을 때 타이치우트 지도자 키릴투크Tarqutai kiriltuq가 보르지긴 목초지를 습격해 테무친을 사로잡고 그에게 칼을 채웠다. 그러나 테무친은 빠져나오는 데 성공했다. 테무친은 동포 부족원 손에서 스스로를 구한 후 정혼녀 보르테와 결혼했고, 이 덕분에 그는 그녀 부족의 지지를 얻었다. 그는 아내의 지참금인 담비 외투를 케라이트 칸에게 선물했으며, 칸은 즉시 예수게이와의 우정을 상기하고 테무친에게 보호해주겠노라고 맹세했다. 더욱이 테무친은 자지라트Jajirat 부족의 영향력 있는 지도자 세첸Jamuqa-sechen과도 형제의 의를 맹세했다. 유력한 친구들을 얻은 그는 이제 타이치우트족을 두려워할 필요가 없게 되었다.

고대 몽골족은 의형제의 '의'에 관한 감동적인 관습을 갖고 있었다. 소년들 혹은 청년들은 선물을 교환하고 안다anda, 곧 지정된 형제가 되었다. 의형제의 '의'는 혈연관계보다 더 우월한 것으로 여겨졌다. 안다는 단 하나의 영혼과 같아 서로를 결코 버리지 않을 것이며, 항상 치명적인 위험에서 서로를 구할 것이었다. 넵스키Aleksandr Nevskii도 이 관습을 이용했다. 그는 바투Batu의 아들 사르타크Sartak와 형제의 의를 맺어 이 칸의 친척이 되었고, 이를 이용해 러시아 땅을 많은 곤란에서 비껴나가게 했다.

테무친이 11살이었을 때(『비사』의 저자는 테무친 이야기의 첫머리에서 그의 연령을 사용한다),22) 즉 1172~1173년에 그와 자무카는 얼어붙은 오논에서 놀다가 처음으로 선물을 교환했다. 같은 해 봄에 그들은 서로에게 안다로서 충실하기로 맹세했다.23)

하지만 그 뒤 그들은 7년 동안 다시 만나지 않았다. 이 동안에 테무친은 이복형제 베크테르Bekter를 죽이고, 포로로 잡혔다가 도망치고, 결혼하고, 케라이트 완칸(옹칸)과 사귀고, 자신의 가신을 얻을 수 있었다. 그것도 단 한 명의 가신만 얻은 것 같지는 않다. 왜냐하면 여러 몽골 씨족이 이 카불 칸과 예수게이 바아투르의 후예를 명목상의 우두머리로 인정했기 때문이다. 이 사건들에서 자무카의 이름은 언급되지 않는다.

마지막으로, 1180년에 한 사건이 일어났고, 이것이 연쇄반응을 일으켜 결국 몽골 제국이 부상하기에 이르렀다. 이 사건은 그 자체로는 흔한 일이었다. 메르키트족이 보르지긴 목초지를 습격해 테무친의 젊은 아내 보르테를 납치해갔다. 테무친은 도움을 청하러 옹칸에게 갔고, 옹칸은 자무카에게도 도움을 청해보라고 조언했으며, 자무카는 안다의 호소에 응답했다. 케라이트족과 자지라트족이 메르키트족을 공격해 많은 남자를 죽였고 여자들을 포로로 잡았으며, 보르테를 구출했다. 몽골 초원 지대에서의 이 트로이 전쟁은 테무친에게 엄청난 위신을 가져다주었고, 그는 재빨리 이 위신을 이용했다.

그러나 뭔가 이상한 일이 일어난다. 1년 반 동안 테무친과 자무카는

---

22) L. N. Gumilev, "Etnos i kategoriya vremeni", *Doklady otdelenii i komissii Geograficheskogo obshchestva SSSR*, fasc. 15.
23) *Sokrovennoe skazanie*, § 116.

떼려야 뗄 수 없는 사이였으나 어느 순간 자무카가 한 마디를 내뱉었다. 겉으로는 아무 뜻도 없었지만 이 한 마디가 테무친, 특히 보르테에게 경계심을 불러 일으켰고, 피로써 굳어진 우정은 몇 분 사이에 수증기처럼 사라졌다. 이 한 마디는 보통 '자무카의 유목 수수께끼'로 불리고, 이어지는 사건들은 모두 여기서 원인을 찾지만24) 우리는 이 문제를 다른 식으로 제기하고자 한다. 목격자도 없이 한 친구가 다른 친구에게 말한 구절에 대해 어떻게 알 수 있을까? 『비사』라는 텍스트로부터. 좋다. 그러나 이 자료원의 저자는 이 구절을 어떻게 알 수 있었을

---

24) 잊지 말아야 할 것은 이 텍스트는 이 말이 내뱉어지고 나서 58년 후에 쓰여졌다는 것이다. 이 사실만 비추어 보아도 문자 그대로의 정확성은 있을 수 없을 것이다.
연구자들(언어학자, 문학 전문가, 역사학자)은 이 말을 군사 행동을 개시한 원인으로 보지만 이를 아주 다르게 번역한다. 예를 들어 『비사』를 중국어판에서 번역한 팔라디이 카파로프는 문제의 이 발언을 이렇게 번역한다. "자무카는 말했다. '이제 우리가 산으로 간다면 말을 먹이는 사람들이 유르트를 가질 거야. 물을 따라간다면 어른 양과 새끼 양을 치는 사람들이 목숨을 위해 음식을 얻을 거야"(Palladii, "Starinnoe mongol'skoe skazanie", p. 59). 원어에서 번역한 S. A. Kozin은 다른 번역을 제시한다. "'유목 목초지를 산 주위로 옮기면 우리 목축민에게 오두막이 생길 거야. 우리 유목 목초지를 강변으로 옮기면 양치기들의 목을 위해 [음식이] 생길 거야"(Sokrovennoe skazanie, § 118). 그러나 리게티는 같은 텍스트를 번역하면서 다르게 이해한다. "'우리의 부지런한 목자들이 산기슭에서 목초지를 찾게 하자 [다른 번역: 산을 목초지로 삼게 하자]. 우리는 거기 강둑에 정착하자. 우리 양치기들이 거기서 사료를 찾게 하자'"(L. Ligeti, A Mongolok titkos története, p. 239). 다른 번역도 있지만 인용된 것만으로도 충분하다. 왜냐하면 이 구절의 의미를 이해하지 않고 충실한 번역을 하는 것은 불가능하며, 불분명한 것은 바로 그러한 의미이기 때문이다. 다소 중요한 이 사실을 분명히 인정하면 왜 몽골 울루스가 창조되었는가(V. Bartol'd, "Obrazovanie imperii Chingiskhana", *Zapiski Vostochnogo otdeleniya Rossiiskogo arkheologicheskogo obshchestva*, X, 1896) 그리고 왜 "열망으로 가득한 한 군주가 두드러진 평정"을 보였는가 (S. A. Kozin, "Yuan-chao bi-shi kak pamyatnik literatury", Sokrovennoe skazanie, p. 40)에 대한 답을 '자무카의 수수께끼'에서 찾지 않아도 될 것이다. 나아가 거기에서 찾으면 안 될 것이다. 여기에는 우리가 헤아릴 수 없는 문학적 장치가 있다. 왜냐하면 우리의 미학적 규범과 연상 체계가 『비사』가 보여주는 13세기 몽골족의 그것과 다르기 때문이다. 말은 그것이 특정한 상황에서 특정한 어조로 이야기되는 순간 속에서만 산다. 말은 수 세기를 통해 전달되면 죽게 되며, "버려진 벌집의 벌처럼 죽은 말은 악취를 낸다." 하지만 의미는 죽지 않으며, 우리는 그것을 다른 수단으로 포착해야 한다[이 인용문은 구밀료프의 아버지 니콜라이 구밀료프가 쓰고 1921년에 출판된 시 「말Slovo」의 마지막 두 줄에서 따온 것이다 — 영역자].

까? 오직 테무친이나 그의 아내로부터만. 이는 저자가 테무친의 진영 안에 있는, 그와 가까운 사람이었음을 의미한다. 그렇다면 그는 왜 엄밀하게 숙고된 이야기 속에 이해 불가능한 구절을 집어넣으면서 의미를 밝히지 않았을까? 이것이 힌트라면 도대체 그것은 무엇일까? 모든 것이 너무나 베일 속에 가려져 있어 이 말의 어조와 맥락을 알고 있던 테무친과 그의 가족에게도 이 말은 이해 불가능한 것이었다.

그러나 이것이 단지 고대 문헌에서 흔히 적용되는 문학적 장치, 곧 영웅의 입에 저자의 생각을 집어넣은 것이라면 어떻게 될까? 그렇다면 이 텍스트는 의도적인 수수께끼로 기능하는 정치적 암호를 감추고 있는 셈이 된다. 우리는 이 의미가 직접적인 당사자에게도 불분명했음을 강조하고 있는 셈인데, 그렇다면 무엇이라고 그러한 의미를 밝힐 수 있을까? 다른 뭔가가 중요하다. 친구들은 다툼도 없이 각자 다른 길로 갔고, 하루 뒤 많은 사람이 테무친 주위로 모여 그를 칸으로 선언했다. 자무카는 이에 대해 놀랄 만큼 냉정하게 반응했으나 테무친의 종자 중 하나가 말을 훔치고 있는 자무카의 동생을 쏘았을 때 자무카는 칭기즈 칸을 습격해 포로들을 처형하고 집으로 돌아왔다. 이 일이 일어난 후 18년 동안 이 두 안다 사이에는 어떤 충돌의 소식도 없었다. 그래서 만사는 몽골에서 흔한 방식으로 흘러가는 듯 했다. 하지만 이 기간에 어떤 일이 일어나기는 했다. 이 사건 후 전에 없던 내전이 몽골족 사이에서 타올랐기 때문이다. 따라서 앞으로 더 나가기 전에 지금 묘사되고 있는 사건들에 대해 논평해보기로 하자.

| 역사적 논평 |

    자무카와 테무친의 관계와 관련해 1180~1183년에 이르는 이 시기의 본질은 분열에서 화해, 화해에서 우정, 우정에서 적의 그리고 무력 충돌로 이루어졌다. 적어도 이것이 겉으로 보이는 모습이다. 이 시기의 다른 특징을 지적하기로 하자. 이 시기의 몽골 역사에서 (부족 간 정치 투쟁이나 우연한 정치 투쟁이 아니라) 뚜렷한 목적이 있는 정치 투쟁의 시작은 자무카와 테무친의 충돌과 관련되어 있다. 오직 이 충돌과만 관련되어 있으니, 이전의 모든 충돌은 우연적 요소를 갖고 있었기 때문이다. 메르키트족과 전쟁을 치른 것도 보르테를 구출하기 위한 것이었을 뿐이다. 보르테가 구출되었을 때 테무친은 "찾고 있던 것을 찾았으니"[25] 메르키트족을 추적하는 것은 그만 되었다고 말했다. 그들은 메르키트족을 철저히 약탈함으로써 문제를 종결지었다. 즉 전쟁을 완결시켰다. 사료가 증언하듯이 특히 토오릴은 부자가 되어 종전 직후 그곳을 떠나 톨 강〔몽골 중부와 북부를 흐르는 704km의 강으로, 몽골인들이 성스럽게 여기는 강〕으로, 늘 거처였던 검은 숲으로 갔다.

    테무친과 자무카는 어릴 때부터 의형제였으나 먼 과거 이래 오랫동안 헤어져 있었고, 그래서 메르키트족과의 전쟁이 끝난 후 형제의 예를 재개하는 것이 필요하다고 느꼈다. 테무친이 토오릴을 통해 자무카에게 도움을 호소한 일도 이 시기 전에는 테무친이 자신의 안다와 아무 관계도 유지하고 있지 않았음을 말해준다. 서로에 대한 이 냉담함 ― 사실은 지식의 부족, 서로에 대한 무지 ― 은 만남의 장소에 사흘

---

25) *Sokrovennoe skazanie*, § 110.

늦게 온 테무친과 토오릴에게 자무카가 날카로운 책망조로 이야기한 데서도 느껴진다. 또한 자무카가 어릴 적 친구의 요청을 충족시킨 후 병력의 해산을 아주 꺼렸다는 사실에서도 느껴진다. 자무카는 (토오릴이 그에게 제안했듯이) **자신의 두 부대와 출발하는 대신** "가는 길에" "오논 강 상류에 내 안다의 나라 사람들이 있다"는 것을 상기시키고, "한 부대는 내 안다의 나라 출신으로 만들고 여기서 만들어지는 다른 부대를 합쳐 두 부대가 될 것"26)이라고 생각했다. 그리고 그는 이 두 부대와 함께 나아갔고, 그중 하나만 그의 부대였다. 이것이 테무친과 자무카의 관계에서 두 번째 시기의 출발점이다. 우리는 자무카의 행동의 동기에 대해 아는 바가 없고, 그의 계획에 대해서도 또 일어난 사건에 대한 그의 진짜 견해에 대해서도 모른다. 메르키트족과의 전쟁을 둘러싼 그와 테무친의 관계를 판단할 필요는 없다. 본질적으로 그들은 여전히 서로를 몰랐다. 전쟁 후 무슨 일이 일어났는데, 이는 필시 이와 같은 협력 전쟁에서 있기 힘든 일이었다. 예컨대 흔히 그랬듯이 각자 자기 나라로 가서 이전과 같은 삶을 사는 대신 토오릴, 자무카, 테무친은 다시 의형제 의식을 올리고 계속 함께 뭉치면서 "일 년 반 동안……완전한 평화와 일치 속에서"27) 떨어지지 않고 지냈다.

무엇이 테무친과 자무카의 행동을 이끌었을까? 아마 우정? 그러나 자무카의 진정성은 (그리고 물론 테무친의 진정성도) 의심스럽다. 이 우정은 그들이 전쟁을 위해 형성한 동맹, 군사적·정치적 동맹을 강화하기 위한 것이었다.

우리는 테무친과 자무카가 무엇 때문에 당시 전혀 흔치 않았던 동맹

---

26) 앞의 책, § 106, p. 101.
27) 앞의 책, § 118.

을 맺게 되었는지 모른다. 그저 갑자기 터져 나온 우정 때문이었는지도 모른다. 그렇다고 해도 이는 이 두 사람과 상관없이 객관적으로 사회적 중요성을 지닌 사실이었다. 테무친과 자무카의 결별이 나라 전체를 들썩거리게 하며 초래한 거대한 정치적 반향이 이를 잘 보여준다.

이 의형제의 결별은 예기치 않은 것이었다. 그렇게 된 원인을 『숨겨진 이야기』〔저자는 『원조비사』 원문과 러시아어 번역본을 동시에 참조하는데, 『원조비사』 원문의 영역은 *Secret History*이고 러시아어 번역본의 영역은 *Concealed Tale*이다. 『숨겨진 이야기』는 *Concealed Tale*의 번역이다〕에 기초해 설명하려는 시도는 어떤 특별한 결과도 낳지 못했다. 하지만 이 순간은 중앙아시아 역사에서도 또 전 세계 역사에서도 핵심적으로 중요한 두 문제를 이해하는 데 극히 중요하다. 1) 어떻게 그리고 왜 몽골 제국이 형성되었을까? 2) 왜 나이만족, 케라이트족, 메르키트족, 타타르족 같은 이웃 유럽 민족은 몽골 제국과의 전쟁에서 졌을까? 아래서 살펴보겠지만 여기서 자무카의 역할은 테무친의 역할 못지않았다. 하지만 20세기 역사가들은 이유가 무엇인가, 왜인가 하는 질문을 제기하지 않는다. 이 질문에 대답할 때만 역사학이 과학이 되는데도 말이다. 아주 상세하고 양심적인 저작에서[28] 그루세는 사료가 말하는 것을 되풀이하는 데 그칠 뿐, 거기에는 우리 질문에 대한 답이 전혀 없다. 그래서 우리 스스로 알아볼 수밖에 없다. 사실로 들어가보자.

같은 해 1182년에 자무카는 테무친이 칭기즈칸이 되었음을 안 후 이름 높은 몽골인, 알탄^Altan과 쿠차르^Quchar를 지목하고 그들이 결별을 야기한 주된 용의자라고 보았다. "왜 당신들 알탄과 쿠차르는 우리 일

---

28) R. Grousset, *The Empire of the Steppes*, pp. 212~216.

에 끼어들어 나와 나의 안다를 헤어지게 했는가?"29) 자무카의 이 질문 그리고 칭기즈가 아니라 이 두 사람에게 항의한 것은 여러 가지로 다르게 해석될 수 있다. 우선 자무카가 아직은 칭기즈에게 노골적으로 항의하지 않기로 결심한 것이라고 볼 수 있다. 혹은 음모를 통해 안다 사이의 결별을 일으킨 사람들에게 그저 모욕을 가한 것이라고 볼 수도 있다.

알탄과 쿠차르에 대한 언급은 『숨겨진 이야기』〔『원조비사』〕의 다른 정보와 잘 맞아떨어진다. 이 이야기는 "타이시Nekün-taishi의 아들 쿠차르-베키Quchar-beki가 한 쿠렌Kuren〔각주 37을 참조하라. 영역본 색인에서는 이를 '분견대'라고 번역해 놓았다〕으로 그리고 쿠툴라 칸Qutula-qan의 아들 알탄 오치긴Altan-otchigin이 한 쿠렌으로"30) 테무친에게 합류했다고 말하고 있다. 그들이 '한 쿠렌과 함께' 왔다는 것이 중요한 것이지, 그들이 더 많이 올 수도 있었음은 중요하지 않다. 그들이 칸의 아들들이라는 사실에 주목한다면 이 묘사의 의미는 분명해진다. 이는 그들이 자기 부족에게서 떨어져 나왔음을 강조하는 것이다. 왜 알탄과 쿠차르가 테무친과 자무카를 '분열'시켰는가라는 질문에 대한 답이 그러한 상황으로부터 실마리를 얻지 못한다면 이 상황은 별로 중요하지 않다.

『숨겨진 이야기』의 저자에 따르면 이 의형제 사이의 사건이 일어난 밤 다음날 아침, 많은 사람이 테무친에게 접근했다. 이 이야기를 할 때 저자는 알탄과 쿠차르를 묘사하듯이 이 사람들을 묘사한다. 여기에 더 깊은 의미가 숨겨져 있지 않다면 이는 놀라운 우연의 일치일 것이다. 이것이 저자가 말하는 것이다. "…… 다음과 같은 부족이 왔다. 잘라이

---

29) *Sokrovennoe skazanie*, § 127.
30) 앞의 책, § 122.

르Jalair족으로부터 세 명의 토쿠라운Toqura'un 형제들. …… 바룰라스Barulas족으로부터,…… 망쿠트Mangqut족으로부터, ……" 등등. 즉 이 경우에도 역시 부족 전체가 아니라 부족의 일부가 왔으며, 한 부족에서 온 사람들은 아버지와 아들, 형제와 같은 가족 연줄로 연결되었다. 부족의 분절화는 의심의 여지가 없이 명백하며, 사료에 의해 완전히 증명된다. 예컨대 이렇다. "그의 동생 체르비Ögölen-cherbi는 아룰라트Arulat 부족에게서 떨어져 나와 형 보오르추Bo'orchu에게로 왔다. 우리앙카이 부족에서 …… 떨어져 나와 왔다. ……"31) 등등. 그들은 테무친에게 부족 단위로 온 것이 아니라 가족이나 쿠렌 단위로, 즉 단순한 전사 혹은 귀족으로 군사 단위로 왔다.

따라서 두 가지 상호배타적인 프로그램이 제출되었다. 씨족 장로들은 선출된 칸이 있는 부족 연맹을 창조하기를 원했다. 이 지위에는 노련한 전사이자 기민한 정치인인 자무카가 가장 적절한 후보자였다. 이 프로그램이 승리하면 '굳은 의지의 사람들'은 이 사태 속에서 아무 자리도 차지하지 못할 것이었다. 따라서 그들은 본질적으로 그들의 일원이었던 테무친 주위로 단결했다. 방향 전환을 준비했던 테무친이 자무카에게서 벗어나자마자 13,000명의 전사로 이루어진 종자 집단이 주위에 형성되었다. 1182년에 그들은 테무친을 칭기즈라는 이름 아래 칸으로 택하고 아주 특징적인 문구로 그에게 충성을 맹세했다. "테무친이 칸이 될 때 우리, 적을 추격하는 선도 부대는 그분에게 아름다운 처녀, 아내, 유르트, 노예 그리고 최고의 말을 가져다 드릴 것입니다. 몰이사냥을 할 때 우리는 당신에게 잡은 짐승의 절반을 드리겠습니다.

---

31) 앞의 책, § 120.

전시에 우리가 당신의 규칙을 어기면 우리의 검은 머리를 땅 위에 흩뿌리십시오. 평시에 우리가 당신의 평정을 깨면 우리를 우리의 아내, 자식, 노예들에게서 떼어내 주인 없는 땅으로 던지십시오."32) 이 맹세에서는 전리품의 분할과 규율 위반에 대한 처벌, 곧 전시에는 처형, 평시에는 유형이 약속되고 있다. 이 조건들은 신흥 군사 조직에서 전형적으로 나타나는 것이었다.

테무친의 칸으로의 옹립은 케라이트족에게서는 인정받았으나 막상 몽골족에게서는 반대에 부딪혔다. 몽골족의 다수는 테무친에게 합류한 것이 아니라 자무카를 중심으로 단결했다. 이 줄서기 갈등이 일어난 것은 칭키즈의 사람들에게서 가축 떼를 몰아내려 한 자무카의 동생이 살해된 결과였다. 자무카는 자발적으로 합류한 30,000명의 기병을 데려왔으나 칭기즈칸은 여러 씨족과 부족에게서 13,000명밖에 끌어모으지 못했다.33) 달란-발주트Dalan-baljut 전투에서 자무카는 칭기즈 병력을 꺾고 그를 오논 가까이에 있는 협곡에 가두었다.34) 그러나 그는 종족 내의 전쟁 전통을 충실히 지켜 포로들을 처형하는 것으로 끝내고 병력을 데리고 떠났다. 이 덕분에 칭기즈칸은 목숨을 구했고, 18년의 숨 쉴 공간을 가졌으며, 그 결과 아주 강성해져 전쟁이 불가피해졌다.

여기서 한 가지 의문이 생긴다. 누구에게 전쟁이 불가피해졌다는 것

---

32) 앞의 책, § 123(요약되었다).
33) Rashid ad-Din, *Sbornik letopisei*, I, p. 2, pp. 87~88. *Sokrovennoe skazanie*에 따르면 병력은 동등했다. § 129를 보라.
34) 이에 관해 사료들은 서로 모순된다.『숨겨진 이야기』는 사건들을 이 책처럼 묘사하고 있다(*Sokrovennoe skazanie*, § 129). 라시드 앗 딘(*Sbornik letopisei*, I, p. 2, p. 88)과『원사元史』([Bichurin] Iakinf, *Istoriya pervykh chetyrekh khanov*, p. 9)는 칭기즈칸이 이겼다고 주장한다. 이 불일치의 원인에 관해서는 아래를 보라.

인가? 모두였던 것 같다! 칭기즈칸에 반대한 몽골족 사람들에게. 왜냐하면 칭기즈칸의 무리들은 '굳은 의지의 사람들'로 채워져 있었고 이들은 자신을 모욕한 친족들과 개인적으로 청산Sogdia해야 할 셈을 갖고 있었기 때문에 이 부유한 친족들이 불안에 떨 이유가 많았기 때문이다. 그리고 주변 부족들에게. 왜냐하면 타타르족은 칭기즈칸의 아버지를 독살했고, 메르키트족은 칭기즈칸의 아내를 범했기 때문이다. 그리고 케라이트족 옹칸에게. 왜냐하면 그는 승리를 통해 자신의 위신을 높이려 하고 있었기 때문이다. 또 나이만 칸에게. 왜냐하면 그는 조금 뒤 이 정치적 상황에 대해 평가를 내리기를 "하늘 아래 두 개의 태양이 없는데 한 민족이 두 명의 통치자를 가질 수 있는가?"35)라고 했기 때문이다. 이 주목할 만한 구절이 보여주는 것은, 초원 지대의 통일 전통 — 훈족이 수립하고, 투르크족이 발전시켰으며, 주부족이라고도 불린 몽골어권 타타르 부족 연합이 지속시킨 전통 — 이 13세기 초까지도 아직 존속하고 있었다는 것이다. 이제 유목 문화의 대大 건축물에 왕관을 씌울 때가 왔으며, 단 한 가지만이 불분명했다. 이 위업을 나이만족이 이룰 것인가 아니면 몽골족이 이룰 것인가?

| 분석 시도 |

『숨겨진 이야기』에서 자무카는 테무친이 칭기즈칸으로 선택되고 달란-발주트에서 전투가 벌어지는 이야기와 함께 다시 나온다. 이 이야기에는 다음과 같은 구절이 있다. "자무카가 이끄는 자다란족Jadaran은

---

35) Iakinf, *Istoriya pervykh chetyrekh khanov*, p. 31.

13개 부족을 중심으로 단결해 3개의 부대로 이루어진 병력을 형성했다. 칭기즈칸의 경우 13개 쿠렌이 있었고, 그 역시 3개의 부대로 이루어진 병력을 형성하고 자무카를 만나러 갔다."36) 여기서 나오는 결론은, 적대 세력 각각은 3개의 부대로 이루어진 병력을 갖고 있었지만 자무카가 13개 부족을 가진 반면 칭기즈는 13개 쿠렌을 갖고 있었다는 것이다! 차이는 엄청나다. 이 맥락에서 쿠렌은 부족과 동의어가 아니다. 쿠렌은 군사 단위이다(물론 한 부족이 한 쿠렌을 맡을 수는 있지만 말이다).37) 지금 다루고 있는 때(1182년)와 18년을 격해(1200년) 자무카는 구르칸으로 뽑히는데, 이에 대한 『숨겨진 이야기』의 묘사 덕분에 우리는 한 가지 명백한 결론에 이를 수 있다. 자무카를 뽑은 것은 '부족들', 곧 칭기즈칸에 맞서 이 동맹을 이끈 부족 귀족들이다("…… 그들은 칭기즈칸과 옹칸에 맞서 전쟁을 치르기로 합의했다").38)

위에서 증거로 제시된 모든 것은 다음의 결론에 이른다. 즉 이 시기에 몽골 부족은 쇠퇴의 시기를 겪었다는 것 그리고 이 과정에서 복종하지 않고 부족의 궤도에서 벗어나려 한 사람들과 부족 귀족들 사이의 관계가 극단적으로 악화되었다는 것이다. 이 과정은 워낙 깊이 진행되었기 때문에 부족에서 떨어져 나온 반역자들, 곧 '굳은 의지의 사람들'은 부족 원칙 이외의 원칙에 기초해 단결하는 과제를 떠안았다. '굳은 의지의 사람들'과 부족의 우두머리들 사이의 관계가 악화된 상황에서 이 원칙은 군사적 원칙일 수밖에 없었다. 이 모든 것은 테무친을 중심으로 한 쿠렌의 통일과 자무카를 중심으로 한 '부족들'의 통일 속에서

---

36) *Sokrovennoe skazanie*, § 129.
37) 쿠렌은 문자 그대로의 뜻으로는 적의 공격에 대한 원형의 방어진이다.
38) *Sokrovennoe skazanie*, § 141, p. 116.

실천적인 표현을 찾았다.

다시 한 번 테무친과 자무카의 분열을 둘러싼 한 상황으로 되돌아가기로 하자. 테무친이 자무카와 결별한 직후 '굳은 의지의 사람들', '부족에서 나온' 모든 어중이떠중이들이 그에게 동시에 접근했다. 그들이 테무친에게 동시에 함께 왔다는 이 사실만으로도 우리는 그들이 이 일이 일어나기 전에 함께 있었고, 테무친과 멀리 떨어지지 않은 곳에 있었다고 생각할 수 있다. 이는 친구들이 싸웠다는 소식에 그들이 즉시 반응했다는 사실에 의해 증명된다. 어떻게 해서 그들이 준비를 하고 있었으며 분열을 예상하고 있었을까? 아마 그들이 테무친과 고리를 갖고 있었기 때문일 것이다. 이제 알탄과 쿠차르가 이 모든 이야기에서 행한 역할을 이해할 수 있게 된다. 그들은 테무친과 '굳은 의지의 사람들' 사이에서 중개자 역할을 했던 것이다. 그들 역시 '부족에서⋯⋯' 왔기에 '굳은 의지의 사람들'과 관계를 맺고 있었다. 자무카의 비난에는 충분한 근거가 있었다.

달란-발주트에서의 전투는 이 시기의 대미를 장식한다. 이 전투에 대한 이야기는 『숨겨진 이야기』와 라시드 앗 딘에게서 발견되지만 후자의 이야기는 전자의 이야기와 완전히 상반된다. 『숨겨진 이야기』는 자무카가 승리했고, 그가 "칭기즈를 협곡에" 몰아넣고 "치노스Chinos 씨족의 왕자들을 처형한 후 떠났다"고 주장한다. 라시드 앗 딘의 경우 이 모든 것이 반대로 되어 있다. 칭기즈칸이 승리했고, 똑같은 방식으로 적들을 처형했다. 누구를 믿어야 할까? 사건을 왜곡하는 데 관심이 없는 사람, 『숨겨진 이야기』의 저자를 믿어야 한다. 왜냐하면 적 앞에서 칭기즈칸에게 수치를 주는 것은 저자의 과제가 아니었기 때문이다. 더욱이 그는 자무카에게도 특별히 동정적이지 않다. 자무카에 대해서는 긍정적인 행위도 부정적인 행위도 묘사되고 있다. 반대로 라시드 앗 딘은 현실을 왜곡하는 데 직접적으로 관심이 있었다. 칭기즈칸을 찬양해야 하는 과제로 인해 자신의 영웅을 패배자의 수치스러운 처지로 밀어 넣을 수 없는 것이다. 따라서 라시드 앗 딘의 경우 전투의 세부사항은 결여된 반면 다음과 같은 일반적인 모습은 많이 그려진다. "칭기즈칸의 적들은 그의 행운의 태양에 의해 확 트인 공간의 티끌처럼 흩뜨려졌다."39)

달란 발주트 전투에 대한 묘사에서 우리는 처음으로 자무카의 행동에 내포된 연쇄적 역설의 한 고리와 마주친다. 칭기즈칸에게 승리를 거둘 찰나에 그는 갑자기 이를 거부하고 전장을 떠나며 그저 이렇게 말할 뿐이다. "우리가 그를 오논의 제레네Jerene 골짜기에 확실히 가두었군!"40) 왜 그렇게 했을까?

우리는 자무카와 테무친이 어떤 대립적인 사회 세력을 대변하고 있었는지를 알기 때문에 그들의 개인적인 이해가 수하에 있던 사람들의 이해와 어느 정도로 일치했는가 하는 문제에 접근해볼 수 있다. 이 과제는 사회적 이해, 곧 사회를 분열시킨 두 전쟁 진영의 이해가 무슨 일을 일으키는지를 연역함으로써 수행될 수 있다. 나머지는 인물에 대해 묘사한다.

『숨겨진 이야기』는 자무카와 칭기즈칸의 최초의 충돌을 다음과 같이 묘사한다. 자무카는 칭기즈칸의 추종자 중의 하나가 동생을 죽였음을 알고 알탄과 쿠차르로 인해 사이가 벌어진 자기 의형제에 맞서 병력을 출병시킨다. 자무카의 진군을 알고 칭기즈칸 역시 병력을 모아

---

39) Rashid ad-Din, *Sbornik letopisei*, I, p. 2, p. 88.
40) *Sokrovennoe skazanie*, § 129.

그와 대적하러 간다. 달란-발주트에서 전투가 일어난다. 그런 다음 자무카는 칭기즈칸과 그의 병력을 협곡 속으로 몰아넣는다. 자무카가 테무친과의 옛 우정을 잊은 채 병력을 갖고 그와 대적한다면 그리고 이것이 그가 테무친을 패배시키고 싶어 한다는 뜻이라면 왜 그가 승리를 목전에 두고 단 한 걸음을 더 걸어 적을 파괴해야 할 때 그러한 걸음을 내딛지 못하고 돌아서는지 전혀 이해할 수 없다. 여기서 행동하고 있는 사람은 한 사람이 아니라 두 사람인 것 같다는 인상을 받게 된다. 한 사람은 군사 작전의 개시 명령을 내리고, 다른 사람은 전장을 떠나라는 명령을 내리는 것이다. 이 전쟁에서는 물론 이와 관련된 모든 사건에서도 두 의지가 나타난다. 이 둘은 워낙 모순되어서 한 의지의 행동이 다른 의지의 서약을 깨뜨리고 있다는 생각이 절로 떠오른다. 그러나 우리가 보고 있는 연쇄적 사건들에 대한 우리의 이중적 이해, 곧 개인적 차원의 이해와 사회적 차원의 이해에 비추어 볼 때 여기에는 두 의지가 작동하고 있는 것이 분명해진다.

'굳은 의지의 사람들'이 함께 모인 일, 그들이 테무친을 칸으로 옹립한 일 — 그리고 이에 대한 반응으로 13부족 역시 자무카를 중심으로 단결한 일 — 은 온도를 백열 상태까지 올렸다. 이 상황에서 자무카의 동생이 살해되자 군사 행동이 개시되었다. 자무카가 출정할 때 어떤 목표를 갖고 있었는지는 정확히 알려져 있지 않지만 이 전쟁에서 '부족' 연합이 무엇을 원했는지는 의심의 여지가 없다. 전쟁을 치르는 양측이 이제야 막 범국가적 규모로 조직된 상황, 그리하여 적 세력에 대해 아직 정확히 알려진 것이 없는 상황에서 가장 공격적이고 가장 싸우고 싶어 하는 측은 다른 측이 존재한다는 단순한 사실 때문에 자신의 전통적인 지배가 와해되고 있는 측이다. 그래서 자무카 주위의 사람들은 이 전쟁에 큰 관심이 있었으나 전쟁이 하나의 수단이라는 점에서만 관심이 있었다. 목적은 칭기즈 추종자들의 연합을 파괴하는 것이었지만 앞서 살펴본 대로 이 연합은 형성되지 않았다. 바로 이 때문에 후퇴 명령은 오직 자무카의 의도만 반영하고 있었다고 보아야 한다.

자무카가 칭기즈칸에 맞서 부족 귀족들과 출정할 때 그의 관심이 부족 귀족들의 관심과 같았다고 가정해보자. 즉, 칭기즈를 완전히 패퇴, 파멸시키는 목적을 추구했다고 가정해보자. 그러한 가정에서 출발해 이 전쟁의 역사에서 그가 취한 행동을 본다면 달란발주트를 떠나라는 자무카의 명령을 설명하려 할 때 우리는 막다른 골목에 마주치게 된다. 그러나 다른 한편 그가 이 전쟁에 관심이 없었다고는 말할 수 없다. 그가 승리에서 단 한 걸음만 남겨 놓은 채 전쟁을 중단시키는 것을 아무도 막지 못했듯이 그가 원하지 않았다면 아무도 그를 전쟁에 참가하도록 강요할 수는 없었을 것이다. 따라서 무엇이 자무카를 움직였는지를 말하기는 어렵지만 그의 관심이 주변 사람들의 관심과 같지 않았고 일반적인 방향에서밖에 양자의 관심이 일치하지 않았음은 분명하다. 칭기즈를 도모하는 것이 그러한 방향이었으며, 그것 이상 일치하는 것은 없었다. 그리하여 부족 귀족들의 목적은 전쟁을 끝까지 수행해 승리하는 것으로 성취되어야 했던 반면 자무카의 목적은 전쟁 그 자체로 성취되었다. 그래서 자무카는 전쟁을 끝까지 하는 것이 필요하지 않다고 여겼다.

우루우트족과 망쿠트족이 이 전투 후 자무카에게서 칭기즈에게로 간 것은 지금까지 말한 것과 밀접히 관련되어 있다. 그것은 달란발주트를 떠나겠다는 자무카의 결정에 대한 그들의 반응이었다. 그들이 칭기즈에게로 넘어간 것이 순전히 그에 대한 선호 때문이었다면 이 전투

전에 넘어가야 했을 것이며, 칭기즈에게 큰 도움이 되었을 것이다. 전투 후에 그들이 칭기즈에게로 가는 것을 아무도 막을 수 없었듯이 전투 전에도 막을 수 없었을 것이다. 곧 그들이 떠난 원인은 이 전투 자체에 있는 것이지 다른 데 있지 않다. 또한 그들은 모든 부족 귀족과 동일한 목적을 추구하며 이 전투에 참가했기 때문에 그들이 떠난 원인은 이 전투의 잘잘못 때문이 아니라 이 전투에서 드러난 예기치 않은 요인 때문이었다. 즉 자무카의 관심사와 그의 동맹들의 관심사가 일치하지 않았던 것, 아니 나아가 모순을 갖고 있었던 것과 자무카가 부족 귀족들의 관심사를 무시한 것 때문이었다.

바꾸어 말해 우리는 한 사회 집단의 우두머리의 관심사가 이 집단의 열망과 일치하지 않고, 양자가 맞닿아 있다 해도 일시적으로만 그러한 데 불과한, 역사에서 아주 드문 경우를 보고 있는 것이다. 그리하여 관심사가 일치하고 있다는 착각이 나타나지만 이 착각은 진정한 일치가 요구되는 순간이 오자마자 깨진다. 이러한 사회 집단의 행위는 실패가 예정되어 있다. 우루우트족과 망쿠트족이 칭기즈에게로 떠난 것은 표면적으로 보면 설명하기가 불가능하지만 그들은 이러한 예정된 실패를 이해하고 있었고, 바로 이 때문에 떠났던 것이다. 사실 그들이 자무카에게서 칭기즈에게로 떠난 것은 단순히 한 지도자에게서 다른 지도자에게로 간 것이 아니었다. 이것은 전쟁의 한 진영에서 다른 진영으로 넘어간 것이었다. 우루우트족과 망쿠트족이 속한 부족 귀족 진영과 '굳은 의지의 사람들' 사이의 사회적 모순이 이 적의의 기저에 있었다.

'부족들'이 칭기즈 편으로 옮겨간 것을 어떻게 설명할 수 있을까? 오직 하나의 방식으로만, 곧 전개되는 정치 투쟁의 내용에 의해서만 설명할 수 있다. 그러나 여기서 우리는 다음을 설명해야 한다. '굳은 의지의 사람들' 진영은 구성이나 열망이 동질적이었던 반면 귀족 진영은 두 층으로 나뉘어져 있었다. 한 층은 부족 귀족으로, 이들은 '굳은 의지의 사람들'과 갈등하고 있었다. 다른 한 층은 부족의 일반 구성원들로, 이들은 '굳은 의지의 사람들'과 잠재적으로 같은 사람들일 수 있었고, 부족 귀족에 복종한다는 점에서만 구분되었다. 이 상황은 부족 귀족 진영에 불안정을 낳았고, 부족 지도자들이 칭기즈칸 진영으로 이동하는 것에 관심이 있었다면 부족 전체가 이동하는 것을 가능하게 했다.

우루우트족과 망쿠트족의 행동에는 어떤 정치적 계산이 숨어 있었을까? 이 부족들의 지도자들은 왜 '굳은 의지의 사람들'이 사회적 적수인데도 미래의 운명을 그들의 운명과 합쳤을까? 아마 사람들이 두 전쟁 진영으로 나뉘고 있었을 때 사회적 표지가 더 이상 예전처럼 기능하지 않게 되었기 때문일 것이다. '굳은 의지의 사람들' 진영에서 군사 귀족이 나타나면서 이들의 투쟁은 자유와 독립을 위한 투쟁에서 지배를 위한 투쟁으로 변화되었다. 따라서 '굳은 의지의 사람들'의 승리는 칭기즈가 이끄는 군사 귀족의 지배가 확립되었음을 의미했다. 이 상층 집단을 섬기는 것은 가능했고, 그래서 우루우트족과 망쿠트족은 사실 '굳은 의지의 사람들' 진영으로 넘어간 것이 아니라 칭기즈와 그의 동료들을 섬기러 넘어간 것이었다. 하지만 그렇다고는 해도 무엇 때문에 그들은 이런 이동을 했을까? (자무카 자신이 후에 지적했듯이) 가장 호전적이었기에 그들 역시 정복을 추구했기 때문이다. 자무카는 그들의 기대를 채워주지 않았고, 그와 함께 정복을 추구하는 것은 불가능하다는 것이 명백해졌다. 그래서 그들은 칭기즈에게로 넘어갔으며, 이 덕분에 칭기즈는 한 무리의 지도자에서 주권자로 변했다.

| 테무친과 자무카 |

끊임없는 내전, 습격, 소 도둑질 그리고 기타 '유흥들'이 몽골족을 괴롭혔다. 여기에 외적 위협이 더해졌을 때 민족 전체가 통일의 필요성을 느끼기 시작했다. 타타르족은 여진족의 부추김을 받고 남쪽에서 몽골족에게 압력을 가했다. 메르키트족은 북쪽에서 몽골족을 위협하며 최근의 패배를 되갚아 주고자 했다. 서쪽에서는 나이만족이 활동하기 시작해 케라이트 한국의 왕위 도전자를 찾는 데 성공하고, 옹칸을 일시적으로 몰아냄으로써 몽골의 유일한 동맹을 약화시키는 데도 성공했다. 몽골족은 포위되었다. 그러나 민족의 압도적 다수가 받아들일 수 있는 강령 없이 통일을 이루는 것은 불가능했다. 그러한 강령은 존재하지 않았다.

이난차 칸은 명석하고 선견지명이 있었지만 생애의 마지막 5년 동안에는 아무 역할도 하지 않았다. 이는 물론 칭기즈칸에게는 행운이었다. 이난차 칸이 아무 역할도 하지 않았던 것은 아팠기 때문이거나 나이가 들어 몸이 상했기 때문이었을 것이다. 아니면 아마 그보다 재능이 덜하고 덜 기민한 자식들이 그를 제지했기 때문이었을 것이다. 이난차 칸이 1201년에 죽고 그의 한국이 두 개의 한국으로 나뉘어져 노골적인 전쟁은 아니더라도 서로를 더할 나위 없이 차갑게 대했을 때 격심한 부족 전쟁이 전개되었다.

1201년에 16명의 부족 지도자[41]가 쿠릴타이에 모여 자무카를 구르

---

41) 테무친을 택한 바아투르족의 구성과는 달리 이 동맹에서는 10개 부족만 참여한 채 이 부족의 대표자들이 칸을 택했음을 강조할 필요가 있을 것이다. 타이치우트족과 타타르족은 각각 3명의 대표자가 있었고, 나이만족은 2명의 대표자가 있었으며, 자무카가 특별한

칸으로 선택하고, 칭기즈칸과 옹칸에 대한 전쟁을 목표로 설정했다. 부이루크 칸의 동생이 나이만족 대표자였다. 코이텐Köyiten에서의 전투에서 칭기즈칸과 옹칸은 이 연합 집단을 대파했다. 허리케인이 갑자기 일어나고 자무카 군대의 여러 부족이 상호 접촉을 잃은 덕분이었다. "그리고 자무카는 그를 칸으로 만들어준 사람들을 약탈한 후"42) 후퇴해 동맹들을 떠났다. 칭기즈칸은 이 성공에 기초해 오논 강 유역에서 타이치우트족을 대파했고, 다음 해(1202년) 타타르족에게 결정적 패배를 안겼다. 이때 옹칸은 메르키트족에 대한 전쟁에 착수해 바이칼에서 몰아내고, 이에 더해 상당량의 전리품을 챙겼다. 이어 동맹들은 다시 연합해 나이만 부이루크 칸을 공격했다. 그는 전투도 하지 않고 도망갔지만 우룬구Ürünggü 강〔몽골 서부 알타이 산맥에서 발원해 중국으로 흘러들어가는 700km의 강으로 중국어로는 오윤고하烏倫古河로 불린다〕하류에서 붙잡혀 죽임

한 자리를 차지했는데, 그의 자지라트 부족은 참가자 명단에 없었다. 6개 부족이 완전한 의미에서 몽골족이었다. 옹기라트족, 이키레스족Kires, 코롤라스족Qorolas(쿠랄라스족 Kuralas), 카다긴족Qadagin, 살지우트족Salji'ut, 타이치우트족이 그들이었다. 마지막 세 부족은 니룬Nirun 출신, 곧 칭기즈칸과 친척이었다. 나이만족, 오이라트족, 메르키트족, 타타르족이 동맹으로 초대받은 것이 분명하며, 이는 이 전쟁의 성격을 보여준다. 이 전쟁은 부족 간 전쟁이 아니라 내전이자 사회적 전쟁으로 일어났던 것이다. 이것이 부족들 내의 분열이 계속된 이유였다. 한 코롤라스 전사가 칭기즈칸에게 그에 대한 음모에 대해 알려주었지만 사료는 이것을 반역으로 여기지 않았다. 이 전사는 단지 함께 싸우고 싶은 편을 택했을 뿐이다(Sokrovennoe skazanie, § 141). 전쟁의 이러한 특징은 타이치우트 지도자 타르구타이Targutai가 자신의 부대에 의해 감금되는 일화에서 선명하게 나타난다. 그들은 그를 칭기즈칸에게 데리고 가지만 "타고난 주인에게" 손을 대지 않기 위해 그를 풀어 주었다. 이에 대해 칭기즈칸은 그들을 칭찬하고 받아들여 복무하게 했다(앞의 책, § 149). 따라서 전사들도 당대의 윤리적 규범에 따라 개인적 불경을 저지르지 않고 자신이 복무할 깃발을 선택할 권리를 갖고 있었다.
몽골족의 윤리 체계는 당대의 중국과 유럽의 윤리 체계와 너무나 달라 그들 사이에서는 단순한 상호 무지 때문에 갈등이 빈번히 일어났다. 몽골족에게는 범죄로 보인 것이 유럽인들에게는 정상이었고, 그 역도 마찬가지였다.

42) *Sokrovennoe skazanie*, § 144.

을 당했다.43)

이어서 나이만족의 주력이 이 전쟁에 참여했다. 바이다라크-벨치르Bayidaraq-belchir에서 지휘관 쾨크세우-사브라크Kökse'u-sabraq가 습격 후 떠나고 있던 케라이트족과 몽골족의 길을 막았다. 밤에 옹칸은 칭기즈칸에게서 떨어져 나와 모종의 이유로 자무카에게 합류하고 떠났다. 칭기즈 역시 그가 홀로 되었음을 알고 후퇴했지만 다른 편으로 갔다. 나이만족은 옹칸의 추격에 나섰고 많은 포로를 잡았다. 그런 다음 칭기즈는 옹칸을 구출하러 부대를 보내, 그가 포로들을 되찾아 오는 것을 도왔다. 이 때문에 옹칸은 칭기즈를 양자로 삼았다.44)

이 동맹은 그냥 내버려두었으면 더 강화되었겠지만 케라이트족 대공들과 닐카 셍굼Nilqa-Senggüm 왕이 칭기즈에 대해 음모를 꾸몄다. 그들은 칭기즈를 자기들에게로 끌어들여 죽이고자 했다. 옹칸 본영은, 애초에 이 충돌을 야기한 사람이면서도 전쟁에 참여하기를 거부한 자무카를 모종의 이유에서 첫 번째 자문역으로 삼았다.45) 케라이트족은 몽골족을 기습하고 싶어 습격을 준비했지만 몇몇 무지렁이 목축민들46)이 시의적절한 정보에 대한 대가를 바라며 편을 바꿔 칭기즈칸에

---

43) 사료들에는 다시 모순이 있다. 여기서는 『숨겨진 이야기』의 설명(*Sokrovennoe skazanie*, § 158)이 인용되지만 라시드 앗 딘은 부이루크 칸이 1206년에 추적 중에 붙잡혀 죽임을 당했다고 알려준다(*Sbornik letoisei*, I, p. 2, p. 135). 『원사』([Bichurin] Iakinf, *Istoriya pervykh chetyrekh khanov*, p. 36)도 같은 설명을 제시하지만 그것이 우리에게 말해주는 것은 중국판과 페르시아판이 단일한 출처, 곧 몽골 출처에서 나왔다는 것뿐이다.

44) *Sokrovennoe skazanie*, § 164.

45) 이 전쟁과 다른 전쟁에서 한 자무카의 행동은 너무나 이상해 특별한 연구를 할 만한 가치가 있다. 사료의 저자들은 이렇게 전개되는 비극의 한 주요한 영웅이 비논리적 행동을 보이고 있음을 알아채지 못하는 듯하다. 20세기 역사학자들도 확실히 어설픈 설명을 제시하고 있다. 우리는 이 문제를 별도로 다룰 것이다. 아래의 11장을 보라.

46) 양편 모두 탈영병이 있었다. 그러나 양치기와 아라트arat는 칭기즈칸에게 도망갔지만 귀족 노얀들, 예컨대 알탄, 쿠차르 그리고 심지어 칭기즈칸의 형제 카사르까지 옹칸 주위

게 경고한 덕분에 몽골 여자들과 아이들이 피신할 수 있었고, 부대는 전투를 준비했다. 칼라운-아울라Qala'un-a'ula 전투에서 몽골족은 우루우트 지도자 쿠율다르Quyuldar의 광적인 용기 덕분에 완패를 피할 수 있었다. 그는 자기 부대를 케라이트 군대의 중심에 던져 넣어 그들의 공격을 좌초시켰다. 밤의 장막 아래 칭기즈칸은 자기 부대의 생존자 총 2,600명의 기병을 이끌고 나왔다. 몽골족은 능숙하게 기동하면서 반복 전투를 피했고, 협상으로 케라이트족의 경계를 누그러뜨렸으며, 1203년 가을의 야간 전투 중 제제에르Jeje'er 산 옆에서 기습 공격으로 그들을 대파했다. 옹칸은 나이만족에게로 도망가다가 한 나이만족 국경수비대원과 마주쳐 죽임을 당했다. 그의 얼굴을 몰랐던 수비대 장교가 그가 그렇게 중요한 사람이라고는 생각하지 않았기 때문이다.47) 케라이트족 생존자들은 그의 아들 셍굼의 보호 아래 도망쳐 호탄에 이르렀지만 여기서 칼라치Kalach 부족의 지도자가 셍굼을 잡아 죽여버렸다.48)

이렇게 해서 중앙아시아의 가장 강력하고 가장 오래된 기독교 한국이 이교도의 희생양이 되며 종식되었다. 그러나 문제의 이 측면이 모든 사료에 반영되어 있지 않은 것은 신기한 일이다. 라시드 앗 딘은 서론에서 그저 "예수 — 그에게 평화가 있기를! — 의 부름이 그들에게 도달했고, 그들은 그의 신앙을 받아들였다"49)고 언급할 뿐, 이로부터 어떤 결론도 끌어내지 않는다. 『숨겨진 이야기』에는 단지 케라이트 기

에 모였다. 따라서 몽골족과 케라이트족 사이의 전쟁은 부족 간 전쟁이 아니라 오히려 사회적 전쟁으로 승리 후 노얀이 된 '굳은 의지의 사람들'과 부족 귀족 사이의 다툼을 해소하는 것이었다. 이렇게 되어야만 사실과 모순됨이 없이 '몽골 유목 봉건제'라는 명제를 해석할 수 있다.

47) *Sokrovennoe skazanie*, § 188.
48) Rashid ad-Din, *Sbornik letopisei*, I, p. 2, p. 134.
49) 앞의 책, I, p. 1, p. 127.

도문 '아바이-바바이Abai-Babai', 곧 '우리 아버지'만 언급되어 있고, 그것도 우연히 언급되어 있을 뿐이다.50) 유일하게 가능한 결론은 몽골족 자신이 신앙의 차이에 중요성을 부여하지 않았다는 것이다.51)

그리고 이러한 관점에서 볼 때 케라이트족도 동일한 의견을 갖고 있었다는 것이 아주 중요하다. 시베리아 연대기는 케라이트족 왕국의 몰락에 대해 극히 왜곡된 설명을 담고 있다. 이 설명은 너무나 왜곡되어 있어 어떤 연구자도 이 항목을 13세기의 사건들과 관련지을 생각을 하지 않았다. 여기에 그 사료가 있다.52) "마호메트의 법을 따르는 온On이라는 이름의 왕이 있었다"(『에시포프 연대기Esipov Chronicle[시베리아 연대기의 하나로, Savva Yesipov가 1636년에 편찬했다]』에는 온이라고 되어 있고, 『스트로가노프 연대기Stroganov Chronicle[1620~1630년 혹은 1668~673년에 편찬되었다고 생각되는 시베리아 연대기의 하나]』에는 이반이라고 되어 있고, 『레미조프 연대기Remizov Chronicle[시베리아 연대기의 하나로, 17세기 후반 러시아 역사가 Semyon Remezov가 편찬했다]』에는 온솜 칸On-Som-Khan이라고 되어 있다). 그에 맞서 "무지한 민족에게서 힘을 얻은 칭기라는 이름의 사람이 일어섰고, 그는 산적 떼처럼 온에게 맞서려고 가서 …… 그를 죽였고, 칭기 자신이 왕 노릇을 〔시작했다〕."

여기서는 많은 것이 뒤죽박죽이다. 잊혀진 네스토리우스교 자리에 이슬람이 들어서 있다. 칭기즈칸은 무지한 산적 떼로 불린다. 그러나 우리에게 중요한 것은 수많은 손을 거친 정보가 의미 — 사회적 의미

---

50) *Sokrovennoe skazanie*, § 174.
51) *Kniga Marko Polo*, M., 1955, pp. 85~87.
52) *Sibirskie letopisi*, p. 36; G. F. Miller, *Istoriya Sibiri*, I, pp. 190~191. 여러 가지 견해와 해석에 대한 요약으로는 M. G. Safargaliev, *Raspad Zolotoi ordy*, p. 220을 보라.

— 를 지켰다는 것이다. '굳은 의지의 사람들'의 지도자는 적수들에게 한 무리의 산적 떼 지도자로 여겨진 것이었다. 이 사료는 이 기본적 내용을 잃지 않았다. 그러나 여러 층이 겹쳐진 조개껍질 속에서 진리의 진주를 발견하기 위해 우리는 사실적 역사를 적절히 배워야 한다. 오직 이런 방식으로만 연구자의 연상 체계는 필요한 한계치까지 확장될 수 있기 때문이다.

하지만 케라이트족과 몽골족이 주부족이라는 광범위한 유목민 공동체의 일부로 공동의 전통을 형성하고 있었다면 나이만족은 전혀 다른 민족이었다. 그래서 나이만족과 몽골족의 전쟁은 부족 사이의 외적인 전쟁으로 간주되어야 한다. 우리의 사료들이 하나같이 주장하는 것은, 전쟁을 개시한 자는 옹구트족을 동맹으로 끌어들이려 한 나이만족 타양 칸이며 옹구트족은 이를 단도직입적으로 거부하고 칭기즈칸에게 경고해주었다는 것이다. 다른 한편 칭기즈에 대한 패배와 그에 뒤이은 대량 학살에서 살아남은 모든 사람들, 곧 타타르족, 메르키트족, 몽골족, 자무카 지지자들 그리고 여타의 사람들은 투쟁을 계속하기 위해 나이만족 칸 주위로 모였다. 1204년에 양 병력은 한가이 산맥 근처에서 충돌했고, 결정적 순간에 자무카는 부대를 철수시켰으며, 나이만족은 패배를 당했다. 타양 칸은 죽었고, 어머니는 붙잡혔으며, 아들 쿠츨루크Küchlüg[?~1218년. 『요사』에서는 굴출률屈出律, 『원사』에서는 곡출률曲出律, 『원조비사』에서는 고출로극古出魯克으로 표기되어 있다. 타양칸太陽汗의 아들로, 1208년에 칭기즈칸에게 패배한 이후 서요로 망명했다가 1211년에 서요의 황제이자 장인이던 야율직로고耶律直魯古를 퇴위시키고 서요의 제4대 황제에 올랐다]는 알타이 산맥 너머 이르티슈 계곡을 따라 후퇴했던 메르키트족에게로 도망갔다. 초원 지대는 다시 투르크족과 위구르족의 칸들 치하에서처럼 통일되었다. 아직 정복되지 않은 칭기즈칸의 마지막 적수는 의형제이자 첫 번째 경쟁자인 자무카 세첸이었다. 1205년에 그는 자신의 전사들에게 붙잡혀 칭기즈에게로 넘겨져 처형되었다.

| 대大쿠릴타이 |

동족들과의 전투에서 '9개의 발을 가진 백기白旗'를 지키는 모든 세력은 1206년에 오논 강안에 모였다. 이 집회, 곧 쿠릴타이는 최고 권력기관이었으며, 쿠릴타이만이 특정인에게 통치를 맡길 권리를 갖고 있었다. 뽑힌 사람은 칸이라고 불렸다. 그들은 융단 위에 앉은 칸을 주위 군중의 머리 위로 올렸고, 군중은 함성으로 그에게 복종하겠다는 뜻을 표현했다. 물론 테무친은 두 번째로 칸으로 선택되었고, 쿠릴타이는 칭기즈칸이라는 그의 칭호를 확인했다. 그들은 또한 칭기즈칸의 충직한 지지자들과 그들의 가족 및 가노를 핵으로 삼은 이 신흥 민족의 이름을 결정하도록 요청받았다. 그리하여 그들은 몽골족이라고 불렸고, 이것이 새롭게 형성된 이 민족과 군 병력의 공식 이름이 되었다. 여기서 가장 지적할 만한 상황은 몽골군이 13,000명의 자원군에서 110,000명의 정규군으로 성장했다는 것이다. 이렇게 증가한 이유는 분명 피정복 케라이트족과 나이만족을 병력에 포함시켰기 때문이다. 그러나 사람들은 체스의 말이 아니다. 정복자의 군대에 포함되어도 그들은 새로운 칸에 대한 불충을 한 번도 드러낸 적이 없었고, 이는 그들이 수용할 만한 여건이 만들어졌음을 뜻한다. 모든 몽골 용사에게는 자기 부족의 칸에 대해서까지 반란을 쉽게 일으키던 10명의 새로운 전쟁포로가 배속되었다. 이 군대에서 힘은 피정복자 편에 있었으나 그들은 신속하게 충직한 신민이 되었다. 여기서 결정적 역할을 한 요소는, 정착 생활을 하는 이웃들, 곧 여진족, 탕구트족, 무슬림을 견딜 수 있는 초원 지대의 강력한 중앙 권력 전통이었던 것처럼 보인다. 주부라는 별칭을 몽골이라는 자랑스러운 이름으로 바꾸면서 그들은 아무것도 잃지 않았다. 그리고 통일된 국가에 살기를 원치 않았던 사람들은 서쪽으로 가서 전쟁을 계속했다. 길들여지지 않은 메르키트족과 나이만족의 일부가 그들이었다. 나머지는 칭기즈칸과 함께했다.

씨족 원칙은 빠르게 의식적으로 깨졌다. 지휘관들은 태생이 아니라 복무에 따라 보상받았다. 전사들은 십인대, 백인대, 천인대에 배속되었고, 14~70세까지 복무할 의무를 졌다. 질서를 유지하기 위해 십만인대와 별도로 만인대의 경비대가 형성되어 칸의 유르트를 지키는 의무를 맡았다. 칭기즈 군대의 군법은 법률의 기초로 받아들여졌다. 두 가지 처벌, 곧 사형과 시베리아 추방이 확정되었다. 이 법 집행의 독특한 특징은 곤란에 처한 전우를 돕지 않는 것에 대해 처벌을 도입한 것이었다. 이 법은 야사Yasa라고 불렸고, 칭기즈칸의 둘째 아들 차가타이가 야사의 수호자로 임명되었다. 새로 태어난 제국은 전쟁의 결과로 등장한 제국이자 오직 전쟁만을 위해 등장한 제국이었다. 그리고 아직 적지 않은 전장이 남아 있었다.

다양한 부족의 사람들로 이루어진 이와 같은 호전적 집단 속에서 엄격한 질서를 유지하는 것은 필수적이었고, 이를 위해 실질적 강제력이 항상 필요했다. 칭기즈칸은 이를 예측했고, 자신이 가장 신뢰하는 전사들로부터 두 개의 감찰대, 주간 감찰대와 야간 감찰대를 창설했다. 그들은 24시간 내내 병사들 속에서 근무했고, 칸과 떨어질 수 없었으며, 칸에게만 복종했다. 이것은 장교들 위에 놓인 몽골의 강제 기구였다.

보통의 근위병이 천인대 장교보다 더 높은 것으로 간주되었다.53) 95명의 노얀이 천인대 장교들에 의해 임명되었고, 이들은 "국가를 창건하는 데 …… 애썼다."54) 그리하여 '굳은 의지의 사람들'로부터 귀족제로도 또 과두제로도 또 민주제로도 불릴 수 없는 군사 엘리트가 창조되었다. 왜냐하면 이것은 옛 투르크 한국의 군단55)으로부터 성장해 대초원 지대 전체를 싸안고 여러 부족을 집어삼킨 군단이었기 때문이다.

군단은 사람들과 부대들이다. 군사 단위의 장교들은 복무에 대한 보상으로 직위를 받고 실수에 대해 강등될 수 있었기 때문에 그들을 귀족으로 간주하는 것은 잘못이다. 모든 몽골족의 씨족은 알란-고아에서 나온, 똑같이 오래 된 씨족이었다. 일반 병사는 철의 군사 규율에 묶여 있었기 때문에 이 체제를 민주제라고도 부를 수 없다. 그리고 월등한 권력이 칸에게 속해 있는데, 이것이 무슨 과두제인가? 또한 칸이 모든 부대원의 기분을 고려해야 하고 그들에 의해 선택되는 종신 대통령일 뿐이기 때문에 이것이 군주제인지도 극히 의심스럽다. 법률적 권력 — 야사 — 이 칸의 행정 권력과 분리되어 있었기 때문에 이 체제는 전제라고도 불릴 수 없다. 수용된 체제에 따르면 칸은 법률 준수를 요구할 권리는 갖고 있었지만 법률 위반을 요구할 권리는 없었다. 오즈베그 Özbeg[Sultan Mohammed Öz Beg로도 표기한다(1282~341년). 1313~1341년까지 황금군단을 가장 오랫동안 다스린 칸이었다]가 1312년에 신민들에게 이슬람을 받아들일 것을 제안했을 때 그들은 이렇게 대답했다. "폐하는 저희에게 순응과 복종을 기대하지만 저희의 신앙과 신조에 관한 한 그것이

---

53) *Sokrovennoe skazanie*, § 228.
54) 앞의 책, § 202.
55) L. N. Gumilev, *Drevnie tyurki*, p. 60.

어찌 폐하의 일이겠으며, 저희가 어떻게 칭기즈칸의 법률과 야사를 버리고 아랍인의 신앙으로 넘어가겠습니까?"56)

앞서 살펴본 대로 칸의 권력은 봉건 유럽의 왕들의 권력보다 훨씬 더 제한되어 있었다. 신사는 없었고, 모두가 농노였다.

물론 몽골 용사들은 복무에 대해 최상의 지위와 직위를 받았다. 이것으로 그들 속에서 미래의 봉건 신분의 단초를 보기에 충분할지도 모른다. 그러나 그렇지 않다! 아래서 살펴보겠지만 그들은 승리의 열매를 즐기고 지위와 부를 자식들에게 물려줄 수는 없었다. 매번 전쟁이 일어날 때마다 승리한 전쟁일 때도 그들의 수는 줄고, 피정복민 수는 늘어났다. 피정복민은 군대에 흡수되어 완전한 권리를 지닌 군단의 구성원이 되었다. 비율 관계는 승자가 불이익을 받는 관계로 바뀌었다.

통일된 몽골의 경제도 매우 복잡한 문제를 제기했다. 6년의 내전은 백성의 부의 유일한 형태, 곧 가축 수에 반영되지 않을 수 없었다. 전쟁을 치르는 동안 가축은 기른 숫자보다 잡아먹은 숫자가 더 많았다. 모든 국경에 적들이 있었기 때문에 군대는 해산될 수 없었고, 이 군대를 먹이기 위해 계속 전쟁을 해야 했다. 군대는 국경을 지나며 음식을 찾았고, 고향에서는 아이들과 개들이 늑대에 맞서 양을 지켰다. 하지만 이와 같은 해법으로 인해 사람들은 휴식의 희망이 전혀 없이 끊임없는 긴장 속에 처해 있어야 했다. 정부는 살아남기를 원한다면 활과 칼을 지닌 주민 다수의 충성을 확보하지 않을 수 없었다.

어떤 정부도 돈 없이 살아남을 수는 없으며, 백성과 군대로부터 아무것도 거둘 수 없었다. 반대로 음식과 장비를 위한 것이라고는 해도

---

56) V. G. Tizengauzen, *Sbornik materialov*, p. 100, p. 141.

뭔가를 지불해주어야 했다. 몽골 칸은 이에 필요한 재력을 대상에 대한 세금으로 확보했다. 이로 인해 몽골은 강한 개인적 권위를 요구한 복잡한 국제정책 속으로 끌려들어 갔다.

그런데 칭기즈칸은 어떻게 자유로운 삶에 익숙한 새 신민들을 무제한적 권력과 화해시킬 수 있었을까? 그리고 우리가 이처럼 신앙의 우월성 대신 정치의 우월성을 내세운다면 신앙 고백이 수행한 역할에 관해 앞에서 내린 결론을 반박하는 것이 아닌가? 이것이 요점이다. 우리는 반박하고 있지 않다! 칭기즈는 자기 아들들을 기독교인 여성들과 결혼시켰다. 우구데이는 메르키트족 토레게나Töregena에게, 툴루이는 케라이트족 공주 소르코크타니 베키Sorqoqtani-Beki에게 결혼시켰다. 칸의 본거지에는 네스토리우스교 교회가 세워졌고, 칭기즈의 손자 손녀들은 기독교 신앙을 존중하도록 양육되었다.

몽골의 흑신앙57)을 믿은 사람들과 관리들은 어려운 시절 칭기즈의 버팀목이었지만 그들은 제거되지는 않았다 해도 극히 제한된 기회밖에 갖지 못했다. 몽골 교회의 수장, 점쟁이 코코추Kököchü는 국사에 영향을 미치고 사람들을 모으려는 버릇이 있었으며, 심지어 왕자들도 끌어들이려 했다. 그러자 그는 칸의 본거지로 초대받았고, 거기에서 그들은 그의 등을 부러뜨렸다. 그 후 그의 지지자들은 "조용해졌다."58)

흑신앙이 한계가 있었다고 해서 물론 네스토리우스교가 국교가 되었다는 의미는 아니다. 심지어 국교가 될 기회조차 없었다. 하지만 네스토리우스교도들은 적어도 국가의 여러 직위에 접근할 수 있었고, 따라

---

57) 몽골의 옛 종교적 도그마가 네스토리우스교와 경쟁했다고 하는 복잡한 문제는 아래의 12장에서 다루어질 것이다.
58) *Sokrovennoe skazanie*, § 246.

서 새로 태어난 제국의 정책을 지휘할 가능성을 갖고 있었다. 바로 이 때문에 나이만족 왕자 쿠츨루크와 메르키트족 왕자 토크토아 베키 Toqto'a-beki는 고립되어 알타이 산맥 너머로 떠나야 했고, 거기서 그들은 킵차크족의 환대와 지지를 받았다. 이 용감한 사람들은 칼을 버리지 않았다.

| 명성과 파멸 |

1207년에 전쟁이 재개되었다. 칭기즈칸의 장남 조치는 심각한 저항에 부딪히지 않고 단 한 번의 전쟁으로 남시베리아의 '숲의 사람들'을 정복했다. 이것은 몽골 울루스의 배후를 보장했다. 다음 해인 1208년에 몽골 지휘관 수베에테이Sübe'etei가 나이만족과 메르키트족에게 이르자 그들은 부크타르마Bukhtarma 강〔카자흐스탄에 있는 336km 길이의 강으로 이르티슈 강의 오른쪽 지류이다〕의 합류점 옆에 있는 이르티슈 계곡에서 전투를 치르지 않을 수 없었다. 메르키트족 지도자 토크토아가 이 전투에서 죽었고, 자식들은 킵차크(오늘날의 카자흐스탄)로 도망갔다. 나이만족 왕자 쿠츨루크와 그의 동족들은 제티수 지역으로 떠났고, 거기에서 호라즘 샤 무하메드와의 전쟁을 위해 전사들이 필요했던 구르칸 줄쿠에게서 융숭한 대접을 받았다. 그 후 쿠츨루크는 예지력과 인물 판단력이 그다지 좋지 않았던 구르칸의 가까운 친구이자 총아가 되었다. 구르칸은 심지어 그에게 자기 딸을 주기까지 했다.

1209년에 구르칸은 큰 슬픔을 맛보았다. 우리는 작은 하라-키타이 국가에 재정을 대준 것이 위구르 상인들이었고, 그들은 구르칸에게 무슬림 경쟁자들을 손봐 달라고 부탁했음을 살펴본 바 있다. 구르칸이 맡겨진 과제를 처리하지 않자 위구르족은 하라-키타이 관리들을 죽이고 칭기즈칸에게 충성을 바쳤다. 이것은 양편 모두에게 유리한 거래였다. 몽골 칸은 여진족과의 전쟁에 직면해 있었다. 이 요구는 초원 지대 전체의 의견이었다. 그러나 모든 전쟁에는 돈이 필요하다. 위구르족은 이 돈을 주었다.

위구르 상인들은 교역을 위해 상품이 필요했다. 그들은 독점을 하고 있었기 때문에 몽골 전사들에게서 어떤 양의 전리품이라도 싼값으로 살 수 있었다. 더욱이 몽골족은 글을 아는 관리들이 필요했다. 나이만족 포로들에게까지 빈자리가 제시되는 지경이 되었다. 글을 아는 위구르인은 곧 봉직했고, 무역 거래 못지않게 이익이 많이 나는 직위를 받았다. 금 제국과의 전쟁을 미룰 이유는 더 이상 없었고, 전쟁은 1211년에 시작되었다.

몽골족은 탕구트 왕국에 첫 번째 주먹을 날렸다. 이것은 오히려 군사적·정치적 조치였다. 1209년에 몽골족은 탕구트 야전군을 대파하고 엄청난 수의 소와 낙타를 얻었지만 수도의 포위 공격은 포기하지 않을 수 없었다. 탕구트족이 댐을 터뜨려 황허의 물로 이 도시 주변에 홍수를 일으켰기 때문이다. 몽골족은 강화와 상호 군사 원조 조약을 맺고 후퇴했고, 이 덕분에 군대가 자유로워져 주요 전쟁에 대비할 수 있게 되었다.

피할 수 없는 전쟁을 개시할 순간이 극히 신중하게 선택되었다. 금 제국은 이미 세 전선에서 교전 중에 있었다. 송 제국, 탕구트족 그리고 외래 권력에 맞서 싸우고 있던 '홍건적' 민란이 그것이었다. 적들의 수적 우위에도 불구하고 여진족은 모든 곳에서 승리하고 있었다. 1211년에 몽골족은 우샤巫峽의 국경 요새를 취했다. 여진족에게 유목민을 막는 높은 보루가 되어 주었던 여러 요새가 곧 함락되었고, 베이징의 관문에 이르기까지 나라 전체가 황폐화되었다. 하라-키타이군이 일어나 몽골족에게로 넘어갔고, 둘이 피를 나눈 형제라며 이를 정당화했다. 1215년에 베이징이 함락되었지만 칭기즈칸은 휴전협정을 맺었다. 서쪽의 급한 일로 호출되었기 때문이다.

1208년에 알타이 산맥과 타르바가타이 산맥의 산악 통로 너머로 후퇴했던 메르키트족은 킵차크족 혹은 동뽈로베쯔족에게서 도움을 받았다. 이 덕분에 그들은 1216년에 힘을 모아 배후에서 몽골족을 치려고 했다. 첫째 왕자 조치의 지휘 아래 중앙 몽골로부터 급하게 투입된 정선된 몽골군의 두 만인대가 적을 제지하고 물리쳤다. 쿠츨루크가 버린 메르키트족은 전투에 응하지 않을 수 없었고 패배했다. 대파당한 메르키트족의 잔존 세력은 서쪽으로 도망갔지만 몽골족은 이르기즈Irgiz[카자흐스탄에 있는 593km 길이의 강이다] 강가에서 그들을 따라잡았고, 마지막 한 사람까지 베어 죽였다. 거기에서도 몽골족은 이교도와 싸우기 좋아했던 호라즘 샤 무하메드의 공격을 받았다. 몽골족은 아무 이유도 없는 급습에 놀라며 호라즘 군대를 세게 압박한 후 고향으로 돌아왔다.

하라-키타이 왕국에서는 일이 나쁜 상태에서 더 나쁜 상태로 나갔다. 구르칸이 호라즘 샤 무하메드를 도모하고자 했을 때 호라즘은 더 강해지기만 했다. 1208년에 이르러 무하메드는 공물 바치기를 거부했고, 호탄의 통치자를 자기편으로 끌어들였으며, 부하라와 사마르칸트를 점령했다. 하라-키타이 대공들과 세금 징수인들의 횡포에 시달린 무슬림 주민들은 호라즘 용사들을 해방자로 환영했다. 쿠츨루크가 칭기즈칸의 옛 적들 중에서 모은 군대가 바로 이때 필요했지만 그는 오히려 모험주의적인 도정에 올랐다. 그는 장인인 구르칸을 돕는 대신 우즈겐트Uzgend에 있는 그의 금고를 탈취했고, 하라-키타이 군대의 대부분이 무슬림과 싸우고 있음을 알고 구르칸 자신을 붙잡으려고 했다. 이 대담한 행동은 실패했다. 구르칸은 병력을 모아 쿠츨루크를 패배시켰다. 이때 또 다른 하라-키타이군이 사마르칸트를 취했지만 전쟁은 여기서 끝나지 않았다. 무슬림이 다시 공격에 나섰고, 발라사군 근처에서 겨우 저지되었지만 이 성공이 오래갈 수 있을지도 의심스러웠다.

그러나 그 후 일반 대중이 정치에 개입해 모든 통치자가 쓸 수 있는 카드를 혼란시켰다. 마바란나르의 무슬림 주민은 호라즘에서 온 동일 종교인들의 굴레가 이교도의 굴레보다 더 나쁘다고 여겼다. 여러 차례의 동란 후에 사마르칸트에 있는 모든 호라즘족은 살육당했고, 그들의 절단된 사지가 시장에 걸렸다.59) 다른 한편 구르칸의 군대는 폭동을 일으켰다. 그들은 쿠츨루크로부터 금고를 되찾은 후에도 통치자에게 돌려주지 않고 자기들끼리 나누어 가졌다. 그런 후 쿠츨루크는 모험주의적인 정책을 재개해 스스로 폭도들의 선두에 섰고, 1211년에 카슈가르에 숨으려던 구르칸을 붙잡았다. 구르칸은 그의 칭호와 존엄성의 모든 표식을 유지했지만 쿠츨루크가 왕위와 동격에 서게 되었고, 모든 일은 그가 손을 흔들어 결정했다. 하라-키타이 대공들은 구르칸의 무능력을 보면서 쿠츨루크에게로 지지를 옮기고 그가 가라앉는 국가를 구원할지도 모른다고 여겼다. 구르칸 줄쿠는 1213년에 죽었고, 쿠츨루크는 만장일치로 하라-키타이 구르칸으로 인정받았다.

지금까지 기술된 사건들은 나이만족 문제에 해명의 실마리를 던진다. 앞서 살펴본 대로 나이만족은 하라-키타이족에게로 가서 몽골족의

---

59) V. V. Bartol'd, *Turkestan*, p. 382 이하.

손아귀로부터 목숨을 구하고자 했다. 그들은 하라-키타이족을 동료 부족으로 여겼고, 하라-키타이족도 그들을 그렇게 받아들였다. 쿠츨루크는 하라-키타이 군대의 지지에 의지해 권력을 쥐었으며, 이는 그가 이 방인이었다면 불가능했을 것이다. 분명 하라-키타이족과 나이만족의 차이는 인종적 측면에 있었던 것이 아니라 정치적 측면에 있었으며, 이는 이 사건들에 대한 우리의 예비적 해석을 확인해준다.

종교적 문제는 훨씬 더 복잡하다. 모든 자료에 따르면 쿠츨루크는 처음 네스토리우스교도였지만 권력을 쥔 후 기독교인 아내를 버리고, 그로 하여금 "이상한 신들을 숭배하도록"[60] 유혹한 하라키타이인과 사랑에 빠졌다(이상한 신이란 아마 부처님일까?).[61]

몽골군이 중국에 묶인 덕분에 쿠츨루크는 숨 쉴 여유를 얻었고, 이를 이용해 하라-키타이 국가의 변경 지역을 회복했다. 그는 호라즘족

---

[60] 12세기의 유명한 시리아 의사이자 시계 기술자 헤브레우스Bar Hebraeus의 연대기 *The Chronography of Gregory Abu'l Faraj, the Son of Aaron, the Hebrew physician commonly known as Hebraeus*(E. A. T. Wallis Budge, London, 1932에 의해 시리아어에서 번역). 그러나 앞서 지적한 대로 모든 것이 뒤죽박죽이다. 여기 본문이 있다. "옹크(N. D. 'Unk(Pelliot: 'Ung) 칸, 요한, 기독교인들의 왕, 크리트Krīth(케라이트)라고 불린 야만적인 훈족의 통치자는 '하라케타Kāraāketā'(하라키타이)라고 불린 중국인의 한 부족에게서 어떤 아내를 빼앗았다. 그는 자기 아버지들에 대한 공포를 버리고 이상한 신들을 숭배했다"(K. Wittfogel and Fêng Chia-Shêng, *History*, p. 653에서 인용). 바르 헤브리우스는 쿠츨루크와 옹칸을 한 사람으로 합치고 나이만과 케라이트를 혼동했다. 이렇게 해서 '요한 왕'의 이미지가, 다음에는 '다비드 왕'의 이미지가 창조되었다. 아니, 아마도 우리는 진짜 사료의 저자들보다 역사를 더 잘 알고 있을 것이기 때문에 옛 저자들의 해석에 의존하지 않고 자신이 지은 저작으로부터 역사적 비평을 통해 추출한 의심의 여지없는 사실에 의존하는 것이 더 현명하다.

[61] K. Wittfogel and Fêng Chia-Shêng, *History*, p. 653, 주 31. 이것은 의심스럽다. 왜냐하면 라시드 앗 딘은 우리에게 이렇게 말해주기 때문이다. 나이만족의 견해로는 "쿠츨루크는 디브div와 페리peri에 대해 워낙 큰 권위를 휘둘렀기에 그들의 젖을 짜서 이 젖으로 쿠미스kumis를 만들곤 했다"(*Sbornik letopisei*, I, p. 2, p. 112). 이것은 불교라기보다는 어떤 미지의 비교적秘敎的인 악마 숭배이다.

을 남쪽으로 되돌아가게 하고, 몽골족의 보호를 받아들인 알말리크를 제외하곤 동투르케스탄의 이탈하는 공국들을 복속시킬 수 있었다. 그러나 쿠츨루크는 좋은 장군이기는 했지만 나쁜 정치인이었다. 그는 무슬림이 하라키타이 국가의 다수를 차지하고 있었음에도 불구하고 네스토리우스교도와 불교도들이 무슬림에 대해 종교적 박해를 개시하도록 했다. 이로 인해 그는 대중으로부터 분리되었고, 대중은 당시 무슬림에게 좋은 대우를 해준 몽골 칸에게로 지지를 옮겼다.

1218년에 쿠츨루크는 알말리크의 통치자를 몰래 사로잡고, 몽골인이자 칭기즈칸의 질녀인 이 통치자의 아내가 방어하는 도시를 포위했다. 몽골족은 즉시 그녀를 도우러 왔고, 쿠츨루크는 후퇴하지 않을 수 없었다. 몽골군이 나타났다는 소식이 처음 들리자마자 무슬림 주민은 쿠츨루크의 지지자들을 살육하기 시작했고, 쿠츨루크는 자신의 지위를 강화할 수 없어 이 나라의 남쪽 끝 사리콜Sarykol로 갔다가 거기에서 몽골족에게 잡혀 죽임을 당했다. 하라키타이족은 몽골족에게 저항 없이 항복했고, 진짜 몽골군과 동일한 권리를 가진 별도의 군대로 몽골 민족과 몽골 군대의 편제에 편입되었다.

1218년 이후 초원 지대에서 유일하게 남은 몽골족의 적은 킵차크족, 곧 메르키트족을 도운 동뽈로베쯔족이었다. 그들과의 전쟁은 1229년까지 끌었고, 이 해가 되어서야 몽골족은 볼가 강 혹은 야이크 강〔우랄 강이라고도 한다. 러시아와 카자흐스탄을 흐르며, 우랄 산맥 남쪽에서 발원해 카스피해에서 끝난다. 1775년 이전까지 야이크로 불렸다고 한다〕 하류에 있는 사크신 Saksin 시를 취했다. 카스피해 초원 지대와 아랄해 초원 지대의 뽈로베쯔 주민은 일부는 서쪽으로 도망갔고, 일부는 몽골족에 항복해 몽골군 숫자를 증가시켰다.

| 재개된 환상 |

쿠츨루크는 목숨을 잃었지만 꿈꿀 수 없던 명성, 받을 자격이 없던 명성을 얻었다. 루이 14세의 신교도 박해만큼 어리석은 그의 무슬림 박해는 아시아의 서진西進에 예기치 않은 결과를 낳았다. 첫째, 호라즘샤와 사이가 좋지 않았던 바그다드의 칼리프가 호라즘 관련 문제에서 쿠츨루크를 이용하기로 결심했다. 1217년에 칼리프의 요청으로 바그다드에 사는 네스토리우스교 총대주교는 호라즘에 맞서 양동 작전을 전개하자는 요청을 갖고 '다비드 왕'에게 밀사들을 보냈다.62) 그러나 이때 이르러 이미 쿠츨루크는 기독교 신앙을 버렸고, 그의 모든 관심은 중앙아시아가 아니라 중가리아에 초점이 맞추어져 있었다. 그럼에도 불구하고 소문은 더 퍼져나가 1218년에 북이집트의 다미에타Damietta를 포위 공격하던 십자군에게까지 이르렀다. 그들의 일부, 곧 안드레 2세의 지휘를 받던 헝가리족은 아크레Acre〔히브리어로는 Akko 혹은 Acco. 이스라엘 갈릴리 서부 지역에 있는 도시〕에 도달해 이 부유한 무역 도시에서 흥겹게 놀다가 귀국했다. 그러나 다른 사람들, 즉 독일인, 프리슬란트인, 덴마크인, 노르웨이인들은 교활한 이탈리아 상인들과 접촉하고 있던 교황의 특사 펠라기우스Pelagius의 재촉을 받고 1218년 5월에 이집트로 향했다. 십자군은 처음 몇 번의 전투를 이기고 다미에타를 취하기도 했지만 더 진군할 전망이 전혀 없자 1221년에 이집트를 떠났다.

---

62) V. V. Bartol'd, *Turkestan*, p. 403.

바로 이때 동방의 동맹에 대한 소문이 뿌리내렸는데, 이번에는 다음과 같은 형태였다. "기독교 세계 전역에 걸쳐 소문이 돌고 있는데, 사제 요한이라고 불리는 인도 왕 다비드가 대군과 함께 접근하고 있고, 페르시아, 메디아[이 경우 중앙아시아] 그리고 다른 많은 사라센 땅을 정복했으며, 바그다드의 칼리프이자 사라센인들의 최고 교황인 발다크Baldakh에게 기독교 신앙을 받아들이지 않으면 그에 맞서 그리고 모든 이교도에 맞서 전쟁을 하고자 한다고 알렸다는 것이다. 그리고 그는 다미에타와 예루살렘 땅에 있는 기독교 군대를 도우러 올 것이라고 약속했다."63)

아크레의 주교 비트리Jacques de Vitry[1160~1170년경에 태어나 1240년에 죽었다. 신학자이자 연대기 편찬자였던 프랑스의 수사 신부]는 교황 호노리우스 3세에게 보내는 편지에서 '다비드 왕'에 대해 훨씬 더 길게, 훨씬 더 감동적으로 썼다. 그는 "사람들에게 사제 요한이라고 불리며", "이스라엘의 성스러운 왕 다비드처럼 …… 하느님의 의지로 왕위에 앉았습니다." 이 편지의 날짜는 1221년 4월 18일이다. 당시 쿠츨루크의 뼈는 이미 썩었지만 그가 도우러 오리라는 희망은 계속 유럽인들의 마음을 혼란시켰다. 비트리의 어리석은 주장 중에서도 단연 압권은 다비드 왕의 군대가 "이미 안티오크에서 15일밖에 걸리지 않는 곳에 와 있고, 약속의 땅에 도착해 우리 주님의 묘소를 보고 성지", 곧 1187년에 살라 앗딘에게 정복된 예루살렘 왕국을 "회복하려고 서두르고 있다"는 주장이었다. 이 편지의 근거가 되는 정보는 무슬림의 손아귀에 떨어졌다가 동쪽 바그다드로 보내진 병사들로부터 아크레의 주교가 얻은 것이었

---

63) Radulphi de Coggeshall, *Chronicon Anglicanum*, ed. J. Stevenson, p. 190.

다. 바그다드에서 칼리프가 이 병사들을 '다비드 왕'에게 넘겼고, 이 왕은 그들이 기독교인임을 알고 그들을 해방시켜 안티오크로 보냈다는 것이었다.[64]

이 마지막 사항은 신뢰성이나 개연성이 아주 떨어지기는 하지만 조금 더 말할 것이 있다. 몽골족이 이 시절 호라즘 술탄국을 쳐부수며 작전을 하던 지역에 기독교인 포로들이 있었을 가능성이 없지는 않았다. 그들이 몽골족과 마주쳤거나 아니면 그들에게로 도망갔다가 몽골군에서 복무하던 케라이트족과 나이만족 속에서 같은 종교인을 발견했을 가능성도 있다. 몽골족 병사들이 적들의 적을 돕고 있었고 그들에게 자기 민족에게로 되돌아갈 수 있는 기회를 주고 있었다는 가설도 개연성이 없지 않다. 그러나 이는 쓰여지지 않은 역사소설에나 나올 이야기들일 뿐이며, 실제 역사와 관련된 모든 것은 실상을 전혀 알아볼 수 없을 만큼 왜곡되어 있다. 아무튼 지금 인용된 텍스트는 연대 상으로 최후의 전설이자 최후의 기만적 희망이었다. 13세기에 쓰라리고 냉엄한 현실이 유럽인들에게 드러났다.

---

64) *Spicilegium sive Collectio veterum aliquot scriptorum, qui in Galliae bibliothecis delituerant*, Paris, 1723, III, p. 591 이하. R. Khennig, *Nevedomye zemli*, III, pp. 26~27에서 재인용.

꿈의 상실(1218~1259년)

| 언덕에서 바라보는 것의 장점과 단점 |

앞서 보아온 대로 각 배율은 우리 주제를 새로운 눈으로 볼 기회를 제공하지만 얻는 것에 비례해 잃는 것도 커진다. 따라서 우리는 대상을 조감鳥瞰, 곧 배율 2.5로 바라봄으로써 실존하지 않은 아시아의 기독교 왕국의 지리적 위치를 밝히고, 나아가 중세의 이 전설을 낳은 사건들이 일어난 시기까지 밝힐 수 있었다. 그러나 그러한 접근법을 취할 경우 사건들의 세부사항은 확정할 수 없게 되며, 사건들의 경제적·사회적·정치적·이데올로기적 원인들은 말할 것도 없다. 이데올로기적 원인은 실제로 역사의 현실적 경로에서는 그리 중요하지 않지만 심층적 패턴을 드러내는 지표로는 아주 귀중하다. 그러나 이에 대해서는 표피적 서술조차 충분히 할 수 없었다. 유교, 불교, 도교, 본교, 샤머니즘, 수피교에 맞서 네스토리우스교도가 펼친 논쟁의 문헌이 살아남지 않았기 때문이다. 물론 존재했지만 우리에게로 전해지지 않았다.

따라서 우리는 사건들의 사슬에서 가장 중요한 고리를 선택해 이를 보다 상세히 살펴보았으며, 이를 통해 '상황의 힘' 또는 보다 학문적으로 말해 사건들의 논리에서 나타나는 몇몇 패턴을 설명했다. 그러나 세계적 조망은 상실되었다. 수평선 위의 아지랑이 속에서는 대상들이 흐릿하게 그려진다. 그것은 그래야 한다. 유럽, 비잔티움, 칼리프국, 중국의 역사가 동일한 배율로 그려진다면 우리의 하라키타이족, 나이만족, 나아가 몽골족까지도 사실들의 바다 속에 빠져 죽을 것이다. 이 사실들은 극히 흥미롭기는 하지만 하늘이 땅과 맞닿는 곳에서 하늘을 배경으로 보이는 낙타 한 마리의 실루엣만큼 우리 주제와 동떨어져 있다. 물론 우리 눈에만 그렇게 느껴진다. 유라시아 대륙과 북아프리카 전역에 걸쳐 사건들 사이에 연결고리가 있는 것이 느껴지기 때문에 먼 조망 없이 나가는 것은 불가능하다. 그래서 우리는 멀리 떨어져 있지만 중요한 현상들을 윤곽으로, 혹은 은유적으로 말해 실루엣으로 그려 출구를 찾고자 한다.

통상 주부로 알려진 유목민 통일체의 붕괴부터 새로운 유목민 제국이 선언되는 오논의 대쿠릴타이에까지 이르는 108년 동안 유럽과 근동은 알아볼 수 없이 변했다. 제1차 십자군은 봉건 예루살렘 왕국이 형성되는 것으로 결말이 났다. 제2차 십자군은 나락에서 유령을 불러내듯이 쿠르드족 유수프 이븐 아이유브, 살라 앗 딘Yusuf son of Eyub[흔히 살라딘이라고 불린다]이라는 천재를 불러냈다. 그는 예루살렘을 정복하고 이집트와 시리아를 통일해 제3차 십자군의 왕과 기사들조차 통과할 수 없는 장벽을 쌓았다.

프랑크족과 그리스인 사이에서 적의가 매일, 아니 매시 자라났다. 시칠리아 노르만족이 에피루스Epirus[그리스 북서부와 알바니아 남부에 걸쳐 있는 해안 지역]와 테살로니키[현재 그리스에서 두 번째로 큰 도시이자 그리스령 마케도니아 지방의 중심 도시. 기원전 315년에 마케도니아의 왕 카산드로스가 건설한 도시로, 그의 부인이자 알렉산드로스 대왕의 누이의 이름을 따서 테살로니카라는 이름을 붙였다]를 유린하고, 십자군이 그리스와 친한 트라키아Thrace[발칸 반도의 남동쪽을 부르는 지명]를 강도질하며 이탈리아 상인들이 다른 곳도 아닌 콘스탄티노플에서 모욕적인 짓을 하자 그리스인들 사이에서 당연히 큰 불만이 일어났다. 그리스인들이 십자군의 식량 원조를 거부한 일, 비잔틴 황제가 십자군 소집군 지도자들에게 가신의 맹세를 하도록 강요한 일, 부이용의 고트프리트와 프리드리히 바르바로사의 유럽군에 맞서 페체네그족과 투르크족이 군사를 일으킨 일은 가톨릭 세계 전체를 뒤흔들었다. 십자군의 실패는 그리스인들 탓으로 돌려졌다. 빌라르두엥Geoffroy de Villehardouin[제4차 십자군 전쟁에 참전하고 이를 기록한 기사 겸 역사가. 『콘스탄티노플 정복De la Conquête de Constantinople』이 유명하다]은 이렇게 썼다. "바다 너머의 땅[팔레스타인]은 페르시다Persida와 비잔티움 손아귀에 있다." 두 지역 중 하나는 기독교 지역이었음에도 불구하고 그는 두 지역 모두를 똑같이 적대적인 곳으로 여겼다. 민족적·문화적 간극은 도그마의 유사성보다 더 컸다. 마침내 피가 흘렀다. 1182년에 그리스 연안 도시들의 주민은 이탈리아 상인들의 공장을 대대적으로 파괴하고 무자비한 살육을 자행했다. 이에 대해 응답이 있었는데, 이는 깊은 숙고 끝에 나온 것이 아니라 감정적인 것이었고, 정치적 고려가 아니라 '상황의 힘'에 기초한 것이었다. 이 응답이 제4차 십자군으로 발전했다. 도제 단돌로Doge Dandolo[도제는 지도자, 특히 군사 지도자를 가리키는 이탈리아 호칭으로 엔리코 단돌로는 1195년부터 죽을 때까지 베네치아의 41대 도제였다]가 흉포한 생각을 실현하는 데 성공할 수 있던 것은 이처럼 누적된 증오

8 꿈의 상실(1218~1259년)　263

덕분이었다.

12~13세기로의 이행은 결코 평탄한 길이 아니었다. 동과 서에서 일어난 맹렬한 발작이 두 시대 사이에 뚜렷한 경계를 놓았고, 약 3년이 경과하는 사이 유라시아 대륙의 세력 배치 전체를 뒤바꾸었다. 1204년이 경계였다.

12세기에 콘스탄티노플은 중세의 파리였다. 오데스 드 되이Eudes de Deuil[영어로는 Odo of Deuil라고 흔히 불린다. 제2차 십자군전쟁에 참여했고 이를 기록했다]는 "워낙 부로 유명하기는 하지만" "콘스탄티노플의 보물은 실제로 알려진 것보다 더 많다"고 쓰고 있다. 클라리의 로베르Robert de Clary[프랑스 피카르디 출신의 기사로, 제4차 십자군전쟁에 참여해 사건들의 연대기를 프랑스 고어로 남겼다]는 "세계의 부의 2/3가 콘스탄티노플에 있고, 1/3이 세계 전역에 흩어져 있다"고 주장했다.[1] 그런데 1204년 4월 12일에 콘스탄티노플은 공격당했고, 비잔틴 제국은 몰락했다.

십자군 기사들은 그리스인들은 분열주의자 이단자로 무슬림과 이교도보다 더 나쁜 인간이었기 때문에 자기들은 하느님을 기쁘게 하는 일을 했을 뿐이라고 자신들을 정당화했다.[2] 교리 문제를 놓고 이러한 문화적·역사적 원칙이 지배하면서 가톨릭교도들은 이슬람도 정복하지 못한 주제에 정교에 선전포고를 했다. 교황 이노센트 3세는 처음에는 기독교인들에 대한 전쟁에 반대해 십자군에게 파문에 대해 경고했지만

---

1) G. Diehl, *History of the Byzantine Empire*, p. 181.
2) 1204년에 콘스탄티노플의 황제가 된 플랑드르의 볼드윈Baldwin of Flanders의 서한에는 다음과 같은 특징적인 표현들이 나타난다. "경이로운 성공", "전대미문의 약탈", "그리스인들의 범죄는 주님 바로 그분의 화를 불러일으켰다." 이 글은 노욘Noyon의 주교 요한이 편집한 것으로 되어 있다. B. A. Panchenko, *Latinskii Konstantinopol' I papa Inokentii III*, pp. 5~6을 보라.

1207년에는 스스로 동방을 향한 새로운 돌진의 선두에 섰다(혹은 선두에 서도록 강요되었다).3) 그해 가톨릭 외교는 불가리아 왕과 조약을 맺어 라틴 제국을 구할 수 있었고, 교황은 폴란드, 기사단, 스웨덴, 노르웨이에게 철을 루스로 갖고 들어가지 말 것을 요구했다. 루스의 군주들의 정치적 근시안 덕분에 가톨릭은 성공적으로 침투할 수 있었다. 1212년에 리보니아의 알베르트 주교Bishop Albert of Livonia[리보니아는 발틱해의 동부 연안 지역]는 에스트Ests족에 맞서 폴로츠크Polotsk 군주와 동맹을 맺은 다음 동생을 프스코프Pskov 군주의 딸과 결혼시켰다. 이후 1228년에 친독일 특권 귀족 집단이 프스코프에 출현했다.4) 1231년에 교황 그레고리 9세는 블라지미르와 전 루스의 군주 유리 2세Yurii II [Prince of Vladimir and All Rus']에게 가톨릭을 받아들일 것을 제안했다.5) 유리는 이에 답해 루스로부터 도미니쿠스 수도사를 뽑아 보냈다. 이후 스웨덴인, 독일인, 리투아니아인 병력이 노브고로드와 프스코프에 진출하기 시작했다. 당시 리투아니아인들은 리보니아 기사단에 재갈을 물리기 위해 교황과의 동맹을 추구하고 있었다.

1239년에 라틴인과 불가리아인의 관계가 악화되었을 때 투시의 나르요Narjot de Toucy가 뽈로베쯔의 칸 한 명과 동맹을 맺고 결혼으로 이를 확실히 한 후 협공으로 불가리아와 루스를 위협하려고 했다. 마르크스는 이것을 "십자군 기사들이 저지른 어리석음의 결정판"6)으로 여

---

3) 1207년에 그는 루스 왕자들에게 보내는 교서에서 이렇게 썼다. "그리스인들의 땅과 그들의 교회는 다시 사도의 십자가를 거의 전적으로 인정하고 교리에 복종하기 때문에 부분이 전체와 일치하지 않고 특수가 일반에서 분리되는 것은 잘못이다"(A. I. Turgenev, *Akty istoricheskie*, p. 4. 라틴어로 쓰여져 있다).
4) *Novgorodskaya pervaya letopis'*, p. 77; S. A. Tarakhanova, *Drevnii Pskov*, p. 28.
5) A. I. Turgenev, *Akty istoricheskie*, pp. 30~31.

겼다. 13세기의 유럽 식자층은 루스 정복이 프러시아의 복속보다 더 어렵지는 않을 것이라고 생각했지만 마르크스의 말이 옳았다.7) 1204년에 시작된 전쟁은 본질적으로 식민지 획득을 겨냥한 최초의 전쟁이었다. 이 전쟁에 종교적 채색을 가한 것은 당시의 정신과 부합했다.

이와 동시에 몽골 초원 지대에서는 칭기즈칸이 승리를 거듭하며 가장 강하고 가장 문명화된 한국 중 두 한국을 정복했다. 1203년에는 케라이트족을, 1204년에는 나이만족을 정복했던 것이다. 그러나 칭기즈칸은 플랑드르의 볼드윈이 그리스인을 다룬 것보다 훨씬 더 인간적으로 케라이트족과 나이만족을 다루었다. 케라이트족과 나이만족은 몽골군의 힘을 증가시켰고, 왕녀 소르코크타니(Sorqoqtani8)는 칸의 총애하는 아들 툴루이와 결혼하고 나서도 자신의 네스토리우스교 교회 그리고 이 교회의 성직자와 재산을 자기 곁에 두었다.9) 그녀의 아이들, 몽케, 쿠빌라이, 훌레구(Hülegü, 아릭-보케(Arik-Böke는 몽골 야사에 따라 세례를 받을 수는 없었지만 기독교를 존중하는 정신 가운데 양육되었다.10) 네스토리우스교의 승리는 정교에 아무런 혜택도 가져다주지 않았다. 왜냐하면 유목민 성직자들은 13세기에도 여전히 그들 신앙의 설립자가 그리스인들에게서 순교자의 왕관을 받았다고 여겼기 때문이

---

6) *Arkhiv Marksa i Engel'sa*, v, p. 205.
7) *Puteshestvie v vostochnye strany Plano Karpini i Rubruka*, p. 108.
8) P. Pelliot, "Le vrai nom de Seroctan."
9) R. Grousset, *The Empire of the Steppes*, p. 280.
10) 1254년에 뤼브뤼크는 칸과 왕자들이 십자가에 절하는 네스토리우스교 예배를 묘사하고 있다(*Puteshestvie v vostochnye strany Plano Karpini i Rubruka*, pp. 145~151). 뤼브뤼크가 있는 자리에서 아릭-보케 왕자는 "우리는 하느님이 메시아인 것을 안다"고 말했다(앞의 책, p. 167). 마르코 폴로는 우리에게 쿠빌라이의 기독교적 견해에 대해 말해준다(*Kniga Marko Polo*, p. 242, p. 281을 보라).

다.11)

그러나 네스토리우스교의 승리로 인해 훨씬 더 괴로워진 것은 무슬림이었을 것이다. 기독교 위구르족은 하라키타이족과 나이만족을 부추겨 중앙아시아의 무슬림 주민에게 덤벼들게 했고, 구르칸들이 공물 징수에만 관심이 있음을 아는 순간 무슬림에 대한 지지를 철회했다. 중국의 유교인들은 네스토리우스교도 사이에서 어떤 공감도 불러일으키지 못했다. 그들은 200년 전에 기독교 신앙을 중국에서 몰아냈었다. 이제 네스토리우스교도가 군과 관료 기구에서 다수를 이루고, 왕자들과 몽골의 많은 노얀이 결혼이나 우정의 끈으로 네스토리우스교도와 연고를 맺으며, 네스토리우스교도 상인들이 아무런 해도 끼치지 않았다는 단순한 이유로 몽골족에게서 호화스러운 특권과 소득을 획득하자 네스토리우스교도는 이제 이교도 칸의 도움으로 지금까지 이루지 못했던 바로 그 동방 기독교 왕국의 꿈을 실현할 때가 되었다고 생각했다. 따라서 네스토리우스교도는 칭기즈칸의 열렬한 지지자이자 그의 권위에 대한 진정한 수호자가 되었다.

한편 칭기즈칸도 네스토리우스교도들의 충직함과 근면을 귀히 여기는 법을 알고 있었다. 물론 그가 자기에게 품은 그들의 희망에 대해 알았는지는 단언하기 어렵다. 아마 알고 있었을 테지만 이에 대해 애써 많은 생각을 하지는 않았다. 그는 이것 말고도 신경 쓸 것이 많았다.

---

11) 네스토리우스교도는 정교도를 성찬식에 받아들이지 않았지만 가톨릭교도가 성찬을 받는 것은 허용했으며, 1213년에 콘스탄티노플에서 벌어진 펠라기우스Pelagius of Albano 추기경과 에페소의 대주교 메사리테스Nicholas Mesarites 사이의 논쟁에서 메사리테스는 이렇게 말했다. "당신은 교황의 의지에 복종하지 않는다고 그리스인 성직자들을 몰아내고 있습니다. …… 라틴인들은 유대인, 이단자 아르메니아인, 네스토리우스교도 야콥파를 받아들이면서도 말입니다"(B. A. Panchenko, *Latinskii Konstantinopol'*, p. 51). 반세기 후 가톨릭교도들은 네스토리우스교도와 교제했다.

중국의 여진족은 몽골족처럼 남자답고 완강해서 동부의 전쟁은 비록 힘을 다 기울이지는 않았지만 그의 치세 내내 계속되었다. 서부의 이웃 호라즘 샤 무하메드Khwarizm shah Muhammed[Khwarizm. 원나라 사서에는 화자자모花剌子模로 표시되고 있다. 아무다리야 강 하류 유역, 지금의 히바에 있던 국가(1077~1231)]는 칭기즈칸의 전체 병력보다 두 배 많은 정규군을 거느리고 있었다. 몽골족에 대한 호라즘 민족의 태도는 노골적으로 적대적이었고, 그들이 선제해 전쟁의 포문을 열었다. 몽골족은 부러워할 만한 자제심을 보였다. 몽골족 군대는 1216년에 이르기즈 강에서 까닭 없는 공격을 받았지만 대응하지 못했다. 1218년에 오트라르Otrar[실크로드 선상에 있던 카자흐스탄 도시. 지금은 완전히 버려진 유령 도시]에서 대상이 약탈, 파괴당한 후 칭기즈칸은 이 충돌을 외교적 수단으로 풀려고 시도했으나 호라즘 왕이 몽골 사신을 죽이라고 명령하자 전쟁은 불가피해졌다. 1차 투르크 한국 이래 처음으로 연합한 대초원 지대가 근동에 맞서 떨쳐 일어났다.

| 결과와 원인 |

우리가 제기한 문제가 일어나는 시기는 1218년의 비극, 더 정확히 말해 쿠츨루크의 죽음과 함께 끝난다. 그러나 이 시기가 시작되는 시점의 조건들을 소개하는 한 장을 할애해 우리의 직접적 관심이 되는 사건들을 드러냈듯 우리는 명확함을 기하기 위해 새로운 시기의 윤곽, 몽골 울루스의 위대함과 해체를 추적해야 한다. 왜냐하면 우리의 주제에 대한 주요 사료는 13세기에 쓰였기 때문이다. 그리고 사료에 나오는 정보의 신뢰성은 저자들이 이용한 자료에 좌우될 뿐만 아니라 그들

이 일으킨 상황과 그들이 의도한 독자에도 좌우된다.

다음으로, 한 가지 훨씬 더 중요한 사정으로 인해 우리는 묘사되는 사건들의 결과에 지면을 할애하지 않을 수 없다. 원인을 알면 결과를 고찰하는 것은 어렵지 않다. 그러나 결과를 알면 역으로 거슬러 올라가는 정신적 과정을 통해 이 결과를 낳은 원인들을 알아낼 수도 있다. 따라서 우리 목표를 공간적·시간적으로 보다 확대할수록 이 목표를 이루기가 더 쉬울 것이다. 사제-왕 요한의 전설이 등장했을 때부터 동방 기독교에 대한 헛된 희망이 완전히 깨질 때까지 백 년의 세월 동안 우리 주제와 직접 관련되는 변화가 유럽에서 일어났다. 이제 우리를 방해하기만 하는 세부사항과 사소한 점은 제쳐두고 이 변화들을 일별해 보자. 이 변화들을 탐구하기 위해 한 특별한 장소를 살펴보고 이 장소에 맞는 방법으로 분석과 종합을 시도할 테지만 다른 배율로 진행될 것이다.

우리는 또한 아시아에서 네스토리우스교가 사라진 문제는 접어둘 것이다. 왜냐하면 이 문제는 너무 복잡해 우리가 지금까지 해온 것 못지않은 대규모의 특별한 탐구를 해야 하기 때문이다. 책 한 권에 모든 것을 다 쓸 수는 없으나 시야에 많은 것을 두고 있어야 한다. 이것이 이 책에서 우리가 제안하고 적용해온 '파노라마적 방법'의 실천적 가치이다. 그러므로 이제 하나의 역사적 파노라마에서 시작해보자.

1211년에 몽골족은 우샤에 있는 여진족의 국경 요새를 취했고, 이로써 여진족에게 선전포고를 했다. 이 전쟁의 1회전은 1215년에 베이징 점령과 휴전협정 체결로 끝났다. 그러나 몽골족 칸의 제안은 여진족이 받아들일 수 없는 것이었기 때문에 이 휴전협정은 다음 해 깨졌다. 칭기즈칸은 여진족이 황허 북쪽의 모든 땅을 양보할 것과 여진족이 황제의 칭호, 바꾸어 말해 독립성을 포기할 것을 요구했다.

여진족과 몽골족의 전쟁은 극히 유혈적이었다. 따라서 베이징 함락 후 "엄청나게 많은 수의 관리와 주민이 죽었다."12) 적들의 손에 들어가지 않기 위해 많은 여자는 성읍의 우물로 뛰어 들어 온 몸이 박살나서 죽었다. 이 가슴 에이는 그림들은 중국 역사가들의 상상력에 깊은 인상을 남겼고, 그들이 몽골족을 괴물 같은 박멸자로, 칭기즈칸을 마귀로 묘사할 근거가 되었다. 하지만 우리는 이 주제를 두 측면에서 보아야 한다. 여진족과의 전쟁은 몽골족이 시작했던 것이 아니라 이미 시작된 전쟁을 계속한 것이었을 뿐이다. 1135~1347년의 첫 번째 시기는 여진족 간첩의 살해와 함께 시작되었고, 여진족의 침략으로부터 유목 목초지를 지킨 몽골족의 승리로 끝났다. 늘 잊히고 마는 두 번째 시기는 1161~1162년에 칭기즈칸이 탄생한 해 시작되어 1189년까지 계속되었다. 박학하고 지적인 중국인 맹홍孟珙13)은 이에 대해 눈부시게 묘사했다. "여진족 우두머리는 …… 경악하며 소리쳤다. '타타르족은 틀림없이 우리 왕국을 어지럽힐 원인이 될 것이다!' 그러므로 그는 멀리 떨어진 사막의 나라에 맞서 즉시 공격에 나서라는 명령을 내렸다. 3년마다 부대가 파견되어 사람들을 절멸시키고 약탈했다. 이것은 '노예의 박멸과 백성의 절멸'이라고 불렸다. 지금도 중국에서는 이전 20년 동안 산동과 허베이에서 타타르족 소년과 소녀를 사서 노예로 삼지 않은

---

12) [Bichurin] Iakinf, *Istoriya pervykh chetyrekh khanaov*, p. 80.
13) 송 제국의 고관 맹홍은 1221년에 쓰여진 『몽골-타타르족에 관한 주석』의 저자였다. V. P. Vasil'ev, *Istoriya i drevnosti*, p. 170을 보라. 왕국유王國維는 이 책의 저자가 맹홍 장군이 아니라 무크 알리-노얀Muq ali-noyan과의 협상을 위해 1221년에 베이징을 방문한 남송의 사신 조홍趙珙이라는 견해를 제시했다. P. Pelliot, "L'édition collective des œuvres de Wang Kuo-wei", p. 166을 보라.

집이 어디 있었는가라고 기억하고 있다. 이들은 모두 군인들에게 붙잡혀갔다. 지금[13세기 ― 구밀료프] 타타르족 사이에서 고관인 사람은 당시 대부분 포로로 붙잡혀갔던 사람들이다. …… 타타르족은 사막으로 도망갔고, 복수심이 피와 뇌에 들어갔다."[14] 차라리 말하지 않는 편이 더 낳았을 것이다! 이 중국인 학자가 묘사한 것은 뉴잉글랜드의 청교도들과 매사추세츠의 침례교인들이 조직한 인디안 머리가죽 사냥, 프랑스와 영국의 상인 모험가들의 노예무역, 아르헨티나 정부가 저지른 파타고니아인 학살, 곧 인류의 최대의 수치라고 낙인찍힌 역사의 페이지들을 연상시킨다. 여진족이 이처럼 끔찍한 범죄를 저질렀으니, 몽골족의 쓰라림은 외적 자극에 대한 심리적 반응 혹은 조건반사라고 해도 좋을 것이다. 고통이 여진족에게서 왔으니, 고통의 원천을 파괴해야 하는 것이다. 역사가 조성한 이러한 상황에서 칭기즈칸의 개인적 자질은 중요하지 않았다. 그가 자기 민족을 무자비한 옛 원수들에게 맞서게 한 이유는 그의 민족 전체가, 죽은 자들의 아이들과 노예로 팔려간 자들의 형제들이 그것을 원했기 때문이다. 그리고 그렇게 하지 않았다면 그는 칸이 아니었을 것이다!

더욱이 우리는 몽골족이 전쟁을 올바로 수행했음을 지적해야 한다. 역시 여진족에게 모욕당한 옹구트족과 키탄족이 칭기즈에게 화친과 도움을 제안했을 때 그는 이를 받아들였고, 이 민족들은 결코 고통을 당하지 않았다. 더욱이 (만주의) 북여진족이 항복하자 그들은 자비를 얻었을 뿐만 아니라 몽골군에 독립부대*tümen*로 편입되기도 했다. 전쟁은 물론 끔찍한 것이지만 계급사회에서는 모순을 해소하는 유일한 수

---

14) V. P. Vasil'ev, *Istoriya i drevnosti*, p. 227.

단으로 피할 수 없는 것이었다. 전쟁을 시작한 사람을 도덕적으로 비난할 수도 있다. 그렇다면 여진족이 죄를 지었다. 그러나 전장을 자기 적수의 영토로 옮긴 승리자를 탓하는 것은 무의미하고 부도덕하다. 이는 역사적 통찰력이 아니라 편견에 지배되는 것이다.

전쟁을 통한 초원 지대의 통일은 긍정적 결과와 부정적 결과를 모두 초래했다. 극동과 근동 사이에서 대상을 이끈 상인들은 이득을 보았고, 아내를 위해 사치스러운 피륙을 산 몽골의 노얀들도 이득을 보았다. 초원 지대의 가난한 주민들은 전시에 가축 수가 줄고 초원 지대가 빈곤해지면서 손해를 보았다. 그러나 전쟁을 위해 110,000명의 군대가 만들어졌고 그들은 먹어야 했기 때문에 중국에서 끊임없는 전쟁이 수행되었고 그중 병사들은 스스로 음식과 전리품을 찾아야 했다. 최초의 패배 후 여진족은 힘을 회복해 몽골족에 광적으로 저항했고, 그래서 전쟁은 1234년까지 계속되었다. 전쟁이 성공적으로 끝날 수 있던 것은 어느 정도는 남송(진정한 중국 제국)이 배후에서 여진족을 공격해 몽골족을 물리치는 데 필요한 병력을 묶어놓았기 때문이다. 황허의 남쪽 요새들에서 저항을 계속한 여진족은 대부분 멸망했다.

몽골족과 호라즘 샤 무하메드 사이의 갈등은 1219년에 전쟁으로 이어졌고, 이 전쟁은 호라즘 병력의 완패로 끝났다. 몽골 부대들은 인도로, 코카서스로, 남러시아 초원 지대로 뚫고 들어갔으나 중앙아시아 쪽으로는 아무다리야 강까지 점령하는 데 그쳤다. 호라즘 세력은 무하메드의 아들 잘랄 앗 딘Jalal ad-Din의 노력으로 힘을 다소 회복했는데, 그는 몽골의 침략에 맞서 싸우기 위해 무슬림 술탄들과 근동 왕족들의 영지를 통일하려고 했다. 하지만 그는 조지아와의 전쟁에 시간과 노력을 허비해야 했고, 그 결과 공세의 속도를 잃었다. 이로 인해 몽골족이 중앙아시아에서 공고화될 수 있었다. 1227년에 이르러 이곳의 전선의 형세는 위협적일 만큼 팽팽해졌다.

몽골 정부는 중국, 중앙아시아, 이란, 뽈로베쯔 초원 지대에서의 성공적인 전쟁에 힘입어 군대를 먹일 수 있었으나 나라를 경제 위기에서 구하지는 못했다. 왜냐하면 엄청난 거리와 빈약한 수송수단으로 인해 전리품을 본국으로 갖고 오는 것이 매우 어려웠기 때문이다. 전리품의 다수는 오는 길에 분실되어 몽골에 도달하지 못했다. 그러나 이 나라는 직물과 가축이 점점 더 부족해지고 있었다. 이에 칭기즈칸은 한 가지 핑계를 잡고 인근 탕구트족과 전쟁을 치렀다. 이 핑계는 탕구트 왕 자신이 제공한 것이었다. 그는 1211년의 조약 하에 칭기즈칸이 호라즘과 싸울 때 군사적 지원을 제공하도록 되어 있었으나 거부했다. 탕구트 왕은 칭기즈칸이 호라즘과의 전쟁에서 패배당하고 탕구트 왕국이 피를 흘리지 않고 다시 독립을 얻기를 희망했던 것이다. 칭기즈칸은 1225년 초에 중앙아시아 전쟁을 끝낸 후 여기서 풀려나온 병력으로 탕구트족을 덮쳐 에친-아이Etsin-ai(지금은 하라코토의 폐허)를 포위했다. 칭기즈칸은 포위 중 1227년 가을에 죽었지만 노얀들은 칸의 죽음을 감추고 도시를 항복하게 한 후 주민을 잔혹하게 다루었다. 엄청나게 많은 소, 특히 낙타를 전리품으로 얻으면서 몽골은 군비로 야기된 경제 위기에서 벗어났다. 이 마지막 승리는 중앙아시아 동부에서 몽골 제국의 지배를 보장해 몽골족에게는 더 이상 어떤 경쟁자도 없게 되었다. 사람들은 한때 몽골족이 탕구트족을 완전히 절멸시키고 이 나라를 사막으로 바꾸었다고 믿었지만 코즐로프가 하라코토에서 가져온 문헌들을 연구한 결과 에친-아이는 우라카이Uraqai라는 몽골 이름 아래 1372년까지 존속했고, 그런 다음 중국인들에게 장악되어 파괴되었음

이 드러났다.15)

　탕구트 왕국에게 승리를 거두자 티베트는 자발적으로 복종했다. 북티베트를 최초로 침략한 후, 몽골족이 여러 수도원을 장악하고 수도승들을 살해했을 때 티베트족은 몽골족에게 학식 있는 라마승을 조공으로 받아들일 것을 제안하는 한편 젊은이들이 몽골군에 들어가는 데도 동의했는데, 이는 잉여 인구를 일정 정도 줄이기 위한 것이었음이 분명하다.16) 이 동의는 양측 모두를 만족시켰다. 왜냐하면 몽골족은 글을 읽는 관리와 병사들이 필요했지만 불모의 고원과 산맥으로 인해 그들을 끌어들일 수 없었기 때문이다. 티베트에는 중앙의 권위가 없었고, 무정부 상태가 이 분열된 나라를 억누르고 있었다. 초원 지대는 몽골족에게 안성맞춤의 땅이었기 때문에 그들은 초원 지대 경계 바깥에서 정착하기를 원치 않았고 정착할 수도 없었다.

　유목민은 농부보다 훨씬 더 긴밀히 일차적 환경에 묶여 있는 것에 주의해야 한다. 농부는 자연을 자신의 필요와 습관에 맞추고, 경작하는 땅 위의 식물군을 바꾸며, 산출되는 잉여 생산물로 가축을 기르는바, 곧 동물군에도 영향을 미친다. 농부는 항상 식량 재고를 갖고 있기 때문에 긴 이주를 하고 적절한 새 위치에서 익숙한 조건을 만들어낼 수 있다. 유목민은 엄격히 특화된 조건에 적응한 동물들에 묶여 있다. 따라서 유목민의 거주지는 넓지만 거주지를 대신할 수 있는 것은 숲, 언덕, 사막이 아니라 유사한 거주지, 예컨대 다북쑥 초원 지대의 나래새

---

15) V. P. Kozlov, in *P. K. Kozlov, Mongoliya i Amdo i mertvyi gorod Khara-khoto*, p. 10.
16) 이 사건이 일어난 정확한 날짜는 모르지만 칭기즈칸이 죽은 후에 일어났다. *Istoriya Tibet pyatogo Dalai-lamy*를 보라.

밖에 없다. 이로 인해 유목민의 이주 능력은 아주 떨어졌다. 그리하여 몽골족은 우랄 산맥, 중앙아시아에서 아무다리야의 아랄해까지 이르는 킵차크 초원 지대를 정복한 후에도 초지를 그곳으로 옮기지 못하고 중가리아 일부를 획득하는 데 그치고 말았다. 거기에서조차 순혈 몽골족은 타르바가타이의 산기슭에서 현지 투르크 주민과 섞였는데, 투르크 주민의 경제는 가축을 초원 지대에서 산맥까지 이동시켰다가 다시 되돌아오는 계절적 목축과 '수직적 유목'(곧 이동 방목)에 맞추어져 있었다. 이와 같은 이차적 적응과 혼혈의 결과, 새로운 민족이 등장해 시간이 흐름에 따라 순혈 몽골족과 완전히 구분되게 되었고, 그들은 오이라트라는 옛 이름 혹은 칼무크Kalmuk라는 새 이름을 얻었다.17)

우리가 서술한 이 원칙에 비추어 보았을 때 몽골족이 정복을 더 하는 것은 아주 불필요한 일이었다. 그리고 사실 몽골이 이후에도 계속 전쟁에 끌려들어간 것은 자신의 의지 때문이 아니라 세계사에서 일어나는 사건들의 논리 때문이었고, 또 몽골의 참여를 불가피하게 한 정책 때문이었다.

| 관성의 힘 |

칭기즈칸에게는 상속 자격을 가진 (첫 번째 부인이 낳은) 4명의 아들이 있었다. 장남 조치는 아버지와 잘 지내지 못했고, 피정복민에게 자비를 보이려고 했으며, 1227년 초 자객들에게 죽임을 당했다. 그의 아이들인 오르다Orda와 바투는 제국의 북서쪽에 있는 불모의 국경 지대

---

17) G. E. Grumm-Grzhimailo, "Kogda proizoshlo i chem bylo vyzvano raspadenie mongolov na vostochnykh i zapadnykh"를 보라.

에서 조그만 상속분을 받았다. 오르다는 남시베리아를 가졌고, 바투는 호라즘족이 밀려든 우랄-카스피해 초원 지대를 가졌다. 차남 차가타이는 '야사의 수호자'였고, 중앙아시아를 자기 상속분으로 받았다. 그는 워낙 엄하고 가혹해서 칭기즈칸은 죽기 전에 그가 아니라 삼남 오고타이를 뽑아 통치하도록 권면했다. 오고타이는 서몽골과 중가리아를 상속분으로 받았다. 그는 친절했고 재능이 없었으며 술을 많이 마셨다. 그래서 칸의 자의적 통치를 두려워한 몽골 군사 귀족들에게 위험한 인물로 보이지 않았다. 사남 툴루이는 몽골 관습에 따라 아버지 땅을 상속분으로 받았으며, 가장 재능 있는 지휘관이자 정력적인 통치자 중의 하나였다. 그는 중국에서 군사 훈련을 받았다. 그는 최상의 여진족 지휘관들과 싸웠고 수베에테이 바아투르의 지도를 받았다. 그는 50년의 군 복무 동안 전투에서 한 번도 패한 적이 없고 몽골 야사를 어긴 적도 없는 인물이었다. 수베에테이와의 관계 덕분에 툴루이는 군에서 인기를 확보할 수 있었다. 몽골 법에 따라 쿠릴타이(전사들의 총회)가 칸을 선출했다. 일정한 시간이 걸려 총회가 소집될 때까지 섭정이 세워졌고 툴루이가 정부 수반에 올랐다.

1229년에 쿠릴타이가 개최되어 오고타이를 칸으로 선출했다. 이때 몽골군은 전선에서 물러나 있었지만 여진족과 무슬림은 힘을 회복해 몽골 엄호 부대에 압력을 가할 수 있었다. 그러나 1230년부터 몽골족은 다시 공세에 들어가 중국의 여진족 정복을 완수하고, 1230년에 잘랄 앗 딘을 대파한 후 근동으로 돌입하며 바그다드의 칼리프를 제외하곤 모든 무슬림 통치자들을 이겨냈다.

1235년에 여진족에 승리를 거둔 후, 칭기즈칸이 세운 몽골 수도 하라코룸에서 쿠릴타이가 열려 뽈로베쯔족, 볼가르족 그리고 그들을 지원한 루스족과의 전쟁을 끝장내기로 결정했다. 몽골 제국의 4개 울루스 모두로부터 부대가 와서 '서부 전쟁'에 파견되었다. 최고 사령관은 바투 칸이 맡았지만 그를 도와 최고의 몽골 지휘관 수베에테이가 실제 작전 방향을 담당했다. 오고타이의 아들 구유크Güyük, 차가타이의 아들 부리Büri 그리고 툴루이의 아들 몽케Mönke는 별도의 군대를 지휘했다. 호라즘이 파괴된 후 아무 할일 없이 방랑하던 중앙아시아 투르크의 분견대가 기본 정규군에 부속되었다. 그들은 전투에 특별한 값어치가 없었지만 기본 병력에 도움이 되었다.

1236년에 몽골족은 볼가 강을 건너 (카잔 근처의) 대大불가르 시를 취했다. 이어서 몽케는 볼가 강 하류에서 뽈로베쯔족을 덮쳐 몽골족을 피해 숨어 있던 그들의 지도자 바흐만Bachman을 볼가-아흐투빈스크Volglga-Akhtyubinsk 범람 평야에서 무찔렀다. 그런 다음 쿠반Kuban 강〔북코카서스 지역에 있는 러시아의 강〕의 알란족을 정복하고 돈 강에 이르러 뽈로베쯔족의 잔당을 몰아냈다. 이와 동시에 바투는 주력 부대와 함께 랴잔Ryazan 공국으로 치고 들어가 랴잔을 취했다. 이어 몽골족은 블라지미르 공국을 덮쳐 수즈달Suzdal〔블라지미르 주의 도시로 모스크바의 북동쪽에 위치해 있다〕을 불태웠다. 국왕 유리 2세는 군사 지휘관들에게 수도를 방어하라고 명령하고 자신은 북쪽으로 가서 소집군을 모았다. 몽골족은 1238년 2월 7일에 블라지미르를 취했고, 3월 4일에 시트Sit 강에서 유리 2세가 모은 소집군을 대파했으며, 유리 2세 자신도 이 전투에서 쓰러졌다. 이 전쟁 후 그리고 토르조크Torzhok〔러시아 연방 서부 드베르 주에 있는 도시〕를 취한 후 몽골족은 노브고로드로 이동했지만 봄 홍수 때문에 여름을 나러 초원 지대로 철수했다. 가는 길에 코젤스크Kozel'sk 시가 그들을 7주 동안 묶어놓았다. 몽골족은 이 도시에 단 하나의 살아 있는 존재도 남겨놓지 않았다.

　1239~1240년에 몽골족은 남루스로 들어가 체르니고프Chernigov와 키예프를 취했다. 몽골 사절을 죽였기 때문에 키예프는 특히 심하게 당했다. 거기에서 몽골족은 볼린Volyn'과 갈리시아Galicia를 지나 폴란드로 들어갔고, 1241년에 리그니츠Liegnitz에서 폴란드와 독일 기사들의 소집군을 대파했다.

　한편 또 다른 몽골군이 카르파티안 산맥Carpathians의 통로를 거쳐 헝가리로 침입해 샤야바Shayava 강에서 헝가리군을 대파했다. 몽골군은 이어 페쉬트Pesht〔현재의 부다페스트 동쪽 평지 지역〕를 취하고, 헝가리 왕을 추격해 아드리아해에 도달했다. 하지만 모라비아에서 몽골족은 체코족에게 올로무크Olomouc 근처에서 패배당했고, 이로 인해 한 부대는 헝가리로 후퇴해 주력과 합류해야 했다. 여기서 바투는 오고타이 칸이 죽었다는 소식을 받고 자기 부대와 함께 불가리아, 왈라키아Wallachia〔루마니아 남부의 평원에 있는 지역〕, 몰다비아, 뽈로베쯔 초원 지대를 거쳐 동쪽으로 갔다. 몽골 제국 내의 모순이 악화되면서 그의 직접적 개입이 필요했기 때문이다. 몽골군 자체 내에 파당이 형성되어 충돌이 불가피해졌고, 패자에게는 잔인한 죽음이 약속되었다.18)

| 파쟁 |

　몽골군은 군내에 너무 많은 피정복민을 포함시켰는데, 그로 인해 그들이 권리를 주장하기 시작했다. 칭기즈칸이 죽을 무렵에 직면한 기본

---

18) 몽골족이 떠난 다른 이유에 대해서는 A. N. Nasonov, *Mongoly i Rus'*, 1장을 참조하라.

문제는 피정복자에 대한 태도였다. 하나의 경향은 강제를 통해 그들을 복종시키는 것이었고, 다른 경향은 관대함으로 묶는 것이었다. 조치는 두 번째 노선을 취하려고 했고, 자신의 목숨으로 대가를 치렀다. 1240~1241년에 바투는 사촌인 구유크와 부리와 다툼을 벌여 그들을 군대에서 내보내고 사촌의 아버지들에게 그들에 관한 불만을 표했다. 칸과 야사의 수호자는 자기 아들들이 실각했다고 선언함으로써 그들을 징계했으나 그래도 누가 칸이 되고 누가 처형될 것인지에 관한 문제가 제기되었다. 두 경쟁자 구유크와 바투는 지지를 구하기 시작했다. 차가타이의 아이들은 구유크에게 합류했고, 툴루이의 아이들은 바투에게 합류했다. 그러나 이 나라의 진정한 권력은 더 이상 칸들과 왕자들의 것이 아니라 오고타이가 '재상,' 곧 정복된 중국의 민사 행정장관으로 임명한 외국인 관리 야율초재耶律楚材의 것이었다. 영향력이 훨씬 덜한 케라이트족 사람 친카이Chinkai는 서쪽 땅을 다스렸다.

야율초재는 여진족에게 타도된 거란 왕가의 구성원이었다. 그는 유교 철학의 정신 아래 교육받았고, 여진 정부의 관리였다. 야율초재는 몽골족에게로 넘어와 경력을 쌓았고, 교양인의 필요성을 느낀 칭기즈칸의 가장 가까운 고문 중의 하나가 되었다.

칭기즈칸의 치세 말기, 정복한 북중국 주민을 어떻게 다룰지 하는 문제가 쿠릴타이에서 제기되었다. 중국인들은 몽골족을 두려워해 언덕과 숲 속에 무리를 이루며 산재하고 있었다. 이것은 몽골족에게 아무 이득도 되지 않았다. 몽골의 군사 지도자들은 모든 중국인을 도륙하고 땅을 목초지로 바꾸자고 제안했다. 그러나 야율초재는 이에 반대했다. 그는 중국인들에게 살고 일할 권리를 주면 세금을 얼마나 거둘 수 있는지를 숫자로 보여 주었다. 이 돈이 칸을 유혹했고, 중국인들은 목숨을 구했다.

오고타이는 장관 야율초재의 철저한 영향력 아래 있었다. 야율초재는 1229년에 군사적 군주제를 관료적 군주제로 바꿀 것을 요하는 개혁을 실행했다. 법률 개혁은 법률 절차를 수립했고, 따라서 문관에 대한 몽골 장교들의 자의적 권력 행사를 제한했다. 재정 개혁은 몽골족에 대한 1% 과세도 도입했다. 1230년에 야율초재는 오고타이에게 이렇게 말했다. "제국은 말 등 위에서 정복되었으나 제국을 말 등 위에서 운영하는 것은 불가능합니다." 칸은 이 말에 귀를 기울여 1231년에 야율초재를 중서령中書令으로 임명하고, 그의 정치 노선을 추구하도록 했다. 이 노선은 성공을 거두었다. 엄청난 세금 수입이 들어와 칸을 감탄하게 했다. 야율초재는 칸의 완전한 신임을 얻었고, 재정적·법률적·행정적 권력을 수중에 집중시키면서 중국 전체 내무 정책의 관리자가 되었다. 그러나 이 체제는 군부의 반대를 받았다. 최초의 충돌은 1233년에 일어났다. 길고 힘겨운 공성 후에 수베에테이는 여진 수도 비엔징汴京(카이펑)을 취했다. 몽골법에 따르면 공성 수단을 사용하기 전에 항복하지 않은 성은 최후의 일인까지 베임을 당해야 했다. 이 운명이 비엔징 주민들을 기다리고 있었지만 야율초재는 이 성의 주민을 몰살하면 국고에 해가 될 것임을 보여주면서 주민들을 살려둠으로써 얻게 될 수입의 양을 말해주었다. 오고타이는 이에 동의했다.

목숨을 구한 주민들에게서 얻은 돈으로 야율초재는 칭기즈칸이 짓기 시작한 제국의 수도 하라코룸의 건설을 완성했다. 칸을 위해 호화스러운 왕궁이 지어졌으나 오고타이는 유르트에 살기를 선호했다.

1235년에 몽골의 인간 자원은 정복 정책을 계속하기에는 불충분해 보였다. 그래서 중국에서 무슬림 부대를 사용하고, 서부에서 중국인 부대를 사용하는 계획이 제출되었다. 야율초재는 이상하고 익숙하지 않은 환경에서 이 부대들은 거의 아무런 쓸모가 없을 것이고, 상당한 손실을 수반할 것이며, 이 부대들의 이동이 너무 어려울 것이라고 주장하며 이 계획을 어떻게든 무산시켰다. 이 경우에도 역시 야율초재는 몽골군의 이익이 아니라 피정복 민족들의 이익을 지켰다.

중국을 정복할 때 오고타이는 장군들에게 복속된 땅을 나누어줄 것을 약속했다. 야율초재는 땅으로 보상하면 중앙권력의 권위를 해칠 것이므로 땅이 아니라 돈, 비단, 귀중품으로 보상할 것을 권했다.

이로 인해 많은 장군과 장교가 그와 맞서게 되었다. 그들은 칸의 삼촌 오트치긴Otchigin을 부추겼고, 그는 이 장관을 음흉한 견해를 가진 외국인이라 비난했다. 오고타이는 누가 이 음모를 이끌었는지 알았고, 장관 자신이 이 중상자의 운명을 결정하도록 했다. 야율초재는 복수를 경멸했다. 타협이 이루어졌다. 몽골 통치자들과 함께 재무관리들이 임명되었고, 이들은 누구에게서든 뇌물을 받는 것이 절대적으로 금지되었다. 세금과 과세제도 문제도 똑같이 첨예하게 제기되었다. 앞서 지적한 대로 야율초재는 1231년에 몽골족에게 1%의 직접세를 부과했다. 1236년에 수입 상품은 1/30로 과세되었고, 포도주는 사치품으로 판매가의 1/10로 과세되었다. 그 결과, 지역 생산품과의 경쟁에서 패배한 위구르족 상인들도 고통을 겪었고, 소비자 곧 몽골 군사 귀족들도 고통을 겪었다.

그러나 몽골족을 훨씬 더 동요시킨 것은 야율초재가 중국에서는 난로나 거주지에 기초해 과세하는 이전 제도를 도입한 데 반해 몽골족과 무슬림에게는 더 무거운 인두세를 내게 한 것이었다. 야율초재는 세금이 너무 높으면 주민이 도망갈 것이고, 그러면 국고가 손실을 입을 것이라고 지적했다. 그의 의견이 승리했다. 야율초재는 중국 문화를 되살리기 위해 착실히 노력하면서 1236년에 역사협회를 세웠고[19], 1237년에는 교육 받은 중국인을 관직에 들어갈 수 있도록 했다. 과거를 위한 대학이 세워져 지식을 점검했다. 노예들조차 과거를 볼 수 있었다. 주인이 방해하면 사형당하도록 규정되었다. 그 결과 4,030명의 식자들이 등장했고, 그중 1/4은 노예 상태에서 풀려났다.

야율초재가 체계적으로 수행한 군사적 군주제에서 관료적 군주제에로의 전환은 몽골 사회 계층의 저항을 받지 않을 수 없었다. 피로 얻은 우월권을 졸지에 양도하게 되었기 때문이다. 그러나 단순하고 순진한 몽골족은 자신들을 통치한 외국의 천재에 대해 아무것도 할 수 없었다. 이 장관에 대한 위험은 다른 방면에서 왔다.

우리는 수입 상품에 대한 과세 제도와 중국인들의 생산 회복이 중계무역에 종사하면서 배타적 시장을 갖고 싶어 한 상인들과는 조화될 수 없음을 보았다. 몽골 편으로 넘어간 위구르족과 무슬림도 마찬가지였다. 우리는 이들의 지도자들 이름을 안다. 중국의 인구조사를 맡은 카다크Kadak와 야율초재에게서 수상 자리를 물려받은 친카이는 기독교도였다. 세금 징수 청부인 압두라만Abdurahman과 관리 잘바치Mahmud Jalvach는 무슬림 배교자들이었다. 이들은 음모에 능한 사람들이었다. 1239~1240년에 압두라만은 야율초재의 반대 의견에도 불구하고 중국으로부터 농장세를 받았다. 야율초재가 언쟁 과정에서 너무 화를 내자 칸은 그에게 "너는 싸우고 싶어 하는 것 같구나"라며 덧붙이기를 "너는 백성들을 쉽게 어여삐 여기는구나"라고 했다.

---

19) 〔Bichurin〕 Iakinf, *Istoriya pervykh chetyrekh khanov*, p. 259.

그럼에도 불구하고 오고타이가 신뢰하고 그의 진실함, 정직함, 지성, 재능을 알고 있었기 때문에 야율초재의 지위는 약화되지 않았다. 대공들의 증오와 상인들의 음모는 무력해보였지만 이 칸은 결국 1241년 12월 11일에 죽었다. 새로운 칸이 선정될 때까지 권력은 오고타이의 미망인이자 메르키트족 태생인 카툰Töregena-Qatun 수중에 들어갔다.

칸은 음주로 죽었다는 것이 공식 발표였지만 카르피니Plano Carpini는 독살 소문이 끊이지 않았음을 알려준다. 라시드 앗 딘은 이 설명을 거부하는데, 지나치게 열띠게 거부해 오히려 이 설명이 옳아 보인다.

아무튼 오고타이가 죽자 야율초재의 적들의 손이 자유로워졌다. 행정에서는 케라이트족 네스토리우스교도 친카이가 그를 대신했고, 재정과 관련해서는 무슬림 압두라만이 그를 대신했다. 이 장관은 평생을 바친 사업이 붕괴되는 것을 보며 1243년에 죽었다.[20]

카툰의 섭정기가 주전파에게 지배된 시기였다는 생각은 잘못일 것이다. 그녀는 아주 강력한 기구를 물려받았기 때문에 반대 사회 집단에게서 지지를 구하지 않고서도 여러 해를 버틸 수 있었다. 이런 체제는 오랫동안 지속될 수 없었지만 카툰만큼 어리석고 무지한 여자는 이를 고려하지 않았다.

포로로 잡혀온 페르시아인 부인으로 이 미망인의 절친한 친구인 하눔Fatima-hanum이 이끄는 궁정파가 권력을 잡았다. 음모와 갈망이 무성하게 자라났다. 목숨을 구하기 위해 친카이는 오고타이의 손자인 쿠덴Kuden 왕자의 보호 아래 피신처를 구해야 했다. 잘바치는 수비대를 속이고 도망쳤으며, 만인대를 맡고 있던 노얀 케레게즈Keregez는 파티마

---

20) N. Ts. Munkuev, *Kitaiskii istochnik o pervykh mongol'skikh khanakh*, pp. 18~22.

를 비방했다고 체포되어 처형되었다. 카툰의 통치는 야율초재의 통치보다 훨씬 더 많은 불만을 낳았다.

주전파는 1230년대에는 아주 강하게 단결되어 있는 것 같았지만 1240년대에는 결코 그렇지 않았다. 주전파는 두 집단으로 분열되었고, 그들 사이의 경쟁 덕분에 카툰은 1246년까지 권력을 유지했다. 이 해 구유크가 왕위에 선택되었다.

몽골군은 두 부분으로 구성되어 있었고, 이 둘은 숫자가 각각 달랐다. 핵은 칭기즈칸에게 자발적으로 합류해 타이치우트족, 타타르족, 케라이트족, 나이만족에 대해 최초의 승리를 거둔 정예병들이었다. 그들은 처음에는 13,000명에 불과했고, 이 숫자는 다른 지원병들이 들어오며 증가했지만 아주 조금씩만 증가했다. 부대의 기본 부분은 칭기즈칸의 왕위를 섬기도록 허락 받은 피정복 유목민들로 구성되어 있었다. 하지만 그들은 진급에서 제약을 받았다. 칭기즈칸에게 자발적으로 합류한 몽골족과 옹구트족만이 천인대를 맡는 장교가 될 수 있었다. 1206년에 군대의 총수는 110,000명이었고, 정예병들이 지휘 직책은 갖고 있었지만 소수였음은 분명하다. 오고타이의 치세 동안 부대는 정복된 투르크족, 여진족, 탕구트족 그리고 나아가 중국인에게서까지 보충되었다. 몽골족 비율은 자연 증가를 감안한다 해도 훨씬 더 낮아졌다. 따라서 승자가 된 몽골족은 결국 자신이 창조한 제국에서 소수에 불과하게 되었고, 정복당해 복속된 민족들이 실세가 되었다. 확고한 왕위를 원하는 통치자는 복속된 민족들을 점점 더 고려해야 했다.

몽골의 정예병들은 칭기즈칸의 동생 테무게 오트치긴에게로 향했고, 그는 1242년에 왕위 장악을 기도했으나 성공하지 못했다. 그것을 통해 정예병 파가 오고타이 혈통에 반대한다는 것, 따라서 그의 아들 구유크에 반대한다는 것이 드러났다. 이 음모에 연루된 모든 사람이 처형되었다.

케라이트족, 나이만족, 하라키타이족 태생의 하급 장교들로 구성된 두 번째 파는 툴루이의 미망인 소르코크타니 베키와 그녀의 자식들 주위에 모였다. 네스토리우스교가 이 파의 이념이었는데, 왜냐하면 13세기에는 어떤 사람의 종교적 신조와 정치 성향이 어느 정도 일치했기 때문이다.

모든 칸은 부대원의 공감과 헌신 없이는 자기가 아무것도 아니라는 것, 나아가 경쟁자에게 당한다는 것을 매우 잘 이해하고 있었다. 그리고 병사들은 결코 졸이 아니었다. 그들 각자는 특정한 사회 집단과 종교 공동체에 묶여 있었고, 이 집단과 공동체가 어중이떠중이 군졸에서부터 노얀에 이르기까지 모든 병사의 의지를 좌우했다. 병사들은 칸에게 조언을 했으며, 이 조언은 워낙 중대한 것이어서 이를 무시하는 것은 불가능했다. 바꾸어 말해 병사들이 칸에 의지하는 것 못지않게 칸도 병사들에게 의지했으며, 이 양자 뒤에는 상인들과 다양한 믿음의 성직자들 그리고 관리, 무당, 부족 지도자, 정복에서 살아남은 피정복지의 군주들이 있었다. 이 모든 사람은 자기 곁에 칼을 차고 있었다. 이것이 칭기즈 가※ 왕자를 종신 칸으로 택한 실세였지만 그의 수명은 나이나 건강이 아니라 군에서의 인기와 그에게 헌신한 사람 숫자에 의해 결정되었다. 헌신은 때로 돈으로 살 수 있으며, 가격은 상황의 긴장도에 따라 변한다는 것은 잘 알려져 있다.

두 경쟁자 구유크와 바투는 극도의 위기 상황에 처해 있었다. 바투는 충직한 몽골군 4천 명밖에 갖고 있지 않았는데, 이 숫자는 무력 때문에 복종하고 있는 6백만 명의 동유럽 주민을 지키기에는 분명히 불충분했다. 바투는 중앙으로부터도 도움을 기대할 수 없었다. 구유크가 오직 그의 몰락만 바라고 있었기 때문이다.

구유크는 10만 병력의 우두머리였지만 이들은 대부분 구유크보다 툴루이의 자식들을 선호한 네스토리우스교도로 구성되어 있었다. 구유크는 부대원들에게 (정착 주민에게서 거둔 세금으로 구한) 비단 직물을 공짜로 나누어줘 인기를 얻으려고 했다. 그는 사람과 돈을 많이 갖고 있던 루스 군주들과 정교 교회에 의지하려고 했다. 구유크에게는 불행한 일이었지만 협상을 위해 칸의 본거지에 도착한 태공太公 야로슬라프 Yaroslav가 카툰에게 독살되었다. 태공을 수행한 귀족 한 사람이 비난했다는 이유였다. 그리하여 망자의 아들 넵스키와 안드레이는 구유크를 떠나 바투를 아주 적극적으로 지원했으며, 이에 바투는 1248년에 대칸大汗에 맞서 동쪽으로 가서 전쟁을 개시할 수 있었다. 구유크는 그와 대적하러 갔으나 가는 길에 불분명한 정황 속에서 죽었다.[21]

다시 한 번 공위 기간이 이어졌다. 구유크의 미망인 오굴-카이미시 Oghul-Qaimish는 약하고 무지한 여자였지만 섭정이 되었다. 1251년의 쿠릴타이에서 바투와 그의 친구이자 툴루이의 아들인 몽케가 최대의 지지를 받았다. 몽케가 대칸으로 선택되었고, 바투는 '씨족의 장로'로 인정받았다. 구유크의 지지자들은 처형되었다.

이 투쟁에서 바투를 승자로 만든 루스의 도움은 깊은 정치적 고려에 따른 것이었다. 13세기 초부터 가톨릭 유럽은 정교도 곧 그리스인과 루스족에 맞서 십자군전쟁을 시작했다. 1204년에 십자군은 콘스탄티노플을 취하고 비잔티움 대신 라틴 제국을 세웠다. 레트족과 에스트족

---

21) *Puteshestvie v vostochnye strany Plano Karpini i Rubruka*, p. 135.

이 복속되어 농노가 되었다. 루스족에게도 같은 운명이 기다리고 있었지만 넵스키가 1240년에 네바Neva에서, 그리고 1242년에는 추드Chud 호에서 십자군을 대파하고 최초의 압박을 저지했다. 하지만 전쟁은 계속되었고, 넵스키는 동맹이 필요했다. 그리하여 그는 바투의 아들 사르타크Sartak와 형제의 의를 맹세하고 몽골군을 얻어 독일인들과 싸웠다. 동맹은 넵스키가 죽은 후에도 종결되지 않았다. 1269년에 독일인들은 몽골 분견대가 노브고로드에 나타난 것을 알고 강화를 제의했는데, "왜냐하면 타타르라는 이름조차 아주 무서웠기 때문이다." 그리하여 루스 땅은 십자군의 침략을 면했다.22)

몽골 제국의 국경 상황은 내부 투쟁 때보다 큰 위기에 빠지게 되었다. 바투는 폴란드, 헝가리, 불가리아를 상대했고, 이로 인해 그에게는 루스와 뽈로베쯔 초원 지대밖에 남지 않았다. 하지만 그는 근동에서 "룸Rum, 시리아 그리고 다른 땅들의 술탄들에게"23) 권위의 헌장과 서한yarlyk을 하사했으며, 이들은 지역 군사 지휘관 바이주 노얀Baiju-noyan 보다 황금군단이 더 우월하다는 생각에 익숙해지기 시작했다.

바투는 1256년에 죽었고, 대칸 몽케는 사르타크를 후계자로 인정했다. 사르타크는 즉시 삼촌 베르케Berke와 다투게 되어 "당신은 무슬림이지만 나는 기독교 신앙을 가진 사람이오. 무슬림의 얼굴을 보는 것은 [나에게는] 불행이오"24)라고 선언했다. 이는 잘못된 말이 아니었다. 그는 이 경솔한 언급을 한지 며칠 후에 독살되고 말았다. 칸의 왕위는 아들 울라그치Ulagchi에게로 넘어갔지만 그는 미성년자여서 할머니이

22) A. N. Nasonov, *Mongoly i Rus'*, pp. 20~21.
23) V. G. Tizengauzne, *Sbornik materialov*, pp. 21~22.
24) 앞의 책, p. 19.

자 바투의 미망인인 카툰Boroqchin Qatun이 통치를 대신했다. 하지만 울라그치는 아버지만큼 빨리 죽었고, 카툰은 1257년에 이란으로 가려고 하다가 잡혀 처형되었다. 사마르칸트에서 네스토리우스교도의 살육을 선동한 무슬림 베르케가 칸이 되었다. 그러나 그는 넵스키와 루스 땅에 관한 정책을 바꾸지 않았다. 반대로 대칸의 관리들이 루스에 나타나 주민을 등록하고 세금을 매겼을 때 베르케는 루스 군주에게 이 관리들을 죽이는 것을 허용해주었으며, 이 일이 있은 뒤 루스에서 모은 돈을 몽골로 보내는 일은 중지되었다.25) 이것은 사실 황금군단과 중앙 사이에 분열이 일어났음을 의미했으며, 사라이Sarai['왕궁'에 해당하는 페르시아어. 황금군단의 수도였다]에서 세워진 칸은 신민들, 곧 루스족, 불가리아족, 뽈로베쯔족에 의지했다. 그리하여 새 이주자와 원주민의 공생이 등장했으며26), 이는 14세기까지 지속된 생산적 공존이었다. 이 동안에 루스족은 황금군단이 동쪽에 대한 방벽으로 작용해주었기 때문에 힘을 회복하고 더 강해졌다.

서부 문제와 동부 문제가 모두 넵스키에 의해 풀렸고, 이는 동시대인들의 다수가 인정했다. 그 결과, 아무 희망이 없어 보였던 상황에서 출구를 찾은 이 군주는 성인으로 받들어지게 되었다.

25) A. N. Nasonov, *Mongoly i Rus'*, pp. 14~16.
26) "옛날에 이 국가는 킵차크족 땅이었지만 타타르족이 정복하면서 킵차크족은 그들의 신민이 되었다. 그 후 그들은 피를 섞어 서로 친척이 되었고, 이 땅은 그들의 자연적·인종적 특질을 극복했으며, 그들은 마치 한 씨족에서 나온 것 마냥 모두가 그냥 킵차크족이 되었다"(el Omari, in V. G. Tizengauzne, *Sbornik materialov*, p. 325).

| 가혹한 현실 |

　유럽의 최고 부대들이 몽골의 칼끝을 겪었을 때 프레스터 요한의 왕국 문제에 대한 관심이 지나칠 정도로 크게 일어났다. 동방 정책의 미묘한 사항들을 이해하는 것이 사활적으로 필요하게 되었다. 따라서 신뢰할 만한 정보를 얻는 것이 필요했고, 이에 따라 동쪽 나라들로 조사 여행이 시작되었는데, 거기에는 종종 실제적 관심사를 충족시키려는 목적도 있었다. 니케아에서 온 그리스인, 킬리키아Cilicia[소아시아의 남동쪽 해안, 키프로스 북쪽의 해안 지역을 일컫는 고대 지명]에서 온 아르메니아인, 블라지미르와 갈리치Galich에서 온 루스인, 베네치아와 제노바에서 온 이탈리아 상인, 프랑스, 영국, 팔레스타인에서 온 기사들이 동방으로 여행했지만 수도사들이 가장 풍부한 정보를 획득했다. 교황이 보낸 카르피니와 성왕 루이의 궁정 출신 뤼브뤼크의 윌리엄이 그들이었다. 그들의 보고서는 서쪽 유럽인들로 하여금 가혹한 현실에 눈 뜨게 했다.[27]

　카르피니는 1245년 4월 16일에서 1247년 가을까지 2년에 걸쳐 여행했다. 처음에 그는 바투의 본거지에 도착했으나 바투는 교황의 전언을 받아들이지 않고 그를 하라코룸으로 보냈다. 그는 여기서 구유크가 왕위에 오르는 것을 목격했다. 구유크의 본거지에서 네 달을 보낸 뒤 그는 먼저 키예프로 간 다음 다시 리용으로 되돌아가 구유크의 답신과 자신의 보고서를 교황 이노센트 4세에게 건넸다.

　뤼브뤼크는 전혀 다른 시기를 만났다. 그는 1253년에 콘스탄티노플

---

27) *Puteshestvie v vostochnye strany Plano Karpini i Rubruka.*

에서 크리미아로 간 뒤 처음에는 사르타크의 본거지에, 다음에는 바투의 군단에, 마지막에는 몽케 칸이 통치하던 하라코룸에 도착했다. 그는 1254년에 유럽에 되돌아왔음에도 불구하고 카르피니보다 훨씬 더 많은 것을 보고 묘사했다. 두 여행자의 결론은 일치했다. 몽골족은 기독교인이 아니었고, 프레스터 요한의 왕국에 대해서는 오직 기억만 남아 있으며, 네스토리우스교도는 가톨릭 유럽에 친구도 형제도 아니라 이단이자 적이라는 것이었다. 이 마지막 결론은 이후의 시기 내내 동방 기독교인들에 대한 교황의 행동을 결정했다.

이 여행자들과 다른 몇몇 여행자가 갖고 돌아온 자료는 워낙 방대한 데다 여러 나라, 여러 시대 학자가 워낙 풍부하게 주석을 달았기 때문에 우리는 우리 주제와 직접적으로 관련된 짧은 초록을 이용하는 데 논의를 국한할 것이다.

카르피니는 칭기즈칸의 전투를 회고하며 묘사하는 가운데 프레스터 요한을 한 번 언급한다. 처음에 그는 역사에서 실제로 일어난 전쟁을 열거한 다음 아마존족, 견인犬人, 지하인과의 전투를 열거한다. "그 땅〔인도〕사람들이 프레스터 요한이라고 부르는"[28] 왕의 인도 군대와 몽골족 사이의 전투 이야기는 역사와 우화의 중간에 있으며, 의심의 여지없이 우화에 속해야 할 것이다. 다른 한편 그는 구유크의 정책 경향이 공격적인 데다 가톨릭 유럽을 노리고 있다고 아주 구체적으로 쓰면서 동포들에게 위험이 임박했다고 경고한다.

구유크의 죽음과 바투의 정책 전환이 유럽을 구했다. 왜냐하면 권력을 잡게 된 네스토리우스교도가 몽케에게 무슬림과의 전쟁을 재촉했

---

28) 앞의 책, p. 41.

기 때문이다. 따라서 바투는 경계심을 조금 늦춘 채 뤼브뤼크를 맞았고, 그는 더 많은 정보를 모을 수 있었다. 그의 경우 프레스터 요한을 최근에 죽은 나이만족 왕으로 해석하고 있다.29) 즉 뤼브뤼크의 재구성은 이 책에서 설명한 것과 일치한다. 그는 전설보다 현실에 더 관심을 가져, 네스토리우스교도에 대해 많은 말을 한다. 그의 묘사에 따르면 네스토리우스교도는 신학의 세밀한 점들에 거의 연마되어 있지 않은 사람들30)로 고리대금업자, 술주정뱅이이고 일부다처제를 따르고 있다. 그들은 금요일에 금식을 하지 않으며, 신앙을 전파하는 것보다 가족을 더 아낀다.

몽케 칸의 왕비들과 궁정인들 다수가 공개적으로 네스토리우스교를 고백했지만 칸들 자신은 견해를 밝히지 않았다는 것도 뤼브뤼크의 주목을 벗어나지 못했다. 몽골족을 통치하기 위해서는 몽골 종교를 고수하는 것이 필수적이었다. 예컨대 사르타크31)와 아릭 보케는 기독교인으로 알려져 있었지만 이를 공식적으로 인정하지 않았다. 따라서 네스토리우스교도의 영향력은 제한되어 있었고, 그들의 상황은 불확실했다. 그들은 정교에 적대적이었지만 가톨릭교도와는 상호 이해를 이루기를 희망해 신앙에 대한 부정을 요구하지 않고 가톨릭교도를 성찬식에 받아들여 주었다. 아래에서 그것이 어떤 결과를 낳는지를 살펴보기로 하자.

정교도와 네스토리우스교도의 융합을 막은 것은 교리와 역사에 뿌

---

29) 앞의 책, pp. 59~61, p. 116, p. 134.
30) 네스토리우스교도는 마니교도로부터 원초적 악과 영혼의 윤회라는 교리를 물려받았다(앞의 책, p. 171).
31) 앞의 책, p. 114(이 문헌을 인용하고 있는 A. G. Galstyan, *Armyanskie istochniki o mongolakh*, p. 110을 참조하라).

리를 둔 원인과는 별도로 민속 때문이었다. 곧 종교적 금제禁制로 여겨진 백성들의 관습 때문이었다. 예컨대 루스인, 그리스인, 오세티아인, 조지아인은 마유주馬乳酒를 마시는 것을 죄로 여겼다. 그들이 마유주를 어쩔 수 없이 마시게 되면 성직자들은 이 죄지은 자들을 마치 기독교 신앙을 버린 사람처럼 취급하며 교회와 화해시키려고 했다.32) 유목민들이 마유주 없이 살 수 없다는 것은 두말할 나위가 없으며, 교회의 이러한 혐오가 그들을 소름끼치게 했다.

인간의 사회적 행위와 개인적 행위에서 항상 두 가지 자극이 일정한 역할을 한다. 하나는 이익의 추구이며, 다른 하나는 진심이다. 진심은 역사적으로 결정된 견해들 그리고 외부 세계에 대한 미세한 심리적 반응들을 반영하며, 또 이 견해와 반응들이 특정한 민족 문화에서 고유하게 전개되어 나갈 때 나타나는 특징들을 반영한다.

이상적 개념들은 항상 일상생활의 현실 앞에서 분쇄된다. 이 경우에도 그렇다. 가톨릭, 정교, 네스토리우스교의 교리 상의 차이는 중요하지 않았고, 라틴인, 그리스인, 몽골인의 상호 이해를 막은 것도 이 차이가 아니었다. 아무튼 네스토리우스파가 교리와 신학적 입장에서 단성론파 및 야곱파와 극단적인 종교적 차이를 보였는데도 1142년에 동방 아시아에서 그들과 화해한 일이 있었지 않았는가 말이다. 종교적 의식은 역사적 현실의 한 요소이지만 이것이 역사적 현실을 다 포괄하는 것은 아니다. 초원 지대 유목민들은 기독교인이 되었어도 그리스인들 눈에는 여전히 야만인이었고, 라틴인들 눈에는 여전히 미개인이었으며, 이교도는 아니었지만 이단자였다. 두 민족 모두에게 유목민들은 이

---

32) 앞의 책, p. 105, p. 107, p. 227.

방인이었다. 접촉이 일어나기 위해서는 수십 년을 함께 살고, 상호 관통하고, 무기를 든 채 동지가 되고, 이해관계를 함께하는 것이 필요했다. 처음 마주쳤을 때는 이 모든 것이 다함께 일어날 수는 없었고, 양편 모두 정치에 더 관심이 있었기 때문에 더욱 그러했다. 따라서 뤼브뤼크가 다음과 같은 충고로 저작을 끝마쳤을 때 그는 옳은 말을 했다. "내 자신이나 선교 형제들이 타타르족에게로 갔었지만 앞으로는 우리 형제들이 그들에게 가는 것은 전혀 쓸모없어 보인다. 하지만 교황이 …… 주교를 보내고 싶다면 …… 타타르족에게 말하고 싶은 모든 것을 말할 수 있고 심지어 그들로 하여금 거기에 서명하게 할 수도 있을 것이다."33) 뤼브뤼크의 권고는 수용되었고, 그 결과는 실로 엄청난 것이었다.

| 설화가 실화가 되었을 때 |

십자군이 성묘를 해방시키는 일을 도우러 동방의 기독교인들이 온다는 전설은 도합 100년이 연기된 뒤에 생명을 얻기 시작했다. 1231년에 몽골족은 잘랄 앗 딘의 호라즘 부대를 패배시킨 후 티그리스 강 상류에 도착해 유럽인들이 100년 전에 신화적인 교황 요한의 군대가 있을 것이라고 상상했던 바로 그 자리를 점령했다. 몽골군의 우두머리 초르마간Chormagan에게는 네스토리우스교도인 처가 친척이 두 명 있었고, 자신도 이 신앙에 경도되어 있었다.34) 종종 라반 아타Rabban-ata라

---

33) 앞의 책, p. 194.
34) P. Pelliot, "Les Mongols et la Papauté", p. 247(51).

고 불린, 종교 문제의 특명전권대사 시메온Simeon은 열렬한 기독교인이었고, 전에는 그리스도 이름을 내뱉는 것도 금지되어 있던 타브리즈Tabriz[이란의 옛 수도의 하나였으며, 현재 이란에서 다섯 번째로 큰 도시]에 교회를 세웠다. 마지막으로 민사 행정의 수장이던 위구르족 출신의 코르쿠즈Korkuz(조지)도 하느님을 찾는 사람이었던 것 같다. 그의 이름으로 판단할 때 그는 기독교 가정에서 태어났지만 호라산에 도착했을 때는 불교도였으며, 그 후 이슬람으로 개종했지만 계속해서 광신적 신앙인으로 남았고, 모든 방법을 다해 복속된 주민의 짐을 더는 것을 도왔다.35)

드디어 십자군의 꿈이 실현된 것처럼 보였을지도 모르겠다. 십자군은 대무슬림 투쟁을 위한 강력한 동맹을 얻었으니 말이다. 그러나 예루살렘 왕국에서는 몽골족에 대해 극히 작은 관심조차 보이지 않았다. 1241년에 아크레에서는 템플 기사단원들이 성 요한 기사단원과 독일 기사단원들을 살육했다. 키프로스에서는 프리드리히 2세가 동방의 기독교 군대를 강화하기 위해 남겨둔 독일 봉신들을 이벨린Ibelin 가[이벨린은 12세기 십자군 예루살렘 왕국에 있던 성이었으며, 한 귀족 가문의 이름이 되었다]의 지지자들이 몰아냈다. 바다에서는 베네치아 사람들이 제노바 사람들을 공격했다.36) 요컨대 교황파와 황제파 사이의 전쟁은 이탈리아를 찢어놓았던 것만큼 팔레스타인도 찢어놓았다.

십자군은 내부의 원한 관계를 청산하는 데 골몰하다가 몽골족과의 관계를 수립할 기회를 잃었다. 1242년에 병든 초르마간을 대신해 어떤 이념에도 공감하지 않는 열렬하고 노련한 몽골인 바이주 노얀이 들어섰다. 그는 국경에서 질서를 확립하는 데 착수해 1244년에 정복되지

---

35) R. Grousset, *The Empire of the Steppes*, p. 351.
36) B. Kugler, *Istoriya krestovykh pokhodov*, p. 372.

않은 호라즘족의 마지막 부대를 메소포타미아에서 몰아냈다. 호라즘족은 피난처를 찾으러 이집트로 갔고, 가는 길에 프리드리히 2세가 얼마 전에 해방시킨(1229년) 예루살렘을 취해 예루살렘 왕위에 복귀했다. 십자군은 이집트에 대한 전쟁을 위해 시리아의 아유비드Ayyubids와 연합했지만 1244년 10월 18일에 호라즘족과 이집트인들은 가자에서 십자군을 완파한 다음 다마스쿠스를 취했다. 이집트인들은 호라즘족을 용병으로 전환시켰고, 이에 호라즘족은 반란을 시도했으나 1245년에 평정되어 거의 완벽하게 절멸되었다. 그 후 이집트인들은 십자군에게서 아스칼론Ascalon[지금은 아슈켈론Ashquelon이라고 하며, 팔레스타인의 해안 평야에 있는 도시]을 빼앗았다. 동시에 이코니움Iconium[터키의 도시 코냐는 고대와 중세에는 라틴어로 이코니움이라고 불렀다]의 투르크멘족이 안티오크 공국을 덮쳐 보에문트Boemund의 기사들을 크게 쳐부수었다.

이처럼 암울한 사건들을 배경으로 도미니쿠스회 수도사인 크레모나Cremona의 아스켈린Ascelin과 기차르드Guichard가 1247년 5월 24일에 바이주의 본거지에 도착해 아무런 외교적 기교도 없이 교황에게 복종할 것을 제안했다. 바이주는 그들을 처형할 뻔했다![37] 그러나 한 달 반 후 상황은 변했다. 바이주를 대신해 구유크의 친구 엘치데이-노얀Elchidei-noyan이 임명되었는데, 그는 아스켈린을 놓아주고(1247년 7월 25일) 1년 후 로마의 이노센트 4세와 키프로스의 루이 9세에게 사절을 보냈다. 루이 9세는 협상을 위해 도미니쿠스회 선교사인 롱쥐모의 앙드레[13세기 도미니쿠스회 사절이자 외교가. 13세기에 가장 활동적이었던 동방 외교가]를 보냈다. 그는 칸이 죽은 후에 하라코룸에 도착했다. 섭정 오굴 카

---

37) R. Grousset, *The Empire of the Steppes*, p. 348.

이미시는 이 사절의 중요성을 이해하지 못한 채 공물을 요구했고, 프랑스인을 몰살시키겠다고 위협했다.38) 어리석은 한 여자가 어떤 헛소리를 할지 과연 누가 예견할 수 있었을까?39)

낙담한 사절들은 1251년 4월 6일에 케사레아Caesarea [현재 이스라엘의 텔아비브와 하이파 중간에 위치한 도시]로 돌아왔지만 그들의 왕이 여러 가지 실패와 포로 생활로 무너져 있음을 발견했다. 접촉 시도는 한탄스럽게 그렇게 끝났고, 그해 가을 엘치데이-노얀이 구유크의 친구라는 이유로 처형되었을 때 접촉의 희망마저 사라졌다. 루이 9세는 하라코룸에 사절을 보낸 것을 후회했으며, 따라서 두 번째 사절 뤼브뤼크는 거기서 극히 신중하게 처신했고, 몽케 칸과의 외교 협상을 삼가며 정보를 모으는 데 주력했다.

그리스 외교관들은 커다란 유연성을 보였다. 그들은 몽골족과 우호적 이해관계를 수립하고 셀주크족에 대항한 협정을 맺는 데 성공했으며, 이 덕분에 니케아 제국의 손이 자유롭게 되어 발칸 전쟁을 수행할 수 있었다. 이 전쟁은 1261년 7월 25일에 콘스탄티노플이 라틴인들에게서 해방되는 것으로 끝났다.

따라서 이 설화를 실현하는 일은 유럽인들에게는 시시하고 재미없어 보이게 되었다. 몽골의 네스토리우스교도들에게는 기댈 곳이 동일

---

38) 앞의 책, p. 349; P. Pelliot, "Les Mongols et la Paputé", p. 172, p. 193; R. Khennig, *Nevedomye zemli*, III, pp. 50~57.
39) 오굴 카이미시는 재능이 극히 부족한 여자였다. "상인들과의 거래를 제외하면 다른 어떤 일도 없었으며, 오굴 카이미시는 시간의 대부분을 무당하고만 보냈고, 그들의 환상과 우화에 사로잡혀 있었다. …… 어머니, 그녀의 아들들 그리고 다른 사람들 사이에 생각이 불일치하고 의견과 명령이 서로 모순된 결과, 일은 엉망이 되었다"(Rashid ad-Din, *Sbornik letopisei*, II, pp. 121~122). 여왕은 자신의 어리석음에 큰 대가를 치렀다. 그녀 자신은 물론 많은 친척과 친구들도 잔인한 죽음을 당했다.

한 신앙을 가진 사람들밖에 없었고, 그나마 동일한 신앙을 가진 사람들 중 소수는 시리아와 소아시아의 무슬림 술탄의 무거운 뒤꿈치 아래 쇠약해져 있었다. 그럼에도 불구하고 몽골족은 상황을 면밀히 연구하고 팔레스타인 원정을 고려했다. 아무도 예상치 못한 병력이 이 게임에 등장하지 않았다면 이 전쟁은 성공했어야 했고 또 성공했을 것이다.

| 9 |
정복자를 다루다(1259~1312년)

| 황색 십자군 |

몽골 민족과 군대의 차기 쿠릴타이는 1253년에 오논 강의 물길이 굽이치는 상류의 푸른 강기슭에서 열렸다. 이 쿠릴타이에서는 중국에서의 전쟁을 완결시키기로 결정해 쿠빌라이 왕자에게 이 일을 맡겼고, 또한 무슬림으로부터 예루살렘을 해방시키기로 결정해 훌레구 왕자에게 이 일을 맡겼다.

책임이 가장 막중한 이 작전의 책임자를 이렇게 정한 것은 놀라워 보인다. 쿠빌라이가 기독교에 공감했다는 사실은 누구에게도 비밀이 아니었지만[1] 그가 파견된 나라는 유교, 도교, 불교가 인간의 정신을 나누어 지배하던 곳이었다. 훌레구는 몽골의 칸들에게서 특별히 후원받은 불교의 신비적 경향[2]인 미륵신앙[3]의 공개적 숭배자였지만 그가

---
1) *Kniga Marko Polo*, p. 47, p. 281.
2) Palladii (Kafarov), "Starinnye sledy khristianstva v Kitae", p. 62.

받은 명령은 기독교 신앙을 지키라는 것이었다! 노련하고 명석한 정치인인 몽케가 우연히 그렇게 임명하지는 않았을 것이라고 생각할 수 있을 것이다. 몽골 제국이 확대되면서 국경 지대가 분리되어 나가리라는 악몽이 이미 경종을 울리기 시작했으며, 따라서 섭정과 신민이 완벽한 일체를 이루지 않도록 하는 것이 극히 중요했다. 다른 신앙을 가진 칸은 항상 중앙 권력으로부터 지원을 구해야 했으며, 이것은 사실 분리를 아주 잘 예방했다. 따라서 쿠빌라이는 킵차크 부대와 알란 부대를 받아들여 남쪽의 중국 제국을 정복했고[4], 훌레구는 불승, 위구르족, 티베트족, 중국인으로 이루어진 수행단과 동행했다.[5] 훌레구의 수행단은 조국 그리고 주권자인 대칸 몽케와 연결되어 있었다.

다른 한편 현지 주민과의 일체성이 결여되어 군이 패배당하는 것을 막기 위한 조치도 취해졌다. 훌레구 칸의 아내인 케라이트족 도쿠즈 카툰은 기독교인이자 기독교인의 보호자였다. 참모장인 나이만족 키트-부카Kit-Buka 노얀은 열렬한 네스토리우스교도였고, 자신과 종교가 같은 사람 중에서 조수를 뽑았다. 마지막으로 아르메니아의 미노르의 왕 헤토움 1세Hetoum I가 몽골족과 동맹을 맺었다. 그는 1253년에 친히 몽케의 본거지에 가서 조약의 7개 조항을 검토할 것을 요구했다. 이 조항들은 아주 흥미로워서 짧게나마 인용할 가치가 있다. 왕이 칸에게 요구한 것은 1) 모든 백성과 함께 세례를 받을 것, 2) 기독교인과 타타르족 사이에 우정을 확립할 것, 3) 성직자에게 세금을 면해 줄 것, 4)

---

3) R. Grousset, *The Empire of the Steppes*, p. 358.
4) 루스족과 킵자크족은 함께 '알란-아스Alan-As'라고 불린 부대를 형성했다(앞의 책, p. 47).
5) R. Grousset, *The Empire of the Steppes*, p. 367.

성지를 기독교인들에게 반환할 것, 5) 바그다드의 칼리프를 제거할 것, 6) 왕이 요청하면 모든 타타르 군사 지휘관들은 지체 없이 도움을 제공할 것, 7) 무슬림이 이전에 아르메니아인에게서 빼앗은 땅을 반환할 것 등이었다. 칸이 자신이 감행했던 사업의 어려움을 깊이 가늠하고 있었던 것이 분명하다. 왜냐하면 그는 아르메니아 왕의 조건에 응했고, 그리하여 그의 적극적 지지를 확보했기 때문이다.6) 더욱이 헤토움은 딸을 결혼시켜 결속을 맺은 안티오크 군주 보에문트까지 몽골족과의 동맹으로 끌어들였다.

군사 원정은 극히 신중하게 준비되었다. 목초지를 건드리지 않고 보존하기 위해 군대의 진로에서 유목민을 몰아냈고, 강에 부교를 놓았으며, 식량을 준비했고, 중국에서 발사 기계 전문가들을 수천 명 소집했다.7) 군대는 서두르지 않고 이동해 1256년 1월에야 아무다리야 강 좌안을 넘어갔다. 그런 후 1257년 말에 군대는 이란의 모든 이스마일리Ismaili파 요새를 일소하고 1258년 2월에 바그다드를 점령했다.

바그다드의 함락은 압제자들이 1세기에 걸쳐 백성들에게 수치를 주고 자의적인 통치를 한 데 대한 천벌로 여겨졌다. 훌레구가 모든 신조의 기독교인에 대한 살육과 약탈을 금하는 데는 도쿠즈 하툰의 중재로 충분했다. 칸은 심지어 네스토리우스파 총대주교에게 주거지로 이용하라고 칼리프의 왕궁을 주기까지 했다. 이를 통해 그는, 아르메니아 역사가 키라코스Kirakos〔Kirakos of Gandzak(약 1200[1202]~1271년). 13세기 아르메니아의 역사가로, 4~12세기까지의 사건들을 개략하고 이후 자신의 시대까지의

---

6) A. G. Galstyan, *Armyanskie istochniki o mongolakh*, pp. 67~70.
7) G. E. Grumm-Grzhimailo, *Zapadnaya Mongoliya*, p. 474.

사건을 상술한 『아르메니아사』가 주저이다]의 말로는, 647년 동안 무슬림의 굴레 아래 고난을 겪은 아르메니아인과 시리아인들의 마음을 샀다.8) 아르메니아 총대주교는 성전을 치루는 칸을 축복했고, 아르메니아의 미노르(킬리키아)의 왕 헤토움 1세와 그의 사위 안티오크의 군주 보에문트 6세는 그들의 병력을 몽골족의 병력과 합쳤다. 그리하여 몽골족에게 시리아로 가는 길이 열렸다.

메소포타미아와 시리아의 아유비드 왕조의 술탄들은 분명히 힘이 있었음에도 불구하고 몽골-기독교 동맹군의 희생양이 되었다. 유수프 살라 앗 딘은 1187년에 십자군에게서 예루살렘을 빼앗고 1192년에 사자왕 리처드를 물리친 용맹한 왕이었다. 하지만 그의 후예들은 쿠르드족을 약탈했다고는 하지만 왕조 창건자의 능력을 결여해 내전에 시간을 허비한 데다가 심지어 동일한 신앙을 가진 사람들과 친척들에 맞서 십자군과 동맹을 맺기까지 했다. 이 전쟁은 어느 때보다 더 잔인했다. 몽골족이 포로를 처형하는 데 고문을 자행하기 시작했기 때문이다. 그것은 지금까지는 전혀 찾아볼 수 없는 것이었다. 몽골족이 당시 멸시받던 몇몇 관습을 근동의 동맹들로부터 빌려온 것 같다. 알레포Aleppo, 다마스쿠스, 하마Hama, 홈스Homs, 바니야스Baniyas의 모스크들이 불태워졌고, 기독교 교회는 전리품으로 장식되었다. 1259년 봄에는 몽골군이 가자 근처에 나타났다. 이슬람 지배의 날이 얼마 남지 않은 듯 했다.

---

8) R. Grousset, *The Empire of the Steppes*, p. 357.

| 기독교인들의 새로운 적 |

1259년에 열렬한 이슬람교도의 마지막 피난처는 이집트였다. 그곳에서는 살라 앗 딘의 후예들이 합법적 통치자로 여겨졌지만 사실은 오랜 세월 동안 그렇지 못했다. 이집트는 부유한 나라였지만 전쟁을 위해 농민이나 카이로 시장의 아랍 상인들을 동원하는 것은 보통 무익한 짓이 아니었다. 그들은 술탄의 국고를 세금으로 채워주었지만 어떻게 싸우는지를 몰랐고 싸울 마음도 없었다. 따라서 아유비드 왕조는 전쟁 포로를 수단 반도와 크림 반도에 데려가 전쟁 기술을 가르친 후 군에 복무하게 했다. 이 노예들은 국가에 귀속되었기 때문에 맘루크Mamluk〔국가노예〕라고 불렸다.

맘루크의 경제적·사회적 지위는 자유로운 조세 납부자들의 사회적 지위보다 비할 수 없이 높았다. 그들은 조직되어 있었고 응집되어 있었으며, 이 땅의 유일한 실제 권력이었다. 그들은 이슬람의 적 십자군을 정복했고, 루이 9세가 정복자의 처분에 맡겨지게 된 것도 그들 때문이었다. 그러나 엉터리 지휘를 받고 있다고 생각되면 권력을 자기들 수중에 넣었다.

1250년 5월 2일에 맘루크 바이바르스Baybars는 동지들을 선동해 술탄 투란 샤Turan-shah의 왕궁을 취하면서 이 바보 같은 아이를 죽였다. 맘루크들은 카밀Kamil이라는 한 아이를 왕위에 올렸다. 그를 대신해 모후 셰제레트 앗 두르Shejeret ad-durr가 남편인 투르크멘의 맘루크 아이벡Aibek과 함께 통치했다. 1257년에 이 모후가 질투심에 불타 부정을 저지른 남편을 독살하자 맘루크들이 그녀를 감옥에 가두었다. 1259년에는 또 다른 맘루크 쿠투즈Kuttuz가 자신에게 충성을 맹세할 것을 명령했다.9) 이것은 불평을 전혀 자아내지 않았다. 왜냐하면 맘루크들만이 몽골족으로부터 이집트를 구할 수 있었고, 이는 이 나라의 모든 사람에게 분명했기 때문이다.

맘루크들은 몽골족과 개인적으로 청산해야 할 빚이 있었다. 그들은 모두 과거에 몽골족에게 포로로 잡혀 노예시장에서 팔렸다. 그들은 자신들이 팔리는 것을 거의 해방으로 느꼈고, 사실이 그러했다. 이집트에서 그들은 보다 일찍 팔려와 자리 잡은 동포들, 즉 킵차크족, 체르케스족, 투르크멘족을 만났다. 이들은 새로 도착한 사람들을 도왔고, 모두가 함께 조국과 자유를 박탈한 몽골족을 저주했다. 그리고 1259년에 몽골족이 다시 그들을 위협했고 …… 맘루크들은 무슨 일이 일어날지를 알고 있었다. 다시 노예시장에서 벌거벗고 족쇄를 찬 채 서 있는 것, 기다리다가 팔려 어딘가로 보내져 타는 태양 아래 수로를 파는 것, 이것은 아마 싸우다 죽는 것보다 더 나쁜 것이리라. 따라서 맘루크들은 마지막 핏방울을 흘릴 때까지 싸우리라 결심했고, 싸우는 법을 몽골족만큼 잘 알고 있었다. 그들 역시 자신들을 공격하는 사람들처럼 초원지대 거주자였고, 킵차크족 쿠투즈와 바이바르스는 군사적 재능에서 나이만족 키트-부카에게 밀리지 않았다.

맘루크들은 임박한 회전會戰에서 일정한 이점을 갖고 있었다. 전쟁으로 폐허가 된 이라크보다 그들의 공격 기지인 부유한 이집트가 팔레스타인에 더 가까웠다. 몽골군은 전쟁으로 지쳐 있던 반면 맘루크들은 병사와 말을 신중하게 준비했다. 시리아의 무슬림들은 기독교인들이 1년 전 훌레구 칸을 기다릴 때만큼 간절히 쿠투즈 술탄을 기다리고 있

---

9) B. Kugler, *Istoriya krestovykh pokhodov*, p. 391 이하; A. Myuller, *Istoriya islama*, pp. 181~183.

었다. 마지막으로 맘루크들에게는 기대치 않은 동맹이 있었던 반면 몽골족에게는 예상치 못한 두 적이 있었다. 따라서 승리의 저울추는 바뀌기 시작했다.

예루살렘 왕국은 전진하는 몽골군의 오른쪽 측면에 놓여 있었다. 왕국은 성도聖都는 잃었지만 티레Tyre, 시돈Sidon, 아크레 같은 강력한 요새를 지닌 해안 벨트 전체를 여전히 보유하고 있었다. 여기서 실제적 힘은 템플 기사단과 성 요한 기사단에게 있었고, 제해권은 베네치아인과 제노바인에게 있었다. 서유럽 전체가 동방 기독교인들의 승리에 환호하며 훌레구와 도쿠즈 하툰을 콘스탄틴과 헬레나에 비교한 반면 십자군 기사들과 수도사들은 "몽골 악마들이 오면 전장의 그리스도의 종들이 전투 준비가 되어 있음을 발견할 것"10)이라고 선언했고, 교황의 특사는 몽골족과 동맹을 맺었다고 보에문트를 교회에서 파문했다.11)

이는 그들이 추구하겠다고 한 것을 노골적으로 뒤엎는 것이었다. 그러나 훨씬 더 놀랍게도 600년 후 한 독일 역사가는 십자군의 배반을 정당화하면서 "그와 같은 야만적 동맹군과 함께 투르크족과 싸우는 것은 바알세불의 힘으로 악마를 몰아내는 것과 마찬가지"12)라고 주장했다. 그는 왜 이슬람으로 개종한 초원 지대 '야만인들'이 200년 동안 기독교 신앙을 고백해왔던 초원 지대 거주자들보다 그에게 더 소중했는지 애써 설명하려고도 하지 않는다! 아니, 비스툴라Vistula 강[폴란드에서 가장 긴 강] 동쪽의 모든 것을 야만과 열등으로 여긴 문명화된 유럽인의 오만보다 베네치아인들의 탐욕과 템플 기사단의 배반을 이해하기가

10) B. Kugler, 앞의 책, p. 404.
11) J. Richard, "Le début des relations", p. 293.
12) A. Myuller, *Istoriya islama*, p. 259.

더 쉽다. 하지만 13세기 이후 가장 활동적인 중세 기사와 상인들은 증명 없이 수용된 이 관념을 마음에 들어 했다. 이것은 심각히 잘못된 관념이었으나 13세기 후반에 일어난 사건들에서 결정적인 역할을 했다.

예기치 않은 두 번째 분규는 조지아에서 일어났다. 1256년까지 이 나라는 황금군단의 한 울루스로 간주되었으나 바투가 죽자 일칸 훌레구의 권한 아래 들어갔다. 조지아 인구는 5백만 명까지 증가했다.13) 즉 당시 루스의 인구와 거의 같게 되었다. 잘랄 앗 딘의 무슬림 투르크족이 가한 상처는 잊혀졌다.

몽골족은 조지아인들을 자연스러운 동맹으로 여겼고, 그래서 그들에게서 자치를 박탈하지 않았다. 다비드라고 불린 두 명의 조지아 왕(나린 다비드Narin David와 울루 다비드Ulu David — 동생과 형)이 트빌리시Tbilisi에 동시에 앉아 있었고, 형은 몽골 공주와 결혼했다. 조지아는 세금을 내고(몽골족 자신도 인두세를 냈다) 조지아의 오랜 적인 무슬림과의 전쟁에 참가하기만 하면 되었다. 그런데 1259년에 조지아인들이 반란을 일으킨 것이다!

그들은 적절한 숙고 없이 반란을 일으켰다. 처음에는 동생이 반란을 일으켰지만 성공을 거두지 못하자 자기 나라를 적에게 바치고 이메레티아Imeretia[조지아의 리오니 강 중상류에 위치한 지역]의 산성으로 도망쳤다. 다음에는 형이 반란을 일으켜 패배한 다음 도망쳤고, 자기 백성이 벌을 받게 했다. 1262년에 그는 돌아와 용서를 구했고, 그리하여 원래 상황을 회복했다. 앞뒤를 헤아리지 않는 두 왕의 무모함으로 인해 조지아는 숱한 피를 흘렸다. 이는 기독교의 대의에 비극적인 결과를 낳았

---

13) *Istoriya Gruzii*, p. 260.

다. 왜냐하면 몽골족은 팔레스타인에서 한 명이라도 더 소중한 바로 그 순간에 조지아 군대를 얻기는커녕 조지아 군대를 살육하는 데 예비대를 썼기 때문이다. 이처럼 연쇄적인 상황들에서 이득을 얻은 것은 호전적인 맘루크들밖에 없었다.

| 키트-부카 노얀 |

1259년 가을, 시리아 전쟁의 열기 속에서 훌레구 칸은 형이자 최고 칸인 몽케가 죽었다는 연락을 받았다. 몽골 제국에서 공위기에는 모든 일이 중지되었고, 칭기즈 가 사람들은 쿠릴타이에 직접 출석할 것을 요구받았다. 게다가 훌레구는 무슬림이자 네스토리우스교 교회의 적인 베르케와 잘 지내지 못했다. 따라서 일칸은 키트-부카 노얀이 지휘하는 2만 명의 병력만 팔레스타인에 남겨 두고 급히 이란으로 되돌아갔다. 그리하여 그 일이 시작되었다!

시돈의 줄리앙 백작Julien count of Sidon은 아무런 이유도 또 경고도 없이 몽골 정찰대를 덮쳤다. 죽은 자 가운데는 키트-부카의 조카도 있었다. 격노한 몽골족은 시돈을 살육했고, 십자군은 몽골의 만행을 전 세계에 알렸다.

맘루크의 선발 수비대는 1260년 7월 26일에 짐을 실은 행렬 없이 이집트를 떠나 속보로 시나이 사막을 통과해 가자에서 소규모의 몽골 엄호 부대를 부순 후 프랑크족 땅에 들어가 아크레의 성벽 아래에서 부대에 필요한 식량을 받았다. 거기에서 맘루크는 휴식을 취하며 부대를 재정비한 후 예루살렘 왕국의 영토를 통과해 몽골군 배후의 갈릴리로 들어갔다. 1260년 9월 3일에 아인-잘루드Ain-Jalud에서 몽골·아르메니아 군은 분쇄되었고, 키트-부카 자신도 포로로 잡혔다. 십자가의 참된 용사 키트-부카는 아주 당당하게 행동했다. 그는 아무런 자비도 구하지 않고, 승리한 쿠투즈를 합법적인 술탄의 살인자로 비난하며, 몽골의 충절을 맘루크의 범죄와 대비했다. 그들은 지체 없이 그의 머리를 베었다.

쿠투즈는 승리한 후에 있은 다마스쿠스 입성을 그곳에 사는 모든 기독교인의 살육으로 기념했다. 훌레구는 동맹군을 돕기 위해 새로운 군대를 투입했다. 이 군대는 알레포를 취하기로 되어 있었으나 며칠 후인 1260년 12월 10일에 홈스에서 맘루크에게 분쇄되어 유프라테스 강 너머로 후퇴했다. 승리를 거둔 사람은 새로운 맘루크 술탄 바이바르스였는데, 그는 온갖 사건으로 얼룩진 같은 해 10월에 최고 친구이자 동지인 쿠투즈를 막 살해한 참이었다. 키트-부카의 정복자는 그의 포로보다 고작 두 달 더 살았다.

이어지는 사건들은 눈사태처럼 진행되었다. 이 눈사태는 밀거나 밀지 않을 수는 있지만 멈출 수는 없는 것이었다. 십자군은 몽골족과 아르메니아인을 배반해 1263년까지 그들이 역공을 취하지 못하게 한 후 홀로 맘루크와 대적했다. 예수살렘 왕국의 죽음의 격통은 마지막 십자군이 시리아 해변을 떠난 1291년 5월 18일까지 31년간 지속되었다. 하지만 그들이 취한 행동의 결과는 아름다운 프랑스에까지 미쳐, 템플 기사단은 진실로 최고의 친구라고 믿은 사람들, 곧 프랑스 국왕과 교황의 간계에 의해 희생되었다.

템플 기사단에 대한 끔찍한 소송이 일어났는데, 그들이 밥호메트 Baphomet[기독교인들이 이교도의 신이라고 믿은 존재. 11~12세기에 마호메트의 전와 轉訛로 처음 나타났고, 템플기사단에 대한 재판 때 공소장에서 이교도 우상을 가리키는 용어로 쓰였다]를 숭배하고 성물을 저주한 데다 다른 많은 죄 — 그들 자신은 죄라고 인정하지 않은 — 도 저질렀다는 죄목이었다. 이 소송은 1307~1313년까지 끌었다. 그러나 중간 중간에 고문이 중단되었을 때 프랑스 지하 감옥의 벽에 쇠사슬로 묶인 템플 기사단원들은 과연 자신과 자신의 선배들의 행동 때문에 시리아의 기독교 주민들이 살해되고 동맹군이 적들에게 죽임을 당했다고 생각해본 적이 있을까? 이 모든 것 때문에 십자군의 목표 — 성지 — 가 영원히 상실되었다고 생각해본 적이 있을까? 비록 머릿속에 그런 생각이 떠오른 적이 없었다 해도 바로 그들의 행동 때문에 그들의 친구들의 적들이 온갖 어려움을 각오하고 예루살렘 해방에 나서게 되었음은 변함없는 사실이다. 이것은 당시 일어난 사건들의 논리가 말해주는 바이다.

몽골족이 이란에서 처한 상황도 이에 못지않게 비극적이었다. 근동에 기독교 왕국을 세우겠다는 생각은 기독교인들이 차지한 땅이 적의 수중으로 떨어지면서 포기되었다. 동시에 바이바르스는 황금군단에 있는 동족과 접촉해 베르케 칸을 자기편으로 끌어들였다. 서로 다른 문화적·정치적 경향 때문에 훌레구와 베르케 사이에는 오랫동안 적의가 자라났다. 1256년 무렵 황색 십자군이 시작되었을 때 베르케는 이렇게 외쳤다. "우리는 몽케 칸을 왕위에 세웠지만 그는 이에 대해 우리에게 어떻게 보답했는가? 그는 우리 친구들에게 악의를 보이는 것처럼 보답하고, 우리의 조약을 위반하고 있으며, …… 나의 동맹 칼리프의 소유물을 탐한다. 여기에는 뭔가 더러운 것이 있다!"[14] 베르케는 자신이 조카를 살해하고 형제의 아내를 처형한 것은 더럽다고 생각하지 않

---

14) V. G. Tizengauzen, *Sbornik materialov*, pp. 245~246.

았다.

하지만 황금군단 부대는 바그다드와 다마스쿠스에 대한 전쟁 때 몽골 야사에 따라 일칸의 군대 속에서 싸웠다. 그러나 키트-부카를 물리친 후 베르케는 지휘관들에게 훌레구의 군대를 떠나고, 고향으로 되돌아올 수 없거든 이집트로 가라고 명령했다. 그들은 그렇게 했고, 맘루크의 병력 수를 증가시켰다(1261년).15) 그 후 황금군단과 이란의 전쟁은 시간 문제가 되었다. 베르케가 같은 해 사라이에서 정교 주교직을 세운 것은 분명 우연이 아니었다. 이 맘루크의 친구, 네스토리우스 교도의 적은 정교 교회와 루스족에게서 지지를 구했다.16)

프레스터 요한의 왕국의 비극 제5막은 1261년에 사실상 끝났으나 극동에서는 에필로그가 전개되었다. 온통 피로 물든 중국 그리고 몽케의 생전과 사후에 태양이 밝게 비추던 몽골 초원 지대가 이제 행동의 현장이 될 것이다.

| 중국에서의 전쟁 |

1253년에 쿠빌라이는 서쪽에서 송 제국의 허를 찔렀다. 그는 부대를 산시에서 스촨까지 이끌고 가 중국의 남쪽에 있는 독립 남조南詔 왕국을 정복했다. 훌레구와 달리 쿠빌라이는 항복한 수도의 주민을 죽이는 것을 엄금했고, 그리하여 스촨에서 몽골 권력을 강화했다.17) 이는 너무나 비정상적이었기 때문에 몽케는 쿠빌라이에게 설명을 요구했

---

15) S. Zakirov, *Diplomaticheskie otnosheniya*, pp. 38~39.
16) A. N. Nasonov, *Mongoly i Rus'*, p. 45.
17) [Bichurin] Iakinf, *Istoriya pervykh chetyrekh khanov*, p. 324.

고18), 남쪽 군대의 지휘권은 유명한 수베에테이의 아들 우리양카다이 Uriyangqadai에게 넘어갔다. 그는 티베트군과 버마군을 누르고 1257년에 하노이를 취한 후 송 제국 배후에 나타났다.

하지만 많은 개별적 성공에도 불구하고 마지막 승리는 몽골족을 비켜나갔다. 따라서 1258년 9월에 몽케는 다시 쿠릴타이를 소집해 중국에서의 지휘권을 취했다. 그는 새로 특별히 선발된 군대와 함께 스촨에 들어가 중국의 요새들, 곧 적의 버팀목들에 대한 체계적인 포위 공격을 개시했다. 요새들 다수가 함락되었으나 허저우 성은 저항했고, 또 몽골족 사이에 이질이 생겨 병력을 철수시켜야 했다.

몽골족의 대칸도 1259년 8월 11일에 허저우의 성벽 아래서 죽었다. 그리하여 당시 북쪽에서 중국으로 전진하고 있던 그의 동생 쿠빌라이에게는 몽골의 척도로 볼 때 거대한 규모의 군대와 우리양카다이 부대 — 정복당한 버마족과 안남족에게서 징집한 증원 부대 — 가 남겨졌다. 이 군대에서 몽골족은 절대적 소수였으나 이 군대는 몽골의 관례에 따랐고, 또 중국에서의 탈영은 고통스러운 자살과 똑같았기 때문에 칸에 대한 충성도 보장되었다. 이러한 사태 전환 덕분에 쿠빌라이는 모든 몽골 군주 중 가장 강한 군주가 되었다.

죽은 칸은 "침착하고, 단호했으며, 말을 거의 하지 않았고, 연회를 좋아하지 않았으며, 자기는 선조들의 모범을 따르고 있다고 말하곤 했다. 그는 사냥을 매우 좋아했고, 마법사와 점쟁이를 미쳤을 정도로 믿었다. 그는 모든 사업에서 그들을 소환했고 그들 없이 단 하루도 지내지 않았다."19) 다른 한편 그의 동생 아릭-보케는 "하느님은 메시아"라

---

18) 몽케는 동생이 인기를 얻은 후 독립하고 싶어 하는 것으로 의심했다(G. E. Grumm-Grzhimailo, *Zapadnaya Mongoliya*, p. 471).

고 공개적으로 천명할 만큼 열렬한 기독교인이었다. 지적이고 과묵한 쿠빌라이는 당분간 자신의 견해를 언급하지 않았다. 이들과 동시대에 활동하던 네 번째 사람, 즉 황금군단의 베르케 칸은 이슬람을 받아들였을 뿐만 아니라 위에서 지적했듯이 사마르칸트에서 네스토리아교도의 살육을 기획했다. 우연히도 기독교에 대한 그의 반감은 정교로는 확대되지 않았고, 넵스키와의 우정도 끊지 않았다.20)

이것이 몽케가 살아 있을 때 존재했던 힘의 배치였지만 그가 죽은 후 옛 전통을 유지할 사람이 한 명도 없다는 것이 분명해졌다. 칭기즈의 동지들은 늙어서 죽어 갔다.21) 그들의 자식들은 전쟁을 하며 평생을 보냈고 지쳤다. 이제 손자와 손녀들이 발언권을 가져야 했다. 그러나 그들은 앞서 살펴본 대로 몇몇은 네스토리우스교도에게, 몇몇은 불교도에게, 몇몇은 무슬림교도에게 끌려들어 갔다. 옛 몽골 전통은 너무 넓게 흘러 나가 한 물결로 남아 있을 수 없었다. 이 수원에서 형성된 강물은 한 수로를 따라 흐를 수 없었고 흐르고 싶어 하지도 않았다. 고작 6달밖에 기다리지 않고 필연적인 사건들이 일어났다.

| 두 개의 쿠릴타이 |

몽골법 야사에 따르면 칸이 죽었을 때 군대와 왕자들은 고향인 몽골의 초원 지대에서 쿠릴타이를 위해 모여야 했다. 이 쿠릴타이는 역시

---

19) [Bichurin] Iakinf, *Istoriya pervykh chetyrekh khanov*, pp. 353~354.
20) A. N. Nasonov, *Mongoly i Rus'*, p. 51.
21) 예컨대 읽고 쓰는 것을 배운 최초의 몽골인이자 오고타이의 연회에서 몽케보다 상석에 앉았던 칭기즈칸의 양자 시기-쿠투쿠Shigi-qutuqu는 1260년경에 82세로 죽었다 (Rashid ad-Din, *Sbornik letopisei*, I, p. 107을 보라).

관습에 따라 툴루이의 막내아들 아릭-보케가 주도하게 되어 있었다. 형이 죽었다는 소식을 듣자마자 아릭-보케는 하라코룸에서 열릴 쿠릴타이의 소집을 준비하기 시작했고, 여기서 자신이 왕위에 오를 예정이었다.

아릭-보케가 빼어난 능력이나 엄청난 정력을 소유했음을 보여 주는 증거는 전혀 없었지만 그가 그러한 자질들을 가졌다 하더라도 전 몽골인과 군대의 지지를 자기편으로 모으기에는 불충분했을 것이다. 따라서 우리는 그의 입후보를 지지한 혹은 더 정확히 말해 이 왕자를 왕위 후보로 세워 그의 이름과 칭호의 도움으로 나라를 통치하고자 했던 집단을 찾아내야 한다. 그것은 그리 어렵지 않다. 네스토리우스교도들이 케라이트족이자 네스토리우스교도였던 제1장관 불가이Bulgai를 선호하고 지지한 것은 아릭-보케의 이름 주위에 어떤 세력이 모였는지를 아주 분명히 보여준다.

더욱이 엄격한 법률로 인해 차가타이의 칸 알쿠이Alqui와 (동톈샨에 있는) 메크린Mekrin 지방의 통치자 카이두Qaidu를 포함해 칭기즈 가의 왕자들은 아릭-보케 편으로 기울었다. 몽케가 산시와 스촨22)으로 데려온 군대도 아릭-보케를 지지할 준비가 되어 있었지만 쿠빌라이는 선제권을 장악할 수 있었다.

1260년 6월 4일에 중국과 몽골의 국경선상(차카르Chakhar와 제케Zehkhe)에 있는, 돌론노르Dolonnor호〔중국 내몽골자치구 다륜현에 있는 호수로 보인다〕 가에 세워진 새로운 몽골 도시 상두上都〔開平府〕(1256년에 쿠빌라이가 세웠다)에서23) 쿠빌라이는 전사들을 모아 쿠릴타이를 열고, 그들의 동

---

22) R. Grousset, *The Empire of the Steppes*, p. 285.
23) G. E. Grumm-Grzhimailo, *Zapadnaya Mongoliya*, p. 477.

의와 함께 자신을 대칸으로 선언했다. 이것은 법을 정면으로 위반하는 것이었고, 이에 대해서는 사형이 규정되어 있었다. 이 반역의 왕자를 이끈 동기는 무엇이었을까? 그리고 훨씬 더 중요한 질문으로, 그를 택한 사람들을 이끈 동기는 무엇이었을까?

이 질문에 대해서는 쿠빌라이 군대의 구성을 살펴본 후에만 대답할 수 있을 것이다. 도대체 누가 이 군대에서 빠졌겠는가? 여진족, 북중국인, 옹구트족(투르크 샤토족의 후손들)과 탕구트족, 버마족, 티베트족, 무아오Muao족, 롤로Lolo족. 우리양카다이가 남쪽에서 데려온 아부A-vu족과 안남족, 킵차크족과 야시Yasy족, 중앙아시아에서 온 투르크족 그리고 다루가치〔원문은 baskak. 몽골 제국의 일부 지방에서 조세와 행정을 담당한 관리〕들이 충원한 루스족 등이 이 군대를 구성하고 있었다. 그중에서도 몽골족은 가장 소수였다. 칭기즈 가 출신의 두 왕자만이 언급되어 있다. 오고타이의 아들 카단Kadan과 테무게 오트치긴의 아들 토가차르Togachar가 그들이었다. 그러나 철의 규율로 묶인 이 집단은 전투에서 많은 시험을 거쳤다. 여기서 모두에게 공통되는 것은 어떤 사람의 신조, 조국에 대한 사랑, 조상에게서 물려받은 전통이 아니라 자기 자신의 이익에 대한 이해와 자기의 강점을 이용할 수 있는 능력이었다. 강점이라는 말은 창과 칼의 숫자뿐만 아니라 깊고 풍부하며 안정된 배후지도 가리켰다. 야율초재가 취한 조치 덕분에 20년 전에 정복자와 타협한 중국 북부와 서부가 그런 배후지였다. 이 위대한 장관은 치욕 속에 죽었지만 그의 수고의 열매는 무르익었고, 몽골은 다시 중국과 얼굴을 마주했다. 물론 지금의 중국은 고귀한 몽골 왕자가 이끌고 있었지만 말이다.

때로는 개인적 이익이 원칙보다 강했다. 옹구트 왕자들, 곧 네스토리우스교도 쿤-부카Kun-buka와 아이-부카Ai-buka[태양 황소와 달 황소]가 쿠빌라이 편에 합류했다. 하지만 그들의 자식들은 아래에서 보겠지만 조상들의 종교와 결별하고 가톨릭교로 넘어갔다. 이 무렵 극동의 기독교 교회에서 분열이 일어나고 있었던 것 같다.

일칸 훌레구는 자신의 이념을 따랐으면 아릭-보케 편에 있어야 했다. 왜냐하면 그는 무슬림에 대항해 황색 십자군을 개시한 네스토리우스교 조언자들에게 둘러싸여 그들의 인도를 따랐기 때문이다. 아, 그러나 일칸의 손은 묶여 있었다. 맘루크의 시리아 공세 그리고 조지아에서도 동시에 일어난 울루 다비드의 봉기가 몽골군을 묶고 그들을 서쪽 국경에 옮아맸던 것이다. 조지아인의 봉기는 진압되었지만 이란계 몽골족이 트란스코카시아를 점령하면서 여태까지 이 땅을 자기 것으로 여겼던 황금군단과 충돌이 일어났다. 그 외에도 황금군단의 네스토리우스교도들은 이란에 기대는 경향이 있었는데24), 이것이 베르케와 훌레구의 관계를 악화시켰다. 요컨대 훌레구는 상황의 힘 때문에 베르케의 적과 한편이 되어야 했다.

하지만 베르케가 원한 것은 대칸에게 아무것도 지불하지 않는 것 한 가지밖에 없었다. 따라서 그는 처음에는 멀리 있는 쿠빌라이를 인정했으나 승리가 쿠빌라이에게로 기울고 있음이 분명해지자마자 아릭-보케 쪽으로 자신의 선호를 바꾸었다. 이는 아릭-보케를 적극적으로 지지한다는 의사가 전혀 아니었다. 하지만 그는 이 행동으로 본의 아니게 훌레구로 하여금 쿠빌라이와 동맹을 맺도록 했다. 이 동맹 역시 상징적인 것이었다. 따라서 실제의 사건들을 우선적으로 살펴본다면 네

---

24) 보로크친Boroqchin 여왕은 1257년에 훌레구와 관계를 터 베르케를 저지하려 했다. V. G. Tizengauzen, *Sbornik materialov*, pp. 150~151, p. 378.

스토리우스교 문제가 이 사건들의 배경으로 나타나는 것을 알 수 있다. 그러나 일반화하자면, 정치적 고려와 더불어 정치적 열정이 사람들을 연합 또는 분열시켰고, 이 열정 뒤에는 정주한 이웃들에 맞선 유목 문화의 발전이 있었음을 볼 수 있다. 전쟁이 어떻게 진행되었는지 보기로 하자.

| 아릭-보케 |

양편은 즉시 결정적인 행동으로 나아갔다. 1260년에 아릭-보케가 하라코룸에서 칸으로 선언되자마자 쿠빌라이의 공인되지 않은 행동에 대한 소식이 그곳에 이르렀다. 쿠빌라이는 북쪽으로 병력을 보내 온긴Ongin에서 아릭-보케의 부대를 대파했다. 이로 인해 아릭-보케는 예니세이 강 상류로 철수하지 않을 수 없었다. 이와 동시에 쿠빌라이의 전권 장군들도 산시에서 일어난 분란을 진압할 수 있었다. 아릭-보케의 지지자 중 일부는 붙잡혀 처형되었다. 일부는 서쪽으로 후퇴해 간저우와 그 너머까지 가서 에친골〔에진 강의 몽골어 이름. 중국어로는 액제납하. 흑하黑河로도 알려져 있다〕 유역에 이르렀고, 여기서 알렘다르Alemdar가 이끄는 몽골군의 보강을 받았다. 하지만 공세로 전환하려던 그들의 시도는 간저우 동쪽 사막에서 완전히 살육당하는 것으로 끝났다. 왼쪽 측면에 대해 자신감을 얻은 쿠빌라이는 유격대와 함께 하라코룸을 점령한 후 상두로 되돌아왔다.

아릭-보케는 쿠빌라이에게 자신의 행동을 미친 짓으로 여기고 있고 이에 대해 뉘우치고 있으며 무기를 내려놓을 것이라는 전언을 보냈다. 동생을 잘 아는 쿠빌라이는 그의 말을 믿었는데, 그의 진심을 믿지 않을 이유가 없었을 것이다. 그러나 불행한 이 왕자는 그의 파당이 상징으로 필요한 사람이었다. 그리하여 1261년 말에 아릭-보케의 군대는 하라코룸을 장악하고 남쪽으로 서둘러 진격해 쿠빌라이를 비밀리에 붙잡으러 갔다.

고비사막의 남쪽 경계선에서 쿠빌라이의 정예군이 그의 맹습을 저지했으나 칸은 적에 대한 추격을 금했다. 아마 나라의 파멸을 원치 않은 사람은 그의 군대에서 그밖에 없었을 것이다. 아릭-보케의 두 번째 공세 역시 저지되었다. 그때도 쿠빌라이는 중국에서 몽골로의 식량 운반을 막는 데 그쳤다. 거기에서 기근이 시작되었고, 아릭-보케는 그의 부대와 더불어, 아니 더 진실을 말하면 그의 부대가 그와 더불어 몽골의 서쪽 끝으로 후퇴했다.

여기서 새로운 참사가 아릭-보케를 덮쳤다. 차가타이 집안의 알쿠이가 그를 배신하고 쿠빌라이에게로 넘어간 것이다. 반역자를 치러 간 아릭-보케 군대의 선발대는 1262년에 대파당했다. 알쿠이는 승리에 취해 본거지로 되돌아와 부대의 일부를 해산시켰다. 아릭-보케는 알쿠이의 부주의함을 이용해 알말리크를 취한 데 이어, 그를 계속 압박해 사마르칸트로 도망가게 했다. 그러나 여기서 다시 '상황의 힘'이 나타났다. 아릭-보케의 화난 충성파들이 그들이 장악한 지역의 주민, 특히 제때 톈산으로 도망가지 못한 알쿠이의 몽골군을 너무 가혹하게 다루는 바람에 아릭-보케 군대의 다른 부분까지 분개해서 쿠빌라이 편으로 넘어가버린 것이다.

한편 알쿠이는 사마르칸트와 부하라에서 무슬림 주민과 접촉해 그들에게서 큰돈을 받아 군대를 재편성했고, 그의 양자 겸 상속인의 이슬람 개종을 허락했다. 1263년에 알쿠이는 오고타이의 손자이자 아릭-

보케의 충성파인 카이두를 대파하고, 쿠빌라이 군대와 합동으로 약화되고 사기가 꺾인 아릭-보케의 군대를 협공했다.

1264년에 아릭-보케와 그의 잔여 충성파들은 목숨을 쿠빌라이의 처분에 맡겼다. 쿠빌라이는 이 포로들을 재판에 회부했다. 아릭-보케는 사면을 받았으나 불가이를 포함해 다른 모든 사람은 처형되었다.

이 법정의 판결 이면에 있는 동기는 우리의 사료들에 살아남아 있지 않지만 그러한 판결에는 충분한 근거가 있어 보인다. 이에 비추어볼 때 이 피비린내 나는 전쟁을 야기한 원인은 아릭-보케의 야심이 아니라(그랬다면 그 역시 목숨을 잃었을 것이다) 몽골군을 분열시킨 파당들 사이의 투쟁에서 발생한 원한이었다. 세계를 정복한 자들의 자식들은 패배당했지만 정복당하고 복속당한 자들의 자식들은 승리했다. 그러나 아직 이것으로 몽골의 비극이 끝난 것은 아니었다.

| 카이두 |

쿠빌라이는 승리한 직후인 1264년에 거주지를 카이핑(즉 상두)에서 베이징으로 옮기고, 하라코룸으로부터 수도의 명칭을 박탈했으며, 1271년에 자신의 왕조에 원元이라는 중국 이름을 붙였다. 쿠빌라이 자신도 칸에서 황제와 '천자'로 호칭을 바꾸었다. 몽골은 한 지방으로 바뀐 것처럼 보였다. 아니 중국의 한 지방이 아니라 충직한 용병으로 피정복 국가들을 지배하는 데 기초한 초민족적 군사 군주정의 한 지방으로 바뀌었다. 쿠빌라이는 서쪽의 아바가Abaga 일칸과 베르케 칸으로부터 무수한 증원군, 아랍인, 페르시아인, 알란족, 킵차크족, 기타 민족들을 받은 후[25] 그의 사절을 감금한 송 제국에 대해 전쟁을 재개해 1279년에

이르러 송 제국 정복을 완성했다. 이 무렵 서몽골에 있던 그의 적들은 그럭저럭 재정비를 이루어냈다. 카이두 왕자는 군사적 명성을 떨친 몽골의 마지막 용사가 되었다.

그의 선배 아릭-보케와 달리 카이두는 야심적이었고 재능이 있었다. 그는 모르는 체하며 특정 집단이 나름대로 자기 이익을 추구하는 것을 허용했지만 이를 자신의 목적에 맞게 활용했다. 그러나 어떤 야심가도 일정한 지지 없이, 일정한 대중적 정서 없이 승리를 거둘 수는 없었다. 카이두도 예외가 아니었다. 그는 어디에서 어떻게 동지를 찾을지 알고 있었다.

몽골족은 이밀 강변과 타르바가타이의 경사면에서 살며 옛 풍습과 초원 지대의 생활 형태를 충실히 지키고 있었다. 그들은 중국이 정복되어 가면서 전쟁과 환락에 몸을 던진 쿠빌라이의 병사들에 반대했다. "수도를 중국으로 옮긴 것과 한국을 제국으로 바꾼 것에 대해 그들이 큰 충격을 받은 것은 의심의 여지가 없다"[26]고 그루세는 쓰고 있다. 그러한 변화는 그들에게는 이질적이고 역겨운 것이었으며, 카이두가 모든 서몽골족 지도자가 되었을 때 이용한 것이 바로 그러한 정서였다.

우리 주제에서 벗어나 이 몽골 왕자의 폭풍 같은 일대기에 나오는 모든 격변을 따라갈 필요는 없다. 앞에서 한 번 이상 그렇게 했기 때문에 더욱 그렇다.[27] 카이두가 중앙아시아의 모든 왕자와 칸을 자기 깃

---

25) "······ 몽골군의 30개 만인대와 중국인의 80개 만인대 ······"(Rashid ad-Din, *Sbornik letopisei*, I, p. 188). 이 수치들은 분명히 과장되어 있지만 둘 사이의 관계는 무엇인가를 가르쳐주는 점이 있다. 몽골 주민의 총동원에도 불구하고 몽골족은 이 군대의 1/3보다 적었던 것이다.

26) R. Grousset, *The Empire of the Steppes*, p. 291.

27) 나는 독자에게 여러 권의 개론서를 제공해 가장 잘 알고 있는 언어로 된 책을 고를 수 있도록 하겠다. H. H. Howorth, *History of the Mongols*; C. D'Ohsson, *Histoire des*

발 아래 단결시킨 후, 쿠빌라이와 전쟁을 시작해 1301년에 죽을 때까지 이 전쟁을 계속했다고 말하는 것으로 충분하다. 이 전쟁은 대규모 전투로 이루어져 있었다기보다는 책략, 기습, 역기습으로 이루어져 있었다. 쿠빌라이는 킵차크(뽈로베쯔) 기병으로 자기 동족과 맞섰으며, 그들은 초원 지대의 조건에 맞게 눈부시게 싸웠다. 카이두 아래에서 종교적 문제는 배경으로 물러갔다. 왜냐하면 네스토리우스교도를 제외하고는 중앙아시아 무슬림들과 흑신앙의 추종자들, 바꾸어 말해 칭기즈칸 전통의 모든 수호자들이 그의 편에 있었기 때문이다. 그들은 승리하지 못했지만 패배당하지도 않았다.

이 전쟁 중에 일어난 한 가지 일화는 우리 문제와 관련되어 있기 때문에 특별히 중요하다. 칭기즈칸 형제들의 후손인 동쪽 칭기즈 가 사람들의 봉기가 그것이다. 그중에서도 가장 강력하고 정력적이던 사람이 테무게 오트치긴의 후손 나얀Naya였다. 콘스탄틴 대제처럼 나야도 깃발에 십자가를 새긴 채 쿠빌라이에 맞섰다.[28]

| 나야 |

극동에서 종교 전쟁이 새로 터져 나온 원인과 상황을 이해하기 위해서는 이와 같은 팽팽한 충돌이 심화된 역사를 일별해야 한다. 기독교인들이 중국에서 추방된 후(10세기 말) 중국에서는 불교도와 도교도 사이의 경쟁이 타올랐다. 처음에는 저울추가 거란족과 탕구트족 대사들의 지지를 받은 불교 쪽으로 기우는 것처럼 보였다. 하지만 이후

Mongols dépuis Tchinguizkhan; B. Spuler, Die Mongolen in Iran.
28) Kniga Marko Polo, p. 102.

1223년에 도교 수도사 찬춘Chanchun이 칭기즈칸으로부터 도교 수도사들에 대한 모든 의무, 세금, 부과금의 면제를 얻어내는 데 성공했다.29) 도교도들은 그처럼 큰 은혜에 기쁨이 넘쳐 불교 사원을 점령한 후 부처상을 내던지고 이를 노자상으로 대체하기 시작했다.

오고타이 치하에서 한때 진정한 불교도였던 야율초재는 도교도들의 활동을 다소 제한했었다.30) 몽케 역시 불교 편으로 기울어 1255년에 논쟁을 조직했고, 여기서 불교도들이 승리했다. 그러나 교활한 정치인 몽케는 자신에게는 다섯 가지 종교가 한 손의 다섯 손가락과 같아 모두가 똑같이 필요하고 소중하다고 공개적으로 선언했다.31) 다음 단계는 쿠빌라이가 밟았는데, 그는 1258년에 상두에서 열린 논쟁에서 불교의 승리를 조직했다. 이후 도교도들은 점령했던 사원에서 쫓겨났고, 그들의 반反불교 논문들은 1258년, 1261년, 1280년, 1281년의 칙령으로 불 속에 던져졌다.32) 이것을 종교 박해로 볼 수도 있을 것이다.

네스토리우스교도들은 기독교 신조의 모든 대표자 중 가장 투쟁적이고 완강했다. 그들은 무슬림을 지지한 그리스인들과 다투었고, 하라키타이 한국에서 영향력을 얻은 무슬림과 다투었으며, 흑신앙의 마법사들과 다투었고, 마지막으로 불교도들과 다투었다. 그들은 오직 도교와만 평화를 유지했다. 도교는 수도원 규칙이 엄격했기 때문에 그리고 중국 본토를 넘어서까지 가르침을 전파하려 하지 않았기 때문에 기독교인들에게서 조금 존중받았던 것이다. 따라서 불교의 승리는 도교에

---

29) Palladii [Kafarov], "Siyu tszi ili opisanie puteshestviya na zapad", p. 375.
30) N. Ts. Munkuev, *Kitaiskii istochnik o pervykh mongol'skikh khanakh*, pp. 16~17.
31) R. Grousset, *The Empire of the Steppes*, p. 276.
32) 앞의 책, p. 298.

피해를 주었을 뿐만 아니라 네스토리우스교도 해쳤다. 나야와 그의 사촌들은 동몽골과 북만주에서 상속 지분을 갖고 있었고, 한때 봉기해 요 제국을 놀라게 한 적이 있던 호전적인 부족들을 지배하고 있었다. 우리는 이 지역들에서 이루어진 네스토리우스교 전파에 대해 아무 정보도 없지만 불교에 맞선 기독교 운동이 존재했다[33])는 것 자체가 네스토리우스교 선교사들이 이곳에서 아무 성과도 내지 못한 채 일하지는 않았음을 보여준다.

반란자들에게는 성공할 확률이 적지 않았다. 쿠빌라이의 최고 부대들은 카이두와의 전쟁으로 중가리아에 묶여 있었고, 그래서 쿠빌라이는 나야에 맞서 투입된 군대를 중국인들로 보강해야 했다. 양쯔 강 어귀에서 소환된 함대는 군대를 랴오허遼河 어귀로 데려다 주었는데, 거기서 이 군대는 휴식을 위해 멈춘 몽골 군대와 마주쳤다. 쿠빌라이는 72세였지만 4마리의 코끼리가 이고 있는 탑에서 전투를 지휘했다. 쿠빌라이는 나야를 비밀리에 급습해 진영을 포위한 다음 기동의 여지를 빼앗아 몽골족을 백병전에 끌어들였다. 전투는 새벽부터 정오까지 계속되었고, 중국인 보병은 몽골 기병을 무찔렀다. 몽골 기병이 전개를 할 수 없었기 때문이다. 반란자들은 정복자의 자비에 맡겨졌다. 하지만 그들에게는 자비가 거부되었다. 나야는 귀족 태생이었으므로 피를 흘리지 않고 죽는 것을 허용받았다. 그는 큰 모전毛氈에 감겨졌고 양끝을 비틀어 짓이김을 당해 죽었다. 쿠빌라이는 군 지휘권을 손자 테무르에게로 넘기고 베이징으로 되돌아왔지만 북쪽에서의 전쟁은 계속되었다. 카단 왕자가 공세로 전환하려고 시도하며 반란자들을 이끌었다. 테무

---

33) P. Pelliot, "Chrétiens d'Asie Centrale", p. 635.

르는 급히 그를 대적하러 나섰고, 격렬한 전투가 북서 만주 넨嫩 강변에서 전개되었다. 테무르는 1288년과 1289년에 두 차례 승리를 거두었고, 역도들이 항복하지 않을 수 없게 만들었다. 처벌은 엄했다. 카단과 다른 봉기 지도자들은 머리를 잃었고, 일반 병사들은 자유를 잃었다. 포로들은 오르도스와 암도로 유형에 처해졌고, 거기서 아주 힘든 시간을 보냈다.34)

기독교 자체는 박해받지 않았고, 그냥 특별 감시에 처해졌다. 1289년에 쿠빌라이는 '숭복사崇福寺'를 세웠다.35) 이전에 가장 신뢰할 만한 왕위 지지자였던 옹구트족에 대해서는 분명 대처가 필요했다. 그러나 이 경우에도 역시 명석한 통치자는 해법을 찾아냈다.

쿠빌라이가 칭기즈 가의 사람이라 세례는 받지 않았지만 기독교 교육을 받았음을 상기하자. 그가 동일한 신앙을 가진 사람들에게서 멀어진 동기는 이데올로기적 동기가 아니라 정치적 동기였고, 따라서 그는 기독교 신앙의 다른 신조, 곧 로마가톨릭으로 주의를 돌렸다. 쿠빌라이는 60대 중반에, 곧 아릭-보케를 대파한 직후 베네치아 상인 니콜로 폴로Nicolo Polo와 마페오 폴로Maffeo Polo에게 자신의 편지를 교황에게 전할 것을 제안했다. 그는 가톨릭교도와 관계를 수립하고 싶어 사절을 보내달라고 요구했다.36) 경쟁자들이 아니라 자신을 섬기는 자신의 교회를 세우기 위해서였다.

칸은 자기 나라 기독교도들이 기적을 행하고 나쁜 날씨를 몰아내는 일 등을 하지 못한다고 '무지한 자들'이라고 불렀다. 불교도들은 쉽게

---

34) 앞의 책, p. 636.
35) 앞의 책, p. 637.
36) *Kniga Marko Polo*, pp. 46~47.

다 할 수 있다는 것을 말이다. 그는 교육 받은 성직자들을 서쪽에서 많이 데려온다면 그와 그의 백성이 기독교로 개종할 것이라고 선언했다.37) 교황이 이와 같은 제안을 즉시 받아들였을 것이라고 생각할 사람도 있겠지만 중국에서 적극적인 가톨릭 포교는 1293년에야 시작되었다. 이 해 프란체스코 수도회 회원이자 미래의 중국 대주교가 되는 몬테코르비노Giovanni Montecorvino가 베이징에 도착했다.38)

| 조지 또는 코르쿠즈 왕자 |

이렇게 지체된 것은 교황들 죄는 아니었다. 그들은 전혀 시간이 없었다. 폴로 형제가 콘스탄티노플을 출발한 때부터(1259년) 몬테코르비노 신부가 중국 사절로 임명될 때까지(1289년) 30년에 걸쳐 유라시아 서쪽 경계의 지도는 알 수 없을 정도로 바뀌었다. 성지는 맘루크 수중에 떨어지고 아크레 요새만 남았지만 이 요새의 날들도 얼마 남지 않았다. 라틴 제국 대신 비잔티움이 자랑스럽게 솟아올랐다. 이탈리아에서는 황제파가 롬바르디아와 토스카나 지방을 점령하며 상당한 성공을 거둔 후 앙주의 샤를Charles of Anjou이 시칠리아 왕국에 대한 통제권을 얻었다. 최후의 호헨슈타우펜Hohenstaufen 가 사람들이 전투에서 죽거나(만프레트Manfred), 교수대에서 죽었지만(콘라딘Conradin) 프랑스의 승리자들 역시 시칠리아의 저녁 기도 종소리를 들으며 쓰라린 죽음을 당했다(1282년 3월 30일). 아라곤의 개입은 이탈리아에서의 전쟁을 1287년까지 연장시켰는데, 이 해에 짧은 휴전협정이 체결되었고 몬테

---

37) 앞의 책, p. 281.
38) R. Khennig, *Nevedomye strany*, III, p. 150.

코르비노가 동방을 향해 떠났다.

사실 이 사절은 너무 늦었다. 나야와 카단의 기독교 봉기를 진압한 후 쿠빌라이는 종교를 불교로 바꾸었다. 몬테코르비노는 칸이 "이교에 몰두하게 되었지만" 기독교인은 환대했다고 말해준다.39) 그러나 몬테코르비노는 곧바로 네스토리우스교도들과 다투게 되었다. 그가 첩자라는 소문을 그들이 퍼뜨렸기 때문이다. 그를 구금하지 않은 채 사법적 조사가 진행되었고, 5년을 끌다가 이 가톨릭 사절의 승리로 끝났다. 다름 아니라 테무르(쿠빌라이의 손자) 황제가 그를 지원했기 때문이다. 왜 군주의 총애 같은 행운이 이 이탈리아 수도사에게 찾아갔는지 알아보는 것은 흥미로운 일이다.

핵심은 중국 몽골족의 적 카이두가 졸고 있지 않았다는 것이다. 1297년에 그는 셀렝가 강에 이르렀다.40) 조금만 더 가면 몽골은 중국과 명운을 함께하기로 한 왕조에서 해방될 것이었다. 오직 초원 기병만이 이 문제를 결정지을 수 있었고, 테무르가 가진 기병은 옹구트족과 케라이트족, 곧 네스토리우스교도로 이루어져 있었다. 테무르가 이 부대를 자기편으로 끌어들이는 것은 중요했고, 여기서 몬테코르비노가 그를 도왔다. 몬테코르비노는 네스토리우스교도이자 텐두크 지역41)의 통치자인 코르쿠즈 왕자에게 세례를 주어 가톨릭 신앙으로 맞아들였고, 그리하여 그를 네스토리우스교도의 적이자 테무르의 친구로 만들었다. 조지 왕자라고도 불린 코르쿠즈42)는 불교도 황제를 대

---

39) 앞의 책, p. 138.
40) G. E. Grumm-Grzhimailo, *Zapadnaya Mongoliya*, p. 501.
41) 텐두크Tenduk라는 명칭에 대해서는 많은 추측이 있다. 이 경우 그것은 분명 오르도스 북쪽의 초원 지대를 가리킨다.
42) 코르쿠즈는 옹칸의 후계자로 케라이트족 왕자로 알려져 있다. 펠리오는 그가 옹구트

신해 네스토리우스교 신민들과 함께 출전했고, 카이두의 군대는 흑이르티슈 강의 발원지 쪽으로 발길을 돌렸다. 1298년에[43] 그곳에서 전쟁이 일어났고, 이 경우에도 나야의 경우처럼 자신의 믿음을 배신한 왕자가 죽었다. 그는 카이두의 포로가 되어 참수당했다. 이는 이 전쟁이 보통 이상으로 격렬했음을 의미한다. 왜냐하면 코르쿠즈는 왕자여서 피를 흘리지 않는 죽음을 기대할 수도 있었기 때문이다.

실제로 옹구트족과 케라이트족이 베이징 정부 편으로 참전한 것이 이 전쟁의 운명을 결정했다. 카이두의 공세는 저지되었고, 1301년에 이 초원 전통의 마지막 옹호자가 죽었다. 대살육전은 차차 사그라져 갔다.

코르쿠즈가 개종한 시점과 몬테코르비노의 부상이 시작된 시점이 일치하는 것으로 볼 때 이 가톨릭 사절이 코르쿠즈의 개종 덕분에 베이징에서 주교 교구를 세울 수 있는 특권을 얻었음은 의심의 여지가 없다. 그러나 이것은 아크레의 템플 기사단과 얼마나 비슷한가! 가톨릭교도는 다시 한 번 네스토리우스교도를 배신했으며, 이번에는 그들을 불교도에게 팔아넘겼다. 여기서 한 가지 질문이 제기된다. 그것은 무엇이었을까? 우연의 일치였을까 아니면 계산된 것이었을까?

이 질문에 대답하기가 더욱 어려운 이유는 교황과 고위 성직자들이란 악의를 갖지 않는 사람들이어야 하기 때문이다. 그들은 양심에 따라, 시대의 관념에 따라 행동했다. 이는 그들을 도덕적 책임으로부터 자유롭게 한다. 하지만 사건들의 논리는 여전히 작동하고 있으며, 이

족이라고 추측하고 있다(P. Pelliot, "Chrétiens d'Asie Centrale", pp. 633~355).
43) R. Khennig(*Nevedomye zemli*, III, p. 155)는 다른 연도, 1299년과 1300년을 들기도 한다.

논리는 우리의 역사경으로 일정한 거리두기와 일반화를 통해 포착할 수 있다.

교리와 철학적 공리의 강철 같은 사슬은 서유럽의 로마-게르만 민족들을 특수화의 길로 밀어 붙인 민족적·문화적 발전의 압력 아래 박살이 났다. 11세기까지만 해도 그들은 여전히 그리스인을 종교적 형제로 여겼고, 이들이 자신들과 얼마나 다를까 정도만 궁금해했을 뿐이다. 12세기에도 그들은 동방 기독교인들을 자연스러운 동맹으로 여기고 그들의 도착을 기다렸다. 그러나 13세기에는 모든 환상이 사라지고, 교황의 왕관 아래 연합해 있지 않은 민족은 유럽인에게 이방인이 되었다. 이교도가 되었고, 이를 넘어 이단이 되었다. 신학적 용어로 행해진 이 줄타기 아래에는 깊은 민족학적 의미가 감추어져 있었다. 한때 아랍인과 중국인이 그랬듯이 그리고 고대에는 헬레네인, 유대인, 페르시아인, 이집트인이 그랬듯 유럽인은 자신을 인류의 여타 부분과 분리시키고 적대했다. 따라서 여기서 우리는 모든 시대와 모든 나라에 공통되는 단일한 민족 생성 과정을 목도할 수 있으며, 이는 나선을 따라가는 사회 발전처럼 이탈 불가능한 것이다. 사정이 이러하다면 우리는 이 사건들을 우연의 일치로도 또 아시아인들에 대한 유럽인들의 정치적 음모로도 간주할 권리가 없다. 이 사건들은 오늘날까지 현존하는 민족을 형성시켰던 저 가혹한 시기에 이루어진, 인류의 민족사의 자연적 진행 과정 또는 규칙적 패턴으로 간주되어야 한다.

| 우화 대신 진실 |

13세기 후반에 베네치아와 제노바, 로마에서는 많은 무역상과 외교

관이 아주 양심적으로 일했고, 그들의 맹렬한 활동은 『대칸의 책』44)으로 결실을 맺었다. 그리고 유럽인 여행자들이 축적한 모든 정보를 총괄한 이 책이 프레스터 요한의 전설을 대체했다. 현존하는 텍스트는 라틴어 원문을 아주 옛날의 프랑스어로 번역한 것이다. 편집자의 견해에 따르면 그것은 아주 자유로운 철자법을 가진 노르만 방언이다.45) 그러나 이 텍스트에 나오는 처음의 몇 문장은 이 잃어버린 원본이 언제 나왔는지를 아주 정확하게 보여준다.

중국 땅의 모든 영주가 복종하고 있는 '중국의 대칸Le grand Caan de cathay'은 가장 강력한 주권자로 불리고 있다. 그러한 영주들 중에서도 3명의 위대한 황제, 곧 칸발리크Khanbalik, cambabech46) 황제, 부사이Busai, boussay 황제, 우즈벡Uzbek, usbech 황제가 특기된다. 뒤로 가서 우즈벡과 부사이가 서로 전쟁을 하고 있음이 지적된다. 우즈벡이 1312~1341년에 통치한 황금군단의 칸이고 부사이가 아부 사이드Abu Sa'id47), 곧 페르시아인들이 부 사이드Bu S'aid라고 발음한 이란의 일칸임은 아주 명백하다. 둘의 치세 기간을 비교하면 1316년~1335년까지 겹치고 있음을 발견할 수 있는데, 우리의 사료가 작성된 시기는 분명 이 기간이었을 것이다. 극동 칸들의 이름은 이 문서의 편찬자가 알지 못했다. 이는 일차 정보가 근동에서 수집되었음을 알려준다.

『대칸의 책』의 편찬자는 3명의 군주 모두 가장 위대한 4번째 군주, 곧 '카타이'의 칸에게 복종했다고 말하는데, 이것이 시대착오임을 반드

---

44) M. Jacquet, *Le livre du Grant Caan*, pp. 57~72.
45) 앞의 책, 「예비적 노트」, p. 59.
46) 칸발리크는 원 제국의 수도 베이징이다.
47) Myuller, *Istoriya islama*, p. 277.

시 지적해야 하겠다. 제티수 지역, 곧 한때 야율대석의 왕국이던 지역은 13세기에 카타이로 불렸다. 13세기 말, 여러 몽골 칸 중 우선권을 주장한 카이두의 상속분이 여기 있었다. 14세기에 이 주장은 차가타이 집안의 두바Duva가 물려받았다. 그는 1306년에 죽었다. 그 후 차가타이 울루스의 왕관은 유약하고 미미한 통치자들에게로 넘어갔지만 그들의 행동은 살아남지 못했다 해도 이름[48]은 살아남았다. 그들의 지배 시도는 아무런 결실이 없었지만 이 이탈리아 편찬자는 중앙아시아의 진짜 상황에 대해 충분한 정보를 갖고 있지 못했던 것처럼 보인다. 그리하여 중앙아시아의 정치적 상황에 대해 설명할 때는 정보원, 곧 13세기 말의 여행자들에게 보인 대로 설명하고 있다.

이 관찰은 우리 연구에 극히 귀중하다. 왜냐하면 아래에서 인용될 네스토리우스교도에 관한 자료를 13세기 말 — 즉, 네스토리우스교도들이 여전히 몽골 울루스에서 지배를 위해 투쟁하던 시기 — 의 것으로 볼 수 있는 근거를 마련해주기 때문이다. 이 자료는 중앙아시아 네스토리우스교도에 대해서는 아무것도 말하고 있지 않지만 칸발리크[베이징]에 살던 네스토리우스교도에 대해서는 두 장을 할애하고 있다.

이 두 장에는 아래와 같은 이야기가 나온다. 칸발리크 기독교 분리주의자들은 그리스 의식을 고수하며 로마 교회를 따르지 않는다. 그들은 가톨릭교도에 대해 호감을 갖고 있지 않고 밤에 가톨릭 수도사들을 몰살시키며 그들에게 가능한 한 많은 해를 가한다. 그러나 황제는 가

---

48) 두바는 1306년에, 아들인 쿤츠제크Kunchzhek는 1308년에 죽었다. 짧지만 유혈적인 혼란 후 두바의 아들인 에센부크Esenbuk가 칸으로 선택되었다(1309~1318년). 그의 아들 케벡Kebek은 1321년에 죽임을 당했고, 혼란 후에 동생 타르마시린Tarmashirin이 권력을 장악했으나(1326년) 1334년에 처형되었다. 새로운 혼란이 1343년까지 뒤따랐다가 카잔Kazan 칸이 칸의 권위를 회복하려고 시도했지만 왕족 카자간Kazagan과의 전쟁에서 졌고, 그 후 무정부 상태가 뒤따랐다.

톨릭교도에 대해 호감을 갖고 있기 때문에 네스토리우스교도가 다소 겁을 먹고 있다. 네스토리우스교도는 십자가와 성상이 있는 아주 훌륭한 교회를 많이 갖고 있으며, 그들의 회중이 가톨릭 선교사들과 아무 관계를 갖지 않도록 하는 데 많은 신경을 쓴다. 대칸의 행정적·재정적 지원 덕분에 가톨릭교도가 지역 네스토리우스교도와 '브리탄vritanes 족'(?!) — 우리 사료는 어떤 이교도들에 대해 이렇게 부르고 있다 — 에게 세례를 많이 베풀 수 있었기 때문에 네스토리우스교 평신도들이 가톨릭으로 개종했다.49)

이 정보는 중국 대주교 몬테코르비노가 크림의 프란체스코 수도회 수석 대리에게 보낸, 1305년 1월 8일에 베이징에서 쓴 편지 자료와 일치한다. 대주교는 네스토리우스교도에 대해 많은 불만을 토로하며, 자신이 목숨을 구한 것은 수도에서 자신의 적을 내쫓은 황제의 개입 덕분이었다고 지적한다. 동시에 그는 자신의 선교 활동의 지향점이 네스토리우스교도에게 세례를 다시 주는 것이라고 설명한다. 이교도들과 관련해 그는 7~11세의 아이 150명을 사서 가톨릭 신앙으로 세례를 주었다.50)

네스토리우스교도들의 쓰라림은 이제 완전히 이해할 만하다. 그런데 말이다. 불과 반세기 전에 그들은 로마교회와 협정을 맺고자 했고, 유럽을 구하지 않았는가. 그들의 영향력과 조언에 힘입어 아직 기력을 다 소진하고 있지 않던 몽골군이 황색 십자군을 통해 바그다드에 주요한 일격을 가하지 않았는가 말이다. 즉, 그들은 교황 요한이 기대하던 바를 다 해냈던 것이다. 그렇다, 아무리 선행을 해도 욕을 들어먹는 법

---

49) *Le livre du Grant Caan*, pp. 69~71.
50) R. Khennig, *Nevedomye zemli*, III, p. 139.

이다!

　기독교인들의 보호자 일칸 아바가는 교황 클레멘트 4세(1268년)와 니콜라스 3세(1277~1280년)에게 이집트의 맘루크들에 대항하는 십자군을 조직해 달라고 요구했지만 가톨릭 유럽은 그에 대한 지원을 거부했다.51) 그 결과 일칸은 이슬람군에게 항복했다. 1295년에 무슬림 신앙으로 개종한 아르군Argun의 아들 가잔Ghazan이 이란 왕위에 올랐다. 그는 옛 몽골 전통과 야사에서 멀어졌고, 대칸의 울루스와 이란의 봉신 관계를 공식적으로 끊는 것으로 이를 표현했다.

　이란을 통치하던 몽골 귀족의 불안과 동요는 최후의, 그러나 여전히 강력한 일칸들을 위해 선택된 이름에 반영되어 있다. 가잔은 마무드라는 무슬림 이름을 갖고 있었다. 그의 동생이자 후계자 올제이투Öljeitu는 어릴 때 어머니에게서 니콜라스라는 이름을 얻었다. 페르시아인들은 그에게 카르반데Kharbande〔나귀의 노예〕라는 조롱 섞인 별명을 붙여주었다. 이슬람으로 넘어가면서 그는 그것을 쿠다반데Khudanande〔신의 노예〕로 바꾸었다. 그의 공식 이름은 물론 저 예언자의 이름 — 무하메드 — 이었다.52)

　가잔과 올제이투는 그래도 기독교인 신민을 계속 보살폈지만 다음 주권자 아부 사이드 치하에서는 기독교인에 대한 엄청난 탄압이 일어나 몽골 네스토리우스교 공동체가 1319년에 반란을 일으키지 않을 수 없었다. 이 반란은 잔인하게 진압되었다. 이후 이란과 중앙아시아에서는 오직 지역 토박이들만 기독교인으로 남았다. 그들의 공동체는 티무

---

51) V. T. Pashuto, "Nekotorye dannye ob istochnikakh po istorii mongol'skoi politiki papstva", pp. 209~213; A. Remusat, *Mémoires*, VI, p. 486 이하; VII, p. 340 이하.
52) A. Myuller, *Istoriya islama*, pp. 276~277.

르Timur〔1336~1405년의 투르크 통치자로, 서아시아, 남아시아, 중앙아시아를 정복하고 티무르 왕조를 세웠다〕에게 파괴되었다.53)

이 비극에서 교황과 프랑스 왕의 죄는 그리 크지 않았다. 그들은 동방 기독교인들이 어려움에 처해 있을 때 그들을 버렸을 뿐이다. 그러나 유럽인들은 돕지 못한 것을 죄로 여기지 않았다. 더욱이 13세기에는 종교적 색채를 띤 열정이 너무나 세게 타올랐기 때문에 가톨릭교도는 분리주의자들을 동일한 신앙인으로 여기지 않았다. 이것은 무슬림 광신주의의 새로운 폭발에 희생양이 된 동방 기독교인에 대해 가톨릭교도의 무관심이 왜 그리 깊었는지를 설명해준다.

도움을 주기는커녕 가톨릭교도는 도리어 극동의 "반역적인 기독교 이단자"54) 공동체를 파괴하고 약화시키려는 노력을 아끼지 않았다. 그들은 이에 성공했다. 그러나 이로부터 이득을 얻은 것은 로마 원로원도 가톨릭 왕들도 심지어 베네치아 영주들도 아니라 중세 지리학이었다. 프레스터 요한의 왕국에 대한 우화는 『대칸의 책』에 포함된 몽골 울루스에 관한 냉정하고 비교적 진실한 정보로 대체되었다.

이후 중국 가톨릭 주교구가 처했던 운명은 그리 빛나는 것이 아니었다. 1304년에 도교도들이 불평하자 칸은 중국인 세례를 금했고, 도교와 불교식 예배 후에 자신의 건강을 위해 기도하도록 명령했다. 1311년에 불교도는 양쯔 강안에 있는 교회들을 기독교인들로부터 빼앗아 복음서에서 따온 주제의 프레스코화에 보살과 호법신중 상을 그려 넣

---

53) I. P. Petrushevskii, "K istorii khristinastva v Srednei Azii."
54) 이것이 프란체스코 수도회의 수도사 파스칼리우스Paschalius of Vittoria가 1338년 8월 10일에 알말리크에서 고국의 수도원에 보낸 편지에서 네스토리우스교도를 가리켜 쓴 표현이다. R. Khennig, *Nevedomye zemli*, III, p. 213을 보라.

었다.55)

이것은 가톨릭교도들이 술주정뱅이 방탕아 하이산Haisan 칸56)을 1310년에 자신들의 신앙으로 끌어들이려 한 시도에 대응한 것이었지만 몬테코르비노는 이 시도에서도 성공하지 못했다.57) 이 중국 대주교가 1328년에 죽은 후 가톨릭 공동체는 1368년에 이르러, 곧 몽골 왕조가 타도되는 시점에 이르러 다 시들고 말았다. 새롭게 승리한 명 왕조는 기독교의 모든 조류에 대해 적대적이었고, 그리하여 기독교는 무슬림과 불교도의 압력 아래 점차 소멸해갔다.58) 위구리아의 네스토리우스교 수도원은 이보다는 다소 더 오래 지속되었으나 아무도 그들을 프레스터 요한의 왕국으로 여기지 않았다.

| 저자의 접근법과 회의론의 근거 |

우리는 독수리가 나는 높이에서 그리고 높은 언덕 꼭대기에서 중앙아시아의 전 역사를 살펴보았다. 무엇인가가 분명해졌지만 아직 많은 것이 수수께끼로 남아 있다. 설상가상으로 수수께끼가 더 늘어난 것 같다.

사실 우리가 훈족과 고대 투르크족을 다루었을 때는 모든 것이 분명했다. 유목민들은 고유의 생활방식을, 따라서 그에 맞춘 고유의 이데올로기를 갖고 있었다. 그러나 위구르 한국이 등장했고, 유목민들이 서방

---

55) Palladii [Kafarov], "Starinnye sledy khristianstva v Kitae", p. 32, pp. 44~45.
56) R. Khennig, *Nevedomye zemli*, III, p. 154.
57) V. V. Bartol'd, "K voprosu o chingisidakh-khristianakh", *Izbrannye sochineniya*, II, pp. 417~418.
58) I. N. A., *Istoricheskii ocherk katolicheskoi propagandy v Kitae*, p. 6.

과 동방에서 온 외래 종교로 개종하는 일이 곧바로 일어났다. 841~847년에 이 마니교 신정 국가는 활력을 결여한 채 망하고 말았는데, 왜냐하면 사람들이 외래 종교를 받아들이지 않았기 때문이다. 위구리아가 상실되면서 유목민들이 이데올로기를 빌려오려는 열망을 잃어버린 것처럼 보일지도 모르겠다. 그러나 그렇지 않았다! 그들의 다수는 기독교를 받아들였으며, 그들의 기성 문화에 기독교를 적응시키는 것에도 어느 정도 성공했다. 그들이 기독교를 받아들인 목적은 기독교의 주류와 연결되기 위한 것이 아니라 중국의 문화적 영향력에 대해 뭔가 유력한 것, 뭔가 불교만큼 귀중한 것으로 대항하기 위해서였다. 그렇다면 왜 몽골족은 기독교를 경멸했을까? 여기서 우리는 몽골 종교의 세부를 들여다볼 필요가 있지만 조감鳥瞰으로는 세부를 들여다볼 수 없을 것이다.

조감으로는 몽골족과 네스토리우스교도가 왜 몇 번의 충돌 후에 서로 평화롭게 어울려 지낸 이유를 이해할 수 없다. 칭기즈칸의 군대에는 약 13,000명의 몽골족이 있었지만 이 군대의 총계는 130,000명에 이르렀다. 외인부대는 제쳐두고 왜 90%의 용감한 전사들이 10%에 복종했을까? 복종하는 데 그치지 않고 9개의 발을 가진 깃발을 위해 마지막 피 한 방울까지 싸웠다. 그런데 또 어떻게 해서 네스토리우스교는 더 이상 그들의 마음을 사로잡지 못하고 사라졌을까? 모든 것이 불분명하다!

이 주제에 대해 우리가 취한 접근법은 분명히 보편적인 것은 아니지만 애초의 목적에 이바지하기는 했다. 우리가 전 범위에 걸친 역사적 현상을 다루지 않았다면 이 질문들은 우리 머릿속에 떠오르지 않았을 것이다. 우리는 아시아 역사의 빈틈에 대해 숙고하지 못했을 테고, 발전, 진보, 정체에 관한 일반적 문구로 가장한 행복한 무지 속에 남아 있었을 것이다. 하지만 이제 다시 사료들에 접근해 지금 결여되어 있는 정보를 추출할 수 있는 기반을 갖게 되었다.

텍스트에 대한 작업은 아주 다른 접근법을 필요로 한다. 중세 저자들이 하찮게 쓰는 것과 감추는 것, 상이한 판본들 사이의 일치 혹은 불일치, 감정이입, 문학적 장치 ― 이것들은 연구자에게 새로운 분야이며, 우리는 이 분야가 결실을 맺기를 희망한다. 이제 우리는 벽돌을 하나씩 하나씩 쌓아나가는 것이 아니라 분명하게 드러나지 않는 중요한 세부사항들에 주의를 집중할 것이다. 그러나 먼저 신뢰성 문제가 있다. 비록 옛 사람이더라도 누군가가 거짓말을 하고 있다면 이를 연구하는 것이 무슨 의미가 있을까? 이 새로운 문제를 풀기 위해 우리는 앞에서 다룬 사건들을 마치 쥐구멍에서 보는 것처럼 보면서 그곳으로부터 볼 수 있는 작은 전경만 다루기로 한다.

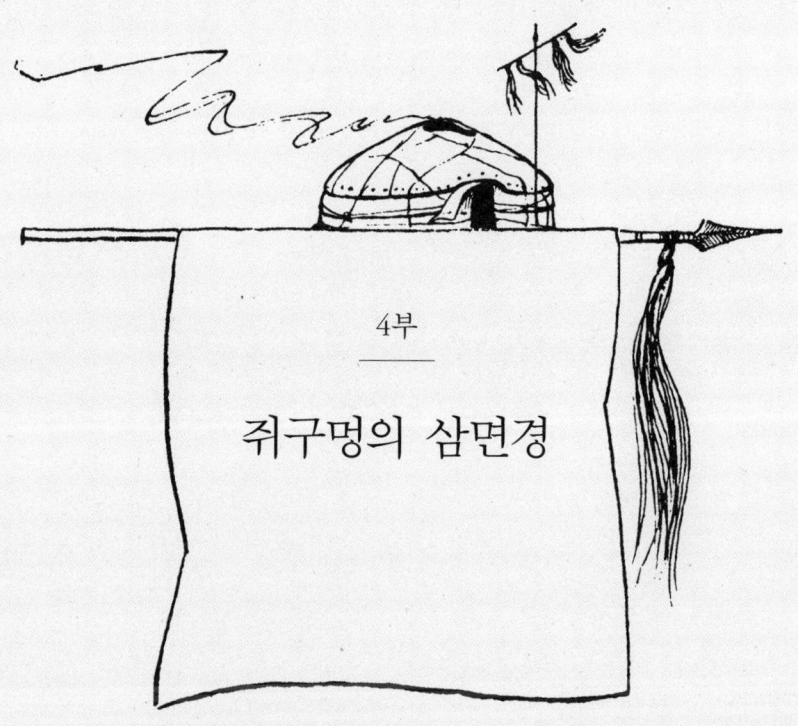

4부

쥐구멍의 삼면경

| 10 |
『비사』의 저자의 취향과 공감

| 의심의 이유 |

칭기즈칸의 권력이 어떻게 창조되고 파괴되었는가 하는 문제는 많은 역사가를 흥분시켰지만 아직 해결되지 않았다. 수많은 일반 저작과 전문 저작을 살펴봐도 가장 중요한 원초적 질문에 대한 답이 없다. 자기 자신의 부족으로부터 후원을 받기는커녕 약탈당하고 버림받은 가난한 고아가 어떻게 해서 강력한 군대의 지도자이자 여러 민족의 칸, 자기보다 훨씬 더 강한 모든 이웃 국가의 정복자가 될 수 있었을까?[1]

우리는 짧은 보론을 통해 이 질문에 대답하려고 한다. 왜냐하면 아시아 역사에 대한 파노라마적 관점에서 보면 프레스터 요한의 왕국의 전설이 소멸한 것과 네스토리우스교 교회가 몽골 울루스 내에서 쇠퇴한 것이 칭기즈칸의 등장을 가져온 사건들의 발생과 관련되어 있기 때

---

1) N. Ya. Merpert, V. T. Pashuto, L. V. Cherepnin, *Chingis-khan i ego nasledie*, p. 92,

문이다. 외적과 벌인 몽골의 전쟁은 이미 아주 상세하고 정밀하게 연구되어 왔으므로 칭기즈칸의 등장 과정을 연구하면 특히 가장 중요한 주제, 즉 1206년의 대쿠릴타이 이전에 몽골 국가가 형성되는 과정을 알 수 있다.

13세기에 나온 두 저작이 이 시기를 서술하고 있다. 『황금서黃金書』〔몽골의 역사서로, 지금은 전해 내려오지 않는다. 라시드 앗 딘이 『집사』를 쓸 때 참조했다고 한다〕와 『원조비사』가 그것이다. 첫 번째 책은 엄격한 정부 검열을 거친 공식 역사이다. 두 번째 책은 1240년에 쓰여진 저작이며, 같은 사건들을 서술하고 있지만 주로 몽골 민족의 내부 역사서로 저자의 관심과 저자가 스스로 설정한 목표를 반영하고 있다. 이 목표는 무엇이고 저자는 누구일까? 이것이 우리가 제기하는 문제이다.

진본 이야기체 자료에 접근할 때는 옛 저자의 개인적 특질과 사고 경향이 그의 사회적 성향이나 정치적 지향 못지않게 중요하다. 나아가 전자는 후자를 결정하며, 이는 서로 너무 얽혀 있어 분리될 수 없다. 이 사료가 무슨 목적으로 누구를 위해 쓰여졌고 얼마만큼 믿을 수 있는지를 명확히 하는 것은 다른 무엇보다 더 중요하다. 저자가 재능이 없다면 차라리 역사가가 이해하기 쉽지만 『원조비사』는 『이고르 원정기』만큼이나 천재적인 저작이며, 저자가 어디로 향하고 있는지, 사건의 참된 경로를 복구하기 위해 원본에 어떤 수정을 가해야 하는지를 결정하기는 매우 어렵다. 여기에 근본적으로 중요한 문제가 있다. 우리가 저자의 일대기와 개인적 친분 관계를 안다면 모든 것이 간단하지만 우리는 그의 이름조차 모른다.

판크라토프B. I. Pankratov는 단 두 가지 가설만 허용한다. 이 사료가 목격자의 말에 기초한 보고서거나 집단 저작이라는 것이다.[2] 하지만 이 저작의 장르와 정치적 경향을 확립하는 것이 훨씬 더 중요하다. 그러나 이 저작의 장르에 대해서는 『숨겨진 이야기』3)와 『비사』4)처럼 이 책의 제목을 여러 가지로 번역하는 데서 알 수 있듯이 아무런 공통된 의견도 없다. 이 두 가지 제목은 전혀 같지 않다.5)

이 저작의 정치적 경향에 관해서도 연구자들은 서로 충돌하고 있다.6) 바르톨드는 이 저작을 귀족제 변호론으로, 코진은 민주제 변호론으로 간주한 바 있다. 블라지미르트소프는 이 저작의 목적은 "칭기즈 칸 가문과 그의 일대기를 비밀스러운 전통으로 만드는 것인데, 왜냐하면 이 이야기는 사실 하나의 씨족, 하나의 가문, 하나의 혈통 안에서 일어난 어두운 사건들에 관한 이야기들을 비장秘藏하고 있기 때문"이라고 쓰고 있다. 그와 반대로 오늘날의 몽골 학자들, 예를 들어 담딘수렌 Ts. Damdinsuren과 가담바M. Gaadamba의 견해에 따르면 저자의 의도는 몽골 부족들을 통일시키고 씨족 구조에 대한 봉건제의 승리를 주창하려는 것이었다. 이렇게 견해 차이는 극단적이지만 사료의 신뢰성에 대해서는 바르톨드와 그룸-그르지마일로7)만이 문제를 제기한다. 그렇다고

---

2) *Yuan-chao-bi-shi*, pp. 5~6.
3) S. A. Kozin, *Sokrovennoe skazanie*, p. 30, 주 2; Palladii [Kafarov], "Starinnoe mongol'skoe skazanie o Chingiskhane."
4) P. Pelliot, *Histoire*; E. Haenisch, *Die Geheime Geschichte der Mngolen*.
5) 내가 보기에는 두 번째 번역이 더 적절한 것 같지만 참조는 기본적으로 코진의 번역본에 기초한다. 이 번역본 서문에 이 번역본이 역사가가 '신뢰할 만한 자료'라고 묘사되어 있기 때문이다.
6) V. V. Bartol'd, "Obrazovanie imperii Chingiskhana", p. 111; S. A. Kozin, *Sokrovennoe skazanie*, p. 38 이하; B. Ya. Vladimirtsov, *Obshchestvennyi stroi mongolov*, p. 7; M. Gaadamba, "Sokrovennoe skazanie mongolov" kak pamyatnik", p. 5~6.
7) V. V. Bartol'd, *Turkestan*, II, p. 43; G. E. Grumm-Grzhimailo, *Zapadnaya Mongoliya*, II, pp. 407~409.

그들이 이 문제의 해결책을 제시하는 것은 아니다.

『비사』의 저자가 '봉건제'와 '씨족 구조,' 심지어 '귀족제'와 '민주제' 같은 개념까지 취급했는지는 극히 의심스럽다. 오히려 1240년에 지난 시절에 대한 이야기를 지을 때 그는 특정한 칭기즈 부족들에 대해 개인적 공감과 반감을 갖고 있었다. 그가 추구하고자 한 경향을 결정한 것은 바로 이 공감이었으며, 이는 빈번히 진실을 해쳤다.

『비사』와 달리 『집사集史』라는 제목의 몽골 공식 역사서는 생애가 잘 알려져 있는 저자가 썼다. 그렇다고 해서 이 사료의 작성 경과와 방법론적·구성적 특징이 명확하며 정보의 신뢰성이 확고하다는 의미는 아니다. 오히려 그와 반대로 이 사료의 경우 다시 생각해보고 의심해야 할 것이 너무나 많다.

라시드 앗 딘은 가잔 일칸과 올제이투 일칸 아래서 행정 경력을 쌓은 식자였다. 그는 엄청난 부자가 되었다. 노점, 대상의 숙사, 작업장, 정원이 있는 테브리즈〔이란에서 다섯 번째로 큰 도시로 과거 이란의 수도 중의 하나였다. 일부 고고학자들은 에덴동산이 이곳에 있었을 것으로 추측하고 있다〕의 한 지구가 그의 소유였다. 그는 엄청난 부동산을 갖고 있었고, 그 외에도 일칸 국가의 재정을 책임지고 있었기 때문에 무한한 돈을 갖고 있었다. 1298년에 그는 비지르Vizir, 곧 정부 수반이 되었고, 가족은 보호와 배려를 요구했다. 라시드 앗 딘이 매우 바빴을 것이라고 쉽게 짐작할 수 있으며, 더욱이 역사적 탐구는 여간 고된 일이 아니었을 것이다.

그러다 모든 일상적 업무를 처리하는 와중에 라시드 앗 딘은 '몽골족의 사서,' 그것도 여태까지 나온 어떤 것보다 더 나은 것을 지으라는 명령을 받았다. 아마 자신도 세계의 창조에서 시작해 프랑크족과 중국인의 나라들을 다루고 이 장대한 건축물을 몽골 제국의 창조와 번영에 대한 상세한 묘사로 장식하며, 칭기즈칸을 찬미한 후 이 이야기를 정점 ― 그의 보호자 올제이투 칸의 치세 ― 으로 가져가겠다는 생각을 했을 것이다.

이 구상은 진정 웅대했지만 라시드 앗 딘은 곤차로프Goncharov의 소설 『절벽』에 나오는 라이스키Raisky 입장에 있었다. 즉, 생각과 열망은 있었지만 시간도 없었고 자료를 다루는 습관도 없었으며, 역사적 비평 방법도 몰랐고, 따라서 신뢰할 만한 설과 왜곡된 설을 구분할 수도 없었다. 요컨대 이 위대한 재정가는 어떻게 역사를 쓰는지 몰랐다.

그렇다고 이것이 그를 괴롭히지는 않았다. 당시 페르시아에는 고용되지 않은 식자들이 많았다. 이 비지르는 그들을 초빙해 자료 모으는 일을 맡겼고, 그들은 그렇게 했다. 그리고 그는 이 자료와 기록들을 서로 대조하지도 않고 신뢰성을 따져보지도 않은 채 그냥 합치고 끼워서 일칸에게 받쳤고, 일칸 역시 이 텍스트를 깊이 들여다보지도 않고 그냥 편찬자에게 상을 내렸다.[8] 거친 원료가 완제품으로 통하자 각 부분을 다룬 이 가여운 사람들은 절망에 빠졌다. 카샤니Kashani[9] 같은 몇몇 사람은 표절에 대해 불평했지만 아무 소용이 없었다. 아무도 들으려 하지 않았다. 그러나 이 비지르가 치욕을 겪으며 처형당하고 일칸 제국이 급속히 붕괴되기 시작한 후에도 역사적 저작들을 교정하려는 움직임이 없었다. 그럴 필요가 없었다. 그리하여 우리가 갖게 된 것은 '사서'도 '연대기'도 아니고, 대부분 모순으로 가득 찬 자료집일 뿐이다.

---

[8] 라쉬드 앗 딘의 저작의 집단적 성격에 관해서는 I. P. Petrushevskii, *Istoriya Irana*, V장, pp. 168~169를 보라.

[9] V. V. Bartol'd, *Izbrannye sochineniya*, pp. 94~95; Abul-Kasim 'Abdallah Kashani, "Arā'is al-jawāhir va nafā'is al-atāyib(보석과 희귀한 향수의 결혼 선물)", pub. I. Adshar, *in Persian, Teheran*, 1346(1966), p. 357.

동일한 사건들이라 해도 이 책의 이 부분에서는 이렇게, 저 부분에서는 저렇게 다루어지며, 어떤 것이 맞는지 우리는 모른다. 그러나 아마 그것도 괜찮을지 모른다. 왜냐하면 20세기 역사가들은 엄청난 노력을 들이지 않고도 일차 자료를 제대로 가공해 적절성을 잃어버린 지 오래인 13세기의 철학적 관념들을 극복할 수 있기 때문이다. 그러나 우리는 『집사』의 편찬자가 극복하지 못한 또 다른 어려움을 회피해서는 안 되며, 내적 비교 비평이 제시하는 모든 이설을 검토해야 한다.

| 출구의 모색 |

무엇보다 먼저 『비사』가 사건들을 취급하고 설명하는 데서 정사인 『황금서』와 아주 다르다는 것을 지적해야 한다. 『황금서』라는 몽골 텍스트는 살아남지는 못했지만 라시드 앗 딘[10]의 『집사』와 중국의 몽골 왕조사 『원사元史』의 기초가 되었다.[11] 두 저작이 일치하는 부분을 확정함으로써 잃어버린 사료의 내용을 복구할 수 있을 것이다.

우리 목적을 위해 '비사'와 '정사'를 빠짐없이 다 비교할 필요는 없다. 다만 불일치하는 몇몇 부분을 지적해 이들이 독립적으로 쓰여졌음을 보여주는 것으로 충분하다. 따라서 달란-발주트 전투는 '정'사에 따르면 칭기즈칸의 완승으로 끝났지만[12] '비'사에 따르면 그의 패배로 끝났고, 자무카는 어쩐 일이었는지 자신의 승리를 이용하지 않았다.[13]

10) I. P. Petrushevskii, "Rashid ad-Din", p. 25.
11) 〔Bichurin〕 Iakinf, *Istoriya pervykh chetyrekh khanov*.
12) Rashid ad-Din, *Sbornik letopisei*, I, p. 2, pp. 86~88; 〔Bichurin〕 Iakinf, *Istoriya pervykhy chetyrekh khanov*, p. 9.
13) *Sokrovennoe skazanie*, § 129. 이후부터 어떤 문단은 본문에서 괄호 속에 언급된다.

보르테의 납치에 대해서도 라시드 앗 딘과 『비사』가 다르게 묘사하고 있다.14) 라시드 앗 딘은 엘치데이 노얀이 자무카를 난자해서 산산 조각내 처형했다고 하지만 『비사』에서는 칭기즈칸이 자무카의 목숨을 살리려고 애썼고, 자무카가 우기고 나서야 '피를 흘리지 않고', 즉 아주 명예롭게 죽도록 허용했다.15) 그밖에도 불일치하는 부분이 많지만 역사적 인물들의 특징이 때로 정반대로 나온다는 것만 첨언하기로 한다. 예컨대 자무카는 '정'사에서는 원칙 없는 모험가로 묘사된다. 하지만 『비사』에서는 애국자이자 칭기즈칸의 진정한 친구로 상황과 음모 때문에 싸움에 말려든 인물로 묘사되며, 더욱이 적진 안에서도 자무카는 자신의 이해보다 칭기즈칸의 이해에 더 관심이 있었다는 것이다(§§ 170, 195, 200). 사료가 서로 다른 경향을 갖고 있음은 아주 명백하다.

'정'사와 '비'사 중 어느 것이 옳은가 하는 질문을 제기하기에는 아직 너무 이르다. 두 역사서 모두 몽골 제국 내의 다양한 집단 사이에 격렬한 투쟁이 일어난 시기에 쓰여졌고, 모두 이 투쟁을 반영한 것이 분명하다. 따라서 두 저작 모두 진실을 왜곡했지만 각기 다른 방식으로 왜곡했다. 『비사』의 저자의 편견에 관한 이 흥미로운 질문에 대답하는 길은 오직 하나밖에 없다. 4가지 선을 따라 사료를 탐구하는 것이 그것이다. 1) 사건들의 연대기적 순서. 2) 이 문학적 저작의 구성 원리, 곧 장르의 확정. 3) 저자의 관점에서 본 역사적 인물들의 특징. 4) 1240년에 곧 저작이 쓰여졌을 때의 저자의 정치적 성향.

오직 비판적 분석을 통해서만 우리는 제기된 질문에 대답할 수 있고 사료의 신뢰성을 결정할 수 있다. 신뢰성이 없다면 칭기즈칸의 역할에

---

14) 앞의 책, § 98 이하. Rashid ad-Din, *Sbornik letopisei*, I, p. 115.
15) Rashid ad-Din, *Sbornik letopisei*, I, p. 1, p. 191.

대한 모든 역사학적·사회학적 고찰은 연구자의 변덕에 좌우될 것이고, 따라서 학문적으로 적절한 것이라고 주장할 수 없다. 결국 칭기즈칸이 등장하는 역사의 모든 것, 그의 출생 연도를 비롯한 모든 것이 의심스럽다. 라시드 앗 딘도 이 점을 지적하면서 이 기초적인 연도를 결정하는 데서 현저한 모순을 허용했다. 그는 처음에는 칭기즈칸이 이슬람 기원 547년(기원후 1152~1153년)에 해당되는 돼지 해에 태어났다고 말하지만 나중에는 칭기즈칸이 죽었을 때(1227년 8월)의 나이를 72세로 확정해 결과적으로 칭기즈칸에게 1155년의 출생 연도를 부여한다.16) 여기에는 명백한 혼란이 존재하며, 칭기즈칸이 말 해인 1161년에 태어났다고 하는 『원사』의 연도 부여가 더 신뢰할 만하다.17) 몽골 전통은 1162년이라고 하지만 이 차이는 다른 달력을 사용했음을 감안하면 몇 달의 차이에 불과하다.18) 아래서 왜 이 연도를 택해야 하는지를 설명할 것이다.

테무친의 삶은 중요도가 각각 다른 여러 시기로 구분되어야 한다. 첫 번째 시기는 아버지가 죽기 이전의 아동기로, 그의 아버지는 테무친이 9세일 때(§ 61),19) 곧 1171년에 죽었다.20) 당연히 이 시기 그의 삶에서는 역사에 반영될 사건들이 없었다.

---

16) Rashid ad-Din, *Sbornik letopisei*, I, p. 2, p. 74. 새로운 자료를 이용하는 문제에 대한 설명에 대해서는 G. Vernadsky, *The Mongols and Russia*, pp. 20~21을 보라. 하지만 여기서 제시된 칭기즈의 출생 연도 1167년에 대해서는 동의할 수 없다. 이는 칭기즈의 자식들의 나이에 대한 연대기를 분석하면 알 수 있다.

17) [Bichurin] Iakinf, *Istoriya pervykh chetyrekh khanov*, p. 137.

18) *Istoriya Mongol'skoi Narodnoi Respubliki*, p. 109.

19) 라시드 앗 딘에 따르면 테무친은 13세였다(I, p. 2, p. 76).

20) 1166년이 아니다. *Istoriya Mongol'skoi Narodnoi Respubliki*, p. 109를 대조하라. 연대기가 부정확하다.

두 번째 시기는 타이치우트족 타르쿠타이-키릴투크Tarqutai-kiriltuq가 테무친을 사로잡고 이후 테무친이 그에게서 도망갈 때까지의 청소년 기이다. 이 시기와 관련해 『비사』는 단 한 가지 사실, 곧 테무친과 카사르가 베크테르를 죽인 일만 언급한다(§§ 76~78). 그런 다음 덧붙여서 테무친이 11세였을 때(§ 116), 곧 1173년에 자무카와 친구가 되었다고 회고한다. 하지만 우리는 뭔가 더 중요한 일이 이 시기에 일어났을 것이라고 가정할 수 있다.

사실 타이치우트족이 보르지긴족을 공격한 것은 약탈이 아니라 테무친을 사로잡기 위한 것이었고, 그러한 목적을 이룬 후 그들은 떠났다. 타르쿠타이는 "그를 마땅한 처벌에 처했다." 무엇 때문에? 분명 테무친이 무슨 일을 저지른 것은 분명한데 죽임을 당하지는 않았기 때문에 아주 해로운 짓은 아니지만 뭔가 아주 두드러진 짓이었을 것이다.

이것은 타이치우트족이 떠난 결과로 일어난 오랜 다툼의 연장이 아니었다. 왜냐하면 그 뒤 타르쿠타이-키릴투크가 뒷날 테무친의 인도를 원하는 노예들에게 사로잡혔을 때 그는 테무친을 풀어줄 생각을 하며 그의 형제들과 아들들에게 말하기를, 테무친이 고아였을 때 자신이 그를 교육시키고 훈계했다면서 "사람들은 그가 정신을 차리고 있고, 그의 생각이 반듯해지고 있다고들 한다. …… 아니, 테무친은 나를 멸하지 않을 것이다"(§ 149)라고 덧붙이기 때문이다.

여기서 사료의 저자는 주도면밀하게 감추었던 사건들의 비밀을 드러내고 있다. 테무친에게 칼을 쓰게 한 미지의 행동은 그가 따끔한 벌을 받지 않으며 자라나 저지른 유치한 장난, 어리석은 난행이라고 암시되고 있다. 그러나 타이치우트족 장로들은 서서히 드러나기 시작한 당당함의 섬광, 바트라크 소르간-시라batrak Sorgan-shira21)가 테무친을 구했을 때 알아차린, 그러나 사료의 저자가 억누른 당당함의 섬광은 간과했다. 우리는 아래에서 저자가 왜 그렇게 해야 했는지를 살펴볼 것이다.

이 일이 언제 일어났는지를 확정하기는 어렵다. 무슨 이유에선가 문헌에서는 이때가 칭기즈가 16세였을 때, 곧 1178년이라고 하지만 사료에는 이를 검증할 만한 것이 전혀 없다.

세 번째 시기는 그의 청년기로, 훨씬 더 큰 어려움을 제기한다. 그가 보르테와 결혼한 연도는 보르지긴 가족 구성원들의 나이로 추적될 수 있다. 기초적인 연도는 장남 조치가 죽은 연도로, 그는 메르키트족이 습격한 해에 태어났는데, 이 때문에 그는 사생아라고 의심받았다.

조치는 서른 남짓이던 1227년에 죽었다. 이는 메르키트족의 습격이 1190년 무렵이었음을 의미하며, 테무친은 당시 28~30세였다. 다른 한편 차남 오고타이는 1241년에 56세였다.[22] 즉, 그는 1185년에 태어났다.

우리는 테무친이 처음으로 칭기즈칸으로 선택된 해가 눈표범의 해였음을 그리고 이 해가 보르테가 풀려난 해, 따라서 조치가 태어난 해와 1년 반이 떨어져 있음을 몽골 전통으로부터 알고 있다. 조치는 오고

---

[21] 어느 축제 때 모든 타이치우트족이 취했다. 테무친은 도망쳐 얼굴만 수면 위로 내민 채 냇물에 숨었다. 소르간-시라가 그를 발견하고 이렇게 말했다. "있잖아 그건 너의 재빠른 기지 때문이야. …… 그들은 너를 미워하고 너를 추격하고 있어. …… 그러니 거기 계속 있어. 난 너를 이르지 않을 거야"[Palladii, "Starinnoe mongol'skoe skazanie o Chingiskhane", p. 42. 코진의 번역으로는 이렇다. "넌 너의 형제들에게 소중하지 않아. 넌 너무 간교하기 때문이야. 너의 시선에 불이 있고 너의 얼굴에 새벽이 있기 때문이야. 난 너를 넘겨주지 않을 거야"(*Sokrovennoe skazanie*, § 82)]. 다음날 소르간-시라의 아내와 아이들은 수색자들로부터 테무친을 숨겨주었고, 그런 다음 그에게 말 한 필, 활 하나 화살 두 개를 주었다. 이 덕분에 이 도망자는 그의 목초지에 다다를 수 있었다.

[22] [Bichurin] Iakinf, *Istoriya pervykh chetyrekh khanov*, p. 285.

타이보다 나이가 더 많았기 때문에 이 해는 1194년일 수가 없고, 따라서 1182년이었으며, 이는 메르키트족에 대한 역습이 1180년 무렵에 일어났음을 의미한다〔위의 문단에서 메르키트족의 습격이 1190년 무렵에 일어났다고 했으므로, 1180년에 메르키트족에 대한 역습이 있었다는 것은 말이 안 된다. 원문에는 아무 단서가 없지만 아마도 여기서 저자는 메르키트족의 습격이 1190년에 있었다는 것을 교정하고 있는 듯하다〕. 이 연도들로부터 따져나가면 우리는 라시드 앗 딘이 말하는 테무친의 출생 연도 1152년 또는 1155년이 전혀 가능하지 않다고 간주할 수 있다. 테무친이 보르테와 결혼한 것은 성년에 이른 때, 곧 16세 때로 알려져 있다. 따라서 (더 늦은 연도를 취하더라도) 결혼은 1171년에 있었던 셈이다. 즉, 장남이 태어나기 7년 전이라는 말이다. 이런 일이 가능할까? 하지만 우리가 몽골의 『황금서』, 곧 정사에 기원을 둔 『원사』의 연도를 취한다면 결혼 연도는 1178~1179년에 떨어지며, 아들의 출생이 한 해 뒤나 한 해 반 뒤였으리라고 예상하는 것이 당연하다. 그렇다면 칭기즈칸이 죽은 것도 라시드 앗 딘이 주장하듯 72세가 아니라 65세쯤이어야 한다〔원문에는 이 문장이 없다. 독자의 이해를 돕기 위해 역자가 넣었다〕. 칭기즈칸은 생명이 다할 때까지 친히 긴 전쟁에 나섰다고 알려져 있다. 말하자면 평생 안장 위에 있었다. 그가 72세에 타오르는 사막을 아무 어려움 없이 횡단할 수 있었을 것 같지는 않지만 65세라면 이것이 그의 능력 범위 내에 있었을 것이라고 생각할 수 있다. 확률이 높고 모순이 없다는 점에서 몽골 연대기가 설득력이 있는 반면 페르시아 사료는 불일치와 두 가지 양립할 수 없는 연도로 볼 때 설득력이 없다. 우리가 이 문제에 이렇게 깊은 주의를 기울이는 이유는 12세기 후반의 연대기 전체가 지금까지 가정적 성격을 갖고 있었고, 우리 견해로는 현실과 부합하지 않기 때문이다. 이 연대기의 탐구를 위한 출발점은 테무친의 출생 연도와 결혼 연도이다. 이 기초 위에서 우리는 수정된 연대기를 제시했고, 사실들이나 그것들의 순서에 대한 해석에서 한 번도 모순에 부딪히지 않았다.

사정이 이렇다면 12세기 말 몽골족의 역사는 위에서 개략적으로 서술한 특징들을 띤다. 이 역사는 대단히 풍부하다. 즉, 타이치우트족에게 포로로 잡혀간 일, 그로부터의 탈출, 메르키트족의 습격, 몽골족의 역습, 자무카와의 우정 그리고 칸으로의 선택, 이 모든 사건이 1178~1182년 사이에 함께 일어났다. 그리고 여기서 사료의 저자는 한 가지 실수를 하는데, 이것이 우리에게는 극히 귀중하다. 자무카는 대對메르키트족 역습을 위한 부대 편성을 제안하면서 이렇게 말한다. "이곳에서 가는 길에 오논 강 상류에 내 안다〔곧 테무친〕의 울루스에 속하는 사람들이 있다. 한 부대는 내 안다의 울루스로부터 형성될 것이다. 여기서 가는 다른 한 부대와 합쳐 모두 두 부대가 될 것이다"(§ 106).23) 그러나 보오르추Bo'orchu와 젤메Jelme는 테무친에게 붙었고, 다른 사람들 중에서도 비록 명목적이기는 하나 그에게 복종한 사람들이 있었다. 이것은 이 예수게이의 고아가 야생 마늘과 마멋을 먹고 살던 때와 비교할 때 엄청난 일보였지만 저자는 이를 지적하지 않으려 한다. 오직 그만이 타이치우트족과 테무친 사이의 갑작스러운 증오를 설명할 수 있는데도 말이다.

네 번째 시기인 성숙기는 닭의 해인 1201년까지로 제한될 수 있는데, 이 해에 사료는 연대기에서는 물론 다른 영역에서도 실수를 저지른다. 1201년은 몽골에서 내전의 해였다. 칭기즈칸의 정력적인 정책에

---

23) 안다는 결의형제이다(몽골어). 트마'ma는 기병 만인대이지만(몽골어 투멘), 이러한 군사 단위의 보충은 보통 불완전했다.

당황하고 놀란 부족들의 연맹이 내전을 출발시켰다. 그러나 사료는 이 정책이 무엇이었는지 아무 대답도 없다. 이 18년 동안 오직 세 가지 사건만이 일어난다. 테무친과 자무카의 다툼, 타타르족에 대한 전쟁, 느림보 주르킨Jürkin 씨족에 대한 복수가 그것이다. 이 사건들이 일어난 연도는 578년 주마드Jumad 달 1일, 곧 1181년 9월에 시작된 개의 해로 되어 있다. 따라서 이 사건들은 테무친이 칸으로 선택된 직후, 곧 1183년 무렵에 일어났다.24) 나머지 16년은 테무친이 보잘 것 없는 왕자에서 몽골의 왕위는 물론 대초원 지대 전체의 쟁탈자로 바뀌는 시기이자 이어지는 모든 웅대한 정복을 이해하는 열쇠가 되는 시기이며, 몽골족의 사회관계와 심리에서 단절이 일어나는 시기지만 『비사』에는 전혀 반영되어 있지 않다. 이 시기는 그냥 빠져 있다.

『비사』의 저자는 §120부터, 즉 1182년부터 '그들' 대신 '우리'라는 대명사를 사용하며 자신이 이 사건들에 참여했음을 보여 주기 때문에 저자가 이 사건들을 몰랐을 가능성은 없다. 그래서 그는 모종의 이유로 자신이 말하고 싶지 않은 사건들을 제외했다고 볼 수 있다. 라시드 앗 딘은 이 이상한 상황에 주목했었다.25) 분명 '정'사도 '비'사가 덮은 사건들을 덮었다. 이 경우 두 저작의 경향은 일치한다. 그러나 일단 어떤 사건이 서술될 때(예컨대 달란-발주트 전투) 이 저작은 정반대이다. 여기서 우리는 기본적인 문제에 부딪힌다. 『비사』의 저자가 주역 배우 테무친 칭기즈칸에 관해 취하는 방향이 그것이다. 사료의 방향을 확립함으로써 우리는 사건들을 설명하는 저자가 어떤 종류의 왜곡을 허용하는

---

24) Rashid ad-Din, *Sbornik letopisei*, I, p. 2, p. 120; *Sokrovennoe skazanie*, §153. 그루세는 잘못해서 1198년이라고 표시한다.
25) Rashid ad-Din, *Sbornik letopisei*, I, p. 2, p. 84.

지 혹은 의식적으로 텍스트에 집어넣는지를 이해할 수 있을 것이다.

| 장르 문제 |

무엇보다 먼저 중요하게 지적되어야 할 것은 『비사』의 저자가 많은 이야기, 전통, 개인적 회상을 사용하지만 그것들을 워낙 창조적으로 결합했기 때문에 이 저작의 단일한 계획이 아무 손상도 입지 않았다는 것이다. 이 자료의 일부는 거의 가공되지 않은 것이었다. 예컨대 노얀들의 명부, 수비대의 보급품, 직접 연설 형태로 삽입된 민간전승, 옹기라트족 여성들에 대한 다이-세첸Dai-sechen의 칭찬, 몽골군에 대한 자무카의 칭찬 등이 그것이다. 첫 번째, 노얀들의 명부의 경우 저자가 적어도 외견상으로는 정확성을 기하려고 노력했다. 그러나 두 번째 경우에 우리는 직접 연설, 대화, 독백을 이야기 속에 도입하고 삼인칭으로 건조한 이야기를 활기 있게 만드는 것과 같은 흔한 문학적 장치를 보게 된다. 이와 같은 문학적 장치는 저자의 박식함과 현존하는 문학적 전통만 보여줄 뿐 그 이상은 아니다.

『비사』의 첫 번째 부분은 몽골족의 계보로 시조 보돈차르에 대한 구전을 문학적으로 가공한 것과 비슷하다. 그러나 칭기즈가 1182년에 칸으로 선택될 때까지의 청년기를 다루는 두 번째 부분은 앞선 부분과도 또 이어지는 부분과도 다르다. 이 부분은 전설적 성격을 잃고 있고, 그렇다고 아직 연대기도 아니다. 저자는 여전히 삼인칭으로 쓰고 있지만 비상할 정도로 상세하게 쓰고 있다. 예컨대 테무친이 타이치우트족에게 포로로 잡혀 있다가 도망갈 때 달이 비추고 있었다든지 메르키트족의 습격 때 말이 어떻게 분포되어 있었는지 하는 것 등이다. 그가 이 사건들의 목격자였다면 일인칭으로 썼을 것이다. 따라서 우리는 그가 이전에 이미 존재한 저작을 이용해 이를 자신의 계획에 맞도록 가공했을 것이라고 가정해야 할 것이다. 라시드 앗 딘은 이와 같은 구전문학의 존재를 확인해준다.

"당시 바야우트Bayaut 부족 중에 현명하고 통찰력 있는 노인이 하나 있었다. 그는 이렇게 말했다. '키야트-주르킨Kiiyat-Jürkin 부족의 세체-베키 Seche-beki가 통치에 대한 야망을 갖고 있지만 통치는 그의 일이 아니다. 자무카 세첸은 끊임없이 사람들을 충돌하게 만들고 모든 종류의 위선적인 술수를 써 자기 일을 돌보려 하기 때문에 그 역시 성공하지 못할 것이다. 칭기즈칸의 형제인 조치바라Jochibara, 곧 조치-카사르 역시 비슷한 야망을 갖고 있다. 그는 자신의 힘과 활 재주를 믿지만 그 역시 성공하지 못할 것이다. 권력에 야망을 갖고 있고 어느 정도의 힘과 위대함을 보여 주는 메르키트 부족의 알라크-우두르Alak-Udur 역시 아무것도 이루지 못할 것이다. 그러나 이 테무친은 수장이 되어 통치할 수 있는 외모, 습관, 기술을 갖고 있어, 필시 통치하는 지위에 오를 것이다.' 그는 몽골의 관습에 따라 율동적이고 우화적인 산문으로 이런 말을 했다."26)

이 인용문은 12세기에 인기가 있던 한 장르를 묘사하고 있다. 즉, 교화를 위한 저작이나 오락을 위한 저작이 아니라 문학적 양식으로 처리되고 선동적 목적으로 각색된 정치 강령을 묘사하고 있다. 아마 『비사』의 저자는 바로 이와 같은 저작들을 자료로 사용했을 것이다. 이로부터 그는 12세기에 관한 상세한 정보를 끌어낼 수 있었을 것이다. 그러

---

26) 앞의 책, I, p. 2, p. 119.

나 저자는 다양한 자료를 사용하면서도 그가 구상한 단일한 계획에서 결코 벗어나지 않는다.

『비사』는 전통적 구성을 갖고 있다. 짧은 서문 다음에 호엘룬의 납치를 다루는 첫 절이 나온다. 그런 다음 행동이 일어나고 극적인 상황이 전개되어 자무카의 죽음에서 절정에 이른다. 여기에 사용되는 장치는 자무카와 테무친을 대상으로 한 극히 초보적인, 그러나 항상 효과적인 문학적 비교이다. 1206년의 대쿠릴타이 후에 일어난 사건들에 대해서는 서술이 훨씬 덜 상세하다. 이것은 엄밀히 말해 맺음말이며, 저자는 끝에 가서야 활기를 찾아 오고타이로 하여금 음주, 탐욕, 장교들에 대한 무시(도콜쿠-체르비Doqolqu-cherbi의 살해)에 대해 공개적으로 뉘우치게 만든다. 저자의 자료 다루기는 극히 불균등하다. 우리는 이미 그가 수십 년의 시간 전체를 빠뜨렸음을 살펴보았다. 이외에도 저자는 내전 때의 일화나 칭기즈칸의 신용을 떨어뜨리는 개인적 삶에서의 사건들에 대해서는 아주 상술하지만 풍문으로 알고 있었을 외부 전쟁과 정복들에 대해서는 거의 다루지 않는다. 이 모든 점에도 불구하고 이 저작의 통일성은 훼손되지 않는다. 왜냐하면 테무친의 인격을 칭송하는 것이 이 저자의 임무가 아니었던 것처럼, 몽골족의 역사에 대한 설명이 이 저자의 임무가 아니었던 것처럼 보이기 때문이다. 이것은 결국 '비사'가 아닌가 말이다! 이 저작은 분명한 목적을 추구했다. 어떤 목표인지는 주요 인물들에 대한 분석으로 드러날 것이다. 하지만 그것들을 분석하면서 우리가 끊임없이 유념해야 하는 것은, 이 사람들이 저자의 의식을 관통하면서 소설의 등장인물과 같은 존재가 되었다는 것, 저자가 결코 객관적이 아니라는 것 그리고 우리는 지금 어떤 시기를 논의하는 것이 아니라 아주 오래 전에 누군가에 맞서 쓰인 문학작품을 논의하고 있다는 것이다.

| 인물들 |

이 저작의 주요 인물은 테무친 칭기즈칸이다. 하지만 그의 인성, 인격, 능력에 관해 결론을 내리기는 극히 어렵다. 이 이야기가 흘러가는 과정 내내 이 영웅에 대한 저자의 관계는 변하지 않는다. 이 관계는 계속 애매모호하다.

첫 번째 인성. 테무친은 사악하고 비겁하고 어리석고 복수심이 많고 배신을 잘하는 사람이다.

두 번째 인성. 칭기즈칸은 탁월하고 멀리 내다보고 자제심이 있고 정의롭고 관대하다.

사실 테무친은 첫 번째 순간부터 반감을 주는 인성을 가졌던 것처럼 보인다. 그의 아버지는 그의 장래의 장인에게 이렇게 말한다. "내 자식은 개를 끔찍이 무서워합니다"(§ 66). 저자는 이 아이의 병약한 소심함을 비겁함으로, 곧 군사 사회에서 가장 수치스러운 악덕으로 표현한다.

차르카Charqa가 울루스의 철수에 대해 말해줄 때 테무친은 운다(§ 73). 이는 전적으로 인간적인 특징이며, 세계의 지배자에 대해 이야기할 때 빠질 수도 있었던 점이다.

타이치우트족과 메르키트족이 습격할 때 테무친은 그들의 격퇴를 조직하는 데 참가하지 않으며, 젊고 사랑하는 아내 보르테가 적에게 계속 사로잡혀 있던 이유는 그녀가 타고 있던 말이 자신의 예비 말이었기에 낭패감을 느꼈기 때문이다(이기주의)(§ 99). 부르칸Burqan 산에서 행한 그의 기도는 내용 면에서든 양식 면에서든 어떤 면에서도 고귀함을 드러내는 것으로 여겨질 수 없다.

테무친은 말한다. "…… 나는 볼썽사나운 말을 타고 도망가는 중에 나의 무거운 몸을 위해 안전한 곳을 찾아서 …… 부르칸〔산〕에 올라갔다. 나의 목숨은 이의 목숨처럼 부르칸-칼둔Burqan-qaldun 가에 내팽개쳐졌다. 내 유일한 목숨을 구하기 위해 나는 내 유일한 말을 타고 엘크 여울을 따라 스스로를 질질 끌며 칼둔을 올라 나뭇가지로 은신처를 만들었다. 부르칸-칼둔은 나비 목숨과도 같은 내 목숨을 방패처럼 지켰다. 나는 큰 공포를 느꼈다"(§ 103).

사실 위험은 컸지만 카사르, 벨구테이Belgütei, 보오르추, 젤메도 같은 위험에 빠졌고, 그래도 남자답게 행동했다. 하지만 저자는 테무친의 비겁함을 심히 강조하는 가운데서도 타이치우트족과 메르키트족 모두 테무친밖에 붙잡지 않았다는 말을 부지불식간에 흘리고 만다. 테무친의 비겁함은 적들에게는 즐거운 자질이겠지만 이보다 덜 즐거운 자질들에 대해서는 저자가 서술하지 않았다고 가정해야 한다.

저자는 테무친을 겁쟁이로 그린 뒤에도 거기서 멈추지 않는다. 그는 12세기 상황에서 비겁함 못지않게 수치스러운 잘못을 그에게 돌린다. 부모들을 공경하지 않았고 친척들을 사랑하지 않았다는 것이다.

테무친은 어떤 유치하고 사소한 다툼 때문에 이복형제 베크테르가 저항할 의사도 없는데도 뒤에서 그를 죽인다. 저자의 태도는 화가 나서 자기 아들을 야수와 악마에 비유하는 테무친의 어머니의 말 속에 표현되어 있다(§§ 76~78).

저자는 자신의 감정을 모후의 말 속에 집어넣고 있지만 호엘룬이 그런 말을 했을 리가 없다. 왜냐하면 야수라고 열거된 동물에는 낙타도 포함되어 있기 때문이다. 우리는 12세기에 몽골족이 탕구트족과의 전쟁 뒤 공물 형태로 많은 수의 낙타를 획득했지만 낙타를 거의 사용하지 않았음을 알고 있다. 문학적 연상은 항상 독자가 잘 아는 대상과 연결되어야 하기 때문에 낙타를 열거하는 것은 이 독백이 12세기가 아니라 13세기 것임을 보여준다.

더욱이 무당 테브-텡게리Teb-Tenggeri가 카사르를 비방하자 칭기즈칸은 즉시 카사르를 체포해 그를 굴욕적인 심문에 처하며, 이 심문은 그의 어머니가 개입하고 나서야 중단된다. 하지만 테무친은 겉으로는 어머니에게 양보하면서도 카사르에 대한 모욕을 멈추지 않으며, 이는 그의 어머니의 죽음을 재촉한다(§ 244).

저자는 테브-텡게리의 비열한 살해에 대해서는 칭기즈를 비난하지 않지만 그가 동생 오트치긴을 소홀히 한 점은 강조한다(§§ 245, 246). 마지막으로 삼촌 다리타이Daritai가 그 덕분에 목숨을 구한 것은 사실이지만 자식인 조치, 차가타이, 오고타이가 용서받을 수 있던 것은 여론, 즉 칸이 감히 무시할 수 없던 노얀들의 중재 덕분이었다.

의심과 악의는 쿨란Qulan과 관련된 일화에서도 나타나는데, 충직하고 칭송할 만한 나야가 이 왕후와 간통했다는 무근거하고 부당한 의심 때문에 고문을 받고 거의 목숨을 잃을 뻔했다는 것이다(§ 197).

저자는 한 연회에서 일어난 주르킨 씨족과의 다툼을 묘사할 때도 칭기즈의 악의와 복수심을 특별히 지적한다. 이때 칭기즈는 그냥 술에 취해 일어난 싸움을 반목으로 발전하도록 더욱 부채질하며(§§ 130~132), 유일하게 진정한 영웅인 부리-보코에 대한 이어지는 처벌은 워낙 기만적이어서 과도한 일에 익숙한 저자까지 경악케 한다. 이 일화는 건조하고 절제되고 조심스러운 방식으로 이야기된다(§ 140).

『비사』에 따르면 여성들, 부인들조차 이 이야기의 영웅에 대해 혐오

감을 느낀다. 포로로 잡힌 이수겐Yisügen은 왕비가 된 후 자리를 양보할 구실을 찾다가 동생을 자기 남편에게 안긴다. 그녀의 동생은 높은 지위를 어쩔 수 없이 받아들였지만 불쌍한 망명객인 자기 신랑을 계속 그리워했으며(§§ 155, 156), 칭기즈는 이를 인지하고 아무 이유도 또 비난도 없이 그를 처형한다.

이 모든 일이 실제로 일어난 일일 수도 있다. 그러나 흥미로운 점은 이 저자가 칸의 본거지에서 일어난 추문을 부지런히 모으고 썼지만 더 중요한 사건들은 빼먹은 것이다.

『비사』에 따르면 테무친은 군사 활동에 아무런 재능도 보여주지 못했다. 메르키트족에 대한 역습은 자무카와 옹칸이 지휘한 일이다(§ 113). 달란-발주트에서의 전투에서는 졌다. 코이텐Köyiten에서의 전투가 승리로 바뀔 수 있었던 것은 단지 반反칭기즈 연맹이 붕괴된 결과였을 뿐이다. 케라이트족의 대파는 차우르칸Cha'urqan의 공이었다. 나이만족을 대파할 수 있었던 것은 도데이-체르비Dödei-cherbi(§ 193)가 작전 계획을 준비했고, 제베, 쿠빌라이, 젤메, 수베에테이가 계획을 수행했기 때문이다.

이처럼 재능도 없고 악의적이고 복수심이 많고 비겁한 사람이 어떻게 무에서 세계 제국을 세웠는지 도저히 이해할 수 없다. 그러나 그의 두 번째 인성을 보기로 하자.

무엇보다 먼저 저자는 애국자이고 몽골군의 승리는 항상 그를 감명시킨다. 그는 메르키트족을 격파한 일, 타타르족을 섬멸한 일, 케라이트족과 나이만족을 예속시킨 일을 영웅적 공적으로 여긴다. 그리고 여기서 칭기즈칸은 테무친에게 거부되었던 모든 존경을 받는다. 코이텐에서의 전투 후 칭기즈는 최상의 조명을 받는다. 그는 젤메와 소르간

시라에게 사의를 표하고 제베를 사려 깊게 대한다. 그의 입법 조치는 주로 군 장교에 대한 혜택과 보상으로 이루어진다. 칭기즈칸은 장군들의 충고에 세심하게 귀를 기울이고, 그들의 의견에 따라 결정을 내린다(§ 260). 하지만 저자가 장교들에게 은혜를 내린 사람에게 공감하기보다는 포상받은 장교들에게 공감하고 있음은 쉽게 알 수 있다. 군대에 대해 서술할 때 저자는 열광적이고 고양된 어조에 빠진다(§ 195).

영웅이자 지도자인 칭기즈칸에 대한 저자의 의견은 다음과 같은 말에 다 표현되어 있다. "그리하여 그는 사람들을 노얀과 천인대의 장교로 세웠고, 그들은 그와 함께 고생했으며, 그와 그들은 함께 나라를 창건했다"(§ 224). 저자는 어떤 공로에 어떤 은혜가 내려졌는지를 세심하게 기록하며, 이 공로를 거듭 서술하는 데 주저함이 없다. 자무카의 손아귀에 던져진 몽골군에 대한 격정적인 서술에서 첫 번째 자리는 '4마리 개', 곧 제베와 쿠빌라이, 젤메와 수베에테이에게 주어지고, 두 번째 자리는 우루우트와 망쿠트의 기습 부대에게 주어지지만 칸과 그의 형제들은 세 번째 자리를 받는다. 저자는 테무친을 제외한 모든 사람에 대해서는 칭찬할 말을 찾지만 테무친에 대해서는 훌륭한 갑옷을 입고 있다는 말밖에 없다.

수베에테이 바아투르는 저자가 총애하는 영웅이다. 수베에테이에 대한 모든 격찬은 칭기즈칸의 입에서 나온다. "[도망가는 메르키트 왕자들이] 하늘로 솟아올랐다면 너 수베에테이는 틀림없이 송골매로 변해 날개를 펼치고 날아올라 그들을 쫓았을 것이다. 그들이 마멋으로 변해 발로 땅을 파고 들어갔다면 너 수베에테이는 틀림없이 연장으로 변해 때리고 찾아서 그들을 잡았을 것이다. 그들이 바다로 헤엄쳐 들어가 물고기로 변했다면 너 수베에테이는 틀림없이 후릿그물로 변해 그들을 낚아 올렸을 것이다"(§ 199). 저자는 다른 노얀들에 대해서도 회고하지만 그렇게 기쁜 어조로 회고하는 것이 아니라 상을 받은 모든 사람의 명부 속에서만 언급할 뿐이다. 수베에테이는 또한 루스족의 정복자로 언급되기도 한다(§ 277). 전반적으로 저자는 군 장교들에 대해 무관심하지 않아 오고타이의 4가지 범죄 중에는 도콜쿠의 은밀한 살해까지 들어가 있는데, 그는 일반 장교(체르비)지만 "그의 주권자의 눈에는 항상 모든 사람보다 앞서 간"(§ 281) 사람이었다.

따라서 우리는 군이 칸을 받아들이는 한 저자도 칸을 받아들인다고 말할 수 있지만 이것이 다가 아니다.

저자는 '태생적 주권자'에 대한 충성을 긍정적 자질로 강조하며, 이는 이 충성이 칸의 일에 해를 가져오거나 이익을 가져오는 것과 무관하다.

칭기즈는 자신의 군주를 버린 자무카의 노코르Nökör[이민족 중 몽골군에 항복한 후 진심으로 충성한 사람들을 가리킨다]들과 사막에서 자기 주인을 버린 셍굼의 신랑 코코추Kököchü를 처형한 반면 적이었음에도 불구하고 나야와 카다크 바아투르에게는 '태생적 주권자'에게 충성을 바쳤다는 이유로 상을 내렸다. 여기서 병사들은 깃발과 지도자에게 충성해야 한다는 신조가 본질적으로 종교적·윤리적 원칙으로 격상된다. 왜냐하면 이 신조는 전투 속에서의 헌신만 고려할 뿐 평시의 헌신은 전혀 고려하지 않기 때문이다. 돌이켜보면 저자의 이데올로기는 그가 서술한 사건들을 왜곡한다. 그러나 지금 일단 중요한 것은 칭기즈칸에 대한 저자의 긍정적 해석은 군대에 대한 그의 일관된 봉사와 관련되어 있는 반면 부정적 해석은 그의 개인적 자질과 관련되어 있음을 확실히 하는 것이다.

사건들에 대한 이러한 해석은 신뢰성 면에서 의심스럽다. 『비사』의 저자가 우리에게 그려주는 일들이 실제와 달랐고, 게다가 저자 자신이 두 번 비밀을 드러내기에 더더욱 의심스럽다고 생각해야 한다.

첫 번째는 테무친을 타이치우트족에게서 구할 때 소르간-시라와 그의 가족이 단지 그의 인성의 매력에만 엎드린다는 것이다. 두 번째는 보오르추가 이와 똑같은 이유로 자기 아버지 집을 버리고 잘 알지도 못하는 사람을 따라간다는 것이다.

저자는 보오르추와 소르간-시라를 칭찬하고 싶어 이 이야기들을 썼지만 그런 가운데 자기도 모르는 사이에 자기 생각에 그림자를 던지며, 나는 이 그림자가 생긴 이유가 여러 번 지적했듯이 『비사』의 편향적인 성격 때문이라고 본다.

완전한 그림을 그리기 위해 우리는 칭기즈칸의 적들의 특징을 살펴보아야 할 것이다. 옹칸과 자무카, 칭기즈의 자식들인 조치, 차가타이, 오고타이 그리고 칭기즈칸의 실질적 권력 계승자이자 전권대신인 야율초재가 그들이다. 앞에서 나온 것 못지않은 놀라움이 우리를 기다리고 있다.

옹칸에 관한 한 문제는 간단하다. 저자가 그를 좋아하지 않는다는 것은 명백하지만 여기에는 분명히 개인적 이해관계가 개입하고 있다. 옹칸이 메르키트족을 대파했을 때 "그는 전리품에서 칭기즈칸에게 아무것도 주지 않았다"(§ 157). 저자 자신이 메르키트족 전리품의 몫을 기대하고 있었고, 아무것도 얻지 못한 것에 감정이 상한 것이 분명하다. 이 불행한 케라이트 왕을 나쁘게 보이도록 하려고 저자는 추문을 모으는데, 추문이란 보통 수두룩하기 마련이다. 이렇게 추문을 모아 두 번 폭로한다. 독립적인 단락에서 한 번(§ 152) 그리고 적대하는 연합의 지도자들에게 보내는 칭기즈칸의 전언에서 다시 한 번(§ 177). 하지만 우리가 옹칸에 대한 모든 언급을 모으면 그는 맥이 없고 둔하고 성격이 좋은 노인으로 나타난다. 그의 환심을 사는 데는 담비 외투로 충분했으며, 이에 대한 보답으로 그는 보르테를 구하는 어려운 전쟁을 감당했다. 그는 늦게 온 데 대한 자무카의 신랄한 비난에 회유적인 어조로 답한다. 그는 테무친이 칸으로 선택된 것에 대해서도 역시 조용히 반응하며, 마음에 맞는 사람이라며 행복해한다. 그는 자무카의 음모를 분별력 있게 조용히 물리치지만 타협적 성향 때문에 주위 사람들의 영향력에 굴복하고 결국 망하고 만다.

전반적으로 볼 때 옹칸은 저자의 견해로도 책망보다는 동정을 받을 만하다. 그러나 사실 옹칸은 삼촌들을 살해한 사람이고 폭군이자 반역자였다. 이 사료를 믿을 수 있을까?

자무카의 인성은 우리 사료의 최대 수수께끼이다. 그는 보르테가 메르키트족에게서 구출되어야 했을 때 처음 등장하지만 우리는 테무친과 자무카의 우정이 훨씬 더 일찍 시작된 것을 안다(§ 116). 자무카는 도와달라는 호소에 기민하게 반응한다. 저자가 우리에게 열렬하게 그려주는 자무카의 이미지는 우정에 충실하고 명석하며 — 그의 연설은 옹칸이 거부한 전쟁의 작전 계획 전체를 상세히 논한다 — 호전적이고 노련한 전사의 이미지이다. 자무카의 장비에 대한 묘사는 특별히 충실하고 명료하다. 그의 고귀함이 각별히 언급된다. 자무카는 약속 장소에 늦게 나타난 옹칸에게 당당히 외쳤다. "폭풍 속에서라도 만남을 위해서라면, 폭우 속에서도 모임을 위해서라면 지체 없이 도착해야 한다." 몽골의 '알았소'는 맹세와 다른 것일까?(§ 108).

『비사』에 따르면 이 전쟁의 성공은 자무카가 말한 작전 계획을 정확히 이행함으로써 정해졌으며, 저자는 후에 테무친의 감사 표시에서 이를 반복한다(§113).

자무카와 테무친의 다툼이라는 문제는 지금까지 충분히 다루어지지 않았다. 이 문제를 연구한 사람들은 자무카가 테무친에게 제기한 목초지 선택에 관한 난제에 결정적 중요성을 부여해왔고, 이를 밝히는 데서 『비사』의 저자가 명하는 길을 따라 왔다. 보르테의 대답에도 정치 강령의 요소들이 있듯이 이 난제도 정치 강령의 요소들을 담고 있었다는 것, 그러나 실제로 일어난 형태가 아니라 1240년의 시점에서 1182년을 회고적으로 바라보는 형태로 담고 있음은 의문의 여지가 없다. 무슨 이유에서인지 어떤 연구자도 이 사건들에 참여한 사람들, 곧 자무카와 테무친이 전혀 다른 이야기를 하고 있음을 알아차리지 못했다. 자무카는 둘 사이의 분열에 대해 책임질 사람들로 특정 인사들, 곧 몽골 대공인 알탄과 쿠차르(§127)를 거명했고, 죽기 전에도 이를 반복하며 "우리의 적들이 우리를 부추겼고, 두 얼굴을 가진 자들이 우리를 서로 맞서게 했으며, 그래서 우리는 영원히 헤어졌다"(§201)고 주장한다. 그러나 테무친은 자무카가 이 다툼에 책임이 있으며, 그가 질투로 인해 자신을 미워하게 되었다고 여긴다(§179). 여기서 우리는『비사』의 저자가 다시 비밀을 드러내는 것을 볼 수 있지만 그의 재능은 자신의 견해를 독자에게 강요하기에 충분하다. 이 견해는 그의 정치적 경향에 유리한 견해로, 자무카를 칭송하는 내용으로 "그가 그의 안다보다 더 빨리 생각했다"(§201)는 것이다. 이 주장은 저자에게 아주 중요한 것이었다. 왜 그런지는 뒤에서 볼 것이다.

저자가 자무카의 이미지를 구축하는 원칙은 테무친의 이미지를 구축하는 원칙과 정반대되지만 문학적 대구법은 아주 정치하게 유지된다.

저자는 자무카의 인성과 관련된 모든 것을 특별히 높이 평가하며, 자무카를 용서하는 근거로 그러한 의견이 테무친 입에서 나오게 한다. 그러나 저자는 자무카의 정치 강령에 대해서는 암시 혹은 절반의 암시로 극히 모호하게 이야기한다. 그는 "자무카가 칭기즈를 칸으로 만들어 준 사람들을 약탈했다"(§ 144)고 단언하면서도 이 이후에도 몽골족 대부분이 칭기즈가 아니라 자무카를 따랐다는 것은 잊는다.

저자는 자무카의 조치를 격하하려고 하는 것 같지만 자무카의 조치는 준비된 회의가 깨지고 병사들이 탈영했기 때문에 전적으로 이해할 만한 것이었다. 저자는 자무카가 케라이트족 본거지에서 도모한 음모를 비난하지만 케라이트 옹칸과 구린-바아투르Gürin-ba'atur, 곧 적들의 입을 통해 비난한다. 1240년에 자무카가 몽골 지배 엘리트의 특정 집단들에게 아직도 역겨운 인물로 남아 있었음은 분명하며, 따라서 저자는 극히 조심스럽게 글을 쓴다. 그는 자무카를 지나치게 헐뜯는 것도 원치 않지만 미화하는 것도 두려워한다.

칭기즈칸의 아들들에 대한 저자의 태도는 줄잡아 말해도 회의적이다. 그는 조치를 좋아하지 않아서 그의 서출 추문에 대해 열심히 이야기한다. 그는 차가타이에게서는 사나움밖에 볼 것이 없는가 하면 둔하고 특징 없는 오고타이는 술주정뱅이, 바람둥이, 노랑이로 그려지며, 동물들이 형제들 땅으로 도망갈까 봐 자기 사냥터에 울을 치는 인물로 묘사된다. 그러나 오고타이는 사실 약한 인물이었고, 그 아래서 야율초재가 모든 것을 다루었다. 저자는 야율초재에 대해서는 어떻게 쓸까? 한 마디 말도 없다! 이것은 루이 13세를 다루는 역사가가 리슐리외Richelieu를 잊어버리고 언급하지 않는 것만큼이나 이상하다.

| 의심할 권리 |

그리하여 우리의 분석 결과, 우리가 처음에는 알아차리지 못한 사료 상의 많은 수수께끼가 드러났다. 이것을 푸는 열쇠는 단 하나밖에 없다. 저자의 정치적 편향이다. 그것이 연대기 상의 누락, 실언, 위대한 혼령들에 대한 이중적 태도, 외부와 관련된 역사보다 내부와 관련된 역사에 더 관심을 갖는 것 모두를 설명해준다. 유일하게 불분명한 것은 나라를 사랑하고 군주제를 옹호하는 태도를 가진 이 저자가 누구와 싸우고 있었고 누구와 논쟁을 벌이고 있는가 하는 것이다.

그러나 우리의 가장 완벽한 기초 사료는 영웅이 없는 시이기 때문에 영웅적 서사시[27]도 아니고, 연대기적 순서를 결여하고 있기 때문에 역사적 저작[28]도 아니며, 사실들을 선택하는 원칙이 교화적인 원칙이 아니기 때문에 '교훈서'[29]도 아니다. 지금 우리 앞에는 13세기 정치 풍자서가 놓여 있는 것 같다.

이 저작의 목표는 1240년의 독자에게 특정한 관점에서 본 몽골 역사를 제시하고 독자에게 특정한 정치관을 주입하는 것이었다. 따라서 카이사레아의 프로코피우스Procopius of Caesarea[프로코피우스는 팔레스타인 출신의 탁월한 비잔틴 역사가. 카이사레아는 팔레스타인의 고대 항구이자 행정 도시로 이스라엘의 하이파 남쪽 지중해 연안에 있었다]의 『비사Historia arcana』처럼 『비사』라는 제목이 더 적절하다고 보아야 한다. 『숨겨진 이야기』는 다소 다른 의미, 민간전승 같은 냄새를 풍기는데, 나는 이 제목이 덜 적절하

---

27) V. V. Bartol'd, "Obrazovanie imperii Chingiskhana", p. 111.
28) B. Ya. Vladimirtsov, *Obshchestvennyi stroi mongolov*, p. 62, p. 8.
29) S. A. Kozin, *Sokrovennoe skazanie*.

다고 믿는다.

『비사』의 편향을 이해하기 위해서는 1240년이라는 이 저작의 저술 시기와 정치 집단들 사이의 관계를 연구하는 것이 필수적이다. 『비사』의 저자는 이 집단 가운데 하나를 지지했다. 우리는 지금 칭기즈칸이 왕위에 오른 시기에 관심을 갖고 있거니와, 만약 연구자가 사건들에 대한 이런 편향적인 취급을 받아들인다면 이 시기에 대한 분석은 빗나가게 될 것이다. 재능 있는 저자는 잘 믿는 독자에게 자신의 생각을 항상 떠안길 수 있기 때문이다.

이 때문에 우리는 칭기즈칸의 즉위로 인해 몽골족과 봉건 영주들이 재능 있는 군사 지도자의 권위 아래 함께 뭉치게 되었다는 흔한 이해를 의심해야 한다. 문제가 그렇게 쉬운 것이라면 연대기에서 특정 시기를 누락시킬 필요도 없었겠지만 '정'사와 '비'사 모두가 특정 시기를 누락시키고 있다. 동일한 사건들을 서술하면서 때로 정반대로 서술하는 것과 같은 큰 차이도 없었을 것이며, 오히려 작고 가난한 민족이 반세기만에 세계를 정복한 놀라운 사실에 대한 설명이 있었을 것이다. 진실을 말할 의도가 없는 것처럼 보이는데도 역사가들은 이 사료들을 믿고 '몽골족의 거짓 역사'를 구성해왔다. 나는 이 부정적인 결론이 매우 중요하다고 믿는다.

우리의 연구는 칭기즈칸이 고명함을 얻는 시기에 대한 평가와 사회학적 분석은 엄밀한 역사적 비평을 통해 내적 비평과 비교적 비평 모두를 통해 사료에 나오는 증거를 검증한 후에만 가능함을 보여준다. 몽골의 어떤 기사들이 봉건적 관계를 수립하려고 투쟁하고 있었는지, 어떤 기사들이 그에 반대했는지를 확정하려면 그들의 행위 동기를 확인해야 한다. 그러나 이러한 사료들의 저자들이 애써 숨기는 것이 바로 이것이다. 인용을 통해 주장하는 흔한 방법을 사용한다면 우리 자료에 숨겨진 편향에 오도되어 잘못된 길로 빠지게 될 것이다. 더욱이 앞서 지적한 대로 사건들에 대한 서술에 불일치가 있음을 고려할 때 상반되는 견해를 지지하기 위해 특정 인용문을 골라내는 것은 항상 가능한 일이다. 바로 이 때문에 이 주제들에 관한 학술적 주장은 지금까지 성과를 낳지 못했다.

몽골의 언어와 문학에 관심이 있는 사람들은 『원조비사』에 나오는 증거의 신뢰성 문제를 결정해야 한다. 하지만 코진의 번역이 나온 이래 이 문제는 제기된 적조차 없었다. 학자들은 이 경이로운 사료를 이용할 수 있게 되었지만 이 사료에 대한 모든 논쟁은 이 저작의 의미와 무관하게 번역의 세부사항에 국한되어 왔고, 의미는 여전히 감추어져 있다. 주변 국가들을 연구하는 역사가들은 칭기즈의 문제가 자신들의 주제에 영향을 주는 한에서만 이 문제를 다루어왔다.30) 바로 이 때문에 중앙아시아 역사가인 내가 이 사료들의 연구에 착수해 언어와 문학 전문가의 관점이 아니라 순전히 역사학적으로 이 사료들의 신뢰성을 확정해야 했다.

일단 사건들의 순서와 상호관계가 확정되면 일반화를 향한 유일하게 신뢰할 수 있는 출발점은 사건들의 논리이다. 13세기 저자들의 편향된 관점은 사건들의 원인과 의의에 관한 무익한 논쟁에 비옥한 토양을 제공해왔거니와, 오직 사건들의 논리를 정확히 따져볼 때만 그들의 편향된 관점을 배제할 수 있다.

---

30) 최근 저작들의 목록에 대해서는 N. Ya. Merpert, V. T. Pashuto, L. V. Cherepnin, *Chingiskhan i ego nasledie*, p. 92 이하를 보라.

| 결론 |

『비사』의 저자는 누구 편에 서 있는가? 또는 달리 말해 누구를 위해 재능과 정력을 소비하고 있을까? 우리에게는 하나의 실, 하나의 연대기밖에 없다. 그러나 그것은 아리아드네의 실이다. 이 저작은 아직 뚜렷한 모습을 갖추지 않은 4당파들 사이의 갈등을 배경으로 1240년에 쓰여졌다. 구 몽골 군부, 몽골 주화파, 친중파 관료, 호전적 네스토리우스교도가 그들이다. 우리의 저자는 어느 당파에 속했을까?

우리는 즉시 마지막 당파를 배제할 수 있다. 저자는 네스토리우스교도가 아니다. 그의 저작 전체에 걸쳐 케라이트 기독교가 언급되는 것은 셍굼 왕자의 한 친구가 말할 때 딱 한 번뿐이며, 그것도 비꼬는 투이다. "우리 모두 그 아들에게 남몰래 간구하며 기도와 향을 가져가 아바이-바바이를 되뇌며 기도를 드린다"(§ 174)(아바이-바바이는 우리 아버지라는 뜻이다). 그리고 그 이외의 어떤 곳에서도 우리 저자가 또 다른 신앙에 주목하는 일은 없지만 자신의 신앙에 대해서는 엄청나게 이야기한다. 저자가 왜 그랬는지는 아마 아주 어려운 질문일 것이다. 그러나 나머지 부분에 대해서는 '비사'의 저자가 지닌 '창조적' 재능은 명백하다.

앞서 우리는 저자가 군을 선호했다는 것과 야율초재의 이름을 언급하지 않았음을 지적한바 있는데, 이 사실을 고려하면 우리는 완벽한 확신을 갖고 그의 정치적 태도를 확정할 수 있게 된다.

구유크에 대한 서술에서는 강한 적의가 나타난다. 그는 "사람들의 등 부분도 온전히 남겨두지 않았고, 병사들의 얼굴 가죽을 벗겨냈으며", "루스족과 킵차크족을 정복할 때 단 한 명의 루스인도 킵차크인도

잡지 못했고, 염소의 굽조차 얻지 못했다"(§ 277).

반면 테무게 오트치긴에 대한 서술은 항상 긍정적이다. "오트치긴은 어머니 호엘룬의 사내아이이며, 저돌적인 아이로 유명하다. 그는 날씨 때문에 늦는 일이 없고, 망설임 때문에 뒤처지는 일이 없다"(§ 195). 테브-텡게리의 살해에 관한 추잡한 이야기에서 저자는 테무친을 보호하려 하지 않지만 오트치긴은 보호하려 한다. 그는 오트치긴이 높은 존경을 받는 호엘룬 에케의 변함없는 총아였다고 강조한다.

이런 식의 서술은 워낙 많아 우리는 『비사』의 저자가 '구 몽골 당파'에 속했다고 믿게 된다. 바로 이 때문에 저자는 자무카를 미화하는 것이며, 그에게 자무카는 옛 몽골의 용맹과 과거의 전통을 구현한 사람인 것이다. 바로 이 때문에 저자는 칭기즈칸의 입을 빌려 자무카를 몽골 대의의 배신자라는 비난에서 구해주는 것이며, 칭기즈칸은 자무카가 국가의 수레에서 '두 번째 축'이며 그의 친구이자 조언자여야 한다고 제안했다는 것이다(§ 200). 바로 이 때문에 저자는 케라이트족과 나이만족에 대한 자무카의 배반을 칭찬하는 것이며, 그들의 후손들은 1240년에 저자가 미워하고 경멸하는 구유크 주위로 연합했던 것이다. 그리하여 저자가 자무카의 입을 통해 "그는 그의 안다보다 더 빨리 생각했고", 한 명의 아내를 가진 완전한 고아이자 "옛 이야기의 암송자"였다고 말하는 것은 우연이 아니다.[31] 그러나 이것은 사실이 아니다! 자무카의 친구들과 동료들은 이 무렵에 아직 무기를 내려놓지 않았다. 남자다운 메르키트족과 정복 불가능한 나이만 군주 쿠즐루크는 1218

---

31) 이것은 코진(200)의 번역이다. 리게티Legeti는 '수다쟁이'라고 번역한다. 린첸Rinchen의 번역은 "'남편의 귀에다 노래를 흥얼거리며' 그를 집요하게 설득해 자신이 까닭도 없이 하고 싶은 것을 하는 여자(무례한 여자)"이다.

년까지 버텼고, 자무카가 포로가 된 것은 메르키트족과 나이만족 때문이 아니라 자기 병사들의 배신 때문이었다. 그러나 『비사』의 저자에게 이것은 무엇일까? 그는 옛 몽골의 용맹을 찬미해야 하고, 칭기즈칸에게서조차 용맹함 때문에 좋은 대우를 받았던(§ 185) 카다크 바아투르 같은 몇몇 영웅을 제외하고는 케라이트족과 나이만족을 태평하고 나약한 허풍쟁이로, 겁쟁이에 가까운 인간들로 그려야 한다(§§ 185, 189, 195, 196). 따라서 그는 자무카의 처형에서 엘치데이 노얀이 행한 역할은 묻어버린다. 그렇지 않으면 그는 이 구유크의 친구가 칭기즈칸의 총아이기도 했음을 지적해야 했을 것이고, 따라서 『비사』에서 창출되는 관념은 정치적 효력을 잃었을 것이기 때문이다. 『비사』에서 엘치데이가 언급되는 것은 그가 수비대원을 지나치다가 억류되었다고 한 번 언급될 때와 이것이 옳은 일이었다고 재차 지적될 때뿐이다(§§ 229, 278).

옛 용맹으로의 복귀, 이것이 저자의 이상이고, 저자로 하여금 경이로울 만큼 재능 있는 저작을 쓰게 한 정치적 강령이다.

1240년에 그는 아주 늙은 사람이었을 것 같다. 왜냐하면 1182년에 '우리'라는 대명사가 '그들'을 대체하기 때문이다. 당시 그가 16세나 18세밖에 되지 않았다 해도 1240년이면 80세에 가까워 가고 있었을 것이다. 이 때문에라도 우리는 『비사』가 그의 유일한 저작이었을 리가 없다고 말할 수 있다. 그러나 시간과 시대는 우리에게서 다른 저작들을 숨겼다. 따라서 그의 거대한 박학다식함과 인용문의 자유로운 취급은 물론 이야기를 풀어나가는 과정에서의 어조의 변화뿐만 아니라 제목 그 자체도 이해할 만하다. 진정 이것은 『비사』이다. 그것은 칭기즈칸의 인성을 이상화하는 공식 정사 전통에 대한 저항인 것이다.

저자가 스스로에게 짊어지운 과제는 제국을 창조한 것이 칸이 아니라 용감한 몽골군임을 보여주는 것이었다. 실수를 저지를 수도 또 결점을 가질 수도 있지만 칸은 "함께 고생하고 함께 국가를 창건한"(§ 224) 옛 용사들을 존중하고 배려해야 한다는 것이다.

이 풍자문은 문사들이 칸의 총애에 힘입어 옛 용사들을 밀어내고 있을 때 쓰여졌다. 이 풍자문은 모욕당한 이 장교들이 읽을 선전문으로 의도되었으며, 저자가 그들에게 보여준 것은 바로 그들이 세상의 소금이며 제국의 존재는 바로 그들 덕분이었다는 것이다. 물론 몽골 정부는 그러한 견해의 공개적인 선전을 결코 허용하지 않았을 것이기 때문에 이것은 '비사'였다.

우리는 『비사』의 저자의 장래 운명에 대해서는 아무것도 말할 것이 없다. 하지만 일군의 노얀들이 1242년에 오트치긴에게 쿠데타를 일으키도록 했다가 좋은 집안에서 태어난 그들 지도자의 재능 부족과 비겁함 때문에 머리를 바치게 되었는데, 저자도 이 노얀 중 한 명이었으리라는 생각을 금할 수 없다.

|11|
자무카 세첸 연구

| 왜 이것이 중요한가? |

우리는 막 중요하고 유감스러운 세 가지 명제를 수립했다. 1) 의심의 여지가 없는 사실들만 고려한다면 칭기즈칸이 대초원 지대에서 경쟁자들을 이긴 것을 설명할 길이 없다. 그의 승리는 특정한 세력 배치가 실현되었기 때문에 가능한 것이었지만 겉으로 드러난 사실들만 보면 이 세력 배치가 일어나지 않았을 수도 있었다. 따라서 이 세력 배치가 정말 일어났다는 것은 우리가 뭔가를 놓치고 있다는 뜻이다. 2) 비사와 정사 모두가 사건들의 진행 과정에 대해 왜곡된 이야기를 내놓고 있고, 침묵과 모순으로 가득 차 있으며, 극히 편향적이고, 서로를 보충하지 못한다. 3) 몽골 사회는 원시적인 무형적 사회가 아니었으며, 몽골 사회와 네스토리우스교 한국 사이의 모순이 완화된 것은 정치적 필요에 의한 것이었을 뿐이다. 복속된 이웃 나라들과 타협해야 한다는 요구는 네스토리우스교도가 주민의 다수를 이룬 초원 지대가 통일된

후에야 제기되었다. 1206년 전까지는 몽골족과 기독교인들이 서로 싸웠고, 숫자의 균형은 후자 쪽으로 기울어 있었다. 그렇다면 그들은 왜 그리고 어떻게 졌을까?

여기서 우리는 가장 어려운 분석으로 전환해야 하는데, 13세기 초에 벌어진 비극의 주요한 참여자들의 심리에 대한 탐구가 그것이다. 여기서는 셜록 홈즈, 브라운 신부, 심지어 크리스티Agatha Christie의 방법 같은 특별한 접근이 필요하다. 여기서 우리는 다음과 같은 질문들을 던진다. 특정 범죄가 어떻게 일어났으며, 누가 그것을 저질렀고, 누가 거기서 이익을 얻었을까? 바꾸어 말해 우리는 거짓된 사료들로부터 한 톨의 진리나마 짜내려고 노력할 것이다. 또한 모든 문의 모든 자물쇠를 열 수 있는 열쇠를 갖고 있는 것도 좋은 일이다. 이 열쇠는 바로 이 사건들에 참여한 사람으로, 칭기즈칸의 가장 가까운 친구이자 주적인 자지라트의 군주 자무카 세첸이다. 역사적인 몽골이 재에서 나온 불사조처럼 솟아오르게 된 전환점이 두 사람 사이의 상호관계 속에 수정처럼 투명하게 반영되어 있다.

이 질문을 연구하는 방법으로는 완전히 진부한 방법과 그리 진부하지 않은 방법의 두 가지가 있을 수 있다. 첫 번째 방법은 사료들에 나오는 자무카에 대한 모든 언급을 다 찾아내 각각의 언급을 연대순으로 배열한 후, 이 문제는 복잡해서 당분간 해결할 수 없다고 결론을 내리는 것이다. 이 방법은 논문을 위해서는 아주 좋은 방법일 것이다. 두 번째 방법은 자무카의 삶에 대한 (질문이 아닌) 사실을 따라가며 그의 행동 동기를 가려내는 것이다. 이 방법을 통해 우리는 두 가지 기본 사료 『집사』와 『비사』의 편견을 배제할 수 있는데, 첫 번째 사료는 사건들의 캔버스 전체를 칭기즈칸과 그의 적들의 투쟁으로 다루고, 두 번째 사료는 그와 그의 친구들의 관계로 다룬다. 따라서 라시드 앗 딘의 경우 자무카는 무원칙한 모험가일 뿐이며, 따라서 그가 어떻게 그렇게 큰 신망을 얻어 몽골족의 75%가 칭기즈칸에 맞서 그를 지지하게 되었는지 이해할 수 없다. 반면 『비사』의 저자는 전반적으로 매듭을 짓지 못하고 짓기를 원하지도 않는다. 바로 이곳이 약점이 발견되는 곳이며, 이는 역사적 비평이 활용될 수 있는 기회를 준다. 우리가 주의를 집중하려는 것이 바로 그것이다.

| 바이다라크-벨치르의 현장에서 |

위에서 우리는 자무카가 칭기즈칸과의 첫 번째 충돌에서 불가해한 행동을 했음을 지적했다. 달란-발주트에서 승리한 후 떠나버린 것 그리고 코이텐에서 반反칭기즈 연합을 격파한 후 자신을 칸으로 택한 사람들을 약탈한 것이 그것이다. 이제 자무카가 1202년의 몽골-나이만 전쟁에서 수행한 역할에 주목해보자. 몽골족과 케라이트족의 동맹군이 나이만족의 부이루크 칸을 습격해 첫 번째 성공을 거둔 후 코크세우-사브라크의 나이만 주력군에게 다시 급습당한 것을 기억하자. 옹칸은 테무친을 위험에 처하게 했으나 그를 추격한 나이만족에게 격파되었을 때 테무친의 아량으로 난관에서 구조되었다. 이 때문에 옹칸은 그를 양자로 삼았다. 그런데 최근 칭기즈칸의 적이 된 자무카가 무슨 이유에서인지 케라이트족의 본거지에 있으면서 옹칸에게 조언을 한다. 옹칸은 그의 대공들, 예컨대 자무카를 정직하지 못하다고 비난한 구린 바아투르의 반대에도 불구하고 이 조언을 받아들인다. 그 결과 친척 관계에다 동맹까지 맺고 있던 몽골족과 케라이트족 사이에 우정이 강

화되는 대신 무슨 이유에서인지 갑자기 전쟁이 일어났고, 압도적인 수적 우위와 선공에도 불구하고 케라이트족의 완패로 끝났다.

이 사건들에 대한 이야기는 라시드 앗 딘과 『비사』의 저자 사이에 여러 곳에서 큰 차이가 나지만[1] 바이다라크-벨치르의 현장에서 일어난 일에 대해서는 이야기가 세부사항까지 일치한다. 사건들의 순서는 물론 참가자들의 말까지 비슷하다. 이것은 우연의 일치가 아니며, 따라서 우리에게 경계심을 품게 한다. 위에서 살펴본 대로 두 저자의 목표와 태도는 상반되지만 그들은 이 사건에서 각자에게 중요한 어떤 것을 발견했다. 『비사』의 저자의 특징이 심리학적 설명을 하려는 것이고, 라시드 앗 딘이 피상적인 설명 — 그러나 그것도 설명이기는 하다 — 을 하는 경향이 있음을 고려한다면 다음과 같은 점이 분명해진다. 첫째, 이 이야기는 이중의 의미, 곧 내적인 의미와 표피적인 의미를 갖고 있다. 둘째, 나아가 깊은 의미를 파헤치는 것도 가능하다. 왜냐하면 이 이야기의 깊은 의미가 즉시 드러나지는 않는다 해도 이야기를 더 진행해가는 과정에서 드러나지 않는다면『비사』의 저자가 애초 이 이야기를 끼워 넣을 필요가 없었을 것이기 때문이다.

라시드 앗 딘이 이 이야기를 끼워 넣은 것은 자무카가 '위선과 악의'의 성향을 갖고 있다는 자신의 주장을 강조하기 위해서이다. 이것은

---

[1] 부이루크의 운명이 가장 중요한 차이이다. 라시드 앗 딘에 따르면 그는 몽골족에게서 도망쳐 키르키스족의 켐-켐지우트Kem-Kemjiut 지역, 곧 예니세이 강 상류로 갔지만(Rashid ad-Din, *Sbornik letopisei*, I, p. 2, p. 112) 1206년 여름 "울루그 타그Ulugh Tagh에서 사람들이 소카우Sokau 강이라고 부른 곳에서"(앞의 책, p. 150) 사냥하다가 붙잡혀 죽었다. 『비사』에 따르면 그는 같은 곳에서 죽임을 당했지만 그것은 1202년의 일이었고, 코크세우-사브라크가 부이루크 칸의 복수를 해주었다(*Sokrovennoe skazanie*, § 158). 두 사료 모두 믿을 만하며, 하나가 다른 하나보다 우위에 있지 않다. 우리는 '사건들의 논리'가 확립되어 사료에 대한 내적 비평을 가할 수 있게 될 때까지 이 질문을 열어두어야 한다.

그가 옹칸의 원로 노얀인 구린 바아투르의 말을 전할 때 특히 분명해진다. 라시드 앗 딘이 구린 바아투르에게 특별히 주목하는 이유는, 그에게 구린 바아투르가 서술되는 사건의 주역이기 때문이다. 그리하여 옹칸의 이 노얀은 자무카의 중상모략과 위선을 비난하는 인물로 나온다. 라시드 앗 딘은 나머지에 대해서는 관심이 훨씬 덜하다. 이것이 바로 두 텍스트가 거의 동일한 이유이다.

우리는 칭기즈와 옹칸이 나이만족과 전투를 치렀고, 이 전투가 종결되지 않아 두 적이 서로 대치한 채 다음날 다시 무기를 들 생각을 하며 밤을 보냈다는 이야기를 듣는다. 나아가 우리는 이 밤에 갑자기 옹칸과 모든 케라이트족이 무슨 이유에선가 칭기즈를 떠났다는 이야기를 듣는다. 이어서 옹칸은 자무카를 따라잡았고, 그들 사이에 대화가 이루어졌다. 그 후 우리는 옹칸이 떠난 일에 대한 칭기즈의 반응과 나이만족의 케라이트족 대파에 관한 이야기를 듣는다.

이 모든 것에는 분명히 원인이 있다. 요점은 왜 옹칸이 떠났는가 하는 것이다. 칭기즈와 우정의 끈으로 연결되어 있었는데, 왜 옹칸은 칭기즈를 버렸을까? 그날 저녁 옹칸과 칭기즈 사이에 다툼이 있었던 것이 분명하다. 옹칸이 떠난 것은 이 때문이지만 그는 이것을 최후의 결별로 여기지 않았다(구린 바아투르도 똑같이 생각했다). 옹칸은 그를 추격한 나이만족에게 대파당한 후 칭기즈에게 도움을 구한다. (이 일이 얼마나 급하게 일어났는지에 주목하지 않는다면) 얼핏 보기에 그가 그토록 갑자기, 그토록 깊은 배신을 하며 떠난 바로 그 사람에게 말이다. 그것이 정말 배신이고 비열함이었다면 칭기즈의 도움에 기댈 수 있었을까? 그리고 칭기즈가 그를 도왔을까? 그러나 칭기즈는 옹칸을 도우러 병력을 보냈다. 이는 옹칸이 도움을 요구할 권리가 있었다는 뜻이다.

이는 그가 그날 저녁의 다툼에서 끝까지 양보하지 않았음을 뜻한다. 그런 다음 그는 "안 돼"라고 말하고 떠났다. 그의 원조 요청은 "그래 양보할 게"였던 것이다!

이제 이 사건들 뒤에 무슨 일이 일어났는지에 주목해보자. 『비사』는 이에 대해 다음과 같이 말한다. "…… 옹칸은 말했다. '그래서 첫 번째는 나의 안다 예수게이 바아투르가 나를 위해 나의 잃어버린 울루스를 찾아 주었고, 두 번째는 나의 아들 테무친이 나를 위해 나의 멸망한 울루스를 찾아 주었다. …… 나에게는 아들이 셍굼밖에는 없는 것 같구나. 나는 나의 아들 테무친을 셍굼의 형으로 삼으려 한다!'"2) 옹칸이 취한 이 조치의 중요성은 의심의 여지가 없다. 칭기즈를 셍굼의 형으로 인정한 것은 케라이트의 상속권을 인정한 것이다. 이것이 바로 다툼의 주제였고, 그것이 옹칸이 처음에는 "안 돼"라고 말한 이유이며, 그것이 그가 떠난 진짜 이유이다. 그의 "그래"는 상황의 압력에 의해 강요된 것이었고, 도움에 대한 보상이었다. 바로 이 때문에 그는 어려운 순간에 칭기즈를 불렀고, 칭기즈는 기꺼이 응답하며 열망하던 바를 이루었던 것이다. 그런 다음 "이 이야기가 있은 후 옹칸은 칭기즈와 함께 투울라Tu'ula에 있는 검은 숲으로 갔고, 그들은 아버지와 아들로서 서로에게 절을 했다."3) 옹칸이 그것을 기쁜 마음으로 한 것은 아니었고(그러나 약속은 약속이다), 따라서 라시드 앗 딘의 이어지는 글에서 옹칸이 그 뒤 칭기즈의 목숨을 도모하려고 준비까지 했다는 이야기가 나오는 것은 까닭이 없지 않다.4) 『비사』는 계속한다. "하지만 칭기즈칸은 그

---

2) *Sokrovennoe skazanie*, § 164.
3) 앞의 책.
4) Rashid ad-Din, *Sbornik letopisei*, I, p. 2, p. 116.

들 상호 간의 선의를 강화하려고 생각했다. 이를 위해 그는 셍굼의 여동생이 조치에게 결혼을 약속해줄 것을 요구하기로 결심했다. ……"5) 칭기즈칸은 정중히 거절당하며, 그리하여 이 협상이 진행되는 동안 칭기즈칸은 옹칸에게도 또 닐카-셍굼Nilqa-Senggüm에게도 남몰래 냉담한 마음을 갖게 되었다.

| 그래도 나는 이 사료들을 믿지 않는다. 이유는 이 때문이다 |

모든 것이 분명해 보이지만 이 이야기에서 자무카의 역할은 무엇이었을까? 그것은 불가해하고 우리를 어리둥절하게 한다. 자무카가 막 옹칸 및 칭기즈와 싸웠으면서도 그들의 본거지에 나타난 것 그리고 옹칸이 떠날 때 일어난 장면 후에 자무카가 이야기에서 사라져버린 것도 우리를 어리둥절하게 하기는 마찬가지이다. 이 수수께끼는 자무카가 옹칸에게 한 말 속에, 옹칸의 침묵 속에 그리고 구린 바아투르의 대답 속에 숨겨져 있다. 구린 바아투르의 대답은 옹칸이 떠난 진짜 원인을 파악하는 데 도움이 되는 한 가지 상황을 밝혀 주거니와, 『비사』의 저자나 라시드 앗 딘에게는 이 상황이 전혀 도움이 되지 못했다. 요점은 오직 세 사람, 즉 옹칸, 칭기즈, 자무카만이 무슨 일이 일어났는지를 안다는 것이다. 이 사건의 다른 모든 목격자는 결코 모든 것을 알지 못했고, 실제로 일어난 일을 왜곡된 눈으로 보았다. 사실 정직하고 진실하지만 그리 명석하지는 않은 전사 구린 바아투르는 (라시드 앗 딘에 따르면) 이렇게 말했다. "친구와 친척들 사이에서는 이와 같은 위선적인 이

---

5) *Sokrovennoe skazanie*, § 165.

야기를 하는 것은 어울리지 않습니다."6) 혹은 (『비사』에 따르면) 이렇게 말했다. "왜 당신은 비굴하게도 당신의 정직한 형제들을 더럽히고 욕하는 것입니까?"7) 구린 바아투르는 자무카의 말을 문자 그대로 받아들이고 표피적인 의미에 만족한 채, 자신이 깊은 의미를 찾을 이유가 없음을 자무카에 대한 비판 속에서 드러낸다. 그에게는 자무카가 칭기즈를 비방하고 있는 것처럼 보였다. 그리고 자무카의 말에 대한 옹칸의 태도를 의심하지 않은 채 옹칸의 침묵이 이유가 있는 것임에도 불구하고 자무카의 말을 잘라 버린다. 그는 무슨 일이 일어났는지를 모르는 것이 분명하며, 지금 일어나고 있는 일을 불화로 느낀다고 해도 그것을 일시적인 것으로 느낄 뿐이다. 따라서 그가 생각하기에 자무카의 말은 비열하다. 그의 의견으로 자무카는 단지 이 기회를 이용해 증오의 씨앗을 뿌리려 하고 있을 뿐이다. 따라서 그의 시도는 중지되어야 한다. 이것이 구린 바아투르의 논리이며, 이 지도자들의 대화를 옆에서 관찰한 모든 케라이트족의 논리이다.

우리는 옹칸이 떠난 일이 어떻게 이루어졌는지 모르며, 어떻게 이루어졌는지 가정할 권리도 없다. 그는 혼자 떠났을까 아니면 칭기즈도 동시에 출발했을까? 우리는 그들이 어떻게 협정에 이르게 되었는지 또는 어느 정도까지 협정 조건을 지켰는지 모른다. 그런데 갑작스럽게도 이 협정을 위반한 사람이 바로 칭기즈였다?! 옹칸이 자신을 배신했다는 인상을 만들어내기 위해 미적거린 사람이 바로 칭기즈였다?! 신망에 관한 고려사항은 항상 큰 중요성을 가진다. 우리는 이에 대해 아무것도 모르지만 이 이야기의 세 주인공의 행동을 이해할 만큼은 안다.

---

6) Rashid ad-Din, *Sbornik letopisei*, I, p. 2, p. 113.
7) *Sokrovennoe skazanie*, § 160.

신망은 두 가지 요인에 의해 결정되었다. 불화가 한 요인이고, 몽골족과 케라이트족 누구도 불화의 진짜 원인에 대해 몰랐거나 심지어 불화가 있다는 것도 몰랐다는 것이 다른 요인이다.

왜 옹칸 자신은 아주 중요한 이 협상에서 침묵을 지켰을까? 왜 그는 반대도 또 동의도 하지 않아 자신의 군 지휘관이 대신 대답하게 했을까? 이것은 그가 자무카의 아첨과 거짓된 말 속에서 순진한 구린 바아투르가 들은 것 이상의 뭔가를 들었기 때문이 아닐까? 그리고 바로 이 때문에 그는 자신이 들은 것에 압도되어 침묵을 지킨 것이 아닐까?

자무카가 말한 것은 무엇이었을까? 라시드 앗 딘에 따르면 이렇다. "오, 칸 중의 칸이시여, 당신은 나보다 나이가 많거나 적은 내 친척들이 여름의 방목지에서 겨울의 목초지까지 날아다니는 참새와 같다는 것을 물론 아십니다. 말하자면 내 친척 칭기즈칸은 날아갈 생각을 하고 있습니다. 나는 내가 당신의 참새라고 항상 말해왔습니다."[8] 이 사료에서 자무카는 그의 의형제를 교활하고 배신하는 사람으로 그리려 하고 있다.

『비사』에 따르면 이렇다. "나의 안다 테무친이 나이만족과 밀사를 오랫동안 교환한 것은 주지의 사실입니다. 칸이시여, 칸이시여! 그가 지금 우리와 함께 이동하지 않는 것도 이 때문입니다! 나는 지금 영원히 머무는 갈매기이지만 나의 안다는 철새, 종다리입니다."[9] 의미는 동일한 것처럼 보이지만 이미지는 다르다. 『비사』의 저자는 자무카에게 공감하면서 그의 말에 아주 다른 어조를 부여한다. 사료를 왜곡한 것은 라시드 앗 딘이 아니라 이 저자라는 사실은 구린 바아투르의 대

---

[8] Rashid ad-Din, *Sbornik letopisei*, I, p. 2, p. 113.
[9] *Sokrovennoe skazanie*, § 160.

답의 날카로운 어조에서 알 수 있으며, 그의 대답은 이 구절의 의미가 도망의 은유를 내포하고 있는 라시드 앗 딘의 사료와 더 잘 맞아떨어진다. '나보다 나이가 많거나 적은 내 친척들'이라는 표현은 옹칸도 가리키고 자무카보다 한 살 반 더 어린 칭기즈도 가리킨다. 이 부분의 무게는 가벼워 우리에게 살짝 경계심을 주고, 자무카가 무엇을 말하려고 하는가 하는 질문을 예비하는 일밖에 하지 않는다. 그래도 이 부분을 보는 순간 어떤 느낌들이 일어나는데, 곧 '날아감'과 '친척들'이라는 말로부터 어떤 연상이 떠오르는 것이다. 옹칸은 예컨대 자무카가 자신에 대해 말하고 있다고 생각하고는 다음 순간 머릿속에서 "그래서 어쨌다고?"하고 물었을지 모른다.

무게를 주로 담고 있는 것은 이 구절의 두 번째 부분이다. "말하자면 내 친척 칭기즈칸은 날아갈 생각을 하고 있습니다."『비사』에서는 자무카가 어디로 — '나이만족에게로' — 날아가는지를 이야기하고, 이렇게 설명한다. "그가 지금 우리와 함께 이동하지 않는 것도 이 때문입니다. …… 그가 나이만족에게로 갔던 것이 분명합니다. 그가 늦은 것도 이 때문입니다!"

우리는 이 끔찍한 밤의 모든 변란을 알지 못한다. 유일하게 분명한 것은, 이 밤에 일어난 모든 일이 사료가 제시하는 개요보다 훨씬 더 복잡했다는 것이다. 아마 옹칸과 칭기즈 사이에 다툼만 있었을 뿐 결별하자는 약속은 없었을지도 모른다. 아마 옹칸은 비밀리에 칭기즈에게서 떠나기로 결심했는지도 모른다. 아마 그를 떠나게 한 것은 다툼이 아니라 칭기즈의 지체였을지도 모른다. 이들 가설은 어느 것도 이 문제에 답을 주지 못한다. 그러나 우리는 사건들이 전개된 방향을 보여줄 수는 있다. 옹칸이 전쟁터를 떠나면서 칭기즈에게도 옹칸 자신에게도 어디로 가야 하는가 하는 문제가 제기되었다. 옹칸이 무엇을 염두에 두고 있었는지를 말하기는 어렵지만 칭기즈가 그의 동맹자와 나이만족이 공동의 합의를 마련하는 사태를 원치 않았음은 분명하다. 따라서 그는 옹칸이 나이만족과의 결합을 계획했든 하지 않았든 이를 방지하는 것을 목표로 삼아야 했다. 여기서 자무카가 다시 등장한다. 달란 발주트와 코이뎬에서의 전투 후 자무카가 칭기즈와 동일한 진영에 나타났다는 사실 자체가 놀랍다. 우리는 아직 그것을 설명할 수 없다. 그러나 자무카가 새로운 위치에 서게 되었음은 이론의 여지가 없다. 이 사실이 결코 이 자지라트 군주를 미화하지는 않지만 말이다.

구린 바아투르는 자무카와 대등한 위치에서 이야기하며 주저 없이 경멸감을 내보인다. 이는 그의 말에서 드러나며, 자무카는 아무튼 경멸받을 만했다. 『비사』에 나오는 수많은 애매한 구석을 해명하려면 자무카와 칭기즈의 관계가 새로운 단계에 접어들었다고 가정해야 한다. 자무카는 늘 칭기즈의 적 편에 있었지만 그들 가운데에서 이중 게임을 했다. 이 경우에는 그가 칭기즈의 수족이 되어, 옹칸이 나이만족과 화해하지 않도록 겁을 준다. 그렇게 하는 데는 칭기즈가 이미 나이만족과 협정을 맺었다고 말하는 것으로 충분했다. 이 단순한 구절로 자무카는 옹칸이 겁을 먹고 도망가게 할 수 있었다.

그러나 왜 옹칸은 자무카를 믿고 이 이야기를 구린 바아투르처럼 비방으로 여기지 않았을까? 왜냐하면 그는 칭기즈와 다투었고, 그러한 사실을 부하들은 몰랐지만 자무카는 분명 알고 있었기 때문이다. 따라서 자무카가 전한 소식은 이 케라이트 칸에게는 사실로 보여질 수 있었다. 그리고 칭기즈가 자신의 후계자가 되려고 노력하고 있는데 어떻게 옹칸이 칭기즈의 배신을 두려워하지 않을 수 있겠는가? 그런데 자무카는 어떻게 그렇게 잘 알고 있었을까? 옹칸에게서 들은 것이 아니라면 칭기즈에게서 들은 것일 수밖에 없다. 그렇다면 이 빼어난 두 몽골인의 적의는 무엇인가를 가리고 있는 장막임이 분명하지만 일단 결론을 내리는 것을 삼가고 또 다른 사건들을 분석해보자.

| 케라이트족과 나이만족 사이에서 |

모든 사람이 이득을 얻을 수 있는 충돌은 존재한 적이 없고 존재할 수도 없다. 우리 경우에는 옹칸의 적통 후계자이자 아주 용감하고 결단력 있는 닐카가 손해를 보아야 할 사람이었다. 그는 케라이트 한국의 왕위가 자신에게 양위될 것이라고 늘 생각했었지만 이제 정중하게, 그러나 돌이킬 수 없이 밀려났다. 따라서 그는 자연히 별로 인기가 없는 아버지와 지나치게 고집 센 친구에 대해 불만을 가진 사람들 진영에 서게 되었다. 또 그는 진실한 사람이었기 때문에 자신의 관점을 직접적으로 표현하며 조치와 누이동생의 결혼과 관련해 이렇게 선언한다. "아마 우리 일가는 당신네 문 앞에 앉아 상좌를 제대로 쳐다보지도 못할 것이다. 그러나 당신 일가는 우리 상좌에 앉아 문 쪽으로 바라볼 것이다."10)

그러한 일이 알려지자마자 일군의 대표단이 닐카에게 왔는데, 이 대표단을 구성한 사람들은 케라이트족과 완전히 화친한 자무카 그리고 전성기에 테무친을 칭기즈칸으로 세운 몽골 귀족인 알탄과 쿠차르, 하라키타이의 노야킨Ebügejin-Noyakin 그리고 소게엔Söge'en 부족의 토오

---

10) *Sokrovennoe skazanie*, § 165.

릴11)과 카치운-베키Qachi'un-beki라는 두 영웅이었다.12) 그들은 치욕을 당한 이 왕자가 칭기즈칸을 처리한 후 왕위 계승권을 되찾는 것을 돕겠다고 제의했으나 아버지에게 맞서라고는 조언하지 않았다. 사실 이 칸은 설득당해 중매를 미끼로 칭기즈를 꾀어 죽이겠다는 약속을 했다. 하지만 자기 친구들과 자기 말을 충직하게 지키는 것은 이 케라이트 통치자의 특징이 아니었다.

이 대표단의 구성은 우리에게 많은 것을 이야기해준다. 첫째, 사회적 외양을 보면 이 대표단을 구성한 것은 몽골 씨족 귀족 전체이며, 이들은 이제 칭기즈칸을 떠난 것처럼 보인다. 반면 이 음모가 실패한 이유는 바다이Badai와 키실리크Kishliq라는 두 말먹이꾼이 귀족 주인을 배신하고 칭기즈칸에게 생명을 도모하려는 시도가 있음을 알려주었기 때문이다. 이것이 중요한 사실이다. 여기서 우리는 사회적 불화의 순간을 보게 된다. 이웃의 권력에 의지하려는 씨족 귀족에 맞서 장래의 '굳은 의지의 사람들'이 앞으로 나서는 것이다. 둘째, 하라키타이 한국에서 온 대표자가 참석했음은 위구르 네스토리우스교도가 초원 지대의 통일에 노력을 계속 기울였음을 보여준다. 반칭기즈 연합을 조직하는 데 위구르 상인들이 어떤 역할을 했다는 직접적 증거는 없지만 1203년의 세력 배치는 이를 시사한다. 이 이교도들의 적 무하메드는 호라즘에서 왕위에 앉아 있었다.13) 1204년에 그가 구리드족에 맞서 하라

---

11) 그는 전쟁포로로 잡혀 노예가 된 사람의 고손자로, 이 포로는 자기 주인의 가문에 '남동생'(*Sokrovennoe skazanie*, § 180을 보라)이라는 호칭으로 입양되었고, 따라서 이 귀족 가문과 동일한 지위를 갖게 되었다.
12) 라시드 앗 딘은 이들 대신 다른 두 사람의 이름을 드는데, 망쿠트족의 타가이-쿨라카이Tagai-Kulakai와 몽골의 최고 귀족 부족인 니룬-몽골족의 무쿠르-쿠란Mukur-Kuran이 그들이다(Rashid ad-Din, *Sbornik letopisei*, I, p. 2, p. 123).
13) 그는 사실 1197년 봄에 왕위에 올랐으나 1200년 8월 3일에 왕으로 공식 선언되었다

키타이의 도움을 요청해야 했던 것은 사실이지만 그 이전에 그와 구르 칸의 관계는 비틀어져 있었고, 이는 극동과 근동 사이의 무역에 반영되어 있었다. 무슬림 상인들은 수익이 많이 나는 시베리아와의 무역을 장악하려고 노력했다. 또한 하라키타이의 특사가 케라이트족을 칭기즈에 맞서게 하고 있던 반면 무슬림 상인 아산Asan은 몽골족에게서 다람쥐와 담비 가죽을 구입하고 있었다.14)

무역의 존재는 그 자체로는 아무것도 말해주지 않지만 『비사』의 저자가 칭기즈칸과 케라이트족의 전쟁에서 가장 극적인 순간을 기술할 때 이를 상기시킨 사실은 그것이 13세기 독자에게 중요했음을 보여준다. 저자는 결국 기독교 지지자가 아니며, 이 기회를 잡아 결정적 순간에 칭기즈칸의 친구였던 것은 네스토리우스교도가 아니라 무슬림이었음을 강조한다.

그러나 우리에게 가장 흥미로운 것은 자무카의 입장이다. 그는 칭기즈가 나이만족의 타양 칸과 협정을 맺었다고 주장하며 칭기즈를 비방한다. 하지만 아무도 그것을 믿지 않은 것처럼 보인다. 왜냐하면 칭기즈를 미워하는 이유는 다른 데 있기 때문이다. 그러나 여론을 도덕적으로 조성할 때는 비방을 소홀히 할 수 없다. 비록 너무 어처구니없어 적에게 실질적인 해를 가하지 못한다 해도 말이다.

이어지는 사건들은 훨씬 더 흥미롭다. 칭기즈는 배신에 대해 경고를 받고 가까스로 탈출해 나왔지만 그에게 적대하는 연합군이 그를 따라잡았다. 그러나 칭기즈칸은 케라이트족의 선발대가 올린 먼지를 보고 다시 한 번 적의 공격이 있을 것임을 알고 "자기 말을 잡아타고 올라

(V. V. Bartol'd, *Turkestan*, p. 375).
14) *Sokrovennoe skazanie*, § 182.

달려가버렸다. 조금 더 머뭇거렸다면 도망가기에는 이미 너무 늦은 시점이 되었을 것이다. 그러다가 자무카가 접근했다. ……"15) 이것은 무슨 이야기일까? 부주의함일까 아니면 배신일까? 라시드 앗 딘이 묘사하는 대로16) 자무카가 칭기즈의 일관된 적이었다면 추격에 뛰어들었어야 했지만 대신 그는 길을 멈추고 주력을 만나 옹칸에게 몽골족이 얼마나 강하고 신중한지를 설명하기 시작했다. 그러는 사이 몽골족은 전투 준비를 할 수 있었다. 마침내 옹칸이 전투 지휘를 제안했을 때 자무카는 그것을 거절했을 뿐만 아니라 칭기즈칸에게 케라이트군의 정확한 작전 계획까지 알려주었다.17) 이 때문에 옹칸의 손에서 확실한 승리가 날아가버렸다. 이후 『비사』의 저자는 자무카에 대해 잊어버리지만 라시드 앗 딘이 빈 곳을 채우며, 자무카가 이번에는 다시 옹칸에 맞서 음모에 가담했다고 말한다. 그는 여러 몽골 및 타타르 지도자들에게 칭기즈와 옹칸 모두에 적대하는 제3의 파당을 조직할 것을 촉구했다. 옹칸은 이 음모자들의 방목지를 해치고 약탈했지만 그렇게 함으로써 동맹을 잃었다. 동맹자의 일부는 칭기즈에게로 돌아갔고 일부는 나이만족에게로 넘어갔다.18) 나이만족에게로 넘어간 사람 중에는 자무카가 있었다.

자무카가 칭기즈칸에 대해 나이만족과 연계를 맺었다고 끊임없이 비난하면서도 그들 편에 등장한 것은 이상해 보일지도 모르고, 또 마

---

15) 앞의 책, § 170.
16) "자무카는 시기심이 많은 사람이었고, 칭기즈칸이 잘 안 되기를 바라는 사람이었으며, 극히 교활하고 무원칙한 성격을 갖고 있었다"(Rashid ad-Din, *Sbornik letopisei*, I, p. 2, p. 122).
17) *Sokrovennoe skazanie*, § 170.
18) Rashid ad-Din, *Sbornik letopisei*, I, p. 2, p. 132.

땅히 그렇게 보여야 할 것이다. 그러나 우리는 그의 행위가 전혀 아무 이익을 낳지 못했음을 보았으니, 이제 더 이상 그냥 놀라기만 해서는 안 되겠다. 그러나 이 현명한 (세첸) 자지라트 군주가 왜 그렇게 이상한 행동을 했는지에 대한 설명을 구하기 전에 그가 타양 칸 진영에서 어떻게 행동했는지를 보기로 하자. 그것은 옹칸의 본거지에서의 행동과 똑같았고, 이전 행동과도 똑같았다. 자무카는 칭기즈에게 정복되지 않은 몽골 부족들의 연합군을 지휘하고 있었기 때문에 나이만족에게서 가장 귀중한 동맹으로 간주되었으며, 타양 칸은 그를 신뢰했다. 이 전쟁 전에 자무카는 몽골족의 강함을 묘사함으로써 자신의 동맹들에게 겁을 주려고 한 다음, 부대를 이끌고 나온 뒤 칭기즈칸에게 나이만 칸이 사기를 잃었으므로 공격을 시작하면 될 것이라는 소식을 전했다. 그의 조언은 건설적이었고, 나이만족은 완패당했다. 그런 다음 자무카의 모든 몽골족이 칭기즈칸에게 항복했다.

이제 이런 질문을 제기할 수 있을 것이다. 자신을 신뢰한 칭기즈칸의 적들을 일관되게 배신할 때 자무카는 누구의 이익을 위해 움직이고 있었을까? 또는 보다 정확하게 말해 누가 자무카의 조언의 진정한 수혜자였을까? 단 한 사람 칭기즈칸! 더욱이 자무카가 없었다면, 그리하여 닐카 셍굼에게 무모하고 시의적절하지 못한 충돌을 시작하도록 자극해 멍해 있는 칭기즈칸에게 겁을 주고, 전투 중에 나이만족의 측면이 노출되도록 만든 사람이 아무도 없었다면 칭기즈칸은 몽골족을 포함해 이 용감하고 호전적인 유목민들을 이기기 힘들었을 것이다. 여기서 단 하나의 해법만이 등장한다. 이 두 의형제가 끝까지 친구 사이였다면? 그러나 우선 칭기즈칸 자신은 당시 전개되고 있던 상황을 어떻게 인식했는지 보기로 하자.

| 자무카의 몰락 |

우리가 검토해온 두 사료의 차이는 지금까지는 세세한 점과 관련된 것이었지만 자무카 세첸의 비극의 마지막 장에서 이 차이는 대단히 의미가 깊다. 『비사』의 저자와 라시드 앗 딘은 다음과 같은 점에서 한편으로 일치하고 한편으로 불일치한다.[19]

1) 나이만족의 패배 후 자무카는 몽골 부족들의 지지를 빼앗기고, 그에게는 작은 분견대만 남게 되었다. 그러나 라시드 앗 딘이 이 분견대 규모를 60명으로 본 데 비해 『비사』의 저자는 5명의 기병이라고 말한다. 두 번째 경우 그것은 한 무리에 불과하다.

2) 병사들이 자무카를 사로잡아 칭기즈 앞으로 데려 갔지만 칭기즈는 '태생적 주인'을 배신했다고 그들을 벌했다. 하지만 라시드 앗 딘에 따르면 30명의 전사만 처형되었고, 나머지는 군대에 편입되었다.

3) 자무카는 처형되었다. 라시드 앗 딘에 따르면 최악의 적처럼 사지가 잘려 처형되었다. 『비사』에 따르면 칭기즈칸이 한국의 두 번째 자리와 우정의 재개를 제의했음에도 불구하고 그는 '피를 흘리지 않는' 죽임을 당하기를 요구했다.

따라서 일어난 일들에 대한 설명뿐만 아니라 그에 대한 해석과 칭기즈칸의 주 경쟁자에 대한 묘사도 너무 달라 우리는 마땅히 다음과 같은 질문을 제기해야 한다. 누구를 믿어야 할까?

편향된 정보 출처라면 언제나 그렇듯 필시 두 사료 모두 부정확하다

---

19) *Sokrovennoe skazanie*, §§ 200, 201; Rashid ad-Din, *Sbornik letopisei*, I, i, pp. 190~192.

고 해야 할 것이다. 하지만 현실이 왜곡되는 정도는 중요한 역할을 한다. 진실에 가까운 것과 먼 것은 전혀 다르다. 따라서 우리 과제를 더 뚜렷이 표현해보자. 연구와 비평을 위해 어떤 사료가 더 선호할 만할까?

차이를 하나하나 골라내보자.

1) 당시 60명의 기병은 하나의 군사 대형이었다. 이와 같은 분견대는 후퇴할 수 있었다. 알타이 산맥, 킵차크 초원 지대, 풍요로운 제티수 지역은 군사적 전제專制에 맞서 투쟁하는 영웅들을 받아들일 준비가 되어 있었다. 그러나 5명은 아무것도 아니었다. 어떤 몽골 분견대라도 그들을 사로잡을 수 있었을 것이고, 따라서 그들은 감히 누구의 방목지도 약탈할 수 없어 사냥으로 먹을 것을 구하며 만인의 눈을 피해야 했을 것이다. 그러나 이는 아주 어려운 일이었다. 이런 사항들을 고려할 때 『비사』 버전이 더 개연성이 있어 보이며, 따라서 심리적으로 너무나 괴로움을 당해 신경이 무너졌다는 이야기도 이해할 만해진다.

2) 『비사』의 경우 사로잡은 자무카를 칭기즈칸에게 데리고 간 전사의 반이 군대에 편입되었다는 정보는 아주 불분명하게 표현된다. 그래서 우리는 자비를 하사받은 사람들이 군주를 사로잡는 데 가담하지 않았고, 단지 그의 친척들이었을 뿐이라고까지 생각할 수 있다. 라시드 앗 딘의 텍스트는 간결하고 간명한 방식으로 서술되어 있는데, 이 이유만으로도 『비사』의 정확한 정보보다 신뢰감을 덜 준다.

3) 처형 방법 문제. 몽골족은 사람을 쉽게, 그러나 단순하게 죽였다. 등을 부러뜨리거나 아니면 심장을 떼어내 깃발에 바쳤다. 고문을 가하며 오랜 시간을 끄는 처형은 유목민이 아니라 근동의 무슬림에게 특유한 것이었다. 따라서 역시 『비사』 버전을 선호해야 마땅하다. 『비사』 버전을 선호해야 할 더 좋은 이유가 있다. 『비사』의 저자는 이 사건들

이 일어난 시대에 살았고, 그의 독자들은 민족지에 어리석은 오류가 나오면 재빨리 깨달았겠지만 『집사』의 독자들은 이와 같은 세부사항들에는 아무 주의도 기울이지 않았을 것이기 때문이다.

그러나 가장 중요한 점은 자무카의 성격과 행동에 대한 라시드 앗 딘의 해석이 전혀 설득력이 없다는 것이다. 한편으로 그는 '극히 머리가 좋고 교활하다'는 말을 들으면서도 다른 한편으로는 '여러 번 칭기즈칸에게서 도망쳐 그의 적들인 옹칸과 타양 칸에게로 넘어간' 무원칙한 음모가로 묘사된다.[20] 그러나 옹칸과 타양 칸 역시 바보가 아니었지만 무슨 이유에선가 자무카를 받아들였다. 그들에게 그럴 만한 이유가 있었던 것이 분명하다.

라시드 앗 딘은 자무카가 단순한 야심에 사로잡혀 있었다고 생각하면서도 그의 인기가 어디에서 비롯되었는지에 대해서는 설명을 하려고 들지 않는다. 하지만 어떤 사람이 사람들과 통치자들의 지지를 받고 싶다면 나쁜 사람이 되는 것으로는 충분치 않다!

그리고 바르톨드, 블라지미르초프, 코진과 같은 견실한 역사가들이 이 텍스트를 비판적으로 해석하면서 이와 반대의 견해를 제시하는 것은 우연이 아니다. 자무카는 귀족제에 맞서 투쟁하는 초원 지대 민주주의의 지도자[21]라거나 반대로 백성의 지도자와 싸우는 귀족이나 영주[22]라거나 "민주적 경향을 가졌지만 …… 스스로도 자신이 무엇을 원하는지 몰라 한편에서 다른 편으로 분주하게 옮겨간"[23] 사람이라는

---

20) Rashid ad-Din, *Sbornik letopisei*, I, i, p. 191.
21) V. V. Bartol'd, "Obrazovanie imperii Chingiskhana", p. 111.
22) S. A. Kozin, *Sokrovennoe skazanie*에 붙이는 서문, p. 39.
23) B. Ya. Vladimirtsov, *Obshchestvennyi stroi mongolov*, pp. 84~85.

것이 그것이다. 이 마지막 견해가 아마 『비사』의 저자가 그렇게 멋지게 묘사한 이미지에 가장 가깝겠지만 우리는 이조차 받아들일 수 없다. 왜냐하면 사료를 들여다보면 다른 길로 가지 않을 수 없기 때문이다. 반드시 거짓을 밝히는 것이 진실을 찾는 것보다 선행되어야 한다.

| 생각의 이유 |

이 사건들에 동시대인으로 참가한 『비사』의 저자는 서로 불화한 두 의형제의 조우를 다음과 같이 묘사한다. "그리고 칭기즈칸은 말했다. '이것이 네가 자무카에게 말해주어야 할 것이다. 너와 나는 함께 여기에 왔다. 우리는 친구가 될 것이다. 다시 나의 두 번째 축이 되어 준다면 너는 분명 다시는 나와 다르게 생각하지 않겠지? 이제 다시 함께하면서 우리는 우리가 잊은 것을 상기해야 할 것이다. 우리는 잠자는 자를 깨울 것이다. 우리의 길이 아무리 달랐다 해도 너는 항상 나에게 행운을 주는 신성한 친구였다. 진정으로 치명적인 전쟁을 치르던 날들에 너는 마음으로도 머리로도 나를 근심했다. 우리가 아무리 다르게 생각했다 해도 치열한 전쟁을 치르던 날들에 너는 모든 마음으로 나를 위해 고통을 당했다. 나는 그것이 언제였는지를 상기하겠다. 첫째, 너는 하라칼지트-엘레트Qaraqaljit-elet에서 케라이트족과 전투를 하던 때 나에게 옹칸의 작전 계획에 대해 경고해줌으로써 나를 섬겼다. 둘째, 너는 나에게 어떻게 네가 나이만족에게 겁을 주었고, 어떻게 네 말로 그들을 굴욕스럽게 했으며, 어떻게 네 입으로 그들을 죽였는지를 생생하게 말해줌으로써 나를 섬겼다.'"24)

아무리 예상치 못한 것이었다 해도 칭기즈칸은 자무카가 결정적인 순간에 적의 진영에 있어준 것에 대해, 달리 말해 칭기즈칸의 이익을 위해 간첩 활동과 견제 활동을 해준 것에 대해 감사한다. 이것은 우리의 관찰과 다르지 않으며, 우리의 관찰에 의해 확증된다. 그리고 이 관점에서 볼 때 자무카가 풀려나 칭기즈의 최악의 적으로 간주되고, 그리하여 칭기즈에 대항하는 막강한 칸들의 승인을 얻는 것이 왜 칭기즈에게 중요했는지를 이해할 수 있다. 자무카를 소리 없이 널리 알리지 않고 풀어줄 수 있었다면 칭기츠는 물론 그렇게 했을 것이다. 그러나 바보 같은 동지nökör들이 게임 전체를 망쳐버렸다. 초원 지대 전체가 이 몽골 칸의 주적이 잡혔다는 걸 알게 되었기 때문이다. 아무도 내막을 더 잘 알 필요가 없었고, 자무카는 처형되었으며, 필요한 모든 사람에게 이를 알렸다.

전쟁 포로에 대한 사형선고를 법률적으로 공식화하려면 자무카는 유죄 판결을 받아 전범으로 선언되어야 했다. 단순한 참전은 결코 죄로 간주되지 않았다. 아무도 전투에서 용맹했다고 재판받지 않았다. 따라서 칭기즈칸은 달란-발주트에서의 전투를 상기하며 이 포로에게 다음과 같은 말을 들려줄 것을 명령했다. "너는 반역적이고 부당하게도 조치 다르말라Jochi-Darmala와 타이차르Taichar 사이에 가축을 서로 훔친 것을 놓고 전쟁이 일어나게 했다. 너는 공격했고, 우리는 싸웠다. …… 그러나 지금 사람들이 나에게 말하기를, 너는 너에게 베풀어진 우정도 또 너의 목숨에 대한 자비도 받아들이기를 원치 않는다고 한다. 그렇다면 너는 피를 흘리지 않고 죽도록 허용될 것이다."25)

『비사』의 설명에서는 단 한 가지만이 의심스럽다. 자무카 자신이 처

---

24) *Sokrovennoe skazanie*, § 201.
25) *Sokrovennoe skazanie*, § 200.

형을 원했다는 것이 그것이다. 그리고 다른 측면에서이기는 하지만 라시드 앗 딘에게서도 동일한 설명이 존재하는 것은 한층 더 이상하다. 더욱이 이 페르시아 편찬자의 경우 이 일화는 너무 얼버무려져 있어 그에 대한 해석은 무시되어도 좋다. 우리는 다만 이 경우 두 이야기 모두가 하나의 일차자료에서 나왔음을 지적할 뿐이며, 이 일차자료가 얼마나 신뢰할 만한지는 독자의 판단에 맡긴다.

우선 자무카는 아주 자신만만하게 이야기한다. "검은 까마귀들은 오리를 잡아먹을 생각을 했다. 노예들은 칸에 맞서 주먹을 들어 올릴 생각을 했다. 나의 안다인 칸에게 갔을 때 그들은 이에 대해 무슨 대가를 치를 것인가? 회색 고양이들은 볏이 구부러진 오리를 잡을 생각을 했다. 가노들은 태생적 주인에 맞서 일어날 생각을 했다. 나의 안다인 칸에게 갔을 때 그들은 무슨 대가를 치를 것인가?"[26] 이 사로잡힌 군주는 자신을 배신한 사람들에게 안 좋은 일이 생길 것임을 확신했으며, 그는 옳았다. 그러나 그러한 확신은 어디에서 온 것일까? 물론 그들의 태생적 주인을 배신한 사람들, 곧 칭키즈칸에게 케라이트족의 습격을 알린 바다이와 키실리크는 최고의 은혜를 받았다. 그리고 자기 민족의 관습을 잘 알고 있던 자무카의 동지들도 칸에게서 처형이 아니라 보상을 기대했다. 그렇지 않다면 그들은 사자의 굴로 들어가지 않았을 것이다. 따라서 자무카는 그들이 알지 못한 무엇인가를 알고 있었다. 이 '무엇인가'가 바로 자무카가 행한 봉사에 대한 대가로 국가의 수레의 두 번째 축이 되어 달라는 칭기즈의 제안이었다. 그러나 그런 다음 자무카의 어조가 바뀐다(물론 자료로는 어조가 실제로 어떠했는지 알 수 없

---

26) 앞의 책.

다). "이제 나의 칸이시여, 나의 안다시여, 당신은 자비롭게도 나에게 우정을 제의합니다. 그러나 당신은 보십니까, 우리가 친구가 되어야 했을 때 우리는 그러질 못했습니다."

이게 무슨 열변이란 말인가? 자무카가 칭기즈의 친구로 인식되었다면 케라이트족도 또 나이만족도 그의 조언에 기대지 않았을 것이고, 그에게 배신당하지도 않았을 것이며, 몽골족은 2년 만에 대초원 지대의 주인이 되지 못했을 것이다. 자무카가 적 진영에서 칭기즈의 승리를 도왔다는 것이 바로 칭기즈가 자무카에게 감사해 하는 일이다. 따라서 자무카의 말은 칸의 귀를 향한 것이 아니라 몽골 사회에 최대한 가장 널리 퍼져나가도록 하기 위한 것이다. 그리하여 자무카는 이렇게 말한다. "전 세계가 당신 앞에 있을 때 당신에 대한 나의 우정은 무엇입니까? 당신은 물론 어두운 밤에 나에 대해 꿈을 꿀 것입니다. 나는 물론 대낮의 빛 속에서 당신에 대한 생각을 억누를 것입니다. 나는 당신의 옷깃 뒤에 있는 이 혹은 당신의 옷단 속에 있는 가시가 되었습니다." 이것은 자무카의 말이나 생각일 것 같지 않고, 차라리 칭기즈의 말이나 생각일 것 같다. 결딴난 간첩은 아무 쓸모가 없고, 많은 장애물이 예상될 수 있다. 따라서 광범위한 반향을 일으킬 위험한 대화를 피하기 위해서라도 자무카를 제거하는 것이 더 쉽다. 그러나 자무카의 관점에서 보면? 그는 칸이 승리를 얻도록 도왔으며, 이는 분명 승리의 희생양이 되기 위한 것이 아니었다. 자기 친구에게 죽임을 당하는 것은 적의 손에 죽는 것보다 더 수치스럽다. 따라서 나는 『비사』의 해석에 대해 회의적이며, 저자가 칸의 생각 혹은 칸과 가장 가까운 조언자들과 노얀들의 생각을 자무카의 입에다 집어넣었다고 생각한다. 그리고 저자가 그렇게 한 것은 이 포로의 처형에 대한 책임을 그들에게서 면제해주기 위해서였다. — 저자 자신도 처형을 원했다고 말했다. 그러나 저자는 처형된 자에 대해 나쁘게 말하지 않았다. 왜냐하면 알 만한 사람은 누구도 이를 믿지 않았을 테고, 사건들에 대한 해석은 의심받았을 것이기 때문이다.

| 역사에 대한 믿음 |

역사에서 필연과 우연이 이웃사촌임은 잘 알려져 있지만 이 명제를 특정 상황에 적용하는 것은 복잡한 일이어서 예술가의 솜씨는 아니더라도 적어도 장인의 솜씨는 요구된다. 하지만 우리 경우에는 바로 이 접근법이 건설적이다. 초원 지대의 통일은 역사적 필연이지만 이 과제를 완수한 것은 케라이트족, 나이만족, 하라키타이족이 아니라 몽골족이었다. 여기서 우리는 많은 사건 참가자의 의지와 감정이 결합되어 발생하는 일련의 우연과 마주치게 된다.

칭기즈칸의 군대 또는 '굳은 의지의 사람들'의 파당은 케라이트 한국과 나이만 한국 혹은 메르키트족과 타타르족 부족 연맹보다 약했을 뿐만 아니라 심지어 몽골족 자체의 반칭기즈 귀족들보다 약했다. 그러나 앞서 살펴본 대로 승리는 칭기즈에게 돌아갔고, 이는 그의 인내, 능숙한 외교 그리고 그에게 필요한 사람들을 견인하고 육성할 수 있는 능력 덕분이었다. 이는 또한 자무카 세첸의 도움 덕분이기도 했는데, 그의 도움이 없었다면 9개의 꼬리를 단 백기는 칸의 잘린 머리와 함께 풀 위로 질질 끌려 다녔을 것이다. 그리하여 '제사장 요한의 왕국'은 꿈에서 현실로 바뀌었겠지만 역사의 일반적 경로는 세부적인 면에서밖에 달라지지 않았을 것이다. 글쎄, 원정은 더 적게 일어났을 것이고, 문학과 역사 문헌이 조금 더 많이 쓰여졌을 것이다.

하지만 몽골의 승리는 우리 주제에 대해서는 엄청난 중요성을 갖는 사실이다. 왜냐하면 그들의 이념 체계는 기독교와 양립할 수 없었기 때문이다. 하지만 이것이 몽골족과 네스토리우스교도가 같은 초지에서 서로 잘 어울리지 못했다거나 어깨를 맞대고 원정에 함께 나설 수 없었다는 의미는 아니다. 그런 의미가 아니라 두 종교가 서로를 방해하지 않도록 여지를 만들어주어야 했다는 뜻이다. 칭기즈칸은 모든 동료보다 먼저 이를 이해했으며, 아마 정복당한 적수들보다도 먼저 이를 이해했을 것이다.

종교에 대한 몽골족의 이해는 결코 원시적 이교 신앙도 또 샤머니즘적 법열의 실천도 아니었다. 이 종교의 꼭대기에는 엄청난 영향력을 가지면서 칸의 권력을 제한한 무당들이 있었다. 1207년 무렵 칭기즈칸의 제1부관인 몽리크Mönglik의 아들, 무당 코코추[27])는 사람들에 대한 영향력을 과대평가한 나머지 여섯 형제의 도움을 받아 칸의 동생인 카사르를 두들겨 패고 그를 중상하면서 칭기즈칸에게 카사르가 황위를 빼앗아갈 것이라고 점을 쳐주었다. 어머니인 대비가 개입하고 나서야 카사르는 처형을 면할 수 있었지만 치욕은 면치 못했다. 이 일이 있은 후 코코추는 오만해져 칸의 씨족 왕자들의 사람들을 꾀어내기 시작했다. 칭기즈의 의붓형제인 테무게 오트치긴이 자기 사람들을 되돌려 주기를 요구했을 때 코코추와 그의 형제들은 무릎을 꿇고 용서를 구해야 했다. 오트치긴의 요청으로 칭기즈칸은 너무 멀리 나간 이 가신들을

---

[27]) 중국어에서 무巫는 귀신들과 교섭하는 사람이다. 코코추의 별명은 테브-텡게리Teb-Tenggeri로, 페르시아어로는 부트-텡그리But-Tengri로 번역되며, 이는 하늘의 이미지를 가리킨다. P. Kafarov, "Starinnoe mongol'skoe skazanie o Chingiskhane", p. 237을 보라.

본거지로 소환해 이 무당의 등뼈를 부러뜨리는 한편 아버지와 형제들에 대해서는 채찍을 때리고 용서해주었다. 『비사』에 따르면 이 무당의 몸은 하늘로 옮겨졌지만 칭기즈칸은 텡게리(하늘)는 그를 싫어해 그의 혼뿐만 아니라 몸도 없애버렸다고 설명했다. 그 후 이 처형당한 사람의 친척들은 조용해졌고[28], 영적 권위와 세속적 권위 사이의 갈등은 후자에 유리하게 끝났다.

네스토리우스교도는 이 짧고도 비극적인 역사로 인해 이익을 얻었다. 왜냐하면 칭기즈와 그의 계승자들이 그들에게 믿음을 포기할 것을 요구하지 않고, 국가를 위해 봉사해줄 것을 요청했기 때문이다. 그럼에도 불구하고 그렇게 창조된 제국은 결코 기독교 제국이라고 불릴 수 없었다. 이제 우리는 고대의 몽골 종교에서 그리스도의 경쟁자였던 신에게 주의를 돌려야 한다. 그것은 자무카 세첸이 죽음으로써 승리를 바치고자 했던 바로 그 신이기도 하다.

---

28) *Sokrovennoe skazanie*, § 246.

| 12 |

하나 속의 둘

| 편견의 해로움 |

선입견을 일단 가설로 표현한 다음 논쟁의 여지가 없는 진리로 받아들이는 것은 학문적 사고에서 가장 치명적인 실수 중의 하나이다. 그것이 발휘하는 확고함의 힘은 비판을 마비시키며, 거짓된 의견이 뿌리내리면서 역사적 과정에 대한 그림을 왜곡한다. 그와 같은 견해 중의 하나가 12~13세기의 몽골 종교가 원시적 이교라는 관념이다. 칸을 위해 기도하는 것만이 중요했기 때문에 몽골족은 모든 신앙을 똑같이 존중했으며, 불관용은 그들의 종교에는 없는 것이기 때문에 그들은 모든 사제를 보호했다는 것이다. 이 견해의 오류는 특수한 것을 자의적으로 일반적인 것으로 간주하는 것 그리고 몽골족의 상대적 관용의 원인을 땅에서 하늘로 옮긴다는 것, 즉 그렇게 한 원인을 현존하는 정치적 상황이 아니라 몽골족의 세계관에서 찾는 것이다.

진본 사료인 몽골족의 『비사』를 비판적으로 연구한 뒤니까, 이제 대담한 주장을 해볼 수도 있겠다. 12~13세기의 몽골의 종교는 오랜 고대로부터의 전통을 가진, 완벽하게 그려진 세계관이었고, 불교와 이슬람, 조로아스터교와 마니교, 가톨릭과 정교 못지않게 정치하게 조탁된 종교였다는 것이 그것이다.

논쟁과 함께 우리의 탐구를 시작해보자.

| '흑신앙' |

고대 몽골의 종교에 대해서는 19세기의 부리아트 이교도들의 견해를 설명한 부리아트 학자 반자로프[1]가 가장 상세히 기술해왔다. 자신의 저작에서 눈부신 역사학적 보론을 다수 제공한 후 그는 이렇게 결론짓는다. "이른바 샤머니즘 종교는, 적어도 몽골족의 것이면 불교나 기타 신앙에서 나왔을 리가 없다."[2] 그의 견해로 "몽골족의 흑신앙은 많은 고대 종교 체계와 동일한 원천에서 유래했다. 외부 세계는 자연, 내부 세계는 인간의 영이며, 양자의 현상이 흑신앙의 원천이었다."

반자로프의 서술에 따르면 흑신앙은 하늘, 땅, 불, 텡그리〔중국에서는 텡그리를 전통적으로 천天으로 번역해왔으며, 일본에서는 천신天神이라 번역한다〕라는 부차적인 신들 그리고 망자의 혼인 온곤ongon을 숭배하는 것으로 이루어져 있었다. 무당이 행하는 역할은, 반자로프에 따르면, "사제, 의사, 마법사 혹은 점쟁이"이다.[3] 사제로는 축제 때나 여타 계기에 제물을 바친다. 의사로서는 고통당하는 환자의 영을 불러내 자신의 몸속으로

---

1) Dordzhi Banzarov, *Chernaya vera*.
2) 앞의 책, p. 5.
3) 앞의 책, p. 37 등.

받아들인다. 점쟁이로서 하는 역할은 명백하다. 반자로프 시대의 부리아트족은 실제로 이와 같은 체계를 갖고 있었다고 가정할 수도 있겠다. 그러나 12~13세기에도 그러했을까?

13세기의 몽골 종교는 기록 자료에 기초한 베셀로프스키의 연구서에서는 다르게 나타난다. 베셀로프스키는 몽골의 믿음들에 관한 거의 모든 문헌을 첫 번째 페이지에 나열하면서도 이 타타르 종교를 샤머니즘으로 부르기를 고집하며, 샤머니즘이란 모든 종류의 관념을 절충적으로 조합한 것이라고 이해한다.

그는 불 숭배를 첫 번째 자리에 놓고, 이 현상을 모든 원시 종교에 특유한 것으로 간주한다(?!). 두 번째 자리에는 태양과 달 숭배를 놓는다(반자로프는 이 숭배에 대해 아무것도 말하지 않는다).4) 다음에는 관목 숭배가 따르는데, "지금 우리는 그것의 의미를 추측할 수 없다."5) 또한 우상 숭배도 나오는데, 베셀로프스키는 이를 조상의 정령인 온곤과 동일시한다. 하지만 그는 온곤을 "행복과 가축의 수호자, 덫의 보호자" 등으로 부르기도 한다.6) 모순이 있어도 우리의 저자는 혼란스럽지 않은 것 같다.

이 저작의 종결부는 타타르족의 관용 문제에 할애되어 있는데, 그는 이것이 그들의 종교 관념들에서 유래한다고 주장한다. 결론적으로, 베셀로프스키는 반자로프와 전혀 다른 그림을 보여주지만 동시에 자연, 주술, 징조 그리고 무당, 영매의 도취적 조작에 대한 숭배를 단 하나의 전체로 혼합하는 동일한 실수를 범한다. 반자로프와 마찬가지로 그는

---

4) N. Veselovskii, "O religii tatar", p. 92.
5) 앞의 책, p. 94.
6) 앞의 책, p. 96.

하나의 실증적 종교의 도그마를 위해 역사적으로 합성된 혼합주의를 받아들인다.

반자로프에게 되돌아가자. 그의 책을 주의 깊게 읽으면 즉시 일련의 질문이 떠오른다. 첫째, 무당은 무슨 정령을 다룰까? 망자의 정령, 곧 온곤일까 아니면 자연의 정령, 땅의 정령, 곧 에투겐etügen — 여자 무당의 이름 이도간idogan이 여기서 유래한다 — 일까? 둘째, 무당의 정령과 주신主神, 곧 하늘 사이의 관계는 무엇일까? 셋째, 왜 무당은 주신을 숭배하지 않고 나아가 무시까지 할까? 넷째, 반자로프는 몽골족이 '하늘'을 세계의 통치자, 영원한 정의, 생명의 원천으로 여겼기 때문에 하늘이 신과 동일시되어서는 안 된다고 쓴다.[7] 그렇다면 과연 신은 무엇일까? 다섯째, 왜 반자로프는 하늘을 비인격적 원리로 제시하려는 편향된 노력에 열심일까? 그가 뒤에 13세기 자료에서 끌어내는 사실들은 이와 모순되는데도 말이다. 여섯째, 샤머니즘이 토착적 성격을 가진다는 자신의 일차적 주장에도 불구하고 반자로프는 무슨 근거로 불 숭배를 조로아스터의 페르시아에서 끌어낼까?

반자로프는 '흑신앙'이 토착적 성격을 가진다는 선입견을 충실히 지켜 기원전 3세기의 훈족, 6세기의 투르크족, 13세기의 몽골족 그리고 19세기의 부리아트족의 종교적 관념을 하나로 섞는다. 이 상이한 컬트들을 단일한 체계로 묶는 것은 당연히 불가능하다.[8]

따라서 두 저작 모두 주로 방법의 관점에서 볼 때는 만족스럽지 못하다고 말할 수 있다. 종교를 역사적으로 검토할 때 중요한 것은, 종교성의 심리학적 기초가 아니라 신앙의 상징이나 '너는 어떤 신을 믿느

---

7) D. Banzarov, *Chernaya vera*, p. 7, p. 8, p. 16.
8) 앞의 책, p. 45~46.

냐?'는 질문에 대한 대답, 즉 역사적·문화적 분류의 원칙이다.

역사가는 일반 신자의 의식을 이해하는 데는 관심이 없다. 그의 의식에는 보통 많은 종교가 극히 환상적인 형태로 혼합되어 있기 때문이다. 역사가의 관심은 뚜렷한 모습을 갖추고 성숙해 있는 종교들의 원리들에 있다. 왜냐하면 순수한 형태와 요소를 보고 종교를 연구하면 실제의 문화적 연관들을 수립해 지금까지 설명되지 못한 역사적 현상들을 설명할 수 있기 때문이다. 따라서 종교 연구는 그 자체로 목적이 아니라 보조적인 역사 분과이다. 따라서 우리는 종교의 기원이나 종교가 의식에서 행하는 역할 등의 문제는 일단 제쳐두고 개별 종교를 역사적 과정의 한 가지 사실로 간주하고자 한다. 이를 통해 우리는 특정 종교에 특유한 기본적 관념으로부터 저 혼합된 층들을 벗겨내고, 13세기 몽골족의 교리로 안내하는 원리들을 찾고자 한다.

| **몽골 신과 그 성격** |

몽골족의 고대 종교에 관한 귀중한 정보는 프란체스코회 수도사 뤼브뤼크의 윌리엄에게서 발견할 수 있다. 몽케 칸을 찾아갔던 그는 종교 문제에 대단히 관심이 많았다. 그가 이 여행에 착수한 것은 흑해 상인들이 그에게 말한 대로 바투의 아들 사르타크가 정말 기독교인이었는지 알아보기 위해서였다. 이는 사실로 밝혀졌지만 흥미로운 점은 사라타크의 비서 코이야크가 뤼브뤼크에게 이르기를, 바투에게는 사르타크가 기독교인이라고 말하지 말라고 한 후 "그는 기독교인이 아니라 모알족Moal"9)이라고 했다는 것이다. 뤼브뤼크는 타타르족이 종교와 민족을 뒤섞는 것에 심란했지만 우리는 네스토리우스교도인 코이야크

가 자기가 무슨 말을 하고 있는지 알고 있었다고 가정해야 한다. 몽케 칸에게 도착했을 때 뤼브뤼크는 어찌 하다 종교 논쟁에 참여하게 되었다. 이 논쟁에서 무슬림과 기독교인들은 불교도들에 맞서 일신교의 기반 위에 단결하고 있었다. 몽케 칸도 자신의 관점을 표현했다. 그는 말했다. "우리 몽골족은 하늘에 있는 단 한 명의 신을 믿고, 예언자들을 통해 그의 의지를 배운다."10) 이것이 뤼브뤼크가 짧게 지적한 몽골 신앙의 신조였다. 코이야크가 기독교인과 몽골족을 대비시킬 때 염두에 두었던 것이 바로 이 신조였을 것이다. 또한 이 교의가 반자로프에 의해 묘사된 다신교와 상당히 다르다는 것은 의심의 여지가 없다. 그럼에도 불구하고 우리는 이 교의를 일신론으로 간주할 수 있을까?

카르피니는 타타르족의 숭배에 관한 장에서 이렇게 말한다. "그들은 한 명의 신을 믿으며, 그를 모든 보이는 것과 보이지 않는 것의 창조주로 인정하지만 또한 이 세상의 축복과 고통의 창조주로도 인정한다. 하지만 그들은 기도든 찬양이든 어떤 의례로도 그를 기리지 않는다."11) 이 외에도 그들은 물과 땅뿐만 아니라 태양, 달, 불도 경건하게 숭배하며, 주로 아침에, 식전에 그것들에게 첫 음식과 음료를 바친다.12)

의식적인 거짓말을 하지는 않지만 카르피니의 말은 어느 정도 조심할 필요가 있다. 그는 음식도 모자라고 언어도 통하지 않는 가운데 역마를 타고 구유크의 본거지에 갔다가 되돌아오는 미친 듯한 여행을 했

---

9) *Puteshestvie v vostochnye strany Plano Karpini i Rubruka*, p. 114.
10) 앞의 책, p. 173.
11) 앞의 책, p. 28.
12) 앞의 책, p. 29.

기 때문에 이런 여행 중에 철저한 관찰을 하기는 어려웠을 것이다. 따라서 하늘에 대한 숭배를 천체에 대한 경탄으로 이해하고 물에 대한 숭배를 땅에 대한 숭배와 자의적으로 합쳤다고 해서 그에게 죄가 있는 것은 아니다. 그 밖에 타타르족은 "한 명의 영원한 신을 알고 그의 이름을 부르지만 그것이 전부다. 그들은 기도하지 않으며, 신을 두려워해 죄를 삼가는 일도 없다"13)고 말할 때 카르피니는 아르메니아인 헤토움과 같은 의견을 표명하고 있는 셈이다.

라시드 앗 딘도 몽골족의 일신교적 숭배에 대해 이에 못지않게 대담하게 이야기한다. 그는 이 문제와 관련해 칭기즈칸의 여러 발언을 인용한다. 아들들과의 대화에서 그는 "…… 주님의 힘과 하늘의 도움으로 나는 너희들을 위해 왕국을 정복했다."14) 제베와 수베에테이에게 지시를 내리면서 칭기즈칸은 이렇게 말한다. "위대한 신의 힘으로 너희들이 그(무하메드)를 붙잡을 때까지는 돌아오지 말라."15) 칭기즈칸은 자신에 대해 이렇게 말했다. "그가 돌보아야 할 일은 초승달처럼 나날이 커진다. 가장 높은 주님의 힘으로 신의 도움이 하늘에서 내려오고, 신의 도움으로 지상에 번영이 왔다."16) 마지막으로, 칭기즈칸이 동산의 정상에서 외투를 벗고 무릎을 꿇은 후 목에 혁대를 걸고 기도할 때

---

13) P. Bergeron, *Voyages fait principalement en Asie dans les XII, XIII, XIV et XV siècles par Benjamin de Tudèle, Jean du Plan Carpin, N. Ascelin, Guillaume de Rubruquis, Marc Paul Venitien, Hayton, Jean de Mandeville et Ambroise Contarini accompagnies de sarasins et des tartars, et précédéz d'une introduction concernant les voyages et les nouvelles découvertes des principaux voyageurs, par Pierre Bergeron*, vols. 1, p. 2, La Haye, J. Neaulme, 1735, p. 72.
14) Rashid ad-Din, *Sbornik letopisei*, I, p. 2, p. 232.
15) 앞의 책, I, p. 2, p. 209.
16) 앞의 책, p. 259.

의 기도문이 보존되어 있다. "오, 영원한 주님이시여, 당신께서는 알탄칸이 저를 적대하기 시작했음을 알고 계십니다. …… 저는 징벌과 복수의 피를 구하고 있습니다. 당신께서 이 징벌이 마땅히 나의 것임을 아신다면 위에서 힘과 승리를 나에게 내려 주시고, 천사들과 사람들과 페리Peri[페르시아 신화에 나오는 타락 천사들의 후예. 초기 자료에는 악의 대행자로 등장하지만 나중에는 선한 존재로 나온다]들과 기적들에게 명해 나를 돕게 하소서."17) 이 말들은 알라에게 드리는 무슬림의 전통적인 간구로 보일지도 모르겠지만 알라의 이름은 어디에서도 언급되지 않고, 페르시아 말 '후다huda', 곧 '신'이 모든 곳에서 나온다.

그러나 몽골족이 단 한 명의 최고신을 숭배했다는 것과 관련해 가장 귀중한 정보는 『숨겨진 이야기』에서 얻을 수 있다. 이 사료에서 신은 영원한 하늘이라고 불린다. 몽골족은 물질적인 '푸른' 하늘을 정신적인 '영원한' 하늘과 구분했다.18) 앞서 살펴본 대로 반자로프에 따르면 '영원한 하늘'은 인격적 신이 아니라 세계 질서일 뿐이었다.

하지만 위에서 인용한 칭기즈칸의 발언을 보면 우리는 그와 반대임을 확신하게 된다. 영원한 하늘이 도움을 주는 존재로 나오는 칭기즈칸의 발언은 그 외에도 여러 개 더 있다. 예를 들어 아들들을 향해 그는 이렇게 말한다. "영원한 하늘은 너희들의 힘과 권능을 증가시킬 것이고, 토그타이의 아들들을 너희들 수중에 가져다줄 것이다."19) 또 이렇게도 말한다. "영원한 하늘의 도움과 함께할 때 우리는 우리의 열망을 변화시킬 것이다. ……"20)

17) 앞의 책, p. 263.
18) D. Banzarov, *Chernaya vera*, p. 6.
19) *Sokrovennoe skazanie*, § 199.

칭기즈칸의 말에 따르면 영원한 하늘은 기도뿐만 아니라 행동도 요구한다. "…… 너 주르체다이는 적을 쳤다. 너는 모든 사람, 즉 주르킨족, 투베겐족, 동카이트족, 천 명의 엄선된 코리-시레문Qori-Shiremun 수비대를 쓰러뜨렸다. 너는 중앙 주력 부대로 전진해 가공할 화살로 붉은 셍굼의 뺨에 부상을 입혔다. 이것이 바로 영원한 하늘이 우리에게 문과 길을 열어준 이유이다."21)

여기서 볼 수 있듯이 영원한 하늘은 도움을 주는 신일 뿐만 아니라 숭배자들에게 행동을 요구하는 신, 즉 행동 없이 믿음으로 구원하는 칼뱅적인 신보다 더 적극적인 신이다.

지금까지 말한 것에 기초해 우리는 몽골족이 단 한 명의 전능하고 적극적인 신을 숭배하고 있었음을 인정해야 할 것 같다. 그러나 문제는 그렇게 간단하지 않다.

| 하나 속의 둘 혹은 이원성? |

『숨겨진 이야기』는 텡그리가 몽골족의 유일신이 아니었음을 아주 분명하게 이야기해준다. 땅 — 에투겐 — 도 하늘과 함께 언급된다. 예를 들어보자. "테무친은 말했다. 우리는 …… 역강한 텡게리라고 불리는 하늘땅 덕에 힘이 커졌고, 어머니인 땅에게서 양식을 공급받았다."22) 또 "케라이트족과의 전쟁에서 우리는 하늘땅으로부터 더 큰 힘을 받아 케라이트 민족을 쳐부수고 사로잡았다."23)

20) 앞의 책, § 203.
21) 앞의 책, § 208.
22) 앞의 책, § 113.

여기에는 분명한 이원성이 존재하지만 하늘이 땅보다 더 숭배받았다고 가정해야 한다. 왜냐하면 하늘은 땅 없이도 끊임없이 언급되는 반면 땅은 하늘 없이는 결코 언급되지 않기 때문이다.

카르피니는 타타르족은 마법사를 통해 이토가Itoga라는 신에게 질문하는데, 쿠만족(투르크족)은 이토가를 캄Kam이라고 부른다고 말한다.24) 반자로프의 완전히 올바른 추측에 따르면, 이토가는 의심의 여지없이 몽골의 에투겐이고 캄은 무당이다. 카르피니에 따르면 몽골족은 이 신을 두려워해 제물을 바쳤다. 그들은 에투겐을 위해 오보obo[교차로의 돌무더기]를 쌓았다. 더욱이 고대에는 오보에서 피의 제물을 바쳤다.25)

마르코 폴로도 이에 못지않게 분명하게 몽골족의 두 신에 대해 이야기한다. "그들[?]은 지고의 천신天神이 있다고 말한다. 그들은 매일 그를 위해 향을 피우고, 그에게 좋은 지식과 건강을 간구한다. 그들은 신을 갖고 있어 그를 나티가이Natigai라고 부르며, 또 나티가이가 땅의 신이고 아들, 가축, 곡식을 지켜준다고 말한다."26) 또 다른 곳에서 마르코 폴로는 이렇게 말한다. "그들은 각자 벽 높은 곳에 가장 높은 천신을 뜻하는 이름이 새겨져 있는 편액을 걸어두고 있다. 그들은 향을 피워 그것을 숭배하고, 손을 들어 올려 땅에 절하면서 신이 올바른 마음과 좋은 건강을 주기를 기원할 뿐이며, 다른 것은 아무것도 구하지 않는다. 아래 지면에는 나티가이라고 불리는 상이 서 있다. 이 신은 땅의

---

23) 앞의 책, § 208.
24) *Puteshestvie v vostochnye strany Plano Karpini i Rubruka*, p. 31.
25) D. Banzarov, *Chernaya vera*, p. 16, p. 18, p. 19.
26) *Kniga Marko Polo*, p. 90.

모든 곳에서 태어나는 땅의 것들의 신이다. 그에게는 아내와 자식들도 있으며, 그 역시 숭배받는다. 그에게는 좋은 날씨, 땅의 과일, 아들 등 등이 요청된다."27)

따라서 아주 신뢰할 만한 자료가 또 다른 아주 신뢰할 만한 자료와 모순된다. 어떻게 몽케 칸이 선언한 일신론의 원리를 『숨겨진 이야기』와 마르코 폴로에게서 확인할 수 있는 이원성의 원리와 화해시킬 것인가? 여기에는 풀 수 없는 뒤엉킴이 있는 것 같다. 그러나 다시 한 번 '너는 어떤 신을 믿느냐?'하는 기본적인 질문을 제기한다면 예기치 않은 해답을 얻을 수 있을 것이다. 몽골족은 코르무스다Qormusda라는 신을 믿었다.

몽골 신들의 이름과 이란 신들의 이름이 일치하는 것에 대해서는 이미 역사가들과 민족지학자들이 주목해왔다. 슈미트는 이 일치가 우연이 아님을 인정한다.28) 라트셀 역시 거기에 주목한다.29) 코르무스다라는 말은 널리 알려져 있다. 웍은 칭기즈칸의 대관식을 묘사하면서 이 말을 사용한다.30) 이 말은 골스툰스키Golstunskii와 코발레프스키Kovalevskii의 사전에서도 발견되며, 반자로프와 블로셰도 이 말을 언급한다.31)

반자로프는 코르무스다와 하늘이 동일한 것임을 의심치 않는다. 칭기즈칸은 때로는 하늘의 아들이라고 불리고, 때로는 코르무스다의 아

---

27) 앞의 책, p. 126.
28) I. J. Schmidt, *Forschungen im Gebiete*.
29) F. Rattsel', *Narodovedenie*, p. 758.
30) E. R. Huc, *Le Christianisme en Chine, en Tatarie et en Tibet*, p. 139.
31) D. Banzarov, *Chernaya vera*, p. 11; E. Blochet, "Etudes sur l'histoire religieuse de l'Iran", p. 41.

들이라고 불리며, 때로는 중국어의 천자로도 불린다. 산스크리트어와 티베트어 책을 몽골어로 번역한 불교도들은 인드라를 코르무스다라고 불렀는데, 이는 불교의 포교가 몽골에서 시작되었을 무렵이면 이 말이 이미 그곳에 뿌리내렸음을 보여준다.

코르무스다라는 말이 페르시아에서 몽골로 온 것이 아니라 불교와 함께 인도에서 왔다면 이 이름은 인도-이란 신화의 바루나Varuna에 상응하는 이름이었을 것이다. 반자로프조차 이 명백한 사실을 인정하면서 흑신앙이 토착적 성격을 지닌다는 자신의 선언에도 불구하고 이렇게 지적한다. "몽골의 샤머니즘을 자세히 알게 되면 거기에서 아마 조로아스터의 가르침과 공통하는 점을 많이 발견하게 될 것이다."32) 그러나 이 말이 부분적으로라도 사실이라면 텡게리에 대한 해석, 곧 영원한 하늘이 비인격적 세계 질서라는 해석이 가장 먼저 깨진다. 이전에도 이미 이 해석은 사실과 모순되지만 이제는 완전히 무시될 수 있다.

그렇다면 대수도원장 팔라디우스가 지적한, 태양과 달 숭배도 설명될 수 있다. 테무친은 부르칸 산에서 얼굴을 태양으로 향하고 기도했다.33) 그러나 베셀로프스키는 이에 반대하면서 여기서 칭기즈칸은 태양보다는 남쪽을 향했다고 생각한다. 몽골족은 종교 의식을 거행할 때 남쪽을 향했던 것 같다는 것이다. 그는 『원사』에서 취한 1210년의 사실을 증거로 인용한다. "칭기즈는 중국에서 양지Yang-zi가 즉위한 것을 알고 '이 마음이 유약한 자는 통치할 수 없다'고 말하고 남쪽으로[곧 중국을 향해] 침을 뱉었다."34) 나는 이것을 도저히 종교적 행동으로 볼 수

---

32) D. Banzarov, *Chernaya vera*, p. 25.
33) Palladii [Kafarov], "Starinnoe mongl'skoe skazanie o Chingiskhane", p. 183.
34) N. Veselovskii, "O religii tatar", pp. 92~93; [Bichurin] Iakinf, *Istoriya pervy~kh*

없다. 사실이 그렇다면 태양을 숭배한 것이 아니라는 그의 이의제기는 기각된다. 사실 태양 숭배라는 가설은 불분명하고 무엇과도 잘 맞아떨어지지 않는다. 태양을 숭배하는 것이 독자적인 숭배가 아니라 이 숭배의 한 **요소**라고 가정할 때만 이 문제를 해결할 수 있다. 태양, 곧 옛날의 미트라스를 영원한 하늘, 곧 코르무스다의 인격이라고 하면 외관상의 모순이 해소되는 것이다. 달에 관한 한 그것은 몽골족의 숭배 대상으로 언급되지 않는다. 외국 식자들이 달을 몽골의 만신전에 집어넣은 것은 몽골의 종교를 그리 속속들이 들여다보지 못한 가운데 그저 달을 태양 옆에 세우기 위해서였다고 나는 생각한다. 그러나 여기서 아흐리만Ahriman〔페르시아의 고대 종교 조로아스터교의 신. 선신과 대립하는 악신으로 암흑과 악의 근원이라 한다〕은 어디 있을까?

| **악마의 많은 얼굴** |

더 나아가기 전에 두 가지 아주 중요한 점을 지적하자.

1) 악으로 여겨지는 것들은 때로 일치하는 경우도 하지만 종교마다 다르다. 예컨대 기독교와 이슬람에서 악은 동일하다. 하지만 이것은 규칙이 아니라 예외로, 그렇게 된 이유는 무함마드가 자기 가르침의 원래 특징과 모순되지 않는 한 널리 수용되던 기존의 기독교 윤리를 무기로 빌려왔기 때문이다.

2) 악이라는 개념을 특수한 불쾌함과 동일시하는 것은 종교를 포함해 모든 성숙한 형이상학적 관념과 아무 상관이 없는 편협한 의견일

chetyrekh khanov, p. 43.

뿐이다.

존재론적 악은 주관적 실패와 결코 등치되지 않는다. 왜냐하면 존재론적 악이라는 개념은 우주에 대한 특정한 해석에 기초해 정립되기 때문이다. 따라서 조로아스터교에서 아흐리만은 절반의 세계의 주인 오르무즈드Ormuzd〔조로아스터교 최고의 신〕의 적수이며, 그와 동일한 권리를 나누고 있다. 마니교에서 악은 모든 형태의 물질이다. 불교에서 악은 인간을 움직여 활동하게 하는 열정이며, 선은 완벽한 평정과 열정의 부재이다. 기독교에서 사탄은 처음에는 인격이며 '거짓말의 아버지이자 인간의 살해자'였지만 나중에는 반항하는 천사, 반란자 범죄자가 되었다. 즉 기독교의 악마는 이원적 체계의 악마와 달리 근본적이지 않다. 더욱이 인격적이든 우주적이든 형이상학적인 악 개념을 결여한 체계들이 기독교 이외에도 많다. 이러한 체계들에서는 '악' 개념이 '나쁨'과 일치하며, 나쁨은 법률이나 부족 관습으로부터의 일탈로 이해된다. 많은 종족 신 숭배와 샤머니즘도 그러한데, 이 경우에는 정치한 사유에서 나온 자연철학이 종교를 대체한다. 예컨대 '제3계들'이라는 가르침과 이 세계들을 가로지르는 무당의 '나무'가 그것이다. 샤먼은 무아지경 속에서 상계上界와 하계下界에 도달하기 위해 나무에 올라간다.

모든 언어에는 — 더 정확히 말해 모든 의미 신호 체계에는 — 문자 그대로 번역하는 것이 무의미한 관례적 표현, 은유가 있다. 예컨대 '제곱근'은 길이와 넓이가 같은 식물 뿌리를 가리키지 않는다〔제곱근의 '근'은 뿌리 근이다〕. 무당의 나무도 마찬가지이다. 그것은 사물이 아니라 우리의 철학 언어 속으로 번역되어 들어와, 맥락에 따라 선험적으로 내재적인 것, 곧 일종의 직관을 만들어낼 수 있는 이미지이다. 또 상계와 하계는 어떨까? 이들 역시 거시 세계와 미시 세계라는 이름 아래 우리의 자연철학 안에 등장하며, 우리 자신은 중간 세계, 중계에 있다. 물론 샤머니즘 철학과 현대 물리학을 등치시키는 것은 불가능하지만 신 개념을 포함해 유신론 종교와 샤머니즘을 등치시키는 것은 이보다 훨씬 더 올바르지 않다. 세계를 인식하는 한 체계로서 샤머니즘은 철저히 신비적이지만 신이나 악마에게 자리를 마련해주지는 않는다.

그러나 샤머니즘을 종교로 간주할 수 있을까? 우리가 이 용어를 어떻게 정의하느냐에 따라 그렇기도 하고 아니기도 하다. '종교'라는 말의 직접적 의미는 (신과의) 연결이며, '묶는다'라는 뜻의 라틴어 동사 *religio*에서 나왔다. 따라서 어떤 관념 체계에 아무런 신도 없다면 어떤 연결도 있을 수 없고, 그러한 체계는 종교라고 불려서는 안 된다. 다른 한편 여러 무신론적 관념은 유신론적 관념들만큼 위대하다. 도교, 불교, 유교, 자이나교는 샤머니즘처럼 신의 존재에 대한 인정을 제외하고는 종교적 교의의 모든 특질을 갖고 있다. 그리고 이 관념 체계들이 유물론자의 무신론과 다른 정도는 이들이 종교 체계들과 다른 정도보다 더 크다. 그것을 무엇이라고 불러야 할까?

유신론 체계들 자체는 또 어떨까? 고대의 동방과 헬라스에서의 씨족 숭배는 기독교, 이슬람, 유신론적 라마교 같은 세계종교와 공통점이 거의 없다. 중세 신학자들의 관점에서 볼 때 이교는 종교가 아니라 미신의 수집물이었다. 사실 이때는 우상에 제물을 잔뜩 먹이고 저때는 채찍으로 우상을 때리는 이교도들의 태도는 알라나 아디부처〔원초의 부처, 세계의 창조자〕에 대한 믿음과 아주 다르다. 우리가 종교라는 용어를 모든 경우에 사용한다면 이 개념 아래 다른 많은 것을 본의 아니게 합쳐버리는 셈이다.

따라서 나는 본서에서 이 용어를 편의적으로 사용해 유신론적 체계만 종교라고 부를 것이며, 세계에 대한 관념과 견해들의 총체에 대해서는 '신앙'이라는 일반적 용어를 사용하고자 한다. 이 용어는 워낙 널리 퍼져 있어 설명을 부연하지 않아도 이해할 수 있기 때문이다.

이 길고 지루한 보론이 필요했던 것은 고대 몽골의 종교를 샤머니즘과 구분하기 위해서였다. 양자는 공존하고 상호작용한 이웃이었지만 고대 몽골의 종교에는 샤머니즘에는 있을 수 없는 것, 곧 우주적 악이라는 원리가 있었다.

반자로프는 몽골의 만신전의 아흐리만이 에를리크 칸Erlig-qan, 지하 세계의 신이었다고 가정한다.35) 사실 현대의 부리아트 신화에서 에를리크 칸은 코르무스다의 반립이기는 하지만 나는 이와 같은 비교에 동의할 수 없다. 요점은 에를리크가 알타이 무당들의 악의 신이며, 이 무당들로부터 에를리크가 훗날 부리아트족에게 전해졌다고 가정해야 한다는 것이다. 자료들은 우리에게 에를리크의 또 다른 이름을 알려주는 바, 카르피니의 이토가, 『숨겨진 이야기』의 에투겐 혹은 땅, 마르코 폴로의 나티가이가 그것이다. 이것은 처음에는 역설적으로 들리지만 이 문제를 자세히 연구하면 그렇지 않음이 드러난다. 하지만 이들 역시도 아흐리만이 아니다.

우선 우리가 상기해야 할 것은 『숨겨진 이야기』에서 땅이 하늘과 함께 언급되거나 그렇지 않으면 아예 빠지지, 단독으로는 결코 등장하지 않는다는 것이다. 둘째, 카르피니 말에 따르면 몽골족은 이토가 신, 곧 에투겐을 두려워해 제물을 바치다 못해 심지어 피의 제물까지 바쳤다. 오고타이 칸이 걸린 병의 원인은 '땅과 물의 귀신들'이었다. 나티가이

---

35) D. Banzarov, *Chernaya vera*, p. 25.

에게는 지상의 축복을 간구했는데, 바로 이 때문에 그는 천신과 대비된다. 이 축복 가운데 아이들이 첫째 자리를 점한다. 이 자리는 현대 부리아트족의 관념들과 일치한다. 이 관념들에 따르면 코르무스다는 55명의 (선한) 서쪽 텐그리의 대장이고, 에를리크 칸은 드자얀(자야간)이라고도 불리는 45명의 (악한) 동쪽 텐그리의 우두머리인데, 이 동쪽 텐그리가 바로 다산을 일으키는 땅의 정령들인 것이다.

산지山地 타지크족〔중앙아시아에서 살던 페르시아 민족〕과 야그노브Yagnobs족〔고대에 페르시아어 계보의 소그디아나 언어를 사용하던 민족. 현재는 타지키스탄의 수그드Sughd 주에 주로 산다〕의 알바스트Albast가 악의 정령일 뿐만 아니라 출생에 함께하며 출생을 가능케 하는 정령이기도 하다는 것은 아주 흥미로운 사실이다. 우연치 않은 유사함이 하나 더 있는 셈이다.

반자로프가 묘사하는 부리아트족의 종교적 믿음은 의심의 여지없이 보다 오래된 옛날의 종교가 변화되어 나온 것이다. 에를리크 칸은 어떤 알타이족 숭배 전통으로부터 부리아트족에게 왔으며, 이 숭배에서 그는 지하 세계의 우두머리로 선신善神 울겐Ulgen의 적이 아니라 형제이자 조력자이다. 사람들이 제물을 바치지 않으면 울겐은 자신의 선함으로 인해 그들을 벌주지 못하고 에를리크에게 불평한다. 에를리크는 재빨리 사람들에게 역병이나 다른 고통을 보내며, 그러면 사람들은 두 신 모두에게 제물을 바쳐야 한다. 두 신이 하나이기 때문이다. 따라서 에를리크 칸은 아흐리만과 아무런 유사성도 없다.

이 숭배는 이란이 아니라 고대 투르크족의 민중 종교와 훨씬 더 가까울 것이다. 이 민중 종교에서는 땅과 하늘이 상쟁하는 것이 아니라 상보하는 단일한 원리의 두 측면으로 여겨진다는 점에서 그렇다. 이 관념의 기원은 아주 옛날로 거슬러 올라가는바, 우리 시대의 출발점,

곧 선비족의 문화적 요소에 기원을 두고 있다.36) 하지만 천 년이 경과하는 동안 필연적으로 외래 사상이 변환, 흡수되었다. 8~9세기에 이란의 영향력이 마니교도를 통해 몽골에 스며들었다. 하지만 몽골족의 조상들이 이란의 용어를 받아들이기는 했으나 그들이 견지한 견해의 본질은 아무 영향도 받지 않았다. 그들은 이 악의 원리를 세계 질서의 절반 — 아흐리만 — 으로 이해한 것이 아니라 세계 질서의 부자연스러운 위반이자 거짓이며 배신으로 이해했다. 이것은 물론 몽골족이 항상 진실했음을 의미하지 않는다. 어느 누가 죄가 없겠는가? 그러나 윤리적 범주로서 배신에 대한 비난은 도덕적 명령이다.

칭기즈칸이 의붓동생 베크테르와 영웅 부리 보코를 살해한 것에 대해 『비사』의 저자가 비난을 가한 이유는 그것이 배신이라고 보았기 때문이며, 그는 똑같은 이유에서 칭기즈칸이 자무카의 동지들을 처형한 것을 칭찬한다. 하지만 그의 마음은 정복된 타타르족과 메르키트족에 대한 잔인한 처형에 대해서는 전혀 움직이지 않는다. 이러한 관점은 전적으로 논리적이다. 전시의 죽음은 자연의 법칙이지만 당신을 믿는 누군가를 살해하는 것은 자연에 대한 모욕이며, 따라서 신에 대한 모욕이다. 배신에 가담하는 사람들은 살아서 후손을 생산해서는 안 된다. 왜냐하면 몽골족은 집단 책임과 유전 특성(유전 재료라고 말할 수 있겠다)의 존재를 인정했기 때문이다. 따라서 타타르족은 케라이트 왕을 여진족에게 넘겨 그들 손에 죽도록 한 것과 예수게이 바아투르를 독살한 것에 대해 고통을 받았다. 이것은 몽골족의 논리에 따르면 옳은 것이었다.

---

36) L. N. Gumilev, *Drevnie tyurki*, p. 82.

이러한 관점은 12~13세기 사람 다수에게는 흔치 않은 것이었다. 중국인, 무슬림 투르크족, 나아가 유럽인조차 밀사와 사절을 살해했다. 몽골의 가르침에 따르면 그렇게 하면 가장 무거운 죄를 저지르는 것이었다. 바로 이 때문에 몽골족은 송나라를, 호라즘의 샤 무함마드를, 칼카에서 루스 대공을, 샤야바Shayava에서 헝가리인을 그렇게 잔인하게 다루었던 것이다. 그러나 살육에서 살아남은 중국인, 이란인, 러시아인, 헝가리인은 오랫동안 몽골 사절의 살해와 자기 동포들의 몰살 사이에 어떤 연관이 있는지를 이해하지 못했다. 자기들이 살해하는 일과 자기들이 희생당하는 일이 전혀 별개인 것처럼 보였다. 따라서 모든 결과는 원인을 갖고 있기 마련임을 잊고선 몽골족을 괴물로 여겼다. 가장 지적인 유럽인들, 예컨대 카르피니와 넵스키만이 그것을 이해했다. 카르피니는 몽골 사절이 자신과 함께 유럽에 파견되는 것을 막으려고 했다. 독일인들이 그들을 죽이고야 말 테지만 "타타르족은 사절을 죽이는 민족과는 결코 강화를 맺지 않는 관습을 갖고 있다"[37]는 우려 때문이었다. 1259년에 넵스키는 이 관습을 알고 노브고로드 민족이 타타르 사절을 살해하지 못하도록 하고, 그들이 머무르는 집에 무장 경비대를 배치했다. 이런 식으로 그는 타타르족과 노브고로드족 모두를 구했다. 이것은 이 노브고로드 민족이 다른 누군가의 죽음에 무관심한 것과 얼마나 다른가! 언젠가 현자왕賢者王 야로슬라프 1세〔978~1054〕가 노브고로드족 사절을 살육한 적이 있었다. 그 결과 그의 아버지인 밝은 태양왕 블라지미르가 죽었고, 저주받은 왕 스비아토폴크 Svyatopolk〔1093~1113까지 키예프 루스의 최고 통치자〕가 야로슬라프의 형제

---

[37] *Puteshestvie v vostochnye strany Plano Karpini i Rubruka*, p. 80.

인 보리스와 글레브를 살해했다. 야로슬라프가 이에 대해 알고 스웨덴으로 도망가려고 하자 노브고로드 사람들은 이득을 감지하고는 "우리는 죽은 자들을 되살릴 수 없다"고 말하곤 배신에 대해서는 생각지도 않고 그를 키예프 왕위에 올려놓았다.

| 신앙의 원천에 대한 탐색 |

이처럼 몽골족의 악의 원리는 조로아스터교도의 아흐리만, 마니교도의 어둠의 정령과 같지 않으며, 기독교의 비인격적인 사탄 관념과도 다르다. 몽골 종교에서 이란 문화가 뚜렷이 연상된다는 것을 지적했으므로 아랍 정복 때까지 이란에서 유지된 세 번째 이란적 관념, 곧 미트라교로 옮겨가보자. 이 숭배는 오랜 진화를 겪었지만 우리는 역사적 운명의 기본 추세만 묘사할 것이다.

미트라교는 중앙아시아 계곡들에 살던 유목 부족 사이에서 등장해 북서 티베트에 있는 땅 샨슌Shanshun를 접한 부족에게 받아들여졌다. 이 신앙은 샨슌족에게서 다시 티베트에서 창포Tsan-pu로 불리는 브라마푸트라Brahmaputra 강〔티베트 서남부에서 발원해 티베트 남단과 히말라야 산맥의 북단을 수평으로 가로지르는 강. 티베트에 있는 부분을 얄룽창포 강이라고 부른다〕 유역에 거주한 정주 티베트족에게 건너갔다. 여기서 이 신앙은 제식, 사제, 신조 그리고 국사에서의 영향력을 지닌 공식 종교가 되었다.[38] 이 종교의 티베트어 명칭은 본이다. 본교는 티베트에서 중앙아시아 동부로 퍼졌고, 불교도와의 격렬한 투쟁을 견딘 후에 20세기까지 티베트에

---

38) L. N. Gumilev, "Velichie i padenie drevnego Tibeta", p. 156, p. 157.

서 지위를 유지했다. 우리는 한 전문 저서에서 미트라교와 본교의 정체를 확인했는데39), 여기서는 이들과 고대 몽골족 종교의 일치 관계에 대해 몇 가지 예를 들어 설명하고자 한다.

『아베스타Avesta』〔조로아스터교의 기본 경전〕에 나오는 많은 미트라스 찬미가 중에 중요한 텍스트가 있다. 아후라 마즈다는 스피타마-짜라투스트라를 돌아보고 이렇게 말한다. "사실 넓은 초원의 주인 미트라스를 창조할 때, 오, 스피타마여, 나는 그를 나 아후라 마즈다만큼 제물과 기도에 값하게 창조했다. 미트라스에게 거짓말을 하는〔혹은 계약을 깨는〕악한 자는 땅 전체에 죽음을 가져올 것이고 온 죄인들만큼 세계에 많은 악을 끼칠 것이다. 오 스피타마여, 믿는 자들에게나 믿지 않는 자들에게나 계약을 깨지 마라. 미트라스는 신자들을 위해 있고 불신자들을 위해 있으니."40)

고대 미트라스, 천상의 빛의 신은 아후라 마즈다와 똑같은 기림을 받으며, 히스타스페스Darius Hystaspes는 지하무덤의 벽에 있는 오르무즈드와 미트라스의 문장에 똑같이 명예로운 지위를 마련해준다(기원전 486년).41) 미트라스는 때로 남성과 여성을 결합한 신으로 여겨진다. 몇몇 미트라스 기념비에서 남신과 여신의 상징이 발견되는 것이 이를 증명한다. 많은 바스릴리프〔살 두께가 얇은 부조〕에서는 미트라스가 황소나 양을 찌르는 모습이 보이는데, 이는 이 숭배의 희생 제물과 연관성을 나타내지만 이 숭배의 주요한 행동은 비밀리에 수행되었다. 크세르크세스는 특별 포고를 통해 그의 제국에서 데와들devas를 기리는 것

---

39) L. N. Gumilev, B. I. Kuznetsov, "Bon."
40) Bettani, Duglas, *Velikie religii Vostoka*, p. 279.
41) 앞의 책, p. 293.

을 금했지만 미트라스와 아나이티스는 박해에서 제외되었고, 아르타크세르크세스Artaxerxes의 비명에서는 아후라 마즈다의 동맹으로 언급된다.

하지만 이란에서 미트라스 숭배는 아메샤 스펜타Amesha spenta[조로아스터교의 6명의 신적 존재 또는 대천사] 숭배로 대체되고, 후에 미트라스는 오르무즈드와 아흐리만 사이에 있는 독립적 신으로 등장한다.42) 이란에서 미트라스 숭배의 중요성은 눈에 띄게 쇠퇴했지만 이 숭배와 조로아스터교의 차이는 심화되었다. 다른 한편 소아시아에서는 미트라스 숭배가 번성했다. 미트리다테스 에우파토르Mithridates Eupator[대략 기원전 120~163년까지 북아나톨리아의 폰투스와 소아르메니아를 통치한 왕으로 한때 로마공화국의 최강적이었다]가 그러한 숭배자였고 킬리키아 해적들 역시 숭배자였는데, 이들로부터 처음에는 로마 병사들이, 나중에는 병사 황제들43) ― 아우렐리아누스, 디오클레티아누스, 배교자 율리아누스 ― 이 미트라스 숭배를 빌려왔다. 이란에서는 7세기의 한 기독교 저자가 "미트라를 숭배하는 반역자"로 부르던 추빈Bahram Chubin이 미트라스 숭배자였다.44)

'정복 불가능한 태양'에 대한 숭배인 서방의 미트라교는 기독교나 이슬람과의 경쟁을 견디지 못하고 흔적도 없이 사라졌다. 그러나 동방에서는 헤프탈Heptalites족[백白훈족이라고 불리기도 한다. 고대 후기 중앙아시아의 유목 민족 연맹으로, 오늘날의 아프가니스탄, 투르크메니스탄, 우즈베키스탄, 타지키스탄, 키르기스스탄, 카자흐스탄, 파키스탄, 인도, 중국 등지에 위치해 있었다] 사이에

---

42) F. Cumont, *Les mystères de Mithra*, pp. 4~6, pp. 8~9.
43) Yu. Nikolaev, *V poiskakh za bozhestvom*, p. 47.
44) Sebeos, *Istoriya imperatora Irakliya*, p. 39.

서 살아남았는데, 미히라쿨Mihirakul 왕이 불교에 맞서 미트라교를 옹호했다.45) 헤프탈족의 왕국은 6세기 초에 다르디스탄Dardistan〔파키스탄 북쪽과 카슈미르 북부의 다르드족이 사는 지역〕과 서티베트를 포함하고 있었다.46) 따라서 헤프탈족과 샨순의 땅 사이에서 문화적 교류가 일어나기는 쉬웠고, 심지어 필연적이기까지 했다.

미트라교의 기본 명제에 따르면 하늘은 배우자인 땅과 더불어 자신이 낳은 다른 모든 신을 통치하며, 하늘과 땅은 둘이 하나인 근본적인 신이다. 이것이 불교를 받아들이기 전까지 티베트족과 몽골족에게서 발견되던 숭배가 아닐까? 나아가 물로 수태하는 땅의 생산자 테라 마테르terra Mater도 그들의 의례와 가르침에서 중요한 위치를 차지하고 있었다.47)

하지만 미트라교와 본교의 가르침은 특별히 세부사항만 유사한 것이 아니었다. 동방 미트라교는 예스러운 특징을 보존하고 있었으며, 서방의 형태처럼 승리나 군사적 성공의 종교가 되지 않고 계속 진리와 충성을 위한 투쟁의 가르침으로 남았다. 그것은 '정복 불가능한 태양'으로 바뀌지 않고 우주적 성격을 유지했다. 태양은 '미트라스의 눈'일 뿐이고, 미트라스가 신-예언자 대낮의 빛이었다. 거짓, 기만, 배신은 신뢰에 대한 능욕으로48), 본교의 '대낮의 빛'도 동방 미트라스도 그것을 적으로 삼았다. 미트라교가 본교 및 고대 몽골족의 방계들과 연결되어 있다고 할 수 있는 것은 이처럼 바로 교리와 심리학적 특징이 유사했

---

45) R. M. Ghirshman, *Les Chionites-Hephthalites*, pp. 120~123; A. N. Zelinskii, "Akademik Fedor Ippolitovich Shcherbatskoi", pp. 252~253.
46) L. N. Gumilev, "Eftality i ikh sosedi v IV v", p. 137.
47) F. Cumont, *Les mystères de Mithra*, pp. 110~117.
48) L. N. Gumilev, B. I. Kuznetsov, "Bon."

기 때문이다.

마지막으로 한 가지 질문이 남아 있다. 왜 미트라교는 기독교와 이슬람에는 아주 조용히 흡수되었으면서도 불교와는 그리 잘 지내지 못했을까? 불교와 본교(미트라교)의 공통점은 신자들에게 선행을 베풀고 자기 수양에 힘쓰라고 하는 명령이다. 그러나 두 종교에서 선에 대한 이해와 사람이 추구해야 하는 완성은 정반대된다. 불교도는 '무위' 또는 가르침의 전도를 선으로 보지만 이 전도의 종점도 결국은 '무위'이며, 윤회의 순환에서 완전히 벗어나는 것을 목표로 한다. 반대로 미트라교도는 진리와 정의를 위한 투쟁, 곧 군사적 행동을 명령하며, 전시의 은자들은 탈영자로 간주된다. 불교도 관점에서 볼 때 세계는 고해의 바다이며, 사람은 거기서 벗어나야 한다. 생명의 연을 계속 잇는 것을 멈추는 것, 곧 결혼하지 않는 것은 구원의 필요조건이다. 미트라교에서 미트라는 '넓은 들의 주인'이며, 그는 이 들을 기름지게 만든다. 그는 가축 무리의 수를 증가시킨다. 또한 정직한 사람에게 건강, 풍요, 부를 가져다준다. 그리고 물질적 축복뿐만 아니라 정신적 축복도 나누어주는 존재이다.[49]

요컨대 미트라교는 삶을 주장하는 체계이다. 그렇다면 삶에 맞서 투쟁한다는 신조, 우리 주위의 아름다운 세계는 마야(환영)라는 주장, 재능 있는 사람에게 가장 적절한 것은 완전한 무위를 추구하는 것이라는 주장 그리고 선이 승리하는 최상의 수단은 악에 대한 무저항이라는 주장은 미트라교도와 본교 신자에게는 터무니없는 거짓말로, 사람은 거짓에 맞서 싸워야 한다. 바로 이 때문에 불교는 티베트와 몽골에서 그

---

[49] F. Cumont, *Les mystères de Mithra*, p. 4.

토록 격렬한 저항에 마주쳤던 것이다. 어떻게 해서 불교는 그곳들을 불완전하게나마 정복할 수 있었을까? 인구 중 가장 적극적인 부분이 내전으로 나락에 빠지게 되었을 때야 비로소 그리고 그 외의 사람들도 평화를 약속해주며 이 힘든 고해를 벗어나라는 새로운 이 가르침에 반대할 힘도 마음도 없어졌을 때야 비로소 정복할 수 있었다. 황黃신앙이 아시아에서 승리한 것이 바로 그때였다.

| 본교 |

본교는 현재 시킴〔히말라야 산맥에 있는 인도의 주〕사람들이 주로 믿고 있다. 부탄과 중국 남서부의 성들(스촨과 윈난)에서도 중국 남부의 소수민족인 묘족, 롤로족, 율속족傈僳族〔티베트-버마 민족으로, 미얀마, 중국 남서부, 태국, 인도 북서부의 산악 지역에 거주한다〕 등이 어느 정도 믿고, 티베트 서부 사람도 믿고 있다. 본교에 관한 자료는 극히 빈약하다. 모라비아 선교사 프란케50)와 외교요원 벨51)의 노트가 있고, 마지막으로 사라트 찬드라 다스Sarat Chandra Das가 얻어 라우퍼52)가 독일어로 일부를 번역한 진본의 본교 수고가 있다. 본교에 관한 가장 완벽한 현대적 연구로는 호프만53)과 슈타인54)의 저작이 있다. 유럽인의 저작들에서 본교에 관한 정보는 모순적이며 혼란스럽다. 불교도가 집성한 티베트 자료에서 나타나는 본교의 묘사에 관한 한 의도적 왜곡 가능성을 고려

50) A. H. Francke, *A History of Western Tibet*.
51) C. Bell, *The Religion of Tibet*.
52) B. Laufer, "Über ein tibetisches Geschichtwerk der Bonpo."
53) H. Hoffman, *Quellen zur Geschichte der tibetischen Bon-Religion*.
54) R. A. Stein, *La civilisation tibetaine*.

해야 한다.

본족이 숭배하는 신은 쿤투 잔포Kuntu Zanpo, kun tu bzang po라는 이름을 갖고 있으며, 이는 문자 그대로는 '완전 선'이다. 그러나 본족에 따르면 어떤 것도 어머니와 아버지가 없이는 이 지상에 나타날 수 없기 때문에 이 신과 더불어 여신이 존재하며, 이 여신은 어떤 때는 부드러운 '자비와 사랑의 위대한 어머니'로, 어떤 때는 중국, 티베트, 샨순, 리(호탄)를 포함해 모든 세계를 통치하는 화난 '제3계의 영광스러운 여왕'으로 나타난다.55) 이 여신은 남편보다 훨씬 더 숭배된다. 왜냐하면 그녀의 힘은 땅과 연결되어 있기 때문인데, 그 결과 그녀는 티베트 서부에서 땅-어머니로 불린다.56)

본교의 우주론에 따르면 세계는 세 영역으로 이루어져 있다. 신들의 하늘 지역은 하얀 빛이고, 사람들의 땅 지역은 붉은 빛이며, 물의 정령들의 낮은 세계는 푸른빛이다. 신비로운 세계 나무는 3우주 모두를 관통하며 자라나고, 이 세계들의 상호 소통 수단이다. 본교 경전 중의 하나에 따르면 '창조된 자, 존재하는 것의 주인'이라고 불리게 된 존재와 비존재 사이의 경이로운 인간이 형태도 실체도 없는 세계에 등장했다. 당시의 세계에는 계절이 없었고, 숲은 스스로 자라났지만 동물은 없었다. 그런 다음 흰 빛과 검은 빛이 나타났고, 그런 다음에는 악의 화신이자 알력과 전쟁의 창조자인 검은 인간이 등장했다. 그러나 흰 인간도 빛에 둘러싸여 등장하며, 그는 '존재하는 모든 것을 사랑하는 자'라고 불린다. 그는 태양에 온기를 주고, 별들에 질서를 세우며, 법을 발한다.57)

---

55) C. Bell, *The Religion of Tibet*, p. 15.
56) A. H. Francke, *A History of Western Tibet*, p. 53.

티베트족에게는 많은 종류의 귀신이 있었으며, 그들은 서로 아주 달랐다. 이 귀신 중 천체의 존재이자 흰 색깔의 좋은 정령인 라lha가 있었고, 이들은 대개 남자였다. 전쟁의 신인 다라Da-lha, Dgra-lha는 최대의 악마처럼 야만적이고 강하지만 라는 생명을 준다. 이런 종류의 작은 정령들은 라마교의 수호자로 이용된다. 악령이자 붉은 색깔의 남자인 찬tsan, btsan은 지상에 거주한다. 보통 이런 유형의 존재는 자신의 죽음에 불만을 가진 예언자의 복수심 많은 정령이다. 그들은 주로 사원 주위에 거주한다. 인류의 주적은 두드dud, bdud, mara 귀신들로, 대개 매우 사악한 검은 색깔의 남자이다. 이중 최대의 악은 데de, 'dre 혹은 라데 lhade, lha'dre인데, 남자도 있고 여자도 있다. 다른 정령은 힘과 범위에 있어 방금 묘사된 정령보다 훨씬 덜 중요하다. 병을 일으키고 많은 색깔을 가진 별들의 귀신인 돈don, gdon, 인간을 먹는 귀신인 신포sinpo, srinpo 그리고 다른 많은 귀신이 그들이다.

그리 충분히 발전되어 있지는 않지만 이와 유사한 귀신 체계가 북유라시아 전역에 존재한다. 상이한 아시아 유목민들이 다양한 종교를 믿음에도 불구하고 이 유사한 귀신 체계가 이들의 세계관을 서로 연결시켜준다. 귀신들은 결국 숭배 대상이 아니다. 당신이 할 수 있는 것은 그들에 맞서 당신 자신을 지키는 것뿐이다. 많은 민족지학자들이 이를 고려하지 못하고 믿음을 종교와 등치시켜 왔기 때문에 본교가 티베트형의 샤머니즘이라는 생각이 암묵적으로 받아들여졌다. 여기서 다시 두 개념의 혼동이 일어났다. 샤머니즘은 자연철학적 기초를 가진 무아지경의 행위이지만 본교는 종교이다. 이 두 개념은 상호 공통성이 없다.

---

57) R. A. Stein, *La civilisation tibetaine*.

| 종교가 아니라 신앙이다 |

우리가 설명해온 믿음들은 대담하게 말한다면 종교적 관념으로 분류할 수도 있다. 이런 믿음들과 별도로 13세기 몽골족의 의식에는 교리 및 신정론과는 무관한 다른 많은 믿음도 있었다. 그중 마법, 점, 징조에 대한 믿음이 있다.

이 현상들은 종종 종교 영역에 포함되지만 나로서는 이유를 알 수 없다. 종교는 신과의 소통 그리고 인간과 신의 관계에 대한 설명을 목표로 설정한다. 마법, 곧 주술은 다음 원리에 기초한다. 1) 만물은 상호 관련되어 있으며 2) 비슷한 것은 비슷한 것을 낳는다.[58] 마법사에게 신의 임재가 반드시 필요한 것은 아니며, 영적 힘도 그렇다.

마찬가지로 점을 칠 때 마법사가 양의 어깨뼈를 쓰는지, 콩을 쓰는지, 카드를 쓰는지는 중요하지 않다. 그는 어떤 초자연적인 힘도 불러내지 않는다.

징조는 모든 믿음이 종교적 성격을 가진 것은 아님을 보여주는 가장 분명한 예이다. 모든 사람은 나쁜 징조를 안다. 예를 들어 세 번째로 성냥불 켜기는 죽음 아니면 큰 곤란이 닥쳐올 징조이다. 이것은 보아 전쟁 때는 말이 되는 것이었다. 보아 저격수들은 눈 깜짝할 동안만 성냥을 들고 있어도 성냥의 불꽃에 확실히 사격을 가했기 때문이다. 그러나 이 징조는 유물론적 세계관과도 또 기독교적 세계관과도 관련되어 있지 않았음에도 유럽 전역에 아주 널리 퍼져 있었다. 그렇다면 당

---

58) D. Frezer, *Fol'klor v Vetkhom zavete*.

신은 이 믿음을 이교라고 부를 수 없다. 거기에는 시적 신화도 또 환상적인 귀신학도 또 질서와 혼돈의 힘들에 대한 진심 어린 — 비록 틀린 것이라 해도 — 해석도 없다. 거기에는 그저 선후 관계와 인과 관계를 혼동하는 오류에 기초한, 패턴에 대한 조악한 이해만 존재할 뿐이며, 이는 어떤 관점에서 보아도 미신으로 불려야 한다. 그리고 미신은 모든 시대의 특징이다.

몽골족에게서는 여름에 목욕을 하거나 옷을 빠는 것이 금지되었는데, 이를 어기면 죽음의 고통을 당해야 했다. 베셀로프스키는 이처럼 비위생적인 조치를 샤머니즘적 물 숭배의 표현으로 해석하려고 했다(?!).59) 그러나 내가 생각하기에 그것은 징조에 관한 것이다. 라시드 앗 딘은 이 금지를 목욕이 뇌우를 야기한다는 몽골족의 믿음 때문이라고 해석한다.60) 초원 지대에서 폭풍은 큰 재난이다. 번개가 직립한 대상, 곧 인간과 가축을 치기 때문이다. 두세 번 우연의 일치가 일어나면 징조가 만들어지고 이후 오랫동안 존속할 수 있다. 그러나 그러한 금지는 종교와는 아무런 직접적 관련도 없다.

'문턱 숭배'에 대해서도 같은 말을 할 수 있을 것이다. 몽골로 간 최초의 여행자들은 칸의 유르트의 문턱을 건드리면 죽음으로 처벌받는 것에 주목했다. 따라서 그들은 몽골족이 '문턱의 정령'을 기리고 문턱을 건드리는 것을 신성모독으로 여긴다고 가정했다. 하지만 나에게는 그렇지 않은 것처럼 보인다. 뤼브뤼크를 수행한 수도사가 몽케 칸의 유르트의 문턱을 건드렸다가 즉시 체포되어 최고법정으로 보내진 일이 있었다. 그러나 심문 때 그가 그러한 관습을 전혀 몰랐음이 명백해

---

59) N. Veselovskii, "O religii tatar", p. 92.
60) D'Ohsson, *Histoire de mongols*, p. 2, pp. 92~93.

져 풀려났고, 칸에게 가는 것만 금지당했다.[61] 그것이 신성모독이었다면 관습을 몰랐다고 해서 목숨을 구하지는 못했을 것이다. 십중팔구 그것은 숭배가 아니라 징조인바, 문턱을 건드리면 집 주인에게 재난이 온다는 것이었다. 따라서 다른 누군가의 문턱 위에 서는 것은 그에게 악운을 비는 것이고, 문턱을 건드리는 것은 사려부족을 보여주는 것이며, 칸에 대한 사려부족은 그의 지위에 대한 모욕이었다. 수도사가 문턱을 건드린 것은 다른 사람들의 관습에 대한 무지를 보여주는 것이었기 때문에 벌을 받지 않았다. 결코 징조를 숭배와 혼동해서는 안 된다.

| 샤머니즘이 아니다 |

베셀로프스키는 몽골족의 믿음을 샤머니즘의 표현으로 묘사하고 그것을 몽골족의 국교로 간주했는데, 나는 그가 심각한 실수를 했다고 믿는다.[62]

우리의 이성은 한 가지 논리적 실수에 빠지기가 아주 쉽다. 하나의 전문용어 아래 여러 가지 것을 포괄하는 것이 그것이다. 그리하여 우리는 샤머니즘이라는 개념 아래 다수의 극히 다양한 믿음을 집어넣는다. 따라서 샤머니즘에 대해 말하기 전에 이 개념을 보다 명확하게 해야 한다. 무당은 정령, 즉 세계정신이 아니라 개인적인 여성 정령에게 남편으로 선택된 남자이며, 이 때문에 그는 이 정령의 보호를 누린다.[63] 정령의 보호 덕분에 무당은 점을 치고 치료를 할 수도 있으니,

---

61) *Puteshestvie v vostochnye strany Plano Karpini i Rubruka*, p. 30, 주 1; pp. 149~151.
62) N. Veselovskii, "O religii tatar", pp. 81~82.

곧 다른 정령을 쫓아낼 수 있고 안식처까지 죽은 자의 혼을 따라갈 수 있다. 후대의 몽골족 중 이와 같은 무당이 있었음은 의심의 여지가 없지만 코코추-테브-텡게리Kököchü-Teb-Tenggeri의 이미지는 전혀 그렇지 않다. 테브-텡게리는 마법에 종사하지 않고 하늘의 의지를 예언한다.

이 사제와 굿(본질적으로 이것이 무당이 행하는 것이다)을 하는 광적인 영매 사이에 우리가 자의적으로 부여한 이름 이외에 어떤 공통점이 있을까? 『숨겨진 이야기』에 진정한 샤머니즘 행위에 대한 묘사가 있기는 하다. 오고타이의 생명을 친척의 생명으로 되살려 그를 치료한 것이 그것이다.[64] 그러나 그러한 치료를 위해 불려온 사람은 중국의 무당들, 곧 하라-키타이의 무당들이었다.

카르피니와 뤼브뤼크도 우리에게 샤머니즘에 대해 말해주지만 그들은 무당을 캄이라고 부른다. 이것은 알타이 투르크 말로, 13세기에 샤머니즘은 알타이에서 상당히 발전해 네스토리우스교와 공존했다. 예컨대 라시드 앗 딘은 나이만 칸이 한때 신령에 대해 워낙 큰 힘을 행사한 나머지 그가 그들의 젖을 짜 마유주를 만들곤 했다고 말한다. 하지만 몽골 본토에 관한 한 전통적 관점을 포기하고 몽케 칸에게 동의하지 않을 수 없는데, 그는 뤼브뤼크에게 몽골족이 〔마법사들이 아니라 — 구밀료프〕 예언자들을 통해 유일신의 의지를 안다고 말했다.

그렇다면 제한적이고 직접적인 의미에서의 샤머니즘은 몽골 바로 옆에서 아마도 같은 시기에 하나의 이념 체계로 발전한 것이라는 생각이 든다. 우리는 샤머니즘을 하라-키타이족과 나이만족 가운데서 발견했기 때문에 샤머니즘의 기원을 이 민족들의 고향, 곧 만주에서 찾는

---

63) L. Ya. Shternberg, *Pervobytnaya religiya*.
64) *Sokrovennoe skazanie*, § 272.

것이 당연하다. 사실 연구자들은 샤머니즘의 관념, 의례, 용어를 여진족의 금 제국에서 찾는다. 어떤 연구자들은 '무당'이라는 말 자체를 여진족 말로 생각하고[65] 여진족을 샤머니즘의 창조자로 생각한다.[66] 여진족은 탁월한 능력을 가진 사람을 무당으로 여겼는데, 이는 우리가 그런 사람들을 '천재'라고 부르는 것과 마찬가지니, 라틴어 '*genius*'는 원래 씨족을 보호하는 영이라는 뜻이다.[67]

거란족은 심지어 무당의 위계서열까지 갖고 있었다. 보통의 무당은 치료하고 마법을 행했지만 요 제국에서는 고위직을 가진 최고 무당의 인도 아래 비밀 의례가 열리기도 했다. 이 진정한 샤머니즘은 만주 의례가 통일된 1714년에 기록되었다. 만주족의 신은 남녀 무당을 통해 만주족과 연결되는 정령으로 정의되었다.[68] 요컨대 샤머니즘 역시 국가의 세계관이었다. 몽골족의 경우는 그렇지 않지만 그들 동쪽 이웃의 경우에는 그러했다. 유신론적 이념 체계와 강신술적 이념 체계는 여러 세기에 걸쳐 이웃이었고 공존했으며 상호작용했지만 교리와 기원은 달랐기 때문에 융합되지는 않았다. 샤머니즘이 보다 지속적인 것임이 드러났고, 몽골에서 사라진 고도로 발전된 종교, 곧 본교와 네스토리우스교를 패배시켰다. 19세기 학자들은 이로 인해 혼란을 일으켜 고대의 모든 신앙을 함께 뭉뚱그리려 했다. 그러나 그러한 사건들을 목격한 동시대인들에게는 몽골 종교와 다른 아시아 숭배 사이의 차이가 명백했다. 모든 지식 있는 관찰자들은 몽골 신앙을 일신교로 여겼

---

65) M. V. Vorob'ev, "O proiskhozhdenii", p. 47.
66) S. M. Shirokogoroff, *Social Organisation*, p. 86.
67) M. V. Vorob'ev, "O proiskhozhdenii."
68) K. A. Wittfogel and Fêng Chia-Shêng, *History*, p. 14.

지만 무슬림도 또 기독교인도 몽골 신앙과 자신들의 신앙 사이에서 유사성을 보지 못했다.

따라서 고대의 몽골 종교는 존재론(창조자이자 부양자로서 하나 속의 두 신이라는 가르침), 우주론(서로 소통할 수 있는 제3계라는 관념), 윤리학(거짓말에 대한 비난), 신화론('태양인'으로부터의 기원이라는 전설), 귀신학(조상의 정령과 자연의 정령의 구분)을 가진, 주의 깊게 조탁된 세계관으로 우리 앞에 나타난다. 고대의 몽골 종교는 불교, 이슬람, 기독교와 너무나 달라 이들 종교의 대표자 사이의 접촉은 정치적일 수밖에 없었다. 더욱이 고대의 몽골 문화는 너무나 특수해 이로부터 차용한 것이나 그냥 남모르게 참고한 것조차 쉽게 인지되었다. 우리는 이제 우리에게 가장 익숙한 상황, 곧 12~13세기의 고대 루스족을 예로 들어 이를 다룰 것이다.

5부

생각의 나무의 삼면경

자기기만을 극복하려는 시도

| 말로 표현된 사상 |

논의를 풀어나가기 위해 고대 저자들의 글이 우리와 우리 시대에 대해 어떤 의미를 갖는지 하는 문제로 되돌아가 보자. 미학적 감상이나 찬탄을 목표로 삼는 초보적인 고풍 취미를 별도로 치면 고대 저자들의 글에 대해 두 가지 인지적 접근법이 가능하며 둘 다 학술적인 것이다. 사료 연구와 역사 연구가 그것이다.

첫 번째 접근법에서는 저작이 정보의 원천으로 간주된다. 바꾸어 말해 우리는 저작에서 정보의 조각을 빼내 우리의 무지의 빈틈을 메우려고 한다. 대체로 이것은 성공하지만 그 결과는 앞서 살펴본 대로 항상 기대했던 것 이하이다. 정보란 불완전하기 마련이기 때문에 그럴 수도 있고, 우리 자신이 정보를 부적절하게 취급하기 때문에 그럴 수도 있다. 하지만 이 접근법을 회피할 수는 없다. 오직 이런 방식으로만 우리는 일차 정보를 획득해 이를 역사적 비판을 통해 다룰 수 있기 때문이다.

극히 드물게 이용되는 두 번째 접근법에서는 문학적 저작을 역사적 사실 또는 사건으로 간주한다. 예컨대 1517년 10월 31일에 루터가 비텐부르크 성당의 문에 95개조 반박문을 못으로 박아 공표한 일은 두 해 전에 일어난 마리냐노Marignano 전투[이탈리아전쟁(1494~1559년) 중에 치러진 프랑스군과 오스트리아군 사이의 전투로, 1515년 9월 13~15일에 오늘날 멜레냐노Melegnano라고 불리는 도시 인근에서 일어났다]와는 어떻게 다른가?

결과만 놓고 판단한다면 프랑수아 1세가 지휘한 프랑스군 전체보다 한 가난한 수도사가 더 많은 일을 했다. 그러나 우리가 평가를 삼간다고 해도 두 가지 일 모두가 역사가에게는 사실, 곧 역사의 탄생의 척도이다. 우리는 고대 러시아 문학작품 『이고르 원정기』에 접근할 때 바로 이 각도에서 접근하고자 하지만 다른 방법으로 작업하고 또 다른 목표를 설정하는 언어·문학 전문가와 경쟁할 생각은 전혀 없다. 우리는 아직 아무도 하지 않은 방식으로, 곧 유목민 역사가의 눈으로 아시아 초원 지대의 심층으로부터 우리의 관심 주제를 바라보려고 한다.

『이고르 원정기』는 망각의 안개 속에서 나오던 순간부터 논쟁을 야기했다. 세 가지 관점이 형성되었다. 먼저 현재 문학 연구에서 지배적인 첫 번째 관점. 『이고르 원정기』는 동시대인에 의해 쓰여진, 아마도 서술되는 사건들에 직접 참가한 사람에 의해 쓰여진 12세기 작품이다.[1] 두 번째 관점. 『이고르 원정기』는 이국적인 고대에 대한 열풍이 시작된 18세기에 쓰여진 위작이다. 이 생각은 지금도 사라지지 않았으며, 프랑스의 슬라브 연구자 마종[2]과 소비에트 역사가 지민의 저작들

---

[1] *Slovo o polku Igoreve-pamyatnik XII v.*, 1962.
[2] A. Mazon, "Les bylines russes"와 *Revue des études slaves*, 1938~1945에 들어있는 논문들.

이 이 생각을 대표한다. 그러나 지민3)의 저작은 아직 출간되지 않았고, 따라서 여기서 고려될 수 없다. 세 번째 관점. 『이고르 원정기』는 고대 러시아 문학작품이지만 12세기 이후에 쓰여졌다는 것으로, 스베치츠키와 벨랑4) 그리고 알쉬츠Al'shits가 제시한 견해이다. 스베치츠키와 벨랑은 이 저작이 15세기에 나왔을 가능성이 높다고 제안했고, 알쉬츠는 13세기 초 전반이라고 본다.

이 문제의 역사는 워낙 길어5) 여기서 일일이 재검토하는 것은 아무런 의미도 없다. 가능한 연도의 상한선을 지적하는 것으로 충분할 것이다. 리카체프는 『자돈시치나Zadonshchina』[1380년에 돈 강 연안인 쿨리코보Kulikovo에서 일어난 전쟁 이야기]가 『이고르 원정기』에서 빌려온 요소들을 담고 있으므로 『이고르 원정기』가 쿨리코보 전쟁보다 더 오래되었음을 보여주었다.6) 따라서 이후의 모든 연도는 무너지지만 이 논의 자체가 리카체프가 제시한 1187년이라는 연도가 의심스러움을 보여준다. 따라서 우리는 추가적인 새로운 자료와 새로운 접근법을 제시한다.

선배들이 이룩한 것을 반복하지 않기 위해 우리는 리카체프7)가 문제를 남겨둔 몇몇 경우를 제외하고는 그의 철저한 주석을 우리 논의의 기초로 삼을 것이다. 그러나 우리는 어문학적 접근법과 달리 작품에서 서술되는 사건들이 과연 가능했느냐 하는 관점에서 작품의 내용을 고

---

3) A. A. Zimin, "Kogda bylo napisano 'Slovo'", pp. 135~152.
4) I. Sventsitskii, *Rus' i polovtsi*; A. Vaillant, "Les chants épiques"; V. V. Vinogradov, *Istoriya russkogo literaturnogo yazyka v izobrazhenii akad. A. A. Shakhmatova*, p. 77.
5) *Slovo o polku Igoreve*, 1947, pp. 7~42를 보라.
6) D. S. Likhachev, "Cherty podrazhatel'nosti 'Zadonshchin.'"
7) *Slovo o polku Igoreve*, 1950, pp. 352~368. 아래에서부터 페이지는 본문에서 (괄호 안에) 주어진다.

찰한다. 다시 말해 이고르의 원정에 대한 서술을 세계사의 캔버스 위에 올려놓고, 몽골과 데쉬트-이-킵차크Desht-i-Kipchak[유라시아 초원 지대 서부를 가리킨다. 데쉬트-이-킵차크라는 표현은 이슬람 사료에서 사용되는 표현이며, '킵차크족의 초원 지대' 혹은 '킵차크족을 보호하는 외국 땅'이라는 뜻이다] 초원 지대의 당시 상황을 고찰한다. 마지막으로 우리는 어떤 문학작품이든 분명한 이유를 갖고 특정한 순간에 쓰여지며, 독자들에게 무엇인가를 납득시키려고 한다는 사실에서 출발하려고 한다. 우리가 관심을 가진 저작이 누구를 위해, 무엇을 위해 쓰여졌는지를 이해한다면 역의 사고 과정을 통해 해당 저작의 내용 및 성향과 일치하는 특정한 순간을 발견할 수 있을 것이다. 그리고 이런 점에서 우리가 발명품을 다루는지 아니면 저자의 창조적 사고의 프리즘을 통과한 진짜 사건을 다루는지는 중요하지 않다. 천재적인 문학작품이 창작되고, 그것이 동시대 독자들에게 영향을 미쳤다는 것 자체가 역사가가 다룰 수 있는 하나의 사실이기 되기 때문이다.

| 당혹스러움 |

보통 『이고르 원정기』는 루스족에게는 낯선 초원 지대 문화의 대표자인 뽈로베쯔족에 맞서 루스 대공들에게 단결과 투쟁을 호소하기 위해(252쪽) 1187년에 쓰여진 애국주의 작품으로 간주된다(249쪽). 또한 이 호소는 '그것이 의도했던 사람들,' 곧 1197년에 반反뽈로베쯔 연합을 조직한 속령의 대공들에게 도달했다고 가정된다(267~267쪽). 이 생각은 사실 『이고르 원정기』에 대한 문자 그대로의 이해에서 나오는 것이며, 따라서 얼핏 보기에 유일하게 올바른 생각인 것 같다. 그러나

우리가 『이고르 원정기』를 일련의 사실과 비교해보고, 또 루스에서 그리고 인접한 땅들에서 일어난 복잡한 사건 전체를 고려하면서 이 작품을 '옆에서' 바라보면 아주 곤란한 당혹스러움이 즉시 생겨난다.

첫째, 주제의 선택이 이상하다. 이고르의 원정은 정치적 필요성 때문에 이루어진 것이 아니었다. 1180년에도 이고르는 뽈로베쯔족과 가까운 동맹 관계에 있었다. 1184년에 그는 뽈로베쯔족에 대한 전쟁에 참전하기를 거부했다. 그의 힘으로 막 키예프의 왕위에 오른 올고비치 Ol'govich가의 사촌 브세볼로도비치Svyatoslav Vsevolodovich가 전쟁을 이끌고 있었는데도 말이다. 그리고는 갑자기 아무런 이유도 없이 자신의 허약한 군대와 함께 흑해와 카스피해까지 이르는 초원 지대 전체를 획득하려는 전쟁에 투신한다(243~244쪽). 이고르는 자신의 작전을 저 키예프 대공과 조정하는 데도 동의하지 않았다. 아무런 준비도 없던 이 전쟁은 당연히 파국으로 끝났지만 이 참사에 책임이 있는 그가 목숨을 구해 키예프로 가서 처녀 피로고시차Pirogoshcha에게 기도할 때 온 나라는 정당하게 분개하는 대신 크게 기뻐하고 즐거워하면서 전투에서 죽은 사람과 포로로 잡힌 사람들을 잊어버린다. 도대체 왜?

『이고르 원정기』의 저자가 아무런 군사적·정치적 중요성이 없는 비성공적인 충돌에 대해 이야기하려 했던 것이 아니라 뭔가 중요한 것을 독자들에게 전하려 했음은 너무나 명백하다. 따라서 『이고르 원정기』의 취지는 교화적인 것이며, 거기에 나오는 역사적 사건은 저자 자신의 희망을 표현하기 위한 구실일 뿐이다. 리카체프는 고대 루스 문학이 역사주의에 투철해 창작된 주제들은 인정하지 않았다고 지적해왔으며(240쪽), 따라서 우리는 그러한 교화의 이면에 하나의 사실이 깔려 있는 데 놀라서는 안 된다. 따라서 『이고르 원정기』의 취지는 서술되는 사건에 있는 것이 아니라 그로부터 나오는 결론에 있다. 즉 저자의 호소 대상이던 '형제들'에게는 절대적으로 분명했던 어떤 암시가 그러한 취지였다는 것이다. 그렇지 않다면 왜 그렇게 생각 깊은 작품을 썼겠는가? 그러한 암시는 20세기 독자들에게는 불분명하다. 왜냐하면 뽈로베쯔족에 맞서 싸워야 한다는 호소는 1113년에 모노마흐Vladimir Monomakh가 아주 단순명쾌하게 제기한 것이었고, 백성과 대공들 역시 별 어려움 없이 이해해 12세기 초만 해도 아무 의심도 불러일으키지 않는 일반적 진실이었기 때문이다. 그러나 12세기 말에 이르러서는 루스족이 뽈로베쯔족을 명백히 압도하게 되었기 때문에 이 호소가 더 이상 시국에 맞지 않게 되었다. 당시 뽈로베쯔족은 기독교를 크게 받아들이고 있었고8), 루릭Rurikid 왕조[862~1598년까지 러시아를 지배한 왕조]의 군주들만큼 내전에 휩싸여 항상 루스 대공 중 한 명과 동맹을 맺고 있었다. 이런 때 사람들에게 동원을 호소하는 것은 어리석다. 그러나 그것이 다가 아니다. 다시 생각해보면 '호소' 자체가 그에 못지않은 의심을 불러일으킨다.

지금까지 서술된 입장에서 보면 『이고르 원정기』의 저자는 루스족

---

8) 수도사 니콘Nikon의 『삶』과 포로로 잡힌 뽈로베쯔인의 『이야기』는 우리에게 뽈로베쯔족의 기독교화에 대해 말해준다. 다음과 같은 사실도 알려져 있다. 뽈로베쯔 칸 바스티Bastii는 타타르족에 맞서 루스족과 동맹을 맺기 위해 1223년에 세례를 받았다(*Polnoe sobranie russkikh letopisei*, 이하 *PSRL*, II, p. 741; p. x, p. 90). 헝가리로 이주한 뽈로베쯔인들은 기독교인이 되었다. 우리는 뽈로베쯔 칸 아무라트Amurat가 1132년에 랴잔에서 그리고 아이다르Aidar가 1168년에 키예프에서 세례를 받은 것을 알고 있다(*PSRL*, IX, p. 158, p. 236). 『키리크의 질문』에도 이런 이야기가 있다. "수도사이자 주교인 루카 오브도킴Ovdokim은 나에게 교리문답 수강생들을 위한 기도를 어떻게 행하는지 가르쳐주었다. 볼가르족, 뽈로베쯔족 혹은 추드족은 교회를 떠나고, 아울러 세례 전 40일 간의 금식 지침에서 벗어날 것이다"(*Khrestomatiya po russkoi istorii*, p. 858). G. A. Fedorov-Davydov, *Kochevniki Vostochnoi Evropy*, p. 201에서 재인용.

에게 외환을 초래한 대공들에 대해 부정적인 태도를 가졌을 것이다. 저자는 루스 땅의 모든 화가 올레그Oleg Svyatoslavich 에게서 비롯되었다면서 그에 대해 아낌없이 비난을 퍼붓는다. 하지만 그가 옳았을까? 올레그는 키예프의 황금 옥좌를 물려받았어야 했지만 법외 추방자로 선언되고 계승 — 또는 당시 말로는 사다리 — 문제에서 지위를 박탈당했다가 배신으로 체포된 후 비잔티움 황제 니케포루스 3세Nicephorus III(찬탈자)와 키예프 대공 브세볼로드Vsevolod I Yaroslavich 1세 사이의 합의에 따라 로도스 섬으로 유형당했다(1079년). 저자가 올레그에게 왜 부정적인 태도를 갖는지는 다음과 같은 사실로 설명될 수 있을지도 모른다. 이 일이 일어나기 한 해 전에 올레그는 뽈로베쯔족의 도움으로 고향 체르니고프를 얻은 다음, 1078년 10월 3일에 네자티나 니바Nezhatina Niva에서 유혈 충돌을 야기했는데, 이로 인해 역시 법외 추방자였던 보리스Boris Vyacheslavich와 키예프 대공 이지아슬라프Izyaslav Yoroslavich가 죽었던 것이다. 그렇다 치자. 그러나 이 일이 있기 한 해 전에 폴로츠크 공국을 파괴하려고 뽈로베쯔족을 루스로 데리고 온 첫 번째 사람은 올레그의 적 모노마흐였다. 그렇다면 왜 올레그를 이렇게 냉대할까?

올레그는 뽈로베쯔족에게 처음으로 도움을 청한 사람은 아니었지만 더 큰 규모로 도움을 청했던 것일까? 검토해보자. 1128~1161년까지 올레그의 후손들은 뽈로베쯔족을 루스로 15차례 불러들였지만[9] 모노마흐는 혼자서 19번을 불러들였다.[10] 여기서는 역사적 사실이 문제가 아니라 바로 올레그에 대한 『이고르 원정기』 저자의 적대적 태도가 문

---

[9] S. A. Pletneva, "Pechenegi", p. 222.
[10] S. M. Solov'ev, *Istoriya Rossii*, I, p. 374.

제인 것처럼 보인다. 저자는 왜 그러한 태도를 취할까?

체르니고프를 둘러싼 모노마흐와 올레그 간의 적대는 대공들의 투쟁에서 흔히 보이는 특징을 갖고 있어서 루스 사회에 대한 격렬한 비난을 야기하지는 않았다. 올레그에 대한 그러한 태도, 첨예한 부정적 태도는 1095년 이후에야 나타났다. 그 후 모노마흐는 협상하자며 뽈로베쯔족의 칸 이틀라르Itlar를 끌어들여 배신해 죽이고 수행원들을 살육했으며, 체르니고프의 손님인 이틀라르의 아들을 죽이기 위해 올레그에게 그를 넘기라고 요구했다. 12세기까지만 해도 배신은 루스에서 미덕으로 여겨지지 않았다. 올레그는 거부했다! 대주교의 법정에 소환되었을 때 올레그는 "나는 주교들, 수도원장들, 농민들smerd에게 가서 재판받지 않겠다"11)고 선언했다. 이후에, 바로 이후에야 올레그는 러시아 땅의 적으로 선언되었고, 이는 그의 자식들에게도 연장되었다.

올레그의 후손을 홀대하는 태도는 보편적이지 않았다. 이 태도는 오히려 이지아슬라프Izyaslav Mstislavich 왕과 그의 아들을 지지하는 집단의 강령이었다. 그러나 『이고르 원정기』의 저자가 바로 그러한 관점을 갖고 있는 것이 중요하다.12) 양편의 적대는 유목민 때문에 비롯된 것이 아니었다. 양편 모두 뽈로베쯔족, 토르크Tork족[중세 투르크족의 하나로 킵차크나 오구즈에서 기원했을 것으로 추정된다], 베렌데이Berendei족[투르크족의 하나], 심지어 무슬림 볼가르족까지 동맹으로 끌어들였다. 예컨대 1107년에 모노마흐, 올레그, 다비드David Svatoslavich는 동시에 아들들을 뽈

---

11) 앞의 책, p. 379.
12) 상반되는 견해에 대해서는 A. V. Solov'ev, "Politicheskii krug avtora 'Slova o polku Igoreve'", p. 87 이하; V. G. Fedorov, *Kto byl avtorom "Slova o polku Igoreve" i gde raspolozhena reka Kayala*, pp. 128~144를 보라. 『이고르 원정기』의 역사적 의미에 대한 우리의 분석은 이 문제를 다른 차원 위에 놓는다.

로베쯔 여자와 혼인시켰다. 그래도 차이는 있었다. 올레그와 그의 자식들은 뽈로베쯔 칸들과 친구였지만 모노마흐와 그의 후손들은 그들을 이용했다. 이 미묘한 차이는 이 시기에 대해서는 중요한 의미를 갖는 바 올레그를 비난하는 『이파티예프 연대기Hypatian Chronicle』의 저자와 『이고르 원정기』의 저자의 관점이 루스에서 유일한 관점일 수는 없었기 때문이다. 분명히 올레그를 미화하는 체르니고프 전통이 존재했음에 틀림없다. 체르니고프의 연대기는 우리에게 전해져 내려오지 않지만 프리셀코프는 이 연대기가 "1200년의 키예프 대공 합본의 세 번째 원천으로 이 합본에 발췌적으로 이용되었음"13)을 밝혔다. 하지만 프리셀코프의 견해에 따르면 『이고르 원정기』의 저자는 올레그에게 적대적인 키예프 전통을 선호하며, 그가 체르니고프 연대기와 동감하는 부분이라면 이고르에 대해서밖에 없다. 체르니고프 연대기는 그를 '신실한 대공'이라고 부르는 것이다. 이고르와 그의 할아버지는 놀랍도록 극명하게 대비된다. 이 대비는 초원 지대에 대한 태도와 키예프 대주교국에 대한 태도라는 두 축을 따라 진행된다!

사실 두 대공 집단 사이의 적대는 올레그의 법외 추방과만 관련되어 있지 않다. 아무튼 세베르스크Seversk 땅의 도시민도 그러한 적대에 가담했으며, 그들의 지지가 없었다면 올레그 왕실의 후손들은 장기간 싸울 수 없었을 것이다. 여기서 우리는 이 문제의 진상에 가까이 다가선다. 좀 더 정확히 말해 한 가지 가설을 세울 수 있게 되는데, 이 가설이 올바르다면 이 문제를 해결할 수 있을 것이다. 해답의 열쇠는 『이고르 원정기』의 텍스트에 나오는 어떤 말들 속에 그리고 11~13세기까지

---

13) M. D. Prselkov, *Istoriya russkogo letopisaniya XI-XV vv.*, pp. 49~52; P. Golubovskii, *Istoriya Severskoi zemli*, p. 90.

루스와 초원 지대 사이의 상호관계 속에 들어 있다.

| 미지의 땅 |

거친 유목 초원 지대는 루스의 정주 문화와 대립하며 거의 19세기까지 항상 싸웠다는 견해가 있다. 이 견해는 일반에게 광범위하게 퍼져 있고, 심지어 학술 서적에서도 발견된다. 이와 같은 과잉 일반화는 그 자체로 부자연스럽지만 이로부터 도출된 편협한 견해, 곧 초원 지대는 '정치적'·민족적 통일체라는 견해는 전혀 받아들일 수 없다. 우리의 12세기 선조들이 아무 이유도 없이 초원 지대를 '미지의 땅'이라고 부르지는 않았을 것이다. 이 규정은 이후 시대에도 적용될 수 있다.

무엇보다 먼저 물리적 지리 면에서도 초원 지대는 유라시아 삼림 지대보다 더 다양하다. 드네프르 강과 돈 강 사이의 풀이 많은 초원 지대는 카스피해 지역의 건조한 흑토나 볼가-우랄 합류 지역의 린Ryn 모래밭과 다르다. 볼가 강 유역과 삼각주는 일반적으로 어느 지대에도 속하지 않아 건조 지대의 일반적 특징을 갖고 있지 않으며, 코카서스의 산기슭도 흑해의 해변도 그렇다. 사람들은 저마다 이 상이한 지리 조건들 속에서 살았고, 서로 아주 달랐다. 이것이 '미지의 땅'의 민족 지도가 11세기 중반에 보여준 모습이었다.

정교도인 하자르족의 후손들은 돈 강과 테레크 강 유역을 차지한 반면 그들의 무슬림 동포는 볼가 강 삼각주와 범람 초지에 거주했다. 야시족(오세티아족)과 카소그족(체르케족)은 쿠반 강 지역에 거주했고, 아직 코카서스 산맥으로 쫓겨나지 않은 상태였다. 고트-테트라자이트족Goths-Tetraxites은 흑해 해변을 지켰다. 카마-볼가르족Kama-Bolgars은 볼가 강 왼쪽, 초원 지대 유역을 관할한 반면 모르드바족Mordva과 부르타족Burtas은 오른쪽, 높은 유역을 지켰다. 이 모든 사람이 정주 생활을 했다. 유목민은 초원 지대의 분수령만 차지했지만 거기서도 그들이 유일한 집단은 아니었다. 토르크족, 베렌데이족, 흑건족Kara-Kalpak은 진정한 초원 지대 거주자인 뽈로베쯔족이 무서워 러시아 국경 쪽을 압박했다.

루스-뽈로베쯔 관계는 긴 진화 과정을 겪었다. 1054년에 뽈로베쯔족은 구즈족과 페체네그족에 대한 승리에 취해 정복 민족으로 루스의 국경에 나타났다. 1068년에 그들은 알타Alta 강에서 러시아 대공들을 패배시켰고, 동유럽의 정복이 가까이 다가온 것처럼 보였다. 하지만 루스의 요새들의 성벽은 그들의 습격을 저지시켰고, 1115년까지 전쟁이 끈질기게 계속되었다. 이 전쟁에서 뽈로베쯔 부족 연합은 루스 속령 대공들 사이의 내분을 이용했다. 그러나 뽈로베쯔족의 승리는 일시적이었다. 모노마흐가 내부 평화를 확립하자마자 그는 전쟁의 무대를 초원 지대로 옮기고 뽈로베쯔 연합을 대파했다. 이것은 본질적으로 초원 지대의 정복이었다(하지만 결코 초원 지대의 예속이라고 할 수는 없었으니, 이는 당대에는 성취될 수 없는 것이었다). 뽈로베쯔족은, 예컨대 폴로츠크나 노브고로드 땅이 그랬듯이, 자치권을 잃지 않은 채 키예프 공국 체제에 들어갔다. 그들은 올레그와 모노마흐 후손들 사이의 투쟁에 더 이상 독립적인 세력으로 참가하지 못했고, 보조적인 세력으로만 참가할 수 있었다. 그들은 루스 전체에 대해 감히 맞서지 못했다. 따라서 이전의 대립을 제거한 통일된 루스-뽈로베쯔 체제가 형성되었다고 말하는 것이 보다 올바르다. 바로 이 때문에 루스 대공들이 1223년에 뽈로베쯔족을 거들었던 것이며, 이는 몽골족을 당혹하게 해 1236년에 바투의 전쟁을 초래했다. 1186년의 이고르의 원정은 12세기의 루스-뽈로베쯔 관계의 일반적 유형을 따른 것이 아니었고, 그래서 『이파티예프 원정기』의 저자와 『이고르 원정기』의 저자가 거기에 특별히 주목했던 것이다.14) 관심이 이렇게 높아진 원인에 대해서는 다른 곳에서 다시 논의할 것이다.

그리하여 965년의 하자르 한국의 멸망에서 1241년의 황금군단의 창건에 이르기까지 초원 지대의 통일은 없었고, 초원 지대가 루스 땅에 가하는 위험도 없었다. 하지만 『이고르 원정기』는 아주 다른 분위기에 젖어 있으며, 이로 인해 우리 자료의 저자가 무엇인가를 마음에 담아 두고는 있지만 직접적으로 말하려 하지 않았다는 생각이 든다. 이러한 의심 때문에 우리는 이 저작으로 되돌아가 적절히 설명되지 않았던 어떤 오리엔탈리즘에 초점을 맞추어야 한다. 의심의 여지가 없는 사실에 확고히 서기 위해 미리 모든 편견을 버리기로 하자.

| 킨 |

『이고르 원정기』에는 킨이라는 신비한 이름이 세 번 언급된다. 리카체프가 판단하기에 그것은 "어떤 미지의 동방 민족으로, 그들에 대한 소문은 가장 동쪽에 있는 민족들로부터 입으로 그리고 구전문학을 통해 비잔티움에 도달할 수 있었다"(429쪽)는 것이다. 그러나 이런 이름을 가진 민족은 없었다!15) 더욱이 킨은 루스의 이웃으로 언급되고 있

---

14) A. A. Zimin, "Ipat'evskaya letopis' i "Slovo o polku Igoreve", pp. 43~64도 보라.
15) 민족명 '훈'을 '힌Hin'으로 대체하려는 시도(G. Moravcsik, "Zur Frage hunnobe", pp. 69~72; A. V. Solov'ev, "Vosem' zametok", pp. 365~369)는 언어학적으로나(u는 i로 되

다. 이고르의 패배는 "킨족에게 대담함을 가져다주었다"(20쪽). 두 명의 서쪽 루스 대공, 즉 볼린의 로마누스Roman of Volyn'와 고로드노의 므스티슬라프Mstislav of Gorodno의 전사들은 '킨'과 리투아니아 부족에게 위협이 되고 있다(23쪽). 마지막으로, 야로슬라브나의 한탄에 나오는 '킨의 화살'은 『이고르 원정기』의 독자들이 완벽히 알고 있는 이미지이다. 그래서 이 말은 루스에서는 잘 알려져 있었다. 이 세 개의 인용문과 합치하는 유일한 말은 여진 제국의 이름 금Kin(현재는 진으로 읽히며 '金'이라는 뜻이다)(1115~1234년)이다.16) k를 kh로 대치하면 k음을 갖고 있지 않던 몽골족을 통해 이 말이 루스에 이르렀음을 알 수 있다.17) 그렇다면 이 정보는 12세기가 아니라 13세기에서 온 것이며, 1223년에 칼카 강 전투보다 더 이르지 않고 아마 1234년보다는 늦을 것이다. 이유는 이렇다.

금 제국은 알타이에 이르는 대초원 지대의 동쪽 절반에 대한 지배권

지 않는다) 역사적으로 받아들일 수 없다. 마지막 훈족인 아카치르족Akatsir은 463년에 볼가르족에게 멸망당했다. 6세기에 그리스 저자들은 쿠투구르족Kutugur을 계속해서 비유적으로 훈족이라고 불렀지만 7세기에는 이 이름이 사라진다. 비잔틴인들은 9세기에 헝가리족을 비유적으로 '투르크족'이라고 불렀다. 그리하여 뽈로베쯔족과 기타 11~13세기의 초원 지대 민족들에게는 훈이라는 이름이 그렇게 많이 적용되지 않았다. 따라서 훈이라는 이름은 야만을 의미하는 것으로도 또 의고주의의 표출로서도 『이고르 원정기』 저자 입에서는 나올 수 없었다.
16) 야쿠보프스키는 '황금군단'이라는 말을 분석하면서 이를 여진 왕조의 이름과도 비교함으로써 다른 경로를 통해 같은 결론에 도달했다(B. D. Grekov, A. Yu. Yakubovskii, *Zolotaya orda*, p. 60을 보라).
17) k음은 서몽골어 혹은 칼미크어에 존재하지만 칼미크어는 이 언어를 말하는 민족처럼 13세기 후반 동몽골 주민과 현지 투르크 주민이 뒤섞이면서 형성되었다(B. Ya. Vladimirtsov, "Turetskie elementry v mongol'skom yazyke", p. 159; G. E. Grumm-Grzhimailo, "Kogda proizoshlo i chem bylo vyzvano raspadenie mongolov na vostochnykh i zapadnykh", pp. 167~177). 지민은 이 의견을 수용했다. A. A. Zimin, "K voprosu o tyurkizmakh", p. 142를 보라.

을 주장했고, 그곳에 존재하는 부족 국가들을 봉신으로 간주했다. 이 종주권은 실질적인 것이 아니라 법률적인 것이었고, 케라이트족, 몽골족, 타타르족은 이 제국 — 여진으로서의 제국이 아니라 금으로서의 제국 — 의 신민으로 여겨졌다. 이와 같은 관례적 명칭은 아시아에서 아주 널리 퍼져 있었다. 따라서 칭기즈칸 이전의 몽골족은 타타르족이라고 불렸는데, 왜냐하면 타타르 부족이 초원 지대의 지도자였기 때문이다. 이후 칭기즈칸에게 정복당한 부족들은 몽골족 혹은 옛 기억에 따라 타타르족이라고 불리기 시작했고, 이 이름은 볼가 투르크족 집단에게도 덧붙여졌다.

14세기에는 '킨'이라는 이름이 황금군단 타타르족에게 덧붙여졌다. 『자돈시치나』에서는 이렇게 설명되고 있다. "동쪽에는 노아의 아들 셈의 무리가 있는데, 이 사람에게서 킨족, 이교도 타타르족, 부수르만Busurman족이 내려왔다. 카얄라Kayala 강에서 그들은 자페트Japhet 씨족을 이겼다. 그 후 루스의 땅은 슬프다. ……" 마마이의 장교가 킨 사람이라고 불리고, 마지막으로 이런 말이 나온다. "강철 검이 쿨리코보의 들판에서 킨 투구를 때리며 소리를 낸다."[18]

아시아의 역사를 이해하려면 국적과 국가명이 20세기 전까지는 존재하지 않았음을 충분히 받아들여야 한다. 그리하여 여진 제국이 몽골족에게 정복당한 후에도 킨이라는 이름이 민족적 의미에서가 아니라 정치적 의미에서 몽골족에게 계속 적용되었다. 하지만 이 이름은 몽골과 원이라는 새로운 정치적 이름으로 교체되었다. 킨이라는 이름이 이 새로운 이름들과 더불어 몽골족에 대해 계속 쓰일 수 있던 시기는 13

---

18) *Zadonshchina*, p. 535, p. 538, p. 539, p. 543, p. 544, p. 547.

세기 중반밖에 없다. 그렇다면 킨족은 황금군단의 몽골 타타르족으로 이해되어야 하며, 따라서 『이고르 원정기』의 주제는 그 자체가 암호에 불과하다. 그렇다. 이것이 우리의 추측이며, 그렇지 않다면 청색Sinyaya 군단 ― 황색군단 ― 이라는 러시아 이름이 달리 설명될 길이 없다. 이 말은 중국어 킨에 대한 문자 그대로의 번역이다.19) 그리고 이 이름이 등장한 이유는 쿠빌라이의 군대가 루스족과 뽈로베쯔족으로 보충되었듯이 바투의 부대도 투항 여진족으로 강해졌기 때문일 것이다. 이러한 고찰에 기초해 우리는 『이고르 원정기』에 나오는 '킨의 화살'에 대한 언급이 무엇을 의미하는지 추측할 수 있을 것이다.

| 킨의 화살 |

중세 때 화살은 공급 부족이었다. 좋은 화살을 만드는 것은 쉽지 않았는데, 화살은 빨리 소비되었다. 따라서 몽골족이 여진족의 무기고를 장악한 후 한 동안 화살 공급을 확보했던 것은 분명하다. 『이고르 원정기』의 저자에게 킨의 화살, 곧 몽골의 화살은 아주 명확한 개념이었고, 이는 그의 독자들에게도 그랬다. 그와 관련된 비밀은 무엇일까?

---

19) 중세 중국어를 현대 중국어로 읽는 최근의 습관은 유감스러운 일이다. 글쎄, 중국 용어는 중국인 자신이 알아서 하겠지만 투르크어와 몽골어는 전혀 알아볼 수 없이 왜곡되었고, 이것이 연구자들을 혼란시킨다. Khin과 Jin은 다르게 들리지만 Kin이 고전 동양학자들의 문헌에서 받아들여지고 있고, 12~13세기의 음소와 상응하며, 올바른 연상을 불러일으킨다. 허구적 정확성을 위해 우리 동료들의 짐을 더하기보다 덜어주는 것이 더 사려 있어 보인다.
마찬가지로 Khin은 근동과 유럽에서 오랫동안 받아들여진 중국의 이름 Chin일 수가 없다. 중국인들 자신이 자기 나라를 중국으로 부르거나 아니면 외국인들을 상대할 때는 왕조의 이름으로 불렀다. 즉 증명되어야 할 것은 송이냐 킨이냐 하는 것이었어야 했다.

극동 민족의 화살은 때로 독이 발라져 있었던 데서 다른 화살과 차이가 있었다. 동시대의 연대기 편찬자들은 그러한 사실을 결코 알아차리지 못했다. 왜냐하면 몽골족이 군사 기밀을 유지했기 때문이다. 하지만 『숨겨진 이야기』의 단편들을 분석해보면 화살에 부상당한 사람들에게는 먼저 독을 빨아내 상처를 깨끗하게 한 후 우유를 마시게 했음을 알 수 있다. 창자벽에 흡수되지 않는 뱀독이 사용되었던 것처럼 보이며, 따라서 아무 해를 입지 않고 삼킬 수 있었다. 제때 상처를 빨아내고 몇 방울의 우유를 주면 생명을 구할 수 있는 것으로 여겨졌다.

메르키트족에 대한 전쟁을 준비하면서 자무카는 "나는 새김 눈이 있는 화살을 준비했다"[20]고 말한다. 왜 화살에 새김 눈이 새겨져 있어야 했을까? 새김 눈 새기는 일은 아주 복잡하게 준비해야 하지만 군사적 이점을 증가시키지는 않는다. 새김 눈은 단 하나의 용도밖에 없을 것이다. 화살이 상처 속에 더 오랫동안 박혀 있을 수 있으며, 이는 독화살일 경우 특히 중요하다.

이 추측은 우리 자료에서 조금 뒤에 확인된다. "전투에서 칭기즈칸은 목 동맥에 상처를 입었다. 지혈은 불가능했고, 그는 열에 사로잡혔다〔독의 징후이다 — 구밀료프〕. 석양에 그들은 전장에서 적을 시야에 두고 야영을 준비했다. 젤메는 응고되는 피를 내내 빨아내고 있었다〔뱀독에 대한 일차적이고 주된 치료법이다 — 구밀료프〕. 누구도 자신을 대신할 수 있으리라 믿지 않고 그는 피 묻은 입으로 병자 옆에 앉아 있었다. 한 입 가득 피를 빨아 한 번은 삼키고 한 번은 내뱉었다. 자정 후 칭기즈칸은 의식을 회복하고 '목이 마르다. 내 피가 아주 말라버렸구나' 하

---

20) *Sokrovennoe skazanie*, § 106.

고 말했다. 그런 다음 젤메는 속옷만 남기고 모자와 신발 그리고 겉옷까지 모든 것을 벗어던졌다. 벌거숭이나 진배없이 그는 반대편의 적 진영으로 곧장 달려 나갔다. 그는 쿠미스〔우유, 해독제 — 구밀료프〕를 찾으려고, 진영을 둘러싼 타이치우트의 마차에 기어 올라갔다. 그들은 급히 달아나면서 암말들의 젖이 나오지 않게 만들어놓고 갔다. 쿠미스를 한 방울도 찾지 못한 그는 어떤 마차에서 신 우유를 거대한 뿔에 담아 갖고 왔다. ……"

뿔에 담긴 신 우유를 가져오면서 젤메는 또 물을 찾으러 달려가 물을 갖고 와서 신 우유를 묽게 한 후 칸에게 마시라고 주었다〔그래서 물은 가까이 있었지만 그는 목숨을 걸고 우유를 얻어야 했다 — 구밀료프〕. "세 번 숨 쉰 후 그는 우유를 마시곤 말했다. '내 안의 눈이 맑아졌다'〔우유가 도움이 되었다! — 구밀료프〕. 한편 날이 밝았고, 칭기즈칸은 주위를 돌아보다가 **젤메가 빨아낸 피**〔나의 강조 — 구밀료프〕를 사방으로 뱉어서 생긴 더러운 점액질을 발견했다. '이게 뭐냐? 더 멀리 가서 뱉을 수는 없었느냐?'라고 말했다. 그러자 젤메가 말했다. '당신의 몸이 너무 차가워져 당신을 떠나면 더 나빠질 것이 두려웠습니다. 모든 게 급박하게 일어났습니다. 삼키면 삼키는 것이고, 뱉으면 뱉는 것입니다. 걱정 때문에 상당한 양이 내 배로 들어갔습니다'〔젤메는 그가 칸을 위해 오물을 삼켰음을 암시한다 — 구밀료프〕.

칭기즈칸은 '그러나 왜 너는 내가 그런 지경에 있을 때 벌거벗고 적에게로 달려갔느냐?'하고 계속했다. '제가 생각한 것은'하고 젤메는 말하기를 '제가 생각한 것은 적에게로 벌거벗고 달려가는 것이었습니다. 그들이 나를 잡으면 그들에게 이렇게 말할 참이었습니다. 나는 너희에게 도망 올 생각이었지만 우리 사람들이 그걸 알고 나를 잡고서는 죽이려고 했다. 그들은 내 옷을 벗겼고 이미 마지막 남은 바지를 벗기기 시작했을 때 간신히 너희에게 달려올 수 있었다. 이게 제가 그들에게 말하려던 것이었습니다. 저는 그들이 저를 믿고 옷을 주며 저를 받아들일 것이라고 확신했습니다. 그러나 저는 제가 찾은 첫 번째 말을 타고 당신께로 돌아오지 않았습니까? 그래야만 제가 제 주군의 갈증을 달랠 수 있으리라 생각했고, 눈 깜짝할 사이에 저는 결정했습니다'〔지금도 역시 이는 갈증 문제가 아니라 해독제 문제였으니, 갈증은 우유가 아니라 물로 더 잘 가라앉을 수 있기 때문이다 — 구밀료프〕. 그러자 칭기즈칸은 그에게 말했다. '내가 너에게 뭐라고 말하겠느냐? 언젠가 메르키트족이 우리를 덮쳤을 때 너는 첫 번째로 내 목숨을 구해주었다. 지금 너는 다시 말라가는〔더 정확히 말해 분출하는 혹은 죽어가는 — 구밀료프〕피를 빨아내어 내 목숨을 구했고, 또한 내가 차가워지고 목이 탈 때 생명의 위협을 무릅쓰고 눈 깜짝할 사이에 적 진영으로 달려가서는 내 갈증을 누르고 내 생명을 되살렸구나〔피를 빨아내는 것과 몇 방울의 우유는 생명을 구하는 것으로 여겨지고, 부르칸 산의 비길 데 없는 영웅적 방어와 동등한 것으로 여겨진다 — 구밀료프〕. 너의 이 수고가 내 기억 속에 언제나 남아 있기를 바라노라.' 그는 이렇게 말하고 기뻐했다."21)

또 다른 에피소드도 이에 못지않게 특징적이다. 케라이트족과의 싸움 후에 "…… 보로쿨과 오고타이. 그들은 말에 올라탔다. 보로쿨의 입 구석구석에서 피가 흘러내리고 있었다. 오고타이가 화살을 맞고 목등뼈에 부상을 입었고, 보로쿨이 계속 피를 빨아냈으며, 피가 그의 입 구석구석에서 흘러내린 것이었다. …… 칭기즈칸은 즉시 불을 피워 상처

---

21) 앞의 책, § 145.

를 지지고 오고타이에게 마실 것을 주라고 명령했다."22) 보로쿨의 공훈은 후에 다시 서술되며, 피를 제때 빨아내 오고타이의 목숨을 구했다는 것이 강조된다.

나는 두 경우 모두 독을 묘사한 것이 틀림없다고 생각하며, 우리는 심지어 어떤 독이 사용되었는지도 파악할 수 있다. 식물 알칼로이드 독은 매우 빨리 작용한다고 알려져 있지만 우리의 경우 느리게 작용하는 독이어서 빨아내고 지지는 것이 효과를 낼 수 있다. 뱀독도 그렇다. 뱀독은 트란스바이칼 지역에 많이 사는 독사로부터 공급될 수 있었을 것이다. 이 독을 얻는 방법은 아주 간단해 독사의 독아에서 짜내어 쟁반에 담을 수 있다. 건조된 독은 필요한 만큼 오랫동안 보관했다가 물에 녹인 후 사용할 수 있다. 뱀독은 위장에 흡수되지 않기 때문에 피를 빨아내는 것은 위험하지 않다. 화살에만 독을 발랐던 것 같다. 왜냐하면 망쿠트족 쿠율다르Quyuldar는 창에 부상을 입었지만 그가 죽은 이유는 사냥을 위해 달리다가 상처가 다시 터졌기 때문이다. 자료는 독에 대한 어떤 암시도 없다.

이보다 이전 시기에 투르크족과 위구르족은 무기에 독을 바르지 않았다. 중국의 연대기 편찬자들은 9세기까지 여러 정보에 두루 통했고 경쟁자들의 전쟁 기술에 세심한 관심을 기울였는데, 그들이 독과 관련해 한 경우만 언급하는 데서 이를 알 수 있다. 당 태종(626~649년, 이세민)의 총아였던 투르크 카간 칠리비 이사마李思摩〔동돌궐 왕가의 일원으로, 당 왕조로부터 회화왕懷化王이라는 칭호를 받았다〕는 한국으로 원정갔다가 우연히 화살에 부상을 입었고, 황제가 친히 그의 피를 빨아냈다.23)

22) 앞의 책, §§ 173, 214.
23) N. Ya. Bichurin, *Sobranie svedenii o narodakh*, I, p. 262.

이 마지막 사례는 초원 지대 유목민이 어디서 독화살의 이용법을 빌려왔는지를 추적할 기회를 준다. 한국인의 북쪽 이웃으로 송화 강변을 따라 살던 모케족Mokhe 또는 우기족Ugi은 한국인 편에 서서 싸웠다. 이들은 고대 숙신肅慎의 후예이자 여진족의 조상이었다. 『북사北史』는 이들에 대해 이렇게 말한다. "그들은 3자 길이의 활과 1.2자 길이의 화살을 쏜다. 그들은 보통 7번째와 8번째 달에 독을 만들어 화살에 문지르고 짐승들과 새를 쏜다. 그들이 상처를 입으면 빨리 죽는다."24) 활이 작고 강력했을 리가 없다는 것 그리고 화살이 길고 무겁지 않아 관통력이 아주 약했던 것이 특징이다. 독만이 원하는 결과를 가져올 수 있었다.25) 또 다른 사항 역시 그에 못지않게 중요하다. 독은 가을에 준비되었던 것이 그것이다. 뱀독의 힘은 한 해의 시기에 따라 다른데, 가을에 가장 위험하다.

| 몇 마디 더 |

Khin이라는 말에 비견될 만한 예가 자료에 자주 나오는 kharlug인데, 우리 주석가는 그것이 칼-철bulat이라고 설명한다(406쪽). 우리는 위에서 투르크어가 몽골어로 바뀌는 방식을 보았는데, 이에 따라 k(투르크어)가 kh(몽골어)로 바뀌었다 치면 이 단어를 karaluk, 즉 청철靑鐵

---

24) 앞의 책, II, pp. 70~71.
25) 오클라드니코프는 시베리아와 극동의 삼림 부족 사이에서 독이 이용되었다고 언급하며, 글라즈코보Glazkovo 시대에 활의 크기가 줄고 화살촉이 더 가벼워졌다고 지적하지만 (A. P. Okladnikov, *Neolit*, III, p. 72) 이 기법은 13세기 전에는 초원 지대에서 알려져 있지 않았다.

로 볼 수 있다.26) 이 해석은 기존 해석과 모순되지 않지만 lιk가 아니라 lug라는 접미사에 주목할 가치가 있다. 이와 같은 발음은 몽골 이전 시기의 그리고 13세기의 고대 투르크 방언의 특징이다. 예컨대 나이만 군주의 이름인 '강하다'는 뜻의 Küchlüg가 그렇다.27) 접미사 lug는 오르콘의 명28)과 8세기의 베트의 지리 논문29)에도 나타난다.

앞서 지적한 대로 외국어 음성을 옮겨 적는 일은 규칙적으로 일어났는데, 그것에 주목하면 또 한 번의 연역을 통해 『이고르 원정기』가 『자돈시치나』보다 더 오래되었음을 보여줄 수 있을 것이다. 『자돈시치나』에서 katun('부인.' 은유적으로는 '정부')이라는 말은 투르크어 음성으로 인용되며30), 몽골어로는 qutun일 것이다. 14세기에 볼가 강 지역에서는 투르크어가 몽골어를 대체한 상태였으며, 이 루스 저자는 이 단어를 자기가 들은 대로 썼다. 그러나 『이고르 원정기』의 저자는 몽골족에게서 유사한 단어들을 들었다. 이는 그가 글을 쓴 시기가 13세기 이전도 13세기 이후도 아니라는 뜻이다.

리카체프에 따르면 데레멜라Deremela라는 수수께기 같은 단어의 의

---

26) P. Melioranskii, "Turetskie elementy", p. 296 이하. 다른 의견도 있지만 비판은 하지 않겠다. 야콥슨은 이 단어가 charlug, 즉 '카롤링거'에서 나왔다고 보지만(R. Jakob- son, "The Puzzles of Igor's Tale", p. 61) Zajączkowski는 부족명인 '카를루크'에서 나왔다고 본다(A. Zajączkowski, Związki językowe polowecko-slowenskie, pp. 52~53; A. N. Kirpichnikow, "Russkie mech X-XIII vekow", p. 24와 비교하라). 재미 삼아 스티베르의 의견도 추가할 수 있겠는데, 그는 kharluzhnyi라는 말이 카슈브어 'charlezny', 즉 다른 사람의 것을 그릇되게 취하는 도둑(방언 kharlit'와 비교)에서 나왔으며, 따라서 kharluzhnyi는 약탈품으로 취해진 것이라고 한다(Z. Stieber, "Vieux russe", pp. 130~131).
27) *Sokrovennoe skazanie*, § 145.
28) S. E. Malov, *Pamyatniki drevnetyurkskoi pis'mennosti*.
29) J. Bacot, "Reconnaissance en Haute Asie", pp. 137~153.
30) 『자돈시치나』는 "[타타르족은], …… 우리 여자들에게 희롱대지 말라고 …… 말한다"고 말한다(p. 547).

미도 불분명하다(446쪽). 솔로프에프가 제안하는 설명은 "데레멜라는 아마 야트바크Yatvag 지역일 것이며, 데르넨Dernen 혹은 데르메Derme가 야트바크 부족일 것"31)이라는 것인데, 이는 특히 야트바크족이 함께 언급되기 때문에 너무 억지스럽다. 그러나 다르말라Darmala라는 몽골 이름이 있는데, 이 이름은 칭기즈칸 시대에 흔했다. 이는 페르시아어인데, 동쪽 발음으로는 타르말라tarmala로 읽히고 서쪽 발음으로는 테레멜레teremele로 읽히며, 바로 이것이 우리가 찾는 것과 일치한다. 만약 우리가 로만과 므스티슬라프에 의해 격파된 사람 중 다르말라라고 불린 한 몽골 다루가치 부대가 있었고, 이들이 야트바크 나라와 뽈로베쯔 초원 지대 사이의 지역을 맡고 있었다고 가정한다면 음성과 텍스트 사이에 아무 모순도 일어나지 않는다. 유목민들 사이에서는 종종 지도자 이름이 민족명을 대신했다. 예컨대 셀주크족은 셀주크의 파당이며 셀주크에게 복종했다. 따라서 여기에 등장하는 것은 한 민족이 아니라 그냥 다르말라에게 복종하는 사람들과 지역이라고 가정할 수 있다. 그리하여 우리는 다시 13세기로 되돌아온다. 우리가 관찰해온 것에 대해 아직 완전한 설명을 제시하지 못했으므로 결론을 내리는 것을 미루고 탐색을 계속하기로 하자.

| 트로얀과 디브 |

『이고르 원정기』에서는 트로얀이라는 수수께끼 같은 인물이 네 번 언급된다. 이 단어 또는 용어에 관한 문헌은 엄청나지만 다행히 데르

---

31) A. S. Solov'ev, "Deremela", pp. 100~103.

자빈이 이 문헌을 이해 가능한 체계로 만들었다.32) 그는 이 단어에 대한 해석에서 존재하는 네 가지 경향을 분류했다. 1) 신화적 해석(부슬라에프Buslaev, 크바쉰-사마린Kvashin-Samarin, 바르소프Barsov). 즉 트로얀은 슬라브의 이교도 신이다. 2) 상징적 해석(폴레보이Polevoi, 보드얀스키Bodyanskii, 자벨린Zabelin, 포테브냐Potebnya, 코스토마로프Kostomarov). 즉 트로얀은 철학적·문학적 이미지이다. 3) 역사적·문학적 해석(비아젬스키Vyazemskii, 밀러Vs. Miller, 베셀로프스키N. Veselovskii, 피핀Pypin). 즉 이 경향에 공통되는 것은 트로얀이 고대 루스족의 사고를 구현한 인물임을 부정하는 것이다. 그것은 비잔틴과 남슬라브 전통에서 트로이 전쟁의 이미지를 빌려온 것이거나 아니면 단순히 "『이고르 원정기』의 저자가 옛 불가리아 책들에서 발견한 옛 단어들"(밀러를 보라)에 대한 애착에서 생겨난 것이다. 4) 역사적 해석(드리노프Drinov, 막시모비치Maksimovich, 다시케비치Dashkevich 외). 즉 트로얀은 트라야누스 황제이거나 아니면 신격화된 루스 대공이다. 이 도식은 이 문제의 경과를 아는 데는 중요하지만 주제 자체를 이해하는 방식이 너무 혼란스럽고 무형적이다.

볼두르의 분류33)는 세 종류의 가설을 구분해내는데, 훨씬 더 명확하다. 1) 트로얀은 로마 황제 트라야누스이다. 2) 트로얀은 슬라브 신이다. 3) 트로얀은 11~12세기 루스의 대공들(삼인조), 곧 키예프, 체르니고프, 페레야슬라블이다. 마지막 가설은 진지하게 들여다볼 가치가 없다.

볼두르는 자기 논문에서 이 견해들을 비판하면서 독창적 가설을 제시한다. 트로얀은 남슬라브족이 트라야누스 황제를 전설적인 미다스

---

32) N. S. Derzhavin, "Troyan v 'Slovo o polku Igoreve'", pp. 25~44.
33) A. Boldur, "Troyan 'Slova o polku Igoreve'", pp. 7~35.

왕에게로 이입시킨 인물로, 남슬라브족에게는 미다스와 당나귀 귀의 신화와 유사한 이야기가 있었다는 것이다. 발칸 슬라브족의 전승에 관해 따로 한 절을 마련해 이 가설을 분석해 볼 것도 없이 이 가설은 『이고르 원정기』에서 트로얀이 언급되는 부분을 전혀 해명하지 못한다는 것을 지적해야겠다. 서술되는 사건(이고르의 원정과 대패)의 역사적 상황을 고려하건 하지 않건 마찬가지다. 『이고르 원정기』는 "공격군이 트로얀의 땅에 들어간 이유는 뽈로베쯔족의 역습으로 리모프Rimov(체코 공화국의 남보헤미아 지역의 마을)가 불타고 푸티블Putivl이 포위되었기 때문"이라고 말하지만 볼두르의 관점에서 보면 '트로얀의 땅'은 루마니아이다. 그는 필연적으로 '트로얀의 육표들/세기들'을 대단한 의미가 없는 문학적 은유로 받아들인다.34) 볼두르의 논문이 지닌 역사 저술적 가치는 인정하지만 우리는 리카체프가 『이고르 원정기』 편집본에 붙인 역사적 주석을 학문적 연구의 정점으로 인정해야 한다.

리카체프의 철저한 분석에 따르면 이 이름은 신의 이름이며, 이 신은 그가 믿기에 이교의 신이다(385~386쪽). 정교회 신이 아닌 것은 확실하다. 그러나 서둘러 결론을 내리지 말기로 하자. 트로얀은 『이고르 원정기』에서는 물론 『성처녀 마리아의 연옥 여행』에서도 다음과 같은 맥락에서 언급된다.

"그들(이교도들 — 구밀료프)은 모든 신의 이름을 지었다. 그들은 해와 달, 땅과 물, 동물, 해충 토세트네유(?!) 그리고 트로얀, 코르스Khors(슬라브 신화에서 태양신), 벨레스Veles(슬라브 신화에서 땅, 물, 지하 세계를 관장하는 초자연적 힘), 페룬Perun(슬라브 신화에서 만신전의 최고신이자 천둥번개의 신)과

---

34) 앞의 책, p. 8~11, p. 22, pp. 34~35.

같은 인간의 이름 등을 신으로 바꾸었고, 사악한 악마를 믿었다." 이 저작은 혼란스럽고 의미는 옛날에 상실되었다. 왜냐하면『신성한 사도들의 계시에 관한 이야기』(16세기)에서는 이교의 신들에 관한 이야기가 다르게 나오기 때문이다. "그리고 많은 사람은 이를 이해해 거대한 기만에 빠지지 않으려 했고, 페룬, 코르스, 디Dyi, 트로얀 등등 많은 신을 인정했다. 왜냐하면 이 사람들은 원로였기 때문이다. 페룬은 그리스의 원로였고, 코르스는 키프로스의 원로였으며, 트로얀은 로마의 왕이었다."35) 따라서 16세기 저자의 견해에 따르면 이교는 왕들을 신격화했지만 12세기 저자에 따르면 자연의 힘을 신격화했다. 첫 번째 해석은 두 가지 이유로 거부될 수 있다. 우선 리카체프는『이고르 원정기』에서 트로얀이 트라야누스 황제와 관련되어 있지 않음을 보여주었다. 그리고 이 16세기 저자는 자신이 선택한 신들의 이름도 제대로 이해하지 못해 천둥의 신 제우스에 해당하는 페룬을 제우스의 여격與格 이름 디와 구분했다.36) 하지만 우리가 12세기의 저작을 기초로 받아들인다 해도『이고르 원정기』가 트로얀에게 부여하는 특징들을 보면 선연한 모순을 발견하게 된다.

이 저작들을 잘 정리해보자. 첫 번째 경우, 트로얀의 추종자는 보얀으로 불리며(11쪽, 78쪽), 그는 "트로얀이 간 길을 따라 들판을 가로질러 산맥으로 달려갔다." 리카체프는 이 표현의 마지막 부분을 "상상 속에서 엄청나게 멀리 떨어진 곳"(78쪽)으로 설명한다. 그러나 그것을 문

---

35) I. Sreznevskii, *Drevnie pamyatniki russkogo pis'ma*, p. 205; *Letopisi russkoi literatury*, III, 5권, M., 1861, II부, p. 5.
36) "그가 죽은 곳에 디에Dye라고도 불리는 제우스가 누워 있다." E. M. Shustorovich, "Khronika Ioanna Malaly i antichnaya traditsiya", Literaturnye svyazi drevnikh slavyan", *Trudy otdela drevnerusskoi literatury*, L., 1968, p. 65.

자 그대로 이해해보자. 즉 트로얀에 대한 믿음의 원천은 들판을 넘어 산맥에 있다고 생각해보자. 이 경우 들판은 뽈로베쯔 초원 지대이며, 산맥은 코카서스 산맥이거나 킵차크 초원 지대의 동쪽 경계, 곧 톈산 산맥이다. 악마를 신격화하기에 적절한 장소가 아닌가!

두 번째 경우, 패배 후 "공격군이 들어간"(17쪽) 곳에서 '트로얀의 땅'이 거명된다. 이것은 루스의 땅이라고 여겨지지만 더 정확히 말해 홀로 뽈로베쯔족에게 역습당한 체르니고프 공국이다. 여기서 의문이 일어난다. 왜 '사악한 악마'가 정교회 공국의 보호자일까?『성처녀 마리아의 연옥 여행』의 저자와『이고르 원정기』의 저자가 트로얀에 대해 정반대되는 태도를 취했음은 명백하다. 왜? 이 저작들은 아무런 대답도 주지 않는다. 사실들을 보기로 하자.

1060년대에 두 명의 마법사가 야로슬라블에 나타나 여자들, 특히 부유한 여자들이 기근에 책임이 있다고 비난했다. 더욱이 그들은 이 여자들이 등에 진 곡식이나 생선을 빼앗고, 죽은 여자들의 재산을 직접 취했다. 이 간단한 속임수는 성공을 거두었다. 약 300명의 지지자가 마법사들 주위로 몰려들었다. 귀족 얀Yan Vyshatich이 대지주 12명의 도움을 받아 군중을 해산시키고 마법사들을 붙잡았다. 그들은 체르니고프의 대공 스뱌또슬라프Svyatoslav Yaroslavich가 보호자이니 그에게로 가서 재판을 받게 해달라고 요구했다. 그들은 스뱌또슬라프의 중재를 희망했지만 귀족인 얀은 그것을 두려워해 그들을 살해당한 여자들의 친척들에게 넘겼다. 마법사들은 죽임을 당했고, 곰이 시체를 먹었다. 이 일화는 트로얀 신과 관련되어 있을까?『성처녀 마리아의 연옥 여행』의 저자의 관점에서 보면 관련되어 있는 것처럼 보이며, 체르니고프 대공이 이 소요에 책임이 있는 것으로 간접적으로 거명된다. 그러나 『이고르 원정기』의 저자 입장에서 보면 절대로 관련이 없으니, 이는 이 이상한 신에 대한 또 다른 언급들로 보아 분명하다. 지금으로서는 단지 옛 루스족 사이에서도 트로얀에 관한 견해가 전혀 일치하지 않았다는 점만 지적하기로 하자.

트로얀의 적 디브는 위에서 언급한 스뱌또슬라프의 증손자 노브고로드-세베르스크 대공의 영웅적 공적을 찬미하는 노래꾼 입에서 '사악한 악마'를 이야기하는 부분에 등장한다. 디브는 식자층 페르시아인들이 적인 투라니안Turanian[투라니안족은 두 이란 민족 중 하나로 두 민족 다 이란의 신화적 왕 페레이둔Fereydun에게서 기원했지만 서로 다른 지역에 살면서 때로 싸우기도 했다] 유목민들의 신을 지칭하던 이름이었다. 일상어에서 이 말은 데브Dev처럼 들렸다.

『이고르 원정기』에 따르면 디브는 처음에는 이고르 왕의 적들에게 원정이 진행되고 있음을 경고하며(12쪽), 그런 다음에는 사나운 뽈로베쯔족과 함께 루스 땅을 침입한다(20쪽). 이러한 디브의 행동은 만약 트로얀이 체르니고프 사람들을 위한 이교 신이었다면 취했을 행동이다. 그러나 『이고르 원정기』의 저자는 트로얀에 대해 단순한 공감이 아니라 존경심을 갖고 있다. 왜냐하면 헤지라가 무슬림에게 한 시대를 여는 것으로 인식되듯이, 트로얀도 한 시대를 열어 한 직선적인 시간 셈법을 출발시키는 사람으로 인식되기 때문이다. 첫째, 트로얀의 세기들(vechi, 즉 세기들veka)이 언급되는데, 이는 현자왕 야로슬라프 시대에 선행한다(15쪽). 둘째, 이 세기들이 언제 시작되었는지, 즉 셈이 시작되는 시점이 지시된다. "트로얀 7세기에 폴로츠크의 대공 브세슬라프Vseslav가 창 자루로 키예프의 금관을 쳤다"(25쪽). 즉 루스의 왕위를 쥐려고 시도했다. 이 일은 1068년에 일어났다. 이때는 대략 얀이 체르니고프 대공의 피보호자였던 마법사들을 다루던 때였다. 하지만 『성처녀 마리아의 연옥 여행』의 저자가 트로얀을 악마로 부른 것은 옳았을 리가 없다. 아니면 보다 정확히 말해 그와 『이고르 원정기』의 저자는 다른 것들을 같은 이름으로 불렀다.

이제 트로얀의 특징을 중앙아시아 동부의 네스토리우스교도에 관한 우리 자료와 비교해보기로 하자. 트로얀이 삼위일체 개념을 문자 그대로 번역한 것이라고 가정해보자. 그것도 그리스 번역자나 러시아 번역자가 번역한 것이 아니라 성(性) 범주가 결여된 언어를 사용하는 사람이 자기 언어로 번역한 것이라고 가정해보자. 즉 투르크족 사람이 üç ı duk 라는 말을 러시아어로 번역했다고 가정해보자. 우리는 번역자가 트로얀과 삼위일체의 동일성을 강조하려는 것이 아니었다고 결론지을 수 있을 것이다. 두 개념이 다 기독교와 관련되어 있음을 이해했다 해도 그에게 이 개념들은 완전히 일치하는 것은 아니었다. 그러나 12~13세기 네스토리우스교도와 칼케도니아파 사이의 분열과 적의는 너무나 커서 루스 대공들은 1223년에 타타르 네스토리우스교도 사절들을 죽였다.[37] 그러한 일이 있은 뒤 네스토리우스교 성직자들은 자기들 성

---

[37] G. V. Vernadskii, "Byli li mongol'skie posly 1223 g. kristianami?", pp. 145~148; G. Vernadsky, *Kievan Russia*, pp. 237~238. 다음과 같은 이유로 우리는 자료를 세부적으로 파악하고 있는 베르나드스키의 가설을 받아들인다. 수베에테이 바아투르는 새로운 적과 마주친 후 전쟁을 피하기 위해 상호 양해를 더 잘 이루리라 생각된 사람들, 곧 기독교인들을 보냈다. 그들은 처형되었다. 혹자는 그가 자기 사람들을 보호해야 했었다고 생각하겠지만 그는 최후통첩과 함께 두 번째 사절을 파견했고 ……그들은 무사히 되돌아왔다. 분명 첫 번째와 두 번째 사절 사이에는 본질적인 차이가 있었으며, 베르나드스키는 연대기 자료에 대한 상세한 분석을 통해 이를 간파했다. 첫 번째 사절이 단지 타타르족이라고 죽임을 당했다면 두 번째 사절에게도 같은 운명이 닥쳤을 것이며, 이 사절은 '하늘의 신'에게 정의를 호소했기에 더욱 더 그랬을 것이다. 그러나 모든 일신교가 기독교인 것은 아니며, 중세 사람들은 이단보다 이교도에게 더 관용적이었다.

만찬에 가톨릭교도는 받아들였지만 정교도는 받아들이지 않았다.

'트로얀 시대'의 출발은 네스토리우스교 신조가 431년에 에페소공의회에서 비난 받고 다시 449년에 같은 공의회에서(로버회의Robber Synod〔알렉산드리아의 디오스코루스 1Dioscorus I of Alexandria세 교황 아래 열린 제2차 에페소공의회의 별칭〕) 파문당했던 시기와 맞아떨어진다. 마지막으로 451년에 칼케돈 공의회에서는 고집 센 네스토리우스교도에 대한 파문이 선언되었다. 그들은 자기 스승을 부인함으로써만 탄압을 피할 수 있었으며, 정교도와 단성론파는 이 스승에 대해 단결 투쟁했다. 482년에 제논Zeno 황제〔425~491년. 본명은 타라시스Tarasis로, 474~475년과 476~491년에 비잔틴 황제〕는 에노티콘Enotikon 칙령을 발했는데, 그것은 단성론파에 대한 양보를 포함하고 있었고, 네스토리우스교도에 대한 파문을 확인했다. 네스토리우스교도는 페르시아로 이주하지 않을 수 없었다.[38] '트로얀의 세기들'을 헤아리기 시작한 연도는 에페소공의회와 칼케돈 공의회 사이에 있다. 이 연도는 네스토리우스교도에게만 중요할 수 있었다.

'트로얀의 땅'(17쪽)이라는 표현으로 옮겨가보자. 법외 추방자 대공 올레그가 모노마흐를 체르니고프에서 몰아내고 자기 가족에게 통치권을 확보해준 후 체르니고프는 루스 땅에서 독립했다. 이로 인해 그는 모노마흐의 왕실의 후손들과 갈등하게 되었을 뿐만 아니라 키예프 대주교 관할구와도 갈등하게 되었다.[39] 그가 왕위를 계속 유지하려면 군사적 기초와 이념적 기초 모두가 필요했다. 이와 유사한 상황에서 폴로츠크 대공들은 이교 전통에서 지렛대를 찾았지만 남쪽 지역에서

---

38) Yu. Kulakovskii, *Istoriya Vizantii*, pp. 441~447.
39) S. M. Solov'ev, *Istoriya Rossii*, I, p. 379.

는 그것이 불가능했으니 키예프 공국과 체르니고프 공국이 기독교로 개종했기 때문이다.40) 이 점에서 올레그의 상황은 극히 어려웠다. 정교도 하자르족이 그를 붙잡았고, 정교도 그리스인들이 그를 감옥에 가두었으며, 정교도 대공인 이자슬라프와 브세볼로드가 그의 땅을 약탈하고 그를 고향에서 몰아냈고, 키예프 대주교는 그를 법정으로 데리고 가려 했다. 그는 기독교 신앙의 다른 종파를 찾아야 하지 않았을까? 그리하여 그의 친구("카간 올레그의 친구지만", 30쪽) 보얀은 "들판을 가로질러 산맥으로" 가는 길을 찾았는데, 그곳에는 진짜 기독교인들과 올레그의 적들의 적이 살고 있었다. 이 체르니고프 대공은 이 기회를 무시하지 않았고, 이로 인해 키예프 사람들이 그의 자식들인 브세볼로드와 이고르를 적대하게 되었다고 가정하는 것은 아주 자연스럽다. 노골적 분열은 일어나지 않았던 것처럼 보인다. 이 문제는 동방 상인들 ― 어쩌면 동방 수도사들까지 ― 을 관용할 것인지, 그들에게 공감을 보낼 것인지, 네스토리우스교에 취미를 가질지 하는 쟁점으로 국한되었다. 따라서 루스가 이단으로 빠지는 데서 두 번째로 중요한 대공에 대한 정보는 공식 문서들로 들어가지 않았다. 그러나 사건들의 추이 그리고 우리가 위에서 인용했던 『이고르 원정기』의 단편들 역시 이런 측면에서 설명될 수 있다.

이제 디브41)의 특징들을 13세기의 한 루스인이 인식한 몽골의 흑신앙과 비교해보자. "칭기즈칸의 더러운 상상들, 그의 피 마시기, 숱한[주술] 그리고 왕, 군주, 대공들이 빙빙 돌아서 해와 달 그리고 땅, 악마

---

40) V. L. Komarovich, "Kul't roda I zemli", pp. 84~104.
41) 『자돈시치나』에 나오는 디브에 대한 언급은 『이고르 원정기』로부터의 문학적 차용으로 보인다.

그리고 지옥에 있는 죽은 아버지들 그리고 할아버지들 그리고 어머니들을 숭배하러 오는 것. 오, 그들의 더러운 기쁨."⁴²⁾

앞에서 이미 13세기의 몽골 신들과 마주쳤기 때문에 이들이 무엇을 가리키는지를 확인하기는 쉽다. 이 개념들은 '그리고'에 의해 분리되지만 '땅-악마'라는 표현에는 '그리고'가 없다. 현대적 문체로 쓰면 우리는 그것을 '땅 악마'라고 쓸 것 같다. 그러나 13세기 루스인들은 악마에 대한 적절한 관념을 갖고 있었고, 그것을 다른 어떤 것과도 혼동하지 않았다. 『이고르 원정기』에서 악마는 디브이지 트로얀이 아니다.

그리하여 우리는 하나의 해답에 이르렀다. 네스토리우스교는 13세기 루스에서 너무나 잘 알려져 있었기 때문에 『이고르 원정기』의 독자들은 상세한 설명을 필요로 하지 않았고, 저자가 암시만 주면 그것이 무슨 의도인지를 곧바로 집어냈다. 동시에 네스토리우스교는 흑신앙의 신과 한 쌍을 이루었다. 즉, 바투 시대의 황금군단의 이념적 상황이 물 흐르는 듯한 필치로 재생되고 있는 것이다. 베르케 치하에서 그러한 상황은 근본적으로 바뀌었다. 『이고르 원정기』의 저자는 분명 신학적 문제들을 이해하고 있었다. 그러나 우리 역시 흑신앙의 교리와 우주론을 알고 있으니, 『이고르 원정기』에 나오는 또 하나의 시적 이미지, 곧 '상상의 나무'를 해석해 볼 수 있겠다.

---

42) "Ipat'evskaya letopis", *PSRL*, II, M., 1962, p. 806〔구밀료프는 점들을 꺽쇠 괄호 안에 보이는 단어로 대체해 인용문을 왜곡하고 있다. 다음 문단에서 전개되는 그의 주장은 연대기에 있는 구두점을 무시한 것이지만 위의 번역문에서 재생되었다. — 영역자〕.

| 상상의 나무 |

위에서 살펴본 대로 흑신앙에서 '나무'는 상계와 하계의 '소통 수단' 또는 '다른 존재의 내재성'과의 '소통 수단'이라는 이미지이다. 그것은 『이고르 원정기』에서 두 번 언급된다. 시를 지으려 할 때 현명한 보얀은 생각으로 나무를 어루만졌다. 다시 말해, 그것은 영감이었다. 그러나 영감에만 그친 것이 아니었다. 여기서 존재의 두 평면이 떠오른다. 그가 "구름 아래에서 회색 독수리처럼" 날아야 하는 상계 그리고 "대지 위를 회색 늑대처럼" 움직일 수 있는 중계가 그것이다(9쪽). 보얀에게 악마들의 땅은 자신과 무관한 것이기에 하계는 빠뜨린다. 수직 이동은 "생각"(9쪽)에 의해 이루어지거나 "나이팅게일처럼 상상의 나무속을 깡충거리고 구름 아래에서 마음속으로 날아감"(11쪽)으로써 이루어진다. 즉 어떤 현실적인 방식으로도 이루어질 수 없다. 리카체프는 나이팅게일을 있는 그대로 받아들인다. 그러나 샤머니즘 체계에서 새는 영혼임을 상기하자.43) 우리는 13세기에도 이 상징이 똑같았다고 생각해야 한다.

따라서 『이고르 원정기』의 저자는 보얀에게 창조 능력을 귀속시키면서 동시베리아와 몽골에서 받아들여진 방식으로 이 과정의 메커니즘을 해석한다. 그것을 우연의 일치로 보기는 힘들다. 오히려 저자 자신과 그의 독자들이 극동의 상징들에 아주 익숙했다고 보아야 할 것이

---

43) 1944년에 퉁구스카 강의 하류 왼쪽 유역, 레트냐야 강과 합류하는 지점 근처에서 지질 탐사를 하는 동안 나는 약 3미터 길이의, 껍질이 벗겨진 전나무 기둥을 발견했다. 거기에는 칼로 깎아 만든 약 20센티 길이의 새가 붙어 있었다. 케트Ket는 그것은 영혼의 샤머니즘적 상징으로, 그곳을 악령으로부터 지키기 위해 붙여진 것이라고 주장한다. 그들에 따르면 보호의 힘이 이 새 안에 깃들어 있었다.

며, 그들에게 이 상징들을 가르쳐줄 수 있던 사람들은 몽골족밖에 없었을 것이다.44)

그러나 우리의 모든 관찰이 옳다면, 아니 하나라도 옳다면 그것은 『이고르 원정기』의 저자는 원래 이 책에서 어떤 이야기를 하면서 전혀 별개의 이야기를 의도했음을 의미한다. 그렇게 함으로써 그는 동시대 독자들을 속인 것일까? 그렇게 보기는 힘들다. "입 밖에 낸 생각은 물론 거짓이다." 그러나 어떤 의미에서? 의도적 기만 또는 오늘날의 표현으로 허위 정보는 시적 알레고리 형식과는 아주 거리가 멀다. 십중팔구 그의 동시대인들은 그들의 시인을 이해했을 테지만 우리는 문자주의에 익숙해져 뭔가 중요한 것을 놓친다. 그것은 물론 당연하다. 왜냐하면 『이고르 원정기』는 브로크하우스Friedrich Arnold Brockhaus[1772~1823년. 독일의 백과사전 출판가 겸 편집인]와 에프론Efron[소비에트 시대 이전에 나온 주요 백과사전 출판가]처럼 존경할 만한 문체 수립자들을 배우며 자라난 우리를 위해 쓰여진 것이 아니기 때문이다.45)

그러면 무엇을 해야 할까? 아마 최선은 더 이상 단어들에 대해 논의하지 말고 『이고르 원정기』에서 언급되는 사건들과 그 이외의 사건들까지 포함해 12~13세기의 사건들을 분석하는 일일 것이다.

---

44) 서시베리아 이교는 샤머니즘과 원리가 다르기 때문에 몽골족의 것일 수밖에 없다. 우그리아 마법사는 "정령들을 순록처럼 길들이지만" 그들과 친구가 되지는 않는다. 케트족은 자신들의 신앙과 에벤크족Evenk의 신앙이 "다르다"고 생각한다(1943년에 하류 퉁구스카 강에서 저자가 직접 질문한 내용이다).
45) 코마로비치V. L. Komarovich는 『이고르 원정기』의 알레고리를 철학적 상징주의의 한 형태로 파악하려고 했지만(Pushkinskii Dom의 수고 부분에 있는 초고) 12~13세기의 정치적 상황을 연구하면 보다 단순하고 완벽한 설명을 찾을 수 있을 것이다.

| 카얄라와 칼카 |

　이상의 연구 결과 우리는 『이고르 원정기』가 13세기에 쓰여졌을 확률이 더 높다는 결론을 내리게 되었지만 이는 사실 알쉬츠가 먼저 내린 결론으로, 그는 『이고르 원정기』가 1202년 이후에 쓰여졌다는 증거를 제시했다.46) 나아가 우리는 이 저자가 1200년에 편찬된 『이파티키 연대기』를 알고 있었다고 가정할 수 있다.47) 알쉬츠는 또한 『이고르 원정기』가 쓰여진 때가 루스 대공들이 칼카 강에서 최초로 패배한 이후, 즉 1223년 이후라고 말했다. 이는 "카얄라 강 전투에서 벌어진 사건들의 경과가 칼카 강 전투에서 벌어진 사건들의 경과와 극히 유사하다는 사실에 기초해" 있다. 우리는 그것에 동의해야겠지만 알쉬츠가 설정하는 상한선, 즉 "단결을 외치는 이 열정적 호소가 무의미해진" 1237년에 대해서는 동의할 수 없다. 왜냐하면 그것은 프리셀코프의 정당한 질문에 대한 대답을 막아버리기 때문이다. "역사가는 루스가 뽈로베쯔 초원 지대와 150년에 걸쳐 투쟁하는 동안 오직 하나의 에피소드만, 즉 이고르의 비성공적인 1185년의 원정만 어떤 이유에서인가 동시대인들에게서 강렬한 주목을 받았다는 사실에 멈추어서는 안 된다. …… 왜 이 호소가 반향을 불러일으켰을까? 1185년의 전쟁담이. …… 당시 어떤 무겁고 근심스러운 삶의 주제들을 건드렸음이 분명하다. 역사가의 주요 과제는 이 주제들을 드러내는 것이다."48)

　한 주장에서부터 시작하기로 하자. 초원 지대 거주자들에 맞서 투쟁

---

46) D. N. Al'shits, *Otvety sovetskikh uchenykh*, pp. 37~41을 보라.
47) M. D. Priselkov, *Istoriya russkovo letopisaniya XI-XV vv.*, p. 52.
48) M. D. Priselkov, "'Slovo o polku Igoreve' kak istoricheskii istochnik", p. 112.

하자는 '무의미한' 호소는 1237년 이후가 아니라 그 전에 나왔다는 주장이 그것이다. 뽈로베쯔족은 루스족과 동맹을 맺고 있었고, 몽골족은 1234년 5월에 끝난 극동 전쟁과 1261년까지 지속된 근동 전쟁에 묶여 있었다. 극동 전쟁이 몽골군을 묶고 있는 동안은 루스에게 아무 위험이 없었고, 아무도 몽골의 승리를 예견할 수 없었다. 게다가 루스족은 경의를 표하기 위해 하라코룸을 방문하기 시작하기 전까지는 극동 문제에 대해 아무것도 몰랐다. 13세기 초의 저자는 12세기 저자보다 초원 지대 거주자들에게 놀랄 이유가 훨씬 더 적었다. 왜냐하면 서정西征 문제는 1235년 여름에 열린 한 특별 쿠릴타이에서 결정되었기 때문이다.

다른 한편 동쪽 이웃들에 맞서 대공들이 단결해야 한다는 요청은 1240년대에 큰 화제였다. 1237~1238년과 1240년의 전쟁에서 몽골족이 승리했지만 루스의 전쟁 잠재력은 크게 감소되지 않았다.[49] 예컨대 대大루스에서는 랴잔의 도시들, 블라지미르 그리고 소도시인 수즈달, 토르조크, 코젤스크 등이 참화를 겪었다. 다른 도시들은 항복했고, 무사했다. 농촌 주민은 숲속으로 흩어져 적이 떠날 때까지 기다렸다. 물론 30만 명이라는 몽골군 숫자는 동방의 저자들이 통상적으로 행하던 10배의 과장이다. 몽골 전체를 다 합쳐도 그렇게 많은 군대가 존재하지 않았고, 더욱이 루스는 몽골족에게 (중국과 이란 다음의) 3단계 전선이었다. 그렇게 많은 사람이 1년 만에 몽골에서 볼가 강으로 이동하는 것 자체가 기술적으로 불가능했을 것이다. 30만 명의 기병은 적어도 100만 마리의 말을 필요로 했을 것이며, 이 정도면 한 줄로 갈 수도 없었을 것이다. 그들이 단계별로 갔다고 가정하면 두 번째 부대

---

49) A. N. Nasonov, *Mongoly i Rus'*, 제1장.

는 목초지를 찾지 못했을 것이다. 몽골족은 아랄 초원 지대에서 증원군을 찾을 수 없었다. 왜냐하면 첫째 그곳의 인구는 희박했고, 둘째 그들은 몽골족에게 적대적이었으며, 셋째 그들은 1229년에 몽골의 압력을 받고 야이크Yaik 강〔러시아와 카자흐스탄을 흐르는 강으로, 우랄산맥 남쪽에서 발원해 카스피해로 흘러들어간다. 현재는 우랄 강으로 불리며, 1775년 이전에는 야이크 강으로 불렸다〕에서 볼가 강으로 도망쳤기 때문이다. 뽈로베쯔족과 알란족은 몽골군의 약 1/4, 즉 몽케의 부대를 물리쳤는데, 몽케는 1240년에야 키예프의 성벽 아래서 바투와 합류했다. 그 외에도 루스의 모든 공국이 패배당한 것은 아니었다. 스몰렌스크, 폴로츠크, 루츠크 그리고 흑黑루스〔대략 네만Neman 강 상류와 나레프Narev 강 상류 사이 지역〕 전체가 몽골족의 손이 닿지 않았다. 노브고로드 공국도 마찬가지였다. 요컨대 전쟁을 계속할 수 있는 군대가 얼마든지 있었다. 유일하게 중요한 것은 대공들을 설득하는 것이었지만 어떤 이유에서인가 설득하기가 어려웠다.

마지막으로, 카얄라 강 전투와 칼카 강 전투에서 일어난 사건들의 추이는 정말 일치했지만 차이도 있었다. 이고르는 다른 대공들의 1223년의 행동과 달리 뽈로베쯔 사절들을 죽이지 않았다. 더욱이 네스토리우스파 기독교인들이던 첫 번째 사절은 죽임을 당했지만 이후 이교도 사절은 무사히 방면되었다. 13세기에 이 사실은 적어도 『이고르 원정기』의 독자들에게는 분명히 알려졌다. 우리가 알쉬츠가 제안하는 알레고리 개념을 받아들인다면 침묵이 암시로 이해되어야 한다는 것도 생각해야 한다. 저자가 1185년에 대해 이야기하면서 몽골족에 맞선 루스족의 첫 번째 전투를 암시하며 그들과의 계속적 투쟁을 요청하고 있었다면 이는 그가 네스토리우스교도의 살해를 옳다고 여겼음을 의미한다. 여기에 숨은 의미가 감추어져 있는 것이며, 이 의미는 13세기의 정치인과 전사들에게만 분명하게 보였다. 당시 그것은 아마 아주 아픈 점이었을 것이다. 왜냐하면 몽골족은 루스에 대한 전쟁이 자기 사절들을 죽인 것에 대한 복수라고 설명했기 때문이다. 헝가리도 같은 이유로 대학살을 당했지만 신중하게도 몽골 사절을 존경으로 맞이한 니케아 제국은 이를 면했다.

아랄해에서 아드리아해까지 이르는 바투의 숨 막히는 원정으로 동유럽 전체가 몽골족의 권력 아래 들어갔고, 그래서 정교는 끝나버렸다고 생각한 사람도 있었을 것이다. 그러나 상황은 다르게 흘러갔다.

바투는 원정하는 동안 최고 칸 오고타이의 아들이자 사촌인 구유크와 다투었고 야사의 위대한 수호자 차가타이의 아들 부리와도 다투었다. 그들의 아버지들은 바투 편을 들었고, 면직을 통해 지나치게 건방진 자기 아들들을 벌했다. 그러나 오고타이가 1241년에 죽고 권력이 구유크의 어머니 토레게나 황후 수중에 들어갔을 때 구유크와 부리의 추종자들이 다시 불러들여졌고, 불쌍한 바투는 중앙 정부와 극히 긴장된 관계 속에서 단 4,000명의 충직한 군대로 광대한 나라를 유지해야 하는 처지에 빠졌다. 정복된 영토들을 힘으로 유지하는 것은 불가능했다. 몽골로의 귀환은 다소 잔인한 죽음을 의미했다. 그리하여 명석하고 선견지명이 있는 사람이던 바투는 신민들, 특히 루스의 대공인 올레그와 그의 아들 넵스키에 대해 친선 정책을 펼치기 시작했다. 그들의 땅은 조공에서 면제되었다.[50]

구유크 역시 쉽지 않은 시간을 보내고 있었다. 몽골의 옛 용사들, 즉

---

50) 앞의 책, p. 12, p. 23.

할아버지의 전우들, 툴루이의 자식들과 연줄이 있는 네스토리우스교도가 그에 맞섰다. 구유크는 1246년에 대칸으로 선언되었지만 실질적 기반이 없었다. 구유크는 형 바투가 갖고 있던 실질적 기반을 정복된 땅의 정교도 주민에게서 찾고자 했다. 그는 "샴Sham(시리아), 룸Rum(비잔티움), 오소프Osov 그리고 루스로부터 성직자들"[51)]을 초청해 정교도에게 어울리는 계획, 즉 가톨릭 유럽과의 전쟁을 선언했다.[52)]

하지만 구유크에게는 행운이 따르지 않았다. 블라지미르의 대공 야로슬라브Yaroslav Vsevolodovich는 협상을 위해 소환된 후 아주 어리석고 오만한 토레게나 황후에게 독살되었다. 토레게나는 자신이 저지른 짓의 결과를 이해할 수 없었다. 그녀는 귀족 페도르Fedor Yarunovich의 비난을 믿었던 것이지만 페도르는 이 블라지미르 대공을 수행하면서 자기 자신의 개인적 관심사를 위해 음모를 꾸미고 있던 사람이었다. 살해당한 대공의 자식들이 호감을 보이자 바투는 굳건한 배후와 군사적 원조를 얻게 되었고, 이 덕분에 대칸에 대한 전쟁에 착수할 수 있었다. 구유크가 벌인 네스토리우스교도와의 게임도 성공하지 못했다. 구유크는 1248년에 급사했는데, 이는 그의 무절제에서 비롯된 것도 또 독에서 비롯된 것도 아니었다. 힘의 우위를 얻게 된 바투는 툴루이의 아들이자 네스토리우스교 당파의 지도자인 몽케를 왕위에 올렸다. 구유크의 추종자들은 1251년에 처형되었다.

몽골 울루스의 대외 정책은 즉시 바뀌었다. 가톨릭 유럽에 대한 공격은 취소되었고, 대신 황색 십자군[53)]이 개시되어 바그다드의 함락으

---

51) Rashid ad-Din, *Sbornik letopisei*, II, p. 121.
52) 교황에게 보내는 구유크의 편지에 대해서는 *Puteshestvie v vostochnye strany Plano Karpini i Rubruka*, p. 59, pp. 220~221을 보라.

로 이어졌다(1258년). 제국의 실질적 우두머리인 바투는 위치를 강화했고, 새로운 신민을 끌어들였으며, 황금군단을 독립적 한국으로 전환시킬 조건을 만들어냈다. 그러한 일이 일어난 것은 몽케가 죽은 후 칭기즈칸 제국의 일부 지역에서 새로운 혼란의 물결이 밀려왔을 때였다. 툴루이 혈통의 군주들과 연줄을 맺은 네스토리우스교는 황금군단의 경계 너머까지 진출했다.

바투가 루스를 정복하고 왕위 계승자 구유크 대칸과 다툰 다음에는 (1241년) 바투의 아들 사르타크가 황금군단 내의 루스 문제를 다루었다. 기독교에 대한 사르타크의 공감은 널리 알려져 있었고, 그가 네스토리우스교 의식에 따라 세례를 받았다는 증거까지 있다.54) 하지만 사르타크는 가톨릭교도와 정교도에 대해서는 호감을 갖고 있지 않았으며, 그의 개인적인 친구 넵스키만 예외였다. 이러한 상황에서 루스의 저 작가가 네스토리우스교를 직접 공격하는 것은 위험한 일이었지만 동시에 이 주제는 워낙 널리 알려진 것이어서 독자들이 요지를 파악하는 데는 암시만 있으면 충분했다. 예컨대 저자는 이 이야기의 영웅 이고르 대공이 피로고시차 성처녀 이콘으로 순례를 떠나도록 만든다. 독자는 이를 보고 세례 받은 타타르족은 마리아를 '그리스도의 어머니'라고 불렀기 때문에 이 영웅이 타타르족의 친구가 아님(37~38쪽과 322쪽을 보라)을 그리고 타타르족에 대한 그의 관계가 확정되어 있음을 쉽게 이해할 수 있을 것이다. 13세기에는 검열이 없었지만 정부에 맞선 선동은 그때조차도 위험이 없지 않았고, 저자는 암시를 사용함으로

---

53) G. Vernadsky, *The Mongols and Russia*, p. 72.
54) A. G. Galstyan, *Armyanskie istochniki o mongolakh*, p. 110; V. G. Tiznegauzen, *Sbornik materialov*, pp. 18~19.

써 자기 생각을 표현하면서도 목숨을 유지할 수 있었다.

그러한 상황은 1256년에 사르타크가 죽을 때까지 계속되었다. 그 후 베르케 칸은 이슬람을 받아들였지만 1261년에 기독교 주교 관구의 설립을 허용하고 정교도를 선호했으며, 네스토리우스교를 보호한 페르시아 일칸들과 전쟁을 할 때 정교도에게 의지했다. 루스의 독자들에게 네스토리우스교 문제는 더 이상 급박한 것이 아니었다.

바로 이러한 기본적인 이유들 때문에 13세기는 네스토리우스교에 대한 관심이 가장 첨예했고, 따라서 이웃 민족들의 문학에도 반향이 일어났던 시기였으리라고 생각해야 한다. 네스토리우스교를 언급해도 당국에 문제가 되지 않았던 가톨릭, 무슬림, 아르메니아 저자들은 이 모든 반향을 담아냈다. 루스에서 이 언급은 베일에 싸여 있었고, 우리는 복잡한 연역을 통해서만 이를 찾아낼 수 있다.

따라서 이 루스 정치사상가가 보기에 네스토리우스교 문제가 급박해진 것은 루스가 몽골 울루스에 포함되고 나서였다. 그리하여 네스토리우스교가 지배적인 종교는 아니어도 영향력 있는 종교였기 때문에 이 종교를 악용하는 것이 위험이 없지는 않게 되었다. 그래서 알레고리를 이용할 필요가 생겼고, 칼카 강은 카얄라 강으로, 타타르족은 뽈로베쯔족으로 바뀌었다.55) 하지만 사절에 관해서는 침묵을 지키는 것

---

55) 리카체프(*Natsional' noe samosoznanie drevnei Rusi*, M.-L., 1945)의 지적에 따르면 『자돈시치나』의 저자는 쿨리코보 들판의 전투를 칼카족의 복수로 보면서 1185년의 카얄라 강 전투와 1223년의 칼카 강 전투를 혼동한다. 리카체프는 『자돈시치나』가 『이고르 원정기』에 대한 응답으로 간주되어야 한다고 주장했다(V. P. Adrianova-Peretts, "'Slovo o polku Igoreve' i 'Zadonshchina'", in *Slovo o polku Igoreve-amyatnik XII v.*, pp. 131~169도 보라). 우리가 살펴본 세부사항에 기초할 때 우리가 말할 수 있는 것은 단지 네스토리우스교 문제가 중요하지 않게 된 것이 1262년 이후이기 때문에 『이고르 원정기』가 『자돈시치나』보다 더 오래되었다는 것뿐이다.

이 더 좋았다. 두 가지 이유가 있었다. 우선 몽골족은 사절을 손님으로 여겨 절대로 범할 수 없다고 생각했으며, 사절을 신의 없이 죽이는 것을 결코 용서하지 않았다. 또한 칸의 조언자들에게 사절에 대한 종교적 증오를 상기시켜 주는 것은 위험했다. 우리는 외국 자료들로부터 그러한 증오에 관한 정보를 얻어놓고 있다. 예컨대 키예프가 바투에게 함락된 후 작센으로 이주한 루스 도망자들의 말을 듣고 헝가리 사절이 지적한 말이 있다. 타타르군에는 "가장 수치스러운 기독교인들"[56], 즉 네스토리우스교도가 많다는 것이다. 『이고르 원정기』에서는 이 문제가 감추어져 있다. 물론 저자가 네스토리우스교 신조에 대해 알고 있었다는 암시는 있지만 말이다. 그러나 아무튼 『이고르 원정기』는 역사적 저작이 아니라 문학적 저작이다.

| 알갱이와 껍질 |

그렇다면 우리는 『이고르 원정기』에서 사건들에 대한 직접적 묘사를 찾을 것이 아니라 암시, 알레고리, 비교를 통해 독자를 저자의 결론으로 이끌어가는 생생한 묘사를 찾아야 한다. 최근 문학에서 널리 쓰이는 이 원칙은 중세에서도 쓰였다. 예컨대 『롤랑의 노래』에서는 바스크인 대신 무어인이 들어갔다. 이와 같은 대체는 독자를 놀라게 하지 못했는데, 왜냐하면 독자들은 알아서 이 주제 속에서 모순을 느끼고 암시를 포착해 필요한 부분을 교정할 것이었기 때문이다. 오늘날 기독교의 여러 분파에 속한 사람이 『구약』을 바로 이런 식으로 읽고 느끼

---

[56] Theiner, *Vetera Monumenta historiae Hungariae illustrantia*, I, Rome, 1857, p. 86(V. V. Mavrodin, *Ocherki istorii levoberezhnoi Ukrainy*, p. 283에서 인용).

는 것은 흥미로운 사실이다. 그들은 아시리아인, 블레셋인, 칼데아인들에게 전혀 관심이 없으며, 주제 속의 모순을 자기 삶의 조건에 따라 해석하고, 자신이 읽은 것으로부터 (대체로 허위적인) 자기 나름의 결론을 끌어낸다. 확실히 『이고르 원정기』의 독자들은 더 많은 교육을 받았고, 어떻게 알레고리적인 것으로부터 문자 그대로의 것을 분리하는지를 알았지만 두 가지가 이 저작 속에 결합되어 있었음은 분명하다.

따라서 『이고르 원정기』에서 우리는 저자와 독자에게 중요한 진짜 상황을 반영하는 알갱이를 이미지들의 껍질로부터 분리해야 한다. 이 이미지들의 껍질은 모든 역사소설이나 시가 그렇듯이 단지 베일에 불과하다. 하지만 이미지들조차 장르 자체의 논리에 따라 나름의 규칙성을 갖고 있다. 주제 속의 모순과 함께 이 이미지들에 힘입어 우리는 이러한 저작이 절박하게 쓰여져야 했던 바로 그 연도를 발견할 수 있다.

우리가 위에서 말한 호소는 주로 세 대공, 즉 갈리치Galich, 블라지미르, 키예프의 대공들에게 향했다. 두 번째로는 남서부의 대공들이 요청 받았지만 세베르스크와 노브고로드 대공들에게는 아무 요청이 없었다. 폴로츠크에게는 특별한 태도를 보였는데, 이에 대해서는 아래에서 다룰 것이다. 이런 조건들과 맞아떨어지는 정치적 상황이 실제로 언제 일어났는지를 보면 오직 1249~1252년밖에 없으며, 더 이른 시기일수도 더 늦은 시기일 수도 없다.

이 연간에 갈리치의 다닐Daniil과 블라지미르의 안드레이Andrei Yaroslavich는 바투에 맞설 준비를 하면서 키예프와 노브고로드의 대공 알렉산드르Aleksandre Yaroslavich를 동맹으로 끌어들이려 노력하고 있었다. 또한 마르크스도 『이고르 원정기』가 타타르의 침입 직전에 쓰여졌다고 가정한 일이 있음을 기억하기로 하자.57) 그렇다. 하지만 『이고르 원정기』의 저자가 바투의 침입을 예상할 수는 없었을 것이기 때문에 그가 1252년에 네프류이Nevryui의 침입을 염두에 두고 있었다고 가정하는 것이 더 자연스럽다.58) 그것을 한두 해 전에 예측하기는 어렵지 않았을 것이다. 그리고 우리 가설이 옳고 『이고르 원정기』의 저자가 정말 이 사건들을 지켜본 동시대인이라면 그와 같은 애국자가 타타르 칸의 권력을 떨쳐내려는 루스 대공들의 유일한 시도를 무시하기란 거의 불가능했을 것이다. 우리 가정을 확인하기 위해 이 사건들의 세부사항과 이 대공들의 성격을 살펴보자. 우리가 올바른 길로 가고 있다면 『이고르 원정기』의 세부사항과 서술은 12세기 상황이 아니라 13세기 상황을 그려야 하며, 13세기 인물들은 12세기 대공들의 가면 아래 숨어 있어야 한다. 이 점에서 이 대공들이 어떻게 다루어지고 있는지를 살펴보자.

먼저 키예프의 스뱌또슬라프는 전혀 위협적이고 않았고, 힘도 세지 않았다. 그는 뽈로베쯔족과 리투아니아인의 도움을 받고서야 왕위에 올랐다. 그가 키예프 시밖에 장악하지 못한 데 비해 공국의 나머지 땅은 류리크Ryurik Rostislavich가 장악하고 있었다. 그런데 넵스키는 위협적이면서도 강력했다.

저자가 독일인, 베네치아인, 그리스인, 체코-모라비아인을 택해 초원 지대의 대표자 코브야크에게 승리한 후(18쪽) "스뱌또슬라프의 영광을 노래하는" 민족들로 삼는 것은 아주 흥미로우며, 이는 결코 우연

---

57) 마르크스가 엥겔스에게 1856년 3월 5일에 보낸 편지. K. Marx, F. Engels, *Sochineniya*, vol. 29, p. 16.
58) 바투의 아들 사르타크의 지휘관이었던 네프류이는 넵스키의 형제이자 경쟁자였던 안드레이 야로슬라비치의 반란을 진압했다.

이 아니다. 바투의 서정이 다다른 끝 지점들이 여기에 정확히 그려져 있는 것이다. 독일인들은 리크니츠에서 패배했지만 올로무크에서 저항선을 유지했다. 타타르족의 전진 부대는 1241년에 베네치아의 영지에 도달했다. 니케아 제국의 그리스인들은 요하네스John Vatatzes 치하에서 발칸 반도를 차지했고, 그리하여 귀환 중이던 바투의 군대에게 침략당해 황폐화된 불가리아와 접경하게 되었다. 체코-모라비아인들은 올로무크에서 타타르 부대를 격파했다. 이 네 민족 모두가 1240년대에 대對타타르족 투쟁에서 잠재적 동맹이었다. 연구자들은 니케아 제국이 세 가톨릭 국가와 함께 열거되는 것에 어리둥절해서는 안 된다. 왜냐하면 호헨슈타우펜가의 프리드리히 2세와 요하네스는 공동의 적인 교황에 맞서 동맹이 되었으며, 또 이 황제는 장래 그리스인들이 콘스탄티노플을 장악하는 것을 승인해 다시 한 번 라틴 제국의 보호자인 교황을 괴롭힐 것이었기 때문이다.

이 네 민족은 이고르가 패배한 것을 비난한다. 저자가 단순한 국경 충돌을 염두에 두고 있었다면 '그것이 우리와 무슨 상관이란 말인가?'가 이 민족들의 태도였을 것 같다. 그러나 저자가 두 세계의 충돌을 염두에 두고 있었다면 그러한 비난은 이해할 만하다.

또한 『이고르 원정기』의 저자는 루스 내에 타타르족의 굴레를 벗어던질 만큼 충분한 군대가 있다고 생각한다. 블라지미르의 야로슬라비치와 다닐Daniil Romanovich도 같은 의견을 갖고 있었음을 상기하자. 저자는 이 대공들과 그들의 군대를 열거하고, 다시 12세기가 아니라 13세기를 묘사한다. 먼저, 블라지미르의 대공이 나오는데 그는 베스볼로트Vesvolod라고 되어 있지만 실제로는 안드레이이다. 그는 워낙 대군을 갖고 있어 "노로 볼가 강물을 다 튀겨낼 수 있고, 투구로 돈 강 물을 다

퍼낼 수 있다"(21쪽). 스뱌또슬라프와 이고르의 적인 큰 둥지 브세볼로드Vsevolod Big Nest를 남쪽으로 호출하는 것은 보통 이상한 것이 아니다. 그러나 1250년에 블라지미르의 대공을 초원 지대의 적과 싸우도록 호출하는 것은 전적으로 적절한 것이었다. 왜냐하면 『이고르 원정기』가 쓰여졌으리라고 생각되는 시기 뒤에 안드레이가 실제로 타타르족과 전투를 벌여 네프류이에게 대파당한 일이 있었기 때문이다. 우리는 그 때 안드레이와 그의 동지들이 성공을 거둘 것이라는 희망이 퍼져 있었다고 가정해야 한다.

이어 1182년에 브세볼로드의 동맹이던 스몰렌스크 출신 로티슬라프Rotislav의 아들들에 대한 짧은 찬사가 나오면서 "금번의 공격을 위해, 루스 땅을 위해"(22쪽) 앞으로 나서라는 호소가 따른다. 스몰렌스크는 타타르족의 침략 때 파괴당하지 않고 군사적 잠재력을 유지했으며, 그리하여 1249~1250년에 스몰렌스크 사람들에게 도움을 호소한 것은 완전히 분별 있는 행동이었다. 하지만 12세기에 그들은 체르니고프의 올레그의 후손들의 가장 가증스러운 적이었다.

남서쪽 대공들에 대한 호소도 똑같이 적절하다. 『이고르 원정기』는 그들이 "라틴 투구를 쓰고" "폴란드 창을 든" "무쇠 같은 추종자"(23~24쪽)를 거느리고 있다고 말한다. 그러나 체르니고프의 올레그의 후손들은 이 명부에 포함되어 있지 않다(23쪽). 왜냐하면 그들은 블라지미르 대공들의 음모로 1246년에 바투에게 처형당했고[59] 체르니고프 공국은 정치적으로 분쇄되었기 때문이다. 이 명부에서 가장 중요한 사람은

---

[59] A. N. Nasonov, *Mongoly i Rus'*, pp. 26~28. 체르니고프의 미하일은 타타르족에 맞서 도움을 구하려고 1245년의 리용 회의에 밀사를 보냈는데, 이것이 그의 치욕과 처형을 설명해준다.

야로슬라프Yaroslav Osmomysl〔글자 그대로는 '8가지 생각'〕이다. 그는 "금세공 왕좌에 높이 앉아 헝가리 산맥을 떠받치고 …… 다뉴브 강의 문을 닫았다. …… 당신은 키예프의 문을 열고, 당신 아버지의 황금 왕좌에서 술탄들을 향해 여러 강토를 넘겨 화살을 날린다"(22쪽).『이고르 원정기』의 저자는 또한 그에게 "이교도 노예 콘차크"(22쪽)에게도 화살을 쏠 것을 제안한다.

글자 그대로 이해한다면 이 호소는 헛소리에 불과하다. 야로슬라프는 자기보다 더 강한 사람들에게 포위되었다. 그에게서 권력과 생명을 뺏은 귀족들이 그들이다. 1187년에 이 귀족들은 그의 정부 나스타스야를 불태워 죽이고, 그를 강압해 (나스타스야에게서 난) 총애하는 아들에게서 유산을 박탈하도록 했다. 그가 죽은 후 이 귀족들은 술주정뱅이인 그의 장남을 갈리치의 왕위에 올렸다. 갈리치 공국은 1185년에 강력한 왈라키아-불가리아 왕국의 등장 무대였던 다뉴브 강 하류와 아무 관련도 없었다. 야로슬라프는 어떤 '술탄들'도 쏘아 죽이지 않았으며, 그가 제3차 십자군에 참가했다는 추측(444쪽)은 너무 공상적이어서 더 이상 재고할 가치도 없다. 권력과 영향력을 빼앗기고 신경성 외상으로 죽어가는 대공에게 결정적인 행동을 하도록 호소하는 것은 어리석은 일이지만 야로슬라프라는 이름에서 우리가 '갈리치의 다닐'을 읽어낸다면 모든 것이 딱 들어맞는다. 헝가리인들은 1249년에 야로슬라프 부근에서 대파당했다. 이반 아센 2세Ivan Asen〔1218~1241년까지 불가리아를 통치한 제2차 불가리아 제국의 황제〕가 죽은 뒤(1241년) 불가리아는 약화되었고, 갈리치 공국의 영향력은 남쪽으로 확대되어 아마도 다뉴브 강 어귀까지 이르렀을 것이다. 이곳의 도브루자Dobruja에는 페체네그족의 잔존 세력인 가가우즈Gagauz족이 살았고, 이들은 아마 약간의 무슬림 전통을 유지하고 있었을 것이다.60) 파괴된 키예프 역시 갈리치의 다닐의 통제 아래 있었다. 마지막으로 다닐은 1250년에 블라지미르의 안드레이와 동맹을 맺어 타타르족에 대항했다. 분명 암호처럼 사용된 이름들을 제외하면 모든 것이 맞아떨어진다.

콘차크에 관한 것도 이러한 맥락에서는 불가능하다. 왜 그가 '이교도 노예'일까? 칸인데 누구의 노예란 말인가? 그가 신앙심 깊은 루스 대공의 장인이고, 그의 아들이자 후계자가 세례를 받고 유리Yurii, George?라는 이름을 얻었는데, 왜 이교도라고 불릴까? 더욱이 콘차크는 오래지 않은 과거에 스뱌또슬라프를 키예프의 황금 옥좌에 올렸고, 1182년에는 큰 둥지 브세볼로드와 스몰렌스크의 대공들에 대항하는 이고르와 스뱌또슬라프의 동맹이었다. 그가 이런 식으로 악용되는 이유는 그가 기독교인이 아니지만 루스의 내전에서 일정한 역할을 했기 때문이라고 가정해보자. 그러나 이교도 리투아니아인도 콘차크와 같은 편에 참여했지만 『이고르 원정기』의 저자는 브세볼로드 대공에 대한 그의

---

60) 바크리Bakri는 이슬람이 11세기 페체네그족에게 퍼졌다고 알려준다. "…… 이슬람력 400년 후, 그들 중 우연히 무슬림 죄수가 있었는데, 그는 학식 있는 신학자로 그들 몇몇에게 이슬람을 설명해주었고, 그 결과 그들은 이슬람을 받아들였다. 그들의 의도는 신실했고, 이슬람이 그들 사이에 퍼져나가기 시작했다. 하지만 이슬람을 받아들이지 않은 다른 사람들은 이를 비난했고, 이 문제는 전쟁으로 이어졌다. 무슬림은 12,000명에 불과했고 불신자들은 두 배나 많았지만 신은 무슬림에게 승리를 선사했다. 무슬림들은 그들을 죽였고, 살아남은 사람들은 이슬람을 받아들였다. 그들은 이제 모두 무슬림이며, 학식 있는 사람들, 법을 아는 사람들, 코란을 읽을 줄 아는 사람을 갖고 있다"(A. Kunki, V. Rozen, *Izvestiya al-Bakri i drugikh avtorov o Rusi i slavyanakh*, pp. 58~60). 이는 분명 편향적인 과장이다. 페체네그족의 몇몇 칸과 일반 주민이 1051년에 콘스탄틴Constantine Monomachus와의 조약 하에서 개종한 것은 주지의 사실인데, 그들이 이미 또 다른 세계종교에 속해 있었다면 이는 불가능했을 것이다. 하지만 바크리의 말에는 진실의 알갱이가 들어 있다(S. P. Tolstov, *Po sledam drevnekhorezmiiskoi tsivilizatsii*, p. 262를 보라). 그리고 흑해 초원지대에 무슬림 유목민들이 있었기 때문에 황금군단의 칸 오즈베크(1312년)가 상당수 무슬림 유목민의 비위를 맞추려고 그렇게 쉽게 이슬람으로 개종했던 것이다.

존경심에도 불구하고 이를 비난하지 않는다.

이제 우리가 콘차크를 어떤 타타르 다루가치로 대치한다면, 예컨대 위에서 언급한 다르말라로 대치한다면 모든 것이 맞아떨어진다. 그는 칸의 노예이고, 역겨운 종교의 지지자이다. 그리고 우리가 『이고르 원정기』 저자의 입장을 취한다면 이 다루가치는 분명히 1249~1450년에 화살에 맞았을 것이다. 리투아니아인과 관련해서는 독일인, 헝가리인, 폴란드인에게도 그랬듯이 그들과 대충 타협할 수 있었을 것이다. 이와 같은 입장이 얼마나 올바른지는 다른 문제이며, 사실 『이고르 원정기』의 저자는 이 점을 회피하지 않는다. 비록 이고르의 원정이나 뽈로베쯔 초원 지대와 아무 관련이 없어 보이는 주제에 관해서는 저자의 의견이 극히 신중하게 표현된다고 해도 말이다.

| **폴로츠크의 비극** |

폴로츠크는 루스를 서침으로부터 막아주는 방패 역할을 했다. 『이고르 원정기』의 저자는 폴로츠크의 대공들에 대해 말할 것이 많지만 그들에게 호소하지는 않는다. 그는 그들의 일로 슬퍼한다. 『이고르 원정기』의 폴로츠크 부분의 영웅인 이지아슬라프Izyaslav Vasil'kovich는 수수께끼이다. 먼저 그는 연대기에서 언급되지 않는다. 이는 그가 출중하지 않았다면 가능한 일일 것이다. 그러나 『이고르 원정기』에 따르면 그는 이고르에 못지않게 출중했다. 그는 리투아니아인들과의 전투에서 쓰러졌고, 이 대공의 패배로 도시는 항복했다(95쪽). 어느 도시일까? 폴로츠크로 가정할 수 있을 텐데, 그곳은 1239년에 브리아치슬라프Bryachislav라는 어떤 사람이 왕좌를 갖고 있었다. 그런 뒤에 폴로츠크

공국에 관한 정보는 중단된다.61) 이 브리아치슬라프라는 이름은 『이고르 원정기』에서도 언급된다.62) 어떤 쓰러진 대공을 도우러 오지 않은 그의 형제가 그런 이름으로 불린다. 조금 후 폴로츠크 땅에 대한 마지막 언급이 나온다. "네미가Nemiga〔네만〕 강 위에는 머리들이 곡식 단처럼 널려 있고, 사람들이 쇠사슬로 타작하며, 생명들이 타작마당에 누워 있고, 사람들이 육체에서 영혼을 가려낸다. 네미가의 피비린내 나는 강둑에는 축복이 뿌려져 있지 않고 루스의 아들들의 뼈가 뿌려져 있다"(25쪽). 이 삽입부는 브세슬라프가 1067년에 이지아슬라프, 스뱌또슬라프, 브세볼로드 야로슬라비치 대공들에게 당한 패배(458쪽)와 관련되어 있다. 하지만 『이고르 원정기』에서 이 부분은 브세슬라프가 키예프의 왕위에 올랐다가 도망가기 전이 아니라 그 후에, 즉 1069년 이후에 나와 있다. 이와 같은 비약은 네미가 강의 살육이 브세슬라프 시대와 관련되어 있다면 올바르지 못하다. 하지만 이 회상이 자기 시대에 대한 저자의 연상이라면 이 삽입부는 『이고르 원정기』가 쓰여진 시대와 관련되어야 한다. 즉, 1240~1250년대와 관련된다고 가정해야 한다.

사실 13세기에 정확히 이와 같은 상황이 있었다. 리투아니아인들이 폴로츠크 공국을 장악하고 토르조크Torzhok와 베제츠크Bezhetsk로까지 파괴적 습격을 확대했다. 1245년에 넵스키가 그들에게 패배를 안겼지

---

61) S. M. Solov'ev, *Istoriya Rossii*, I, p. 181.
62) 『이고르 원정기』에는 이렇게 쓰여 있다. "브리아체슬라프의 형제도 다른 브세볼로드도 거기에 없었다." 지민은 (사적인 서신에서) '브세볼로드'는 '브세슬라프'로 읽어야 한다는 적절한 제안을 했으며, 그렇게 하면 회고적 구성이 이해된다. 폴로츠크를 적들로부터 지켜줄 수 있었을 두 번째 브세슬라프는 없었으며, 다음에는 폴로츠크의 대공 브세슬라프에 대한 감성적 여담이 나오는데, 여기서는 사건들이 시간의 역순으로 열거된다(24~26쪽).

만 다음 해 야로슬라프 베스볼로도비치와 그의 아들들이 몽골로 갔을 때 모스크바의 미하일Mikhail Khorobrit이 블라지미르에서 권력을 잡고 거기에서 리투아니아인들과의 전투 중에 죽었다. 미하일의 권력 찬탈을 비난했던 형제들은 그를 도우러 오지 않았고, 존재가 의심스러운 신비적 인물 이지아슬라프 바질코비치를 도우러 오지도 않았다. 『이고르 원정기』의 저자는 폴로츠크의 비극을 아주 감성적인 탄성으로 끝맺는다. "오, 루스 땅은 첫 해와 첫 대공들을 기억하며 신음해야 한다. …… 창들이 노래한다"(26쪽).

이 일이 1187년에 일어났을 가능성은 거의 없는데, 이때는 리투아니아도 뽈로베쯔족도 루스에 어떤 실질적 위협이 되지 못했기 때문이다. 따라서 루스는 서쪽에서 구원이 오기를 기다려야 했던 것이 아니라 갈리치와 로스토프Rostov의 선동적 귀족들, 블라지미르와 보프고로트의 '연소자들' 그리고 아주 게걸스러운 몇몇 대공의 욕심을 진정시켜야 했다. 그러나 『이고르 원정기』에는 이에 대한 언급이 전혀 없다. 『이고르 원정기』의 저자는 자기 시대의 이교도인 리투아니아인들이 루스 대공들과 가톨릭 독일인들의 적극적인 적임을 뛰어나게 이해하고 있다.[63] 그는 리투아니아인들도 언급하지만 독자의 주의가 주적인 초원 지대 유목민들, 즉 타타르족에게서 떠나지 않도록 그저 지나가는 길에 언급하고 만다. 그는 모든 대공이 자신의 관점을 공유하지 않는 것을 특히 슬퍼하는데, 이 점에서는 그가 옳았다.

마지막으로 『이고르 원정기』의 수수께끼 같은 한 부분에 주의를 돌

---

[63] 1251년에 민도프크Mindovg는 성자 베드로의 날개 아래로 갔다. "그의 세례는 허위였다"(*PSRL*, II, p. 817).

려보자. "승리를 거두며 루스 땅으로 질주해온 이교도들은 각 가정으로부터 털가죽을 공물로 빼앗았다"(18쪽). 리카체프는 뽈로베쯔족이 루스족으로부터 어떠한 공물도 취하지 않았다고 올바르게 지적하지만 이 모순은 저자가 『지나간 세월의 이야기 The Tale of Bygone Years』의 859년 부분을 문학적으로 차용한 데서 연유한 것으로 보면서 '공물'을 복속의 상징으로 간주한다(421쪽). 하지만 12세기에는 뽈로베쯔족에 대한 복속이 일어나지 않았으며, 일어날 수도 없었다. 그러나 1241년 이후 타타르족이 남루스에게 과세한 일은 정말 있었던 일이다. 몽골 제국의 재상 야율초재가 도입한 1236년의 법에 따르면 중국으로부터의 조세는 난로와 집을 단위로 징수되었고, 몽골족과 무슬림은 인두세를 냈다. 야율초재가 중국인들을 위해 이러한 경감 제도를 도입한 것은 전쟁에서 고통당한 영토의 경제를 회복하기 위해서였고[64], 여기서 볼 수 있듯이 그러한 특권은 유사한 상황에 있던 루스 땅으로도 확대되었다.

| 이고르 대공의 순례 |

이고르의 무모함과 무사려로 인해 세베르스크 땅은 값비싼 희생을 치렀다. 뽈로베쯔족은 이 습격에 대해 습격으로 대답해 "셈 강에 연한 도시들을 취했고, 셈 지역과 노브고로드-세베르스크 전역에 걸쳐 전례 없는 슬픔과 심한 탄압이 있었으며, 체르니고프 볼로스트volost[러시아 제정 시대의 소 행정 구역] 전역에 걸쳐 대공들이 붙잡히고 종자들이 잡혀

---

[64] [Bichurin] Iakinf, *Istoriya pervykh chetyrekh khanov*, pp. 264~265.

살육당했다. 도시들은 봉기했고, 모든 사람이 이웃을 증오했으며, 그리하여 많은 이들이 영혼을 포기하며 대공들에 대해 불평했다"고 『이파티에프 연대기』의 저자는 쓰고 있다.65) 그러나 『이고르 원정기』의 저자는 사건들을 이렇게 느낀다. "해는 하늘에서 빛나고, 이고르는 루스 땅의 대공이다. 처녀들은 다뉴브 강에서 노래하고, 그들의 목소리는 바다를 건너 키예프로 너울너울 흘러간다. 이고르는 보리체프Borichev를 따라 피로고시차의 성처녀에게로 간다. 땅들은 즐겁고 도시들은 기뻐한다"(30~31쪽). 차이는 자명하다.

누구를 믿어야 할까? 물론 연대기이다. 정교 관습에 따르면 이고르는 감사 기도를 신에게 바로 드리거나 자기 이름을 따온 성자에게 드리거나 죄수들의 해방자인 성자 게오르기우스에게 드릴 수 있었기 때문에 더더욱 연대기를 믿어야 한다. 따라서 성처녀에게 기도를 드리는 것은 어떤 특별한 의미를 갖고 있었으며, 이 의미는 『이고르 원정기』의 동시대인들은 이해했지만 후대의 논평자들은 알지 못한다. 이 부분에서는 성처녀의 적들에 대한 공격을 담고 있다는 생각이 떠오르는데, 그녀에 대한 호소는 이고르 대공이 저지른 이전의 모든 죄를 덮었기 때문이다. 이 적들은 기독교를 받아들인 이교도 뽈로베쯔족일 수는 없으며, 예수와 마리아를 동일한 반열에 올려놓은 무슬림일 수도 없으며, 마리아를 신이 아니라 '그리스도의 어머니' 즉 한 남자를 낳은 보통 여자로 부른 네스토리우스교도일 수밖에 없었다. 마리아 숭배는 네스토리우스교에 대한 직접적 도전이었다.

이고르의 원정은 사소함에도 불구하고 12세기 때도 이고르 후손들

---

65) 사실 1185년의 전쟁은 세베르스크 땅의 정치적 쇠퇴를 수반했고, 수즈달 공국에 루스의 지도권을 확보해주었다(P. Golubovskii, *Istoriya Severskoi zemli*, p. 160 이하).

과 모노마흐의 후예들 사이의 투쟁사에서 전환점을 이루었다. 이고르는 할아버지가 세운 전통을 어겼다. 그는 초원 지대와의 우정을 버리고 모노마흐의 후손들과 타협했으며, 이 타협은 1204년까지 지속되었다.[66] 그러나 성처녀를 루스 대공들의 내전에 연루시키는 것은 요점을 벗어나는 것이다. 다른 한편 블라지미르의 안드레이와 다닐 혹은 갈리치가 타타르족에 대한 봉기를 준비했을 때 그들의 적수는 바투가 아니라 그의 아들 사르타크였다. 사르타크는 은밀한 네스토리우스교도이자 공공연한 네스토리우스교 보호자로 정교도 루스족과 알란족을 조롱했다. 성처녀가 반란자들의 깃발에 등장할 수 있었고 또 등장해야 했던 전쟁이라면 이 사르타크와의 전쟁밖에 없었다. 그녀에 대한 호소는 이 반란에 참여하는 것으로 간주될 것이었다. 사르타크가 네스토리우스교에 대한 호감 때문에 1256년에 독살되었을 때 그의 삼촌 베르케는 이슬람으로의 개종에도 불구하고 정교를 보호하기 시작했고, 네스토리우스교도가 여전히 지배하던 몽골-페르시아 울루스 및 몽골-중국 울루스와 1262년에 깨끗이 결별했다.

그리하여 『이고르 원정기』가 쓰여질 수 있던 상한선은 1256년, 즉 사르타크가 죽은 해이다. 이를 고려할 때 반(反)유목민, 반네스토리우스교 경향을 띠는 저작을 낳을 수 있는 유일한 상황은 1249~1252년의 상황밖에 없는바, 이 3년간 루스는 봉기를 준비하고 있었던 것이다. 이 봉기는 사르타크와 그의 군사 지도자 네프류이에게 진압당하게 된다.

---

66) 앞의 책, p. 170.

| 시인과 대공 |

이제 이 저작의 장르 문제를 제기할 때이다. 어떤 의미에서 『이고르 원정기』가 이 시대에 관한 정보원으로 이용될 수 있는지를 알기 위해서는 이 장르 문제를 제기하는 것이 필수적이다. 하지만 장르 문제는 전적으로 문학 연구 분야에 해당되며, 이 지식 분과의 대표자만이 이 문제에 대한 최종적인 결론을 내릴 수 있을 것이다.

리카체프는 자신의 『이고르 원정기』 판에 부록으로 붙인 논문에서 이렇게 쓰고 있다. "『이고르 원정기』는 애국자이자 자기 민족을 사랑하는 사람의 열정적 연설이다(249쪽). …… 하지만 우리 앞에 전형적인 웅변 저작이 놓여 있다고 생각하는 것은 착각이다(251쪽). …… 이것은 연설이라고 해도 노래에 가깝다. 이것은 노래라고 해도 연설에 가깝다. 불행히도 우리는 『이고르 원정기』의 장르를 이보다 더 정확히 확정할 수는 없다"(252쪽).

이것은 정말 유감이다. 왜냐하면 막 인용된 구절들은 아주 멋지기는 하지만 우리가 출발할 때 갖고 있던 당혹감을 해소하지 못하기 때문이다. 결국 연설, 노래, 시는 항상 창작 아니면 정보의 단순한 전달이다. 찬양 아니면 욕설이다. 우리가 13세기 중반의 역사적 상황을 배경으로 이 자료를 분석한 것이 옳다면 『이고르 원정기』는 영웅 서사시가 아니라 정치적 풍자이다. 이러한 생각은 앞 문단에 나온 리카체프의 정의들과 모순되는 것이 아니라 이 문제에서 그가 고려하지 않는 측면들과 관련되어 있다.

그러나 이러한 형태의 문학이 13세기에 존재할 수 있었을까? 왜 존재할 수 없었겠는가. 그것은 고대 그리스와 로마에서 번성했다. 예가 너무나 많아 열거할 가치도 없다. 이런 문학은 중세 페르시아에서도 사용되었으니, 알-물크Nizam al-Mulk[1018~1092년. 셀주크 제국 때의 학자이자 재상]가 교화적 목적으로 마즈다크Mazdak[524년 혹은 528년에 죽었다. 사산 왕조 카바드 1세Kavadh I 치세 때 영향력을 얻은 조로아스터교 예언자] 운동을 편향적으로 설명한 것이 그것이다. 마지막으로 몽골족의 『비사』는 잔인한 시간의 신이 우리에게서 훔쳐간 수많은 것 중 살아남은 동일 장르의 저작이다. 왜 루스족이 동시대에 산 동쪽 민족들보다 재능이 덜했다고 생각해야 하는가? 수요가 있고, 재능 있는 저자들이 존재한다면 특정한 장르는 등장하고 독자를 찾는다. 1237~1241년의 파괴 이후 그와 같은 수요가 있었고 루스 땅에는 재능이 있었다.

끔찍하고 예기치 않은 패배로 인해 생각이 있는 모든 루스 사람은 조국의 운명을 생각했다. 그리고 누가 더 나빴는가, 타타르족인가 독일인인가하고 질문하게 되었다.67)

앞서 살펴본 대로 『이고르 원정기』의 저자는 친서방적 태도를 갖고 있었다. 따라서 그가 쓴 문학적 화살은 바투의 친구이자 사르타크의 의형제이며 독일기사단의 적인 신앙심 깊은 대공 넵스키의 가슴을 향했다. 그러나 우리 텍스트에는 이 대공에 대한 어떤 이미지도 없다. 다른 무엇인가가 있다. 넵스키의 인성에 대한 서술은 없지만 그의 활동에 대한 개별적 서술은 있다. 왜 그래야 하는지는 아주 이해할 만하다. 『이고르 원정기』는 광범위한 반응을 기대하며 쓰여졌고, 따라서 넵스키에게 도달했을 것이다. 그리고 그는 엄했다. 따라서 바투마저 놀라게 한 넵스키의 매력은 전혀 공격 주제가 될 수 없었다. 『이고르 원정기』

---

67) 루스에 대한 가톨릭의 공세의 역사는 V. T. Pashuto, *Ocherki po istorii Galitsko-Volynskoi Rusi*에 상세히 설명되어 있다.

의 저자는 이 대공의 인격을 비난하는 것이 아니라 그의 친타타르 정책을 비난한다. 하지만 이 비난은 모든 곳으로 파고들어 간다. 올레그 고리슬라비치Oleg Gorislavich를 평가할 때는 초원 지대 거주자들에게 의지하는 것이 비난되고, "하느님의 심판을 받게 될"(26쪽) 브세슬라프를 묘사할 때는 이동의 신속성 그리고 노브고로드족과의 다툼이 비난된다. 적대적 태도를 보여주는 가장 중요한 표시는 키예프의 수호여신인 성처녀의 적인 이단자들과 우정을 맺고 있다는 암시들이다. 그러나 네스토리우스교도와 넵스키의 공통점은 무엇이었고, 13세기 사람들이 설명 없이도 분명히 알 수 있는 것은 또 무엇이었을까?

넵스키는 가톨릭이 지배하던 유럽에 의지하는 안드레이 야로슬라비치와 싸울 준비를 할 때 도움을 구하러 황금군단에 갔는데, 바투가 아니라 그의 아들이자 네스토리우스교도 보호자인 사르타크[68]를 찾아갔다. 1252년의 승리는 사르타크 부대의 도움으로 이루어졌다. 넵스키와 사르타크의 우정은 잘 알려져 있었으므로, 반대 당파는 종교적 차원이 아니라 정치적 차원에서 이 대공의 네스토리우스교 편향을 암시했으며, 이는 근거가 없지 않았다.

우리 가설이 옳다면 역사적 인물이 아니라 문학적 영웅으로서의 이고르 대공은 이교도 뽈로베쯔족은 물론 정교도와도 싸움에 들어갔어야 했다. 사실 디브는 이고르의 군대에게 위협당하는 모든 나라에게 경고를 보낸다(79쪽). '미지의 땅' 뽈로베쯔 초원 지대, 기독교인 하자르족의 지역 볼가 강, 해양 지역 즉 정교도 고트족이 12세기에 살던 흑해 해변, 루스족의 친그리스적 태도의 요새인 페레야슬라블Pereya-

---

[68] S. M. Solov'ev, *Istoriya Rossii*, I, p. 157.

slavl'이 서 있던 술라Sula 지역, 그리스의 무역 도시들 수로즈Surozh, 제르손Cherson, 트무타라칸Tmutarakan'. 카스피해 옆의 하자르족도 또 흑해의 그리스인도 또 고트족도 루스에게 아무 해를 가하지 않았으며, 따라서 이고르의 원정이 그들을 향했다는 설명은 보통 이해되는 것과는 아주 다른 의미를 갖고 있다. 12세기에 관한 것이라면 이 설명은 무의미한 것이다. 13세기에 관한 것이라면 이 설명은 불가능한 것인데, 왜냐하면 사르타크의 군대는 루스와 흑해 사이에 있었기 때문이다. 거기에는 사건들에 대한 역사적 서술이 아니라 알레고리가 들어 있음이 분명하다.

사실 이 인용문만 해도 13세기 중반의 상황을 뚜렷이 보여준다. 몽골에서 헝가리로 도망간, 패배했지만 복속되지 않은 뽈로베쯔족의 잔존 세력은 부대의 최고 기병 단위를 이루어 황금군단에 대항할 수도 있었을 것이다. 그들은 루스족이 몽골에 맞서 일어났다면 루스족의 가장 신뢰할 만한 동맹이었을 것이다. 따라서 디브는 민족들에게 경고한 것이 아니라 이 저작이 쓰여진 시기에 황금군단에 충성한 사람들 ─ 정교도 그리고 방랑자와 비잔틴인들 ─ 에게 점령되어 있던 땅들에 경고한 것이었다. 종교적 요인은 분명히 존재하지만 여기서 뽈로베쯔족은 문학적 은유에 불과하다.

『이고르 원정기』의 종결부는 이런 식으로 설명을 찾는다. 키예프의 "피로고시차 성처녀에게로"(31쪽) 가는 이고르의 순례는 최대의 성취로 제시된다. 그것은 순전히 교화적인 것이다. 여기에 이고르의 후손이자 키예프 대주교 관구의 적의 손자이자 "트로얀의 길로 달려간"(11쪽) 보얀의 친구가 있으며, 그는 성처녀 마리아와 화해했고, 루스 땅 전체가 이에 기뻐했다. 그리고 당신 넵스키 대공도 같은 일을 해야 하며, 이교도들에게는 종말이 있을 것이다! 이 천재적인 저작 전체의 의미가 바로 여기 있으며, 따라서 넵스키가 안드레이와 결별하고 타타르족에게 도움을 구하기 전, 즉 1252년 이전에 이 저작은 쓰여져야 했다.

『이고르 원정기』의 저자와 그의 친구들, 즉 블라지미르의 안드레이와 갈리치의 다닐이 옳았을까? 어떤 점에서는 옳았고, 어떤 점에서는 옳지 않았다! 모든 대공의 공동의 노력으로 황금군단에서 벗어나는 것이 가능했을 듯하지만 그렇게 되면 다음에는 봉건 가톨릭 유럽의 굴레 아래 떨어졌을 것이다. 그리하여 루스 땅 전체가 벨로루시아와 갈리시아의 운명을 밟았을 것이다. 넵스키는 그의 형제들보다 그리고 그들의 정치적 노선을 대변한 이데올로그, 곧 『이고르 원정기』의 저자보다 더 멀리 내다보았다. 그는 "잡히는 것보다는 죽는 것이 낫다"(10쪽)는 아름다운 말들에 현혹되지 않았다. "그리고 대공들 스스로 분열을 일으키고, 승리를 거두며 루스 땅으로 질주해온 이교도들이 각 가정으로부터 털가죽을 공물로 빼앗았다"(18쪽, 421쪽)는 성난 비난에도 현혹되지 않았다. 타타르족은 1250년대에만 각 가구로부터 공물을 취했을 뿐[69] 1262년에는 쿠빌라이 칸의 중앙 정부가 보낸 공물 징수인들이 바로 이 넵스키의 주도에 따라 루스 주민에게 살육당했다.[70]

여기서 가장 흥미로운 것은 황금군단의 칸 베르케가 징벌 조치를 취하지 않았을 뿐만 아니라 그러한 혼란을 자기에게 유리하게 이용했다는 것이다. 그는 중앙 군단에서 떨어져 나와 그의 지역을 독립국가로 바꾸었는데, 이 국가에서 루스적 요소는 작지 않은 역할을 했다. 1262년 이후 황금군단과 툴루이의 동쪽 계통 후손들 사이의 고리는 끊어졌

---

[69] 북동 루스에서는 1257년에야 조세가 시행되었다. A. N. Nasonov, *Mongoly i Rus'*, p. 12, p. 22를 보라.
[70] 앞의 책, p. 52.

다. 후자는 베이징에 기반을 두었고, 1271년에 원이라는 중국 명칭을 취했다. 그것은 본질적으로 몽골의 굴레로부터의 동유럽의 해방을 의미했다. 비록 이 해방이 칸들, 즉 칭기즈칸 가의 어른인 조치 — 그는 최초로 피정복자와의 화해 정책을 제안했다는 이유로 아버지의 명령에 따라 죽임을 당했었다 — 의 후손들 깃발 아래 일어났다 해도 말이다.71) 이후 적극적인 네스토리우스교도로서 칭기즈의 정복 정책을 계속했던 페르시아 몽골족과 황금군단 사이에 전쟁이 시작된 것은 우연이 아니다. 1262~1263년에 베르케 칸 정부는 몽골의 전통적 노선을 계속할 것인지 아니면 상황의 힘에 굴복해 자기 운명을 군단과 연결시키는 데 동의한 민족들을 이끌지 여전히 확신하고 있지 못했다. 우리는 민족의 대참사를 막은 넵스키의 마지막 사라이 여행이 칸의 선택을 결정지었다고 생각할 수도 있다. 이것은 몽골족으로부터의 러시아의 첫 번째 해방이었으며, 넵스키의 최대 업적이었다.

따라서 이 분별 있는 대공은 이 재능 있는 시인보다 더 통찰력이 있었다. 그러나 우리는 『이고르 원정기』의 저자가 진실성과 애국심을 갖고 단결을 호소한 노력을 인정해주어야 한다. 반대편 역시 단결을 호소하고 있었음을 유일한 단서로 하고 말이다.

독자들은 다음과 같은 질문을 제기할지 모르겠다. 이 저작은 거의 2세기동안 집중적으로 연구되어 왔는데도 왜 아무도 여기서 제출된 생각 — 지금도 많은 학자에게는 역설적인 억측으로 보이는 생각 — 을 떠올리지 못했을까? 이 책의 저자는 기라성같이 빛나는 슬라브 학자들

---

71) V. V. Bartol'd, *Turkestan*, p. 495.

보다 더 학식 있고 유능할까?

물론 그렇지 않다. 핵심은 어떤 사람의 개인적 능력이 아니라 접근법에 있다. 문학자들은 귀납적 방법을 모든 가능한 방식으로 아주 훌륭하게 사용했지만 그것은 한계가 있다. 물론 우리가 '직접 정보'라고 부르는 자료를 쉽게 선별할 수 없다면 연역적 방법을 적용하는 것이 불가능하겠지만 귀납과 연역을 화해시키는 방법을 찾는 것이 바로 이 책의 목표이며, 이는 역사가의 고상한 소명에서도 똑같이 중요하다.

|14|
공간-시간 도표

| 한 인문학자와의 대화 |

역사란 무엇일까? 과학? 그렇다. 논쟁의 여지가 없다. 예술? 물론 그렇다. 고대 그리스인들은 〔역사의 여신인〕 클리오를 9명의 뮤즈에 포함시켰다. 철학? 일원론적 방법에 익숙한 사람들에게 이는 당연할 것이다. 그러나 이 모든 것에 더해 역사는 공예craft이기도 하다. 왜냐하면 역사가는 성공적인 작업을 위해 완강한 재료를 처리할 수 있는 일련의 기술적 장치와 방법에 '명수'가 되어야 하기 때문이다. 이 점에서 역사가는 공예를 예술 수준으로 끌어올린 조각가나 미술가와 같다.

미대와 음대에서는 중시되는 요소가 불행히도 인문학부에서는 종종 무시되곤 한다. — 기술technique을 습득하는 능력이 그것이다. 사람은 누구나 그림을 그리거나 피아노 치는 것을 배울 수 있지만 그것을 배우는 것이 어렵다면 학생에게 다른 것을 택하도록 하는 것이 좋다고 생각한다. 그것은 옳다. 기초가 어렵다면 예술작품은 완성되지 않을 텐데, 사람들은 완성된 것만 원하기 때문이다. 이런 식으로 생각할 때 중요한 것은 역사를 이해하는 것이 쉬운 일임을 확실히 하는 것이다.

이처럼 단순한 생각은 오랫동안 나에게는 당연한 것처럼 보였지만 사실은 정반대임을 이제 확신하게 되었다. 앞 장의 일부를 논문으로 출간한 직후1) 나는 한 인문학자를 만나 긴 대화를 나누었다. 많은 주제 중 여기서 제출된 명제와 직접적으로 관련된 한 가지가 대화의 주제로 떠올랐다. 그는 자기 관심을 끄는 것은 작업 과정이지 결과가 아니며, 잘 수집된 서지야말로 연구자의 영광스러운 월계관이라고 말했다. 그는 이런 식으로 논리에 어긋나지 않고 또 다른 과제를 설정했다. 어려움을 극복하고 지식 자체를 목적으로 삼아 쌓아올리는 것이 그것이었다. 이 원칙에 기초해 그는 지식의 보고에 새로운 텍스트, 세부사실, 상이한 번역을 추가하는 것을 최고의 성취로 간주했다.

나는 그러한 접근법을 트로피 사냥이라고 부르고 '보고'를 골동품 가게라고 불렀는데, 조금 예민했던 것이 아닌가 생각한다. 그러한 접근법은 내가 가장 중요하게 여기는 것, 곧 진리 탐구를 놓치고 있었다. 자료 자체의 수집은 어떤 지점까지만 유용하며, 그 이상으로 정보를 축적하려는 것은 감당할 수 없는 일이 되고, 따라서 이해하고 있다는 느낌은 상실된다.

가나다순으로, 세기별로, 나라별로 체계화하는 등등의 단순한 방법이 어떤 것을 이해하고 있다는 느낌을 주지 못하는 것은, 세로 열로 행해지는 단순한 산술적 덧셈이 적분을 대체하지 못하는 것과 마찬가지이다. 그러나 찾으면 길은 있다. 자료를 병렬하고 정보를 위계적으로

---

1) L. N. Gumilev, "Mongoly XIII v, i 'Slovo o polku Igoreve.'"

조직하는 것이 그것이다. 그러한 작업의 결과로 경험적 일반화가 일어나며, 베르나드스키는 그러한 경험적 일반화의 신뢰성이 실제로 관찰된 사실의 신뢰성에 못지않다고 보았다.[2] 그의 견해에 따르면 우리는 연속성을 통해서만, 즉 과거의 위대한 학자들이 개시한 작업을 계속함으로써만 지식과 이해의 건축물을 높이 쌓아올릴 수 있지만 이를 위해 그들이 행한 작업을 반복할 필요는 없다. 새로운 과제를 설정하는 것이 더 사리에 맞다. 왜냐하면 각 세대가 저자들에게 요구하는 것은 자기 세대의 관심사에 대답하는 것이지 먼 선조의 관심사에 대답하는 것이 아니기 때문이다.

그러나 앞 시대 저자나 우리가 장황한 설명으로 특정한 명제를 증명한 후 이제 더 이상 이 장황함이 필요 없게 되었을 때는 어떻게 그것을 우회할 수 있을까?

이에 대해서도 수단이 있다. 도표가 그것인데, 이 말은 부당하게 경멸당하고 있다.

자연과학과 공학에서 도표는 모든 건축의 초석이다. 왜냐하면 그것은 건축물의 건설과 이에 대한 소비자 — 우리의 경우 독자 — 의 인식을 쉽게 해주는 장치로 간주되기 때문이다. 도표는 자료의 목적적 일반화이다. 즉 도표를 통해 우리는 현재 연구 중인 주제의 본질을 조사하고 그것을 가리는 세부사항을 제외시킬 수 있다. 도표를 만들어내기는 쉽다. 따라서 도표의 강점은 아직 더 있으니, 가설을 제기하고 점검할 수 있게 해주는 것이다. 도표는 작업의 뼈대로 그것이 없다면 작업은 해파리나 오징어가 된다. 해파리나 오징어도 적절한 서식지를 찾을

---

[2] V. I. Vernadskii, "Biosfera", p. 19.

수 있지만 안타깝게도 항상 제한된 서식지에 불과하다. 도표적 일반화가 없다면 지식의 다양한 갈래가 만나는 것은 불가능하다. 그리고 도표적 일반화만이 옛 저자들이 물려준 정보의 진위를 점검하는 데 필요한 교정책을 제공해 줄 수 있다. 서지에 관한 한 모라프치크 교수[3]가 이를 잘 모아 왔으며, 관심 있는 독자는 이 견실한 저작을 참고하기 바란다.

여기서 내 친구 인문학자는 내 생각이 흥미가 없지는 않지만 전혀 증명되지는 않았다고 말했다. 처음에 대단히 놀랐지만 그의 말의 의미를 그럭저럭 이해했을 때 나는 이 경우에도 역시 그가 일관성을 엄격히 유지하고 있음을 알았다. 그가 말하는 증명은 제기된 주제에 대한 고찰이 아니라 정확히 정식화된 정보를 담고 있는 텍스트였다. 물론 나는 그에게 동의하지 않았다. 그의 말이 옳다면 나는 프레스터 요한이 '세 인도'를 통치했다고 주장하지 않을 수 없었을 것이다! 나는 그렇게 주장하는 대신 통상적인 나의 도표를 시간과 공간의 측면에서 제시하겠다고 제안했고, 그는 사실들이 스스로 말할 것이라고 확신했을 것이다. 명확함을 위해 모든 중요한 정보는 넓은 역사적 파노라마를 얻을 수 있도록 공시적 표와 주석이 달린 네 개의 역사 지도로 환원되었다. 우리는 일차적 정보를 기준으로 삼지 않고, 앞에서 세부 사실들을 정확히 분석해 얻은 일차적 일반화를 기준으로 삼았다. 따라서 정보를 위계적으로 조직한다는 원칙 그리고 역사적 무대를 한 눈에 개관할 수 있는 축적을 사용한다는 원칙이 준수되었다.

여기서 제공되는 결산서에서 '증명된 진술'이란 진본 사료에 기초해

---

[3] Gy. Moravcsik, *Byzantinoturcica*.

마련된 진술이 아니라 엄밀하게 확정된 사실과 논리에 모순되지 않는 진술을 뜻한다. 이러한 원칙들에 기초한 결론이 아무리 역설적이라 해도 말이다. 말이 난 김에 말하면 이것은 모든 자연과학자의 작업 방식이다.

나의 논증 방법이 나의 인문학자 친구에게는 이상하게 보이겠지만 나는 그가 이 방법에 대해 불만이 없기를 바란다. 나아가 그가 어느 정도만이라도 객관적인 눈으로 바라본다면 나의 논증 방법이 분별 있고 유익한 것임을 확신하리라고 믿는다.

| 공시적인 표 |

이 표의 의도는 세계사를 배경으로 본문에서 서술된 사건들을 시각적으로 개관하는 것이다. 이를 위해 시간과 공간이라는 두 가지 통상적인 일반화가 이용되었다. 시기는 10년 단위로 나뉘며, 이를 통해 역사적 과정들의 경로와 방향에 대해 일목요연한 감을 잡을 수 있다. 이 역사적 과정들은 가까운 배율로 보면 만화경을 보는 듯한 느낌이 들고, 먼 배율로 보면 아무 형태도 없는 듯한 느낌이 든다.

유라시아 영토는 우리가 연구하는 시기의 지리적 지역에 상응하는 5개의 민족·문화적 지역으로 나뉘지만 정복 전쟁을 고려해 조금의 오차를 허용하는 것은 정당하다. 우리는 다음과 같은 순서로 동쪽에서 서쪽으로 간다. 먼저 극동은 중국, 티베트, 만주를 포함하며, 몬순 지대이자 중국 문화와 불교 지역이다. 다음 대초원 지대는 건조한 지대이자 유목민 문화와 네스토리우스교 지역이다. 다음 근동은 아열대지대이자 초민족적 무슬림 문화 지역이다. 다음 동유럽은 비잔틴 문화가 정교 형태로 퍼진 지역이다. 마지막으로 서구는 사이클론 강수량이 풍부하고 연평균 기온이 비교적 높은 지대로 봉건제와 가톨릭을 특징으로 하며 로마-독일 문화적 통일성을 이룬 지역이다. 이 분할은 중세인들 스스로 실제적인 것으로 여겼기 때문에 우리에게 가장 편리하다. 표에서 사건들을 비교적 상세히 열거한 의도는 거의 알려지지 않은 사건들과 독자들이 중학교 교과서를 통해 아는 사건들을 연결시키기 위해서이다(502페이지의 표를 보라).

| 역사적 민족지 |

중앙아시아 동부에서 유목민들의 민족 형성에 관한 자료를 가장 잘 일반화할 수 있는 체계는 중앙아시아 동부 전체를 포괄하거나 유라시아 전체를 포괄하는 도표적 지도이다. 민족적 혼합의 세부사항을 지적하는 것이 필요할 때는 앞의 지도가 되어야 하고, 아시아에서 전개된 사건들이 유럽에서 반향을 일으키며 서로 연결될 때는 뒤의 지도가 되어야 한다.

여기서 제공되는 도표의 주된 과제는 8~14세기까지 중앙아시아에서 일어난 민족적 변화들의 성격과 순서를 설명하고, 아시아 역사를 배경으로 종교적 원칙이 민족 통합에서 수행한 역할을 확정하는 것이다. 따라서 이 도표적 지도, 더 정확히 말해 청사진은 주를 통해 민족과 시대에 대한 중요한 정보를 제공한다. 그리하여 이 역사적·민족지적 도표는 우리의 기본 텍스트를 증명할 뿐만 아니라 보충하는 것이기도 하며, 연구자의 시야를 확장시키고, 이전에 다른 경로로 도달한 결론을 교정하는 데 필요한 전망을 제공한다. 이 지도들은 공시적 표와 함께 이용되어야 한다. 왜냐하면 이 두 가지가 함께 이 책에서 서술된 사건들의 숲속에서 방향을 가장 쉽게 찾게 해주는 공간-시간 도표를 제공하기 때문이다.

유럽 민족이 형성되던 고대 시기는 이 도표에서 나타나지 않는다. 이에 대해서는 『흉노족』(1960)과 『중국의 흉노족』(1974) 같은 특별한 연구가 이루어졌기 때문이다.

연대	중동	대초원 지대	극동	동유럽	서유럽
861~870	중국에서 병사와 농민의 봉기.	키르기스족과 위구르족 사이의 전쟁.	투르크 근위대 칼리프 교체. 아쥬브 사파리드의 통페르시아 장악. 진드지족의 봉기.	비잔틴 움과 교황 사이의 분열.	대머리왕 샤를과 독일왕 루이 사이의 제국 분할.
871~880	황소의 난이 일어나 중국의 두 수도 뤄양과 장안 장악.	탕구트 하국夏國 건국. 사토르족 오르도스에 정착.	야쿠브 하국夏國 건국. 야쿠브는 호라산을 장악하지만 바그다드에서 되쫓겨나 죽음. 아므르가 계승.	야랍인에 대한 그리스의 공세.	독일의 세 지역으로의 분할과 이른슬란트 왕국의 형성.
881~890	사토르의 황소를 격퇴하고 탕구트군이 당 왕조를 섬김.	사토르의 산시를 회복(이웃에서 중국화됨). 키탄이 타타르족과 타타르족 정복(십위족).	진드지족 전멸됨.	그리스-불가르 전쟁 시작. 페체네그족 축해 가룰링가 왕조 련력 지역에 들어감.	노르만주의와 전쟁 그리고 외디가 가룰링가 왕조 련력 박탈.
891~900	당 왕조의 멸망.	페체네그족, 구즈족 엠바에서 나와 투르크메니아로	바레인에서 하라마타족의 난 발생. 이스마엘 사마니가	항가리족이 불가리아로 침입. 페체네그족이	항가리족이 파노니아로 이동. 카탈로니아와 아키텐의 분리.

502

			아모르를 잡고 타라즈 정복.	헝가리족 습격.	
901~910	주온 장군이 (장인에) 후량을 세움. 907년에 5대10국 시대 시작.	아울이브기가 8부족 통일. 투르크족 마바라나흐르 공격.	예미르 일-우마르 서열의 제정과 칼리프 권력의 제한.	콘스탄티노플과 마자반티에 대한 루스족의 공격.	헝가리족이 독일과 이탈리아 습격.
911~920		아울이브기가 단스안족, 토군족, 주부족 정복을 시도하지만 투르크 사토족에게 격퇴됨.	부어르족 최초로 등장.	불가르족이 그리스족 압박, 페체네그족 루스족 압박, 아랍인이 조지아족 압박.	노르망디 공국 형성. 등새사냥꾼왕 하인리히가 독일 왕으로 선출.
921~930	이존우주(耶律) (태양체) 후당을 세움.	거란족이 오르콘에서 키르키스족을 몰아내고, 발해를 정복한다. 셀주크족이 이슬람을 받아들임	하라마티족의 메카를 파괴한다. 칼리프국의 멸망.	불가르족이 이슬람으로 개종. 불가르족과 아랍인에 대한 그리스인의 승리.	카롤링가 왕조에 맞선 '봉건혁명'.
931~940	석경당이 거란족과 동맹해 (가이펑에) 후진을 세움.	거란족의 중국 침입. 베이징 정복.	칼리프국이 사모사티, 말티티아, 사이르메니아를 상실함.	일란족, 비잔티움, 루스 폐체네그족에 대한 하자르족의 승리. 비잔티움에서 유대인	덴마크인, 슬라브족, 헝가리족에 대한 독일인의 전쟁.

503

연도				
941~950	(사토족) 유지원(劉知遠)이 후한을 세우고, 거란족을 몰아냄.	거란 왕국이 요 제국이 됨(즉, 중국화됨).	이교도 투르크족이 발라사군을 잡음. 마베라난트에서 사아파주이가 일어남. 나스르가 이를 부인. 누르 아래에서 반란과 처형이 이루어짐.	비잔티움과 베드나에 대한 루스족의 전쟁.	프랑스왕 두드르베트의 루이 4세가 봉건영주들과 싸웠지만 아무 성과 없음.
951~960	곽위(郭威)가 후주를 세우고. 후주는 조광윤(趙匡胤)의 쿠데타로 960년 송나라가 됨.	카를룩족이 이슬람으로 개종.	사마니드 에미레이트의 쇠퇴. 부이드족 바그다드에 진입.	율가, 세례 받음.	독일왕 오토 1세 이탈리아 원정. 독일인들이 레크(Lekh)에서 헝가리족을 대파.
961~970	송이 남중국 정복을 시작.	타타르족, 송에 동맹. 요에 대한 전 이무르 부족의 봉기 진압 당함.	파티마드족의 이집트 정복.	크레타, 시리아, 불가리아에서 비잔티움의 승리. 하자르도 한국의 멸망.	오토 1세의 이탈리아 원정. 독일 국가 창설.
971~980	송이 남중국과 산서성의 사토족 정복		가즈니 술탄국 창설.	루스족에 대한 페체네그족의 공세.	오토 1세의 폴란드 복속과 독일인의

	중앙지음.			비잔티움에 대한 불가르족의 공세.	체코인과의 전쟁.
981~990		거란족(요)이 중국을 격파.	주부족이 거란족에 대파 당함. 송의 사절이 선물을 들고 위구르족에게로 가 중국에 복종할 것을 설득함.	셀주크족이 보하라 주변에 정착함. 칼리프와 네스토리우스교 총주교 사이의 협정.	루스족과 라틴 서구 사이의 투쟁 시작. 페체네그족과의 루스족의 개통.	베로나의 제국의회에서 오토 2세 사라센인 및 사라센인과의 전쟁 결정.
991~1000		송 제국 해체(농민 봉기). 중국에서 기독교인들 추방됨.	요에 대한 주부족의 반란 진압됨.	사마니드족 멸망.	불가리아족, 그리고 시리아에서 아랍인들에 대한 그리스의 승리.	헝가리족, 제국의 수도인 로마의 대터에게 수용.
1001~1010		거란족, 고려인, 위구르족, 타타르족에 대한 요의 승리.	타타르족 거란족 복종.	하라카니드족과 마무드 가즈네비의 전쟁.	비잔티움과 불가리아 사이의 지속적 전쟁.	이베리아의 후자 이르두인의 독일 황제들에 대항해 롬바르디아 방영.
1011~1020		고려인, 거란족 물리침.	요에 대한 주부족과 탕구인족의 봉기 평정됨.	가즈루크족 아프칸으로부터 '중국 투르크족(주부족)을 평정함.	불가리아 정복. 주변은 지방이 왕 스바이아토폴크의 패배.	황제들이 앙리 2세에 롬바르디아 왕국 획득.

연도			물리침.		
1021~1030	위구디아를 둘러싼 카란족(요)과 탕구트족(하)의 전쟁.	요에 대한 주부족의 봉기.	시리아와 이란에서 아랍인들의 약화.	아르메니아와 비잔티움 연합. 루스족이 드네프르강을 따라 뷰얼팜(리스트베) 전투.	독일에서 왕조 교체. 프란스코나이아의 콘라드 2세가 폴란드인, 샹파뉴의 오도족, 뷰티지족을 정부하고, 이탈리아로 돌입해 (몬체카에서) 최고最古의 봉토법 반포.
1031~1040	하(탕구트족)가 강성해져 승과 전쟁을 벌임. 투르트의 고스라이 왕.		가즈네비트족에 대한 셀주크족의 승리.	폐체비족에 대한 루스족의 승리. 아랍인에 대한 비잔티움의 승리.	
1041~1050	탕구트족(하)과 중국(송)에 대한 카란족(요)의 승리.	주부족이 요에 말 진달.	셀주크족, 후라습과 이란 정부. 캄피지 초원 지대에서 투즈크족이 이승담화됨.	불가리아와 세르비아가 비잔티움으로부터 분리됨. 구즈족이 얍밖을 받고 폐체비그족이 비잔티움 침입.	폴란드인, 체크족, 항가리족에 대한 독일족의 승리.

연도				
1051~1060	요와 하의 강화와 동맹.	주부족과 그들의 왕이 말과 낙타를 요로 몰고 감.	부이드족과 파티미드족에 대한 셀주크족의 승리.	폴로포치족과 페체네그족을 격파. 폴로포치족과 루스족을 침탈. 비잔티움과 페체네그족 사이의 강화.	교회의 분열. 노르망디의 통일과 포랑스에 대한 노르망디의 승리.
1061~1070	중국과 탕구트족 사이의 전쟁. 탕구트족에 대한 티베트족의 승리.		셀주크족, 이란 정복. 아르메니아와 조지아의 패배.	폴로포치족, 루스족 침탈.	노르만의 잉글랜드 정복.
1071~1080	거란족 산시로 움직여 들어감. 중국인이 압도로 움직여 들어감.	요에 대한 주부족의 봉기. 지도자 체포됨.	셀주크족이 시리아, 소아시아, 타르미즈, 니케아, 힐렙, 마바라나르를 정복. 하산 사바 일판무트에 정착.	황제와 교황이 지원한 이자아슬라프의 주방. 이자아슬라프의 키환.	노르만족이 남이탈리아를 장악하고, 항가리족이 벨그레이드 장악. 하인리히 4세 가노사에서 굴복.
1081~1090	탕구트족이 전쟁을 중국으로 옮김.	주부족과 요 사이의 강화. 모두지가 모든 주부족들의 수장으로 인정받음.		노르만족이 에파루스, 페체네그족 침탈.	앙리 4세가 노르만족과 싸움.

507

1091~1100	여진족의 힘 증가. 요의 힘 쇠퇴. 호탄족이 탕구트족을 공격.	모구자이가 바스밀족과 담리디룩의 도움을 받아 요에 대해 봉기.	셀주크 술탄도 내분.	투르크족과 파체네그족에 대한 그리스인의 승리. 뷰페크로 군주들 화의.	제1차 십자군.
1101~1110	탕구트족과 투보트족의 동맹. 중국인의 패배.	가단족 승리. 진훤한 주부족의 저항 진압. 우구트족의 개종.	이스마일파, 시리아에 등장. 조지안, 이드리알레티에서 투르크족 패배시킴.	노르만족에 대한 그리스의 승리.	그리스와 쎄우자는 보에문트의 요청. 앙리 4세의 패배함.
1111~1120	여진족 봉기. 발해와 요동 정악.	주부족의 마지막 봉기 진압됨(주부족의 종말).	산자르가 가즈나를 장악, 알페드아우스 쿰베다우스 소아시아를 얻음.	폴로포치주이 구즈족, 파체네그족, 벨라타 베크라주이에 대한 폴로포치주의 우스족 군주들의 전쟁.	황제 앙리 5세와 교황들의 전쟁.
1121~1130	요와 북송의 멸망. 남송과 춘쳔나라 형성. 여진족, 안도 정복.	타타르족과 몽골족 여진족 왕국 금나라의 봉신이 됨.	이스마일라이트 풍세. 카쥬카르의 칸이 아풀대식이 하라-카타이를 패배시킴.	파체네그족 그리스인에게 패배. 투르크족 조지아인에게 패배. 티벨스가 조지아의 수도가 됨.	교황과 수게리우스 황제 사이의 보름스 협약. 프랑스에서 왕권 강화.

연도				
1131~1140	여진족 진군 저지됨. 휘종(徽宗)의 동상이 봉기, 송에게 진압됨.	여진족과 송나라의 여러 전투. 몽골족 여진족을 패배시킴. 하라-키타이가 호르젠트에서 패배시킴.	산자르의 대호라즘 원정. 갈리포의 세속적 권위 회복.	투르크족에게서 소아시아 탈환. 카에포 루스족 해체. 루스족과 폴로프지족 사이의 강화.	
1141~1150	남송의 항복과 수치스러운 강화. 금나라에서 처형.	몽골족과 금 사이의 강화. 카토와 전투.	투르크족 에데사 정복.	올고비치와 이자야슬라포 2세 사이의 전쟁.	제2차 십자군. 독일의 벤드족 원정. 성공하지 못함.
1151~1160	금의 혼란. 디구나이(完顏亮)의 살해와 남부 원정 중지.	여진족에 대한 몽골족과 탕구트족의 동맹.	산자르가 구즈족에게 사로잡혔다가 셀주크 술탄국 멸망.	항가리족, 노르만족, 십자군, 세르비아족에 대한 그리스의 승리.	바르바로사의 이탈리아 원정. 헨리 2세, 플랜태저넷 잉글랜드 왕 등극.
1161~1170	여진족, 몽골족, 중국인 사이의 전쟁 분산 강화.	몽골족에 대한 타타르족의 전쟁. 몽골 세추 부족 연맹의 붕괴.	살라 웃-딘이 이집트에서 아유비드 왕조 창건. 구리드족. 가즈네비드 국가 과괴.	주지족, 야니 정복. 안드레이 보굴류보스키가 카에포족을 패배시킴.	앨베 슬라브족과 이탈리아에 대한 독일의 원정. 잉글랜드, 프랑스, 스코틀랜드 사이의 전쟁과 아일랜드 일부의 정복.
1171~1180	오독(烏讀) 황제 치세에 금나라에서 중국의 영향을 한두위	케다이트족과 하라-키타이	후타즘(테케쉬)의 힘이 성장.	비잔티움과 베네치아의 분열.	프리드리히 1세가 레냐노에서 패배하고

509

	만든 법 제정.	훈란.		셀주크족의 미디오세팔론에서 그리스인을 패배시킴.	교황 알렉산드르 3세와 강화를 맺음.
1181~1190	'태평시대'.	테무친이 처음으로 칸으로 뽑힘. 몽골족이 타타르족을 패배시킴.	십자군이 티베리아스 호수에서 패배당하고 예수살렘이 함락되었다.	안드로니쿠스 콤네누스 살해와 알렉시아-불가리아 왕국의 창건.	프리드리히 1세가 성배(城杯)임들을 멸함.
1191~1200	금제국 북서 국경 공고화.	나이만족, 케라이트 한국에 개입.	제3차 십자군. 사자왕 이다크와 시그너드를 정복.	불가리족의 비잔티움을 패배시킴. 세르 붕괴.	호헨슈타우펜, 나폴리와 시칠리아 정복. 리처드 1세와 필립 2세 아우구스투스 사이의 전쟁.
1201~1210	금에 대한 송의 전쟁.	자무카가 구르칸으로 뽑힘. 몽골족이 케라이트족, 나이만족, 메르키트족을 패배시킴. 대구립타이.	호라즘 샤 무하메드, 구르족 정복하고 하라-키타이와 전쟁.	제4차 십자군, 라틴 제국, 십자군, 불가리아와 전쟁과 강복. 루스족을 봉쇄하라는 교황의 요청.	프랑스, 노르망디 정복. 알베겐시안 십자군 시작.
1211~1220	금에 대한 몽골족의 전쟁. 베이징 함락.	구출루크가 하라-키타이의	항가리인과 독일인의 이집트 십자군 원정.	타마라 여왕 치하에서 조지아 번성.	독일인, 플레밍인, 영국인에 대한

연도					
1221~1230	몽골과 중국에 대한 여진국의 전쟁.	통치자로 선출됨. 무흐루크의 패배와 죽음.	성과 없음.	칭기에서의 전투. 에페루스 그리스인이 술탄을 되찾고, 불가리아족에게 패배당함.	무바누에서의 프랑스의 승리.
1231~1240	금(여진)국 제국의 멸망. 몽골족과 송제국의 갈등.	몽골, 탕구트족 정복. 칭기즈칸의 죽음과 오고타이의 선출.	호라즘과 몽골족의 전쟁과 호라즘의 패배. 프리드리히 2세의 십자군. 무슬림과의 타협.	몽골, 이란, 아르메니아, 조지아 정복.	교황 그레고리 2세, 프리드리히 2세 파문. 프러시아의 튜탄기사단. 알비젠시안 종말. 종교재판.
1241~1250	몽골족의 스촨과 하나우 침입.	오고타이의 죽음. 구유크의 선출과 죽음. 바투의 힘의 증가.	루이 9세의 이집트 십자군 원정. 십자군의 패배. 맘루크에 다미에타 함락.	십자군이 루스국을 공격했다가 넵스키에게 패퇴당함.	리투아니아에서 칼의 기사단이 패배하고 튜탄기사단과 통합됨.
1251~1260	몽골족 티베트를 복속시키고, 안남으로 돌입하다.	몽케의 선출과 죽음. 쿠빌라이가 스스로를 칸으로 선언하고, 아릭-보케가 봉기를 일으키다.	이집트에서 맘루크 쿠데타를 일으키고, 루이 9세가 팔레스타인을 떠나다.	루스에서 전기들의 파당 진압.	유럽 전역에서 황제파와 교황파 사이에 전쟁.

연도				
1261~1270	송 제국에 대한 몽골의 공세. 몽골, 수도를 베이징으로 옮김. 원이라는 명칭 채택.	아티-보르케의 패배. 카이두가 체테수 지역에서 공고화됨.	이란의 일칸에 맞서 맘루크와 황금군단이 동맹을 맺음. 안티오크 멸망.	그리스, 콘스탄티노플과 모레아 수복.	앙주의 샤를, 교황과 패배시킴. 호헨슈타우펜의 몰락.
1271~1280	송 제국에 대한 몽골의 정복 완료.	쿠빌라이에 대한 카이두의 전쟁 개시.	잉글랜드의 에드워드 왕, 일칸 아바가와 동맹 시도, 십자군과 맘루크 사이의 강화.	타타르-루스 군, 코카서스 정복. 비잔틴움과 앙주 사이의 전쟁.	리옹공의회. 체카이가 루돌프 합스부르크에게 패배당함.
1281~1290	원 제국, 인도차이나와 존드 군도 복속시킴.	나머지쪽의 반란과 패배. 미스토리우스코 제어됨.	맘루크가 몽골쪽을 패배시킴. 이란의 무슬림 혁명 진압됨.	타타르쪽의 헝가리와 폴란드 침략. 독립한 결과가 없었고, 이란도 공격했지만 성공하지 못함.	시칠리아 만종 사건. 아라곤의 프로방스와 체노바와 플로렌스의 부상.
1291~1300	쿠빌라이 죽음. 그의 손자 테무르가 계승.	몬테코르비노, 베이징 도착. 셀비가에 대한 카이두의 공세.	맘루크의 아크레 정복. 일칸 가잔, 이슬람으로 개종.	노가이의 부상과 패배. 한 토크타가 수도승들과 연접됨.	프랑스와 잉글랜드의 전쟁. 잉글랜드인의 스코틀랜드 침입.

연도				
1301~1310	도교인들의 불만으로 중국인 개종 금지됨. 칸이 하야산을 개종시키려고 시도.	어느 군에 격퇴당함. 카이두 죽음. 차가타이 울루스의 쇠퇴와 강화. 모든 몽골 울루스가 잠정 통일되지만 실제로는 분열과 적대가 일어남.	맘루크가 시리아에서 몽골군을 패배시킴. 성 요한 기사단, 로도스 정복.	루스족, 황금군단의 일부가 됨.	아라곤과 앙주의 사를 2세 사이의 강화. 보니파체 8세와 공평왕 필립 사이의 갈등. 교황들이 아비뇽에 유수당함. 템플기사단원들 체포됨.
1311~1320	양쯔 유역에서 불교인들이 기독교인들로부터 교회를 빼앗음.		페르시아 황금군단을 패배시킴. 이란에서 네스토리우스교도 몽골족을 정벌.	황금군단 이슬람으로 개종. 불가리아 이교도인 트베르족, 모스크바 지원.	템플기사단의 처형. 스코틀랜드인이 잉글랜드인을 패배시키고, 스위스인이 오스트리아인을 패배시킴.
1321~1330	몬테코르비노 죽음. 중국에서 가톨릭 대교구 쇠퇴. 베이징에서 '루스 연대' 향상.		오토만주의 부상. 부르사와 니코메디아 정복.	이반 칼리타의 모스크바-타타르 군이 트베르를 파괴. 모스크바 부상.	바바리아의 루드비히가 로마에 대해 전쟁을 벌이지만 성과 없음.

513

기간				
1331~1340	베이징 거주 알란족, 교황에게 주교 파송 요청.		일칸의 힘이 쇠퇴하고, 무굴-페르시아 한국 붕괴. (훈라산에) 세르비아도 국가 형성, (마진비딘에) 사이드 형성.	케디민 치하에서 리투아니아가 공고화되고, 스비반 두산 치하에서 세르비아가 공고화.	이탈리아 전체가 각 지역 통치자에게만 복속. 시인들의 왕인 페트라르카 활약. 100년 휴머니즘 시작. 100년 전쟁 시작.
1341~1350	백련도당 성립. 마이트레야 추종자들의 창립, 반몽골 추세.	차가타이 울루스의 해체와 에미르토의 권력 이전.	오토만족, 갈리폴리 반도 차지.	칸 자니베크가 리투아니아에 맞서 모스크바 폴란드인 갈리시아 장악.	크레시 전투.
1351~1360	황건적의 난 원 제국 쇠퇴.			황금군단에서 '대란'이 일어나 장교들에게도 권력 이전. 모스크바와 황금군단의 동맹 붕괴.	푸아티에 전투. 자크리의 난. 프랑스의 일시적 쇠퇴.

514

| 〈지도 1〉 8~10세기까지 대초원 지대의 부족 |

일반 주: 8세기에 대초원 지대의 지배권은 투르크족으로부터 위구르족에게 넘어간 다음(747년), 키르키스족에게 넘어갔지만(847년) 이 한국들의 경계는 지도에서 생략되었다(구밀료프, 『고대 투르크족』〔러시아어〕, 모스크바, 1967을 보라). 특별히 주목해야 할 집단은 먼저 10세기에 이르러 서로 합쳐 민족이 되고 5개의 대국, 즉 거란(중국어로 요), 샤토(금), 단스얀(후에 탕구트, 중국어로 서하), 위구리아(중국어로 코이쿠)를 형성하게 되는 작은 부족들 그리고 2개의 독립적인 공국과 후에 일시적으로 투보트 왕국을 세운 티베트족 등이다.

민족 형성에 관한 한 수적으로 작은 부족이 큰 주목을 받을 가치가 있으며, 따라서 우리는 언어학적·인류학적·역사학적 자료를 포괄하면서 그들에 대한 민족적 분류를 제시한다.

A. 투르크어 사용 부족들
  I. 유럽 계통 서시베리아 부족들
    (1) 켄게레스(칸가르, 칸규이, 켄게를리, 페체네그)
    (2) 키르키스, 예니세이 부족들(계구, 카캬)
    (3) 킵차크(뽈로베쯔)
    (4) 치길(지킬)
    (5) 튜르게쉬(중가리아의 아바르 원주민과 3세기 아무르 강에서 온 무크린 유목민 등 두 개의 대부족으로 이루어진 민족)
  II. 4세기에 대초원 지대 전역에 걸쳐 케시에서 퍼져나간 텔레스 부족 집단, I 계열 백인종의 동쪽 방계에서 유래한 유럽 인종
    (1) 위구르 혹은 토쿠즈-오구즈(중국어로 코이쿠)
    (2) 야그마(중국어로 얀미안)
    (3) 톤그라(중국어로 통글루오)
    (4) 부구(중국어로 푸구)

(5) 쿠리칸(중국어로 굴리간)

　　(6) 이즈길(중국어로 시지에)

　　(7) (중국어로 시츠제)

　　(8) 텔렌기트(중국어로 두오란게)

　　(9) 바이르쿠(중국어로 바예구)

　　(10) 에디즈(중국어로 아디에)

　　(11) (중국어로 후시에)

　　(12) (중국어로 키비)

　　(13) (중국어로 훈)

　　(14) (중국어로 바이시)

　　(15) (중국어로 공유에), 그들의 텔레스 기원은 의심스러움

III. 2세기에 중앙아시아에 남은 훈족의 후예들인 추이〔중국어로는 열반(悅般)으로 표기되기도 한다〕집단

　　(1) 추유에

　　(2) 추미

　　(3) 샤토, 추유에의 방계

　　(4) 키메크족(중국어로 추무군족), 킵차크족과 합해 코만 민족 혹은 뽈로베쯔족을 형성함

IV. 중가리아 집단

　　(1) 카를루크

　　(2) 바스밀

　　(3) 네슈에트　⎫
　　(4) 수니세　　⎬ 바스밀과 합해 이름을 취함
　　(5) 훌루부　　⎭

V. 사얀-알타이 집단

　　(1) 칙, 지금의 투바에 있던 사멸한 민족

　　(2) 투발라르(중국어로 두보)　⎫ 서-사얀 지역
　　(3) 에치젠(중국어로 에지)　　⎭

(4) 747년 이후의 투르크(중국어로 퉁에), 괵투르크의 방계

B. 몽골어 사용 부족들
  (1) 키타이
  (2) 타타브(중국어로는 시)
  (3) 토곤 또는 토곡혼. 선비족의 방계로 4세기에 차이다무 분지로 이주했으며 7세기에 티베트인들에게 정복당했다.
  (4) 타타르족, 부족 연합
  (5) 엄격한 의미의 몽골족

C. 퉁구스어 사용 부족들
  (1) 텔레
  (2) 우기
  (3) 여진

D. 티베트어 사용 부족들
  (1) 단스얀 또는 탕구트. 고대 준족의 후예이다.
  (2) 투보트 또는 티베트인들. 고대 키안족의 후예이다.

E. 어느 인종 집단 소속인지가 불분명한 부족들
  (1) 메르키트, 아마 투르크족일 수도 있고 몽골족일 수도 있고 사모디족일 수도 있다.
  (2) 아즈. 아마 키르키스족의 일부일 수도 있고 아니면 그저 단순히 '소수민족'일 수도 있다.
  (3) 기위로,?!
  (4) 흑거, 별칭으로 문자 그대로 해석하면 검은 수레라는 뜻이다. 중국의 지리학자들은 이들이 '소만한 다리를 가진 투르크인들이 산다'고 하는 현실의 세계와 상상속의 세계의 경계에 사는 것으로 간주한다.

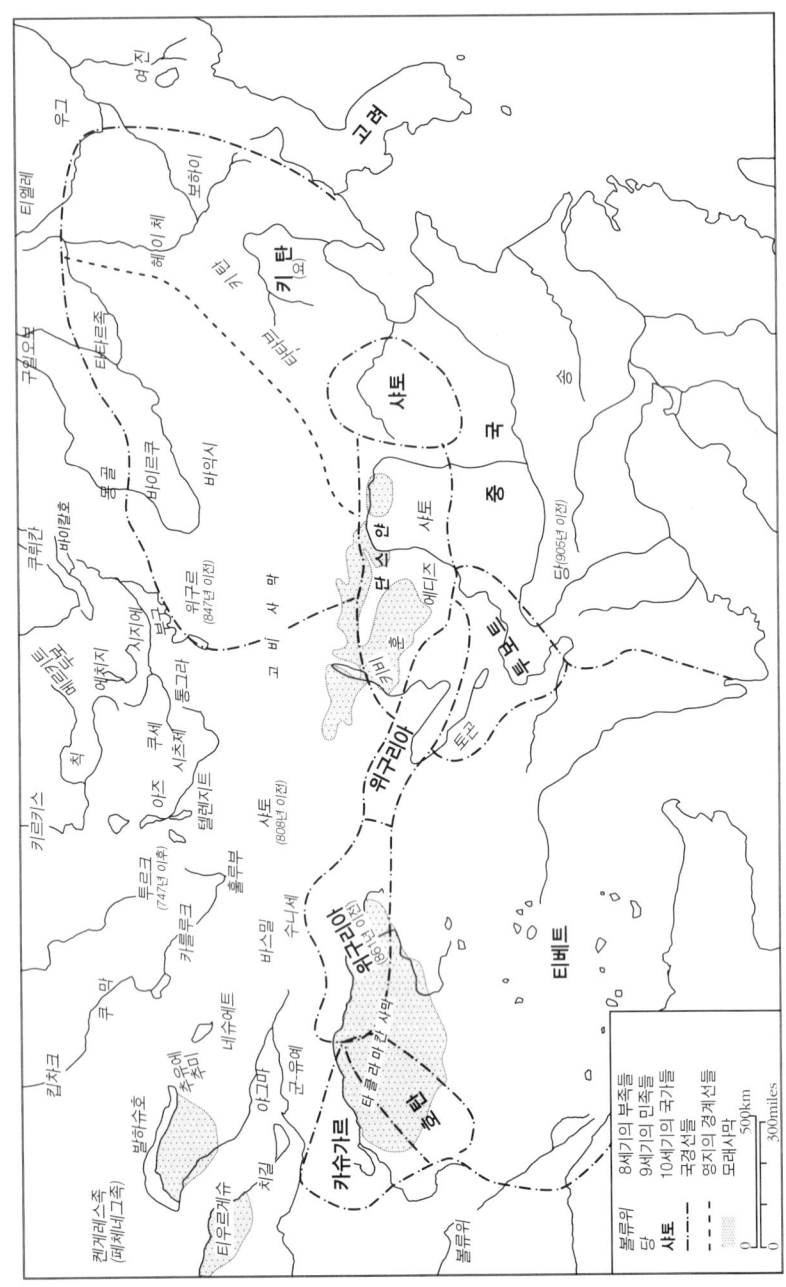

〈지도 1〉 9~10세기의 대초원의 부족들

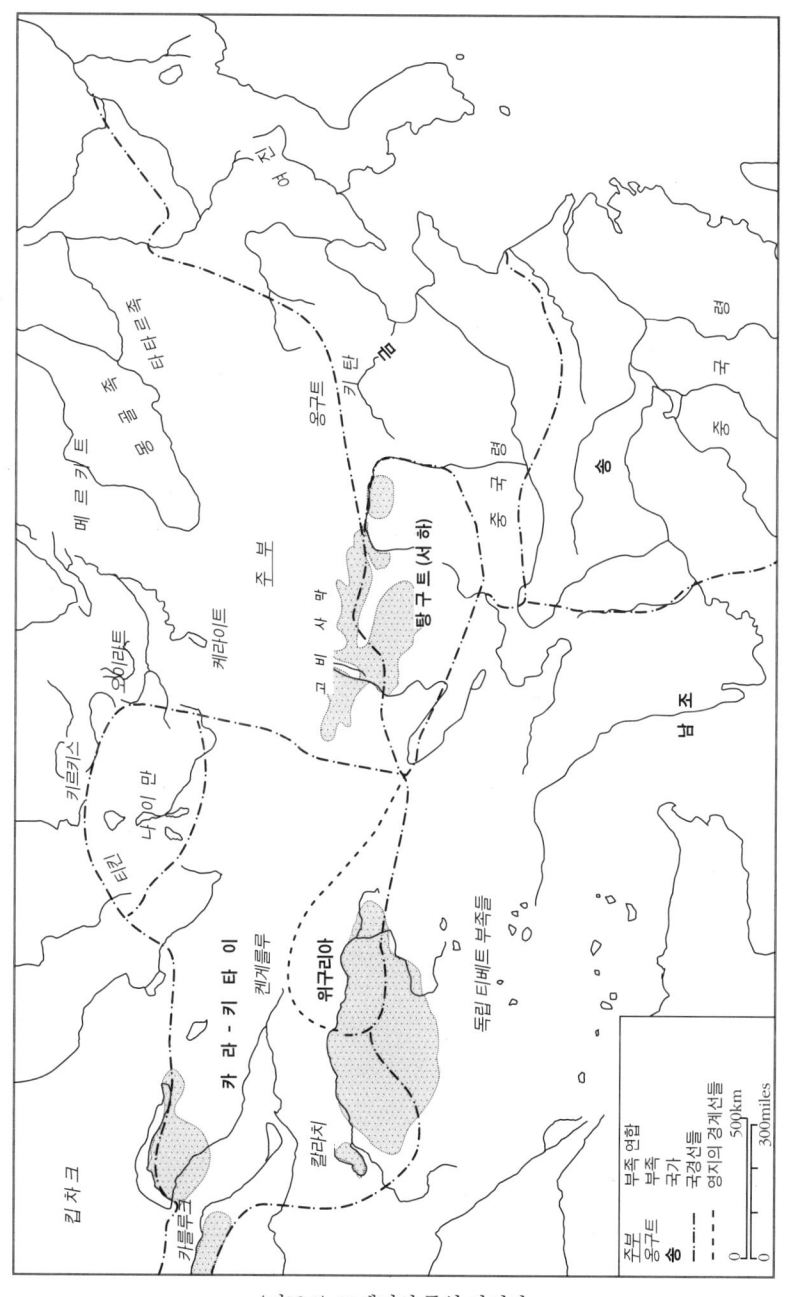

〈지도 2〉 12세기의 중앙아시아

〈지도 2〉 12세기의 중앙아시아

일반 주: 앞의 지도에 비해 투르크 부족의 수가 놀라울 정도로 감소하고, 여러 개의 대몽골 부족이 그들을 대체해 초원 지대의 주요 집단을 이루게 된다. 투르크 부족들은 한 부족만 예외로 하고 여진 문화를 채택하거나(옹구트족), 무슬림 문화를 채택한다(카를루크족, 칼라크족, 켄게를루족). 킵차크족은 예외지만 그들 역시 초원 지대의 서부 경계에서는 루스-비잔틴 문화로 들어간다. 순수한 초원 지대 부족들(주부족)과 하라-키타이족은 독자적 발전 경로를 추구하며, 네스토리우스교나 본교를 수용함으로써 이 경로를 찾는다. 공동체의 종교적 지표가 점차 부족적 지표를 대체한다.

〈지도 3〉 12세기 중반의 종교 분포

일반 주: 종교적 성격을 띠는 민족적·문화적 블록이 정치적 파편화와 함께 뚜렷이 드러난다. 기독교가 로마가톨릭 세계, 정교 국가들 그리고 1142년에 야콥파(단성론자)와 연합한 네스토리우스교로 분열되어 세 진영이 서로 적대한다. 이와 비슷하게 무슬림 땅에서도 중심이 두 개 있다. 바그다드에 있는 아바시드의 수니파 칼리프국과 카이로에 있는 파티미드의 이스마일파 칼리프국이 그것이다. 북중국은 불교가 차지하고, 남중국의 송 제국은 유교가 차지한다. 티베트 본교는 불교 및 네스토리우스교와 성공적으로 경쟁한다. 시베리아에는 두 가지 다른 종교 체계가 존재한다. 에벤키족은 샤머니즘을 갖고, 우그리아족은 이원론을 갖고 있다. 이전의 정령 숭배는 세계종교에 급속히 자리를 양보한다.

국가와 부족 연합체
  1. 스코틀랜드 왕국
  2. 노르웨이 왕국
  3. 스웨덴 왕국
  4. 잉글랜드 왕국
  5. 덴마크 왕국
  6. 발트 민족들: 에스트족, 리프족, 레트족, 리투아니아인, 프러시아인
  7. 러시아 대공국
  8. 프랑스 왕국
  9. 독일 민족들의 신성로마제국
  10. 보헤미아 왕국
  11. 폴란드 왕국
  12. 포르투갈 왕국
  13. 카스티야 왕국
  14. 나바르 왕국
  15. 아라곤 왕국
  16. 교황령
  17. 헝가리 왕국
  18. 시칠리아 왕국
  19. 비잔틴 왕국
  20. 조지아 왕국
  21. 대불가리아(한국)
  22. 마그리브(1147년까지 알모라비드 에미레이트, 후에 알모하드 칼리프국)
  23. 아르메니아 미노르 왕국
  24. 대셀주크 술탄국
  25. 호라즘(샤)
  26. 구리드 술탄국
  27. 하라키타이 한국
  28. 위구리아 이디쿠트
  29. 탕구트 왕국
  30. 금 제국
  31. 파티미드 칼리프국
  32. 바레인 베두인 부족연합체
  33. 송 제국
  34. 코리오 왕국
  35. '주부' 부족연합체
  36. 케르만

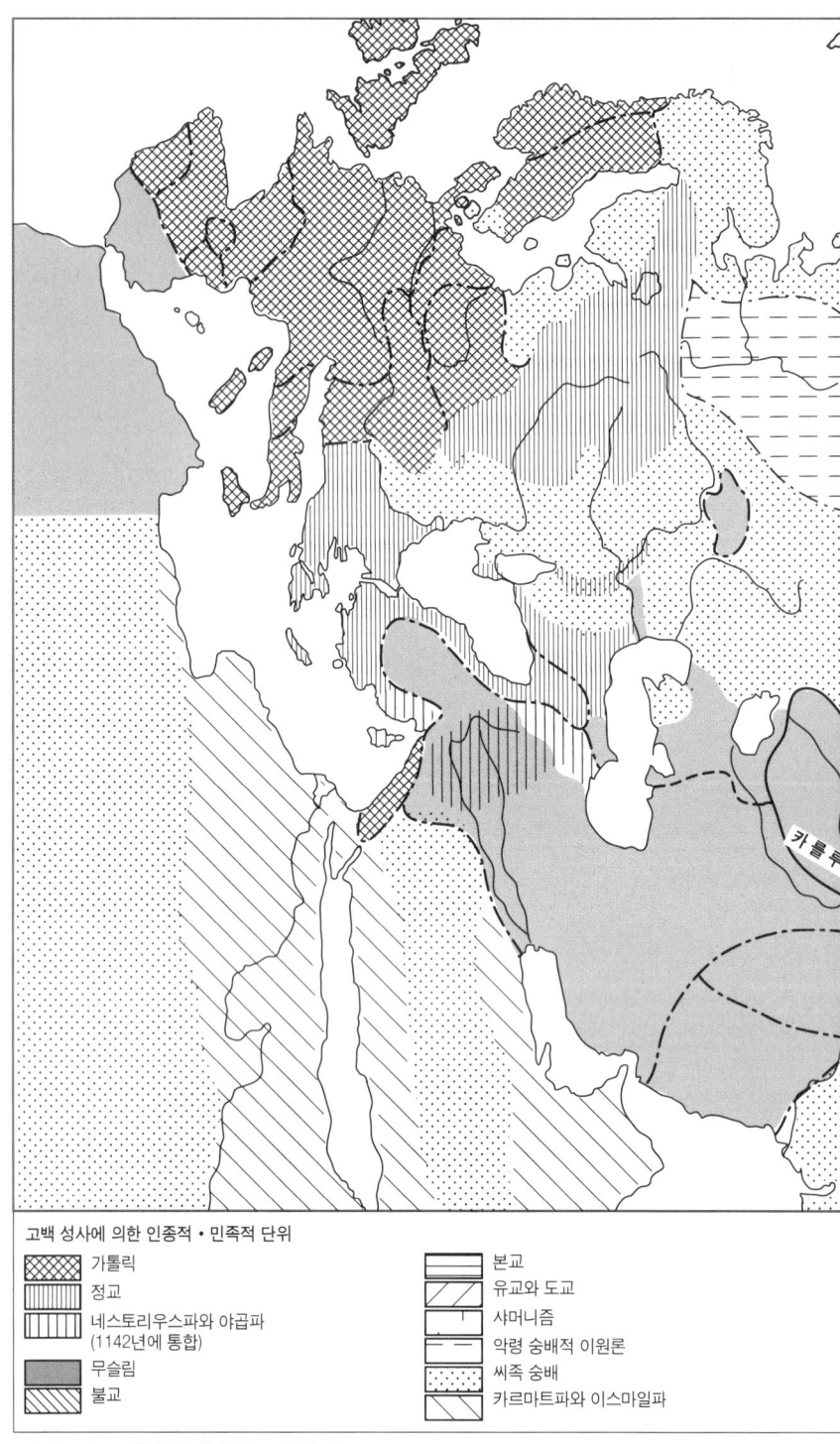

〈지도 3〉 12세기 중반의 종교의 분포

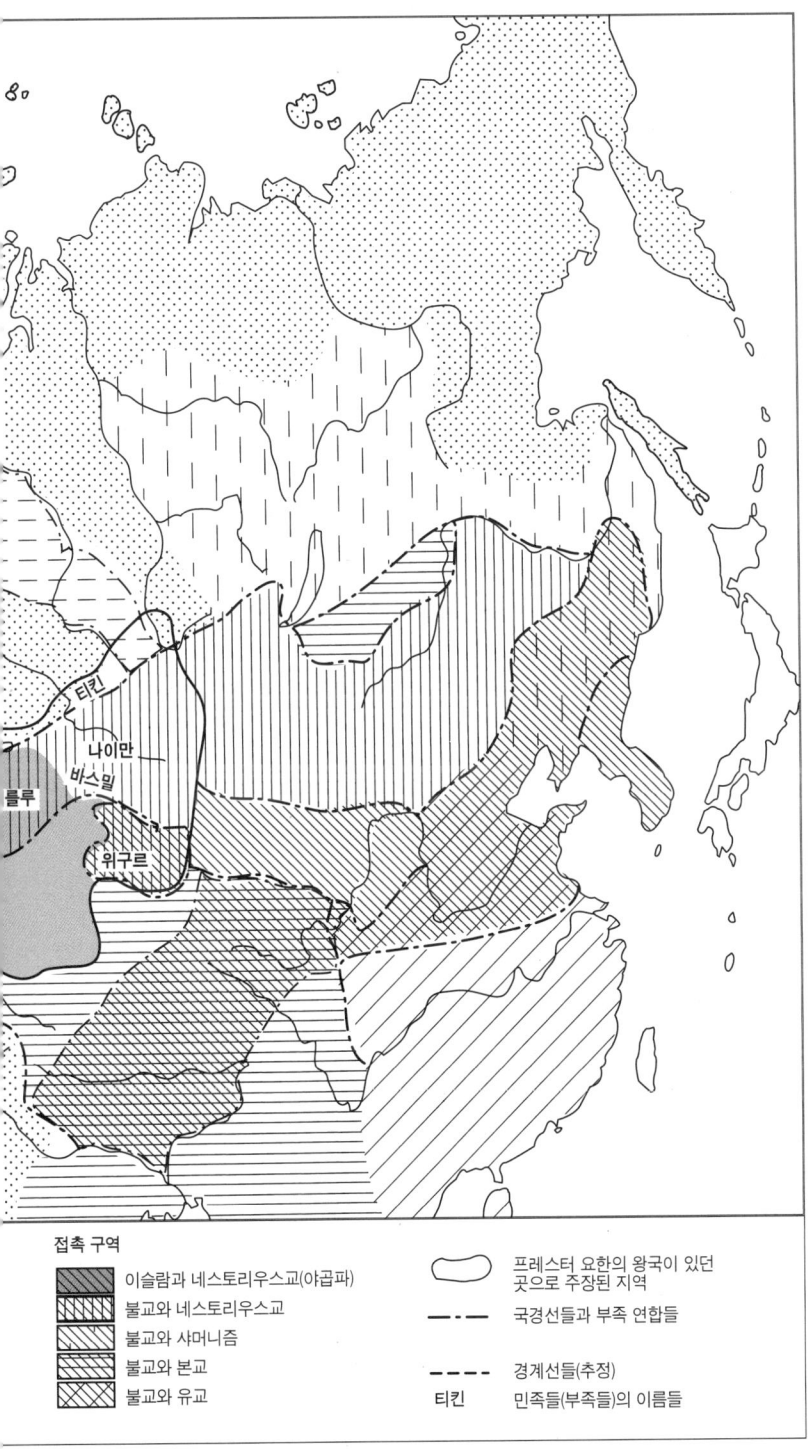

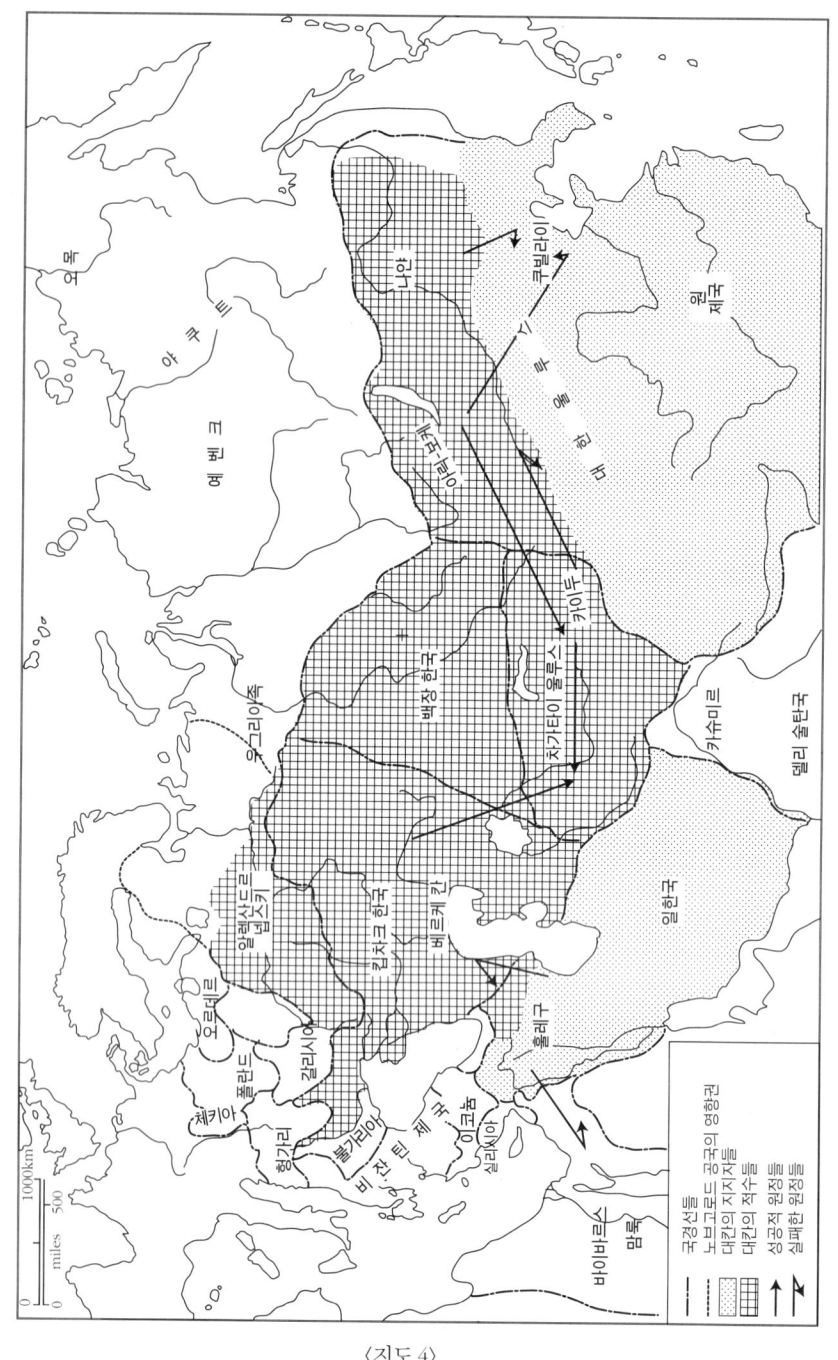

〈지도 4〉

524

| 〈지도 4〉 몽골 울루스의 해체 |

일반 주: 앞 세기가 경과하는 동안 세계는 변했다. 민족적·문화적 블록을 대신해 정치적 충돌에 기초한 연합이 등장했다. 대칸 쿠빌라이의 본거지에서는 불교도, 온갖 종파의 기독교도, 유교도가 충돌해 백병전을 벌이며, 이들에 맞서 무슬림, 네스토리우스교도, 흑신앙의 추종자들이 앞으로 나섰다. 몽골 제국 전역에 걸쳐 종교적 충성은 더 이상 정치적 태도의 지표가 되지 않지만 이는 느린 과정이어서 일부 특수한 경우에는 종교적 충성으로 인해 반란과 징벌적 원정이 야기되기도 했다. 대륙의 서쪽 경계에서도 같은 그림이 발견된다. 템플 기사단이 네스토리우스교도와 아르메니아인에 맞서 무슬림과 접촉한다. 황제파는 교황에 맞서 사라센인과 그리스인에게서 원조를 구한다. 교황들은 기독교 루스족에 맞서 이교도 리투아니아인에게서 동맹을 구한다. 카스티야만이 재정복 사업을 원칙적 방식으로 수행하지만 이는 분명 기독교 세계의 관심과 민족주의적 관심이 단순히 일치한 것일 뿐이다. 붕괴하는 종파적 통일체를 대신해 민족적 통일체가 등장한다. 즉 고유의 발전 리듬을 지닌 새로운 시대가 왔음을 알리면서 근대 민족들이 서서히 형성된다.

몽골 울루스에서는 부족들이 보이지 않는다. 그들이 유목민 무리에게 먹히면서 더 이상 존재하지 않게 되었기 때문이다. 이어서 유목민 무리들도 해체되었을 때 부족연합체가 다시 등장하지만 이제는 성격이 다른 부족연합체다. 그중 일부는 옛 이름을 취하지만 이름의 의미는 달라져 14세기에 시작되어 19세기 말에 끝나는 새로운 역사 시대와 연관된다.

| **시간의 과학으로서의 연대기** |

연대표를 비교할 때 사실들을 자의적으로 선택하고 연대를 부여해 그냥 쭉 늘어놓고 마는 것이 통상적이다. 그러나 이런 식으로 하면 벡터, 곧 우리가 역사라고 부르는 저 인과적 연쇄 속에서 사건들이 취하는 방향은 필연적으로 상실된다. 따라서 우리는 우리 차트를 요약할 때 기억되고 언급될 필요가 있는 사건들에 정확한 연대를 제시할 뿐만 아니라 역사의 변화무쌍한 갈지자걸음을 고려하는 가운데 특정한 순간들에서의 역사의 방향도 제시하고자 한다. 이것은 광범위한 차원에서의 사회적 발전에 대해서는 아무런 중요성도 없다. 왜냐하면 모순들은 서로 상쇄되기 때문이다. 그러나 세부사항에서는 이 모순들을 고려하는 것이 필수적이다. 왜냐하면 우리는 유목 봉건제의 생성에 관심이 있을 뿐만 아니라 왜 프레스터 요한의 왕국이 실현되지 않은 꿈으로 남았는지, 왜 아릭 보케가 몽골 민족의 지원에도 불구하고 네스토리우스교적 믿음을 감추지 않고 왕국과 생명을 잃었는지에도 관심이 있기 때문이다. 지금까지 우리는 사실들을 분리해 설명하려 해왔지만 이것은 일반적 개관으로 가는 길의 한 단계일 뿐이다. 우리가 성공적으로 이 길을 더 따라간다면 다음과 같은 질문을 제기할 수 있을 것이다. 역사적 사건들의 규칙적 연쇄는 시간의 함수가 아닐까? 그러나 이것은 장래의 연구가 따라가야 할 길에 대한 암시일 뿐이다. 지금 우리가 말할 수 있는 것은, 우리 가정이 옳다면 시간의 운동은 불균등하다는 것, 왜냐하면 단 하나의 지역에서 일어나는 사건들은 연대기 상에서 균등하게 분포되어 있는 것이 아니라 무리를 이루고 있기 때문이라는 것이다. 첨부된 표를 보면 이를 확신할 수 있을 것이다.

연도	사건	해석
861	위구르족이 투르판 오아시스를 차지하고 카를루크족이 카슈가르를 차지함.	당 왕조의 확장의 정지.
880	황소의 농민군이 뤄양과 장안을 취하고 샤토 및 탕구트 유목 부족들이 당 왕조를 방어하러 옴.	당 제국이 중국과 초원 지대로 분열.
884	황소의 난의 패배, 황허 유역에서 탕구트 및 샤토 공국의 탄생.	중국에 대한 초원 지대의 승리.
907	야율아보기가 자신을 거란족의 '천자'로 선언. 당조의 전복과 샤토족에 대한 후량 왕조의 전쟁.	'제3의 세력'의 등장과 세 방면의 전쟁.
916	야율아보기가 중국의 종교가 아닌 불교를 선호한다고 선언.	중국에서 모든 외래적 요소에 대한 박해. 초원 지대에서 반중국적 태도가 자라남.
920	중국에서 마니교가 부상했다가 탄압됨.	
923	샤토족이 후량 왕조를 타도하고 후당 왕조가 창건됨.	투르크 샤토족이 점차 중국화됨.
924	거란이 오르콘까지 초원 지대를 복속시킴.	거란 한국의 힘이 강해짐.
926	거란이 발해를 복속시킴.	반중국 세력의 공고화.
936	후당 왕조의 전복과 거란의 속국으로서 후진의 설립.	
946	거란이 후진 정복.	
947	거란이 요 제국으로 이름을 바꿈. 샤토족과 중국인이 중국에서 거란을 몰아내고 후한(샤토) 왕조를 세움.	
951	중국인이 후한을 타도하고 후주 왕조를 세운 후, (산시에) 다시 샤토 북한을 세우고 요와 동맹을 맺음.	중국에서 유목민과 불교에 대한 전국적 반감이 일어남.

960	송 왕조의 창건.	
965~7	모든 아무르 부족들이 요에 대해 난을 일으켰다가 진압됨.	초원 및 삼림 부족들이 중국의 영향에 저항함.
979	북한(샤토)이 중국인에게 정복됨.	
982	탕구트족이 중국인에 맞서 일어남.	
1000	기독교인이 중국에서 쫓겨남.	
1007	유목민(주부)과 요 사이의 전쟁.	
1008	탕구트족과 위구르족 사이의 전쟁.	
1009	케라이트족의 개종.	
1013~14	'이교도 투르크족'이 야르켄트를 공격했다가 카를루크족에게 격퇴됨.	
1015	티베트족이 송 제국과 동맹해 탕구트족과 맞섬.	탕구트족의 힘이 증가하고, 중국과 대초원 지대의 경계에 독창적 문화가 창조됨.
1036	탕구트족이 동위구리아를 정복함.	
1044	탕구트족이 중국을 강압해 강화를 수용하게 하고, 거란의 공격을 물리침.	
1100	거란이 난을 일으키지 않은 유목민(주부)을 대파함.	중국화된 거란이 초원 지대 주민을 탄압함.
1115	요에 대한 여진족의 봉기.	요 제국의 멸망. 지역적(독창적) 삼림 문화의 부상.
1118	요에 대한 여진족과 중국인의 동맹	
1124	야율대석이 오르콘으로 떠남.	
1125	요의 멸망. 여진족이 탕구트족과 동맹해 중국(송)과 전쟁.	
1129	야율대석이 발라사군 취함.	

1131	여진이 북중국과 동티베트를 복속시킴.	
1135	여진에 대한 몽골의 전쟁.	유목 문화의 갱신과 융성
1137	호드젠트에서 야율대석의 승리.	
1139	몽골족이 하일린 산에서 여진을 대파. 여진에 대한 중국인의 공세.	
1141	야율대석이 카트완 계곡에서 셀주크 대파.	
1142	네스토리우스교도와 자코브파가 연합.	
1143	하라 키타이 한국의 북쪽 국경지들이 이탈하고 거기에 나이만 한국이 형성됨.	동쪽 기독교인들의 입장이 강화됨.
1145	서유럽에 프레스터 요한 왕국에 대한 소문.	
1147	여진이 몽골에 공물을 바치기로 하고 양자 사이에 강화.	남중국(송제국)을 구한 승리.
1161	몽골에 대한 여진의 파괴적 전쟁의 재개.	융성을 향한 두 민족 사이의 경쟁.
1171	케라이트족 옹칸의 추방과 복귀. 몽골 부족 연합의 해체	
1182	몽골족의 일부가 칭기즈라는 칭호와 함께 테무친을 칸으로 선출.	
1196~8	옹칸이 나이만족에 의해 추방되지만, 테무친의 도움으로 복귀.	씨족 및 부족 전통에 맞서 '굳은 의지의 사람들'의 공고화. 그들의 내부 투쟁.
1200	몽골족의 일부, 메르키트족, 나이만족, 오이라트족, 타타르족이 테무친에 맞서 연합하고 자무카가 구르칸으로 선출됨.	
1202	테무친과 케라이트족 옹 칸이 자무카의 부대를 격파.	
1203	테무친이 케라이트 한국을 정복한다.	

1204	테무친이 나이만 한국을 정복한다.	
1205	자무카의 생포와 처형.	
1206	대쿠릴타이가 열려 테무친이 새로 칭기즈칸으로 선출.	'굳은 의지의 사람들'의 승리.
1208	몽골족이 시베리아의 삼림민족 정복.	유목 강국의 창조.
1209	위구르족이 칭기즈에게 자발적으로 복종.	
1210	여진에 대한 몽골 전쟁의 개시.	동아시아 지도권을 둘러싼 전쟁의 계속.
1211	나이만족의 지도자 쿠츨루크가 하라키타이 한국의 권력 장악.	
1214	하라키타이 한국에서 무슬림에 대한 종교적 박해.	네스토리우스교도가 활동적이 됨.
1215	몽골족이 베이징을 취하고 여진족과 휴전협정을 맺음.	
1216	몽골족이 이르기즈에서 메르키트족을 몰살시키고, 호라즘족과 충돌.	무슬림이 초원 지대로 진군.
1218	몽골족이 하라키타이 한국을 정복.	초원 지대 통일 완성.
1219	몽골이 호라즘을 침략.	
1220	부하라와 사마르칸트 함락 (우르겐치 근처의) 구르간지 함락.	무슬림에 대한 몽골의 역공.
1223	몽골족의 메르브 파괴. 칼카에서의 전투.	
1224	칭기즈칸이 초원 지대로 돌아감.	
1226	야율초재의 계획이 칭기즈칸에게 승인됨.	몽골의 국내 정책에서 두 경향 사이의 충돌 시작.
1227	몽골족의 탕구트족 정복. 조치가 죽임을	

	당함. 칭기즈칸의 죽음.	
1229	오고타이가 칸으로 선출됨.	
1231	노얀 초르마간이 젤랄 앗 딘 격파.	두 전쟁의 종결.
1235	몽골족의 여진 제국 정복.	
1236	쿠릴타이가 '서부 원정'에 착수하기로 결정. 불가르를 취함. 야율초재의 개혁.	
1237	랴잔의 멸망.	
1238	몽골족이 블라지미르를 취한다. 바투가 구유크와 다툼.	
1239	몽골족의 코카서스족 정복.	몽골 정책에서 두 경향 사이의 투쟁 지속.
1240	키예프의 파괴, 갈리시아의 복속.	
1241	폴란드군과 독일군의 패배. 오고타이의 죽음.	
1242	헝가리의 파괴. 몽골족이 유럽을 떠남.	
	오트치긴의 음모.	
1243	몽골족이 소아시아를 복속시킴. 칸 바투가 수즈달의 야로슬라프를 대군주로 인정한다.	구유크와 바투 사이의 투쟁이 강화됨.
1245	체르니코프의 미하일이 리옹공의회에서 몽골족에 맞서 도움 요청.	러시아인의 일부가 가톨릭 유럽으로 향함.
1246	구유크가 칸으로 선출됨. 그의 정교 경향. 야로슬바프의 귀족이 칸의 종자를 비난함으로 인해 야로슬라프가 칸의 본거지에서 독살당함. 사라이에서 체르니고프 왕자들이 처형됨.	

14 공간-시간 도표 531

1247	카슈가리아가 기독교화됨. 사라이의 넵스키와 안드레이가 바투와 협정에 이름.	러시아인의 일부가 황금군단을 향함.
1248	구유크에 대한 바투의 공격. 구유크의 죽음. 바투가 몽케를 위해 왕위를 사양한다. 교황이 러시아 군주들이 가톨릭을 수용할 것을 제안.	루스족이 반타타르파(블라지미르의 안드레이와 갈리시아의 다닐)와 반독일파(알렉산드르 넵프키)로 분열됨.
1251	몽케가 칸으로 선출됨. 구유크의 지지자들이 처형됨.	
1252	네프류이가 안드레이의 반란 진압.	몽골 울루스에서 네스토리우스파가 승리.
1253	오논에서 쿠릴타이가 열림. 남중국과 근동의 무슬림에 대한 원정 결정. 몽골족에 맞서 십자군에 관한 교황의 교서. 몽골족에 대한 갈리시아의 다닐의 전쟁, 그리고 교황이 그를 왕으로 즉위시킴.	가톨릭과 무슬림이 몽골족과 아르메니아에 맞서고 정교가 중립을 지킴.
1254	몽케 칸과 헤토움 1세의 조약. 하라코룸에 비잔티움과 시리아의 사절이 옴.	
1256	몽케가 불교에 대한 선호를 표하고, 아릭보케가 기독교에 대한 선호를 표함. 바투 칸이 죽고, 그의 아들 사르타크가 무슬림에 독살되며, 그의 후계자 울라그치가 죽음.	
1257	베르케가 황금군단의 왕위에 오름. 칸샤보로크친의 처형.	몽골 울루스로부터의 황금군단의 자기고립.
1258	몽골족이 바그다드를 취하고 근동의 기독교도 보호. 남중국으로의 침략과 불교의 보호.	황색(네스토리우스교) 십자군.
1259	몽케의 죽음. 베르케의 군이	

	사마르칸트에서 네스토리우스교도 살해.	
1260	왕위를 둘러싼 쿠빌라이와 아릭 보케 사이의 전쟁. 마인 잘루드에서 맘루크들이 키트-부카를 패배시킴. 십자군과 교황이 몽골족과 아르메니아인에 맞섬.	피정복민 대중으로부터 압력을 받고 몽골 울루스가 해체됨.
1261	황금군단과 일칸의 분열. 사라이에 주교 관구 설립.	
1262	황금군단과 페르시아 몽골족 사이의 전쟁. 베이징에서 쿠빌라이가 보낸 재정 관리가루스에서 살해당함.	
1263	넵스키가 베르케 칸과 루스족과 황금군단의 동맹에 동의하지만 죽음. 아릭 보케가 항복.	루스가 몽골 권력으로부터 사실상 해방됨.
1264	몽골 수도가 하라코룸에서 베이징으로 이전.	
1267	카이두가 공세를 전개해 일곱 개의 강 지역을 취함.	칸이 무시했던 몽골족이 그에 대해 저항.
1269	리보니안 독일인이 노브고로드에 대한 공세를 중지. — "왜냐하면 그들은 타타르족의 이름조차 두려워했기 때문이다."	대러시아와 황금군단 간의 동맹의 결과들.
1271	쿠빌라이가 자신을 '원조의 황제'로 선언.	그의 민족의 배신.
1274	일칸 아바가가 맘루크에 맞서 교황과 리용 공의회에게서 도움을 청하고 가톨릭을 받아들이기로 약속함.	
1275	카이두가 쿠빌라이에 대한 전쟁을 시작.	군대에 맞선 인민의 전쟁.
1287	십자가의 기 아래서 나야의 반란.	
1293	몬테코르비노가 중국에 도착.	네스토리우스교들이 등에 칼을 맞음.

1294	쿠빌라이의 죽음.	
1301	카이두의 죽음.	
1305	양쯔 유역에서 불교인이 기독교인에게서 교회를 빼앗음.	교황이 동방 교회의 일에 개입한 결과들.
1312	오즈베크가 황금군단을 이슬람으로 개종시킴.	
1319	페르시아 네스토리우스교도 몽골족의 난 진압됨.	
1330	러시아 연대가 베이징 주변에 숙영.	
1357	황금군단 내의 '대란.' 자니베크의 죽음.	몽골 시대 및 네스토리우스교 문화의 종말.
1362	마마이의 쿠데타 그리고 루스족과 황금군단의 전통적 동맹에 대한 그의 위반.	
1368	중국인이 난을 일으켜 베이징을 취함.	

이제 우리는 작업 결과를 요약할 위치에 이르게 된 것 같지만 여전히 이 일은 너무 어렵기 때문에 다음 장에서 '적절한 고려사항들'을 논의하는 것으로 만족해야 하겠다.

| 15 |

가설의 구축

| 여기서 무엇이 잘못일까? |

저 먼 옛날의 상상의 왕국을 찾으려던 노력에 관해 지금까지 글을 써왔지만 본 저자조차 이 책을 볼 때 놀라움을 감출 수 없다. 빠진 것이 너무나 많은 것이다.

우선, 사료들을 완전히 수집하지도 또 완전히 서술하지도 않았다. 그러나 그렇게 했다고 해도 다른 결론은 나지 않았을 것이며, 아주 다른 책이 되기는 했겠지만 우리를 괴롭히는 문제들에 대답하지도 못했을 것이다. 누가 무엇을 인제 말했는지 안다고 해도 우리는 누가 어디에서 자기도 모르게 실수를 저질렀는지 또는 누가 우화의 위장막으로 사물들을 의식적으로 감추고 있었는지 지적할 수 없었을 것이다. 그리하여 우리 작업은 도로에 그쳤을 것이다.

이 문제에 관한 문헌은 거의 이용하지 않았다. 이 책에서 언급된 모든 주제에 관해 참고문헌을 열거하면 수백 편의 논문과 책에 이를 것이다. 그러나 수천 마리의 쥐로도 말 한 마리를 만들지 못한다. 신뢰성의 기준은 말이 아니라 사실들, 즉 역사적 사건들 속에서 그리고 이 사건들의 연관과 순서 속에서 발견되어야 하며, 둘 다 이 책에 들어 있다. 지금까지 공백으로 남아 있던 3세기에 걸쳐 역사적 규칙성의 실을 투르크족에서 몽골족까지 이어 보았다.

하지만 이 역사조차 극히 불균등하게 묘사된다. 많은 극적인 페이지들이 빠졌다. 예컨대 독자는 중국의 수백만 명의 군사에 맞선 소규모 투르크-샤토족의 불균등한 투쟁에 감동을 받지 않을까? 이 투쟁이 벌어진 이유는, 한편의 사람들은 살 권리, 스스로 주인이 될 권리를 찾으려 했고, 다른 편 사람들은 역겹고 적대적인 외국인들로부터 자기 나라를 구하려 했기 때문이다. 양편 모두 자신의 눈으로는 옳았고, 이 문제는 우리가 살펴본 대로 무력으로 해결되었다. 이것을 다루는 데만 한 장이 아니라 책 한 권이 통째로 필요하다. 물론 그렇게 한다면 몽골족과 네스토리우스교에 대해서는 잊어야 할 것이다.

그러면 거란은 어떨까? 거란의 역사는 표트르 대제 시대와 공통점이 있다. 표트르 대제도 야율덕광처럼 외국의 사상과 풍습에 나라를 열었다. 물론 나라도 민족도 시대도 18세기 러시아와 공통점이 거의 없지만 거란의 역사 역시 환경과 상황의 역할을 잘 보여주기에 흥미를 끈다. 하지만 이 역시 이 책에서는 지나가는 길에 언급되었을 뿐이다. 왜냐하면 요 제국의 운명은 우리 주제의 배경에 지나지 않기 때문이다. 그리하여 우리는 바람에 호되게 난타당하는 몽골 초원 지대에 서서 번영하는 요동 반도를 바라보았다.

탕구트족과 위구르족, 카를루크족과 킵차크족(뽈로베쯔족)에 대해서도 똑같은 말을 해야겠다. 그들의 풍부한 문화, 열정적 역사, 독특한 성격은 이 책에 반영되어 있지 않다. 그들에 대해서는 색깔과 음영이 없이 윤곽과 일반적 배경만 그려, 고대 몽골족이 대담하게 두드러져 나오도록 했다. 하지만 그것은 이 책의 결함이 아니라 다음과 같은 사실에 독자의 주의를 환기시키기 위한 수단이었다. 즉 이 민족들의 역사는 이국취미를 위한 것이거나 정보의 공허한 수집(일종의 우표 수집)을 위한 것이거나 만화경이 아니라 중세 세계사의 장대한 비극의 한 구성 부분이라는 것이다.

이 광경 속에서 우리는 사건들의 사나운 논리, 민족들의 탄생과 죽음의 패턴, 개인들의 행동에 대한 책임 그리고 지금까지 인문학에서도 또 자연과학에서도 다루지 못했던, 인류의 역사와 지구 생물권의 역사 사이의 연관성을 볼 수 있다. 그러한 연관성을 발견하고 확정하는 것이 내 작업의 진정한 목표이며, 이를 위해 나는 자료를 특별한 방식으로 살펴보았다. 아마 그것은 불완전하겠지만 나는 다른 어떤 방식도 알지 못한다. 내 책은 실험이며, 실험이 항상 곧바로 성공을 낳는 것은 아니다. 그러나 605번의 시도가 아무 결과를 낳지 못한다 해도 606번째 시도가 성공한다면 모든 노력이 정당화된다.

마지막으로 주요 주제인 중앙아시아 네스토리우스교는 무슨 이유에서인가 무게가 없고 심지어 투명해 보이기까지 한다. 정말 그렇게 보이지만 네스토리우스교는 원래 그렇다. 대초원 지대 전역에 걸쳐 기독교적 견해가 광범위하게 유포되었음에도 불구하고 이 견해는 역사적 구체화를 허용하는 임계점을 넘지 못했다. 네스토리우스교는 마지막 역주를 하지 못했고, 역사적 통일체가 되지 못했으며 …… 불행을 당하고 말았다. 역사가에게서 중단된 과정은 역사적 발전의 가장 흥미로운 변양이다. 실패는 성공 못지않게 값진 연구 대상인 것이다. 이 실패가 더욱 더 값진 이유는 그것의 세부적 모습을 드러낸 덕분에 몽골과도 관련되어 있었고 고대 루스와도 관련되어 있던 어떤 중요한 특징들을 설명할 수 있었기 때문이다.

그리하여 우리는 이 책을 시작할 때 제기한 첫 번째 질문, 곧 정말 무슨 일이 있었는가에 대해 답했다.

우리는 또한 두 번째 질문, 곧 어떻게 거짓에서 진실을 뽑아낼 수 있는가에 대한 답도 발견했다. 원리는 간단한 것이었다. 모든 저자는 동시대인들에게 무엇인가에 대해 납득시키려면 의심의 여지가 없고 진실한 정보를 보여준 다음, 그것을 편향성의 향신료로 양념해야 한다. 따라서 역사가의 과제는 이 두 요소를 분리하는 것이며, 그것이 역사적 분석이라고 불리는 것이다.

더 나가면 더 어려워진다. 분석이 성공하려면 파노라마적·입체경적 방법을 적용해 모호한 곳을 등치선^{等値線}으로 채우고 대상을 상이한 배율로 바라보아야 한다. 이처럼 복잡한 방식으로 우리는 신뢰할 수 있는 사실들의 토대를 얻고, 사건들의 논리의 안내를 받아 민족적·문화적 과정을 종합할 수 있다. 그러나 우리는 이 결과도 반완성품으로 간주해야 한다. 이러한 종합이 필요한 것은 그것을 자연법칙에 적용한 후 세계의 인과적·계열적 고리들을 분명히 하기 위해서일 뿐이다. 그러면 그것은 더 이상 단순히 민족들의 역사가 아니라 민족들에 대한 과학, 곧 민족학이 된다.

| 민족학 |

'민족학'이라는 용어는 서유럽 학계에서 자주 이용되어 왔지만 항상

다른 이유에서, 다른 의미로 이용되어 왔다. 따라서 이 용어는 어떤 의미에서 사전적으로 '공허한' 용어로 남아 있었다. 그런데 소련의 지리학회가 고대민족학과 역사지리학의 문제들을 일반화하는 작업을 시작했을 때[1] 세 가지 상관된 문제를 포함하는 지식 분과에 이 용어를 사용하자는 제안이 있었다. 민족 형성, 민족지리학적 분류 그리고 민족과 지리 환경 사이의 관계가 그것이다.[2]

이처럼 새로운 시각은 민족학과 인접한 모든 분과의 시각과 다르다. 예컨대 민족들 간의 차이를 다루는 민족지와도 또 물질의 사회적 운동 형태에 관심이 있는 사회학과도 또 사건들 및 그들의 연관과 순서를 다루는 역사학과도 또 인류의 다양한 지류들, 곧 인종들의 신체적 유형에 관심이 있는 신체인류학과도 그리고 인간을 포유류의 하나로 바라보는 진화생물학과도 다르다. 아마 이처럼 새로운 의미의 민족학과 가장 가까운 것은 충적세 고지리학, 곧 지구의 역사에서 인간 활동이 분명히 식별되는 시대에 대한 연구일 것이다. 이 시각에서는 인류가 지구라는 행성을 덮고 있는 어떤 존재[3], 생물권의 일부[4]로 간주된다.

'생물권'이라는 개념은 베르나드스키가 '비활성' 형태의 실체와 '활성' 형태의 실체를 구분하기 위해 학계에 도입했다. 그에 따르면 생물권은 살아 있는 유기체와 그들의 활동의 산물, 예컨대 대기 중의 유리 산소의 총체로 이루어져 있다. 살아 있는 유기체들이 서로 가까이 붙

---

1) *Doklady otdelenii i komissii Geograficheskogo ohshchestva SSSR*, fasc. 3, Etnografiya, L., 1967을 보라.
2) L. N. Gumilev, "Etnos i landshaft."
3) Yu. K. Efremov, "Landshaftnaya sfera nashei planety."
4) V. I. Vernadskii, *Khimicheskoe stroenie biosfery zemli i ee okruzheniya*. 베르나드스키의 생각을 역사지리학에 적용한 것에 대해서는 L. N. Gumilev, "Khazariya i Terek"을 보라.

어 있지 않고 비활성 물질에 의해 분리되어 있는 것은 베르나드스키에 따르면 중요하지 않다. 왜냐하면 가장 견고한 물체의 분자들 사이에도 빈 공간이 있기 때문이다.

우리는 베르나드스키의 생각을 확장하고 그의 접근법을 발전시켜 생물권 내에서 인간권anthroposphere을 구분하고자 한다. 이는 인간 활동의 산물과 더불어 모든 사람들의 바이오매스를 가리키며, 기술, 주거, 가축, 재배식물 등이 여기에 속한다. 하지만 인간권은 한 개의 동질적인 바위 같은 것이 아니라 모자이크이다. 인간이 광범위하게 퍼져 지구의 육지 전체를 거의 점거하게 된 것은 인간이 다른 포유동물보다 더 큰 적응 능력을 갖고 있기 때문이며, 이 적응 능력은 역으로 이 종을 변화시켰다. 개인들의 집합체가 창조되었고, 이들이 처음 등장할 때는 특정한 자연 조건과 연결되어 있었지만 그런 뒤에는 각각 고유의 역사를 거쳐 갔다. 우리는 이와 같은 집합체를 민족이라고 부른다. 이들이 연구될 때는 호모 사피엔스라는 종이 역사적 조건 속에서 존재하는 한 특정한 형태로 연구된다. 민족형성학이 민족의 등장과 소멸에 관한 연구라면 민족분류학은 민족들 사이의 근접성의 정도에 관한 연구로 엄청나게 다양한 자료를 일반화하는 데 필수적이며, 방법과 시각 면에서 인문학 내에서 유사한 분야가 없다.

앞서 막 살펴본 대로 민족사는 사회사를 대체하는 것이 아니라 보충할 뿐이며, 단 하나의 시각을 엄밀하게 적용할 때 필연적으로 발생하는 공백을 메운다.

여기서 마지막 질문이 떠오른다. 왜 이 모든 것이 필요할까? 민족학이 고고학[5], 물리지리학[6], 민족지리학[7], 나아가 토양학[8]에까지 적용되는 것은 좋다. 그러나 민족학이 어떻게 문헌적 자료 비판에 유용할 수 있으며, 어떻게 세상에서 가장 인문학적인 지식 분과 — 언어와 문학 — 의 관심 문제에 유용할 수 있을까? 이는 일리 있는 질문이며, 여기에 반드시 답해야 한다.

　이미 살펴본 대로 역사적 서사 자료들을 읽는다고 해서 반드시 이해할 수 있는 것은 아니다. 하지만 저자들의 생각과 태도를 이해하지 않고서는 그들이 구축한 이야기를 비판하는 것은 불가능하다. 따라서 우리는 유르트에서 암송자에게 귀를 기울여 아버지와 형들의 비사를 듣는 고대 몽골인과 같아져야 한다. 하지만 그것이 어떻게 가능할까? 어떻게 우리는 중세 수준의 이해를 얻을 수 있을까? 우리가 자료로부터 당대에 관한 최상의 정보를 얻는다 해도 자료 자체가 불분명한데 말이다. 막다른 골목, 더 정확히 말하면 악순환이다.

　그러나 우리가 자료의 독해에 들어갈 때 무지한 상태에서 들어가는 것이 아니라 분명한 역사적 유추를 갖고, 당대에 대한 일반적 지식을 갖고, 중세 아시아인의 심리와 철학에 대한, 근사적이기는 하지만 확실한 관념을 갖고 들어간다면 어떨까? 그렇게 한다면 우리는 자료의 신뢰성에 대해 질문할 수 있는 지렛대를 갖게 될 것이며, 이로부터 일정한 정보를 추출할 수 있을 것이다. 이는 분명 불완전한 정보이기는 하지만 여기에 기초해 우리는 지평을 확대할 것이고, 관념을 더 정확하게 할 것이며, 더 높은 수준에서 자료로 되돌아갈 수 있을 것이다. 그리하여 우리는 지금까지 우리를 피해 갔던 세부사항 속으로 점점 더 깊

---

5) L. N. Gumilev, "New data on the History of the Khazars", pp. 61~103.
6) L. N. Gumilev, "Les fluctuations", pp. 331~336.
7) L. N. Gumilev, "Istoki ritma kochevoi kul'tury", pp. 85~94.
8) A. G. Gael', L. N. Gumilev, "Raznovozrastnye pochvy", pp. 11~20.

이 뚫고 들어갈 것이다.

 이처럼 민족학은 자연사적 방법 덕분에 순수 인문학적 언어 연구와 문학 연구가 포기하는 자료의 연구를 도울 수 있지만 다른 한편 고대 자료에서 신뢰할 수 있는 정보를 얻는 데도 큰 관심을 갖고 있다. 이 정보는 민족학의 음식물이다. 그러나 음식은 양질이어야 하며, 자료들에서 얻은 정보는 신뢰할 수 있어야 한다. 이처럼 높은 목표를 위해 우리는 연대기 안의 갈라진 틈과 저자들의 견해에 담긴 다양한 독해들의 파편을 헤쳐 나가는 어려운 여행에 착수하는 것이다. 이를 위해 소모한 노동은 학문 발전에 도움이 될 것이며, 나아가 역사적 비평의 가능성을 확장하게 될 것이다. 아마 우리는 그 이상도 희망할 수 있을 것이다. 즉 사건들의 상호 관계의 메커니즘을 드러냄으로써 사건들의 경로를 소급적으로 복구해낼 수 있지 않을까?

 고생물학자가 두세 개의 뼈에서 공룡의 모습을 재구성해내듯, 두세 개의 기상 관측소를 가진 기상학자가 매년 점점 더 정확하게 일기를 예보하듯, 지질학자가 소수의 노두나 단면에서 퇴적암의 정도를 결정하듯 역사가도 민족학적 방법을 이용해 대소 제국, 공국 또는 자유도시의 창조와 파괴를 서술할 수 있다. 이제 역사가는 통상적인 코드화뿐만 아니라 '경험적 일반화' 방법도 제공해야 하는바, 이 방법은 베르나드스키에 따르면 실제로 관찰된 사실만큼 신뢰할 만한 것이다.[9] 우리 자료에 이 방법을 적용해보자.

---

9) V. I. Vernadskii, "Biosfera", p. 19.

| 재검토 시도 |

프레스터 요한의 왕국에 관한 소문의 기원으로 되돌아가보자. 직접적인 증거가 없기 때문에 추론을 통해 논의를 진행해야 할 것이다. 이 소문은 누구에게 이익이 되었을까? 누가 이 소문을 내고 퍼뜨릴 수 있었을까? 그들은 누구를, 왜 속이고 싶어 했을까?

우리는 당연히 이 질문들에 대답할 수 있는 자료를 찾지 못할 것이다. 중세 사람들은 전혀 바보스럽지 않았고, 자신들을 해치는 어떤 문서도 남기지 않았다. 그래서 범죄학의 방법을 이용해야 한다. ― 누구에게 득이 될까 cui bono?

프레스터 요한에 관한 소문이 시리아로부터, 그곳의 기독교인들로부터 독일에 이르렀음을 상기하자. 그리하여 우리는 서유럽 전체를 즉시 배제할 수 있을 것이다. 속은 곳은 서유럽이기 때문이다. 무슬림 세계 전체도 고려에서 제외된다. 아랍인과 셀주크족이 프랑크족에게 동방의 도움을 얻을 수 있으리라는 희망을 불어넣어 프랑크족으로 하여금 재침공하도록 했으리라는 것은 말이 안 되기 때문이다. 정교 국가들도 동방 기독교 왕국 이야기에 전혀 열광하지 않았다. 네스토리우스 교도가 비잔티움의 적이자 아랍 칼리프들의 동맹이었던 것이 이유라고는 해도 말이다. 비잔틴 정치인들은 현실이 아무리 불쾌하더라도 현실을 고려할 수 있었고, 악몽을 창작해내는 데 아무 관심이 없었다. 동방의 중앙아시아 역시 배제된다. 하라-키타이 한국이 근동 정치의 지도자일 수 있다는 생각은 중앙아시아에 있는 누구의 머리에도 떠오를 수 없었기 때문이다. 유일하게 남는 것은 시리아와 예루살렘 왕국이다.

1130년대 예루살렘 왕국은 유럽의 어떤 나라와도 비교될 수 없는 번영 상태에 있었다. 자유무역은 피사, 제노바, 베네치아 같은 이탈리아 도시들을 부유하게 했을 뿐만 아니라 예루살렘을 지키는 요새, 즉 성 요한 기사단과 템플기사단은 물론 안티오크와 에데사의 군주들도 부유하게 했다.

프랑크와 노르만 영주들은 무슬림 및 그리스인들과의 끊임없는 전쟁을 정상적인 상태로 보았으며, 그 바깥에서는 삶을 위한 자리가 없었다. 전쟁, 특히 소규모의 끊임없는 전쟁은 삶의 필수적인 요소였다. 물론 이 전쟁은 이슬람에 대한 결정적 승리를 가져다줄 수 없었지만 기사들은 그렇게 하기 위해 노력하지도 않았다. 완승은 각자에게 소량의 전리품밖에 가져다주지 않을 것이었기 때문이다. 국경 무역에서 나오는 수입이 훨씬 더 컸다.

제1차 십자군전쟁 후 50년이 흐르면서 기사들은 무슬림을 다루는 데 익숙해졌고, 무슬림을 감탄스럽고 모방할 가치가 있는 사람들이라고 보기 시작했다. 머나먼 고국은 거칠고 편협한 땅이 된 것 같았고, 문맹의 노르만 남작이나 프랑스 남작들은 야만적이고 지겨우며 미련스러워 보였다. 시인이자 전사였던 아랍 토후들에 비해 그들은 그저 그런 사람들에 불과했다.10)

그러나 유럽인들은 동쪽에 가 있는 이런 전초 부대와는 아주 다른 것을 기대했다. 프랑스인과 독일인들이 보기에 약간만 더 압력을 가하면 페르시아와 이집트 전체가 기사들의 말발굽 아래 떨어질 것 같았다. 그러나 1144년에 청천벽력이 떨어졌다. 투르크족이 에데사를 취한 것이었다. 성지가 위험에 처한 것처럼 보였다. 구조를 하러 가야 했다. 클

---

10) Usama ibn Munkyz, *Kniga nazidaniya*, p. 208 이하를 보라.

레르보의 베르나르Bernard of Clairvaux[1090~1153. 12세기에 활동한 수도사로 시토회를 창립했으며 제1차 십자군 원정 때 전도했다. 로마 가톨릭 성인으로 축일은 8월 20일이다]는 프랑스의 루이 7세와 독일의 콘라드 3세에게 십자가를 들어 올리라고 설득했으며, 제2차 십자군이 서서히 준비되기 시작했다.

예루살렘의 기사들과 남작들은 투르크족이 적임을 너무나 잘 이해하고 있었으나 프랑스인과 독일인이 친구라는 것은 의심했고, 그것은 이유가 없지 않았다. 권력은 무력을 가진 자에게 속하는 법이며, 프랑스와 독일의 무력이 요르단과 오론테스의 해변에 나타난다면 예루살렘과 안티오크의 남작들은 유순한 종이 되지 않을 수 없었을 것이다. 이것은 그들이 가장 원치 않는 것이었다.

하지만 투르크족을 물리치는 것과 관련해 도움을 거절하는 것도 득책이 아니었다. 예루살렘 왕국에게 최상의 출구는 십자군 부대를 팔레스타인으로 가게 하는 것이 아니라 위험의 진원지인 메소포타미아로 곧바로 가게 하는 것이었다. 그러나 어떻게 부유한 나라에서의 쉬운 전쟁을 태양에 불타는 사막에서의 힘든 전쟁과 맞바꾸도록 프랑스와 독일의 왕들을 유혹할 수 있을까? 제사장-왕의 부대가 티그리스 강둑에 서 있다는 소문이 유럽에 도달한 때가 바로 이때였다. 어떤 지휘관이라도 동맹과 연합해 적을 협공하면 완벽하고 쉬운 승리가 보장된다는 것을 이해하고 있다. 재능 있게 만들어졌고 성공적으로 유포된 이 발명품의 저자는 그릇된 정보를 이용해 십자군전쟁에 참전한 왕들이 팔레스타인을 피해 저쪽의 목적을 향해 진군하도록 하는 데 관심이 있었다. 그는 2년 후 가톨릭 세계의 가장 강력한 두 군주의 공세가 소아시아에서까지 불발하고(1147년), 십자군에 소집된 가련한 패잔병들이 예루살렘의 영주들에게 그들의 의지를 강요하기는커녕 음식과 숙소를 달라고 구걸하리라고는 전혀 예상치 못했다. 이것이 유일하게 올바른 설명이라는 보장은 없지만 가장 그럴싸하게 생각되는 설명이다. 그러나 직접적인 증거가 없을 경우 두 가지 길이 있으니, 질문에 대답하는 것을 회피하거나 간접적인 고찰에 기초해 결론에 이르는 것이다. 두 번째 길이 더 정직한 것으로 생각된다.

이제 광범위한 역사적 배경 아래 이루어진 우리의 관찰과 연결시켜 13세기 몽골 전사들이 아주 야만적이고 잔인하다는 전설이 어디서 나왔는지를 생각해보자. 설득력 있게 전해 내려온 이 전설은 현실과 일치하지 않았다. 왜냐하면 몽골족이 좋은 성품을 갖고 있었다고 할 수는 없지만 십자군, 맘루크, 호라즘족, 여진족도 잔인한 면에서는 전혀 뒤지지 않았기 때문이다. 하지만 이와 같은 전설은 13세기에도 존재했고, 따라서 이 전설의 저자는 아니지만 적어도 그것이 등장한 환경과 그것이 추구한 목표를 추적해볼 수는 있다.

중국의 역사가들은 이런 식의 편향을 보이지 않았다. 그들은 여진족과 몽골족이 똑같이 보여준 영웅적 모습과 잔인성의 경이들을 무미건조하고 불편부당하게 전달했을 뿐 그들 누구에게도 동정을 표하지 않았다. 극동에서 전쟁은 늘 너무나 심각하게 여겨진 나머지 포로에게 자비를 베푸는 것은 국가에 대한 배반으로 간주되었다.[11] 훈족, 투르크족, 거란족, 탕구트족 그리고 여진족과 끊임없는 전쟁을 치르면서 보여준 몽골족의 전술은 중국의 연대기 편자들이 보기에 일반적인 사건 진행과 전쟁의 관습에서 벗어난 어떤 특별한 것이 아니었다. 더욱이 몽골족이 가장 격렬한 전투에서 승리한 것은 송나라와의 전투가 아니

---

11) L. N. Gumilev, *Khunnu*, p. 136.

라 여진족과의 전투였으며, 중국인들에게 평화로운 주민에 대한 살육이 어떤 것인지를 보여준 것은 바로 이 여진족이었다. 따라서 중국인들은 일반적으로 유목민을 증오하기는 했지만 이 새로운 적이 과거의 적보다 더 많은 승리를 거두었다는 사실 때문에 이 새로운 적을 욕할 수 있다는 생각은 해본 적이 없었다.

근동에서는 아르메니아인들이 몽골족에 대해 많은 글을 썼지만 몽골족에 대해 동맹이라며 호감을 표했고, 따라서 충성스러운 어조를 유지했다. 러시아 연대기 편자들은 몽골족에 대해 부정적인 태도를 갖고 있었지만 그들의 저작은 13세기에 서유럽에 거의 영향을 미치지 않았으며, 따라서 우리가 지금 관심을 기울이고 있는 이 전설은 러시아인의 입에서 나온 것이 아니다. 더욱이 루스의 반(反)타타르 분위기는 황금군단의 칸들이 이슬람으로 개종한 후 14세기에 와서야 일어났다. 그리고 그것은 즉시 일어난 것이 아니라 마마이가 정교의 모스크바에 맞서 가톨릭과 연합을 형성했을 때야 일어났다. 13세기에는 황금군단과 루스의 군사 동맹이 있었고, 그리하여 서로 원한을 품을 이유가 훨씬 더 적었다.

무슬림이 정복한 이란 그리고 승리한 이집트가 몽골족에 가장 적대적인 감정을 갖고 있었다. 몽골족의 모든 것이 무슬림을 화나게 했으니, 일칸들의 네스토리우스교 보호, 모스크 파괴, 의례적 씻기의 금지가 그러했고, 마지막으로 유목 목축민에 대한 정주 농민들의 전통적인 적의 같은 것이 존재했다. 카인은 아벨이 자신에게 벌이 내려지게 한 것에 화가 났다. 하지만 서유럽인들이 철천지원수였던 무슬림의 관점을 갖게 된 것은 여전히 이상하다. 어쨌거나 (구유크 사후에) 몽골족은 독일, 이탈리아, 프랑스에 해를 끼칠 의도를 갖고 있지 않았다. 하지만 몽골족을 가장 증오한 것은 바로 서유럽이었다.

몽골족 말이 푸른 아드리아해에 이르렀을 때 신성로마제국의 황제이자 시칠리아 왕이던 프리드리히 2세는 교황과의 투쟁에서 그들을 동맹으로 이용하는 것이 좋겠다는 의견을 표했다. 그러나 1241년에 몽골족은 떠났고, 황제의 생각은 잊혀졌다. 하지만 여기서 미묘하게 나타나는 정치적 태도가 중요하다. 즉 황제파 가운데서는 몽골족에 대한 반감이 일어나지 않았던 것이다. 유럽 최고의 기독교 왕 성왕 루이 9세는 엘치데이 노얀에게 사절을 보냈고, 후에 이 프랑스왕은 일칸들과 접촉하려고 했다. 그리하여 그것은 프랑스의 국사가 아니었다. 교황은 전적으로 생존 투쟁에 골몰하고 있었다. 13세기 중반에 교황은 앙주의 샤를의 도움을 받고서야 살아남았고, 그런 다음에는 이 프랑스 왕에 의지했다. 따라서 13세기 말에 교황들이 독자적 결정을 내린다는 것은 거의 가능하지 않았다. 당시에 그들이 특정한 노선을 취했다 해도 이는 누군가가 그들에게 이 노선을 제안했음을 의미했다. 그러나 몽골 문제에 관심이 없던 잉글랜드, 아라곤, 카스티야는 물론 독일과 프랑스까지 제외하면 영향력 있는 가톨릭 국가 중 마지막으로 한 국가만 남는다. 곧 템플기사단과 성 요한 기사단이 권력을 공유했던 예루살렘 왕국이 그것이다. 바로 이 성묘의 용사들이 장본인이었다. 그들에게는 왜 자신들이 네스토리우스파 지휘관 키트 부카의 패배를 돕고, 그리하여 기독교인의 근동 침공 교두보인 자신들의 요새가 맘루크의 칼에 떨어지게 했는지를 기독교 세계(곧 가톨릭 유럽)에 설명해야 할 절실한 필요가 있었다. 모든 정상적인 유럽 정치인들은 1260년 이후 왜 이 용사들이 배신을 저질렀는지 물을 수 있었고, 또 실제로도 틀림없이 물었을 것이다. 따라서 대답이 고안되어야 했다. 몽골족은 무슬림보다 그리고 일반적으로 어떤 누구보다도 훨씬 더 나쁜, 지옥에서 온 친구였다는 것이 그것이다.

우리는 중세 유럽이 프레스터 요한의 왕국 이야기를 얼마나 순진하게 받아들였는지를 보았다. 하지만 이에 더해 몽골족과 관련된 여러 사건이 있었고, 이에 대한 해석은 주민들에게 훨씬 더 믿을 만한 것으로 여겨졌다. 1241~1242년에 폴란드와 헝가리의 난민들은 두 나라를 덮쳤던 공포를 확실히 회상했다. 러시아의 밀사 체르니고프의 미하일과 갈리치의 다닐은 불에 기름을 끼얹었고, 그와 반대로 이야기할 수 있었던 사람들, 예컨대 비잔틴 사람들과 킬리키아의 아르메니아 사람들은 그들 자신도 서유럽에서 분열주의자이자 '기독교'의 적으로 간주되었다.

물론 비판적으로 생각하고 넓은 지식을 가진 불편부당한 역사가라면 바그다드나 다마스쿠스의 약탈을 콘스탄티노플에서 십자군이 자행한 파괴와 비교했어야 했지만 그렇게 했다 한들 아무도 그를 도와 이를 퍼뜨리지 않았을 것이다. 중세 사람들은 자신들에 대한 쓰라린 진실을 듣고 싶어 하지 않았던 것이다. 이 외에도 가톨릭 기사들이 하가르Hagar [「창세기」 16장에 나오는 인물로 사라이의 이집트인 몸종으로 사라이의 남편 아브라함과 동침해 이스마엘을 낳았다]의 불경한 후예들과 그리스 분열주의자들을 정복했을 때 그것이 범죄가 아니라 영웅적 행동이었음은 그들 모두에게 아무 증명이 필요 없는 명백한 사실이었다. 이 기사들은 몽골족이 세 배로 기독교인이라 해도 자기들 사막을 몽골족과 공유하는 것은 상상도 할 수 없었다. 따라서 여러 가지 정보 중 서구 세계가 탁월하다는 의식을 확인시켜주는 부분이 선별되어 광범위하게 이용되었고, 템플기사단의 두 번째 의도적인 거짓말은 성공을 거두었다.

그러나 여기서 나는 독자들이 이렇게 항의하는 것을 듣는다. "그럴 리가 없다. 그것은 저자가 지어낸 것이다. 왜 우리가 자기 시대를 잘 알던 템플기사단원을 믿지 않고 20세기 역사가를 믿어야 하는가?" 독자들이여, 좋다. 사실들을 비교하는 가장 통상적인 방식으로 이 문제를 정리해보자.

1287년에 일칸 아르군은 맘루크에 대항하는 동맹을 찾으려고 네스토리우스교 사제 사우마Uighur Sauma〔본명은 Rabban Bar Sauma(대략 1220~1294년)〕를 서유럽에 보내 가톨릭 왕들에게 새로운 십자군을 재촉하게끔 했다. 사우마는 비잔티움, 나폴리, 로마, 파리 그리고 잉글랜드 왕의 영토인 보르도를 방문했다. 모든 곳에서 그는 명예로운 손님으로 환대받았다. 현재 대사들이 루브르 박물관이나 에미르타주 박물관을 소개받듯 그는 성자들의 교회와 묘지를 소개받았다. 필립 4세와 에드워드 1세는 지원과 몽골족과의 동맹을 구두로 약속했다. 또 이 네스토리우스교도는 교회에 초대를 받았고, 그의 손으로 잉글랜드 왕에게 성찬을 주었다. 교황 니콜라스 4세조차 그가 성체를 축복하도록 허용했고, 종려 주일에는 제 손으로 그에게 성찬을 주었다.12)

이것은 1288년 봄의 일이었지만 1289년 4월 27일에 트리폴리가 무슬림 손에 떨어졌고, 유럽인들이 팔레스타인에서 철수하기 시작했다. 같은 교황이 몬테코르비노를 중국에 보낸 것이 바로 이때로, 우리는 이미 이유를 살펴보았다. 연도의 일치가 다 말해준다.

살아남은 십자군들이 패배에 대한 책임을 자신들에게 씌웠다고 가정하는 것은 이상할 것이다. 그들의 상황에 대해 교황과 왕들을 비난

---

12) N. V. Pigulevskaya, *Istoriya mar Yabalakhi III I rabban Saumy*, pp. 89~93.

하는 것은 아주 우둔한 짓이고 심지어 위험한 짓이기도 할 것이다. 따라서 교황 요한에 관한 첫 번째 이야기 못지않게 환상적인 두 번째 이야기가 창작되었다. 템플기사단이 유럽을 방랑하던 20년 사이에(1289~1307년) 이 이야기는 모든 사람이 더 이상 의심하지 않는, 흔하고 인기 있는 설명이 되었다.

그러나 이것은 몽골족의 예외적 성격에 관한 전설이 700년 뒤에도 유럽의 지성에 여전히 소중한 것으로 남아 있는 것만큼 놀랍지는 않다. 중세의 관념들 다수가 비판을 받고 내쳐져 이제는 단순한 호기심 거리로 간주되고 있는데도 말이다. 우리는 개의 머리를 가진 남자나 아마존 여전사에 대해 읽으며 웃음을 짓지만 순진한 몽골족 공포증도 동일한 계열의 발명품이다. 그런 만큼 훨씬 더 나쁘다고 해야 할 것이, 왜냐하면 어떤 대상에 대한 왜곡된 지식은 그에 대한 태도까지 규정하기 때문이다. 즉 문제가 지식 영역에서 감정 영역으로 옮겨가고, 그 결과 냉정한 접근이 불가능해지기 때문이다.

| 해석의 시도 |

루스 연대기 편찬자들이 몽골 칸들의 궁정에 있던 네스토리우스교도에 대해 아무것도 말해주지 않는 반면 중국인, 무슬림, 아르메니아 단성론파 그리고 가톨릭교도는 이에 대해 아주 상세하게 쾌히 쓰고 있는 것은 설명이 불가능해 보인다. 루스족이 이에 대해 무지했을 가능성은 없다. 구유크의 본거지가 네스토리우스교도로 가득 차 있을 때 야로슬라프 베스볼로디치와 그의 아들 안드레이가 거기 있었다. 넵스키는 사르타크의 의형제가 되었는데, 사르타크는 네스토리우스교도에

게 둘러싸여 있었다. 몽케 치세에 네스토리우스교도가 권력을 잡고 있을 때 루스 장인들이 일을 하러 하라코룸에 갔다. 요컨대 그들은 유목 기독교인들이 존재했음을 보지 않을 수 없었고 알지 않을 수 없었다.

하지만 어떤 문서들에서는 이에 대한 이야기가 분명히 드러난다. 1245년의 리용공의회에서 키예프의 대주교 페트르Petr Akerovich는 타타르족의 신앙에 대한 질문에 대답하면서 이렇게 말했다. "그들은 세계의 단 한 분의 주님을 믿는다〔이 말은 기독교를 언급하는 것일 수도 있지만 미트라교로 이해될 수도 있다 — 구밀료프〕. …… 하느님과 그의 아들은 하늘에 있지만 치르칸은 땅에 있다〔이것은 분명 미트라교도 본교도 흑신앙도 아니다. 왜냐하면 이 모든 종교의 제2위는 여성이기 때문이다 — 구밀료프〕. 매일 아침 그들은 창조주를 기리며 손을 하늘로 올린다〔이는 네스토리우스교의 기도 방식이며, 정교는 손을 모아 가슴에 올린다 — 구밀료프〕. 그들은 먹을 때는 창조주를 기려 첫 번째 조각을 공기 중으로 던지고, 마실 때는 일부를 땅 위에 붓는다〔이것은 종교 의식이 아니라 '민족지적' 의식이다 — 구밀료프〕. 그들은 그들의 인도자가 성 요한이라고 말한다."

이 키예프 대주교가 네스토리우스교에 대해 동시대인 누구 못지않게 잘 알고 있었음은 분명하지만 이에 대한 정보는 루스 연대기나 성자들의 전기에 살아남은 것이 아니라『중세 영국 아일랜드 연대기 Rerum Britannicarum mediaevi scriptores』속에 살아남았다.13)

두 번째 문헌은 아주 다른 성격의 것이다. 1269년경 사라이의 주교 페오그노스트Feognost의 질문들에 대한 대주교의 대답이 그것이다. "질문. 빵과 포도주를 성스럽게 한 후 그것들을 이곳저곳으로 가져가서

---

13) Vol. 36, pp. 386~389; vol. 70, pp. 272~273.

전례를 하는 것이 적절한가? 대답. 필요가 있기 때문에 그것은 적절하다. 방랑하는 민족〔유목민들 ― 구밀료프〕은 쉴 곳이 없다. 그러나 두렵고 떨리는 마음으로 애써 그것들을 깨끗한 곳에 놓고 그것들로 예배를 하라."14)

이것은 유목민을 위한 교회 예배의 형식을 다루고 있다. 그러나 어떤 유목민들을 위해? 정교회 알란족(오세티아족의 선조)과 방랑자들(코사크족의 선조)은 정착 생활을 했다. 세례를 받은 뽈로베쯔족은 몽골족에게서 도망쳐 헝가리와 갈리시아로 갔다. 오직 소외된 몽골 전사들, 곧 네스토리우스교도만이 남는다. 하지만 정교회 주교가 이단자들에게 성체를 받도록 허용할 수 있었을까? 교리 상으로는 안 된다. 그러나 역사를 일별해보자.

13세기 전반 정교도와 네스토리우스교도는 적이었다. 그러나 베르케가 혁명을 일으키고(1257년) 경쟁자들인 사라타크와 울라크치를 지지한 네스토리우스교도를 박해하면서 네스토리우스교 공동체는 정치 세력으로서의 중요성을 잃게 되었다. 멩구-티무르Mengu-Timur〔?~1280년. 1266~1280년에 황금군단의 칸이었다〕하에서 네스토리우스교를 보호한 일칸 훌레구와 황금군단 사이의 관계는 악화되었다. 네스토리우스교도는 황금군단 내에서 고립되었고, 쉽게 짐작할 수 있겠지만 정교회 교회를 찾기 시작했다. 어떤 특별한 합일도 필요하시 않았다. 사라이 지방의 기독교도의 통일은 서서히 자연적인 과정으로 일어났던 것처럼 보인다.

루스족이 왜 네스토리우스교도에 대해 하나같이 침묵하는지에 대한

---

14) Pamyatniki drevnerusskogo kanonicheskogo prava, 1부, *Russkaya istoricheskaya biblioteka*, VI, no. 12, Spb., 1908; A. N. Nasonov, *Mongoly i Rus'*, p. 136.

답은 바로 이 역사적 변화 속에 있는 것이 아닐까? 처음, 네스토리우스 교도가 하나의 세력이던 1257년까지는 정교도가 그들에 대해 나쁘게 쓰기를 원했지만 감히 그렇게 하지 못했다. 그런 다음 정교회 교회와 칸 권력이 협정을 맺고, 초라해진 네스토리우스교도가 더 이상 위험하지 않게 되었을 때는 그들에게 431년의 에페소공의회를 상기시켜주기보다 자기편으로 끌어당기는 것이 더 유리해졌다. 431년 이래 너무나 많은 일이 일어났다. 시대는 변했고, 사람들 사이의 관계는 달라졌다.

13세기에는 모든 사람이 충직한 타타르족을 필요로 했는데, '충직한'이란 당시 의미로는 '같은 신앙을 가진'이라는 뜻이었다. 12세기에 토르크족, 흑건족, 베렌데이족이 키예프 군주들의 보호를 구했듯 기독교 몽골족도 루스 땅의 남쪽 국경을 고수하려고 이전의 차이들에 대해서는 침묵을 지켰음에 틀림없다. 우리의 일반적인 생각이 옳다면 기독교 몽골족의 후손들은 거기 남아 있어야 했다. 그리고 그들은 정말 남아 있다. 변경 지역의 소토지 보유농 *odnodvortsy*, 투르크 이름을 가진 기독교도가 바로 그들이다. 그들은 무슬림인 적이 한 번도 없었다. 왜냐하면 이슬람에서 기독교로 개종한 타타르족은 개종자 *kryasheny*로 불리기 때문이다. 우리는 맥락은 다르지만 아래에서 황금군단으로부터 이주해 나온 이 타타르족 영웅들에 대해 이야기할 것이다.

이전의 가설과 달리 이러한 민족 형성 가설은 특정한 관점에서 수행되는 그리고 미리 설정된 목표를 따라가는 민족지적 작업을 통해 부분적으로 검증될 수 있고 더 정확해질 수 있다. 어떤 문제든 그것을 해결하기 위해서는 먼저 문제가 제기되어야 한다. 이것이 모든 가설이 가진 의미이다.

| 일반화 시도 |

이제 중앙아시아 동부의 역사를 알았으니, 이렇게 물어보자. 칼리프 국처럼 교파의 원리에 기초한 국가가 12~13세기에 중앙아시아 동부에 만들어질 수 있었을까? 그렇다. 만약 만들어졌다면 이 국가는 구조 면에서 투르크 한국 및 위구르 한국과 비슷했겠지만15) 아마 더 안정적이고 덜 공격적이었을 것이다. 이 국가는 기독교 문화의 세 번째 유형이었을 것이며, 중국의 송나라와의 끊임없는 대립으로 인해 쉽게 유럽과 근동의 성취로 인식되었을 것이다. 이 국가의 경제는 위구리아의 유목 목축과 오아시스 농업의 결합에 기초했을 것이다. 횡단 대상 무역이 번성했겠지만 원거리 군사 원정의 가능성은 없었을 것이다. 왜냐하면 '굳은 의지의 사람들'이 권력을 잡는 것이 아니라 그들의 적수인 나이만족, 케라이트족, 메르키트족이 승리했을 것이기 때문이다.

누가 이 자연적인 과정을 막았을까? 칭기즈칸과 그의 몽골 용사들이 막았다. 그들은 씨족 및 부족 조직이 아니라 군사 조직에 기초해 그러한 조직의 본성에 따라 모든 외적인 정치적·문화적·이념적·사회적·경제적 문제를 긴 창과 날카로운 칼로 결정했다.

칭기즈칸은 의심의 여지없이 재능 있는 사람이었고, 무장한 그의 동지들은 용기를 지녔지만 몽골족이 (뽈로베쯔족, 여진족, 호라즘 투르크족, 탕구트족에 맞서) 네 번의 외부 전쟁을 이길 수 있었던 것은 칭기즈칸의

---

15) 역사 연구에서 가정법은 허용될 수 없는 것으로 여겨지는데, 이로 인해 사실을 확인할 수 있는 능력이 제한된다. 자연과학에서는 가정법이 일반적으로 받아들여진다. 원인은 결과에 의해 설명되기 때문이다. 예컨대 태양에 어떤 분열 과정도 일어나지 않는다면 태양은 무수한 세월이 흐르며 식을 것이다. 민족학은 자연과학이며, 따라서 모든 자연과학에서 받아들여지는 방법을 사용하는 것이 부끄러운 일은 아니다.

개인적 자질 때문이라기보다는 13세기에 유럽, 근동, 극동 전체에 영향을 미친 심층적 위기, 더 정확히 말해 전환점 때문이었다. 이 시대의 특징은 사회적·외부적 정책 문제에 극히 불리한 영향을 미친 심리적·행동적(행태적) 근거들이 사라진 데서 찾을 수 있었다. 일반적 관점에서 말하면 이것은 개인적 이익이 집단적 이익보다 우위에 놓이는 것으로 표현되었으며, 이로부터 두 가지 결과가 나타났다. 관성과 분쟁이 그것이다. 이 특징은 여러 지역에서 지역적 상황에 따라 여러 가지 방식으로 발현되었다.

서유럽에서는 경제가 빠르게 성장했고, 잉여 군대를 유지할 수단이 있었으며, 이 군대는 13세기 초까지 외국 땅(팔레스타인)으로 파견되고 있었다. 13세기에 기사들과 도시민들은 교황파와 황제파, 군주와 도시, 기사와 용병대장이 개인적 이득을 위해 — 허구적이나마 고상한 원칙을 위해서가 아니라 — 서로 서로 그리고 자기들끼리 벌이는 전쟁에 휘말려 들어갔다. 당시로서는 거대한 규모의 군대들이 체제 내에서 서로 맞섰고, 그리하여 예루살렘 왕국과 라틴 제국은 중앙으로부터의 지원을 박탈당한 채 몰락하고 말았다. 에피루스Epirus〔지금의 그리스와 알바니아에 걸쳐 있는 지역〕와 니케아의 경쟁, 트라브존Trabzon〔터키 북동쪽의 흑해 연안의 도시〕의 분리, 세르비아족과 불가르족의 이기적 정책은 비잔틴인들의 승리마저 제약했다. 그들 모두는 프랑크 침략자들에 대한 증오로 단결했지만 전쟁은 150년 이상을 끌었다. 왜냐하면 각자가 상대방을 희생시켜 이익을 얻고 싶어 했고, 따라서 모두가 공동의 목표의 성취를 방해했기 때문이다. 루스의 상황도 더 낫지 않았다. 『이고르 원정기』의 저자는 그것을 다음과 같이 간결하고 적절하게 묘사했다. "고통이 루스 땅에 퍼져나갔다. 큰 슬픔이 루스 땅을 가로질렀다. 그리고 군주들은 서로 분열되었고, 승리를 거둔 이교도들이 루스 땅으로 달려들었다. ……"16) 그리고 사실 상호 분열이 없었다면 블라지미르에는 타타르족이 없었을 것이고, 유레프Yur'ev에는 독일인이 없었을 것이며, 폴로츠크에는 리투아니아인이 없었을 것이다! 그러나 누구더러 조국을 위해 희생하라고 설득하는 것은 불가능하다. 그냥 희생하는 사람들이 있고, 희생하지 않는 사람들이 있을 뿐이다. 『이고르 원정기』에 따르면 13세기 루스에서는 관성(게으름과 무관심의 이기주의)이 분열(이익의 이기주의)에 더해졌고, 관성과 분열은 14세기 말에 가서야 사라졌다. 그런 다음 멸망한 루스 대신 러시아가 불사조처럼 되살아나 급속히 부상했다.

같은 일이 근동에서도 일어나 투르크족, 쿠르드족, 아랍인, 페르시아인뿐만 아니라 수니파, 시아파, 카르마티아파, 이스마일파도 상호 전쟁을 통해 서로를 너무나 약화시켰고, 그리하여 초르마간과 훌레구의 작은 군대가 큰 힘도 들이지 않고 이란과 이라크를 장악했다. 몽골족을 저지한 것은 지역 주민이 아니라 바이바르스의 맘루크, 즉 크리미아 노예시장에서 구매된 킵차크족, 곧 몽골족과 동일한 초원 지대 거주자들이었다.

중국에는 약 8천만 명의 근면하고 부유한 사람들이 살고 있었고, 몽골 울루스 동쪽에는 약 백만 명의 가난한 유목민이 살고 있었다. 중국의 심층적인 내적 해체가 없었다면 — 원인에 대해서는 위에서 언급했다 — 몽골족은 완전한 승리를 거둘 수 없었을 것이다. 피정복자는 정복자 못지않게 여기에 책임이 있었다.

---

16) "Slovo o polku Igoreve", p. 18.

승리한 몽골족의 잔인함은 물론 끔찍한 것이었지만 중국에서의 여진족의 잔혹함, 아르메니아에서의 셀주크족의 잔혹함, 발틱과 비잔티움에서의 십자군의 잔혹함도 이에 못지않게 끔찍했다. 이와 같은 것이 이 시대였다.

앞에서 열거한 네 차례의 외부 전쟁과 다섯 번째 전쟁, 곧 칭기즈칸의 사후 10년째인 1237년에 시작된 남송과의 전쟁은 몽골족 자신의 관점에서 볼 때 피의 보복이었다는 점이 흥미롭다. 왜냐하면 13세기에 도덕성을 상실한 봉건 영주들은 사절을 죽이는 데 익숙했고, 소박한 몽골족에게는 그것이 터무니없는 배신으로 보였기 때문이다. 중국의 송 제국에 대한 공세의 구실이 된 것이 바로 사절의 살해였고, 송 제국은 1280년에 멸망했다. 사상 처음으로 중국 전체가 외국인에게 정복되었다.

몽골 왕조는 중국어 이름 원을 취했고, 대초원 지대 남쪽 지역에 거주하는 수백만 명을 다스리는 데 중국어를 사용했으며, 나아가 중국의 대외 정책의 일정한 전통(진나라 시대, 즉 기원전 3세기에 시작된 인도차이나에 대한 정복의 야심)을 계속했음에도 불구하고 몽골족은 중국인과 섞이지 않았고, 단일한 민족을 이루지 못했다. 그들이 합칠 수 없던 것은 전쟁에서 피를 흘렸기 때문만이 아니라 심층적인 민족적·정신적 차이로 인해 서로 비슷해지고 싶은 의사가 전혀 없었기 때문이기도 했다.

우리의 관심을 끄는 시각에서 볼 때 우리는 몽골족의 원 제국을 여진족의 금나라 및 토바족의 위나라와 동일한 선상에 놓아야 한다. 심지어 멸망의 원인과 성격까지 유사한데, 이는 역사적 패턴이 있음을 의미한다. 몽골 군주들은 질서를 유지하기 위해 중국에 대군을 유지하지 않을 수 없었고, 이 군대는 몽골족, 킵차크족, 알란족, 나아가 루스족까지 포함하고 있었기 때문에 항상적인 군역은 이 민족들에게 무거운 짐이었다. 몽골 남성의 다수는 중국에 설치된 주둔지에서 평생을 복무했다. 그 결과 남쪽으로의 주민 이동이 일어났고, 몽골의 북쪽 지역은 버려졌다. 완전히 필연적이었던 이 과정은 루스족이 극동으로 침투해 들어간 것과 동시에 일어났다.17) 황금군단과 인접한 고대 루스족은 양측에 모두 이익이 되는 일련의 조약을 통해 상호 이해와 국경 확립을 성공적으로 이루었다. 몽골족은 필요하지 않은 삼림 지역을 루스족에게 주었고, 루스족은 몽골족에게 지원병을 제공하기로 했다. 이 지원병들은 루릭 가의 군주들과 잘 지내지 못해 바스카크baskak들이 이끄는 군대에서 군 경력을 추구하고자 했으며, 거기에서 부와 지위로 가는 길이 열렸다.

탄마치Tanmachi 혹은 바스카크는 피정복 국가에서 남자들을 징집해 분견대를 만들어 지휘관의 명령을 완수하는 몽골군 장교였다.18) 이 몽골군 장교는 지원병만 받아들인 것이 분명한데, 왜냐하면 그는 자기 병사들과만 함께했고 그렇지 않을 경우 즉시 죽임을 당했을 것이기 때문이다. 몽골족은 자발적으로 복종하는 사람들을 어떻게 묶는지 알고 있었다. 마르코 폴로는 이를 이렇게 설명한다. "…… 통치가 훌륭하고 왕이 자비롭다는 것을 본 사람들은 기꺼이 그에게 갔다."19) 아마 이러한 이유에서 또는 아마 다른 이유들에서 몽골족은 울루스의 모든 지역에서 충분한 보충병을 찾을 수 있었을 것이다. 베르케 칸은 루스족 병사를 쿠빌라이의 군대에 보냈지만20) 물론 그것은 1260년에 그들이

---

17) 뤼브뤼크는 하라코룸에서 루스족 장인 한 명이 있었던 것을 언급하고 있다(Puteshestvie v vostochnye strany Plano Karpini i Rubruka, p. 143).
18) A. N. Nasonov, *Mongoly i Rus'*, pp. 16~17.
19) *Kniga Marko Polo*, p. 85.

분열하기 전이었다. 몽골 제국의 여러 부분이 전쟁에의 복무를 위해 신민을 교환하는 일 역시 14세기에 일어났다. 황금군단의 칸 오즈베크는 칭기즈칸의 일족으로 중국에 큰 땅을 갖고 있었고, 그로부터 소득을 얻었다. 그러나 그는 베이징의 황실 수비대를 위해 그의 울루스 병사들, 즉 루스족과 야시족(오세티아족)을 공급했다. "충성심으로 유명한 루스족 수비대"[21]가 1330년에 베이징에서 구성되었다. 이 부대는 베이징 북쪽에 주둔했고, 평시에는 사냥해서 잡은 고기와 생선을 황제의 식탁에 제공했다.[22] 중국에서 '아스군'으로 불린 이 부대는 승마술과 궁술로 명성이 있었고, 1350년에 중국인의 반란을 진압해 원 왕조를 지켰는데[23], 이후부터는 언급되지 않는다. 잔존한 루스족은 동쪽 몽골족과 섞여 그들 속으로 녹아들어간 것처럼 보인다.

그런데 자기 고향 땅을 떠나 정복자들에게 봉사하러 간 루스족 사람들은 누구였을까? 북쪽 도시들에 도시 의회 체계가 있었고 남쪽 공국들에서 종자들에 대한 끊임없는 수요가 있었던 것을 감안하면 모든 정력적인 청년은 거기에서 삶의 한 자리를 찾을 수 있었을 것 같다. 그렇기는 했지만 또 꼭 그렇지도 않았다! 도시들에도 또 대공들의 토지들에도 황금 돔의 정교회 교회가 서 있었다. 사제와 수도사들은 대공의 신뢰를 얻은 사람들이 의례적 경기에 참여하는 것과 나무 정령들에 희생제물을 바치는 것과 주술에 참여하는 것을 엄격하게 막았다. 그 외에도 그들은 예배의 출석과 교회 의례의 준수를 감독해 세례를 받았지

---

20) G. V. Vernadskii, *Nachertanie russkoi istorii*, p. 82.
21) Xuan zhong wuluosi hu wei qin juan. G. V. Vernadskii, *Opyt istorii Evrazii*, p. 96을 보라.
22) G. Vernadsky, *The Mongols and Russia*, p. 123.
23) Shan Yue, *Ocherki istorii Kitaya*, p. 348.

만 실제로는 이교도인 사람들이 대공에 대해서든 도시에 대해서든 관직 사다리를 올라가지 못하게 했다.

그러나 몽골족은 신앙 고백에 관심이 없었다. 물론 다른 신앙을 가진 사람들이 대초원 지대에서 형성된 공동체에 의해 제어된 정치에 참여할 때는 예외였다. 대초원 지대에는 네스토리우스교도, 불교도, 무슬림이 있었지만 정교도 — 루스족, 오세티안족, 세례를 받은 뽈로베쯔족 — 에게만은 그들을 먹여주고 지켜주는 칸에게 충성을 바치도록 강요되었다. 그리하여 정교도는 쿠빌라이와 그의 계승자들의 치외법권적 군대를 증가시켰고, 그들을 위해 남중국, 버마, 안남을 정복했으며, 일본과 자바에서 성공적이지는 않았지만 영웅적으로 싸웠고, 네스토리우스교도 몽골 군주인 아릭 보케와 나얀[24)]에 맞선 내전에서 원元 가에

[24)] 교황 베네틱투스 12세의 특사 마리뇰리의 존John of Marignolli이 원 제국에서 이들을 만났는데, 그가 1342~1346년까지 토칼무트(중국어로 순제順帝) 칸과 함께 칸발리크에 있을 때였다. 그는 당시 고비사막을 건너 마지막 '대칸'을 방문한 마지막 교황 사절이었고, 대칸은 그를 아주 환대했다. 마리뇰리는 이렇게 쓰고 있다. "알란족은 제국의 동쪽 땅을 다스리며[30,000명 이상의 알란족이 있었다 — 구밀료프], 참된 기독교인[가톨릭교도 — 구밀료프]과 명목적 기독교인[정교도와 네스토리우스교도 — 구밀료프] 모두를 다스리고 있고, 스스로를 교황의 노예라고 부르며, 프랑크족을 위해 목숨을 내놓을 준비가 되어 있다"(Ya. M. Svet, *Posle Marko Polo*, M., 1968, p. 196). 하지만 알란족은 칸을 위해서는 자기 목숨을 내려놓기를 거부했고, 1351년에 중국 반란군과 마주치자 등을 돌렸다. 분명히 적대적인 토착민들에 둘러싸인 이상한 땅에서의 삶은 그들의 군사적 무용에 좋은 영향을 끼치지 못했다. 그러나 그들의 민족성이 이렇게 변하고 행동이 유약해진 것은 단지 상황의 결과로서만 일어날 수는 없는 것이었다. 우리는 좋지 못한 조건에서도 안정을 유지한 많은 민족을 알고 있다. 알란족의 경우 몬테코르비노의 활동이 초래한 '알란족' 자체의 내부 분열이 환경의 영향에 대한 저항력을 약화시켰음이 틀림없다. R. Khennig(*Nevedomye zemli*, III, p. 232)는 마리뇰리의 정보에 대한 불신을 숨기지 않는다. 그는 이 정보가 사소한 문제에 대해서는 아주 많은 잡담을 하지만 중요한 사항은 제외시키고 있다고 지적한다. 그러나 이 교황 특사가 이처럼 비판적 인식을 결여하고 있는 사실이야말로 우리에게는 쓸모가 있다. 왜냐하면 그의 순진한 편견이 동시대의 역사가를 혼란시킬 리가 없기 때문이다. 원 제국의 기독교인들에 대한 그의 빈약한 정보조차 우리에게 보여 주는 것이 있다. 바로 몬테코르비노의 등 찌르기로 인해 극동의 기독교 공동체가 생활력을 빼앗기고 불교와 이슬람 앞에서 무력해지고, 결국 불교와 이슬람이 14세기 말에 네스토리우스교의 유산을 분할하게 되었다는 것이 그것이다.

승리를 확보해주었다. 아마 그들은 열대 정글 속에서 고향의 자작나무 숲과 향기로운 다북쑥으로 덮인 초원을 떠올렸겠지만 고향땅으로의 귀환은 힘들고 멀며 무엇보다 희망이 없는 것이었다. 먼 땅은 이 새로 온 사람들을 삼켜 버렸으며, 이로 인해 과거에 훨씬 더 무서운 잠재적 경쟁자들을 피했던 주교, 대수도원장, 대공들의 손이 더욱 자유롭게 되었다.

하지만 루스 땅에 대한 몽골족과 독일인의 침공(1231~1242년)은 대공의 종자들과 도시의 소집군이 정교를 지키기에 충분치 않음을 보여주었다. 물론 넵스키와 갈리치의 다닐 같은 재능 있는 지휘관들은 가톨릭 기사들을 여러 번 호되게 격파했지만 전쟁을 이겨야지 전투를 이겨서는 안 된다. 그러나 그런 다음에 역사적 운명이 루스를 도우러 왔다.

동아시아의 네스토리우스파는 최종적 패배를 겪었고, 구성원들은 성난 적의 자비에 기댈 수 없었다. 그들은 스스로를 구해야 했다! 그러나 어디로? 국경을 넘으면 몽골족이라고 미움을 받았고, 불교도와 무슬림 지역에서는 기독교인이라고 미움을 받았으며, 몽골 안에서도 반란자라고 미움을 받았다. 그들의 국가 안의 같은 신앙을 가진 사람들 속에서만 칸의 분노를 피해 숨을 수 있었다. 그것은 루스를 의미했다! 그들은 정교도가 아니라고 말하는 것만 피하면 됐다. 누구도 그들에게서 이 사실을 끌어내지 않을 것이었다. 그리하여 루스를 향한 타타르 영웅들의 출발이 시작되었으니, 이들은 어릴 때부터 전속력으로 달리면서 팽팽하게 당겨진 큰 활로 화살을 쏘고 가벼운 칼로 어깨에서 허리로 비스듬히 자르는 법을 배웠다.

이러한 군사 전문가들은 대공과 교회에게는 하늘의 선물이었다. 그들은 활짝 벌린 팔로 환영받았고, 멋진 여자와 결혼했으며, 즉시 부대에서 직위를 받았다. 겨울에 모스크바에 도착한 타타르인은 모피 외투를 하사받았고, 여름에 도착했다면 위엄 있는 칭호를 하사받았다. 근심 없이 그들에게 의지할 수 있었다. 그들의 퇴로는 차단되었는데, 1312년에 오즈베크가 황금군단에 이슬람을 도입하면서 자기 아버지들의 신앙을 버리려 하지 않는 사람들을 모두 처형한 후에 특히 그러했다. 새로 온 사람과 백성의 움직임 사이에는 아무 접촉도 일어날 수 없었다. 아시아에서 중국이 그들에게 이질적이었던 만큼 서방도 몹시 이질적이었다.

그러면 황금군단은? 황금군단은 자기 세력권으로부터 최상의 투사와 충성스러운 신민을 내보냈기 때문에 약해지기 시작했다. 오즈베크는 이슬람을 받아들이면서 본거지를 상인들의 수도로 옮겼고, '타타르'라는 이름이 붙여진 볼가 도시민들에게 의지하기 시작했다. 동쪽의 초원 지대 거주자들은 카자흐족이라고 불리기 시작했고, 서쪽의 초원 지대 거주자들은 노가이족Nogai이라고 불리기 시작했다. 양 민족은 한국에서 평범한 무슬림 술탄국으로 변한 중앙 정부에 반대했는데, 상황의 힘 때문이었다. 정력적인 통치자 오즈베크와 자니벡Janibeg은 이전의 위대했던 시절의 관성으로 일정한 시간 동안 체제를 유지할 수 있었지만 자니벡은 1357년에 아들 베르디벡Berdibeg 손에 죽었고, '대혁명'이 시작되었다. 칸들이 왕위에 올랐다가 죽임을 당하며 교체되는 일이 급속히 일어나 결국 칭기즈 가 사람이 아닌 마마이 만부장이 황금군단의 실제적 우두머리가 되었다. 그는 서쪽 울루스들을 이끌었다.

마마이는 명석한 정치인이었다. 그는 동맹과 후방 없이는 안정된 상황을 만들어내는 것이 불가능함을 이해했다. 칭기즈 가 사람들과 그들의 지지자들은 그의 당연한 적이었지만 14세기에 루스의 사회 여론을 이끈 정교회 교회도 타도된, 그러나 합법적인 왕조 편에 섰다. 크림 반도에서 제노바 사람들은 훼방 없는 동유럽 무역을 위해 마마이의 우정이 필요했다. 그들은 돈을 갖고 있었고, 그들 뒤에는 강성해가는 가톨릭 서유럽이 서 있었다. 마마이는 가톨릭의 전진을 막아 루스 땅을 보호하던 황금군단의 전통적 정책을 바꾸고, 크림 반도에서 리투아니아의 군주 자가일로Jagailo 및 제노바 사람들과 동맹을 맺었다. 전 세계가 예상치 못한, 드미트리Dmitrii Donskoi〔1359년부터 모스크바 공국을, 1363년부터 블라지미르를 통치했다. 러시아에서 몽골족의 권위에 공개적으로 도전한 최초의 군주였다〕의 쿠릴코보 전승은 모스크바에 대한 리투아니아인의 결정적 공세를 지연시켰다. 이 성공은 에디게이Edigei가 1399년에 보르스클라Vorskla 강에서 비토프트Vitovt에게 승리하면서 다시 한 번 확인되었다. 이에 힘입어 모스크바의 군주들은 서쪽으로부터의 위협에 대해 역공을 개시할 수 있었다. 이 위협은 볼가 강과 돈 강 유목민들과의 충돌보다 훨씬 더 위험했는데, 왜냐하면 이 유목민들은 이미 단결의 흔적을 전부 잃어버린 상태에 있었기 때문이다.

물론 13~16세기까지 루스족과 투르크족의 관계가 항상 쾌청한 것은 아니었지만 이는 봉건적 분할의 시기에 불가피한 것이었다. 군주들 사이의 투쟁, 예컨대 모스크바와 트베르Tver〔현재 모스크바 북쪽에 있는 도시〕 사이의 적대가 정말 초원 지대 부족들, 예컨대 노가이족이나 황금군단의 타타르족과의 싸움보다 해를 덜 끼쳤을까? 사실 초원 지대 부족들과의 싸움은 단일한 체계, 단일한 문화, 단일한 국가 내에서의 불일치였다. 그렇지 않았다면 루스족 여행자들이 대수롭지 않은 부대를 끌고 시베리아와 극동의 엄청나게 광활한 대지를 과연 통과할 수 있었을까?

| 독자에게 드리는 몇 마디 |

아마 주의 깊은 독자라면 이제 이 책과 저자를 경악하면서 바라볼 수도 있을 것이다. 깊이 생각해 만들어낸 가설을 마치 아포리즘처럼 제시하다니, 과연 누가 이처럼 행동할까? 전혀 경제적이지 않은 방식 아닌가! 앞의 세 가지 '시도' 대신 세 편의 전공 논문을 쓰고 거기에 참고문헌, 주석, 표라는 장치를 제공해 서지학적 박식함의 월계관을 쓰는 것이 더 낫지 않을까? 그리고 이제 지도적 원칙이 정확히 정리되었으니, 우리에게 필요한 것은 다만 약간의 부지런함과 백지밖에 없고 말이다.

독자의 말은 사실이다. 하지만 만약 그렇다면 이 작은 책을 쓰게 만든 기본적인 생각이 상실될 것이다. 저자는 사건들을 이해하는 것과 사건들을 축적하는 것이 별개의 것임을 보여주려고 노력해왔다. 무엇인가가 번쩍 떠오르는 순간은 연구 이전에 오지 않고 또 연구의 대미를 장식하지도 않으며 중간 어디쯤, 출발점에 보다 가까운 곳에서 온다. 학자와 자료 사이에 아무 불꽃도 튀지 않는다면 어떤 종합도 있을 수 없다. 진정한 의미에서의 탐색은 나중에 시작된다. 왜냐하면 무엇을 찾고 있는지를 알 때만 탐색은 가치를 갖기 때문이다. 보통 창조적 요소는 감추어져 있다. 그것은 훨씬 더 조용하며, 저자는 옛 사료에서 인용문을 선별하고 엄격한 논리적 논증을 통해 독자를 기지旣知의 소재에서 미지未知의 새로운 소재로 이끌어간다. 나 역시 지금까지 이렇게 진행해왔다. 그러나 '초원 지대 삼면경'을 끝내면서 나는 '영업 비밀'을 드러내고 싶었다. 왜냐하면 이 책이 보다 많이 주목한 것은 존재한 적이 없던 전설 속의 왕국이 아니라 한 멋진 지식 분과, 곧 역사를 이해하는 수단이었기 때문이다.

■ 참고문헌

Abrosov, V. N., 'Geterokhronnost' periodov povyshennogo uvlazheniya gumidnoi i aridnoi zon', *Izvestiya Vsesoyuznogo geograficheskogo obshchestva*, 1962, No. 4.
Adrianova-Peretts, V. P., 'Slovo o polku Igoreve' i 'Zadonshchina', *Slovo o polku Igoreve – pamyatnik XII v., M.–L., 1962*.
Afanas'ev, A. N., Kolebaniya gidrometeorologicheskogo rezhima na territorii SSSR, v osobennosti v basseine Baikala, L., 1967 (Author's abstract of doctoral thesis).
Al'shits, D. N., 'O vremeni napisaniya "Slova o polku Igoreve"', in *Otvety sovetskikh uchenykh na voprosy IV Mezhdunarodnogo s''ezda slavistov*, M., 1968.
Altheim, F., *Geschichte der Hunnen*, III, Berlin, 1961.
Aristov, N., *Khrestomatiya po russkoi istorii*, Warsaw, 1890.
Artamonov, M. I., *Istoriya khazar*, L., 1962.
Bacot, J., 'Reconnaissance en Haute Asie Septentrionale par cinq envoyés ouigours au VIII siècle', *Journal Asiatique*, 1956, vol. 254, No. 2.
Banzarov, D., *Chernaya vera*, SPb., 1891.
Bartol'd, V. V., 'K voprosu o chingisidakh-khristianakh', *Izbrannye sochineniya*, II, M., 1964.
Bartol'd, V. V., *O khristianstve v Turkestane v domongol' skii period*, SPb., 1893.
Bartol'd, V. V., 'Obrazovanie imperii Chingis-khana', *Zapiski Vostochnogo otdeleniya Rossiiskogo arkheologicheskogo obshchestva*, x, 1896.
Bartol'd, V. V., *Ocherki istorii Semirech'ya*, SPb., 1898.
Bartol'd, V. V., *Turkestan v epokhu mongol'skogo nashestviya*, SPb., 1900.
Begunov, Yu. K., *Pamyatnik russkoi literatury XII veka 'Slovo o pogibeli Russkoi zemli'*, M.–L., 1965.
Bell, C., *The Religion of Tibet*, Oxford, 1931.
Bergeron, P., *Voyages faits principalement en Asia dans les XII, XIII, XIV et XV siècles, par Benjamin Tudele, Jean du Plan Carpin, N. Ascelin, Guillaume de Rubruquis, Marc Paul Venitien, Hayton, Jean de Mandeville et Ambroise Contarini: accompagnés de l'histoire des Sarasins et des Tartares, et précédez d'une introduction concernant les voyages et les nouvelles découvertes des principaux voyageurs par Pierre Bergeron*, 2 vols. in 1, The Hague, 1735.

Bettani, Duglas, *Velikie religii Vostoka*, M., 1899.
[Bichurin] Iakinf, *Istoriya pervykh chetyrekh khanov iz Doma Chingisova*, SPb., 1829.
[Bichurin] Iakinf, *Istoriya Tibeta i Khukhunora*, II, SPb., 1833.
Bichurin, N. Ya., *Sobranie svedenii o narodakh, obitavshikh v Srednei Azii v drevnie vremena*, I–III, M.–L., 1950–3.
Bichurin, N. Ya., *Sobranie svedenii po istoricheskoi geografii Vostochnoi i Sredinnoi Azii*, Cheboksary, 1960.
Blochet, B., 'Études sur l'histoire religieuse de l'Iran', *Revue de l'histoire des religions*, Paris, 1896, vol. 38.
Boldur, A., 'Troyan "Slova o polku Igoreve"', *Trudy otdeleniya drevnerusskoi literatury*, XV, M.–L., 1958.
Chavannes, E., 'Dix inscriptions chinoises de l'Asie Centrale', *Mémoires présentés par divers savants à l'Academie des Inscriptions et Belles-lettres de l'Institut de France*, 1904, XI, 2.
Chavannes, E., 'Les pays d'Occident d'après le Wei-Lio', *T'oung Pao*, series 2, VI, 1905.
Chavannes, E., Pelliot, P., 'Un traité manichéen retrouvé en Chine', *Journal Asiatique*, 1913, I.
Conon von der Gabelentz, H., *Geschichte der Grossen Liao*, 1877.
Cordier, H., *Histoire générale de la Chine*, I–II, Paris, 1920.
Cumont, F., *La propagation du manichéisme dans l'Empire Romain*, Poissy, 1909.
Cumont, F., *Les Mystères de Mithra*, Brussels, 1913.
Damdinsuren, Ts., *Istoricheskie korni Geseriady*, M., 1957.
Debets, G. F. *Palaeoantropologiya SSSR*, M., 1948.
Derzhavin, N. S., 'Troyan v "Slovo o polku Igoreve"', *Sbornik statei i issledovanni v oblasti slavyanskoi filologii*, M.–L., 1941.
Diehl, C., *History of the Byzantine Empire*, N.Y., 1945.
Duman, L. I., 'K istorii gosudarstva Toba Wei i Lyao i ikh svyazei s Kitaem', *Uchenye zapiski Instituta vostokovedeniya*, M., 1955.
Efremov, Yu. K., 'Landshaftnaya sfera nashei planety', *Priroda*, 1966, No. 8.
Fedorov, V. G., *Kto byl avtorom 'Slova o polku Igoreve' i gde raspolozhena reka Kayala*, M., 1956.
Fedorov-Davydov, G. A., *Kochevniki Vostochnoi Evropy pod vlast'yu zolotoordynskikh khanov*, M., 1966.
Feofilakt Samokatta, *Istoriya*, M., 1957.
Francke, A. H., *A History of Western Tibet*, London, 1907.
Frezer, D., *Fol'klor v Vetkhom zavete*, M.–L., 1931.
Frish, V. A., 'Zhemchuzhina Yuzhnogo Zabaikal'ya (Bory v Ononskikh stepyakh)', *Priroda*, 1966, No. 6.
Gaadamba, M., 'Sokrovennoe skazanie mongolov' kak pamyatnik khudozhestvennoi literatury (XII v.), M., 1961. Author's abstract of master's thesis.
Gael', A. V., Gumilev, L. N., 'Raznovozrastnye pochvy na stepnykh peskakh Dona i peredvizhenie narodov za istoricheskii period', *Izvestiya AN SSSR, ser. geogr.*, 1966, No. 1.

Galstyan, A. G., *Armyanskie istochniki o mongolakh*, M., 1962.
Ghirshman, R. M., *Les Chionites-Hephthalites*, Cairo, 1948.
Gokhman, I. I., 'Sredneaziatskaya koloniya v Pribaikal'e', *Problemy antropologii i istoricheskoi etnografii Azii*, M., 1968.
Golubovskii, P., *Istoriya Sverskoi zemli*, Kiev, 1881.
Grekov, B. D., *Kievskaya Rus'*, M., 1953.
Grekov, B. D., Yakubovskii, A. Yu., *Zolotaya orda i ee padenie*, M.–L., 1960.
Grigor'ev, V. V., *Vostochnyi ili Kitaiskii Turkestan*, SPb., 1873.
Grousset, R., *Histoire de l'Extrême Orient*, I, Paris, 1929.
Grousset, R., 'L'Empire Mongol, 1-ère phase', *Histoire du Monde*, VII, Paris, 1941.
Grousset, R., *The Empire of the Steppes*, New Brunswick, 1970.
Grumm-Grzhimailo, G. E., Istoricheskii atlas Mongolii (manuscript in the Archive of the USSR Geographic Society).
Grumm-Grzhimailo, G. E., 'Kogda proizoshlo i chem bylo vyzano raspadenie mongolov na vostochnykh i zapadnykh?', *Izvestiya Russkogo Geograficheskogo obshchestva*, XVI, fasc. 2, 1933.
Grumm-Grzhimailo, G. E., *Materialy po etnologii Amdo i oblasti Kukunora*, SPb., 1903.
Grumm-Grzhimailo, G. E., *Opisanie puteshestviya v Zapadnyi Kitai*, M., 1948.
Grumm-Grzhimailo, G. E., *Zapadnaya Mongoliya i Uryankhaiskii krai*, II, L., 1926.
Gumilev, L. N., 'Altaiskaya vetv' tyurok-tukyu', *Sovetskaya arkheologiya*, 1959, No. 1.
Gumilev, L. N., 'Dinlinskaya problema', *Izvestiya Vsesoyuznogo Geograficheskogo obshchestva SSSR*, 1959, No. 1.
Gumilev, L. N., *Drevnie tyurki*, M., 1967.
Gumilev, L. N., 'Eftality i ikh sosedi v IV v.', *Vestnik drevnei istorii*, 1969, No. 1.
Gumilev, L. N., 'Etnos i kategoriya vremeni', *Doklady otdelenii i komissii Geograficheskogo obshchestva SSSR*, fasc. 15, 1970.
Gumilev, L. N., 'Geterokhronnost' uvlazhneniya Evrazii v srednie veka', *Vestnik Leningradskogo universiteta*, 1966, No. 18.
Gumilev, L. N., 'Istoki ritma kochevoi kul'tury Sredinnoi Azii', *Narody Azii i Afriki*, 1966, No. 4.
Gumilev, L. N., 'Khazariya i Terek. Landshaft i etnos, II', *Vestnik Leningradskogo universiteta*, 1964, No. 24.
Gumilev, L. N., *Khunnu*, M., 1960.
Gumilev, L. N., 'Les Fluctuations du niveau de la mer Caspienne', *Cahiers du Monde Russe et Soviétique*, Paris, 1965, VI, 3.
Gumilev, L. N., 'Les Mongols du XIIe siècle et le Slovo o polku Igoreve', *Cahiers du Monde Russe et Soviétique*, Paris, 1966, VII, 1.
Gumilev, L. N., 'Mongoly XIII v. i "Slovo o polku Igoreve"', *Doklady otdeleniya etnografii Geograficheskogo obshchestva*, fasc. II, L., 1966.
Gumilev, L. N., 'New Data on the History of the Khazars', *Acta Archeologica Academiae Scientiarum Hungaricae*, 19, Budapest, 1967.

Gumilev, L. N., 'O termine "etnos"', *Doklady otdelenii i komissii Geograficheskogo obshchestva SSSR*, fasc. 3, 1967.
Gumilev, L. N., *Otkrytiya Khazarii*, M., 1966.
Gumilev, L. N., 'Po povodu predmeta istoricheskoi geografii. Landshaft i etnos, III', *Vestnik Leningradskogo Universiteta*, 1965, No. 18.
Gumilev, L. N., 'Rol' klimaticheskikh kolebanii v istorii narodov stepnoi zony Evrazii', *Istoriya SSSR*, 1967, No. 1.
Gumilev, L. N., 'Troetsarstvie v Kitae', *Doklady otdelenii i komissii Geograficheskogo obshchestva SSSR*, fasc. 5, 1968.
Gumilev, L. N., 'Velichie i padenie drevnego Tibeta', *Strany i narody Vostoka*, VIII, M., 1969.
Gumilev, L. N., Kuznetsov, B. I., 'Bon', *Doklady Geograficheskogo obshchestva SSSR*, fasc. 15, 1970.
Haenisch, S., *Die geheime Geschichte der Mongolen*, Leipzig, 1948.
Hoffmann, H., *Quellen zur Geschichte der tibetischen Bon-Religion*, Mainz–Wiesbaden, 1950.
Howorth, H. H., *History of the Mongols, from the 9th to the 19th century*, London, 1876, 1880, 1888, 1924.
Huc, E. R., *Le Christianisme en Chine, en Tartarie et au Tibet*, I, Paris, 1857.
I.N.A., *Istoricheskii ocherk katolicheskoi propagandy v Kitae*, Kazan', 1885.
Ipat'evskaya letopis', *Polnoe sobranie russkikh letopisei*, II, M., 1962.
Istoriya Gruzii, Tbilisi, 1946.
Istoriya Irana s drevneishikh vremen do kontsa XVIII v., L., 1958.
Istoriya Mongol'skoi Narodnoi Respubliki, M., 1967.
Istoriya Tibeta pyatogo Dalai-lamy, Pekin, 1957 (in Tibetan, fragments translated into Russian by B. I. Kuznetsov).
Istoriya Vizantii, I, M., 1967.
Jacquet, M., 'Le livre du Grant Caan, extrait d'un manuscrit de la Bibliothèque du Roi', *Nouveau Journal Asiatique*, Paris, 1930, VI.
Jakobson, R., 'The Puzzles of the Igor' Tale on the 150th Anniversary of its First Edition', *Speculum*, 1952, XXVII, No. 1.
Kafarov, see Palladii.
Khennig, R., *Nevedomye zemli*, II, 1961; III, M., 1962.
Kirpichnikov, A. N., 'Russkie mechi X–XII vekov', *Kratkie soobshcheniya Instituta istorii material'noi kul'tury AN SSSR*, fasc. 85, 1961.
Kiselev, S. V., *Drevnyaya istoriya Yuzhnoi Sibiri*, M., 1951.
Kniga Marko Polo, M., 1956.
Kochetova, S. M., 'Bozhestva svetil v zhivopisi Khara-Khoto', *Trudy otdela Vostoka Gosudarstvennogo Ermitazha*, IV, 1947.
Kokovtsov, P. K., *Evreisko-khazarskaya perepiska v X v.*, L., 1932
Komarovich, V. L., 'Kul't roda i zemli v knyazheskoi srede XI–XIII vv.', *Trudy otdela drevnerusskoi literatury*, XVI, 1960.
Konrad, N. I., *Zapad i Vostok*, M., 1966.
Kozin, S. A., *Sokrovennoe skazanie*, M.–L., 1941.
Kozlov, V. P., 'Nauchnoe znachenie arkheologicheskikh nakhodakh P. K.

Kozlova', P. K. *Kozlov, Mongoliya i Amdo i mertvyi gorod Kharakhoto*, M., 1948.
Kugler, B., *Istoriya krestovykh pokhodov*, SPb., 1895.
Kulakovskii, Yu., *Istoriya Vizantii*, I, 1913.
Kunik, A., Rozen, V., *Izvestiya al-Bekri i drugikh avtorov o Rusi i slavyanakh*, part I, SPb., 1878.
Kychanov, E. I., *Ocherk istorii tangutskogo gosudarstva*, M., 1968.
Kychanov, E. I., *Zvuchat lish' pis'mena*, M., 1965.
Laufer, B., 'Ueber ein tibetisches Geschichtwerk der Bonpo', *T'oung Pao*, series II, Vol. II, 1901.
Letopisi russkoi literatury, M., 1861.
Ligeti, A., *A Mongolok titkos története*, Budapest, 1962.
Likhachev, D. S., 'Cherty podrazhatel'nosti "Zadonshchiny" ', *Russkaya literatura*, 1964, No. 3.
Likhachev, D. S., 'Kommentarii istoricheskii i geograficheskii k "Slovu o polku Igoreve" ', *"Slovo polku Igoreve"*, M.–L., 1950.
Likhachev, D. S., *Natsional'noe samosoznanie drevnei Rusi, M.–L., 1945*.
Magidovich, I. P., Introductory article to *Kniga Marko Polo*, M., 1956.
Mailla, J. de, *Histoire générale de la Chine aux annales de cet empire, traduites du Toung-Kien-Kang-Mou, par père Joseph-Anne-Marie de Moriac de Mailla*, VIII, Paris, 1777–85.
Malov, S. E., *Pamyatniki drevne-tyurkskoi pis'mennosti*, M.–L., 1951.
Marks, K., Engel's, F., *Arkhiv*, V, Gospolitizdat, 1938.
Marks, K., Engel's, F., *Sochineniya*, XXII, M.–L., 1931.
Marquart, J., 'Guwaini's Bericht über die Bekehrung der Uiguren', *Sitzungsberichte der Preussischen Akademie der Wissenschaften*, Phil.-hist. Kl., 27, Berlin, 1912.
Marquart, J., *Osteuropäische und ostasiatische Streifzüge*, Leipzig, 1903.
Mavrodin, V. V., *Ocherki istorii levoberezhnoi Ukrainy*, L., 1940.
Mazon, A., 'Les bylines russes', *Revue des cours et conférences*, Paris, 1932, No. 8.
Melioranskii, P., 'Turetskie elementy v yazyke "Slova o polku Igoreve" ', *Izvestiya Otdeleniya russkogo yazyka i slovestnosti Akademii nauk*, VII, book 2, 1902.
Merpert, N. Ya., Pashuto, B. T., Cherepnin, L. V., 'Chingis-khan i ego nasledie', *Istoriya SSSR*, 1962, No. 5.
Miller, G. R., *Istoriya Sibiri*, I, 1937.
Moravcsik, Gy., *Byzantinoturcica*, Berlin, 1958.
Moravcsik, Gy., 'Zur Frage hunnobe im Igor Lied', *International Journal of Slavic Linguistics and Poetics*, III, 1960.
Moule, A., *Christians in China before the year 1550*, London–New York–Toronto, 1930.
Munkuev, N. Ts., *Kitaiskii istochnik o pervykh mongol'skikh khanakh*, M., 1965.
Murzaev, E. M., *Narodnaya Respublika Mongoliya*, M., 1952.
Myuller, A., *Istoriya islama*, III, SPb., 1896.
Nasonov, A. N., *Mongoly i Rus'*, M.–L., 1940.

Nikolaev, Yu., *V poiskakh za bozhestvom. Ocherki po istorii gnostitsizma*, SPb., 1913.
Novgorodskaya letopis' po sinodal'nomu kharateinomu spisku, izd. Arkhivnoi komissii, SPb., 1913.
Novgorodskaya pervaya letopis' starshego i mladshego izvodov, ed. A. N. Nasonov, M.-L., 1950.
Obruchev, V. A., *Izbrannye raboty po geografii Azii*, I, M., 1951.
Ohsson, C. D', *Histoire des Mongols depuis Tchinguizkhan jusqu'à Timour bey ou Tamerlan*, I–IV, The Hague–Amsterdam, 1934–5.
Okladnikov, A. P., *Dalekoe proshloe Primor'ya*, Vladivostok, 1959.
Okladnikov, A. P., *Neolit i bronzovyi vek Pribaikal'ya*, III, M.-L., 1955.
Okladnikov, A. P., 'Novye dannye po istorii Pribaikal'ya v tyurkskoe vremya', *Tyurkologicheskie issledovaniya*, M., 1963.
Okladnikov, A. P., *Yakutiya do prisoedineniya k Russkomu gosudarstvu*, M.-L., 1955.
Palladii [Kafarov], 'Siyu tszi ili opisanie puteshestviya na Zapad', *Trudy chlenov Rossiiskoi dukhovnoi missii v Pekine*, IV, SPb., 1866.
Palladii [Kafarov], 'Starinnoe mongol'skoe skazanie o Chingiskhane (primechaniya)', *Trudy chlenov Rossiiskoi dukhovnoi missii v Pekine*, IV, SPb., 1866.
Palladii [Kafarov], 'Starinnye sledy khristianstva v Kitae po kitaiskim istochnikam', *Vostochnyi sobrnik*, I, SPb., 1872.
"Pamyatniki drevnerusskogo kanonicheskogo prava", I, *Russkaya istoricheskaya biblioteka*, VI, No. 12, SPb., 1908.
Panchenko, B. A., *Latinskii Konstantinopol' i papa Innokentii III*, III, Odessa, 1914.
Pashuto, V. T., 'Nekotorye dannye ob istochnikakh po istorii mongol'skoi politiki papstva', in *Voprosy sotsial'no-ekonomicheskoi istorii v istochnikovedenii perioda feodalizma v Rossii*, M., 1961, 209–13.
Pashuto, V. T., *Ocherki po istorii Galitsko-Volynskoi Rusi*, M., 1950.
Pelliot, P., 'Chrétiens d'Asie Centrale et d'Extrême-Orient', *T'oung Pao*, 15, 1914.
Pelliot, P., *Histoire secrète des Mongols*, Paris, 1948.
Pelliot, P., 'L'Edition collective des œuvres de Wang Kuo-wei', *T'oung Pao*, XXVI, 1928.
Pelliot, P., 'Les Mongols et la Papauté', *Revue d'orient chrétien*, 1924.
Pelliot, P., 'Le vrai nom de Seroctan', *T'oung Pao*, 29, 1932.
Perlee, Kh., 'Sobstvenno mongol'skie plemena v period Kidanskoi imperii (907–1125)', *Trudy XXV Mezhdunarodnogo kongressa vostokovedov*, V, 1962.
Petrushevskii, I. P., 'K istorii khristianstva v Srednei Azii', *Palestinskii sbornik*, fasc. 15 (78), M., 1966.
Petrushevskii, I. P., 'Rashid-ad-Din i ego istoricheskii trud', in *Rashid-ad-Din, Sbornik letopisei*, I, M.-L., 1952.
Pigulevskaya, N. V., *Istoriya mar Yabalakha III i rabban Saumy*, M., 1958.
Pigulevskaya, N. [V.], 'Mar-Aba I', *Sovetskoe vostokovedenie*, V.
Pletneva, S. A., 'Pechenegi, tyurki i polovtsy v Yuzhnorusskikh stepyakh', *Materialy i issledovaniya po arkheologii SSSR*, 62, M.-L., 1958.

Polnoe sobranie russkikh letopisei, SPb., M.–L., 1841– .
Priselkov, M. S., *Istoriya russkogo letopisaniya XI–XV vv.*, L., 1940.
Priselkov, M. S., ' "Slovo o polku Igoreve" kak istoricheskii istochnik', *Istorik-marksist*, 1936, No. 6.
Puteshestvie v vostochnye strany Plano Karpini i Rubruka, M., 1957.
Rashid ad-Din, *Istoriya mongolov*, SPb., 1858.
Rashid ad-Din, *Sbornik letopisei*, vol. 1, M.–L., 1952.
Rattsel', F., *Narodovedenie*, II, SPb., 1901.
Remusat, A., 'Mémoires sur les relations politiques des princes chrétiens et particulièrement des rois de France avec les empereurs mongols', *Mémoires de l'Académie des Inscriptions et Belles-Lettres*, 1822, vols. VI, VII.
Richard, J., 'Le début des relations entre la Papauté et les Mongols de Perse', *Journal Asiatique*, 1949, fasc. 2.
Rudenko, S. I., 'K voprosu o formakh skotovodcheskogo khozyaistva i o kochevnikakh', *Materialy po etnografii Vsesoyuznogo Geograficheskogo obshchestva*, fasc. 1, L., 1961.
Rudenko, S. I., *Kul'tura khunnov i Noinulinskie kurgany*, M.–L., 1962.
Rudenko, S. I., *Kul'tura naseleniya Gornogo Altaya v skifskoe vremya*, M.–L., 1953.
Rudenko, S. I., Gumilev, L. N., 'Arkheologicheskie issledovaniya P. K. Kozlova v aspekte istoricheskoi geografii', *Izvestiya Vsesoyuznogo geograficheskogo obshchestva*, 1966, No. 3.
Saeki, P. Y., *The Nestorian Documents and Reliefs in China*, Tokyo, 1951.
Safaragaliev, M. G., *Raspad Zolotoi ordy*, Saransk, 1960.
Schmidt, I. J., *Forschungen im Gebiete der älteren religiosen, politischen und literarischen Bildungsgeschichte der Völker Mittel-Asiens, vorzüglich der Mongolen und Tibeten*, Leipzig, 1824.
Schott, W., *Aelteste Nachrichten von Mongolen und Tataren*, 1846.
Sebeos, *Istoriya imperatora Irakliya*, SPb., 1862.
Senigova, T. N., 'Voprosy ideologii i kul'tov Semirech'ya', *Novoe v arkheologii Kazakhstana*, Alma-Ata, 1968.
Sergii, Arkhimandrit, 'Polnyi mesyatseslov Vostoka', *Svyatoi Vostok*, II, M., 1876.
Shan Yue, *Ocherki istorii Kitaya*, M., 1959.
Shavkunov, E. V., *Gosudarstvo Bokhai i pamyatniki ego kul'tury v Primor'e*, L., 1968.
Shirokogoroff, S. M., *Social Organisation of the Northern Tungus*, Shanghai, 1929.
Shternberg, L. Ya., *Pervobytnaya religiya v svete etnografii*, L., 1936.
Sibirskie letopisi, izd. Arkhivnoi komissii, 1907.
Shustorovich, E. M., 'Khronika Ioanna Malaly i antichnaya traditsiya. Literaturnye svyazi drevnikh slavyan', *Trudy otdela drevnerusskoi literatury*', 65, L., 1968.
Simonovskaya, L. V., Erenberg, G. V., Yur'ev, M. F., *Ocherki istorii Kitaya*, M., 1956.
Slovo o polky Igoreve, ed. V. P. Adrianova-Peretts, M.–L., 1950.
'*Slovo o polku Igoreve*', *Sbornik statei*, M., 1947.

'Slovo o polku Igoreve' - pamyatnik XII v., M.-L., 1962.
Smolin, G. Ya., *Krest'yanskoe vosstanie v provintsiyakh Khunan' i Khebei v 1130–1135 gg.*, M., 1961.
Sokrovennoe skazanie, see Kozin, S. A.
Solov'ev, A. S., 'Deremela v "Slove o polku Igoreve"', *Istoricheskie zapiski*, M.-L., 1948, No. 25.
Solov'ev, A. V., 'Politicheskii krug avtora "Slova o polku Igoreve"', *Istoricheskie zapiski*, 1948, No. 25.
Solov'ev, A. V., 'Vosem' zametok', in *Slavia*, xv, Prague, 1938.
Solov'ev, S. M., *Istoriya Rossii*, I, M., 1960.
Spuler, B., *Die Mongolen in Iran (1220–1350)*, Berlin, 1955.
Sreznevskii, I., *Drevnie pamyatniki russkogo pis'ma 10–14 veka*, SPb., 1863.
Stein, R. A., *La civilisation tibétaine*, Paris, 1962.
Stieber, Z., 'Vieux russe *kharluzhnyi* cachoube charluz', *Lingua viget*, Helsinki, 1964.
Sventsitskii, I., *Rus' i polovtsi v staroukrains'komu pis'menstvi*, Lvov, 1939.
Svet, Ya. M., *Posle Marko Polo*, M., 1968.
Tarakhanova, S. A., *Drevnii Pskov*, M.-L., 1946.
Tizengauzen, V. G., *Sbornik materialov, otnosyashchikhsya k istorii Zolotoi ordy*, II, M.-L., 1941.
Tolstov, S. P., *Po sledam drevnekhorezmiiskoi tsivilizatsii*, M., 1948.
Turgenev, A. I., *Akty istoricheskie, otnosyashchie k Rossii*, I, SPb., 1841 (in Latin).
Usama ibn Munkyz, *Kniga nazidaniya*, M., 1958.
Vailant, A., 'Les chants épiques des slaves du Sud', *Revue des cours et conférences*, Paris, 1932, 5.
Vasil'ev, V. P., *Istoriya i drevnosti vostochnoi chasti Srednei Azii, ot X do XIII veka*, SPb., 1857.
Vasil'ev, V. P., 'Kitaiskie nadpisi v Orkhonskikh pamyatnikakh', *Sbornik trudov Orkhonskoi ekspeditsii*, III, SPb., 1897.
Vernadskii, G. V., 'Byli li mongol'skie posly 1223 g. khristianami?', *Seminarium Kondakovianum*, 3, Prague, 1929.
Vernadskii, G. V., *Nachertanie russkoi istorii*, Prague, 1927.
Vernadskii, G. V., *Opyt istorii Evrazii*, Berlin, 1934.
Vernadsky, G. V., *Kievan Russia*, New Haven, 1951.
Vernadsky, G. V., *The Mongols and Russia*, New Haven, 1953.
Vernadskii, V. I., 'Biosfera', *Izbrannye sochineniya*, v, M.-L., 1960.
Vernadskii, V. I., *Khimicheskoe stroenie biosfery zemli i ee okruzheniya*, M., 1965.
Veselovskki, N., 'O religii Tatar po russkim letopisyam', *Zhurnal Ministerstva narodnogo prosveshcheniya*, new series, 1916, I (XI), No. 7, section 2.
Viktorova, L. L., 'K voprosu o naimanskoi teorii proiskhozhdeniya mongol'skogo literaturnogo yazyka i pis'mennosti (XII–XIII vv.)', *Uchenye zapiski LGU*, No. 305, ser. Vostokoved. nauk., fasc. 12, L., 1961.

Viktorova, L. L., Rannii etap etnogeneza mongolov, L., 1969. Author's abstract of master's thesis.
Vinogradov, V. V., *Istoriya russkogo literaturnogo yazyka v izobrazhenii akad. A. A. Shakhmatova*, Belgrade, 1964.
Vladimirtsov, B. Ya., *Obshchestvennyi stroi mongolov*, L., 1934.
Vladimirtsov, B. Ya., 'Turetskie elementy v mongol'skom yazyke', *Zapiski Vostochnogo otdeleniya Russkogo arkheologicheskogo obshchestva*, xx, 1911.
Vorob'ev, M. V., 'O proiskhozhdenii nekotorykh obychaev u zhurchzhenei', *Doklady po etnografii Geograficheskogo obshchestva SSSR*, fasc. 6, 1968.
Wittfogel, K. A., Fêng, Chia-Shêng, *History of Chinese Society, Liao*, Philadelphia, 1949.
Yatsunskii, V. K., *Istoricheskaya geografiya*, M., 1955.
Zabelin, I., 'Chelovechestvo – dlya chego ono?', *Moskva*, 1966, No. 8.
'Zadonshchina', *Slovo o polku Igoreve i pamyatniki kulikovskogo tsikla*, M.–L., 1966.
Zajączkowski, A., *Związki jezykowe polowecko-slowenskie*, Wrocław, 1949.
Zakirov, N. S., *Diplomaticheskie otnosheniya Zolotoi ordy s Egyptom*, M., 1966.
Zelinskii, A. N., 'Akademik Fedor Ippolitovich Shcherbatskoi i nekotorye voprosy kul'turnoi istorii kushan', *Strany i narody Vostoka*, M., 1967.
Zimin, A. A., 'Ipatevskaya letopis' i "Slovo o polku Igoreve"', *Istoriya SSSR*, M., 1968, No. 6.
Zimin, A. A., 'K voprosu o tyurkizmakh "Slova o polku Igoreve" (opyt istoricheskogo analiza)', Nauchno-issledovatel'skii institut pri Sovete ministrov Chuvashskoi ASSR, *Uchenye zapiski*, fasc. XXI, Cheboksary, 1966.
Zimin, A. A., 'Kogda bylo napisano "Slovo"', *Voprosy literatury*, 1962, No. 3, 135–52.
Zimin, A. A., Yakubovskii, Yu., 'Arabskie i persidskie istochniki ob uigurskom Turfanskom knyazhestve v IX–X vv.', *Trudy otdela Vostoka Gosudarstvennogo Ermitazha*, IV, 1947.